D0943323

主友新書 ④

코스모스
COSMOS

칼 세이건　著
趙慶哲　監修
徐光云　　譯

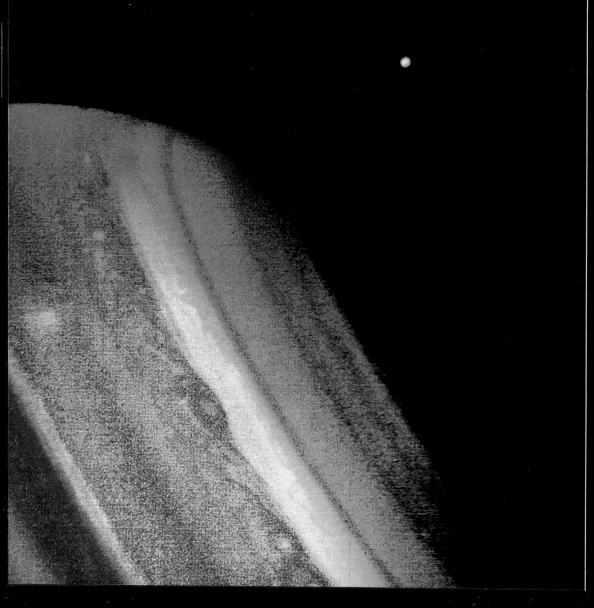

→ 왼쪽 사진·토성의 위성 엔셀라
두스(Enceladus)의 모습. 이 사진
에서 보이는 분화구의 단구(斷 l l)
와 홈은 토성과 주위의 위성들에
서 생기는 중력다툼때문에 생겨난
것으로 추측된다.

오른쪽 사진·토성의 위성 히페
리온(Hyperion)의 모습. 목성의 위
성 세개를 피자, 균열된 달걀, 감
자라고 흔히 부르는데, 히페리온은
마치 초콜렛 쿠키 조각처럼 보인
다.

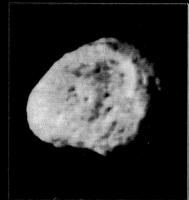

6십만개나 되는 형형색색의 점들

천체도안가가 토성 주위의 환들을 만들 때 프랑스의 점묘법 화가 조지 세라(Georges Seurat)가 협력하지나 않았는가 하는 착각을 일으킬 정도로, 토성에는 무려 6십 4 만개나 되는 형형색색의 점들이 보인다. 81년 8 월에 수십억 마일이나 떨어진 곳에서 보이저 2 호가 N-ASA 과학자들에게 전송해온 사진들 중에서 수천개가 넘는 환들을 찍은 사진이야말로 가장 경이적인 발견이리라.

왼쪽 페이지 사진은 보이저 2 호가 소용돌이 환에서 채 7 백 4 십 5마일도 떨어지지 않은 곳을 지나면서 전송해온 1만 5 천장의 사진들 중의 하나이다. 이 지점은 지난 80년 11월에 보이저 1 호가 지나간 지점보다 1 만 4 천 3 백 마일이나 더 토성에 접근한 곳이다. 따라서 보이저 2 호가 전송해온 토성의 모습은 1 호의 경우보다 상당히 자세하게 나타나 있으며 보다 많은 정보를 제공해 준다. 이 사진은 과학적 목적에 의해 인공착색 과정을 거친 것이다. 이 사진의 왼쪽 부분은 수많은 작은 고리들이 토성 사방 6 십 2 만 마일에 걸쳐 밝게 빛나는 환의 일부에 모여 있다는 사실을 보여 준다.

그러나 과학자들은 소용돌이치는 암석얼음 입자들 사이에 존재하는 공동(空洞)에 대해서는 여전히 설명을 못하고 있다. 암석얼음 입자의 바깥쪽은 하루에 12시간이나 화씨 영하 3 백 6 도라는 한냉한 기온을 유지하고 있다.

그러나 보이저 2 호의 발견에 의해, N.ASA에 근무하는 대부분의 과학자들은, 토성의 환에 패인 홈(grooves)은 부분적으로는 위성들로 부터 공명되고 있는 중력파(重力波)에 그 원인이 있다는 기존 이론을 받아들이기에 이르렀다.

이번 자료에 의해 재강화된 또 하나의 이론은, 환들은 행성의 일부가 아니라 주변위성들의 중력의 영향에 따라 생성 소멸되는 달들(moons)이나 혜성의 조각이라는 주장이다.

미국이 금성, 목성, 헬리 혜성, 태양을 탐사하려는 계획은 재정적인 난관에 봉착하고 있다. 어쨌든 보이저 2 호는 다음 목표인 천왕성을 향해 힘차게 나아가고 있다. 그리하여 1986년에는 거기에 도착하게 될 것이다. 1989년에는 해왕성을 지날 것이며 그로부터 3 십 5 만 8 천년 후에는 밤하늘에 가장 밝게 빛나는 시리우스 별 근처를 지날 것이다.

윗 사진·위의 엷은 갈색 부분이 B환, 아래쪽 청색 부분이 C환이다. C환은 60여개의 작은 고리로 구성되어 있다. B환과 C환의 색깔이 다른 것은 그 환을 구성하는 물질이 다르기 때문이다.

아래 사진·보이저 2 호가 520광년이나 떨어진 전갈좌 델타성(星)의 하프모양의 선을 찍은 사진. 각 선들은 희미한 섬광을 발하면서 순간적으로 사라져버린다.

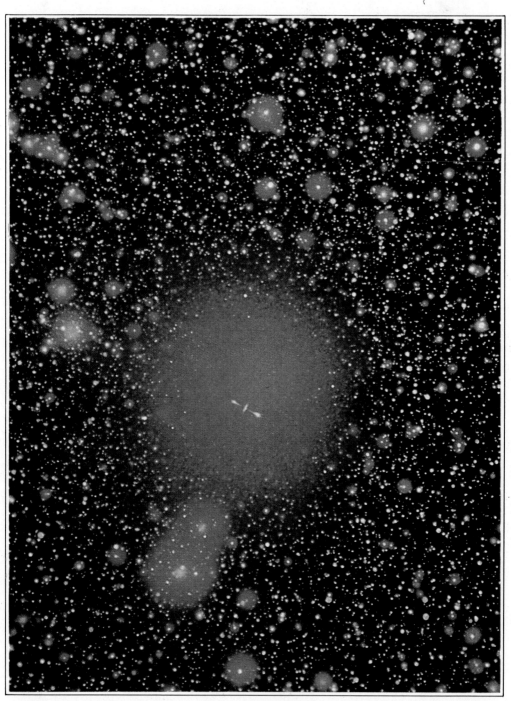

거대한 타원형 은하 *elliptical galaxy* 내부의 준항성 *quasar*. 많은 은하들을 포함하고 있다.

코스모스

칼 세이건 著 / 趙慶哲 (천문학박사) 監修 / 徐光云 (과학평론가) 譯

主友

앤 드류언에게

광대한 우주, 그리고 무한한 시간.
이 속에서 같은 행성, 같은 시대를
앤과 함께 살아 가는 것을 기뻐하면서.

序　文

　지금 우리가 알지 못하는 사실들이, 오랜 세월 연구를 거듭하는 동안, 언젠가 밝혀질 날이
올 것이다. 그러나 과제는 너무나 광범위하다. 미약한 한 인간의 힘으로는 평생을 다 바친다 해
도 캐내기가 어렵다. 그러므로 여러 세대를 거친 후에야 우리는 우주의 지식을 밝힐 수 있을
것이다. 먼 훗날 우리의 후손들은 의아해 할 것이다. 그들에게는 그토록 자명한 일들을 우리가
모르고 살았다는 사실에 대해서…… 우리의 후손들은 얼마나 많은 짐을 지고 있는가? 그때가
되면 우리들에 대한 기억은 희미해질 것이다. 그러나 모든 세대마다 탐구할 소재는 갖고 있다.
그렇지 않다면, 우리의 우주는 얼마나 빈약한 존재인가……자연의 신비는 한 번의 노력으로 벗
겨 버릴 수 있는 것은 결코 아니다.

—세네카 《자연의 질문 *Nature Questions*》 7권

　내가 경험한 바에 의하면 우주에는 너무나 알아야 할 것이 많다. 그러한 궁금증은 모
든 인간이 동일하리라 생각한다. 생명의 기원이나 지구, 우주, 외계의 지적 동물의 탐
구를 비롯해서 우주와 인간의 관계에 이르기까지 말이다. 나는 가장 강력한 보도 매체
인 TV를 이용하면 대중의 흥미를 일으킬 수 있으리라는 생각을 하게 되었다.

　젠트리 리 *B Gentry Lee*씨가 나와 의견을 같이 했다. 그는 바이킹 자료 분석과 설
계를 맡은 담당자로서, 조직적 능력이 풍부한 사람이었다. 우리는 스스로 문제를 해결
하기로 했다. 우리는 과학을 전파하는 제작 단체를 만들자는 안을 내었다.

　다음 몇 달 동안 우리는 여러 가지 일을 시도했다. 그러나 가장 흥미로웠던 것은 로
스앤젤레스의 KCET 방송국으로부터의 제안이었다.

　결국 우리는 천문학에 관한 지식을 인류 전반의 미래와 관련해서 풀이하는 13편의
TV프로그램을 제작하기로 했다. 시청각 자료를 곁들여서 일반 대중의 마음을 움직여
보자는 생각에서였다. 우리는 보험업자와의 협의를 거쳐, 제작자를 고용하고 《코스모스
COSMOS》라는 프로그램을 위해 3년간의 여행을 시작했다. 그 프로그램은 약 1억 4
천만 명이 시청했다고 생각된다.

　일반 대중은 우리가 예상한 것보다 훨씬 많은 지식을 갖고 있었다. 아니 인간은 본
질적으로 과학 정신을 갖고 있기 때문에, 우리는 그렇게 많은 사람들의 흥미를 자극
할 수 있었던 셈이다.

　책과 TV 시리즈는 함께 시작했다. 어떤 의미에서 책과 TV 시리즈는 상호 꼭 필요한
관계에 있다 하겠다. 이 책에 수록된 사진들 중에는 TV 시리즈를 위해 준비했던 자료

에서 따온 것이 많다. 그러나 책과 TV 시리즈는 독자층이 다를 뿐만 아니라 문제의 접근 방식에도 차이가 있다. 책의 장점은 모호하거나 어려운 부분을 되풀이해서 볼 수 있다는 점이다. TV 시리즈에서도 비데오 테이프로 다시 틀어 볼 수는 있으나, 그것은 아직 초기 단계이다. 또 제한된 58분의 TV 프로그램보다 책에서는 훨씬 다양하고 깊이 있게 주제를 다룰 수 있다.

이 책은 TV 시리즈보다 더 많은 주제를 담고 있다. 그러나 TV 시리즈와 이 책은 거의 유사한 제목으로 되어 있다. 그 두 가지를 비교하여 공부한다면 더 재미있으리라 생각한다.

하나의 개념을 여러 번 설명한 경우도 많다——처음에는 되도록 가볍게 다루고 뒤로 갈수록 더 자세히 다루었다. 예를 들어 우주의 물체에 대해 1장에서 소개하고, 2장에서는 돌연변이, 효소, 핵산들을 설명할 때 다시 한 번 우주의 물체를 다루어 주었다.

역사적 연대기를 지키지 않은 것도 많다. 예를 들어서 고대 그리스 과학자의 이야기는 7장에 있으나 케플러 *Johannes Kepler*의 이야기는 3장에 실었다. 그러나 케플러의 이야기를 들은 후라면 그리스 인들을 더 이해하기 쉬우리라 생각한다.

나는 랜덤 하우스 *Random House*에서 일하는 사람들과 편집자 프리드구드 *Anne Freedgood*, 이 책의 도안을 해 준 올리시노 *Robert Aulicino* 등이 끈기 있게 시리즈와 책의 마감 시간을 맞추어 준 것에 감사를 드리고 싶다. 그러나 내가 무엇보다도 신세를 많이 진 사람은 아든 *Shirley Arden* 이다. 그녀는 시시각각으로 들어오는 원고들을 참을성 있게 정리해 주었다. 그리고 또 내가 이 책을 만들 수 있도록 2년간의 휴가를 준 코넬 대학에 감사를 드리고 싶다. 나사 *NASA*와 보이저 촬영 팀의 동료들에게도 감사드린다.

로스앤젤리스 이타카에서
1980년 5월

코스모스
차 례

헌 사 　　　　　　　　　　　　　17
서 문 　　　　　　　　　　　　　18
색 인 　　　　　　　　　　　　　492

제 1 장 우주의 바닷가에서
우주의 바다로 　　　　　　　　　30
탐험을 시작하자 　　　　　　　　31
고독한 지구 　　　　　　　　　　35
어서 오십시요, 여기는 지구 　　　40
지구를 측량한 사나이 　　　　　　41
지구에서 우주로 　　　　　　　　45
가장 오래된 도서관 　　　　　　　48
2 백억년의 역사 　　　　　　　　51

제 2 장 우주의 멜러디
우리들 세상의 봄 　　　　　　　　54
단노우라의 비극 　　　　　　　　55
무능했던 조물주 　　　　　　　　58
작은 모기의 폭격 　　　　　　　　61
생명은 바다에서 탄생 　　　　　　64
인간이 나오기까지의 머나먼 길 　　66
생명을 지배하는 DNA 　　　　　　69
인간은 나무와 친척 　　　　　　　72
방전으로 생기는 유기물 　　　　　73
목성에 사는 생물 　　　　　　　　81
우주의 생물을 찾다 　　　　　　　83

제 3 장 우주의 하모니
밤하늘에 그리는 꿈 　　　　　　　86
하늘의 달력을 헤아리다 　　　　　88

크게 번지는 점성술   89

점성술은 가짜 과학   93

진보를 방해한 천동설   95

지동설의 등장   98

케플러의 천계   101

티코의 곁으로   105

케플러설의 붕괴   108

타원형의 궤도   110

케플러의 3 법칙   112

신비주의를 넘어서   116

마녀로 몰린 어머니   117

달에도 지적 생물이 있는가   119

천재 뉴톤   122

사과와 달과의 관계   124

해변에서 노는 소년   127

제4장 천국과 지옥

하늘에서 떨어진 불덩어리   130

소스라친 마을 사람들   131

혜성의 조각이 충돌   132

밤하늘을 장식하는 유성   134

거대한 핼리 혜성   136

혜성 접근으로 큰 소동   139

파국적인 충돌의 증거   143

월면의 새 분화구   145

날아다니는 소행성   150

금성은 목성의 아이인가   152

밀운에 덮인 금성   159

스펙트럼의 마술   160

4백80도의 초열지옥   164

짙은 유산의 비가 내린다   166

지구를 개조하는 사람들   169

제5장 붉은 별의 신비

화성에도 생물이 있는가   174

화성에 이끌린 사나이   176

운하를 둘러싼 논쟁   178

환상에 지나지 않았던 운하   180

화성으로 나는 꿈   182

화성에서도 사는 미생물   184

실패한 소련의 탐색선   187

안전한 착륙을 위해서   192

바이킹 무사히 착륙   195

붉고 아름다운 세계   198

늑대잡이의 함정   200

남극에서 죽은 과학자   202

스프를 마신(?) 화성인   204

활발한 진흙의 작용   206

찾아내지 못한 생물   209

앞으로의 탐색 계획   211

극관을 검게 물들인다   214

제6장 나그네 이야기

행성으로 날아가는 로케트   222

네덜란드 인의 활약   224

지식인을 위한 휴식의 항구   227

호이헨스 가의 부자(父子)   229

빛의 입자설과 파동설   230

토성의 띠 등을 발견   231

생물이 있는 행성을 상상   234

4개의 목성 위성   236

에우로파의 줄무늬   239

목성에의 비행 일지   242

장대한 이오의 활화산   246

태양이 되는데 실패한 목성   251

흥미 깊은 타이탄　254
태양 제국의 경계선　256

제7장 하늘의 화톳불
별은 도대체 무엇일까　262
먼 선조들의 생각　264
불을 사육한 때　266
밤하늘의 수수께끼를 풀다　268
과학의 여명　270
일보 앞선 이오니아　273
선구자 탈레스의 철학　276
그리스 시대의 진화론　278
공기도 발견했다　280
데모크리토스의 원자론　282
물질주의와 실험주의　285
순수 사고에 의존한 일파　287
실험을 업신여기는 풍조　288
과학을 멸망시킨 노예 제도　292
사상 최초의 지동설　295
별은 멀리 있는 태양인가　297
헤아릴 수 없을 만큼 많은 은하　299
탐험은 멈추어서는 안된다　301

제8장 가없는 時空의 여행
시간과 함께 변하는 성좌　304
아득히 먼 곳에 있는 별이나 은하　306
상대성 이론의 탄생　309
빛보다 빨리 날 수 있는가　312
기묘한 광속 여행　314
수폭으로 추진되는 우주선　316
미래와 과거로 향한 여행　319

행성으로 향한 출발　　　　322

다른 행성계를 찾아 내다　　　325

역사의 분기점에 서다　　　　327

제9장 태어나고 죽는 별의 목숨

항성은 우주의 부엌　　　　　334

원자를 더욱 자르다　　　　　336

원자를 만드는 입자들　　　　338

핵융합으로 빛나는 태양　　　343

뉴트리노의 비밀　　　　　　348

지구를 삼키는 태양　　　　　350

큰 별은 초신성으로　　　　　353

초신성의 대폭발　　　　　　356

우주의 등대 펄서　　　　　　359

공포의 블랙홀　　　　　　　361

밑이 없는 인력 터널　　　　363

인류는 우주의 아들　　　　　365

제10장 永遠의 끝

여러 가지 은하의 탄생　　　　368

수많은 은하군　　　　　　　370

충돌, 자살하는 은하　　　　　372

이상한 천체 퀘이서　　　　　373

들락날락하는 태양계　　　　376

도플러 효과의 효용성　　　　379

도망쳐 가는 은하들　　　　　381

처녀좌가 은하단에 돌입　　　383

우주는 신의 꿈인가　　　　　385

팽창 우주인가 진동 우주인가　388

미약한 전파를 잡을 수 있다　390

불가사의한 평면 세계　　　　　392

4차원의 세계를 상상한다　　　　394

딴 곳에도 우주가 있을까　　　　396

영원의 끝에 서서　　　　　　　398

제11장　未來에의 편지

바다의 주인공은 고래　　　　　　　400

1만km나 전달되는 바다 속의 통신　　401

유전자와 뇌의 도서관　　　　　　　404

진화의 흔적을 보이는 인간의 뇌　　　406

2천만 권의 책에 상당　　　　　　　409

오랜 옛날 사람들의 목소리를 듣는다　411

지구를 지배하던 공룡들　　　　　　412

대파국으로 전멸한 공룡들　　　　　414

지구 외의 행성에 사는 문명인　　　　416

우주에도 송신되는 TV　　　　　　418

보이저에 실린 편지　　　　　　　　520

은하 사회의 일원으로서　　　　　　421

제12장　宇宙人으로부터의 편지

우주인은 지구에 왔었는가　　　　　424

상형 문자의 비밀을 풀다　　　　　426

로제타 석이 단서가 되다　　　　　429

우주인과의 교신은 전파로　　　　　431

교신 상대는 있는 것인가　　　　　433

지적 생물이 존재할 확률　　　　　435

문명 세계는 10개뿐일까?　　　　438

시작된 우주인 찾기　　　　　　　440

우호적인 이문화(異文化) 접촉　　　442

갈가마귀 신(神)　　　　　　　　444

파괴된 아즈테크 문명   447
우주인은 우호적인가   449
우주 가운데도 기술 격차가   451
겹쳐가며 쓰는 우주 전보   456
자손에게 인계되는 항성간 대화   458

제 13 장 단 하나의 地球를 위하여

자기 파멸의 핵전쟁   462
천만 개의 히로시마 원폭   465
전쟁의 규모를 나타내는 M   467
핵 전쟁의 공포의 균형   469
인류 전멸의 날은 언제인가   470
중대한 과제에 직면한 인류   473
육체적인 애정이 낳는 평화   475
과학은 도움이 되는 도구   477
영광의 알렉산드리아   478
잃어버린 고대의 명예   480
별의 재가 의식을 지녔다   482
충성심의 범주를 넓혀 가자   484
얼마 안되는 우주 개발의 예산   490
생존해 남아야만 할 인류   491

표지장정   박 래 후

COSMOS

비교적 작은 크기의 소용돌이 은하와 타원 은하

1
우주의 바닷가에서

지구의 크기를 당신은 아십니까? 빛
이 머물고 있는 곳에 이르는 길은 어
디에 있읍니까? 그리고 암흑의 장소
에 이르는 길은 어디에 있읍니까?
—구약 성경 《욥기》—

내가 자신의 존엄성을 찾아야 될 곳
은 공간이 아니고 사색의 영역이다. 내
가 만일 몇 개의 세계를 소유한다면
나는 더 이상 아무것도 필요 없다. 우
주는 공간을 통해 나를 원자처럼 삼켜
버릴 것이다. 그러나 나는 사색을 통해
세계를 이해한다.
—파스칼 《팡세》

넓게 펼쳐진 은하. 오른쪽 아래 부정형 은하 *irregular galaxy*가 있다.

우주의 바다로

우주 *Cosmos*란 과거와 현재와 미래에 존재하는 〈모든 것〉이다. 우리의 사고력은 극히 빈약하지만 우주를 생각하노라면 우리는 흥분하지 않을 수 없다. 등골이 오싹해지고 목소리는 달뜨며 먼 옛날을 회상하는 것 같은, 높은 곳에서 떨어질 때와 같은 그런 기분이 된다. 그럴 때 우리는 참으로 위대한 신비의 세계로 다가간다. 그것을 알기 때문에 우리는 흥분한다.

우주의 크기와 나이는 인간의 보통의 이해력을 초월한다. 우리의 조그만 고향인 지구는 끝없이 영원한 우주 속의 미아이다. 우주를 생각해 보면 지구상의 많은 사람들의 걱정거리 같은 것은 보잘 것 없는 하찮은 것이라고 하겠다. 하지만 인류는 아직도 정열적이고 호기심에 넘쳐 있으며 용감하고 풍부한 장래성을 지니고 있다.

매우 희귀한 반지형 은하. 초신성 폭발로 인해 푸른 별 하나가 대단히 밝아진 것이다.

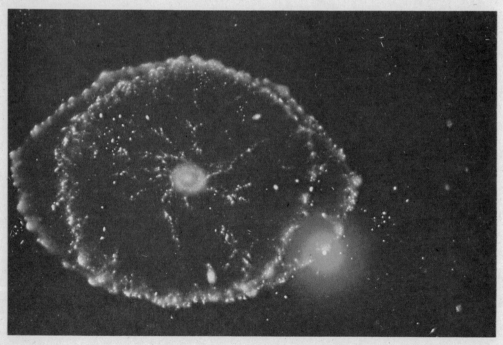

지난 수천 년 동안 우리들은 우주와 지구에 대하여 예기치 않았던 놀랄 만한 발견을 이룩했다. 그리고 생각만 해도 가슴 두근거리는 탐험을 해 냈다.

생각해 보면 인간은 원래 의문을 갖도록 되어 있으며 인간에게 있어 안다는 것은 바로 기쁨이요, 즐거움이다. 지식은 또 생존해 나가는 전제 조건이기도 하다.

우리들은 아침 햇살 속에 떠돌아다니는 먼지 같은 존재에 불과하나, 우리들의 미래는 우주에 대하여 우리가 얼마만큼 알고 있는가에 달려 있다. 나는 그렇게 믿는다.

대칭 분출 물체 *symmetrical jet* 를가진 전파 은하.

이와 같은 탐험에는 회의심 (懷疑心)과 상상력이 필요하다. 상상력은 때때로 우리들을 일찌기 존재하지 않았던 세계로 인도해 간다. 상상력이 없다면 우리는 아무 곳에도 갈 수가 없을 것이다. 한편 회의심은 공상과 사실과를 구별하고 우리들이 생각한 것을 검증하는 데 도움이 된다. 우주에는 우아한 사실, 절묘한 관계, 외경할 만큼 미묘한 장치가 헤아릴 수 없이 많이 있다.

지구의 표면은 우주라고 하는 넓은 대양의 기슭이다. 그 바닷가에서 우리는 현재 우리가 알고 있는 모든 것을 배웠다. 그리고 최근에 와서 우리는 아주 조금이긴 하나 그 큰 바다에 발을 들여놓았다. 분명히 발가락 끝은 물에 담갔다. 어쩌면 복숭아뼈까지 젖어 있는지도 모른다. 물은 우리를 유혹하고 있는 것만 같다. 대양은 우리를 부르고 있다.

우리들의 몸은 알고 있다. 우리가 그 대양으로부터 왔다는 것을. 우리들은 다시 돌아가고 싶어 한다. 우리들의 그런 기분이 조물주에게 곤혹을 느끼게 할는지 모른다. 그러나 그것은 결코 불경 (不敬)스러운 일은 아니다. 나는 그렇게 생각한다.

탐험을 시작하자

우주는 대단히 크다. 따라서 지구상에서 사용하는 미터 (*m*)나 센티미터 (*cm*) 같은 단위는 거의 쓸모가 없다. 이 때문에 거리 측정에는 빛의 속도를 사용한다. 빛은 1 초 동안에 30 만 *km*나 나아간다. 그것은 지구를 일곱 바퀴 반 도는 거리이다. 빛이 태양으로부터 지구까지 날아오는 데는 8 분 가량 걸린

소용돌이 팔 약간 위에서 본 은하수. 소용돌이 팔은 수백 만개의 뜨겁고, 어리고, 푸른 별로 이루어져 있으며, 멀리 보이는 은하핵은 늙고, 붉은 별로 이루어진다.

다. 빛이 1 분간 날아가는 거리를 가령 1 광분(光分)이라고 부른다면 태양으로부터 지구까지의 거리는 8 광분이 된다.

빛이 1 년간 날아가는 거리는 약 10 조 km에 달한다. 빛이 1 년간 날아가는 거리를 길이를 재는 단위로서 사용하며, 이것을 1 광년(光年)*light-year*이라고 부른다. 〈년〉이란 말이 붙지만 이것은 시간을 재는 단위가 아니라 거리를 재는 단위이다. 실제로 1 광년은 너무나 엄청난 거리이다.

지구는 하나의 〈장소〉이다. 물론 '오직 하나만의 장소'는 아니다. 우주를 대표할 만한 장소도 아니다. 어느 행성 *planet*도 별도 은하 *galaxy*도 결코 우주를 대표하고 있지는 않다. 왜냐하면 우주의 대부분은 텅 빈 것이기 때문이다. 우주를 대표하는 장소는 광대하고 차가운 진공 속에 있다. 그곳은 은하들 사이에 펼쳐진 영원한 밤의 세계이며 매우 기묘하고 황

량한 장소이다. 그 광막한 우주 속에서는 행성이나 별이나
은하는 아주 드물고 귀여운 존재이다.

　만약 우리가 우주 속에 아무렇게나 내팽개쳐졌다면 우리들
이 행성 위에, 또는 그 근처에 가 있게 될 확률은 1 조를 1
조 배하고 또 10 억 배한 것 중의 하나보다도 더 작다. 1에
다 0을 33개 붙인 수를 분모로 하고 분자를 1로 한 수보다도
더 작은 확률이 되는 셈이다. 일상 생활에서는 이같은 확률은

(위) 막대기형 소용돌이 은
하. 별과 먼지로 이루어진 막
대가 핵을 가로지르고 있다.
(아래) 정상 소용돌이은하.

(위)은하의 핵.
(아래)붉은 거성 *giant star*과
소용돌이 팔.

무시된다. 〈세계 *World*〉란 그만큼 귀중한 것이다.

은하와 은하의 사이에 서서 바라보면 곱슬머리 같은 모양을 한 가느다란 빛이 무수히 보일 것이다. 마치 우주의 물결 위에 흩어진 거품 같다. 이것이 바로 은하이다. 은하들 가운데는 외토리 방랑자도 있지만 대부분은 사회와 비슷한 집단을 이루고 있으며 뒤죽박죽 함께 모여서 우주 공간의 거대한 암흑 속을 한없이 표류해 간다. 우리들 앞에 펼쳐지는 우주는, 우리가 아는 한, 가장 거대한 것이다.

지금 우리는 우주선을 타고 지구로부터 80억 광년 가량 떨어진 은하 속에 있다. 여기는 지구로부터 우주 끝까지의 중간에 해당하는 장소이다.

은하는 가스와 먼지와 별들로 이루어져 있다. 거기에는 몇십억, 몇 천억 개나 되는 별이 있다. 그 별 하나하나가 어느 우주인에겐가는 태양일지도 모른다. 은하 속에는 별과 세계가 있고 생물이나 지적인 동물, 우주 여행을 하는 문명인의 사회가 펼쳐져 있을 것이다. 그러나 멀리서 보면 은하는 조개껍질이나 산호 같은 사랑스러운 것들을 모아놓은 것처럼 여겨진다. 그것은 영원한 우주의 바다를 위해 〈자연〉이 공력을 들여 만들어 놓은 것이다.

우주에는 1천억 개 정도의 은하가 있으며 그 각각의 은하에는 평균해서 1천억 개 정도의 별이 있다. 그리고 아마도 모든 은하 속에는 그 별과 같은 수의 행성도 있을 것이다. 그 총수는 10의 22제곱, 즉 1백억의 1조 배쯤 될 숫자이다.

가시우스 성운 *Gaseous ne-bulosities*에 있는 검은 먼지 구름과 별들. 뒤에는 은하가 보인다.

이같은 거대한 수를 생각하면 흔히 있는 별의 하나에 지나
지 않는 태양만이 사람이 사는 행성을 지니고 있다고는 도저
히 생각할 수가 없다. 우주의 남모르는 한구석에 있는 우리
들만이 그런 행운을 누리고 있다고 말할 수 있을까 ? 오히려
우주에는 생명이 넘치고 있다고 보는 편이 타당하리라. 그러
나 과연 그런지 아닌지 우리들 인류는 아직 모르고 있다.

우리들은 이제 막 탐험을 시작했을 뿐이다. 우리들이 분
명하게 알고 있는 사실은 사람이 살고 있는 별은 바위와 금속
의 조그마한 덩어리에 불과한 이 지구뿐이라는 것이다. 이 지
구는 태양의 빛을 반사하여 가냘프게 빛나고는 있으나, 지금

(위) 검은 먼지 구름의 내부.
(아래) 초신성 잔재의 중앙에
있는 펄서 *pulsar*.

우리들이 살고 있는 80억 광년 저쪽에서 볼 때 그것은 찾아
보기조차 힘이 든다. 이 거리라면 우리들의 은하계 *Milky
Way Galaxy*가 속해 있는 성단(星團) *cluster*을 발견하는
것조차 곤란하다. 하물며 태양이나 지구를 발견한다는 것은
한층 더 곤란한 일이다.

고독한 지구

그러나 우리들은 지금 지구의 천문학자들이 '국부 은하군(局
部 銀河群) *local group of galaxies*'이라고 부르는 곳에 접근
해 가고 있다. 그것은 성글고 희미하며 조용한 은하단(銀河團)
이다. 그리고 그 안에 M 31이라고 하는 은하가 있다. 지구에

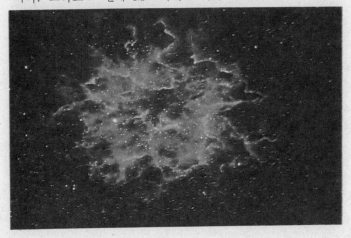

초신성 폭발을 둘러싸고 있
는 성운. 즉, 밝은 가스 구름.

오리온 성운 *Orion Nebula*의
반대 쪽 모습으로 지구에서는
볼 수가 없으며 3개의 푸른 별
만 보이는데 이것을 오리온 자
리라고 부른다.

오리온 자리의 대성운 내부.
뜨거운 별빛을 받아 가스가 여
러가지 색으로 빛난다.

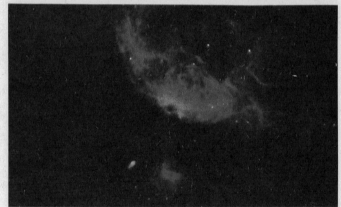

서 보면 그것은 안드로메다 *Andromeda* 좌(座)에 있다. 다른
소용돌이형 은하 *Spiral galaxies*와 마찬가지로 이것은 별
과 가스와 먼지의 거대한 풍차(風車)이다. M 31은 2개의 작은
은하를 거느리고 있는데 그들은 작은 타원형의 은하이며 인력
*gravity*에 의해 M 31에 묶여져 있다. 그 인력은 나를 의자에
끌어붙이고 있는 힘과 같은 것으로, 똑같은 물리 법칙에 따르
고 있다. 자연의 법칙은 우주 속에서는 어디서나 마찬가지다.
　우리는 벌써 지구로부터 2백만 광년 되는 곳까지 왔다.
　M 31의 저쪽에는 또 하나의 아주 많이 닮은 은하가 있다.
그것은 우리들의 은하계로써 그 소용돌이는 2억 5천만 년에
한 번 꼴로 천천히 회전하고 있다.
　지금 우리는 지구로부터 4만 광년 되는 곳까지 와서 은하

오리온 성운의 외부는 검은
먼지에 싸여 있으나 내부는 뜨
거운 별에 의해 밝게 빛나고
있다.

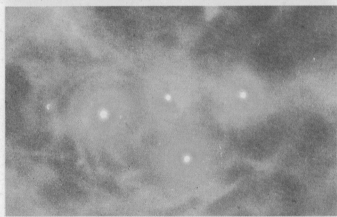

오리온 성운 속에서 최근 발
견한 사다리꼴 별들.

어린 묘성 *Pleiades.* 모체가
되는 성운을 막 벗어 났으므로
아직도 밝은 먼지 구름을 약
간 묻혀 가지고 있다.

메탄 서리로 덮여 있는 명왕성과 명왕성의 거대한 달 샤론 *Charon.*

토성.

목성의 가장 안쪽 위성.

계의 중심을 향해 계속 내려가고 있다. 그러나 만일 지구를 발견하고 싶으면 우리는 은하계의 아득히 먼 끝 쪽으로 방향을 바꾸어야만 한다. 지구는 기다란 소용돌이 모양의 어깨끝 쪽에 있는 것이다.

소용돌이 형 은하의 어깨와 어깨 사이를 날고 있으면 수많은 별이 우리들 곁을 흘러 지나간다. 그것은 숨막힐 정도로 아름다운 광경이다. 스스로 빛을 발하는 아름다운 별들이 끝없이 긴 행렬을 이루고 있으며 그들 중에는 비누거품처럼 연약한 것도 있다. 그것은 1만 개의 태양, 1조 개나 되는 지구를 삼켜 버릴 만큼이나 크다. 한편 조그만 마을 크기의 별도 있다. 그들은 납(鉛)의 1백조 배 정도의 밀도를 갖고 있다. 몇 개의 별은 태양처럼 고독하지만 대부분은 동료들과 어울려 있다. 별은 보통 두 개가 한 조가 되어 서로 상대방 주위를 돌고 있다. 그러나 세 개가 한 조를 이룬 것도 있고 수십 개의 별이 느슨하게 모여 있는 것도 있는가 하면 1백만 개 정도의 밝은 태양이 모인 거대한 구상 성단(球狀星團) *globular cluster*도 있다.

몇몇 연성(連星) *double stars*은 서로 너무 접근하여 부딪치고 있으며 별 속의 물질이 상호 교류하고 있다. 그러나 대부분의 연성은 태양과 목성 *Jupiter* 사이만큼이나 떨어져 있다.

초신성(超新星) *supernovae*이라고 불리우는 몇 개의 별은 은하계 전체와 맞먹을 정도로 밝다. 그러나 불과 몇 *km*만 떨어져도 보이지 않게 되는 블랙홀 *black hole*도 있다. 대개의 별은 언제나 같은 밝기로 빛나고 있으나 불안정하게 반짝이는 별이나 일정한 리듬으로 깜박거리는 별도 있다. 우아하게 자전(自轉) *rotation*하는 별도 있고 너무 심하게 자전하는 까닭에 납작해진 별도 있다.

많은 별은 주로 가시 광선(可視光線)과 적외선을 발하고 있으나 강한 X선이나 전파를 발하는 별도 있다.

푸른 색 별은 뜨겁고 젊으며, 황색 별은 틀에 박힌 중년(中年)이다. 붉은 색 별의 대부분은 노년으로 죽어 가고 있으며 자그맣고 하얀 별과 어두운 별은 죽음의 고통에 헐떡이고 있는 별이다.

은하계 가운데는 여러 가지 종류의 별이 4천억 개 가량이나 있으며 복잡하고 질서 있는 우아함을 지니고 움직이고 있다.

이 모든 별 가운데서 지구 사람들이 지금까지 클로즈업해 볼 수 있었던 것은 오직 하나, 태양뿐이었다.

각개의 별의 집단은 우주 속의 섬과 같은 존재이다. 섬과 섬끼리는 서로 몇 광년씩이나 떨어져 있다. 이들 무수한 세계에 사는 생물들이 진화하여 지식 같은 것을 갖기 시작한다면, 처음에는 그들 자신의 작은 행성과 보잘것 없는 몇 개의 태양이 전부인 것처럼 생각할 것이다. 나는 꼭 그럴 거라고 상상한다. 우리들은 고독 속에서 성장한다. 우주에 대한 것은 서서히 알아 가는 수밖에 없다.

몇 개의 별 주위에는 수백만을 헤아리는 암석의 작은 세계가 있을 것이다. 그것은 진화의 초기 단계에서 얼어붙어 버린 행성계 *planetary system*이다. 필시 많은 별들이 우리 태양계와 같은 행성계를 갖고 있을 것이다. 그 행성계의 가장자리 쪽에는 거대한 가스 모양의 행성이 있을 것이다. 그 행성은 둥근 테를 갖고 있고 얼음 같은 달 *icy moon*을 지니고 있을 것이다. 그리고 중심 가까운 곳에는 작고도 따뜻하며 창백한 구름에 싸인 행성이 있으리라.

그들 행성 중 몇 개에는 지적인 생물이 살면서 거대한 토목 공사로 행성의 표면을 개조하고 있을 것이다. 이같은 지적인 생물은 우리들의 형제이며 자매이다. 그들은 우리들과 얼마나 많이 다를 것인가? 그들은 어떤 모습을 하고 있을까? 그들의 생화학, 신경 생리학, 역사, 정치, 과학, 기술, 예술, 음악, 종교 등은 어떤 것일까? 어느 날엔가, 우리는 그것을 알 수 있으리라.

우리는 이제 지구에서 1 광년 되는 곳까지 왔다. 여기는 지구의 뒷마당이다.

거대한 눈덩이가 수없이 모여서 둥근 공 모양의 무리가 되어 태양 주위를 돌고 있다. 그 눈덩이는 얼음과 바위와 유기물로 이루어져 있는데 이것은 혜성(慧星) *Comet*의 핵이 되는 것이다.

이따금 다른 별이 이 눈덩이 무리의 근처를 통과하게 되면 그 약간의 인력으로 눈덩이 하나가 이끌려 나와 태양계 *Solar system* 속으로 비틀거리며 달려간다. 태양에 접근하면 그 열 때문에 눈덩이의 얼음이 증발하고 혜성의 아름다운 꼬리가 생겨난다.

어서 오십시오, 여기는 지구

우리들은 태양계의 행성에 가까와지고 있다. 그들은 태양에게 붙들려 그 인력에 의해 원에 가까운 궤도를 돌며 주로 태양빛이 내쏘는 열을 받고 있다.

명왕성 *Pluto*은 메탄 *methane*의 얼음으로 뒤덮여 있고, 단한 개의 커다란 위성 카론 *Charon*을 데리고 있다. 이 행성은 멀리 떨어진 태양의 빛으로 비춰지고 있을 뿐이므로 칠흑의 궁창 속에 있는 조그만 광점(光點)으로밖에 보이지 않는다. 그리고 거대한 가스 모양의 행성이 줄지어 선다. 해왕성 *Neptune*, 천왕성 *Uranus*, 토성 *Saturn* (토성은 태양계의 보석이다)⋯⋯ 그리고 목성. 이들은 모두 얼음덩어리 같은 달을 거느리고 있다.

이같은 가스 모양의 행성과, 날아다니는 빙산의 안쪽에는 따뜻한 암석의 세계가 있다. 예를 들면 거기에는 붉은 행성인 화성 *Mars*이 있다. 화성에는 우뚝 솟은 화산과 크고 긴 계곡과 전체 표면을 뒤덮어 버릴 것 같은 모래 폭풍이 있다. 그리고 아마도 단순한 형태의 생명체도 존재하고 있을 것이다. 모든 행성들은 태양을 중심으로 궤도를 돌고 있다.

우리들에게 가장 가까운 태양은 수소 가스와 헬륨 가스의 지옥이다. 거기서는 핵융합 반응(核融合反應) *thermonuclear reaction*이 일어나고 있으며 그 빛은 태양계 안에 넘치고 있다.

그리하여 방랑을 계속한 끝에 우리들은 아주 조그마한 청색과 백색의 우리들의 세계로 되돌아왔다. 아무리 대담한 상상을 한다고 해도 이를 수 없을 만큼 광대한 우주의 대양 속에서, 부서지기 쉬운 우리들의 세계는 마치 미아와 같은 존재이다. 그것은 무수한 세계 중의 하나이다. 그것은 우리에게 있어서만 귀중할 뿐이다. 지구는 우리의 집이며 어버이다. 한 가지 형의 생명이 여기서 싹트고 여기서 진화했다. 인류는 여기서 자기들의 시대를 맞이했다. 이 세계 안에서 우리는 우주 탐험의 정열을 이어갔다. 얼마간의 고통이 따르고 아무런 보증도 없이 여기에서 우리는 스스로의 운명에 대해 생각하고 있다.

잘 오셨읍니다, 이 지구까지. 여기에는 질소 가스로 된 푸른 하늘이 있고 태양이 있고 시원한 숲과 부드러운 목장이 있다. 여기는 생명이 물결 치는 세계이다. 여기는 우리를 감동시키는 아름다움을 지닌 희귀한 세계인 것이다. 그리고 현재로서는 달리 유례가 없는 세계이다.

우리들은 우주의 공간과 시간 속을 여행해 왔다. 그러나 우주의 물질이 생명을 얻어 숨쉬고 있는 곳은 이 지구뿐이다. 우리들이 확실하게 알고 있는 생명의 세계는 지구뿐인 셈이다.

우주 속에는 이같은 세계가 그밖에도 수없이 흩어져 있으리라. 그러나 그 수색은 이제 막 시작됐을 뿐이다. 인류의 남녀가 1백만 년 이상에 걸쳐 지극히 값비싼 대가를 지불하면서 축적해 온 지식을 동원하여 우리는 다른 생명의 세계를 찾는 것이다. 머리가 좋고, 정열적이고, 호기심이 강한 사람들 사이에 우리들은 살고 있다. 지식을 탐구하는 일이 칭찬받는 시대에 우리는 살고 있다. 그런 의미에서 우리는 혜택받은 사람들이다.

인간은 원래 별에서 태어났고, 그리고 지금 잠시 동안 지구라고 불리우는 세계에 살고 있다. 허나 우리는 이제부터 고향의 별로 돌아갈 기나긴 여정에 오른 셈이다.

지구를 측량한 사나이

인류가 성취한 발견의 대부분은 고대의 근동 지역에서 이루어졌다. 지구는 하나의 작은 세계에 지나지 않는다는 것도 고대의 근동 지역에서 발견되었다. 그것은 기원전 3세기경 당시의 최대의 도시였던 이집트의 알렉산드리아 *Alexandria*에서 발견되었다.

그 무렵 알렉산드리아에 에라토스테네스 *Eratosthenes*라는 사나이가 살고 있었다. 그를 부러워하던 친구 중 한 사람은 그를 '베타 *Beta*'라고 불렀다. '베타'란 희랍의 알파벳의 두 번째 글자이다. 그 친구에 의하면 에라토스테네스는 세상에서 두 번째로 여러 가지 것을 잘 알고 있었으므로 '베타'라는 별명을 붙였다고 한다.

태양

그러나 에라토스테네스는 거의 모든 일에 대해 '알파 *Alpha*'였던 것으로 생각된다. 그는 천문학자였고 역사학자, 지리학자, 철학자, 시인, 극 평론가, 수학자이기도 했다.

그가 쓴 책의 제명은 《천문학 *Astronomy*》에서 《아픔으로부터의 자유에 대하여 *On Freedom from Pain*》에까지 이르고 있다. 그는 알렉산드리아 도서관장직에도 있었는데 그곳에서 어느 날 파피루스*의 책을 읽었다. 그 책에는 나일 *Nile* 강 제 1 의 급류에 가까운 시에네 *Syene*라는 남쪽의 변경 지방에 관한 얘기가 나와 있었다.

그곳에서는 6월 21일의 정오가 되면 수직으로 세운 막대기에 그 그림자가 생기지 않는다는 것이었다. 1년 중 낮이 가장 긴 하지(夏至)날, 시각이 정오에 가까워지면 사원의 원기둥(圓柱)의 그림자는 점점 짧아지며 정오에는 아주 없어져 버린다. 그리고 태양은 깊은 우물의 수면에 자신의 모습을 비추게 된다. 즉 태양이 바로 머리 위로 온다는 얘기였다.

그것은 보통 사람이라면 그냥 지나쳐 버리기 쉬운 사실이었다. 막대기 그림자, 우물 수면의 반사, 태양의 위치 따위 흔해빠진 일상의 일에 얼마만한 중요성이 있다는 말인가. 그러나 에라토스테네스는 과학자였다. 그는 이와 같은 평범한 일상사를 곰곰이 생각한 끝에 세계를 바꾸어 버렸다. 아니 세계를 만들어 낸 셈이었다.

에라토스테네스는 실험하기를 좋아했다. 그는 알렉산드리아에서 수직으로 세워 놓은 막대기가 6월 21일 정오에 그림자를 드리우는지 어떤지를 실제로 관찰했다. 그리하여 알렉산드리아에서는 막대기가 그림자를 드리운다는 것을 발견했다.

에라토스테네스는 생각했다. 같은 시각에 시에네의 막대기는 그림자를 드리우지 않고, 훨씬 북쪽에 있는 알렉산드리아의 막대기는 뚜렷하게 그림자를 드리운다. 그것은 웬 까닭일까?

여기서 고대 이집트의 지도를 생각해 보자. 그리고 같은 시각에 2개의 막대기가 똑같이 그림자를 전혀 드리우지 않는다고 상상해 보자. 이 경우는 지구가 편편한 것이라고 생각하면 아주 쉽게 이해할 수 있다. 태양은 이때 바로 모든 곳의 머리 위에 있는 셈이다.

만약 2개의 막대기가 똑같은 길이의 그림자를 드리운다면 이 경우도 역시 지구가 편편하다고 할 때 이치에 맞는 얘기가

*파피루스는 갈대의 섬유로 만들어 종이 대신 사용한 것, 또는 거기에 쓴 고문서─역주
*지금의 아스완 지방─역주

된다. 태양의 빛은 2개의 막대기에 대해 똑같은 각도만큼 기울어져 있는 셈이다. 그러나 같은 시각에 시에네의 막대기는 그림자를 드리우지 않고 알렉산드리아의 막대기는 뚜렷하게 그림자를 드리운다면 도대체 이것은 무슨 까닭이란 말인가?

오직 하나의 대답은 지구의 표면이 편편치 않고 둥글다는 설명이 있을 뿐이다. 그는 그렇게 생각했다. 그뿐 아니라 굽어 있는 정도가 크면 클수록 그림자 길이의 차이는 커진다는 점도 그는 생각해 냈다.

태양은 멀리 떨어져 있으므로 그 빛이 지구에 닿을 무렵에는 평행 광선이 된다. 따라서 태양 광선에 대해 다른 각도에서 막대기가 서 있다면 그림자의 길이에 차이가 생긴다. 시에네와 알렉산드리아에서 생기는 막대기 그림자의 길이 차이는 지구의 표면에 연하여 7도의 차이에 상당하는 각도였다. 2개의 막대기가 지구의 중심까지 뻗어 있다고 가정한다면 이 2개의 막대기는 중심점에서 7도의 각도를 갖고 엇갈릴 것이라고 생각되었다. 7도라는 것은 지구의 전체 둘레 360도의 약 50분의 1이다.

에라토스테네스는 한 남자를 고용하여 알렉산드리아에서 시에네까지의 거리를 발걸음 폭으로 재도록 했는데, 그 거리는 약 8백 km였다. 그것을 50배 하면 4만 km가 되는데 이것이 지구의 둘레임에 틀림 없을 것이라고 생각했다.

그것은 옳은 해답이었다. 에라토스테네스가 사용한 도구는 막대기와 눈과 발과 두뇌와 그리고 실험을 좋아하는 취미, 그것뿐이었다. 그것만으로 그는 지구 둘레의 길이를 불과 몇 %의 작은 오차로 산출했다. 무려 2천 2백 년 전의 업적으로서는 굉장한 것이었다. 그는 하나의 행성의 크기를 정확히 측정한 최초의 인간이었다.

그 무렵 지중해 연안에 사는 사람들은 뛰어난 항해술을 가진 것으로 유명했다. 알렉산드리아는 지구상에서 가장 큰 항구였다. 지구가 둥근 공 모양이라는 것을 알게 되면 누구라도 한 번 항해해 보고 싶어질 것이다. 미발견의 땅을 찾아, 할 수 있다면 지구를 한 바퀴 돌고 싶다고 생각하지 않겠는가. 에라토스테네스의 시대보다 4백 년도 더 전에 이집트 왕 네코 Necho에게 고용된 페니키아 Phoenicia의 선단이 아프리카를 일주했다. 짐작컨대 그들은 부서지기 쉬운 배를 타고

화성 표면에 있는 올림퍼스 *Olympus* 산. 높이가 30 km, 지름이 5백 km나 되는 화산 구조물이다.

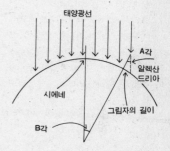

알렉산드리아에서 그림자의 길이를 재면 A각이 나온다. 그리고 기하학 원리(2개의 직선이 평행할 때, 제3의 직선이 이 평행선을 지나면 내부에 생기는 각은 동일하다)에 의해 B각도·A각과 같다. 에라토스테네스는 알렉산드리아에서 그림자의 길이를 재어 A=B=7°라는 것을 알았다. 즉 시에나에서 알렉산드리아는 지구 중심에서 7°만큼 떨어져 있다.

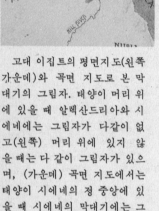

고대 이집트의 평면지도(왼쪽 가운데)와 곡면 지도로 본 막대기의 그림자. 태양이 머리 위에 있을 때 알렉산드리아와 시에네에는 그림자가 다같이 없고(왼쪽) 머리 위에 있지 않을 때는 다 같이 그림자가 있으며, (가운데) 곡면 지도에서는 태양이 시에네의 정 중앙에 있을 때 시에네의 막대기에는 그림자가 없으나 알렉산드리아에서는 분명히 그림자가 드리워져 있다.

서 홍해의 항구를 떠났을 것이다. 그리하여 아프리카의 동해안을 남하하고 대서양 쪽을 북상하여 지중해를 거쳐 돌아왔을 것이다. 이 영웅적인 항해는 3 년이 걸렸으나 그것은 현대의 탐색선 *spacecraft* 〈보이저*Voyager*〉가 지구로부터 토성까지 나는데 필요한 세월과 거의 맞먹는다.

에라토스테네스의 발견 이후 모험을 즐기는 용감한 선원들이 이따금 장대한 항해를 시도했다. 그들은 초보적인 항법 도구(航法道具)밖에 갖고 있지 않았다. 그들은 무작정 전진하면서 될 수 있는 한 해안선을 따라 항해했다. 미지의 대양을 갈 때에는 매일 밤 수평선과 성좌와의 위치 관계를 관측해서 위도를 알아 냈다. 그러나 경도는 알지 못했다. 미지의 대양 한복판에 있을 때 낯익은 성좌가 보이면 선원들은 마음이 편안해졌을 것이다. 별은 탐험자들의 친구이다. 지구의 바다를 가는 배에게나 하늘을 가는 우주선에게나 별은 친구이다.

에라토스테네스 이후에 얼마만한 사람들이 지구 일주의 항해를 시도해 보았던가. 그러나 마젤란 *Magellan*의 시대까지 아무도 성공하지 못했다. 선원이나 항해자 같은 사람들이 알렉산드리아의 과학자의 계산 결과에 목숨을 걸었다. 도대체 어떤 모험담이 있었을까.

에라토스테네스 시대에 우주에서 본 지구는 공 모양으로 만들어졌다. 잘 탐험된 지중해 근처의 지도는 참으로 성확했으나 알렉산드리아에서 멀어지면 멀어질수록 지도는 부정확하게 되어 있었다.

불쾌하지만 우주에 관한 우리들의 지식도 이같은 불가피한 특징을 갖고 있다. 1세기에 알렉산드리아의 지리학자 스트라보 *Strabo*는 다음과 같이 쓰고 있다.

지구 일주 항해를 시도하고 돌아온 사람들은 "가는 길목에 대륙이 있어 앞으로 나아갈 수가 없었다"고 말하지는 않는다. 바다는 완전히 열려 있었다. 그러나 불굴의 정신이 부족하고 물이나 식량이 모자랐기 때문에 그들은 앞으로 나아갈 수가 없었던 것이다. 에라토스테네스는 말한다. "대서양의 넓이가 방해가 되지 않는다면 이베리아 *Iberia* 반도에서 인도까지 바다를 통해 쉽사리 갈 수 있을 것이다"라고. 온대에는 사람이 살 수 있는 곳이 한두 군데쯤 있을지도 모른다. 그러나 그같은 다른 세계에 살고 있는 사람은 우리 나라와는 다른 인간일지도 모른다. 우리는 그것을 또 다른 세계로 보아야 할 것이다.

인류는 바야흐로 또다른 세계에 대한 탐험을 시작하고 있었다.

지구에서 우주로

그 뒤로 지구 탐험은 세계적 규모로 되어 갔다. 중국이나 폴리네시아 *Polynesia*로 향한 항해도 있었고 중국과 폴리네시아에서 출발하는 항해도 있었다. 그리고 말할 것도 없이 콜럼버스 *Christopher Columbus*에 의한 신대륙의 발견과 그에 뒤이은 수세기에 걸친 항해가 하나의 정점이 되었다. 그들에 의해 지구의 탐험은 완결되었다.

콜럼버스의 최초의 항해는 에라토스테네스의 계산 결과와 직접적인 관계를 갖고 있었다. 콜럼버스는 스스로 〈인도 제국의 탐험〉이라고 이름 붙인 계획에 매혹되어 있었다. 그것은 아프리카의 해안을 따라 동으로 향하는 것이 아니라 서쪽 편 미지의 대양으로 대담하게 뛰어들어 일본, 중국, 인도에 도달하려는 계획이었다. 다시 말하면 에라토스테네스가 놀랄 만한 확신을 가지고 얘기했듯이 '바다를 거쳐서 이베리아 반도에서 인도로 가는 길'을 콜럼버스는 생각했던 것이다.

콜럼버스는 옛 지도를 펴놓고 이것 저것 생각하기를 좋아했고, 고대의 지리학자가 쓴 책이나 그들에 대하여 쓴 책도 열심히 읽었다. 그러한 책 가운데는 에라토스테네스, 스트라보, 프톨레마이오스 *Ptolemy* 등의 저서도 포함되어 있었다.

그러나 〈인도 제국의 탐험〉을 실현하는 데는 배와 선원이 모두 오랜 항해를 견디어 내야 했는데 그러기 위해서는 지구가 에라토스테네스의 계산보다도 작지 않으면 안되었다. 그래서 콜럼버스는 계산에 속임수를 썼다. 그는 지구의 원주 (圓周)로서 최소의 수치를 사용했으며 그가 읽은 책 중에서 아시아 대륙의 동쪽 넓이를 최대로 계산해 놓은 것을 차용했고, 게다가 그들 숫자를 다시 과장했다. 만약 아메리카 *America*가 도중에 누워 있지 않았다면 콜럼버스의 탐험은 비참한 실패로 끝났을 것이다.

지구는 이미 완전히 조사되었다. 이제는 새로운 대륙이나 잃어버린 대지를 발견하는 것은 불가능하다. 그럼에도 지구 상의 가장 먼 지방을 탐험하고 그곳에서 사는 것을 가능케 한 그 기술이 이제는 지구를 떠나서 우주로 뛰쳐나가고, 또 다른 세계를 탐험하는 것을 가능케 했다. 우리는 지금 지구를 떠나 멀리서 지구를 바라볼 수가 있다. 그것은 에라토스테네스가 말한 그대로의 크기를 한 공 모양이다. 대륙의 윤곽을 보면 고대의 지도 작성자들이 얼마나 우수했던가를 알 수가 있다. 에라토스테네스나 알렉산드리아에 살던 다른 지리학자들이 이 둥근 지구를 보았다면 얼마나 기뻐했을까?

인간이 중요한 지적 모험을 시작한 것은 고대의 알렉산드리아에서였다. 그것은 서력 기원전 3백 년경에 시작해서 약 6백 년간 계속되었는데 그와 같은 지적 모험 덕분에 우리들은 우주의 바닷가까지 올 수 있었다. 그러나 영광스런 대리석 도시를 그려 보고 느낄 수 있을 만한 것이 알렉산드리아에는 아무 것도 남아 있지 않다. 학문에 대한 공포와 박해가 고대 알렉산드리아의 기념이 될 만한 것들을 거의 모두 지워 버렸다.

알렉산드리아에는 놀랄 만큼 다채로운 사람들이 살고 있었다. 마케도니아 *Macedonia*의 군대, 나중의 로마 군대, 이집트 승려, 희랍 귀족, 페니키아의 선원, 유태인 상인, 아프리카의 준사막이나 혹은 인도로부터 온 나그네들이 있었다. 알렉산드리아가 번영했던 무렵에는 이들은 서로 존경하면서 조화를 이루며 살고 있었다.

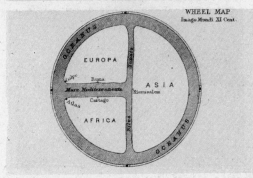

옛날의 세계 지도. 호머 시대에는 지중해(지구의 중심이라는 뜻)가 세계의 전부이며 그 이상 나아가면 바다로 가로막혀 있다고 생각했다. 유럽인들은 지구가 펀펀하고 그 중앙에는 예루살렘이 있다고 생각했다. 이와 같은 생각은 콜럼버스가 아메리카를 발견할 때까지 유럽을 지배했다.

이 도시는 알렉산더 대왕 *Alexander the Great*의 요청으로 그의 호위병들이 창설했다.

알렉산더 대왕은 외국 문화를 존중하고 마음을 열어 지식을 탐구하라고 설득했다. 전설에 따르면 그는 종(鐘) 모양을 한 잠수구(潛水球)에 들어가 홍해 *Red Sea* 속으로 잠겨들기도 했다고 한다. 그것이 사실인지 어떤지는 여기서 그리 문제가 되지 않는다. 그는 또 부하 장군이나 병졸들이 페르시아

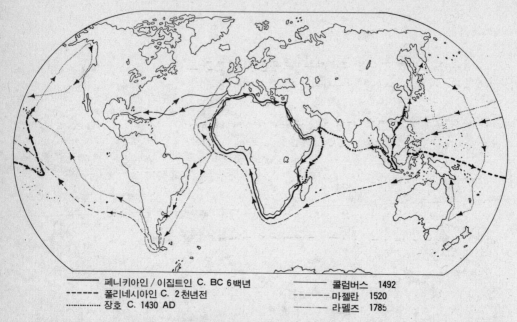

───── 페니키아인 / 이집트인 C. BC 6백년
- - - - 폴리네시아인 C. 2천년전
·········· 장호 C. 1430 AD

───── 콜럼버스 1492
- - - - 마젤란 1520
·········· 라펠즈 1785

역사상에 나타난 탐험가들의
탐험 경로.

*Persia*나 인도의 여자들과 결혼하는 것을 장려했다. 그는 외국의 여러 가지 신들도 공경했으며 외국의 생물도 수집하기를 좋아했는데 스승인 아리스토텔레스 *Aristotle*에게는 코끼리를 선사하기도 했다.

알렉산드리아는 세계의 상업, 문화, 학문의 중심지로서 손색없을 만큼 대규모로 건설되었다. 폭 30 m나 되는 멋진 도로가 뚫리고 우아한 건물과 조상(彫像), 알렉산더 대왕의 기념비적인 분묘인 장대한 등대 등이 있었다. 그 등대는 〈페아로스 *Pharos*〉라고 일컬으며 고대 세계의 7대 불가사의(不可思議) 중 하나로 꼽히고 있다.

가장 오래된 도서관

그러나 알렉산드리아에서 가장 놀라운 것은 도서관과 그에 부속된 박물관이다. 그것들은 문예와 학술을 주관하는 희랍의 아홉 자매 신에게 바쳐진 것이다.

이 전설적인 도서관 건물 가운데 오늘날까지 남아 있는 최대의 것은 〈세라피움 *Serapeum*〉이라고 불리우는 축축한 지하실이다. 세라피움이란 원래 세라피스 신을 받드는 신전을 일컫는 말인데 여기서는 지식을 추구하는 도서관의 일부를 그렇게 불렀다. 지금은 망가진 선반만이 몇 개 남아 있을 뿐이다.

그러나 여기는 지구상에서 가장 큰 도시의 두뇌와 영광의 장소였다. 세계 역사상 최초의 진정한 〈연구소〉였다. 이 도서관의 학자들은 우주 전체에 대해 공부했다. 우주를 의미하는 〈코스모스〉란 말은 희랍어로 '우주의 질서'라는 의미를 갖고 있다. 그것은 '혼란'을 의미하는 〈카오스 Chaos〉에 반대되는 말이다. 〈코스모스〉는 모든 것의 깊은 관계를 나타내는 말이다. 〈코스모스〉라는 말에는 우주의 복잡하고도 미묘한 일체성에 대한 외경의 마음이 담겨져 있다.

그곳은 물리학, 문학, 의학, 천문학, 지리학, 철학, 수학, 생물학, 공학 등을 연구하는 학자들의 〈세계〉였다. 과학과 학문의 시대가 도래한 것이다. 여기서 천재들이 학문의 꽃을 피웠다. 알렉산드리아의 도서관은 인간이 최초로 조직적으로 진지하게 세계에 대한 지식을 집대성한 장소였다. 거기에는 에라토스테네스 외에 히파르코스 Hipparchus라는 천문학자도 있었다. 그는 성좌도를 만들고 별의 밝기를 추정했다. 유클리드 Euclid도 있었다. 그는 기하학을 훌륭하게 체계화한 사람으로서 어려운 수학 문제와 씨름하고 있는 임금님을 보고는 "기하학에 왕도는 없다 There is no royal road to geometry"는 유명한 말을 남겼다.

디오누시오스 Dionysius는 단어의 품사를 정의하고 유클리드가 기하학에서 성취한 것과 같은 업적을 언어학에서 성취했다. 생리학자 헤로필로스 Herophilus는 지식이 머무는 곳은 심장이 아니라 뇌라는 것을 밝혔다.

또한 헤론 Heron은 톱니바퀴 장치와 증기 기관을 발명하고 《자동 기계 Automata》라는 책을 저술했는데 이것은 로보트에 관한 최초의 저술인 셈이다. 페르가 Perga의 아폴로니오스 Apollonius라는 수학자는 타원, 포물선, 쌍곡선이 원추곡선(圓錐曲線)*임을 보여 주었다. 행성이나 혜성이나 별은 이같은 곡선 궤도를 따라 날아다닌다는 사실을 우리들은 알고 있다.

레오나르도 다 빈치 Leonardo da Vinci 이전의 최대의 기술적 천재였던 아르키메데스 Archimedes도 이곳에 있었다. 천문

* 타원, 포물선, 쌍곡선은 원추를 잘랐을 때 생기는 곡선이므로 원추곡선이라고 일컫는다. 18세기 뒤에 케플러 Johannes Kepler는 아폴로니오스 Apollonius의 책을 스스로 읽고 행성의 운동을 처음으로 이해했다―원주

그리스와 이집트의 특질을 이어 주는 종합의 신(神) 세라피스 *Serapis*. 기원전 3세기 프톨레마이오스 1세에 의해 이집트에 알려졌다.

알렉산더 대왕. 지팡이와 도리깨를 들었으며 머리에는 파라오의 신분을 나타내는 관을 썼다.

학자이며 지리학자이기도 했던 프톨레마이오스도 있었다. 그는 오늘날 가짜 과학으로 통하는 점성술 *astrology*에 관한 자료의 대부분을 수집했다. 지구가 우주의 중심이라는 그의 학설은 그 뒤로 1천 5백 년간이나 지배적인 힘을 지니고 있었다. 이는 지적 능력이 뛰어난 사람일지라도 과오를 범하는 수가 있다는 본보기라 하겠다.

이와 같이 위대한 남성들에 섞인 위대한 여성도 있었는데 수학자이며 천문학자인 히파치아 *Hypatia*라는 사람이 대표적인 인물이다. 그녀는 알렉산드리아 도서관의 최후의 빛으로서, 창설된 지 7세기 뒤에 이 도서관이 파괴될 때 도서관과 함께 순사했다.

알렉산더 대왕의 뒤를 이은 이집트 왕들은 비록 희랍인들이었으나 그들도 학문을 사랑했다. 그들은 수세기에 걸쳐 연구를 지원하고 그 시대의 가장 빼어난 학자들이 쾌적하게 연구할 수 있는 환경을 도서관 안에 만들어 주었다. 거기에는 10개의 커다란 연구실이 있었고 각각 다른 테마를 연구하도록 할당되어 있었다. 분수가 있고 원주가 즐비하고 식물원, 동물원, 해부실, 천문대 등과 넓은 식당도 있었다. 식당에서는 여러 가지 생각에 대한 비판적인 토론이 오랜 시간 전개되었다.

도서관 심장부에는 갖가지 장서가 비치되어 있었다. 도서관 사람들은 세계의 모든 문화, 모든 언어의 책을 찾느라 애를 썼는데 그들은 해외에 사람을 파견하여 책을 사 모았다. 상선이 알렉산드리아에 들어오면 경관이 배 안을 샅샅이 수색했다. 그것은 밀수품을 찾기 위해서가 아니라 책을 찾아 내기 위해서였다. 두루마리로 된 책이 있으면 빌어서 베낀 다음 원래의 주인에게 돌려주었다. 정확한 숫자를 추정하기는 어려우나 이 도서관에는 파피루스에 손으로 직접 쓴 두루마리가 50만 권 가까이 있었던 것으로 짐작되고 있다.

이 책들은 대관절 어찌 되었을까? 이 책들을 낳은 고대의 문명은 붕괴해 버렸고 도서관은 파괴되어 버렸다. 장서의 겨우 일부만이, 그것도 찢어진 책만이 남아서 쓸쓸하게 흩어져 있을 뿐이다. 그러나 그 조각난 책일지라도 군침이 도는 그런 책들이다.

가령 예를 들면 도서관 장서 중에는 사모스 *Samos* 섬의 아리

스타르코스 *Aristarchus*라는 천문학자가 쓴 책이 있었는데 이 책은 지구가 행성의 하나임을 설명하고 있다. 지구도 행성과 마찬가지로 태양의 주위를 돌고 있으며 별들은 아득히 먼 곳에 있다고 이 책에는 씌어 있다. 이들 결론은 전적으로 옳은 것이었지만 이것이 발견되기까지 우리는 2천 년 가까이 기다려야만 했다.

고대 이집트의 알렉산드리아 도서관 중앙 홀. 학자들의 고증에 따라 재건되었다.

아리스타르코스의 이 책을 잃어버린 것은 참으로 애석한 일이다. 그리고 고대 문명의 장대한 성과와 그 비극적인 파괴를 생각하면 그 애석함은 10만 배나 부풀어 오른다.

2백억 년의 역사

오늘날 우리 과학자들은 고대 세계의 과학을 훨씬 웃돌고 있다. 그러나 우리들의 역사적인 지식 가운데는 어떻게 해 줄 수 없는 공백이 있다. 만약 알렉산드리아 도서관이 지금도 존속하여 책을 빌릴 수 있다면 갖가지 수수께끼를 풀 수

잃어 버린 아리스타르코스의 책들.

있을 것이다. 베로서스 *Berossus*라는 바빌로니아 *Baby-lonia*의 승려가 3권의 세계사 책을 저술한 사실을 우리는 안다. 그러나 그것은 없어져 버렸다. 이 세계사의 제 1권은 천지 창조에서부터 대홍수까지의 일을 다룬 것인데 베로서스는 그 기간이 43만 2천 년에 걸친 것이라고 생각하고 있었다. 그것은 구약 성서 연대기의 1백 배나 되는 기간이다. 베로서스의 책에 담긴 내용이 자못 궁금하다.

고대인들은 세계가 대단히 오래된 것임을 알고 있었다. 그들은 아득한 옛날의 일을 알려고 애썼다. 그런데 우주는 그들이 상상했던 것보다도 훨씬 오래 되었다는 사실을 지금 우리는 알고 있다.

우리들은 우주의 여러 가지 것을 조사해 본 결과 우리들이 먼지 가운데서 생활하고 있음을 알았다. 이 먼지 알갱이들은 흐릿한 은하의 가장 한적한 구석에 있는 보잘 것 없는 별의 주위를 맴돌고 있다.

우리는 거대한 우주 공간 속의 조그만 먼지에 불과하다. 그뿐만이 아니다. 우리들은 영원한 시간의 흐름 속에서 아주 짧은 한 순간만을 살고 가는 존재에 지나지 않는다.

이제 우리는 알고 있다. 우주는 가장 최근의 탄생에서부터 헤아려 보아도 1백 50억 년, 또는 2백억 년이나 된 것이라는 사실을. 이는 〈대폭발 *Big Bang*〉이라고 불리우는 무시무시한 폭발이 있었던 때를 기점으로 헤아린 햇수인데 그 우주 개벽 때는 은하도, 별도, 행성도 그리고 물론 생명도, 문명도 없었다. 다만 한결같은 모양의 휘황한 불덩어리가 모든 우주 공간을 채우고 있을 뿐이었다.

대폭발의 혼란으로부터 질서 있는 우주로 바뀌는 과정에서 물질과 에너지의 가공할 만한 전환이 있었다. 우리는 바야흐로 그것을 알아내기 시작했으며 그것을 들여다볼 특권을 갖고 있다. 그리고 어디엔가 보다 지적인 생물이 살고 있는 것을 발견할 때까지는 우리들 자신이 모든 전환 가운데서 가장 눈부신 전환이다. 우리들은 대폭발의 머나먼 자손이며 우주 속에서 태어났다. 그리고 이제 그 우주를 이해하고 어느 정도 그 우주를 전환시켜 보려고까지 하고 있다.

2

우주의 멜러디

이 지구상에서 살았던 모든 생물은
최초로 숨을 쉰 원시적 생물의 자손이
다. 생명을 이같이 본다는 것은 장대한
일이다. 지구가 인력의 법칙에 따라 돌
고 있는 동안에 아주 간단한 최초의
생물로부터 가장 아름답고 가장 훌륭
한 생물이 한없이 진화해 왔고 지금도
진화하고 있으며 앞으로도 진화를 계
속할 것이다.

―다윈 《종의 기원》

성간 진(星間塵)으로 이루어진 검은 구름. 이 구름 덩어리는 간단한 유기체 가스로 이루어져 있고, 하나하나의 먼지 속에는 유기체 분자가 들어 있다.

우리들 세상의 봄

"지구 이외의 다른 곳에도 생물이 살고 있는 것은 아닐까" 하고 나는 줄곧 생각해 왔다. 그것은 어떤 생물일까. 그 생물은 어떤 것으로 이루어져 있을까.

지구상의 생물은 모두 유기 화합물의 분자로 만들어져 있는데 이것은 복잡하고 현미경적인 구조물이며 그 안에서는 탄소 원자가 중심적인 역할을 하고 있다. 생명이 탄생하기 이전의 지구는 황량하고 벌거벗은 세계였다. 그러나 지금 지구에는 생명의 꽃이 만발하고 있다. 이 생명은 어떻게 해서 생겨났을까. 생명이 존재하지 않았을 때, 탄소를 기본으로 한 유기 화합물의 분자가 어떻게 해서 만들어졌을까. 최초의 생물은 어떻게 해서 태어나게 되었을까.

인간과 같이 많은 진화 *evolution*를 해 온 복잡한 동물에 이르기까지 생물은 어떤 과정을 거쳐 진화해 왔을까. 우리들은 자신의 기원에 얽힌 수수께끼까지 알아볼 수가 있게 되었는데 생물은 어떻게 진화하여 인간에까지 이르게 되었을까.

다른 태양의 주위를 돌고 있는 무수한 다른 행성에도 생명이 있을까. 지구 이외에도 생물이 있다면 그들도 또한 지구상의 생물과 마찬가지로 유기 화합물의 분자로 이루어져 있을까. 다른 세계의 생물도 지구의 생물과 흡사한 모양을 하고 있을까. 아니면 다른 환경에 적응하여 놀라울 정도로 다른 모습일까. 그밖에 어떤 것이 존재할 수 있을까.

지구상의 생명의 본질을 연구하는 것과 지구 이외의 생명을 찾는다는 것은 '우리는 도대체 무엇인가'라는 하나의 질문에 대한 두 가지 측면을 연구하는 것에 불과하다.

별과 별 사이의 광막하고 어두운 공간은 가스 상태인 구름과 먼지와 유기물로 채워져 있다. 거기에는 많은 종류의 유기물이 존재한다는 것이 전파 망원경 *radio telescope*으로 확인되고 있다. 이같이 분자가 풍부하게 존재한다는 사실은 도처에 생명체가 존재할 가능성을 시사한다. 충분한 시간만 있다면 생명의 탄생과 그 진화는 우주에서는 거의 필연적일 것이다.

은하계 안에 있는 수십억 개의 행성 가운데는 생명이 한 번

도 싹트지 않은 행성도 있을 것이다. 싹은 텄으나 극히 단순
한 형태 이상으로는 진화되지 않은 채 사멸해 버린 행성도 있
을 것이다. 하지만 수많은 행성 가운데 몇 개엔가는 우리들
인간보다도 더 진보한 지능과 문명을 가진 생명이 있을지도
모른다.

"지구는 온도도 적당할 뿐 아니라 물도 있고 산소가 함유
된 대기도 있다. 생명을 깃들게 하는 데 꼭 알맞는 장소다.
어쩌면 그렇게도 다행스런 우연이 몇 가지씩이나 겹쳐져 있
을까"라고 말하는 사람이 더러 있다.

그러나 이것은 원인과 결과를 부분적으로 뒤바꿔 생각하고
있다. 우리들 지구의 생물들은 지구에서 자랐기 때문에 지구
의 환경에 아주 잘 적응하고 있을 뿐이다. 잘 적응할 수 없
었던 초기의 생물은 죽어 버렸다. 우리들은 잘 적응한 생물
의 자손이다. 따라서 전혀 다른 세계에서 진화한 생물들도
'우리들 세상의 봄'을 즐기고 있을지도 모른다.

지구상의 생물은 서로가 밀접한 관계를 갖고 있다. 우리들
은 같은 유기 화학의 법칙에 따르고 있으며 같은 진화의 길을
걸어왔다. 따라서 지구상에 있는 생물학자의 연구 테마는 극히
한정된 주제에 지나지 않는다. 이 가냘프고 날카로운 가락은
수천 광년까지 미치는 넓은 우주 공간 안에서 오직 하나밖에
없는 음악일 것인가. 아니면 '우주의 음악' 같은 것이 있어서
주된 멜로디 외에 수반되는 멜로디가 있을 것인가, 그리고 그
것은 불협화음을 이루고 있을 것인가, 아니면 하모니를 이루
고 있을 것인가, 10억 개나 되는 다른 소리들이 있어 '은하
의 생명의 노래'를 부르고 있을 것인가.

단노우라의 비극

여기서 지구의 〈생명의 노래〉 한 가락에 대해 얘기하고자
한다.

1185년의 일이다. 일본의 안토구 천황(安德天皇)은 만 6 세
의 소년이었다. 그는 헤이께(平家)라고 하는 무사 일족의 명
목상의 지도자였다. 헤이께는 겐지(源氏)라는 무사의 일족과
장기간에 걸쳐 피비린내 나는 전쟁을 계속하고 있었다. 헤이

께도 겐지도 스스로를 천황 가의 자손이라고 주장하고 있었다.

1185년 4월 24일, 일본의 내해인 세도나이까이(瀬戸内海)의 단노우라(壇の浦)에서 그들 사이에 결정적인 해전(海戦)이 벌어졌다. 안토구 천황도 함선에 타고 있었다. 헤이께는 병사 수도 적고 전략에도 서툴렀다. 수많은 병사가 피살되고 생존자들은 스스로 바다에 투신 자살했다. 그 수효는 대단히 많았다. 천황의 조모인 니이는 '천황을 적의 포로로 만들어서는 안된다'고 생각했다. 그 뒤의 얘기는 《헤이께 이야기》에 자세히 적혀 있다.

천황은 그 해 6세였으나 훨씬 숙성해 보였다. 그는 대단히 귀엽고 주위에 빛을 발하고 있는 것처럼 보였다. 길고 검은 머리는 찰랑하게 등을 내려덮고 있었다.

놀라움과 불안에 가득찬 표정으로 천황은 조모에게 물었다.

"나를 어디로 데려가는 겁니까?"

니이의 뺨에 눈물이 흘러내렸다. 그녀는 뒤돌아보며 어린 천황을 달랬다. 그는 비둘기색 어의(御衣)를 입고 긴 머리를 묶은 차림이었다. 천황이라고는 해도 아직 어린아이인 그는 눈에 눈물을 담고 예쁘고 작은 손을 합장했다. 그리고 먼저 동쪽을 향해 이세 신궁(伊勢神宮)에 고별 인사를 하고 다시 서쪽을 향해 염불을 외웠다. 니이는 천황을 꼭 껴안고 말했다.

"깊은 바다 속에 우리들의 도읍이 있사옵니다"

그들은 바다로 뛰어들어 파도 사이로 잠겨 들었다.*

헤이께의 함선들은 모조리 격멸되고 겨우 43명의 아낙네만이 살아 남았을 뿐이었다. 이들 궁중의 시녀들은 전쟁터 가까운 곳에서 어부들에게 몸을 팔지 않으면 안되었다. 헤이께 일족은 거의 역사에서 지워져 버렸다. 그러나 당시의 시녀들과 어부들 사이에 태어난 자손들은 전쟁을 기리는 기념제를 시작했다. 이 기념제는 매년 4월 24일에 거행된다. 헤이께의 자손인 어부들은 삼베로 만든 옛날 무사의 예복에 검은 모자를 쓰고 안토구 천황의 영정을 모신 아까마 신궁(赤間神宮)까지 행진한다. 그리고 단노우라 해전 뒤에 일어난 일들을 재현한 연극을 본다. 수세기가 지나도록 사람들은 무사의 군단이 유령이 되어 나타난다고 믿고 있다. 그 무사들은 바닷물을 퍼내 버리려고 애를 쓴다고 전해진다. 피와 패배와 굴욕

* 미국에서 읽히고 있는 영문으로 된 《헤이께 이야기》의 내용. 원전은 이것과 조금 다르다—역주

으로 가득찬 바닷물을 다 퍼내 버리려는 듯이……

헤이께의 무사들은 게(蟹)로 변해 지금도 세도나이까이 바다을 헤매고 있다고 어부들은 말한다. 그곳에는 등판에 야릇한 무늬가 있는 게가 있으며 그 무늬는 무사의 얼굴과 놀랄만큼 많이 닮았다고 한다. 이 게가 그물에 걸리면 어부들은 먹지 않는다. 단노우라의 비극적인 싸움을 생각하고는 바다로 돌려 보낸다고 한다.

일본 내해(內海)에 사는 헤이께 게. 일본 사무라이의 얼굴을 닮아 있다.

이 전설은 재미 있는 문제를 제기하고 있다. 도대체 어떻게 해서 무사의 얼굴이 게의 등판에 새겨지게 되었을까 하는 문제이다. 인간이 그렇게 만들었다고 하는 것이 해답이 될 것이다. 게의 등판 무늬는 유전 *heredity*에 의해 결정된다. 인간의 경우처럼 바다 게에도 여러 가지 유전 계통 *hereditary line*이 있다. 게의 먼 조상 중에 등판 무늬가 사람의 얼굴과 약간 닮은 것이 있었다고 치자. 단노우라의 해전 이전에도 어부들은 그러한 게를 먹기를 주저하거나 메스꺼움을 느꼈을 것이다. 그들은 그와 같은 게를 바다에 돌려보내 줌으로써 게의 진화에 개입했다.

만약 게의 등판 무늬가 사람의 얼굴과 닮지 않았다면 그 게는 사람에게 먹혀 버려 자손의 수는 점점 줄어든다. 등판 무늬가 조금이라도 사람의 얼굴을 닮았으면 그 게는 바다로 되돌려지므로 자손의 수효는 점점 불어 간다. 이렇듯 등판의 무늬는 게의 운명을 좌우하게 되었다.

이와 같이 해서 게도, 어부도 몇 세대인가를 경과했다. 그동안 무사의 얼굴과 가장 많이 닮은 게만이 선택적으로 생존했다. 그리하여 결국 사람의 얼굴, 일본인의 얼굴을 닮았을 뿐만 아니라 무섭게 찌푸린 무사의 얼굴을 닮은 게가 생겨났다. 이같은 일들은 게가 그렇게 되기를 바라서 그렇게 되었던 것은 아니다. 선택은 외부에서 주어졌다. 무사를 닮으면 닮을수록 생존할 가능성은 컸다. 그 결과 무사의 얼굴을 한 게가 많아진 셈이다.

일본 봉건주의 시대의 갑옷을 입은 사무라이.

이 과정을 인위 선택 *artificial selection*이라고 부른다. 헤이께 게의 경우 어부들은 인위 선택을 하려는 생각은 애초 없었고, 게 쪽에서도 이 일을 진지하게 생각하지는 않았을 것이다. 그러나 인간은 수만 년 동안, 어떤 식물과 어떤 동물은 살려 놓아야 하고 어떤 것은 죽여야 하는가를 끊임없이 선택해 왔다. 우리들은 갓난아기 때부터 낯익은 농장, 가축, 과일, 나무, 채소 등에 둘러싸여 살아 왔다. 그것들은 어디로부터 온 것일까. 그들은 예전엔 야생의 자유로운 생활을 하고 있었는데 뒤에 농원에서 얼마쯤 편한 생활에 적응하도록 길들여진 것일까. 아니, 사실은 결코 그렇지 않다. 그들 중 다수는 우리들이 만들어 낸 것들이다.

1만 년 전에는 젖소나 사냥개는 없었고 낱알이 굵은 옥수수도 없었다. 우리들이 이같은 식물의 선조들을 재배하기 시작하고 그같은 동물을 가축화했을 때 그들은 전혀 다른 모습으로 바뀌어져 왔는지 모른다. 우리들은 그들의 번식을 관리했다. 우리들에게 편리한 변종(變種) *variety*이 생기면 우리는 그것을 선택적으로 번식시켰다. 양을 보살펴 줄 개가 필요할 때는 머리가 좋고 온순하며 양떼를 쫓는 데 천재적인 재능을 가진 품종의 개를 골랐다. 무리를 지어 몰려 다니는 동물을 기를 때는 이런 개가 도움이 되기 때문이다. 커다랗게 부푼 젖소의 유방도 인간이 우유와 치즈에 관심을 가진 결과로 그렇게 된 것이다.

옥수수의 선조도 원래는 말라깽이였다. 그것을 우리가 1만 세대나 걸쳐서 재배해, 보다 맛있고 보다 영양 있는 옥수수로 길러낸 것이다. 그것은 너무도 크게 변화했기 때문에 인간의 도움 없이는 자손도 만들어 내지 못하는 형편이 되었다.

헤이께 게, 개, 옥수수 등에서 본 인위 선택의 본질은 이런 것이다. 식물이나 동물의 몸과 행동의 특질은 대부분 그대로 자손에게 전해진다. 즉 어버이를 꼭 닮은 자식이 생기는 법이다. 이유야 어떻든, 인간은 어떤 변종의 번식을 돕고 다른 변종의 번식을 방해했다. 그 결과 선택되어 번식을 도움받은 변종은 수효가 불어나 일반적인 것이 되었으며 이와 반대로 선택받지 못한 것은 수가 줄었고 그 중에는 아마도 멸종되어 버린 것도 있을 것이다.

무능했던 조물주

식물이나 동물의 새로운 품종을 만드는 일을 사람이 할 수 있다면, 자연도 틀림없이 그렇게 할 수 있을 것이다. 이와 같은 자연의 작용을 자연 선택 *natural selection,* 또는 자연 도태라고 부른다.

오랜 세월 동안에 생물이 근본적으로 변한 것은 분명하다.* 그 사실은 인류가 지구상에 등장한 이후의 짧은 기간에 볼 수 있는 동물과 식물의 변화로 미루어 명백하며 화석의 증거를 보아도 완벽할 만큼 명백하다.

아득한 옛날에는 지금과 다른 생물이 지구상에 수없이 많이 살고 있었다. 화석이 그 사실을 우리들에게 뚜렷하게 가르쳐 주고 있다. 그러나 많은 생물들은 완전히 자취가 없어져 버렸다.

지금 살고 있는 동물이나 식물보다도 훨씬 많은 종류의 동물과 식물이 지구의 역사 속에서 멸종되어 갔다. 그들은 진화의 실험의 '막다른 골목'이었다. 가축화에 의한 유전자의 변화는 대단히 빨리 일어났다. 토끼는 중세 초기까지 가축화되지 않았다. 그것을 길러 새끼를 낳게 한 것은 프랑스의 승려들이었다. 그들은 '갓난 아기 토끼는 생선이라 할 수 있으므로 육식을 금한 날에 먹어도 좋다'고 믿고 토끼를 길러 보았던 것이다.

커피가 처음으로 재배된 것은 15세기경의 일이다. 사탕무우의 재배는 19세기 이후부터였다. 밍크는 아직 가축화의 초기 단계에 있다.

양의 경우 가축화된 지 1만 년도 채 안되었는데, 예전에는 거칠거칠한 털을 1 *kg* 이하밖에 얻을 수 없었으나 현재는 질이 고르고 섬세한 양모를 10 *kg* 에서 20 *kg* 이나 얻을 수 있다.

젖소에서 나오는 우유량도 전에는 1회의 분비기에 수백 *ml* 에 불과했으나 지금은 1백만 *ml* 나 된다.

인위 선택에 의해 이만큼 커다란 변화가 단기간에 수행되었다면 수십억 년에 걸쳐서 계속되어 온 자연 선택은 어떤 일을 해 낼 수 있었을까. 그 해답이 현재의 변화무쌍한 아름다운 자연계이다. 진화는 이론이 아니라 사실인 것이다.

진화는 자연 선택에 의해 일어난다는 것은 다윈 *Charles Darwin* 과 월레이스 *Alfred Russel Wallace* 가 성취한 위대한 발견이다. 1세기도 더 전에 그들은 '자연은 다산(多産)이다'라고 강조했다. 동물과 식물은 살아 남을 수 있는 수효보다도 훨씬 많은 새끼를 만든다. 그 많은 새끼들 속에 우연

* 전통적인 서양의 종교상의 설은 이것과는 전혀 반대였다. 가령 웨슬리 *John Wesley* 는 1770년에 이렇게 말했다. "사신(死神)은 가장 하찮은 동물일지라도 멸종시키는 것을 허용받지 않았다"—원주

히 살아 남을 능력이 큰 것이 있으면 환경은 그것을 선택한다.

유전자 gene 위에 돌연히 일어난 변화를 돌연변이 *mutation* 라고 하는데 그와 같은 변이는 자손에게 계승되어 진화의 소재가 된다. 환경은 생존에 보다 적절한 몇 개의 돌연변이종을 선택한다. 그 결과 그 생물의 형태가 서서히 변해 가며 그것이 새로운 종(種)의 기원이 된다.*

다윈은 《종의 기원 *The Origin of Species*》에서 다음과 같이 설명하고 있다.

인간이 실제로 변종을 만들어 내는 것은 아니다. 인간은 의도하지 않고 생물을 새로운 환경에 놓는다. 그 결과 자연이 생물에게 작용하여 변종이 생긴다. 그러나 인간은 자연이 부여한 변종 가운데서 선택할 수가 있다. 그리고 자기에게 좋은 변종을 모은다. 이같이 하여 인간은 자기 자신의 이익과 흥미를 위해서 동물이나 식물을 바꾼다. 인간은 이같은 일을 조직적으로 행하는 수도 있고, 그때 자기에게 가장 도움이 되는 동물이나 식물을 보호함으로써 무의식 중에 그렇게 하는 수도 있다. 자손을 바꾼다는 생각 같은 것이 없이도 그것을 할 때가 있는 것이다……가축화했을 때 이토록 잘 작용하는 원칙이 어찌하여 자연 속에서는 작용하지 않는 것일까. 그것을 설명할 뚜렷한 이유는 없다……살아 남는 수효보다도 더 많은 새끼가 태어난다. 어느 해나 어느 계절에나 경쟁 상대보다 약간 유리한 새끼가 있을 것이다. 주위의 물리적 조건에 대해 조금이나마 더 잘 적응할 수 있는 새끼도 있을 것이다. 그같은 새끼들이 밸런스를 바꾸게 하는 것이다.

19세기에 가장 효과적으로 진화론을 변호하여 보급시킨 것은 헉슬리 *T H Huxley*이다. 그는 이렇게 적고 있다.

다윈과 월레이스의 책은 어두운 밤, 길 잃은 사람에게 돌연 길을 비춰 주는 등불이다. 《종의 기원》의 중심적인 생각을 이해했을 때 나는 이런 생각을 갖지 않고 지낸다는 것은 그 얼마나 어리석은 일인가 생각했다. 콜럼버스의 이웃들도 예전에 같은 말을 했으리라고 나는 생각한다. 변화할 수 있다는 것, 생존 경쟁이 있다는 것, 환경에의 적응 등등의 말은 참으로 악명 높은 말이다. 그러나 다윈과 월레이스가 어둠을 제거해 주기까지는 종의 문제의 중심적 과제로 통하는 길이 그들과 관계되어 있다는 사실을 우리는 아무도 몰랐다.

* 마야 족의 성전인 《포폴 부 *Popol Vuh*》에 의하면 신이 인간을 만들려고 행한 실험이 실패하여 여러 가지 동물이 생긴 것이라고 한다. 초기의 실험은 성적이 나빠 하등 동물이 생겼다. 최후에서 두 번째 실험은 거의 성공할 뻔 했으나 약간 실패하여 원숭이가 생겨났다. 중국의 신화에서는 〈반고(盤古)〉라는 신의 몸에 붙었던 이가 인간이 되었다고 하고 있다. 18세기에는 뷰퐁 *Buffon*이 "지구는 성서에 써 있는 것보다도 훨씬 오래 되었다"고 주장했다. 그는 "생물의 모양은 수천 년 동안에 서서히 변화해 왔다. 원숭이는 인간의 비참한 자손이다"라고도 말했다. 이와 같은 생각은 다윈과 월레이스가 제창한 진화의 이론을 올바르게 설명한 것은 아니지만 진화론의 전조로 알려지고 있다. 그것은 데모크리토스 *Democritus* 엠페도클레스 *Empedocles* 등 이오니아 과학자들의 견해가 후세 과학 이론의 전조가 되었던 것과 같다. 그에 대해서는 제 7 장에서 설명하겠다. —원주

진화와 자연 선택이라는 두 가지 생각을 처음 들었을 때 많은 사람들이 화를 냈다. 지금도 여전히 화를 내고 있는 사람들이 있다. 우리들의 선조는 지구상의 생물의 우아함을 알고 있었다. 생물의 구조는 그 작용에 꼭 들어맞게 되어 있었다. 그것을 보고 우리의 선조는 조물주에 대해 생각하지 않을 수 없었다.

가장 단순한 단세포 생물마저도 가장 정교한 회중 시계보다 더 복잡한 기계이다. 더우기 회중 시계는 자기 스스로를 조립할 수도 없고 자기 스스로 옛날의 커다란 시계로부터 서서히 진화해 온 것도 아니다. 항상 시계 제조자가 필요했다.

생물의 경우도 똑같다. 원자와 분자가 자연히 결합하여 복잡하고 미묘하게 움직이는 생물이 되어 지구의 곳곳을 장식하리라고는 옛날 사람들은 도저히 생각할 수 없었다. '어떤 생물도 모두 특별히 설계된 것이며 어떤 종(種)도 다른 종으로 바뀌는 일은 없다'고 그들은 생각했다. 그것은 한정된 역사상의 기록으로부터 우리들의 선조가 얻은 생물관과 일치하고 있었다.

'생물은 모두 위대한 조물주가 정성들여 만든 것이다'라는 생각은 자연에게 의미와 질서를 부여하는 것이며 인간에게 중요성을 부여하는 것이었다. 우리들은 지ㅁ도 그와 같은 중요성을 갖기를 바라고 있다.

조물주의 존재를 생각하는 것은 자연스러운 일이다. 그것은 사람의 마음에 호소하는 일이며 생물계를 인간적으로 설명하는 일이다.

그러나 다윈과 월레이스가 보여 준 바와 같은 또 하나의 가능성도 있었다. 그것은 똑같이 사람의 마음에 호소하고 똑같이 인간적이며 또 훨씬 설득력이 있다.

그것은 자연 선택의 이론을 말한다. 그것은 생명의 음악을 영원히, 보다 아름답게 하는 것이다.

작은 모기의 폭격

1950년대 초에 대학생이었던 나는 운 좋게도 말러 *H J Muller* 박사의 연구실에서 공부할 수가 있었다. 말러 박사는 위대한 유전학자로서 방사선에 의해 돌연변이가 일어난다는 것을 발견했다.

헤이께의 게가 인위 선택의 실례(實例)임을 최초로 나에게 가르쳐 준 사람은 말러 박사였다.

유전학의 실제를 배우기 위해 나는 몇 달 동안이나 초파리(*fruit fly*;광대 파리과에 속하는 작은 파리)를 다루었다. 이 파리의 학명은 드로소필라 멜라노가스터 (*Drosophila m-alanogaster*)인데 이것은 '검은 몸뚱이를 가진, 이슬을 사랑하는 것'이라는 뜻이다. 이것은 두 개의 날개와 큰 눈을 가졌는데 해롭지 않은 벌레이다.

나는 그것을 입이 큰 우유병에 넣어 길렀다.

우리들은 두 개의 변종 초파리를 교배하여 양친의 유전자 재배열에서 어떤 종이 태어나는가를 지켜 보았다. 또 자연의 돌연변이나 인위적인 돌연변이에서 어떠한 새로운 종이 만들어지는가도 보았다.

암컷은 병 속에 넣은 당밀 위에다 알을 낳았는데 병에는 뚜껑이 덮여 있었다. 알이 애벌레가 되고 애벌레가 번데기가 되고 번데기가 부화하여 새로운 성충이 되기까지 2주일이 걸렸다.

어느 날 우리들은 배율(倍率)이 낮은 쌍안 현미경으로 새로 보내온 한 무리의 초파리 성충을 보고 있었다. 약간의 에텔 *ether*을 사용하여 움직이지 못하게 한 초파리를 나는 낙타 솔로 부지런히 분류하고 있었다.

그런데 놀랍게도 대단한 변종 초파리를 발견했다. 하얗던 눈이 빨갛게 되었다든지 목에 있던 털이 없어졌다든지 하는 작은 변화가 아니었다. 그것은 대단히 활발히 움직이며 아주 눈에 띄게 커다란 날개가 붙어 있고 털이 난 촉각이 있었다. 말러 박사는 '한 세대에 커다란 진화는 일어나지 않는다'고 주장해 왔는데 하필이면 그러한 커다란 진화의 표본이 말러 박사 자신의 연구실에서 발견된 것이다. 나는 그 이야기를 박사에게 설명하는 것이 꺼림칙했다.

무거운 마음으로 나는 박사의 방 문을 두드렸다.

"들어오게"하는 낮은 목소리가 들려 왔다. 나는 방 안으로 들어갔다. 방 안은 어둡게 꾸며져 있었으며 작은 램프 하나가 박사가 보고 있는 현미경의 피사대를 비추고 있었다. 이

음산한 환경에서 나는 더듬거리며 새로운 변종에 관한 얘기를 했다. 나는 아주 색다른 초파리를 발견한 것이다. 색다른 초파리는 분명히 당밀에 있는 애벌레가 부화해서 된 것이었다.

나는 말러 박사가 하는 일을 방해하고 싶지는 않았었는데……

"그것은 쌍시류(雙翅類)*보다 인시류(鱗翅類)에** 더 가깝지 않던가?"

박사는 이렇게 물었다. 아래의 램프빛이 그의 얼굴을 비추었다. 나는 박사가 질문하는 뜻을 얼른 알아차리지 못했다. 그러자 박사는 담담하게 설명해 주었다.

"그것은 말야, 커다란 날개를 갖고 있었지? 털이 난 촉각을 갖고 있지 않던가?"

나는 멋적은 듯 고개를 끄덕였다.

말러 박사는 천정의 전등불을 밝히며 부드럽게 웃어 보였다. 그것은 그전부터 이따금 있는 일이었다. 초파리의 유전 연구실에 적응하여 붙어 사는 모기가 있었던 것이다. 그것은 파리와 조금도 닮지 않았으며 파리와 무슨 특별한 관계를 가지려 한 것도 아니었다. 모기가 필요로 했던 것은 파리의 미끼인 당밀이었다. 연구실의 기술자가 초파리를 넣기 위해서 우유병 마개를 여는 그 잠깐 사이에 모기 암놈이 급강하 폭격이라도 하듯 우유병 안에 들어가 달콤한 당밀 위에 알을 낳았던 것이다.

나는 별 신통한 돌연변이를 발견한 것은 아니었다. 그저 깜찍한 〈적응 adaptation〉의 한 실례를 보았을 뿐이다. 그것은 작은 돌연변이와 자연 선택의 결과 나타난 모기였던 것이다. 진화의 비밀은 죽음과 시간이다.

환경에 충분히 적응하지 못한 생물은 대량으로 죽어 간다. 그리하여 조그마한 돌연변이가 잇달아 일어날 시간이 필요한 것이다. 돌연변이를 일으킨 것이 우연하게도 환경에 잘 적응한다. 그와 같은 편리한 돌연변이가 천천히 쌓이기 위한 시간이 필요한 것이다. 다윈과 월레이스의 학설에 대하여 저항이 있었지만 그러한 저항은 인간이 몇 천 년이란 시간의 경과를, 더군다나 몇 억 년이라는 세월을 상상할 수 없었기 때문에 일어난 것이다. 겨우 70년 가량밖에 살 수 없는 생물에 있

* 유시류(有翅類)에 속하는 곤충의 한 목(目). 발달된 한 쌍의 날개와 큰 겹눈이 있고 보통은 세 개의 홑눈이 있다. 태생하는 종류도 있으나 대개는 난생을 하고 완전 변태한다―역주

** 곤충의 한 목(目). 두 쌍의 날개가 있으며 온 몸이 작은 비늘로 덮여 있다―역주

어서 그 1백만 배나 되는 7천만 년이란 세월은 도대체 어떠한 의미를 지니고 있는 것일까. 나비는 하루밖에 날지 못하고 그 하루를 영원으로 알면서 죽어 가는데 우리들 역시 그런 것과 비슷하다.

이 지구상에서 일어난 것은 다른 많은 세계에서 일어난 생물 진화의 표본과 같은 것인지도 모른다. 그러나 단백질의 화학이라든지 뇌 신경학과 같은 미세한 점에서는 지구의 생명체에 관한 이야기는 은하계 전체에서도 독특한 것이 될지도 모른다.

생명은 바다에서 탄생

지구는 46억 년쯤 전에 우주 공간의 성간(星間) 가스 *interstellar*와 먼지가 응축하여 만들어진 것이다. 그리고 그 후 얼마 안된 약 40억 년쯤 전에 원시 지구의 바다나 대양 안에서 생명이 싹트게 되었다. 그러한 것은 화석이 잘 나타내 주고 있다. 최초의 생물은 단세포 생물 *one-celled organism* 이어서 복잡하거나 정교한 것은 아니었다. 최초의 생명의 싹은 아주 하잘 것 없는 것이었다.

그러한 초기 무렵에는 대기 중에 수소 원자를 많이 가진 단순한 분자가 포함되어 있었는데 이들 분자에 번개가 작용하거나 태양의 자외선이 부딪치거나 하여 분자는 분해되었다. 이렇게 분해된 파편은 자연스럽게 재화합하여 더욱 더 복잡한 분자가 되었다. 이러한 초기의 화학 반응으로 만들어진 것은 대양의 물에 녹고, 대양의 물은 유기물의 수프가 되었다. 이 수프는 점차 복잡한 것으로 되어 가다가 어느 날 갑자기 자기 자신과 똑같은 것을 만들어 내는 분자가, 아주 우연히 만들어졌다. 그것은 수프 안의 다른 분자를 재료로 하여 자기 자신의 조잡한 복제품(複製品)을 만들 수 있었다.

이것이 디옥시리보핵산 DNA *deoxyribonucleic acid*의 가장 오래된 조상이었다. 이 DNA야말로 지구 생물의 핵심이 되는 분자였다. 그것은 사다리 같은 모양인데 나선형 계단처럼 꼬여 있다. 사다리의 발결이는 4개의 다른 분자로 이루어져 있으며 그 4개의 분자가 유전 정보의 4개의 부호가 되고

있다. 이 사다리의 발결이는 누클레오타이드 *nucleotide*라고
불리우며 생물이 자기 자신의 복제를 만들 때 유전적인 지시
를 하는 역할을 한다.

지구상의 모든 생물은 저마다 다른 지시서를 갖고 있는데 그
지시서는 모두 같은 말로 씌어 있다. 생물이 제각기 다른 것
은 핵산 *nucleic acid*의 지시서가 하나하나 다르기 때문이다.
돌연변이는 누클레오타이드에 변화가 있을 때 생기며 다음
세대에도 전달되어 유전해 간다. 돌연변이는 누클레오타이드
의 변덕스런 변화에 따라 일어나며 그 대부분은 그 생물에게
해롭고 때로는 목숨을 앗아가기도 한다. 그것은 기능하지 않
는 효소 *enzyme*를 낳는 것 같은 지시서의 변화이다.

그 생물이 보다 좋은 것으로 되는 돌연변이가 일어나려면
긴 세월이 필요하다. 그리고 진화를 일으키는 것은 그와 같이
좀처럼 있기 어려운 사건이다. 직경 1천만 분의 1 ㎝라고 하
는 누클레오타이드 위에 유익한 조그만 변화가 일어났을 때
만 진화가 일어난다.

40억 년쯤 전의 지구는 분자들의 〈에덴 동산〉이었다. 거기
엔 아직 분자를 먹어 버리는 일은 없었다.

어떤 분자는 천천히 재료를 모아 자기 자신과 같은 것을
낳음으로써 조악한 복제품을 남겼다. 복제하고, 변화하고, 가
장 능률이 나쁜 것은 소멸되고…… 이런 과정 속에서 이미 분
자 수준에서의 진화가 시작되고 있었다.

세월이 지남에 따라서 분자들은 복제를 만드는 솜씨가 좋아
졌다. 특별한 기능을 갖는 분자가 한데 어울려 일종의 분자 집
합체를 만드는 경우도 있었다. 그것이 최초의 세포 *cell*였다.

오늘날 식물의 세포는 작은 분자의 '공장'을 갖고 있다.
그것은 〈엽록체(葉綠體)〉라고 불리우며 광합성(光合成)을 담
당하고 있다. 그것은 태양의 빛과 물과 이산화탄소(탄산가
스)로부터 탄수화물과 산소를 만들어 낸다.

한 방울의 혈액 속의 세포에는 또 다른 종류의 〈분자 공장〉
이 있다. 그것은 미토콘드리아 *mitochondria*로서 음식과 산
소를 합쳐 쓸모 있는 에너지를 빼내는 역할을 하고 있다.

오늘날 동물이나 식물의 세포 속에 있는 이같은 공장은 옛
날엔 단독으로 살았던 세포였는지도 모른다.

약 30억 년 전까지는 단세포 식물이 수없이 결합했다. 그

것은 하나의 세포가 분열하여 두 개가 되었을 때 그 두 개가 나누어지지 않는 돌연변이가 일어났기 때문에 만들어졌을 것이다. 이렇게 해서 최초의 다세포 생물 *multicellular-oranism*이 만들어졌다.

당신의 몸도 세포들의 집단으로 만들어진 일종의 〈사회〉이다. 전에는 따로따로 흩어져 살고 있었으나 공통의 이익을 위해 결합해서 한 몸이 된 것이다.

당신의 몸은 1백조 가량의 세포로 이루어져 있다. 우리들은 결국 하나의 세포 집단인 셈이다. 성(性)이 발명된 것은 지금으로부터 20억 년쯤 전의 일로 여겨진다.

그 이전에는 생물의 새로운 변종은 돌연변이가 중첩되는 경우에만 생길 뿐이었다. 유전자 지시서 속의 글자 변화가 선택되어 변종이 생기는 것이었다. 따라서 진화는 지겹도록 완만했다.

그러나 성이 발명되었기 때문에 두 개의 생물이 DNA 부호의 책을 한 절(節)씩, 한 페이지씩, 혹은 한 책을 몽땅 교환할 수 있게 되었다. 그 결과 새로운 변종이 만들어져 선택이라는 체로 걸러지게 되었다. 성을 행하는 생물들은 선택되고 성에 관심을 갖지 않는 것들은 멸종했다. 전멸되지 않은 것은 20억 년 전에도 있었던 미생물뿐이다. 우리 인간도 오늘날 명확하게 DNA의 교환에 공헌하고 있는 중이다.

인간이 나오기까지의 머나먼 길

10억 년 전쯤에 식물들은 서로 힘을 합쳐 일함으로써 지구 환경을 놀랄 만큼 바꿔 버렸다. 녹색 식물은 산소 분자를 만들어 낸다. 그 무렵에는 대양은 녹색 식물로 가득 차 있었기 때문에 산소는 지구 대기의 주성분을 이루게 되었으며 수소가 많은 원래의 대기는 돌이킬 수 없는 변화를 가져왔다.

그리하여 생물과 관계 없는 반응에 의해 생명의 재료가 만들어졌었던 지구 역사의 한 시대가 끝났다.

산소는 유기물의 분자를 낱낱이 분해해 버리는 성질을 갖고 있다. 우리들은 산소를 좋아하지만 원래 산소는 벌거벗은 유기물에게는 해독이 된다. 산소를 갖는 대기로의 이행은 생명의 역사상 아주 커다란 위기였음에 틀림없다. 산소를 잘 받아들일 수 없는 생물은 멸종했다. 보툴리누스 균 *botulism*이나 파상풍균 *tetanus* 같은 2, 3개의 원시적인 생물만이 산소가 없는 곳에서 오늘날까지 연명해 왔다.

지구의 대기에 포함된 질소는 화학적으로 산소보다 훨씬 비활성 가스이며 따라서 산소보다 훨씬 해(害)가 적다. 이 질소 가스 역시 생물이 만들어 내고 유지해 온 것이다. 즉 지구 대기의 99%는 생물이 만든 것들이다. 푸른 하늘은 생물에 의해 만들어졌다.

생명이 탄생한 후 오늘날까지의 40억 년 동안, 가장 장기간에 걸쳐 지구를 지배한 생물은 현미경적인 녹색 물말(藍藻) *blue-green algae*이었다. 그것은 대양에 가득 차고 대양을 뒤덮고 있었다. 그러나 6억 년 쯤에 물말의 독점 체제는 깨지고 새로운 형태의 생물이 탄생, 번식하여 어마어마한 수가 되었다. 이 사건은〈캄브리어 폭발 *Cambrian explosion*〉이라고 일컬어진다.

생명은 지구가 생긴 직후에 탄생했다. 이는 '지구와 같은 행성에 있어서 생명의 탄생은 화학 반응의 불가피한 결과일지도 모른다'는 것을 보여 주고 있다. 그러나 그 뒤 약 30억 년 동안 생명은 청록색의 물말 이상으로는 진화하지 않았다. 이 사실은 분화된 기관(器官)을 가진 큰 생물은 좀처럼 생기지 않는다는 것, 그것은 생명의 탄생보다도 훨씬 어려운 일이라는 것을 보여 주고 있다.

미생물은 많이 있으나 큰 짐승은 없고 큰 식물도 살고 있지 않은 행성이 현재 우주에는 많아 있을 것으로 생각되고 있다.

대양은 곧 여러 가지 형태의 생물로 채워졌다. 5억 년 전에는 삼엽충(三葉虫) *trilobite*의 큰 무리가 나타났다. 그것은 큰 곤충을 닮은, 모양이 아름다운 동물로서 떼를 지어 해저(海底)를 기어다니고 있었다. 그들은 눈에 결정을 축적시키고 있어 편광(偏光) *polarized light* 을 느낄 수가 있었다. 삼엽충은 2억 년 전쯤에 멸종해 버렸다.

오늘날에는 이미 멸종해 버린 동물이나 식물이 예전의 지구상에서는 번성하고 있었고, 예전에는 없었던 동물과 식물이 현재의 지구상에는 존재하고 있다.

오래된 암석 속에는 우리들과 같은 동물이 있었다는 증거

삼엽충 화석. 맨 위는 50만 년 전의 것으로 눈이 없고, 가운데와 아래 화석은 진화하여 눈을 가지고 있다.

가 없다. 종(種)은 나타나서 한동안 지구에 살다가 이윽고 사라져 간다.

캄브리어 폭발이 일어나기 전에는 이같은 종의 교대는 비교적 천천히 일어났던 것 같다. 그렇게 여겨지는 이유 중 하나는 먼 옛날로 거슬러 올라가면 갈수록 증거가 될 만한 것이 적어지기 때문인지도 모른다. 이 지구 역사의 초기 무렵에는 딱딱한 부분을 지닌 생물은 거의 없었다. 물렁물렁한 생물은 좀처럼 화석을 남기지 않는 법이다.

그러나 캄브리어기 이전에 극적인 새로운 생물이 오랜 동안 출현하지 않았던 것은 어느 정도 진실이다. 그러나 외형은 변화하지 않아도 세포 속에서는 세포의 구조나 생화학에 관해 힘든 진화가 진행되고 있었다.

캄브리어 폭발 뒤에는 새롭고 정교한 생물이 숨가쁜 속도로 잇달아 등장했다. 종의 빠른 교대에 의해 최초의 생선과 최초의 척추동물 *vertebrates*이 나타났다. 예전엔 바다 속에만 존재하고 있었던 식물이 육지에 진출하기 시작했다. 최초의 곤충도 나타나고 같은 무렵에 양서류(兩棲類) *amphibians* 도 등장했다. 폐어(肺魚)와 같은 생물이 출현하여 육지에서도, 수중에서도 살 수 있게 되었다.

최초의 나무가 생기고 최초의 파충류 *reptiles*도 등장했다. 공룡 *dinosaur*이 나타나고 포유류 *mammals*도 탄생했다. 그리고 최초의 새도 출현했다. 공룡은 최초의 꽃이 나타나기 조금 전에 멸종했다. 그리고 돌고래와 고래의 조상이 되는 동물이 등장했다. 같은 시기에 원숭이와 유인원과 인간의 조상에 해당하는 영장류 *primates*가 나타났다.

지금부터 1천만 년 전에는 인간과 많이 닮은 최초의 동물이 등장했다. 그 동물은 놀랄 만큼 뇌가 컸다. 그리고 겨우 수백만 년 전에 진짜 인간이 처음으로 나타났다. 인간은 숲 속에서 등장했다. 그 때문에 우리는 지금도 숲에 대한 친근감을 갖고 있다. 나무들은 하늘을 향해 곧게 뻗쳤고 그 광경은 참으로 아름다왔다. 그 잎은 태양 빛을 모아 광합성을 행한다. 나무들은 주변의 나무들보다 위로 뻗으려고 항상 경합하고 있다. 자세히 보면 두 그루의 나무가 밀고 당기면서 유장(悠長)한 우아함을 지니고 솟아 있음을 볼 수 있다. 그것은 크고 아름다운 기계이다. 태양의 빛을 에너지원으로 하고 대

우리 인간과 가까운 친척 관계인 참나무.

지로부터 물을, 대기로부터는 이산화탄소를 빨아들여 그것들을 탄수화물로 바꾼다. 그 탄수화물은 나무를 위해서도 우리들을 위해서도 도움을 준다. 나무는 자기가 만든 탄수화물을 자기들의 활동을 위한 에너지원으로써 이용한다.

즉, 말하자면 우리들 동물은 식물에 기생하고 있으며 식물의 탄수화물을 훔쳐 자기들 활동을 위해 이용하고 있다. 우리들은 식물을 먹고 그 탄수화물을 산소와 화합시켜 혈액 속으로 녹아들게 한다. 우리들은 공기를 호흡하므로 탄수화물은 산소와 화합한다. 우리는 여기에서 활동을 위한 에너지를 얻고 있다.

이 과정에서 우리는 이산화탄소를 토해 낸다. 식물이 그것을 이용하여 또 다시 탄수화물을 만든다. 이것은 얼마나 기막힌 협동 작업인가. 식물과 동물은 서로 상대가 토해 낸 것을 들여마시고 있다. 동물의 입과 식물의 기공(氣孔) 사이에서 기체는 서로 소생한다. 그것은 지구 전체에서 일어나고 있다. 그리고 이 기막힌 순환은 1억 5천만 *km* 떨어진 태양의 에너지에 의해 유지되고 있다.

생명을 지배하는 DNA

이 세상에는 몇 백억 종류나 되는 유기 화합물이 있다. 그러나 생명의 기본적인 활동에 이용되고 있는 것은 그 가운데서 겨우 50 종류 정도에 지나지 않는다.

여러가지 활동을 위해 같은 형태의 반응이 교묘하고 신중하게 반복되면서 몇 번이고 사용된다.

지구상 생명의 진정한 중핵(中核)은 세포의 화학 반응을 제어하고 있는 단백질과 유전적인 지시를 전달하는 핵산이다. 그리고 그 두 개의 분자는 모든 동물과 식물에 공통되며 본질적으로는 같다는 것을 우리는 알고 있다.

떡갈나무도 나도 똑같은 물질로 되어 있다. 만일 당신이 당신의 가계(家系)를 아주 옛날까지 거슬러 올라가면 당신의 조상과 떡갈나무는 같다는 것을 알 수 있을 것이다.

살아 있는 세포 속은 하나의 세계이다. 그것은 은하나 별의 세계와 마찬가지로 복잡하고 아름답다. 세포의 정교함

전자 현미경으로 본 인간의
혈액 세포. 도너츠 모양의 세포
는 산소를 옮기는 적혈구이며
더 큰 덩어리는 백혈구이다.

구조는 40억 년 동안 고난의 역경인 진화를 계속해 온 결과
만들어진 것이다. 음식 조각들은 모습을 바꾸어 세포의 구조
속으로 들어가게 된다. 오늘의 적혈구는 어제 먹은 시금치인
셈이다. 세포는 어떻게 하여 이같은 일을 성취할 수가 있을까.

세포 속은 미궁(迷宮)처럼 복잡하고 섬세한 구조로 되어 있
다. 세포는 거기에서 분자를 변화시키고 그곳에 에너지를 축
적시켜 스스로 분열을 위한 준비를 한다. 세포 속으로 들어가
주위를 둘러보면 분자 알갱이의 대다수가 단백질임을 곧 알
게 된다. 그 단백질 가운데는 미친 듯이 움직이고 있는 것도
있고, 단지 나갈 차례를 기다리고만 있는 것도 있다.

단백질 가운데서 가장 중요한 것은 효소이다. 그것은 세포
속의 화학 반응을 제어하는 구실을 하고 있다. 효소는 일관
작업하는 조립 공장에서 일하는 직공들과 같다. 각각의 효소
는 분자에 작용하는 데 있어서 각각의 전문 분야를 갖고 있다.
이를테면 제4 단계 직공은 누클레오타이드의 구아노신인산
*guanosin phosphate*을 조립하며, 제11 단계 직공은 당(糖)의
분자를 해체하여 에너지를 빼내는 일을 한다. 이 에너지로
말하자면 세포 속의 다른 일을 하기 위해 지불하는 돈과 같
은 것이다.

그러나 효소가 공장의 감독은 아니다. 그들은 책임자의 지
시대로 일할 뿐이다. 효소 자신이 책임자의 지시에 따라 만
들어진 존재이다.

책임자는 핵산이라고 하는 분자이다. 책임자들은 세포 속
깊숙한 곳의 '금지된 도시'에서 살고 있다. 책임자들은 세포
의 핵 속에 있는 것이다.

만약 우리가 세포의 핵 속에 관을 꽂아 속을 들여다 본다면
마치 폭발 사고를 일으킨 스파게티 공장과도 같은 광경을 보
게 될 것이다.

태엽이나 종이로 꼰 끈 같은 것이 엉클어진 채 수없이 많
이 꽉 차 있을 것이다. 그것은 두 종류의 핵산이다. 하나는
DNA인데 그는 자기가 무슨 일을 해야 하는가를 알고 있다.
또 하나는 RNA로서 이것은 DNA가 발하는 지시를 세포의
다른 부분에 전달한다.

이 두 가지는 40억 년의 진화에 의해 생겨난 최고의 분자
이며 이들은 세포와 나무와 인간을 어떻게 하여 작용시키는

제 2 장 우주의 멜러디 71

가 하는 정보를 모두 저장하고 있다. 인간의 DNA에 포함되어 있는 정보를 보통 쓰는 말로 적는다면 1백 권의 두꺼운 책이 될 것이다. 뿐만 아니라 DNA는 극소수의 예외를 제외하고는 어떻게 하면 자기와 꼭 같은 복제를 만들 수 있는가도 알고 있다. DNA는 무수히 많은 것을 알고 있는 셈이다.

DNA는 이중 나선 모양을 하고 있다. 그것은 서로 얽혀 있는 두 개의 나선형 계단 같은 것이다. 두 개의 끈에 누크레오타이드가 순서대로 연결되어 그것이 〈생명의 말〉이 되고 있다. 복제를 만들 때 이 이중 나선은 꼬임을 풀어 주는 특별한 단백질의 도움을 받아 분리되고 저마다의 끈이 자기와 같은 복제를 만들어 낸다. 그때 세포핵 속, 끈끈한 액체 속에 떠 있는 누클레오타이드가 합성의 재료로 사용된다. 일단 꼬임을 푸는 작업이 시작되면 DNA 폴리메라제 *Polymerase*라고 하는 훌륭한 효소가 복제 만드는 작업을 돕는다. 이 작업에 실수는 거의 없다.

만일 그 작업에 실수가 생기면 어떤 한 효소가 그 실수 부분을 집어내 버리고 잘못된 누클레오타이드 대신에 올바른 누클레오타이드를 넣어 수리한다. 이와 같은 효소는 무서운 위력을 가진 분자 기계이다.

DNA는 자기 자신의 정확한 복제를 만들어 유전을 실행할 뿐 아니라 전령(傳令) RNA라고 불리우는 또 하나의 핵산도 합성하여 그에 의해 세포의 활동을 지시하고 신진대사를 관리한다. 그 전령 RNA는 핵 밖으로 나가 정확한 시간에 정확한 장소에서 효소를 만들어 낸다. 모든 것이 끝났을 때는 1분자의 효소가 완성되어 있으며 이번에 그것이 세포 화학 반응의 한 가지를 명령한다.

인간의 DNA는 누클레오타이드의 발걸이가 약 10억 개 늘어선 사닥다리이다. 이 많은 수의 누클레오타이드 가운데 대부분은 의미 없는 것들이다. 그것은 쓸모 없는 단백질의 합성을 관리하고 있다. 핵산의 분자 가운데 극히 일부만이 우리의 복잡한 몸에 필요하다. 그러나 핵산을 이어 붙이는 유익한 방법의 수는 깜짝 놀랄 만큼 많다. 그 수는 아마도 우주 속의 전자 *electron*와 양자 *proton*의 총수보다도 훨씬 클 것이다. 따라서 DNA 지시에 따라 만들어지는 개개의 다른 인간의 총수는 이미 지구상에 살았던 인간의 수보다도 훨씬 많다

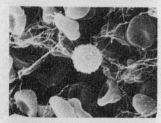

혈관 세포의 계속되는 확대를 전자 현미경으로 본 것. 맨 위에 있는 대부분의 세포들은 빨간 혈관 세포들이다.

지금까지 나타난 적이 없는 인간이 앞으로 나올 가능성은 대단히 크다. 어떤 기준을 취했든 지금까지 생존한 어떤 인간보다도 훨씬 뛰어난 인간이 생겨날 가능성이 있다. 그와 같은 인간을 만들어 내는 핵산의 결합법이 반드시 있을 것이다.

새로운 형의 인간을 만들어 내기 위해서는 누클레오타이드를 새로운 순서로 배열해야 하나 다행하게도 우리는 아직 그 방법을 모른다. 그러나 장차 우리는 자기가 원하는 대로 누클레오타이드를 배열할 수 있게 될 것이다. 그렇게 되면 우리들이 바람직하다고 생각하는 특질을 가진 인간을 만들어 낼 순간 있을 것이다. 엄숙하고도 불안한 미래라 하겠다.

인간은 나무와 친척

진화는 선택과 돌연변이에 의해 진행된다. 그 돌연변이는 DNA가 복제 작업을 할 때 효소인 DNA 폴리메라제가 실수를 저지름으로써 일어난다. 그러나 DNA 폴리메라제는 좀처럼 실수를 범하지 않는다.

돌연변이는 또 태양으로부터 오는 방사선이나 자외선, 혹은 우주선 *cosmic ray*이나 환경 속의 화학 물질 등에 의해서도 일어난다. 이들은 모두 누클레오타이드를 바꾸거나 핵산의 끈을 얽히게 하여 매듭을 만들 수도 있다. 만약 돌연변이가 일어나는 비율이 너무 높으면 우리들은 40억 년에 걸친 진화 결과로 얻은 〈유전적 특질〉을 잃어 버리게 된다.

만약 돌연변이가 일어나는 비율이 너무 낮으면 장차 환경에 큰 변화가 일어났을 때 그것에 견딜 수 있는 새로운 변종을 만들어 낼 수가 없게 된다. 생물의 진화는 돌연변이와 선택 사이에 어느 정도 정확한 조화를 필요로 하고 있다. 그리고 그와 같은 조화가 달성되었을 때 환경에 꼭 알맞는 훌륭한 신종이 탄생한다.

단백질은 다량의 아미노산이 모여 이루어진 것이며 아미노산 배열법은 DNA가 지시하고 있다. DNA의 누클레오타이드 하나가 변화하면 단백질 속의 아미노산도 하나 변화한다.

 이를테면 유럽인의 적혈구는 거의 원형이다. 그러나 아프리카인들의 일부는 낫이나 초승달 같은 모양의 적혈구를 갖

고 있다. 이 낫 모양의 적혈구는 원형의 적혈구만큼 산소를
운반할 수 없다. 따라서 일종의 빈혈이 된다. 그러나 낫 모
양의 적혈구를 지닌 사람에게는 말라리아에 대한 저항력이
있다. 말라리아로 죽는 것보다는 빈혈 상태로나마 살아 있는
편이 낫다는 것은 더 말할 나위도 없으리라.

이 적혈구 차이는 현미경 사진을 보는 것만으로도 곧 알 수
있다. 앞에 말했듯이 인간의 세포 DNA는 10억 개 가량의
누클레오타이드로 되어 있는데 적혈구가 낫 모양으로 되는
것은 그 누클레오타이드 중 하나가 변한 때문이다.

그러나 우리들은 아직 그밖의 대부분의 누클레오타이드가
변화했을 때 어떤 결과가 될는지는 모른다.

우리 인간은 나무와는 상당히 다르다. 우리는 확실히 나무
와는 다른 눈으로 세상을 보고 있다. 그러나 생명의 분자 심
장부에 해당하는 깊숙한 곳에서는 우리들은 나무와 본질적으
로 같다. 나무도 우리들도 유전 정보를 전달하는 데 핵산을
사용하고 있고, 세포의 화학 반응을 제어하기 위한 효소로서
단백질을 사용하고 있다.

가장 중요한 것은 핵산의 정보를 단백질의 정보로 번역할
때 우리는 나무와 똑 같은 암호 해독서를 사용하고 있다는 것
이다. 사실 이 지구상의 모든 생물이 같은 암호 해독서를 사
용하고 있다.*

이와 같은 분자적인 동일성 *molecular unity*은 보통 다음
과 같이 설명되고 있다.

생명은 우리들의 행성의 역사가 막 시작되었을 무렵에 처
음으로 탄생했는데 나무도, 사람도, 아귀 *angler fish*도, 변형
균 *slime mold*도, 짚신 벌레 *paramecia*도, 그 때의 오직 하
나의 공통된 조상에서 갈라진 자손이다. 그러므로 분자적으
로 동일하다.

방전으로 생기는 유기물

코넬 *Cornell* 대학에 있는 나의 연구실에서는 생물이 탄생
하기 전의 유기 화합물에 대해서도 연구하고 있다. 그것은 생
명의 음악의 음표를 몇 개인가 만들어 보려는 시도이다. 우리

* 유전의 암호는 지구상의 모
든 생물의 모든 부분에 대해
반드시 같지는 않다는 것이
밝혀졌다. 적어도 몇 가지
경우에서는 미토콘드리아 속
에서 DNA의 정보를 단백
질의 정보로 바꾸어 옮길
때 같은 그 세포 핵 속의
유전자가 사용하고 있는 것
과는 다른 암호 해독서가 사
용되고 있다. 이것은 미토
콘드리아와 핵의 유전자 암
호가 진화적으로 별개임을
나타내고 있다. 또 이 사실
은 미토콘드리아가 예전에는
단독으로 생활하고 있던 생
물이며 몇 십억 년 전에 공생
(共生)과 같은 형태로 세포
속에 들어갔다고 하는 설(說)
과도 일치한다. 이와 같은
정교한 공생 관계가 발전했
다고 하는 것은 세포가 생길
때부터 다세포의 생물이 불
어난 캠브리어 폭발 때까지
의 진화가 어떤 것이었는가
하는 문제에 대한 하나의 해
답이 되고 있다—원주

들은 원시 지구의 대기와 똑같은 혼합 기체를 만들고 그 속에서 전기 불꽃을 방출시키고 있다. 그 혼합 기체는 수소 가스, 수증기, 암모니아, 메탄, 유화 수소를 포함하고 있다. 그것은 현재의 목성에 있는 혼합 기체와 똑 같으며 우주의 모든 곳에 있는 카스이다.

전기 불꽃은 번개를 대신한 것이다. 번개는 오랜 옛날의 지구에도 있었고 현재의 목성에도 있다.

반응을 일으키게 하는 유리로 된 용기는 처음에는 투명하다. 처음에 넣은 혼합 기체는 전혀 눈에 보이지 않는다. 그러나 전기 불꽃을 10분 간쯤 방출시켜 주면 이상한 갈색 물질이 줄기가 되어 유리 용기의 내벽을 천천히 흘러내린다. 유리 용기의 내벽은 점차 갈색 타르 *tar*로 덮여 서서히 불투명하게 된다.

초기의 태양을 모방하여 자외선을 이 혼합 기체에 쏘여 줄 경우도 결과는 거의 같다. 타르는 복잡한 유기 화합물이 아주 풍부한 혼합물이다. 그 속에는 단백질과 핵산 성분이 포함되어 있다.

생명의 재료가 되는 물질은 매우 용이하게 만들어진다는 것이 이같은 실험에 의해 명백해졌다.

이같은 실험은 1950년대 초기에 밀러 *Stanley Miller*가 처음으로 실시했다. 밀러는 그 무렵 대학원생으로서 화학자인 유레이 *Harold Urey* 밑에서 연구하고 있었다.

유레이는 "초기의 지구 대기는 우주의 대부분과 마찬가지로 수소 가스를 많이 포함하고 있었다"고 강력히 주장했었다. 그리고 유레이는 그 수소 가스는 지구에서 우주로 차츰 도망쳐 갔다고 말하고 있었다. 그러나 거대한 목성의 경우는 인력이 강해서 수소 가스를 잃지 않았다.

유레이는 '생명은 수소 가스가 없어지기 전에 발생했다'고도 주장했다. 그가 이와 같은 혼합 기체 속에서 전기 불꽃을 방출시키는 실험을 제안했을 때 "그같은 실험으로 무엇이 생기리라고 생각하느냐"고 반문하는 사람이 있었다. 유레이는 "바일슈타인 *Beilstein*이야"하고 대답했다. 《바일슈타인*》이란 28권에 달하는 독일 책으로 화학자들이 알고 있는 중요한 유기 화합물이 모두 기록되어 있다. 유레이는 이와 같은 실험에 의해 생명의 재료가 되는 모든 물질을 만들어 내려고

* 러시아 태생의 유기화학자 바일슈타인이 1880년부터 1883년에 걸쳐 출판한 《유기화학 핸드북》이라는 책을 말함. 현재도 개정판이 출판되고 있다—역주

기대했던 셈이다. 그는 대체로 옳았다.

초기의 지구상에 아주 풍부하게 존재했던 기체만을 사용하여 우리는 생명의 재료로서 필요한 물질을 만들어 낼 수가 있다. 화학 결합을 분리시키는 힘을 갖는 것이라면 그 때 사용하는 에너지는 뭐든 대체로 상관 없다.

그러나 우리들의 유리 용기 속에 생긴 것은 〈생명의 음악〉의 음표에 지나지 않는다. 그것은 음악 그 자체는 아니다.

생명의 재료가 되는 분자는 올바른 순서로 이어 붙이지 않으면 안된다. 생명이라는 것은 단백질을 만들고 있는 아미노산 이상의 것이며 핵산을 만들고 있는 누클레오타이드 이상의 것임은 확실하다.

그러나 그와 같은 생명의 재료를 긴 사슬 모양의 분자가 되도록 순서에 맞춰 배열하는 데 관해서도 이미 연구실 안에서 커다란 진보가 이루어지고 있다. 원시 지구와 같은 조건 아래서 아미노산이 결합되고 단백질을 닮은 분자가 만들어졌다. 그 중 몇 개는 가냘프기는 하나, 효소와 마찬가지로 유용한 화학 반응을 제어한다. 누클레오타이드를 연결하여 수십 단위 길이의 핵산의 끈을 만드는 일도 해 냈다. 그리고 그 짧은 핵산은 시험관 내의 조건을 정확하게 조정해 주면 스스로 완전히 똑같은 복제를 만들 수가 있다.

지금까지 아무도 원시 지구의 기체와 물을 혼합하여 실험한 일은 없으며 시험관 속에서 무엇인가가 생겨나는 것을 본 사람도 없다.

지금까지 알려진 가장 작은 생물은 바이로이드 *viroid*이다. 그것은 1만 개 이하의 원자로 이루어져 있으며 재배 식물에 몇 가지의 다른 병을 일으키게 하는데 이것은 단순한 생물에서 진화하여 생긴 것이 아니라, 꽤 복잡한 생물이 아주 최근에 더욱 진화하여 생긴 것으로 추측된다.

이 바이로이드보다도 더욱 단순하면서 어떤 의미로든 살아 있다고 할 수 있는 것을 상상한다는 것은 곤란한 일이다.

바이러스 *virus*는 핵산이 단백질의 옷을 입은 것 같은 구조로 되어 있는데 바이로이드는 핵산만으로 이루어져 있다. 그것은 DNA의 직선적인 한 가닥의 끈이거나 고리로 된 RNA이다. 그렇게 작은 바이로이드가 번성하고 있는 것은 그것이 언제나 완전한 기생 생물(寄生生物)이기 때문이다. 바이러스

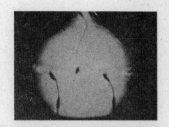

코넬 대학교 행성연구 실험실에 있는 유기물 혼합 기계. 투명한 기체인 메탄, 암모니아, 하이드로설파이드와 물을 혼합하면 빛을 내기 시작한다 (위). 몇시간 동안 빛을 내며 탄 후, 플래스크 벽에 다양한 유기체 분자들이 덮힌다. 이는 생명의 기원과 유사하다.

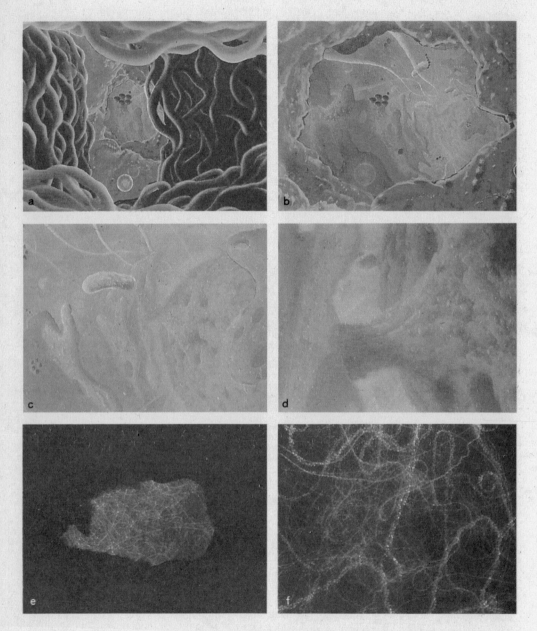

살아있는 세포의 내부; 인간의 임파 세포 *Iymphocyte* (66페이지)·지구상에 있는 대표적인 고등 유기체이다. 세포의 크기는 100μm 정도이다 (100μm =0. 1mm· 육안으로 볼 수 있는 가장 작은 크기). 0.01μm 두께의 세포막을 뚫고 들어가면, 점착성을 띠는 세포막 연결 부분 (**a**)이 나온다. 이 부분의 이름은 망상조직 (*Endoplasmic Reticulum, ER*)이며, 세포 구성에 큰 역할을 한다.

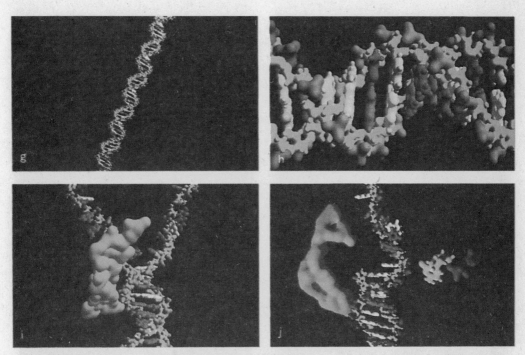

세포질 (*Cytoplasm* **b**) 속에 있는 수많은 리보조음 (*Ribosomes* 다섯개의 검은 혈구 *Globules*). 리보조음 중 몇개는 단백질이나 메신저 *RNA*에 부착되어 있다. 리보조음의 크기는 $0.02 \mu m$ 정도이다. 실처럼 보이는 부분은 핵까지 통하는 미세관이다(핵은 뒷부분에 하늘색으로 보이는 것이다). 소시지처럼 생긴 미토콘드리아(**b, c**)는 두께 $1 \mu m$, 길이 $10 \mu m$ 으로써 세포의 원동력이 된다. 미토콘드리아는 자신의 *DNA*를 가지고 있는 것으로 미루어, 예전에는 자유로운 미생물이었던 것 같다. *ER*은 세포핵(**c, d**)과 연결되어 있다. 핵막(**e**)에 있는 터널 같은 구멍 ($0.05 \mu m$)을 지나면 *DNA* 실이 가득한 핵(**f**)이 있다. 하나의 나선형 *DNA*는 (**g**)에서와 같이 다섯 번씩 꼬여서 형성되는데, 4천 개의 구성 원소로 되어 있다. 인간 *DNA*의 분자는 1억번 정도 꼬여있으며, 수천억 개의 분자로 되어 있다. 이는 은하 속에 있는 별의 수와 같다. (**h**)는 꼬임을 자세히 본 것이다. 두 개의 녹색 실은 분자의 버팀대 구실을 하며 당(*Sugar*)과 인산염 (*Phosphates*)이 엇갈려 구성된다. 노란색 또는 빨강색 또는 갈색으로 보이는 것들은 질소를 함유하는 누클레오타이드로서 두개의 나선형을 사선으로 받쳐 준다. (이들은 아데닌, 티민, 구아닌, 시토신이라는 염기이다. 아데닌은 두개의 티민을 연결시키고 구아닌은 두개의 시토신을 연결시킨다). 생명의 언어는 누클레오타이드 연결에 의해 정해지는 것이다. 이 모델 속에 숨어 있는 원소들은 수소(가장 적다), 탄소, 질소, 산소, 인산이다. *DNA*는 푸른 색의 효소(**i**)를 풀어주고, *DNA* 복사를 하려고 하는 누클레오타이드들이 분해되지 않도록 감독한다. *DNA* 효소 복합체 (파랑)는 *DNA*가닥에 (**j**) 근처 구조유전자 *Building Block*가 와서 붙는 것을 감독한다. *DNA*가 복사를 할 때는 하나의 2중나선이 상대방의 2중나선을 복사한다. 맞지 않는 누클레오타이드가 와서 붙으면 *DNA*복합체는 이를 제거한다. 이 과정을 해독 (*Proofreading*)이라고 한다. 핵독 과정에서 잘못이 생기면 돌연변이가 일어난다. 인간의 *DNA*복합체는 매초마다 수십개의 누클레오타이드를 가산한다. 이같이 묘한 기계가 지구상의 모든 식물과 동물은 물론, 미생물에도 존재한다.

　사냥하는 플로터 floaters; 목성의 대기와 같은 환경에서 살 수 있는 생명 형태. 구름은 보이저가 목성에 갔을 때 본 것과 같다. 대기권 높은 곳에 얼음 원은 태양 주위의 할로우 때문에 생긴다. (a); 대기권 폭풍 때문에 대기권 위로 올라가 있는 모습이고 (b); 플로터가 구름 사이로 올라가는 모습이다. (c); 플로터는 암모니아 구름 위에 올라가 있고 (d와 e)는 플로터를 가까이에서 본 모습이다. 사냥군에게 보이지 않도록 보호색을 취하고 있다. (f); 공격하는 사냥군. (g); 매우 높은 곳에 올라간 사냥군들.

a

b

c

d

e

f

g

외계에 대한 공상과학 소설들.

와 마찬가지로 바이로이드는 보다 크고 건전한 세포의 분자 기계를 빼앗아 버린다. 그 세포는 자기와 같은 세포를 만드는 공장인데 바이로이드는 그것을 보다 많은 바이로이드를 만드는 공장으로 바꾸어 버린다.

기생하지 않고 독립해서 생활하고 있는 최소의 생물은 PPLO (牛肺疫菌狀微生物)와 그것을 닮은 미생물일 것이다. 그들은 약 5천만 개의 원자로 만들어져 있다. 이처럼 어느 정도 자립하는 생물은 바이로이드나 바이러스보다도 더욱 복잡하다.

그러나 현재의 지구상의 환경은 단순한 생물에게 있어서 그리 편리한 것은 아니다. 단순한 생물은 삶을 유지하기 위해 열심히 일하지 않으면 안되며 자기들을 먹어 버릴 다른 생물에게도 주의하지 않으면 안된다.

하지만 우리의 행성의 역사가 막 시작된 무렵에는 수소가 많이 함유된 대기에 태양빛이 쏘여져 엄청난 양의 유기 화합물이 만들어지고 있었다. 따라서 기생하지 않는 극히 단순한 생물일지라도 싸움에 이겨 살아 남을 기회가 있었다.

최초의 생물은 독립해서 생활하는 바이로이드와 같은 것이었는지도 모른다. 그것은 수백 개의 누클레오타이드가 이어져 있을 뿐인 작은 것이었으리라.

한 줌의 물질에서 이같은 생물을 만들어 내는 실험은 금세기 말쯤에는 시작할 수 있을지도 모른다. 그러나 생명의 기원이나 유전자 암호의 기원에 대해서는 아직도 연구해야 할 과제가 산적해 있다.

우리들이 이같은 실험에 나선 지는 아직 30 년 정도밖에 경과하지 않았다. 자연은 그보다 40억 년도 더 전에 같은 실험을 시작했었다. 이 세월의 차이를 생각한다면 우리들이 지금까지 해 온 실험 결과는 결코 하찮은 것이 아니다.

이같은 실험은 지구만의 것이 아니다. 원시적인 기체와 에너지원은 우주 공간 어디에나 있다. 우리 연구실의 유리 용기 속에서 일어난 것과 같은 화학 반응이 우주 공간 여기저기서도 일어나고 그 때문에 우주 공간에는 유기물이 있고 운석에는 아미노산이 포함되어 있을지 모른다.

우리들의 은하계 안에 있는 10억 가량의 다른 세계에서도 틀림 없이 같은 화학 반응이 일어나고 있을 것이며 따라서 생명의 물질은 우주 공간에 가득가득 넘치고 있을 것이다.

목성에 사는 생물

다른 행성의 생물도 지구상의 생물과 같은 분자를 갖고 같은 화학 반응을 하고 있을지도 모른다. 그러나 그 행성의 생물이 지구상의 낯익은 생물과 닮았을 것이라고 기대해서는 안된다. 지구의 경우는 모든 생물이 같은 분자를 갖고 같은 생물학의 원리에 따르고 있다. 그런데도 각각은 저마다 크게 다르지 않은가.

다른 행성의 동물, 식물은 아마도 이 지구상의 동물, 식물과는 전혀 다를 것이다. 물론 비슷한 진화는 몇 가지 있을지도 모른다. 왜냐하면 어떤 환경상의 문제에 있어서는 최선의 해결책이란 하나밖에 없기 때문이다. 가령 가시 광선에서 쌍안경적인 시각을 가지려면 두 개의 눈을 갖는 것이 가장 좋다는 따위이다.

그러나 진화는 본래 제멋대로 노는 성질을 갖고 있다. 따라서 지구 이외의 행성의 생물들은 우리가 알고 있는 생물과 아주 다른 모양으로 진화하고 있을는지도 모른다.

지구 이외의 행성에 사는 생물이 어떤 형태를 하고 있을지 나도 모른다. 오직 한 종류의 생물, 즉 지구의 생물밖에는 알지 못할 만큼 우리의 지식은 매우 한정된 것이다.

공상 과학 소설의 작가나 화가와 같은 몇몇 사람들은 다른 세계의 생물이 어떤 모습을 하고 있는가를 상상하고 있다. 그러나 그와 같은 사람들이 생각한 지구 외의 생물을 나는 믿을 수가 없다. 그들은 우리가 이미 알고 있는 모습에 너무 얽매어 있는 것 같다.

어떤 생물도 저마다 도저히 있을 수 없을 것 같은 수많은 단계를 거쳐 오랜 기간 뒤에 지금과 같은 모습이 된 것이다. 다른 세계의 생물이 파충류나 곤충이나 인간과 매우 닮았으리라고 생각되지는 않는다. 또한 피부가 녹색이라든가 귀가 뾰죽하고 촉각을 갖고 있다든가 하는 외견상의 차이만으로 그치지는 않으리라고 나는 생각한다.

만약 나에게 '무엇인가 상상해 보라'고 강요한다면 나는

카티에 *Edd Cartier* 가 상상
하여 그린 외계의 생물.

좀 더 다른 것을 생각하려고 노력할 것이다.

목성과 같이 기체로 된 행성에는 착륙할 만한 고체의 표면
이 없다. 목성은 수소, 헬륨, 메탄, 수증기, 암모니아를 풍
부하게 머금은 짙은 대기를 갖고 있다. 대기 중에는 구름이
있고 그 속을 유기물이 내려오고 있을 것이다. 그것은 우리
가 연구실에서 실험에 의해 만든 유기물 같은 것으로 마치 하
늘의 은혜로운 양식처럼 내려오고 있을 것이다.

그러나 이같은 행성에는 생명의 탄생을 저해하는 장애물이
있다. 그것은 대기 속의 난류(亂流)이며 더우기 대기의 아래
쪽은 대단히 뜨겁다는 사실이다. 생물은 아래쪽으로 내려가
튀김이 되지 않도록 주의하지 않으면 안된다.

이와 같은 전혀 다른 행성에도 생물의 존재 가능성이 있다
는 것을 보여 주기 위해 나는 코넬 대학의 나의 동료 샐피
터 *E E Salpeter*와 함께 두세 가지 계산을 했다. 물론 이런
장소에 어떤 생물이 있는가를 정확히 알 수는 없다. 그러나
우리들은 물리학과 화학의 법칙 범위 안에서 그같은 장소에
도 생물이 존재할 수 있는가 어떤가를 알아 보고 싶다고 생
각했다.

이러한 상황 아래서 살아 가는 한 가지 방법은 튀김이 되
기 전에 아이를 많이 만드는 것이다. 그렇게 하면 아이들 가
운데 얼마쯤은 대류(對流)에 의해 대기 상층의, 어느 정도 차
가운 곳으로 운반될 것이다.

이같은 생물은 대단히 작을 것이다. 우리는 이같은 생물을
'강하성 생물(降下性生物) *sinker*'이라고 부른다.

하지만 그것과는 달리 '부유성 생물(浮遊性生物) *floater*' 도
있을 것이다. 그것은 기구(氣球)와 같은 구조를 한 생물이
다. 커다란 풍선 속에서 헬륨 등 무거운 기체를 펌프로 배출
시키고 가벼운 수소만을 남겨 수소 기구같이 되는 생물이나
풍선 속을 따뜻하게 덥혀서 열 기구처럼 되는 생물이 있을지
도 모른다. 그들은 먹은 것을 에너지로 바꾸어 기구의 부양
력을 유지한다. 지구상의 낯익은 기구와 마찬가지로 이같은
부유성 생물도 대기 아래쪽으로 운반되면 부력이 강해져서 대
기 상층의 차갑고 안전한 곳으로 되돌아간다.

부유성 생물은 전부터 어떤 유기 화합물을 먹고 있을지도
모르고 지구상의 식물과 같이 태양의 빛과 공기로부터 자기

자신의 유기 화합물을 만들고 있을지도 모른다.

부유성 생물은 어느 정도까지는 크면 클수록 효율이 좋다. 샐피터와 나는 직경이 몇 km나 됨직한 부유성 생물을 상상했다. 그것은 지구상에 존재한 적이 있는 가장 큰 고래보다도 훨씬 더 크다. 하나의 도시와 같은 크기의 생물인 것이다.

부유성 생물은 람젯트 *ramjet**나 로케트와 같이 기체를 분출함으로써 행성의 대기 속을 이동할 수가 있을 것이다. 우리들은 이같은 부유성 생물이 느슨한 큰 무리를 이루고 있는 모양을 상상했다. 그들의 피부에는 무늬가 있어서 그것이 수많이 모이면 육안으로 보는 한 은폐가 된다. 그것은 그들에게도 문제가 있음을 보여 주고 있다. 이같은 환경에도 천적(天敵)이 있어 사냥을 한다. 이 수렵성 생물은 빨리 날고 원하는 방향으로 키를 잡을 수가 있다. 그들이 부유성 생물을 먹는 이유는 유기 화합물을 얻고, 순수한 수소 가스를 얻어내어 저장하기 위한 것이다.

최초의 부유성 생물은 강하성 생물이 진화하여 생겨났을 것이다. 그리고 스스로 이동할 수 있는 부유성 생물이 진화하여 최초의 수렵성 생물 *hunter*이 되었을 것이다.

단, 수렵성 생물의 수는 그리 많지 않다. 너무 수가 많으면 그들은 부유성 생물을 모두 먹어 버리고 그들 자신도 전멸되고 말 것이다.

물리학과 화학을 바탕으로 하여 생각하면 이와 같은 생물을 상상할 수가 있다. 예술가는 이같은 상상에 어느 정도의 매력을 덧붙일 수가 있을 것이다. 그러나 자연은 우리들의 상상대로 되도록 의무가 지워져 있는 것이 아니다. 하나 만약 이 은하계 속에 생물이 사는 세계가 수십 억이나 있다고 한다면 그들 중에는 우리가 물리학과 화학의 법칙에 따라 상상한 것 같은 강하성 생물, 부유성 생물, 수렵성 생물 등이 사는 세계도 몇 개인가는 있을 것이다.

우주의 생물을 찾다

생물학은 물리학보다도 역사학쪽에 더 많이 닮았다. 현재의

* 제트 엔진의 일종. 점보 제트기 등이 사용하고 있는 제트 엔진 속에는 선풍기 같은 날개차가 있으나 람제트에는 그같은 날개차는 없고 원통 속에서 연료를 태우고 그 가스를 분출하면서 전진한다—역주

사실을 이해하기 위해서는 옛날 일을 잘 알지 않으면 안된
다. 옛날 일이라도 정밀한 세부에 이르기까지 잘 알지 않으
면 안되는 것이다.

생물학에는 미래를 예견하는 것 같은 이론은 아직 없다.
그것은 역사학이 미래를 예지하는 이론을 갖지 않는 것과 같
으며 그 이유도 똑같다. 어느 쪽이나 그 연구 대상이 우리에
게 있어서 지나치게 복잡하기 때문이다.

그러나 우리들은 다른 세계의 생물을 이해함으로써 우리
자신의 일을 보다 잘 알 수가 있을 것이다. 지구 외의 생물
이라면 어떤 하등의 것일지라도 오직 한 가지를 연구하는 것
만으로 생물학은 비약적으로 전진할 것이다. 생물학자들은
처음으로 어떤 종류의 다른 생명이 가능한가를 알 수 있다.

다른 세계의 생물을 찾는 것은 중요한 일이다. 그러나 그렇
다고는 해도 그것을 발견하는 일은 용이하지는 않을 것이다.
단지 그 찾는 일이 매우 값진 일이라는 것을 우리는 알고 있
을 뿐이다.

우리는 지금까지 오직 하나의 작은 세계의 생물의 소리를
들어 왔을 뿐이다. 그러나 우리들은 마침내 〈우주의 음악〉의
또 다른 멜로디를 들으려 하기 시작했다.

3

우주의 하모니

"온갖 종류의 것이 신비스럽고 특별한 성질을 부여받고 있어서 그에 의해 행동하고 그에 의해 명백한 결과를 낳는다"고 말하는 것은 아무 말도 하지 않는 것과 같다. 그러나 여러 가지 현상 중에서 두세개의 일반적인 운동 법칙을 도출하고 나서 "모든 물체의 성질과 행동은 그들의 법칙에 따르고 있다"고 말하면 그것은 대단히 큰 진보일 것이다.

―뉴튼《광학》

북미에서는 북두칠성을 '큰 국자'라고 부르며 프랑스에서는 '자루 남비'라고 부른다.

똑같은 7개의 별을 영국에서는 '쟁기'로 보았다.

중국에서는 높은 사람이 구름을 타고 앉아 있고 그 앞에는 청원자들이 늘어 서 있다고 상상했다.

밤하늘에 그리는 꿈

우리가 만약 아무 것도 변하지 않는 행성에 살고 있다면, 해야 할 일이란 거의 없었을 것이다. 뿐만 아니라 생각한다는 일조차도 없었을 것이며 거기에는 과학의 자극이 될 만한 것은 아무 것도 없었을 것이다.

우리가 만약 '예측할 수 없는 세계 *unpredictable world*,' 즉 사물이 제멋대로 매우 복잡하게 변하는 세계에 살고 있었더라도 우리는 사물에 대해 생각할 수가 없었을 것이다. 마찬가지로 과학 같은 것도 존재하지 않았을 것이다.

하지만 우리는 그 '중간에 해당하는 세계 *in-between universe*'에 살고 있다. 여기서는 사물은 변화하지만 그것은 일정한 도식과 법칙에 따르고 있다. 우리는 그것을 〈자연 법칙 *laws of nature*〉이라고 부른다.

만약 내가 막대기를 공중에 던져 올리면 그것은 반드시 아래로 떨어진다. 해는 서쪽으로 져서 다음 날 아침에는 반드시 동쪽에서 떠오른다. 따라서 우리들은 사물에 대해 생각할 수가 있다. 우리는 과학을 연구할 수도 있고 과학에 의해 우리의 생활을 개선할 수도 있다.

인간은 세계를 잘 이해할 수 있다. 우리는 지금까지 줄곧 사고력을 길러 왔다. 우리들이 사냥을 하거나 불을 피울 수가 있게 된 것도 사고력을 길러 왔기 때문에 가능했던 것들이었다.

옛날에는 TV도, 영화도, 라디오도, 책도 없었다. 인간이 살아 온 세월의 대부분은 그러한 것들이 없는 시대였다. 달 없는 밤이면 우리는 모닥불이 꺼져 가는 저 너머의 별을 보았다.

밤하늘은 매우 흥미롭다. 거기엔 도형(圖形)이 있다. 예를 들면 북쪽 하늘에는 작은 곰처럼 보이는 모양의 별이 놓여져 있는 것처럼 보인다. 이것이 별자리 *constellation*이다. 몇몇 문화권에 속하는 사람들은 그것을 〈작은곰 자리〉라고 부르고 있다. 다른 문화권의 사람들은 그것을 전혀 다른 도형으로 풀이하고 있다.

사실은 이와 같은 도형이 밤하늘에 실제로 있는 것은 아니
다. 우리 자신이 자연스러운 별의 자리에 도형을 끼워 맞추
었을 뿐이다. 우리는 수렵 민족이었으므로 우리들에게 흥미
있는 사냥군, 개, 곰, 젊은 여자 등의 것들을 밤하늘에서 찾
았다.

유럽의 선원들은 17세기에 접어든 뒤에야 처음으로 남쪽 하
늘을 보았으며 그때 그들은 그 시대 사람들이 흥미를 갖고
있던 것을 하늘에 그렸다. 큰부리새, 공작, 망원경, 현미경,
나침반, 선미(船尾) 등이 그런 것들이다.

만약 20세기에 와서 성좌가 명명되었다면 우리는 자전거나
냉장고를 밤하늘 속에서 찾았을 것이다. 그밖에 〈로큰롤 별〉
이라든가 〈버섯구름〉이라든가……인간에게 희망과 공포의 대
상이 될만한 것이 별의 세계에 그려졌을지도 모른다.

우리 조상들은 때때로 긴 꼬리를 달고 아주 짧은 순간 크게
빛나면서 밤하늘을 가르는 별도 보았으리라. 그들은 그것을
〈유성 falling star〉이라고 불렀다. 하지만 이것이 딱 들어
맞는 이름은 아니다. 별이 흘러가 버린 뒤에도 낡은 별은 그
자리에 남아있기 때문에 엄밀한 의미에서 글자 그대로의 '유
성(流星)'은 아니다.

어떤 계절에는 수많은 유성을 볼 수 있고 다른 계절에는
그저 몇 개의 유성밖에 볼 수가 없다. 여기에도 일종의 규칙성
이 있다. 별도 역시 태양이나 달과 마찬가지로 동쪽에서 떠
서 서쪽으로 진다. 머리 위에 있는 별은 하늘을 횡단하는 데
하룻밤이 꼬박 걸린다. 밤하늘의 별자리는 계절에 따라 정해
져 있다. 이를테면 초가을에 동쪽에서 보이는 별자리는 매년
똑같다. 새로운 별자리가 동쪽에서 갑자기 떠오른다는 일은
절대로 없다. 별에는 하나의 질서가 있으므로 언제까지라도
변하지 않기 때문에 별에 관해서는 예언할 수가 있다. 어떤
의미에서 별은 우리로 하여금 힘을 내게 해 주는 것이다.

어떤 별은 해가 떠오르기 직전에 지평선에서 떠올랐다가
해가 진 직후에 지평선으로 사라진다. 그리고 그 시각과 위
치는 계절에 따라 변한다. 만약 별을 주의 깊게 관찰하고 수
년간 기록을 해 두면 계절을 예고할 수가 있을 것이다.

또 해가 매일 아침 지평선의 어느 지점에서 떠오르는가를
보고서 지금이 일년 중 어떤 시기인가를 알 수도 있다. 하늘

중세 유럽에서는 북두칠성이
'찰스의 마차'였다.

고대 그리스인과 아메리카 원
주민은 북두칠성을 '큰 곰의
꼬리'라고 생각했다.

고대 이집트인들은 북두칠성
을 포함한 별무리를 소, 누워
있는 인간, 악어를 등에 진 하
마의 행렬로 보았다.

(위) 아나사지족의 아파트인 카사 보니타 Casa Bonita. 방이 8백 개나 되었다.

(가운데) 카사 링카나다 Casa Rincañada. 정확히 동서로 뻗어 있다.

(아래) 카사 링카나다의 내부. 두 줄로 나뉜 벽감이 있다.

에는 위대한 달력이 있다. 능력 있고, 노력하면서 살고, 기록하는 법을 알고 있는 사람이면 누구나 그 위대한 달력을 이용할 수가 있다.

하늘의 달력을 헤아리다

우리 조상들은 계절의 변화를 측정하는 장치를 만들었다. 미국의 뉴 멕시코 주 챠코 Chaco 계곡에는 11세기에 만든 지붕 없는 거대한 예배당이 있다.

일년 중 가장 낮이 긴 6월 21일에는 아침 햇빛이 이 예배당 창으로 들어와 천천히 움직여서 특별히 꾸며 놓은 제단을 비춘다. 이런 일은 6월 21일 무렵에만 일어난다. 따라서 빛이 움직이는 것을 보고 달력을 헤아릴 수가 있다.

'고대로부터 유서 깊은 민족'이라고 자처하는 콧대 높은 아나사지 Anasazi 족*들은 매년 6월 21일이면 짤랑짤랑 소리가 나는 장신구와 깃털과 터키석으로 몸을 장식하고 이 예배당에 모여 태양의 힘을 찬미했을 것이다.

그들은 달의 움직임도 관찰했다. 예배당 높은 곳에 마련한 28개의 제단은 달이 제자리로 되돌아갈 때까지의 날짜 수를 나타낸 것이다.

그들은 해와 달과 별을 자상하게 관찰했다. 이와 똑같은 생각에서 만들어 놓은 유적이 캄보디아의 앙코르 와트 Angkor Wat, 영국의 스톤헨지 Stonehenge, 이집트의 아브심벨 Abu Simbel 신전, 멕시코의 옛 도읍 치첸잇짜 Chichén Itzá, 북미의 대평원 Great Plains에도 있다.

달력을 알기 위해서 만들어진 장치라고 알려진 것 중에는 우연하게 그런 배치가 된 것들도 있을 것이다. 예를 들어 6월 21일에 태양광선이 창으로 들어와 제단을 비춘다고 하는 것도 우연히 그런 배치가 되었는지도 모른다.

그러나 그것과 전혀 다른 훌륭한 장치도 있다. 미국 남서부의 한 지방에는 3개의 석판(石板)이 수직으로 서 있는데 그것은 훌륭한 장치 가운데 하나이다.

그 석판은 1천 년 전쯤에 그곳에 운반되어 세워졌다. 그 석판에는 은하와 약간 닮은 소용돌이 모양이 새겨져 있다.

하지인 6월 21일에는 석판의 틈새로 비쳐지는 태양 광선이 소용돌이를 두 개로 나눈 형태가 된다. 그리고 동지인 12월 21일에는 두 줄기 태양 광선이 소용돌이 모양을 양쪽에서 감싸는 형태가 된다. 이것은 정오의 태양을 이용하여 하늘의 달력을 헤아리는 독특한 방법이다.

그럼 온 세상 사람들은 어찌하여 이같이 천문학을 배우려고 노력했을까. 우리 조상들은 영양(羚羊)과 물소를 사냥하며 살았는데 이 동물들은 계절에 따라 있는 곳이 바뀌는가 하면 그 수효가 불어나기도 하고 줄어들기도 했다.

과일과 나무 열매도 어떤 시기에는 따낼 수 있는 상태가 되나 어떤 시기에는 그렇지가 않았다. 따라서 우리가 농업을 발명하고부터는 작물을 정확한 계절에 심고 수확하도록 주의하지 않으면 안되었다. 여기저기 멀리 흩어져 사는 유목 민족 *nomadic tribes*의 경우는 미리 예정한 시기에 한 곳에 모였었다. 결국, 하늘의 달력을 헤아리는 기술이 좋은가 나쁜가는 문자 그대로 곧 생사의 문제로 연결되는 것이었다.

새 달이 되면 초생달이 다시 나타나고, 개기일식 *total eclipse* 뒤에는 태양이 다시 되돌아온다. 태양이 없는 답답한 밤이 지나 아침이 되면 태양이 다시 떠오른다. 그러한 일은 온 세상 사람들에 의해 관찰되고 있었다. 이러한 현상들은 우리 조상들에게 한 번 죽더라도 다시 살아날 수가 있는 것처럼 얘기해 주는 것 같았다. 하늘은 죽음이 없는 세계까지도 암시하고 있었던 것이다.

미국의 남서부 계곡을 바람이 소리 내며 지나간다. 지금 그 소리를 듣는 것은 우리들 이외엔 아무도 없다. 그러나 그것은 우리보다 이전에 살았던, 사고를 지니고 있었던 남자와 여자들을 생각하게 한다. 그들 남녀는 4만 세대에 걸쳐서 살아 왔었다. 그러나 우리는 그들에 관해서 거의 모른다. 하지만 우리의 문명은 그들을 기초로 하여 성립되고 있다.

(위) 6월 21일 새벽, 창문으로 햇빛이 들어와서 벽감을 비춘다.

(가운데) 11세기경, 동지와 하지를 표시했던 아나사지족.

(아래) 기원전 6백 년경, 사카츄완 *Saskachewan*에 만들어진 천문 관측소인 '메디신 바퀴 *Medicine Wheel*'. 직경이 80 m 정도이고 왼쪽에는 하지에 해돋이를 볼 수 있는 도정표가 있다.

크게 번지는 점성술

시대가 지남에 따라 사람들은 그들의 조상으로부터 많은 것을 배우게 되었다. 해와 달과 별의 위치와 운동을 정확하

몇달 동안 계속 화성은 이런
역행 궤도를 움직였다.

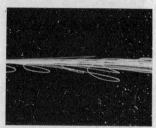

여러 행성들의 겉보기 움직임.
여러 달에 걸쳐서 관찰한 것.

게 알면 알수록 언제 사냥을 하고 언제 씨를 뿌리고 언제 수확하며 언제 모두 함께 모이면 좋은가 하는 것들을 훨씬 정확하게 예고할 수 있게 되었다.

정확한 측정을 하고 기록을 남기지 않으면 안되었기 때문에 천문학은 관측과 수학을 진보시켰고 읽기와 쓰기도 발전시켰다.

그런데 이상하게도 오히려 문명이 좀 진보한 뒤 인류에게겐 이상한 생각들이 고개를 들기 시작했다. 신비주의 mysticism와 미신 superstition이 경험 과학 empirical science을 공격한 것이다.

해와 별은 계절과 식량과 더위를 조절한다. 달은 바닷물의 간만을 조절하고 많은 동물의 주기(週期)를 지배하고 있으며 인간의 월경 주기까지도 조절하고 있다. 〈월경(月經) menstration〉이라는 말 자체가 달에서 유래하고 있는데 이것은 아이를 갖는 데 헌신하는 정열적인 인간에게 있어서는 지극히 중요한 일이었다.

하늘에는 또 하나 다른 종류의 것이 있었다. 그것은 떠돌아다니는 방랑자로서 〈행성(行星)〉이라고 불리웠다. 유목민이었던 우리 조상들은 이 별에 대해 친근감을 느꼈던 모양이다.

태양과 달을 제외한다면 육안으로 볼 수 있는 '떠돌아 다니는 별'은 5개뿐이다. 그들은 보다 멀리 있는 별을 배경으로 돌아다니고 있다. 몇 달 동안 그들을 쫓고 있으면 그들은 하나의 성좌를 떠나 다른 성좌로 들어간다. 때로는 공중 회전하는 것처럼 보이는 곡선을 천천히 하늘에 그린다. 하늘에 있는 다른 것들은 모두가 인간의 삶에 얼마간의 영향을 미친다. 그러면 행성은 어떤 영향을 미칠 것인가.

현재 서방 국가에서는 신문 가두 판매대 따위에서 쉽사리 점성술 astrology 잡지를 살 수가 있다. 그에 비해 천문학 잡지를 찾아 내기는 무척 어렵다. 또 미국의 신문은 사실상 모두 점성술 칼럼을 날마다 싣고 있다. 그러나 천문학 칼럼을 주 1회만이라도 싣는 신문은 거의 없다. 미국에는 점성가가 천문학자 수의 10배도 넘을 만큼 많다.

파티 등에서 만난 사람들 중 내가 과학자라는 것을 모르는 이들은 때때로 "당신은 쌍둥이 별자리 Gemini인가"라고 묻는다. 이 경우 들어 맞을 확률은 12분의 1이다. 혹은 "당신

은 무슨 별자리인가"라고도 묻는다. 그러나 "초신성의 폭발로
금(金)이 생긴다는 얘기를 들은 적이 있읍니까"라든가 "화
성 탐색선 *Mars Rover*의 예산을 의회가 언제쯤 승인하리라
고 생각하십니까" 따위의 질문을 받는 일은 거의 없다.

점성가는 "당신이 태어날 때 행성이 어느 별자리에 있었는
가 하는 점이 당신의 장래를 크게 좌우한다"고 말한다. 행성
의 움직임이 임금님이나 황제, 천황 등의 운명을 좌우한다는
생각은 수천 년도 더 전에 생겨났었다.

점성가들은 행성의 움직임을 연구하고 또 행성이 그 전에
지금과 똑같은 자리에 있었을 때 어떤 일이 일어났던가를 조
사한다. 예를 들어 금성이 지난 번 염소자리에 있었을 때 어
떤 상황이 일어났던가를 조사하고 이번에도 대체로 비슷한
일이 일어날 것이라고 예언하는 식이다.

이것은 미묘하고 위험한 일이다. 옛날에 점성가를 고용한
것은 국가뿐이었다. 공식 점성가 이외의 사람이 하늘의 전조
(前兆)를 헤아린다는 것은 많은 나라에서 중대한 법령위반으
로 간주했다. 왜냐하면 당시의 체제를 전복시키려면 그 체제
가 쇠퇴해 가고 있다고 예언하면 됐기 때문이다.

중국 왕조에서는 예언이 맞아들어가지 않을 때는 그 점성가
를 사형에 처했다. 그밖의 나라의 점성가들은 기록에 속임수
를 썼다. 따라서 후세 사람들이 그 기록을 보면 예언은 모두
실제 사건과 일치하고 있는 셈이 되었다.

점성술은 다시 말해서 관측, 수학, 주의 깊은 기록, 흐릿한
생각, 선의의 사기등이 기묘하게 뒤섞인 것이 되었다.

그러나 만약 행성이 국가의 운명을 좌우할 수가 있다면,
나에게 내일 일어날 일에도 영향을 미칠 것이 틀림없다는 생
각이 지배적이었다. 그리하여 알렉산드리아 시대의 이집트
에서 개인적인 점성술이 개발되어 2천년 전쯤에 그리스, 로
마 등지로 퍼져 갔던 것이다.

점성술이 오래된 것임은 오늘날의 어원 속에서 발견할 수
있다. 가령 영어의 〈재해 *disaster*〉란 단어는 원래 희랍어로
'나쁜 별'이란 의미였다. 〈인플루엔자 *influenza*〉는 이탈리
아 어의 '별의 감응력'이란 의미의 말에서 나왔다. 히브리
어의 〈건배 *mazeltov*〉의 어원을 밝히면 바빌로니아 어로
'좋은 별자리'란 뜻이다. 이디쉬 *Yiddish* 어의 〈슈라마젤

Shlamazel〉이란 단어는 '무정한 비운에 고통받는 사람'을 가리키는데 이것도 원래는 바빌로니아 어의 천문학 사전 속에 있었던 말이다.

로마 시대의 백과사전 편찬자였던 플리니우스 Pliny에 의하면 로마에는 '행성의 저주를 받았다 sideratio'고 생각되는 사람들이 있었다고 한다. 또 영어의 〈생각한다 consider〉라는 단어는 '행성과 함께'라는 의미라고 한다. '진지하게 생각할 때는 우선 행성에 대해 생각하라'라는 뜻일 게다.

행성은 죽음의 직접적인 원인이 된다고 널리 믿어지고 있었다. 여기에 제시한 1632년 런던 시의 사망 통계를 보면 '갓난아기와 어린이의 병사(病死)'가 많으며 그밖에 '폐의 반란'에 의한 사망, '임금님의 악(惡)'에 의한 병사 등이 있다. 그리고 '행성에 패배하여 사망'이라는 묘한 사인도 발견된다. 9천 5백 35명의 사망자 중 13명이 '행성에 패배하여' 죽은 것으로 되어 있다. '행성에 패배하여' 죽을 때는 도대체 어떤 증상이 나타났을까.

이와 같은 개인적인 점성술은 지금도 살아 있다. 지금 두 개의 신문 점성술 칼럼에 대해서 생각해 보자. 그것은 같은 날 같은 도시에서 발행된 두 개의 신문으로 하나는 《뉴욕 포스트 the New York Post》이고 또 하나는 《뉴욕 데일리 뉴스 the New York Daily News》이며 발행 날짜는 1979년 9월 21일이다.

지금 천칭좌(天秤座) Libra인 사람이 있다고 치자. 그 사람은 9월 23일에서 10월 22일 사이에 태어났는데 《포스트》지의 점성가에 의하면 '타협을 하면 긴장이 약화되리라'라는 점괘이다. 이것은 대체로 유익한 말이지만 좀 모호하다.

한편 《데일리 뉴스》지의 점성가에 의하면 '자기 자신에게 보다 엄격해야 한다'고 한다. 이것도 모호한 설교이지만 《포스트》지의 설교와는 다르다.

이러한 〈예언〉은 결코 예언이 아니다. 오히려 사소한 충고 같은 것이다. 그들은 '무엇을 해야 할 것인가'를 말하는 것이지 '무엇이 일어나는가'는 말하지 않는다. 그들은 일부러 일반적인 말을 사용하여 아무에게나 맞아 떨어지게끔 하고 있다. 그럼에도 불구하고 그들이 말하고 있는 것은 서로 엇갈려 있다. 신문사는 왜 이따위 것을 아무런 양해도 구함이 없이 스포츠 통계나 주식 시장의 기사와 함께 싣는 것일까 ?

점성술이 유효한지의 여부는 쌍동이의 삶을 보면 알 수 있다. 쌍동이 중 하나는 교통 사고나 낙뢰 사고로 어렸을 때 죽고, 또 한 사람은 노인이 될 때까지 건강하게 살고 있다는 예는 수없이 많다. 두 사람 모두 똑같은 장소에서 서로 몇 분 차이로 태어났으므로 두 사람이 태어났을 때는 틀림없이 같은 행성이 지평선에서 떠오르고 있었을 것이다. 만일 점성술이 맞는다면 왜 이같은 쌍동이가 제각기 전혀 다른 운명을 찾아가는 걸까 ?

점성가들은 천궁도(天宮圖) *horoscope*가 무엇을 의미하고 있는가에 대해서조차 의견의 일치를 볼 수가 없다.

점성가들은 점치는 상대방의 태어난 장소와 시각 이외에는 아무것도 모르기 때문에 그 사람의 성격과 미래를 예언하기는 불가능하다. 주의 깊게 살펴보면 그렇다는 것을 알게 된다.

점성술과 그 교의(教義)에 대한 불신감은 결코 새로운 것도 아니고 서양만의 것도 아니다. 예를 들면 1331년에 일본의 겐꼬법사(兼好法師)가 쓴 《도연초(徒然草)》에는 이렇게 써 있다.

적설일(赤舌日)에 관해서 음양도(陰陽道)는 아무것도 말하고 있지 않다. 옛날 사람들은 이 날을 꺼려하지 않았었다. 누가 그러한 말을 하여 이 날을 꺼리고 싫어하게 되었을까. 이 날 시작한 일은 끝까지 잘 안되며, 이 날 한 말이나 한 일은 뜻대로 이루어지지 않고 손에 넣은 것은 잃어버리며 계획한 것은 성공을 얻지 못한다고 한다. 얼마나 어리석은 일인가. 길일(吉日)을 택해서 한 일이 최후까지 잘 안 된 예를 헤아려 보면 적설일에 해서 잘 되지 않은 예와 같은 수가 될 것이다.

점성술은 가짜 과학

지구상의 각국 국기(國旗)에는 기묘한 특징이 있다. 미국 국기에는 50개의 별이 있고, 소련과 이스라엘 국기에는 한 개씩의 별이 있다. 버마는 14개, 그라나다와 베네주엘라의 국기에는 7개, 이라크는 3개, 산토메 프린시페*에는 2개의 별이 있다. 일본, 우루과이, 말라위, 방글라데시, 자유 중국의 국기에

* 아프리카 중서부 기니아 만에 있는 산토메 섬과 프린시페 섬 등의 섬들로 이루어진 나라—역주

는 태양이 있다. 브라질 국기에는 천구(天球)가 있고 오스트레일리아, 서(西)사모아, 뉴질랜드, 파푸아 뉴기니아의 국기에는 지구의 상징인 용이 그려져 있다. 인도, 한국, 몽고의 국기에는 우주의 상징이 그려져 있다.

사회주의 국가의 대부분은 국기에 별을 사용하고 이슬람 국가의 대부분은 초승달을 사용하고 있다. 세계 각국의 약 반수가 국기에 천문학적인 상징을 사용하고 있는 것이다. 이 현상은 문화나 지역에 상관없이 완전히 세계적이다. 더우기 그것은 우리 시대에만 한정된 것은 아니다. 기원전 3천 년경 스메르 인 *Sumerian*들의 원통형 석인(石印)이나 혁명 전 중국의 도교도(道教徒)들의 깃발에도 성좌가 그려져 있었다.

어느 나라든지 하늘의 태양이나 별처럼 힘이 있고 믿음직스런운 것을 국기에 넣기를 원했던 모양이다.

우리들은 우주와의 연결을 구하며 장대한 것과 친구가 되고 싶어 한다. 우리는 점성가들이 적당히 얘기하는 것 같은 개인적이고 사소한, 상상력이 빈약한 것과 맺으져 있는 것은 아니다. 물질의 기원이라든가, 지구에 생물이 살 수 있다는 것, 진화와 인간의 운명 등을 포함한, 보다 깊은 곳에서 우주와 연결되어 있다. 이제부터 그것을 알아 보자.

현재 인기 있는 점성술은 프톨레마이오스 *Claudius Ptolemaeus*라는 천문학자까지 곧바로 거슬러 올라갈 수가 있다. 그는 같은 이름의 이집트 왕과는 아무 관계가 없으며 2세기에 알렉산드리아의 도서관에서 일하고 있었다. 태양과 달이 머무는 천궁의 어디에서 행성이 떠오를 것인가, 올해는 물병좌(별자리)의 해라든가 하는 신비적인 것들은 모두가 프톨레마이오스로부터 시작되었다. 그는 바빌로니아 시대부터 전해 내려온 점성술을 수집, 정리했다.

프톨레마이오스 시대의 대표적인 점성술의 기록이 남아 있는데 그것은 파피루스에 희랍어로 쓴 것으로 서기 150년에 태어난 소녀에 대한 별 점(星占)이다.

귀여운 달 필로에 *Philoe* 탄생. 안토니오스 케자르 *Antoninus Caesar* 황제 10년, 파메노스 *Phamenoth* 월의 15일에서 16일에 걸친 밤의 제1시(時), 해는 물고기 자리에 있고, 목성과 수성은 염소 자리에, 토성은 게 자리에, 화성은 사자 자리에, 금성과 달은 물병 자리에 있었다. 이 아이는 염소 자리.

달과 해를 셈하는 법은 그 뒤 수세기 동안 상당히 변했으나 점성술은 세세한 것까지 별로 달라지지 않고 있다. 프톨레마이오스가 쓴 점성술 책 《테트라비브로스 *Tetrabiblos*》의 대표적인 1절은 다음과 같다.

　　토성은 동쪽에 있을 때는 검은 피부, 검은 곱슬머리에, 가슴팍에는 털이 난 쎅쎅한 남자들을 시종으로 삼는다. 그들의 눈은 중간 정도 크기이고 키도 중간 정도이며 기질(氣質)은 습기와 한기를 지나칠 정도로 많이 품고 있다.

　　프톨레마이오스는 '인간의 행동은 행성과 항성에 영향을 받는다'고 믿었을 뿐 아니라 '인간의 키와 얼굴 생김새, 타고난 기질과 신체의 이상 등도 별에 의해서 결정된다'고 믿었다. 이 점에 관해서는 현대의 점성가들은 좀더 신중한 입장을 취하고 있는 것 같다. 프톨레마이오스는 춘분점(春分點)의 세차(歲差)를 알고 있었다. 그러나 오늘날의 점성가들은 그 사실을 잊고 있다. 프톨레마이오스는 대기의 굴절로 별의 위치가 달라 보이는 것도 기록해 놓았는데 오늘날의 점성가들은 그것도 무시하고 있다. 그들은 달이나 행성, 소행성, 혜성, 준항성(準恒星)*quasar*, 펄서 *pulsar*, 폭발하는 은하 연성(連星) *exploding galaxies*, 격변하는 변광성(變光星)*cataclysmic variables*, X선성(線星) 등에는 거의 관심을 보이지 않는다. 그들 대부분은 프톨레마이오스 시대 이후에 발견된 것들이다. 천문학은 과학이다. 그것은 우주를 있는 그대로 연구하는 학문이다. 반면에 점성술은 가짜 과학이다. 확실한 증거가 없는데도 '행성은 우리들의 일상 생활에 영향을 준다'고 점성술은 주장한다. 프톨레마이오스 시대에는 천문학과 점성술 사이에 구별이 없었으나 오늘날 그 구별은 뚜렷하다.

진보를 방해한 천동설

천문학자로서의 프톨레마이오스는 별에 이름을 붙이고 각각의 별의 밝기를 표로 만들었다. 그는 지구가 공 모양이라고 믿는 정당한 이유도 설명했고 일식(日蝕)을 예언하는 규칙도 발견했다. 그러나 아마도 가장 중요한 점은 그가 '행성이 먼 곳에 있는 성좌를 배경으로 하여 기묘하게 방랑하는 까닭은 무엇인가?'를 이해하려고 노력한 일일 것이다.

그는 행성의 운동을 예언하기 위한 모델을 생각하여 하늘로부터의 편지를 해독하려고 애썼다. 이같은, 천계(天界)에 대한 연구는 프톨레마이오스를 몹시 들뜨게 만든 것 같다. 그는 이렇게 쓰고 있다.

나는 언젠가는 죽을 몸이다. 나는 자신이 단 하루를 위해 태어났다는 사실을 알고 있다. 그러나 무수히 밀집한 별이 높은 하늘을 돌아다니는 것을 즐겁게 쫓아다니노라면 나의 발은 이미 땅을 딛고 있지 않다.

프톨레마이오스는 '지구는 우주의 중심'이라고 믿고 있었다. 태양과 달과 행성과 항성은 지구의 주위를 돌고 있다. 이것은 가장 자연스런 발상이었다. 지구는 안정되어 있고, 단단하고, 움직이지 않는 것처럼 보이며 천체 *heavenly body*는 매일 떠올라서 지는 것처럼 보인다. 우리들은 그것을 볼 수가 있다. 모든 문화권 사람들이 지구 중심의 가설에 덤벼들었다. 케플러 *Johannes Kepler*는 이렇게 적고 있다.

따라서 전에 배운 적이 없는 사람은 지구를 하늘이라는 둥근 천정을 가진 커다란 집이라고 생각할 것이다. 그 이외에는 생각이 미치지 못한다. 그 집은 움직이지 않으며, 그 안에서는 태양은 조그맣게 보인다. 그것은 한쪽에서 다른 쪽으로, 공중을 나는 새처럼 돌아다닌다.

그러나 행성의 움직임은 어떻게 설명하면 좋을까? 가령 화성의 야릇한 움직임은 프톨레마이오스보다 수천 년 전부터 알려져 있었다(고대 이집트 사람들은 화성을 〈세크데드 에프 엠 케트켐 *sekded-ef em khetkhem*〉이라는 별명으로 불렀는데 이것은 '거꾸로 여행하는 것'이란 뜻이다. 이것은 분명히 화성의 역행이나 회전을 나타내고 있다).

행성의 움직임에 대한 프톨레마이오스의 생각은 작은 모형

으로도 만들 수가 있다. 같은 목적 아래 만들어졌으나 약
간 다른 기계가 프톨레마이오스 시대에 이미 있었다. 그보다
4세기 전쯤에 아르키메데스가 그와 같은 장치를 만들었다.
그 장치는 로마의 키케로 *Cicero*가 조사하여 기록해 놓았다.
그것은 시라큐스 *Syracuse*를 정복한 로마 장군 마르케우스
*Marcellus*가 가져온 것이었다. 70세의 노과학자 아르키메
데스는 이 장군의 한 부하에게 이유 없이 살해되었다. 그것은
장군의 명령을 위반한 살해였다.

프톨레마이오스의 생각도 아르키메데스의 모형과 비슷한
작은 장치로 보여 줄 수 있다. 문제는 행성의 운동을 〈외측〉
에서 보아 이해하는 것이었다. 그것은 〈내측〉에서 본 움직임
을 아주 정확하게 재현할 수 있는 진정한 움직임을 알아내는
것을 뜻했다.

행성은 완전히 투명한 공에 고정되어 지구를 돌고 있다고
상상되었다. 그러나 그것은 투명한 공에 직접 붙어 있지 않고
중심이 어긋난 바퀴에 붙여져 간접적으로 투명한 공에 고정
되어 있었다.

공은 회전하고 수레도 돈다. 그것을 지구에서 보면 화성은
공중 회전을 한다. 이 모형은 행성의 운동을 꽤 정확히 예측
했다. 프톨레마이오스 시대는 물론 그 뒤 수세기 동안 관측
기술의 정밀도로 보아 그것은 상당히 정확한 예측이었다.

프톨레마이오스의 천구(天球)는 유리로 만들어져 있었으리
라고 중세 사람들은 상상했다. 우리는 지금도 천구의 음악
music of the spheres*에 대해 얘기하고 제 7 천국에 관해 얘기
한다. 프톨레마이오스에 의하면 〈달의 천구〉, 〈수성의 천구〉
라는 식으로 금성, 화성, 목성, 토성, 태양이 저마다 천구
를 가지며 다른 항성에도 천구는 있었다. 그 8개의 천구가 각
각 천국으로 간주되었던 것이다. 지구가 우주의 중심에 있
고 모든 창조가 지구를 주축으로 이루어졌으며 하늘은 지구
와 전혀 다른 원리를 바탕으로 만들어진 것이라고 생각하면,
천문학을 관측하는 일에 큰 의욕은 솟아나지 않게 된다.

중세의 암흑 시대 *Dark Ages*에는 교회가 지구 중심적인
프톨레마이오스의 모형을 지지함으로써 이 모형은 1천 년 이
상에 걸쳐 천문학의 진보를 방해한 셈이다.

그러나 1543년이 되어 행성의 운동을 설명하는 전혀 다른 가

* 천구는 몇 종이나 되는 투명
한 공으로 이루어져 있으며
각층의 공의 운동에 따라 미
묘한 음악이 나온다고 피타
고라스는 말했다—역주

니콜라스 코페르니쿠스 (왼쪽)와 요하네스 케플러(오른쪽). 케플러의 벽면에 걸려 있는 사진은 티코 브라에.

설이 폴랜드의 가톨릭 교회 목사에 의해 발표되었다. 그 목사의 이름은 코페르니쿠스 *Nicholas Copernicus*였다.

그 가설의 가장 대담한 특색은 '우주의 중심은 지구가 아니라 태양'이라는 주장이었다. 지구는 행성의 하나로 격하되었다. 그것은 태양으로부터 세 번째 행성이며 완전한 원형 궤도를 돌고 있다는 것이었다.

프톨레마이오스도 이같은 태양 중심의 모형을 생각한 적이 있었으나 곧 바꾸어 버렸다. 아리스토텔레스의 물리학에 의하면 지구의 그와 같은 격심한 회전은 관측된 사실에 맞지 않는 것처럼 생각되었기 때문이다.

지동설의 등장

코페르니쿠스의 가설은 적어도 프톨레마이오스의 투명한

공과 마찬가지로 행성의 운동을 잘 설명할 수 있었다. 그러
나 그 가설은 많은 사람을 괴롭혔다. 1616년에 가톨릭 교회는
코페르니쿠스의 책을 금서(禁書)로 규정하고 지역 교회의 검
열자가 정정을 할 때까지 읽어서는 안된다고 했다. 이 금서
령은 1835년까지 계속되었다.

그러나 최근에 와서 16세기에 출판된 코페르니쿠스의 책
을 거의 모두 수집하여 조사한 결과 검열은 충분히 시행되지
않았음이 밝혀졌다. 이것은 진저리치 Owen Gingerich 가
조사한 것인데 그에 의하면 이탈리아에 있었던 책은 60%
밖에 정정되지 않았고 이베리아 반도에 있었던 책은 한 권도
정정되지 않았다고 한다.

종교 개혁으로 명성 높은 루터 Martin Luther 조차도 코
페르니쿠스에 대해 다음과 같이 쓰고 있다.

그는 벼락 출세한 점성가이다. 이 어리석은 자는 천문학의 모
든 것을 뒤집어 놓으려 하고 있다. 그러나 성경은 우리에게 가르
치고 있다. 여호수아가 "움직이지 말라"고 명한 것은 태양이지 지
구는 아니다.

코페르니쿠스를 존경하던 사람들 중에도 "그는 정말로 태
양이 우주의 중심이라고 믿고 있었던 것은 아니고 행성의 운
동을 계산하는 데 편리하니까 그와 같이 제안했을 뿐이다"라
고 주장하는 사람들이 있었다.

지구 중심설 Earth-centered과 태양 중심설 Sun-centered
이라고 하는 두 가지 학설의 획기적인 대결은 16세기에서 17
세기에 걸쳐 살았던 한 사나이의 마음 속에서 최고의 절정에
이르렀다.

그 사나이는 프톨레마이오스와 똑같이 점성가이기도 하
고 천문학자이기도 했다. 그는 인간의 영혼과 인간의 마음에
사슬이 채워진 시대에 살고 있었다. 고대 사람들이 알지 못
했던 기술에 의해 새로운 사실이 발견되고 있었음에도 불구
하고 그와 같은 발견보다도 1천 년, 2천 년 전에 교회가 발
표한 것이 더 신뢰할 만하다고 생각되었던 시대에 그는 살고
있었다. 신비적인 신학상의 문제에 있어서도 가톨릭이든 개
신교든 그 당시의 교회가 좋아하는 바에 어긋난 것을 믿으면
굴욕과 세금, 추방, 고문 등으로 벌받는 시대에 그는 살고

있었다.

천계에는 천사와 마귀가 살고 있어서 행성의 투명한 공을 돌리고 있는 것이었다. 자연.현상의 이면(裏面)에는 물리학의 법칙이 있을지도 모른다고 하는 과학적인 생각은 금기의 것으로 규정되고 있었다.

이 사나이, 케플러는 1571년 독일에서 태어났다. 그는 목사가 되기 위해 어렸을 때 시골 마을 마울브론 *Maulbronn* 의 개신교 신학교에 들어갔다. 거기는 신병 숙사(新兵宿舍) 같은 곳이었다. 로마 가톨릭의 아성을 공격하기 위한 신학적인 무기를 사용할 수 있도록 어린 마음을 훈련하는 곳이었다.

케플러는 고집 세고 머리가 좋으며 자립심이 풍부한 아이였으나 황량한 마울브론의 신학교에서는 친구도 없이 외로운 2년 간을 보내야 했다. 그는 고독한 데다 내향적인 성격이라 신의 눈으로 보면 무가치하다고 생각할 만한 것들만 생각하게 되었다. 그도 다른 사람들처럼 죄를 짓게 되었다. 그러나 그는 그 죄를 유난히 무겁게 여겨 그 죄를 후회하고 신의 구원을 받는 것을 체념했다.

그러나 그에게 있어서의 신은 보상을 요구하며 성을 잘 내는 신이 아니고 그 이상의 것이었다. 그의 신은 우주를 창조하는 힘을 갖고 있었다. 어린이의 호기심은 공포심보다 훨씬 강했다. 그는 세계의 종말에 대한 이론을 배우려고 생각했다. 그는 대담하게도 신의 의지에 대해 생각했다.

그같은 위험한 생각은 처음엔 가냘픈 것이었으나 나중에는 강력하게 그를 사로잡게 되었다. 신학교 생도였던 소년의 오만한 소원이 이윽고 유럽 전체를 중세 사상의 수도원으로부터 끌어내게 되는 것이다.

고대 과학은 1천 년 이상이나 침묵하고 있었으나 그것은 아랍 제국의 학자들 사이에 보존되어 있었다. 중세 말이 되자 그러한 고대의 소리의 가냘픈 메아리가 유럽 학교의 교과(敎科)속에 서서히 들어가게 되었다.

케플러는 마울브론에서 신학뿐 아니라 희랍어, 라틴어, 음악, 수학 등도 배웠다. 그와 동시에 고대 과학의 여운도 들었다.

그는 유클리드 *Euclid*의 기하학 속에서 완전함과 신의 영

광을 본것 같았다. 그는 뒤에 "기하학은 천지 창조 이전부터
있었다. 그것은 신의 마음과 더불어 영원한 것이다……기하
학은 신에게 천지 창조의 본보기를 보여 주었다. 기하학은
신 그 자체이다"라고 쓰고 있다.

케플러의 천계

케플러는 속세에서 벗어나 수학에서 기쁨을 느끼는 생활을
하고 있었다. 그러나 결점 투성이인 바깥 세계는 그래도 그의
성격에 영향을 미쳤다. 당시, 굶주림이나 심한 전염병이나 종
교상의 대립 등으로 고민하는 사람들에게 있어서 미신은 고민
을 잊게 하는 특효약이었다. 많은 사람들에게 있어서 오직 한
가지 확실한 것은 하늘의 별이며 고대부터 전해 오는 점성술
의 계시였다. 점성술은 무서운 유럽 세계의 술집과 안뜰에서
번성했다.

점성술에 대한 케플러의 태도는 평생을 통해 모호했으나 그
는 언제나 '일상의 혼란된 삶의 뒤에는 무언가 규칙이 숨겨져
있는 것은 아닐까' 하고 생각하고 있었다. 만약 신이 이 세계
를 만드셨다면 그것을 자세히 조사해 보아야 하는 것이 아닐
까? 신이 만드신 것은 모두 신의 마음 속의 조화를 나타내고
있는 것이 아닐까? 《자연 *Nature*》이란 제목의 책은 독자가
나타나기를 1천 년 이상이나 기다리고 있었던 것이다.

1589년 케플러는 고향 마울브론을 떠나 튀빙겐 *Tübingen*
의 위대한 대학에서 목사가 되기 위한 공부를 하게 되었다.
대학에 들어간 케플러는 자유의 몸이 된 것 같았다. 케플러
는 그 시대의 가장 중요한 지적 조류 속에 몸을 던졌다. 그
의 스승들은 그의 빼어난 재능을 금방 알아보았다. 그리하여
한 스승은 이 젊은이에게 코페르니쿠스의 위험하면서도 신비
한 가설을 가르쳤다.

태양 중심의 우주관과 케플러의 종교심은 서로 공명했고 그
는 그 태양 중심설에 열중했다. 태양은 신이었다. 그 신의
주위를 다른 모든 것이 돌아다니고 있을 뿐이다.

그는 목사로 임명되기 전에 세속적이긴 하지만 매력적인
근무처를 소개받았다. 그는 자기가 교회 일에 그리 어울리지

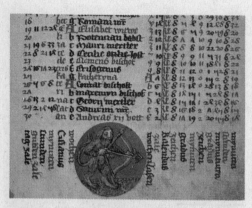

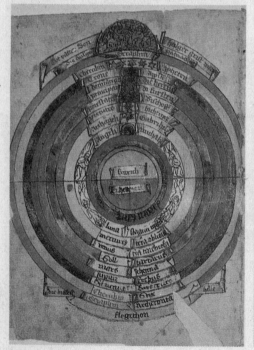

(위 왼쪽) 인마궁에 그려져 있는 11월의 달력. 1450년 독일의 천문 기록이다.

(위 오른쪽) 밤과 낮의 상대적 길이에 대한 중세의 토론.

(아래 왼쪽) 코페르니쿠스의 우주관이 마련되기 전 유럽의 지구 중심 지도. 가운데 있는 지구는 천국과 지옥으로 나뉘어져 있고 바깥쪽 원에는 달과 태양, 7개의 행성들의 이름이 있다.

(아래 오른쪽) 달과 태양을 중심으로 한 12궁. 구석에 4가지 바람이 있고 지구 구성 요소를 땅, 공기, 물, 불의 4가지를 표시했다.

움직일 수 있는 원판 4개로 된 종이 컴퓨터. 일식과 월식을 예언한다.

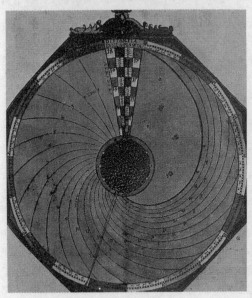

지구와 행성의 위치를 설명한 종이 컴퓨터(위)
와 수성에 관한 그림(오른쪽). 동그라미 속에 들어
있는 것이 수성이다.

않다는 것을 알고 있었기 때문인지 소개받은 일을 맡기로 결정했다. 그는 오스트리아의 그라쯔 *Graz*에 초빙되어 그곳 중학교에서 수학을 가르치게 되었다. 그리고 얼마 안되어 천문학과 기상학의 달력을 편집하기 위한 준비와 점성가가 되기 위한 공부를 시작했다. 케플러는 "신은 모든 동물들에게 삶의 수단을 부여하고 있다"고 쓰고 있다. "그리고 신은 천문학자에게는 생계의 수단으로 점성술을 부여했다"고도 쓰고 있다.

케플러는 뛰어난 사색가이며 훌륭한 문장가였다. 그러나 학교의 교사로서는 완전히 낙제였다. 그는 어눌하게 말하고 때때로 탈선도 했다. 그가 가르치는 것은 때로 전혀 이해할 수 없는 것도 있었다. 그라쯔에서의 첫해에는 몇 명의 학생이 그의 강의를 받았으나 이듬해에는 아무도 그의 강의를 들으려 하지 않았다. 그의 마음 속에서는 연상과 사고가 언제나 큰 소리를 내고 있어 그것이 그의 주의력을 산만하게 했다.

어느 쾌적한 여름 날 오후, 그는 수업 중에 하나의 계시를 받았다. 그것은 천문학의 미래를 크게 바꾸게 되는 중대한 계시였다. 그는 틀림없이 수업을 잠시 중단했을 것이다. 그러나 학생들은 수업이 빨리 끝나지 않을까 하는 데에만 정신이 팔려 수업에 열중하지 않았기 때문에 아마도 이 역사적 순간을 아무도 알아차리지 못했을 것이다.

케플러 시대에는 6개의 행성밖에 알려져 있지 않았는데 수성, 금성, 지구, 화성, 목성, 토성이 그것이다. 케플러는 '왜 6개인가' 하고 생각했다.

'왜 20이나 1백이라는 수가 아닐까' 하며 케플러는 고개를 갸웃거렸다. 코페르니쿠스가 생각해 낸 행성의 궤도와 궤도 사이에는 틈이 있는데 그것은 무슨 까닭인가. 그때까지 아무도 그러한 의문을 가진 일은 없었다.

한편 〈플라톤의 입체(立體)〉라고도 불리우는 정다면체(正多面體)는 5개밖에 없는 것으로 알려져 있었다. 이 다면체의 면은 모두 정다각형인데 이와 같은 입체는 피타고라스 *Pythagoras* 이후의 고대 그리스 수학자들도 알고 있었다.

케플러는 행성의 수와 정다면체의 수와는 서로 관계가 있다고 생각했다. 그는 행성이 6개밖에 없는 것은 정다면체가 5개밖에 없기 때문이라고 생각했다. 정다면체는 제각기 다른

정다면체 속에 들어갈 수 있는데 이같은 관계를 가진 정다
면체가 태양으로부터 행성까지의 거리를 결정하고 있다고 생
각했던 것이다.

　정다면체의 완전한 모양을 보고 케플러는 6개의 행성의 천
구를 지탱하고 있는, 눈에 보이지 않는 지주는 정다면체와 같
은 구조로 되어 있다고 믿었다. 그는 자기가 얻은 신의 계시
를 〈우주의 신비 *Cosmic Mystery*〉라고 불렀다. 플라톤의
입체와 행성의 위치는 서로 관계가 있다는 것을 설명하는 방
법은 한 가지 밖에 없었다. 그것은 신이 이루어 놓았다는 것
이다. 즉, 창조에 관여한 기하학의 신이 이루어 놓은 것이다.

티코의 곁으로

　케플러는 깜짝 놀랐다. 그는 자신을 '죄에 빠진 인간'이라
고 생각하고 있었는데 그런 자신이 어찌하여 신에게 선택되어
이같은 커다란 발견을 할 수가 있었을까 하고 놀랐던 것이다.
　그는 뷔르템베르그 *Württemberg* 대공(大公)에게 연구비
신청서를 냈다. 그것은 내접(內接) 다면체를 입체적으로 만들
어 누구나가 신의 기하학의 아름다움을 볼 수 있게 하자는 계
획으로서 그것을 위한 비용을 신청한 것이었다. 그것은 은과
보석을 사용해서 만들 수도 있으며 완성되면 대공의 성배(聖
杯)도 될 수 있다고 그는 신청서에 덧붙였다.
　이 신청은 채용되지 않았으나 친절하게도 '먼저 값싸게 종
이로 만들어 보라'는 충고가 되돌아왔다. 케플러는 곧 그렇게
해 보기로 했다.

　　이 발견으로 내가 얻은 기쁨은 말로 표현할 수가 없다……나는 어
　　떤 어려운 계산도 지겹지 않았다. 낮이고 밤이고 나는 수학의 계
　　산과 씨름했다. 나의 가설은 코페르니쿠스의 궤도와 일치하는 걸
　　까. 그렇지 않으면 나의 기쁨은 한낱 공허한 기쁨으로 끝날 것인
　　가? 그것을 볼 때까지 나는 계산을 계속했다.

　그러나 그가 아무리 애를 써도 정다면체와 행성의 궤도와
는 아무래도 잘 일치되지 않았다. 그는 이론의 우아함과 장대
함으로 미루어 관측 데이터에 잘못이 있을 것이라고 생각했

다. 그것은 과학사상, 관측 결과가 이론과 맞지 않았을 때 다른 많은 이론가가 끌어낸 결론과 같았다.

당시, 행성의 위치를 보다 정확하게 관측하고 있던 사람은 세계에 단 한 사람밖에 없었다. 그는 스스로 고국을 떠난 덴마크의 귀족이었는데 신성 로마 제국의 황제 루돌프 Rudolf 2세의 궁정에서 왕실 수학자 Imperial Mathematician의 지위를 얻고 있었다. 그의 이름은 티코 Tycho Brahe였다. 그는 루돌프 2세의 권유로 케플러를 프라하로 부르기로 했다. 그무렵 케플러의 수학적 재능은 점차 유명해지고 있었다.

케플러는 하층 계급 출신의 시골 교사에 불과하여 2, 3명의 수학자들 사이에서밖에 알려져 있지 않았다. 그는 티코의 초청을 받자 좀 겁이 났으나 초청에 응하기로 했다.

1598년, 곧 이어 일어나는 〈30년 전쟁*〉의 전조로 보이는 사건이 일어났었으며 그는 거기에 휘말려 들었다. 오스트리아 황제는 가톨릭 교도로서 그 교의를 굳게 믿고 있었다. 그

케플러가 생각한 우주의 신비. 피타고라스와 플라톤이 생각한 5개의 완전 입방체 속에 6개의 행성을 집어 넣었다. 가장 바깥쪽에 있는 완전 입방체는 정 6면체이다.

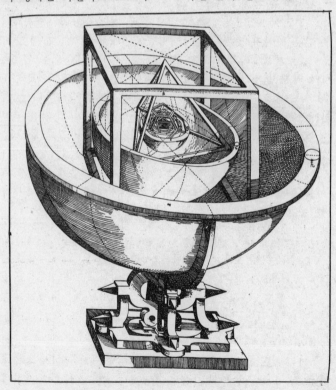

* 1618년부터 48년까지의 30년간 독일에서 벌어진 종교 전쟁. 그리스도교의 신 구 양파 제후들이 다투었다—역주

리하여 "이교도를 다스리느니 국토를 황무지로 만들어 버리는 것이 낫다"*고 말할 정도였다. 개신교 신자는 경제적, 정치적 권력으로부터 소외당했다. 케플러의 학교는 폐쇄되고 이교도적이라고 간주된 기도와 책, 찬송가 등이 금지되었다.

그리고 한 사람 한 사람 불려 나가 각자의 종교적 신념의 건전성 여부를 테스트 받았다. 가톨릭 신자라고 인정되지 않은 자는 수입의 10분의 1에 상당하는 벌금이 부과되거나 죽음의 고통에 시달리거나 그라쯔로부터 영원히 추방당했다. 케플러는 추방을 선택했다.

"나는 위선을 배운 일이 없다. 나는 신앙에 대해서는 진지하다. 신앙을 농락하지는 않는다"는 것이 케플러의 주장이었다.

케플러는 처와 양자를 데리고 그라쯔를 나와 프라하로 떠났다. 그것은 괴로운 여행이었다.

케플러의 결혼 생활은 행복하지는 않았다. 그의 아내는 언제나 병에 시달렸고 태어난 두 아기는 어렸을 때 죽었다. 케플러는 아내에 대해 '어리석고 곧잘 화를 내며 고독하고 어두운 여자였다'고 쓰고 있다. 그녀는 남편의 일을 이해하지 못했다. 그녀 자신 시골의 하층 계급에서 태어나 자랐으면서 남편의 가난한 직업을 투정했다. 케플러는 이 아내에게 때때로 설교도 했으나 그녀를 무시하는 때도 있었다. 그는 이렇게 고백하고 있다.

"나는 때때로 연구 때문에 머리가 꽉 차 있었다. 그러나 나는 아내에 관해서는 인내력을 갖는 것을 배웠다. 나의 말이 아내의 마음에 새겨졌으리라 생각되면 나는 그 이상 야단치지 않고 오히려 나 자신의 손톱을 깨물기로 했다."

그런 중에도 케플러는 자기 일에 몰두했다. 그는 티코가 있는 곳을 '나쁜 시대의 피난 장소'라고 여겼으며 그 피난지를 자신의 〈우주의 신비〉를 확인하는 좋은 장소라고 생각 했다. 그는 위대한 티코처럼 같은 길을 걷는 사람들 사이에서 존경 받는 인물이 되고 싶었다. 티코는 천체 망원경이 발명되기 전에 35년 간에 걸쳐 시계보다 더 정확한 질서 아래에서 움직이는 우주를 관측하는 데 몸바쳐 왔다.

그러나 케플러의 기대는 채워지지 않았다. 티코는 조심성이 없는 사나이였다. 학창 시절에 누가 더 유능한 수학자인

* 이것은 중세 시대에서도 가장 극단적인 발언이었다. 나중에 성 도미니크라고 불린 도체고드 구즈맨은 반(反)로마 교회의 알비파의 도시를 포위 공격했을 때 "가톨릭 신자와 그렇지 않은 자들을 어떻게 구별하면 좋겠는가"라는 물음에 대해 "모두 죽여버리면 된다. 천국의 하나님이 자기의 자식은 알고 있을 터이니까"라고 말했다고 한다—원주

가를 겨루며, 결투를 하다가 코를 잃었기 때문에 금으로 만든 인공 코를 끈으로 매달고 다닐 정도로 경박한 성격이었다. 그의 주위에는 말 많은 조수들, 아첨군들, 먼 친척, 식객 등등 각양 각색의 사람들이 모여 있었다. 그들은 끊임없이 마시고, 노래하고, 떠들며, 떠벌이는가 하면 빈정대거나, 음모를 구미기도 했다. 신앙심은 두터우나 순진한 촌뜨기인 케플러는 이들로부터 잖인하리만큼 놀림을 받았다. 그래서 케플러는 항상 울적해 했으며 슬픈 기분에 젖어 있었다. 그는 이렇게 중얼거렸다.

(티코 브라에는……더할 나위 없는 부자이다. 그러나 돈을 보람 있게 쓸지를 모른다. 그가 갖고 있는 도구 1개는 나와 나의 가족의 전 재산을 합친 것보다 비싸다.)

케플러 설의 붕괴

케플러는 티코의 천문학 자료들을 빨리 보고 싶었다. 그러나 티코는 이따금 자료의 일부만을 보여 줄 뿐이었다. 그래서 그는 이렇게 투덜거렸다.

"티코는 그의 경험을 나에게 나누어 주려 하지 않았다. 그는 식사할 때라든가 무언가 다른 것을 하고 있을 때, '오늘은 저 행성이 원지점(遠地點)으로 올 거야'라든가 '내일은 이 행성이 교차점에 온다'라는 등 마치 갑자기 생각난 듯이 말할 뿐이었다. 티코는 보다 훌륭한 관측 자료들을 갖고 있었다. 그는 협력자도 갖고 있었다. 그러나 그는 그것을 부리는 기술은 갖고 있지 않았다"

티코는 그 당시의 가장 위대한 관측의 천재였다. 그리고 케플러는 가장 위대한 이론가였다. 그들은 정확하고 조리에 맞는 우주상을 만들어 내는 것이 긴급하다고 느꼈다. 그러나 혼자만으로는 그것이 불가능하다는 것도 알고 있었다. 그럼에도 불구하고 티코는 자기가 평생을 건 관측의 결과를 언젠가는 경쟁 상대가 될지도 모르는 젊은이에게 건네주려 하지 않았다. 공동 연구의 결과를 공저(共著)의 형식으로 발표하는 것은 티코로서는 어쩐지 받아들이기 어려운 일이었다.

　이론과 관측의 소산인 근대 과학은 그들의 상호 불신 때문
에 태어날 듯하면서도 태어날 수가 없었다. 그 뒤 티코는 1년
반밖에 더 살지 못했으나 그 동안 두 사람은 몇 번이나 말다
툼을 하고 다시 화해하고 또 다투고 했다. 티코는 어느 날 로
젠베르그 *Rosenberg* 남작의 만찬회에 참석하여 포도주를 과
음했다. 화장실에 가자니 남작에 대해 실례가 될 것 같고, 그대
로 있자니 견디기가 어려웠다. 그러나 건강보다 예절이 더 중
요하다고 여긴 그는 오랫동안 참았다. 그 때문에 그는 마침내
방광염에 걸렸고 더군다나 그 뒤로도 음식을 제한하라는 충
고를 고집 세게 거부했기 때문에 병이 악화되었다. 죽음의
자리에 눕게 된 티코는 케플러에게 자기의 관측 자료들을 양
도한다고 유언했다. 최후의 밤에 그는 헛소리를 하기 시작했
으며 몇 번이고 몇 번이고 같은 말을 되풀이했다.
　"나의 생애가 쓸모없이 끝났다고 생각되지 않도록 해 다오.
내 생애가 쓸모없이 끝났다고 생각되지 않도록……"
　그것은 마치 시를 읊고 있는 것 같았다.
　티코가 죽은 뒤 케플러는 왕실 수학자에 임명되어 티코의
유족들로부터 관측 자료들을 빼내는 데 성공했다. 그러나
'행성의 궤도는 플라톤의 5개의 입체에 의해 에워싸여 있다'
는 그의 추론은 티코의 관측 자료로서도 입증하지 못했다. 그
것은 코페르니쿠스의 자료들과 마찬가지였을 뿐이었다.
　훨씬 뒤에 가서 천왕성, 해왕성, 명왕성 등이 발견되었기
때문에 그의 〈우주의 신비〉는 완전히 부정되었다. 새로 발견
된 행성과 태양과의 거리를 결정할 수 있는 플라톤의 입체는
없었던 것이다.
　플라톤의 내접 다면체는 지구의 달을 설명할 수도 없었고
갈릴레오가 발견한 목성의 4개의 달도 그의 가설에는 맞지
않았다. 그러나 케플러는 그러한 이유로 포기하지는 않았다.
그는 보다 많은 위성을 발견하려고 애썼고 개개의 행성이 몇
개의 위성을 갖고 있는가도 생각했다. 그는 갈릴레오에게 다
음과 같은 편지를 썼다.

　유클리드의 5개의 정다면체를 놓고 생각하면 '태양 주위에는
6개 이상의 행성은 존재하지 않는다'라는 나의 〈우주의 신비〉를
뒤엎지 않고 행성의 수를 늘린다면 몇 개까지 늘릴 수 있을까 하

고 나는 생각하기 시작했읍니다. 목성의 주위에는 4개의 위성이 있다는 것을 나는 확신합니다. 그래서 천체 망원경이 필요합니다. 그리고 가능하면 화성 주위에 2개의 위성을 발견해 주십시오. 비례의 관계로 추측컨대, 토성에도 6개 내지 8개의 위성이 있고 수성과 금성 주위에도 아마 1개씩의 위성이 있을 것입니다.

화성에는 케플러가 생각한 대로 두 개의 작은 위성이 있었다. 그 두 개 중 큰 쪽의 특징적인 지형에는 〈케플러 산맥 *Kepler Ridge*〉이란 이름이 붙여져 있는데 그것은 그의 추론에 경의를 표하여 명명된 것이다.

그러나 토성, 수성, 금성에 관한 그의 추론은 완전히 틀려 있었다. 그리고 목성에는 갈릴레오가 발견한 4개의 위성보다 더 많은 위성이 있었다.

우리는 지금도 왜 행성은 9개밖에 없는가, 왜 태양으로부터 적당한 거리가 떨어져 있는가 하는 것을 알지 못한 채 있다(제 8장 참조).

타원형의 궤도

티코는 화성과 그밖의 행성이 성좌 속을 움직여가는 모양을 수년 동안에 걸쳐 관측했다. 관측은 천체 망원경이 발명되기 전의 수십 년 동안에 이루어져 그 자료는 그때까지 수집된 것 중에서는 가장 정확했다.

케플러는 그들 자료를 이해하려고 열심히 연구했다. 태양의 주위를 도는 화성이나 지구의 진정한 운행은 어떤 식으로 설명해야 좋을까. 역행하거나 원을 그리거나 하는 화성의 움직임을 당시의 정확한 관측 자료에 어긋나지 않게 설명하는 일이 가능할 것인가.

티코는 생존해 있을 때에도 화성에 대한 것은 케플러에게 일임했다. 왜냐하면 화성의 움직임은 가장 불규칙적이었고 원형 궤도로 그것을 설명하기에는 아주 어려웠기 때문이다.

케플러는 수많은 계산에 진력이 났으리라고 여겨지는 독자에 대해 나중에 이렇게 쓰고 있다.

"이와 같은 지루한 계산에 진력이 난 사람들이 있다면, 적

어도 70번 이상이나 계산을 되풀이한 나를 불쌍하다고 생각
해 주십시오.''

기원전 6세기의 피타고라스와 플라톤, 프톨레마이오스를
비롯하여 케플러보다 이전의 그리스도교도 천문학자들은 모
두 '행성은 원형의 궤도를 따라 움직이고 있다'고 생각했다.
원은 〈완전〉한 기하학 도형이라고 생각되고 있었고 높은 천
계에 있는 행성은 지구의 〈변조 corruption〉로부터 멀리 떨
어져 있어 신비적인 의미에 있어서 〈완전〉하다고 생각되고
있었다. 갈릴레오도, 티코도, 코페르니쿠스도, 행성의 궤도는
원형이라고 생각하여 코페르니쿠스는 "원형 이외의 것을 생
각하면 소름이 끼친다"고 쓰고 있다. 왜냐하면 '최상의 방법
으로 이루어진 창조에 대해 그와 같은 불완전한 것을 생각하
는 것은 무가치하기 때문'이라는 것이었다.

그래서 케플러도 처음엔 '지구와 화성은 원형의 궤도를 따
라 태양의 주위를 돌고 있다'고 상상했다.

케플러는 3년간에 걸친 계산 결과 화성의 원형 궤도에 관
해 올바른 수치를 발견했다고 믿었다. 그 수치는 티코의 10
회의 관측 결과와 각도에 있어서 2분(分)의 차로 일치했다.
1도는 60분이다. 수평선에서 천정 Zenith까지의 각은 90도
이다. 따라서 몇 분 정도쯤은 재려고 생각하면 아주 작은 각
도이다. 특히 천체 망원경이 없었던 시대임을 감안하면 그것
은 지극히 작은 각도였다. 예를 들어 만월(滿月)을 지구에서
보면 그 직경은 시각(視角)으로 약 30분이다.

케플러는 정신없이 기뻐했으나 그 기쁨은 곧 우울로 변했
다. 티코의 다른 2회의 관측 자료가 케플러가 계산한 궤도와
일치하지 않았기 때문이다. 그 차이는 8분의 호(弧)가 되었
다.

신은 우리들에게 티코 브라에 같은 근면한 관측자를 주시었다.
그의 관측 자료는 나의 프톨레마이오스적인 계산으로는 8분의 차
가 생긴다는 판결을 내렸다. 이같은 신의 판결을 받았다면 우리는
감사히 생각하지 않으면 안된다. 만약 내가 이 8분의 차이를 무시
할 수 있다고 믿는다면 그것은 자기의 가설에 적당한 땜질을 하여
꾸민 것에 불과하다. 그러므로 그것은 절대로 무시해서는 안되는
차이다. 이 8분의 차이가 천문학을 완전히 새롭게 하는 길을 가리
켜 준 것이었다.

원형의 궤도와 진짜 궤도와의 차이는 정확한 관측과, 사실을 받아들이는 용기가 없다면 분별할 수 없을 것이다.

"우주는 잘 조화된 비율로 꾸며져 있다. 그러나 조화가 잘 되어 있다면 그것은 경험에 의해 알아낼 수 있을 것이다".

케플러는 원형 궤도에 대한 생각을 버리지 않으면 안되게 되자 매우 괴로와했다. 그리고 기하학자인 창조주에 대한 신앙에 의문을 갖지 않을 수 없게 되었다. 그는 원형 궤도와 나선형의 안정된 천문학을 던져 버렸다. 그러자 남는 것은 타원을 닮은 좁고 긴 원이었다. 그는 그 타원을 '짐차 한 대분의 말똥 같은 것'이라고 설명하고 있다.

케플러는 결국 '원에 대해 내가 품고 있던 동경은 환상에 지나지 않았다'고 생각하게 되었다. 코페르니쿠스가 말했듯이 지구도 하나의 행성이지만 이 지구는 전쟁, 전염병, 굶주림, 불행 등으로 파멸 도상에 있으며 도저히 완전한 것이라고는 말할 수 없는 상황이다. 그것은 케플러에 있어서도 명백한 것이었다.

케플러는 '행성도 또한 지구와 마찬가지로 불완전한 재료로 만들어진 물체'라고 주장했다. 케플러는 고대 이래로 이같은 주장을 한 최초의 사람 중 한 사람이다.

만약 행성이 〈불완전〉하다면 그 궤도도 마찬가지로 불완전한 것이 아닐까. 그는 여러 가지 타원형의 곡선에 대해 계산해 보았다. 그러나 두세 가지 계산 착오를 범했다. 그 때문에 처음에는 정답을 버릴 뻔했다. 수개월이 지나자 그는 자포자기 상태에서 타원의 공식을 시험해 보았다. 그 공식은 알렉산드리아 도서관에서 페르가의 아폴로니오스가 처음으로 짜낸 것이었다. 케플러는 그 공식이 티코의 관측 자료와 훌륭하게 일치한다는 것을 발견했다.

"내가 거절하여 쫓아 버린 자연의 진리가 모습을 바꾸어 뒷문으로 살금살금 되돌아 온 셈이다. ……아, 나는 얼마나 바보 같은 새였던가".

케플러의 3 법칙

화성은 원형의 궤도가 아니라 타원형의 궤도를 따라 태양의 주위를 돌고 있다. 케플러가 그것을 발견했다. 다른 행성의 궤도는 화성의 궤도처럼 좁다란 타원은 아니다. 따라서 만약 티코가 그에게 예를 들어 금성의 움직임을 연구하도록 전했었다면 케플러는 행성의 올바른 궤도를 발견하지 못했을지도 모른다.

이같은 궤도의 경우 태양은 타원의 중심이 아니라 조금 비낀 곳에 있다. 그곳은 바로 타원의 촛점인 셈이다.

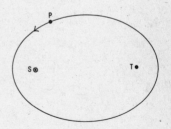

(위) 케플러의 제1법칙. 유성 (P)는 태양(S)와 또 하나의 점(T)를 촛점으로 하는 타원을 그린다.

만약 하나의 행성이 태양과 가장 가까운 곳을 지난다면 그 속도는 빠르다. 그러나 그것이 태양에서 제일 먼 곳을 지난다면 그 속도는 느려진다. 따라서 우리는 행성의 이같은 운동을 '태양을 향해 끊임없이 떨어지고 있으나 태양에 도달할 수는 없는 운동'이라고 설명할 수가 있다. 행성의 운동에 관한 케플러의 제1 법칙은 단지 '행성은 태양을 하나의 촛점으로 하는 타원에 따라 움직인다'는 것뿐이다.

만약 원에 따르는 일정한 운동일 경우는 원의 호(弧)의, 같은 길이를 나는 데에는 같은 시간이 걸린다. 따라서 원주의 2/3를 나는 데 걸리는 시간은 1/3을 나는 데 필요한 시간의 2배가 된다.

그러나 타원형 궤도의 경우에는 사정이 좀 다르다는 점을 케플러는 발견했다. 태양과 행성을 연결한 선은 행성의 이동에 따라 타원형 속의 일정 면적을 덮는다. 그것은 그림에서 보듯이 쐐기 모양이 된다.

행성이 태양 가까이 지날 때에는 속도가 빠르므로 일정 시간에 행성이 따라가는 호의 길이는 크다. 그러나 태양에 가깝기 때문에 쐐기 모양은 그리 크지 않다. 반대로 태양에서 멀리 떨어진 곳을 지날 때에는 같은 시간에 행성이 따라가는 호의 길이는 태양에 가까운 때만큼 크지는 않다. 그러나 이때는 태양에서 멀리 떨어져 있으므로 쐐기의 면적은 생각보다 커진다.

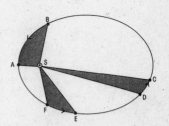

케플러의 제2법칙. 행성은 같은 시간에 같은 면적마큼 움직인다. B에서 A, F에서 E, D에서 C까지 가는 시간은 같으며 빗금친 BSA, FSE, DSC 의 면적은 모두 똑같다.

행성의 궤도가 아무리 좁다란 타원일지라도 태양과 행성을 연결하는 선이 일정 시간에 그리는 쐐기 모양의 면적은 항상 똑같다. 케플러는 이 사실도 발견했다.

행성이 태양에서 멀리 떨어져 있을 때 생기는 좁고 기다란 쐐기 모양의 면적과 행성이 태양 가까운 곳에 있을 때 생기는 짧고 통통한 쐐기 모양의 면적은 동일한 것이다. 이것이 행성의 운동에 관한 케플러의 제 2 법칙이다. 행성은 같은 시간에는 같은 면적을 그리는 셈이다. 케플러의 제 1 법칙과 제 2 법칙은 우리들에게 얼마간 생소하고 추상적인 것처럼 생각될지 모른다. 행성은 타원형 궤도 위를 움직이고 같은 시간에는 같은 면적을 그린다는 것이므로.

확실히 원을 따라가는 운동이 보다 이해하기 쉽다. 우리는 이같은 법칙을 '일상 생활과는 관계 없는 수학 놀음'이라고 지나쳐 버리기 쉽다. 그러나 우리의 지구도 이 법칙에 따라 우주 공간을 돌아다니고 있다. 그리고 우리는 인력에 의해 그 지구에 못박혀 있다. 우리는 케플러가 최초에 발견한 자연의 법칙에 따라 움직이고 있다. 우리가 행성을 향해 우주 탐색선을 보낼 때, 우리가 연성(連星)을 관측할 때도, 아득한 저편 은하의 운동을 조사할 때도 우주 전체에 걸쳐 케플러의 법칙이 성립된다는 것을 알 수가 있다.

수년이 지나 케플러는 세 번째의, 그리고 최후의 법칙을 발견했다. 그것은 여러 가지 행성의 운동을 서로 관련 짓는 것이었다. 그것은 시계의 장치처럼 질서정연한 태양계를 정확하게 설명하는 것이었다.

그는 이 법칙을 《세계의 조화 *The Harmonies of the World*》라는 제목의 책에서 설명하고 있다. 케플러는 많은 사물을 〈조화〉라는 말로써 이해했다. 이를테면 행성 운동의 질서와 아름다움, 그 운동을 설명하는 수학적인 법칙이 존재한다는 것, 그리고 〈천구의 음악〉이라고 불리우는 음악의 조화 등이다. 이들 조화는 피타고라스 때부터 주목된 것인데 케플러도 그들 속에서 조화를 발견했다.

수성이나 화성의 궤도와 달라서 다른 행성의 궤도는 진정한 원과 거의 어긋나지 않는다. 따라서 그들의 궤도를 그림으로 그리면 진정한 원이 돼 버려 정확한 타원을 그리는 것은 불가능하다. 지구는 우리들의 '움직이는 천문대'이다. 거기서 우리는 아득한 성좌를 배경으로 움직이는 다른 행성을 관측한다. 지구보다 안쪽의 행성은 빨리 움직인다. 수성을 가리켜 영어로는 〈머큐리 *Mercury*〉라고 하는데 이것은 '하나님의 사자 *messenger of the god*'란 뜻이다. 사자는 여기 저기 날아다니므로 서구에서는 수성을 〈머큐리〉라고 부른 것이다.

금성, 지구, 화성 이렇게 태양으로부터 멀어짐에 따라 태양을 도는 속도는 느려진다. 목성이나 토성과 같은 바깥 쪽 행성은 서서히 움직인다. 영어로는 목성을 〈쥬피터 Jupiter〉라고 부르며 토성을 〈새턴 Saturn〉이라고 부르는데 그것은 둘 다 수 많은 신들 가운데서 가장 훌륭한 이름들이다. 느릿느릿 나는 모습은 실로 제신(諸神)의 왕다운 데가 있다.

케플러의 제 3 법칙, 즉 '조화의 법칙'은 다음과 같은 내용이다.

"행성이 궤도를 일주하는 데 필요한 시간(周期)은 그 행성의 태양으로부터의 평균 거리의 3제곱에 비례한다"

즉, 행성은 태양에서 멀면 멀수록 서서히 움직인다는 말이다. 뿐만 아니라 그것은 '주기의 2제곱은 태양으로부터의 평균 거리의 3제곱과 같다'고 하는 수식에 정확히 따른다. 이 경우 주기는 〈년(年)〉으로 표시하고 평균 거리는 〈천문 단위〉로 표시한다. 천문 단위란 태양에서 지구까지의 거리를 1로 한 척도이다.

예를 들어 목성을 생각해 보자. 목성은 태양에서 5천문 단위만큼 떨어져 있다. 따라서 5를 3제곱한다. 답은 125이다 (5×5×5=125). 이 125는 어떤 숫자의 2제곱일까. 답은 11이다. 11의 2제곱은 125에 가깝다. 목성이 태양을 일주하는 데 필요한 기간은 11년이 되는 셈이다. 같은 계산은 모든 행성, 소행성, 혜성에 대해서도 성립한다.

신비주의를 넘어서

케플러는 행성의 운동에 관한 법칙을 자연 속에서 끌어내는 것만으로 만족하지는 않았다. 그는 사물 뒤에 숨어 있는 보다 기본적인 것을 발견해 내려고 노력했다. 그것은 천체의 운동에 대한 태양의 영향을 알아내는 일이었다. 행성은 태양에 가까와지면 속도가 빨라지고 태양에서 멀어지면 속도가 느려진다. 멀리 있는 행성도 어쩐지 태양의 존재를 느끼고 있는 것 같다. 마찬가지로 자력(磁力)도 멀리서 느낄 수가 있다. 케플러는 자력 비슷한 것이 행성의 운동에도 관계하고 있을 것이라고 생각했다. 그것은 〈만유인력 universal gravitation〉

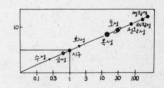

케플러의 제 3 법칙. 조화법칙이라고도 불리는 이 법칙은 행성의 궤도, 크기와 공전주기에 관한 것으로 케플러 사후에 발견된 천왕성, 해왕성, 명왕성에도 적용된다.

을 예견한 것으로 참으로 엄청난 일이었다.

나의 목적은 천체의 구조가 신성한 생물 같은 것이 아니고 오히려 시계 장치 같은 것이라는 것을 보여 주는 것이다. ……천체의 다양한 운동은 모두가 오직 하나의 아주 단순한 자력에 의해 지배되고 있다. 그것은 시계의 모든 움직임이 단순한 추에 의해 지배되고 있는 것과 같다.*

자력은 물론 인력과는 다르다. 그러나 기본적으로 새로운 케플러의 이 생각은 그것만으로 굉장히 중요한 것이었다. 그는 지구에 들어맞는 양적인 물리 법칙이, 천계(天界)를 지배하는 양적인 물리 법칙의 기본이기도 하다고 주장했던 것이다. 그것은 지구를 우주의 시골에 있는 하나의 행성으로 만들어 버렸다.

'천문학은 물리학의 일부'라고 그는 말했다. 케플러는 역사의 최전선에 서 있었다. 최후의 과학적 점성가는 동시에 최초의 천체 물리학자였던 것이다.

케플러는 조용히 조심스럽게 말을 하는 성격이 아니었다. 그는 자기의 발견을 다음과 같이 분석했다.

영원한 옛날부터 계속해 온 우주의 교향곡을 1시간 이내에 연주할 수가 있다. 인간은 작지만 지극히 높으신 예술가인 신의 기쁨을 맛볼 수가 있다……나는 내키는 대로 성스런 열광에 몸을 내맡긴다……주사위는 던져졌다. 그리고 나는 지금 책을 쓰고 있다. 이 책은 지금 읽혀질지 아니면 자손들에 의해 읽혀질지 모르지만 그런 것은 문제가 아니다. 신 자신도 관측자가 나타나기까지 6천 년이나 기다렸다. 그와 마찬가지로 이 책도 독자가 나타날 때까지 1세기라도 기다릴 수가 있다.

케플러는 '우주의 음악 속에서는 개개의 행성의 속도는 음표의 어느 것과 부합한다'고 믿었다. 그의 시대에는 라틴 어의 음계인 '도, 레, 미, 파, 시, 도'가 일반적인 것이 되었는데 그는 〈천구의 음악〉 속에서 지구의 음은 '파'와 '미'에 해당한다고 주장했다. 지구는 영원히 파와 미를 흥얼거리고 있는 셈인데 파와 미를 결합하면 라틴 어의 〈파미 *famine*〉가 된다. 이것은 굶주림을 뜻하는 말이다. 여기에서 그는 '지

* 케플러시대의 시계는 현재와 같은 추나 태엽이 아니라 무게 추로 움직이고 있었다.

구는 이 굶주림이라는 슬픈 한 마디로 보다 잘 표현 할 수 있
다'고 주장하여 꽤 많은 사람들을 납득시킬 수가 있었다.

마녀로 몰린 어머니

케플러가 제3 법칙을 발견한 날로부터 헤아려 꼭 8일이 지
났을 때 〈30년 전쟁〉의 계기가 된 사건이 프라하에서 일어
났다. 전쟁의 혼란으로 몇 백만 명의 사람들의 생활은 엉망
이 되었다. 케플러도 그 중의 한 사람이었다.

케플러는 군인들이 묻혀 온 전염병 때문에 아내와 자식을
잃었다. 후원자였던 황제는 퇴위했다. 게다가 그는 루터 교
회로부터 파문당했다. 교의에 관해 그는 너무도 개인주의였
기 때문이다.

케플러는 다시 난민이 되었다. 가톨릭도, 프로테스탄트도
이 전쟁을 〈성전 Holy War〉이라고 부르고 있었으나 실제는
영토와 권력이 탐난 무리들이 종교적인 광신을 전쟁에 이용
했을 뿐이었다.

옛날에는 호전적인 왕들이 스스로의 자력(資力)을 모두 써
버리면 전쟁은 해결되는 수가 많았으나 케플러 시대에는 조
직적인 약탈에 의해 전장의 군대를 유지하는 일이 당연한 일
처럼 되어 있었다. 농부들의 쟁기와 낫은 문자 그대로 검과
창으로 변형되고 유럽의 상처받은 대중들은 어찌할 도리 없
이 망연 자실(茫然自失)할 뿐이었다. 뜬소문과 광기(狂氣)의
물결이 시골까지 밀려들어 힘 없는 사람들을 더욱 괴롭혔다.
늙고 홀로 사는 여자들이 마녀 사냥의 희생이 되었다. 케플러
의 모친 카타리나 Katharina도 한밤중에 빨래통 속에 처박혀
끌려갔다. 케플러의 고향인 바일 데어 슈타트 Weil der Stadt
마을에서는 1615년에서 1629년 사이에 매년 3명 정도의 할머
니들이 마녀로 몰려 고문을 받고 죽어 갔다. 카타리나는 꼽
추 할머니였다. 그녀는 토론을 좋아해서 마을의 귀족들을 괴
롭혔고 수면제와 환각제 같은 것도 은밀히 팔고 있었다.

불쌍한 케플러는 '어머니가 붙잡힌 것은 어느 정도 내 탓'
이라고 믿었다. 왜냐하면 그는 과학을 설명하고 보급할 목
적으로 공상 과학 소설을 썼기 때문이다. 그것은 《꿈 Som-

nium》이라는 제목의 책이었다. 그는 달까지 가는 여행을 상
상하여 이 책을 썼다. 우주 여행자는 달 표면에 선다. 거기
서 머리위의 하늘에서 서서히 자전하는 아름다운 지구를 본
다. 우리들은 시점(視點)을 달리함으로써 세계가 어떻게 움
직이는가를 알 수 있는 것이었다.

케플러 시대에는 지구가 자전하고 있다는 생각에 반대하는
사람들이 있었다. 그들의 주된 반대 이유는 '움직이는 것이
느껴지지 않는다'는 것이었다. 케플러는 《꿈》 속에서 지구의
자전에 대해 극적인 말로 누구나 이해하고 납득할 수 있게
기술했다.

"대중이 잘못을 저지르지 않는 한……나는 대중 쪽에 있고
싶다. 따라서 나는 될수록 많은 사람에게 설명하려고 크게 고
심하고 있다."

그는 다른 기회에 한 통의 편지 속에서 이렇게 말하고 있다.
"나를 가리켜 수학의 계산만 하고 있는 따분한 인간이라고
몰아붙이지 말아 주십시오…… 나에게 철학적인 사색에 소비
할 시간을 주십시오. 그것은 나의 오직 하나의 즐거움입니다."

케플러의 이같은 태도는 티코와는 매우 대조적이었다. 티
코도 케플러와 마찬가지로 점성술에 대해서는 적의를 갖고
있지 않았다. 단지 그당시 널리 믿어지고 있던 점성술은 미
신을 조장하는 것이라고 생각하여 '나의 비밀의 점성술은 시중
의 일반 점성술과는 다르다'고 열심히 주장했다.

티코는 1598년에 《최신 천체 운동론 *Astronomiae Instaura
tae Mechanica*》이라는 책을 출판했는데 그 속에서 만약 별의
위치를 보여 주는 그림이 정확하게 수정된다면 "점성술은 모두
가 생각하고 있는 것보다 더 신뢰할 수 있는 것이 된다"고 말
하고 있었다. 또 그는 이렇게도 쓰고 있다.

"나는 23세 때부터 천문학 연구뿐 아니라 연금술 연구에도
힘써 왔다. 그러나 이들 두 개의 가짜 과학은 일반 대중에게
알려 주면 안될 매우 위험한 비밀을 품고 있다."

하지만 그는 그의 연구를 후원해 줄 국왕이나 왕자의 손 안
에 그 비밀이 있을 때는 아주 안전하다고 생각하고 있었다.

이 무렵의 과학자들 중에는 신비적인 지식은 자신들과 당
시의 권력자나 교회의 권위자들에게만 털어놓아야 한다는 옛
부터의 전통적이고도 참으로 위험한 생각을 갖는 사람이 있

었다. 티코도 그같은 생각을 지속해 왔다.

'이와 같은 것을 일반에 널리 알려 보았자 아무런 소용이 없으며 불합리하다'고 그는 쓰고 있다.

한편 케플러는 학교에서 천문학을 가르치고 많은 책을 출판했다. 자비 출판한 경우도 있었다. 그리고 공상 과학 소설도 썼다. 그것은 동료 과학자가 읽어 주기를 노린 것이 아니라는 것은 확실하다. 그는 현대적인 의미에서의 통속적인 과학 평론가가 아니었는지는 모른다. 그러나 티코에서 케플러까지 불과 1세대 사이에 이만큼 커다란 태도의 차이가 나타났다는 것은 매우 흥미 있는 일이다.

달에도 지적 생물이 있는가

천체 망원경이 발명되었으므로 케플러가 말하는 〈월면 지리학(月面地理學) *lunar geography*〉이 가능하게 되었다. 《꿈》 속에서 케플러는 "달에는 산과 계곡이 많이 있고 움푹 패인 땅과 깊은 동굴도 많이 있어 구멍투성이"라고 쓰고 있다. 이것은 갈릴레오가 세계 최초의 천체 망원경으로 발견한 달 표면의 분화구를 소개한 것이었다. 그는 또 달에도 생물이 살고 있고 그 생물은 달의 혹독한 환경에 잘 적응하고 있으리라고 상상했다.

그는 달 표면에서 본 지구에 관해서도 쓰고 있다. 그것은 느릿느릿 자전하고 있다. 지구의 대륙과 바다는 달 표면의 토끼와 같은 연상을 일으키게 한다. 그는 스페인 남부와 아프리카 북부가 지브랄탈 *Gibraltar* 해협을 사이에 두고 마주보고 있는 모양을 '드레스를 바람에 나부끼면서 젊은 여성이 연인에게 키스하고 있는 모습'이라고 묘사했다. 그러나 내가 보기엔 서로 코를 비벼대고 있는 것 같이 보인다.

달에서는 낮도 밤도 길다. 따라서 '달 나라의 기후는 매우 혹독하여 혹서인 낮에서 혹한인 밤으로 격심하게 변한다'고 케플러는 쓰고 있다. 이 점에서 그는 매우 정확했다.

물론 그는 달에 대해 모든 것을 정확하게 상상한 것은 아니었다. 예를 들면 달에는 제대로 된 대기와 바다가 있고 생물도 살고 있다고 그는 믿고 있었다. 또 달의 환상산(環狀

지구에서 본 달.

山) crater의 기원에 대한 그의 생각도 매우 어리석은 것이었다. 환상산 때문에 '달은 천연두를 앓아 곰보가 된 소년과 닮았다'고 설명했다. 그는 환상산은 언덕이 아니라 움푹 패인 곳이라고 주장했는데 그것은 옳았다.

그는 자기 자신이 관측하여 환상산의 주위는 두둑하게 올라와 성벽과 같이 되어 있고, 중앙에 언덕이 있다는 것도 알았다. 그러나 그는 '이같은 규칙적인 원형의 패인 땅은 지능 높은 생물이 아니면 만들 수가 없을 것'이라고 생각했다.

실제로는 거대한 암석이 하늘에서 쏟아져 달 표면에 충돌하면서 거기서 폭발을 일으켜 완전한 대칭형의 패인 땅을 만들어 낸 것인데 케플러는 그 사실을 몰랐다. 달 표면의 환상산이나 그밖의 고체의 행성에 있는 환상산의 대부분은 그와 같이 해서 생긴 것들이다.

케플러는 생각했다. '이성을 가진 종족이 있어 월면에 패인 땅을 건설하고 있을 것이다. 그 종족에는 수많은 사람이 있어 한 그룹은 한 개의 패인 땅을 사용하고 다른 그룹은 다른 패인 땅을 건설하는 식으로 하겠지……'

'그와 같은 거대한 건설 계획은 있을 수 없다'는 의견에 대해 케플러는 이집트의 피라밋이나 중국의 만리장성을 실례로 들고 있다. 피라밋이나 만리장성은 오늘날 지구를 돌고 있는 인공위성에서 분명히 볼 수가 있다.

'질서 있는 기하학적 도형은 지적 생물이 만든 것'이라는 생각을 케플러는 일생을 통해 지니고 있었다. 달의 환상산에 관한 그의 생각은 뒤에 전개될 화성의 운하에 대한 논쟁(제 5장 참조)의 원형 같은 것이다. 그렇더라도 지구 외의 생물을 찾는 시도가 천체 망원경의 발명과 동시에 그 시대의 최고의 이론가에 의해 시작되었다는 것은 참으로 놀랄 만한 일이다.

《꿈》의 1부는 명백히 자전적이다. 가령 이 책의 주인공은 티코를 방문한다. 주인공의 부모는 약국 주인이다. 그의 모친은 영혼 또는 악마와 마음을 서로 통할 수가 있다. 그 악마 중 하나가 결국 달 여행을 위한 수단을 제공해 준다.

이상이 책의 줄거리이다. 《꿈》은 '감각 세계에서는 결코 있을 수 없는 일을 꿈 속에서는 자유로이 볼 수가 있다'는 것을 말해 준 셈이다. 현대의 우리들에게는 그것은 명백한 사실

이지만 케플러 시대의 사람들은 그렇게 생각하지 않았던 모양
이다. 공상 과학 소설이란 것은 〈30년 전쟁〉 무렵에는 새로운
것이었다. 그 때문에 케플러의 책은 그의 어머니가 마녀임을
증명하는 자료로 사용되었다.

케플러는 이밖에도 중대한 개인적 문제를 안고 있었으나 황
급히 뷰르템베르그로 갔다. 74세의 노모는 개신교의 감옥에
묶여 고문을 당하고 있었다. 그것은 갈릴레오가 가톨릭의 감
옥에서 받은 것과 같은 고문이었다.

그의 모친은 여러 가지 이유로 마녀로 몰려 고발당해 있었
다. 예를 들면 뷰르템베르그의 시민들이 가벼운 병에 걸린 것
도 그녀의 주술(呪術) 때문으로 되어 있었다. 케플러는 과학
자라면 당연히 하리라고 생각되는 일을 시작했다. 마녀 고발
의 이유로 든 갖가지 사건이 마술 탓이 아니라 자연스러운
사건임을 증명하려 한 것이다. 이 시도는 성공했다. 그의 생
애에 있어서의 다른 많은 일이 그랬듯이 여기서도 이성이 미
신을 타파했다.

달에서 본 지구.

그의 어머니는 추방되었다. 판결에는 '뷰르템베르그에 돌
아오면 사형에 처한다'는 조건이 붙어 있었다. 그러나 케플러
의 용감한 변호의 덕으로 뷰르템베르그 대공은 '이같은 모호
한 증거로 마녀 재판을 해서는 안된다'는 포고를 내렸다.

전쟁의 대혼란 때문에 케플러는 경제적인 원조를 받을 수
없게 되었다. 이 때문에 그는 만년에는 돈과 후원자를 찾아
다니며 하릴 없는 나날을 보냈다. 그는 전에 루돌프 2세를
위해 했던 것처럼 바렌슈타인 대공을 위해 점성술을 했다.
그리고 최후의 수년 간은 바렌슈타인 지배 하에 있던 실레지
아 Silesia 지방의 사강 Sagan이란 마을에서 살았다.

그의 표에는 그 자신이 생각해 낸 다음과 같은 문장이 새
겨졌다.

'나는 하늘을 측정했다. 그리고 지금은 그림자를 측정하고
있다. 영혼은 하늘로 향하고 육체는 지구에 잠들다'

그러나 〈30년 전쟁〉 때문에 그의 표는 없어져 버렸다. 만
약 오늘날 그의 표를 세운다면 그의 용감한 과학적 업적에
경의를 표하여 '그는 환상도 많이 사랑했으나 확실한 진실을
보다 많이 사랑했다'고 새기면 좋으리라.

케플러는 '우주 여행을 할 수 있는 날이 반드시 온다'고

뉴톤

믿고 있었다.

'하늘의 바람을 받는 돛을 가진 우주선'이 하늘을 항행하고, 그 배에는 '우주의 광대함을 두려워 하지 않는 탐험자들'이 타고 있다는 것이다.

그리고 오늘날 인간이든 로보트든 모든 탐험자들은 광대한 우주를 여행할 때 '틀림이 없는 이정표'로서 행성의 운동에 관한 케플러의 3개의 법칙을 이용하고 있다. 그것은 케플러가 평생 걸려 고생한 끝에 발견하고 정신 없이 좋아했던 그 법칙이다.

천재 뉴톤

케플러는 생애를 걸고 행성의 움직임을 이해하고 천계의 조화를 알고자 노력했지만, 그의 노력은 사후 36년이 지나 뉴톤 *Issac Newton*의 연구 속에서 열매를 맺었다.

뉴톤은 1642년의 성탄절에 탄생했다. 너무 작은 아이였기 때문에 그의 어머니는 "1쿼트(약 1ℓ)의 컵에 들어갈 정도였었지"라고 어린 시절의 그에게 말했다고 한다.

그는 병을 자주 앓았고 부모에게서 버림받았다면서 비뚤어져 있었다. 싸움을 좋아하고 사람들과의 교제가 서툴러 죽을 때까지 독신이었다. 그러나 이 뉴톤은 아마도 역사상 가장 위대한 과학의 천재일 것이다.

뉴톤은 젊었을 때부터 벌써 '빛은 물질인가 사건인가'라든가 '인력은 어떻게 해서 진공의 공간에서 전달되는가'하는 따위의 비현실적인 문제를 생각하고 있었다.

또 그는 아버지인 신과 아들인 신, 그리고 성령이 일체라고 하는 전통적인 그리스도교의 삼위일체설은 성서를 잘못 읽은 때문이라고 젊었을 때부터 단정하고 있었다. 그의 전기를 쓴 케인즈 *John Maynard Keynes*는 다음과 같이 쓰고 있다.

그의 결론은 스페인계 유태인 신학자 마이모디즈 *Maimonides* 학파가 풀이하는 유태교적 유일신론에 가까웠다. 그것은 이른바 합리주의 *Rationalism*라든가 회의주의 *Scepticism*라든가 하는 것에서

도출된 결론은 아니다. 그는 고대의 권위 있는 문서를 그렇게 해석한 것이다. 그는 공표되고 있는 문서들마다 몽땅 삼위 일체설을 지지하고 있지는 않다고 믿었으며 삼위 일체설은 후세 사람들의 오해에서 생겨났다고 생각했다. 거기에 나타난 신은 오직 하나의 신이었다. 그러나 이것은 무서운 비밀이었다. 뉴톤은 그것을 감추기 위해 평생을 대단히 고생했다. #

케플러와 마찬가지로 뉴톤도 당시의 미신에 대해 면역성을 찾고 있지 않았다. 그리하여 몇 번이나 신비주의 *Mysticism* 와 관련을 가졌다.

사실 뉴톤의 지적인 업적은 합리주의와 신비주의와의 대립에 의한 긴장이 낳은 것이라고 할 수 있다.

그는 20세 때 스타브릿지 *Stourbridge*의 박람회에서 점성술 책을 샀다. '어떤 얘기가 써 있는가 알고 싶은 호기심에서'였다. *

그는 그 책을 읽어 가다가 한 장의 그림을 보게 되었다. 그는 그 그림을 이해할 수가 없었다. 왜냐하면 그는 3각법 *trigonometry*을 몰랐기 때문이다.

그리하여 그는 3각법의 책을 샀으나 그 책의 기하학적인 토론에 따라갈 수가 없었다. 다음에 그는 유클리드의 《기하학 원론 *Elements of Geometry*》을 발견하고 그것을 읽기 시작했다. 그리하여 2년 뒤에는 미분법의 계산을 발명했다.

대학 시절의 뉴톤은 빛에 매혹되어 태양의 포로가 되어 있었다. 그는 거울 속의 태양을 들여다보는 위험한 일을 했다.

몇 시간 동안에 나의 눈은 몹시 상처를 입었다. 그 때문에 어느 쪽 눈도 밝은 물체조차 볼 수가 없었고 보이는 것은 눈 앞의 태양뿐이었다. 그 때문에 나는 쓸 수도, 읽을 수도 없었고 내 방을 어둡게 해 놓고 3일 동안 틀어박혀 있었다. 그 동안 태양을 상상하지 않기 위해 딴 생각을 하느라 벼라별 짓을 다했다. 왜냐하면 어두운 곳에 있었음에도 태양만 생각하면 곧 태양의 모습이 눈 앞에 떠오르기 때문이었다.

1666년 23세의 그는 케임브리지 학생이었는데 그 해 페스트 ** 가 유행했다. 이 때문에 그는 고향인 한촌 울즈소프 *Woolsth-*

뉴톤의 어머니는 그를 성직자로 만들려고 케임브리지 대학에 입학시켰다. 그 무렵의 케임브리지 대학에서는 신학의 연구가 가장 중요한 것이었고 대학의 평의원이나 연구원도 대다수가 성직자였다―역주

* 이 박람회에서 뉴톤은 프리즘도 사서 태양 광선을 7가지 색으로 나누는 실험을 했다 ―역주

** 1667년 여름까지 런던에서만 3만 1천 명이 페스트로 사망했다―역주

*orpe*로 돌아가 1년간 할일 없이 보내지 않으면 안되었다.

그는 거기서 미분법과 적분법의 발명에 몰두하기도 하고 빛의 성질에 대한 기본적인 발견도 하고 만유인력의 기초를 쌓기도 했다. 물리학 사상 이토록 수확이 많았던 해를 달리 찾아본다면 아인슈타인 *Einstein*의 〈기적의 해 *Miracle Year*〉로 꼽히는 1905년이 있을 뿐이다.

"그와 같은 훌륭한 발견을 어떻게 성취하셨읍니까"라고 누가 물으면 뉴톤은 "그저 생각했을 뿐이에요"라고 대답했다. 이래서야 아무런 참고도 안된다.

그의 연구는 아주 중요한 것이었다. 그 때문에 그의 스승이었던 바로우 *Issac Barrow*는 이 젊은 대학생이 대학으로 돌아온 지 5년이 지났을 때 수학 교수를 그만 두고 그 자리를 뉴톤에게 물려주었다.

40대 중반의 뉴톤에 대해 그의 하인은 다음과 같이 쓰고 있다.

말을 타고 바깥 공기를 쐬러 나간다거나 산책을 한다거나 공을 굴린다거나 그밖의 운동을 한다든가 하여 기분 전환하는 일, 또는 여가를 즐기는 따위의 짓은 결코 하지 않았다. 그는 자기 서재 이외의 장소에서 지내는 시간은 낭비라고 생각했다. 그는 줄곧 서재에만 틀어박혀 있었고 대학에서 강의하는 시간 이외에는 좀체로 서재에서 나오지 않았다. 대학에서는 그의 강의를 들으러 오는 학생은 거의 없었고 그의 강의를 이해할 수 있는 학생은 그보다 더 적었다. 이따금 한 명도 없을 때도 있어서 뉴톤은 벽을 향해 강의를 했다.

케플러의 학생들도, 뉴톤의 학생들도 자기들이 얼마나 귀중한 것을 놓치고 말았는지를 결코 알아차리지 못했다.

사과와 달과의 관계

뉴톤은 〈관성의 법칙 *law of inertia*〉을 발견했다. '움직이고 있는 물체는 밖으로부터 힘이 가해지면 방향이 바뀌지만 그렇지 않으면 직선을 따라 계속 움직인다'는 것이 이 법칙이다.

달은 밖으로부터 힘이 가해지지 않으면 원형 궤도의 접
선 방향으로 튀어나가 버릴 것이다. 그렇게 되지 않고 원형
의 궤도를 따라서 움직이고 있는 것은 지구 쪽으로 끌어당기
는 힘이 작용하여 달이 원형 궤도를 따라가도록 끊임없이 방
향을 바꾸어 주기 때문이다. 뉴톤에게는 그와 같이 생각되
었다.

이와 같은 힘을 뉴톤은 〈인력 *gravity*〉이라고 부르고 그것
은 멀리 떨어진 물체에도 작용한다고 믿었다. 지구와 달과의
사이에 이 두 개를 이어주는 것은 아무것도 없다. 그러나
그럼에도 불구하고 달은 우리들 쪽으로 항상 끌어당겨지고 있
다. 뉴톤은 케플러의 제3 법칙을 이용하여 인력의 성질을 수
학적으로 추정했다. *

그는 사과를 지면으로 떨어지게 하는 힘과 똑같은 어떤 것
이 달을 지구 주위의 궤도에 붙잡아 두고 있음을 보여 주었다.
또 얼마 전에 발견된 목성의 달을 목성 주위의 궤도에 잡아
두고 있는 것도 같은 힘이라는 것을 그는 보여 주었다.

이 세상이 시작됐을 때부터 물체는 계속해서 떨어져 왔
다. 달이 지구 주위를 돌고 있다는 것은 인류사가 시작된 이
래 계속 믿어져 왔다. 그러나 이 두 가지 현상이 같은 힘에
의한 것임을 처음으로 알아낸 사람은 뉴톤이었다. 뉴톤의 인
력이 〈만유 *universal*〉라고 불리는 것은 모든 일이 같은 힘
에 의해 일어나기 때문이다. 똑같은 인력의 법칙이 우주의
어디에서든지 통용되는 것이다.

이는 〈역제곱의 법칙 *law of the inverse square*〉이다. 인
력은 거리의 제곱에 반비례하여 약해진다. 만약 두 개의 물체
의 거리가 10배가 되면 인력은 10의 제곱분의 1, 즉 1백분
의 1이 된다.

인력은 명백히 역비례의 관계에 있다. 거리와 함께 약해지
는 것이다. 가령 인력이 거리의 크기에 정비례하여 강해진다
면 가장 멀리 떨어진 물체에는 가장 강한 인력이 작용하여
우주의 모든 물체는 비틀거리며 한 점으로 모여 거대한 덩어
리가 되어 버릴 것이다. 나는 그렇게 상상한다.

그러나 현실은 반대이다. 인력은 거리와 더불어 약해진다
그러므로 행성이나 혜성은 태양으로부터 멀리 떨어졌을 때는
천천히 진행하고 태양에 가까와짐에 따라 빨리 움직이게 된

* 슬픈 일이나 뉴톤은 그의 걸
작인 《프린키피아》 속에서는
케플러에 대해 감사의 말을
하고 있지 않다. 그러나 1686
년 에드먼드 핼리 *Edmund
Halley*에게 낸 편지 속에서
는 자기의 만유 인력의 법칙
에 대해 "나는 20년 전쯤에
케플러의 정리(定理)에서 그
것을 끌어낸 겁니다. 그것
은 확실합니다"라고 말하고
있다—원주

다. 행성이나 혜성이 느끼고 있는 인력은 그들이 태양으로부터 멀어지면 멀어질수록 약해진다. 행성의 운동에 관한 케플러의 3개의 법칙은 모두 뉴톤의 법칙에서 끌어낼 수가 있다. 케플러의 법칙은 티코가 고생 끝에 얻어낸 관측 자료를 바탕으로 한 경험 법칙 empirical law이었다. 그에 반해 뉴톤의 법칙은 이론적인 것으로 오히려 단순한 수식을 바탕으로 하고 있었다. 그러나 티코의 관측 자료는 결국 모두 뉴톤의 법칙에서 끌어낼 수가 있었다.

뉴톤은 《프린키피아 Principia》 속에서 이렇게 쓰고 있다. "나는 이제 우주 구조의 틀 the frame of the system of the World을 보여 줄 수가 있다."

뉴톤은 만년에는 과학자 단체인 영국 왕립 협회 The Royal Society 회장을 역임했다. 또 조폐국장도 맡아 위조 경화(硬貨)를 막는 데 힘을 기울였다.

우울하고 내향적인 그의 타고난 성격은 나이가 들수록 심해져 갔다. 그는 말다툼 토론의 씨앗이 되는 과학의 연구는 포기하기로 결심했다. 말다툼 토론은 주로 다른 과학자들과 '누가 먼저 발견했는가'를 다투는 것이었다. "뉴톤은 신경쇠약에 걸렸다"고 소문을 퍼뜨리는 사람들도 있었다.

그러나 뉴톤은 죽을 때까지 연금술과 화학의 경계선상의 실험을 계속했다. 최근에 발견된 증거에 의하면 그의 병은 정신병이라기보다는 오히려 중금속의 중독이었다. 비소 arsenic와 수은을 장기간에 걸쳐 소량씩 섭취한 때문에 걸린 중독이다. 당시의 화학자들은 분석의 수단으로서 약품 등의 맛을 보는 것이 보통이었다.

그러나 그의 경이로운 지능은 늙어도 쇠퇴하지 않았다. 1696년 스위스의 수학자 베르누이 Johann Bernoulli가 유럽의 수학자들에게 미해결의 문제를 냈다. 그것은 〈최속강하선(最速降下線)〉이라고 불리는 문제였다.

"연직면상(鉛直面上)에 분리되어 있는 점 2개가 있다고 하자. 하나의 물체가 위쪽 점으로부터 아래쪽 점까지 인력만으로 떨어질 때 필요로 하는 시간을 가장 짧게 하려면 어떤 경로를 따라 강하해야 되는가"라는 문제였다.

베르누이는 처음에 마감을 6개월 뒤로 설정했다. 그러나 라이프니찌 Leibniz의 요청으로 그것을 1년 반 뒤로 연기했

다. 라이프니쩨는 당시의 뛰어난 학자의 한 사람으로 뉴톤과
는 독립하여 미분법과 적분법을 발명했다.

이 문제가 뉴톤에게 배달된 것은 1667년 3월 29일 오후 4
시였다. 뉴톤은 이튿날 아침 일하러 나가는 시각까지 〈변분
법(變分法) *calculus of variations*〉이라는 전혀 새로운 수학
의 한 분야를 발명했다. 그리고 그것을 사용하여 최속강하선
의 문제를 풀어 해답을 베르누이에게 보냈다. 그 해답은 뉴
톤의 요구로 익명으로 발표되었다. 그러나 그 푸는 방법의
훌륭함과 독창성은 누가 보아도 뉴톤의 것임을 알 수 있었
다.

베르누이는 해답을 받았을 때 "손톱자국을 보고 저 사자 *lion*
가 한 일인 줄 알았다"고 말했다. 뉴톤은 그때 55세였다.

해변에서 노는 소년

뉴톤이 만년에 연구한 주된 분야는 고대 문명의 연표를 보
정(補正)하고 개정(改訂)하는 일이었다. 그것은 고대의 역사
가인 마네토 *Manetho*, 스트라보, 에라토스테네스들과 같은
전통적인 연구였다.

그의 유고가 된 최후의 저서 《개정 고대 왕국 연표 *The
Chronology of Ancient Kingdoms Amended*》속에는 역사
적인 사건이 일어난 해를 천문학적으로 보정한 곳이 몇 군데
있고 솔로몬 신전 *Temple of Solomon*의 건축학적인 복원
등도 있다. 또 이 책에는 북반구의 성좌의 이름은 모두 희랍
의 얘기 《제이손과 아르고 선대(船隊) *Jason and the Argo-
nauts*》속의 인물, 인공물, 사건 등을 본따서 붙여졌다고 하
는 도발적인 주장과 뉴톤 자신의 신(神)을 제외하고 다른 모
든 문명의 신들은 고대의 왕이나 영웅들을 후세 사람들이 신
격화시킨 것에 불과하다는 등 조리 있는 가설들이 씌어 있다.

케플러와 뉴톤은 인류사의 중대한 전기(轉機)를 대표하는
인물들이었다. 그들은 비교적 간단한 수학적인 법칙이 자연계
의 모든 것에 미치고 있음을 발견했다. 그 법칙은 지구에도,
천계에도 똑같이 들어맞는 법칙이었다.

세계의 움직임과 우리들의 생각은 공명한다는 것을 그들은

발견했다. 그들은 단호하게, 정확한 관측 자료들을 존중했다. 그리고 그들은 행성의 운동을 아주 정확히 예측했다. 그것은 인간이 생각보다 깊은 곳까지 우주를 이해할 수 있다는 움직일 수 없는 증거가 되었다.

오늘날의 인류 문명이나 세계관, 현재의 우주 탐험 등은 그들의 견식에 힘입은 바 크다.

뉴톤은 자기의 발견을 깔끔하게 지키기 위해 다른 과학자들과 격심하게 다투었다. 〈만유 인력의 법칙〉을 발견하고 그것을 책으로 출판하기까지는 10년도, 20년도 더 걸렸으나 그는 그런 것에는 아무래도 좋다는 식으로 개의치 않았다.

그러면서도 자연의 장대함과 정밀함 앞에서는 그 역시 프톨레마이오스나 케플러와 마찬가지로 흥분했고, 신중한 조심성을 보였다.

그는 죽기 직전에 이렇게 쓰고 있다.

세상 사람들에게 내가 어떻게 보이는지 나는 모른다. 그러나 내 자신에게 있어 나는 해변에서 노는 소년처럼 생각된다. 나는 때때로 매끄러운 자갈돌이나 예쁜 조개껍질을 발견하고는 그것을 즐기고 있다. 그러나 진리의 대양은 모조리 미발견인 채 내 앞에 누워 있다.

4
천국과 지옥

나는 아홉 가지 세계를 기억하고 있
다.
—스텔라산 편 《아이슬란드의 신화》

천국으로 가는 문과 지옥으로 가는
문은 이웃에 겹쳐 가려낼 수가 없다.
—카잔차스키 《최후의 유혹》

하늘에서 떨어진 불덩어리

지구는 아름답고 온화한 곳이다. 만물은 변화하지만 천천히 변화한다. 우리는 대부분이 제 수명을 다할 수 있으며 태풍 이상의 심한 자연 재해 *natural disaster*는 만나지 않는다. 따라서 우리는 만족해하면서 허리를 펴고 아무 걱정 없이 살아 가고 있다.

그러나 자연의 역사에는 뚜렷한 기록이 있다. 초기의 지구는 황폐해 있었다. 그리고 오늘날에 이르러 우리들 인간은 어떤 생각을 하건 간에 스스로 중대한 재해를 빚어낼 수 있을 정도로 무시무시한 기술적 능력을 몸에 지니고 말았다.

딴 행성의 표면에는 과거의 기록이 보존되어 있는데 거기에는 엄청난 파국의 증거가 즐비하다.

모든 일은 시간이라는 척도의 문제이다. 1백 년 사이에는 일어나지 못할 일일지라도 1억 년 사이에는 반드시 일어나게 마련이다. 지구에서는 20세기라는 짧은 기간 동안 뜻밖의 자연 현상이 일어났었다.

그것은 1908년 6월 30일 새벽, 중앙 시베리아 *Central Siberia*에서 일어났다. 거대한 불덩어리가 세찬 속도로 하늘을 가로질러 갔다. 그것이 지평선에 다다랐을 때 큰 폭발이 일어났다. 2천 *km* 가량되는 숲의 나무들이 모조리 곤두박질하고 낙하 지점에 가까운 수천 그루의 나무들은 불이 붙어 타 버렸다.

또한 대기 속에서 충격파 *Shock wave* 도 빚어냈다. 그 파장은 지구를 두 바퀴나 돌았다. 이틀 후에는 대기 속에 미세한 먼지들이 떠돌아 다녔는데 폭발 지점에서 1만 *km*나 떨어진 런던의 한길에서는 그 먼지의 산란 광선 *scattered light*으로 밤중에도 신문을 읽을 수 있었다.

그때 러시아는 제정 시대였는데 정부는 이것을 시시콜콜한 일로 여기고 조사해 볼 생각조차 하지 않았다. 미개한 퉁구스 *Tungus* 족이 사는 머나먼 시베리아에서 일어난 일이었기에.

조사단이 현지에 파견되어 목격자들로부터 그에 관한 얘기를 들은 것은 혁명 후 10년이 지나서였다. 다음은 조사단이 듣고 돌아온 증언이다.

"이른 아침의 일이었읍니다. 모두들 아직도 천막 속에서 잠들어 있었는데 잠자고 있던 사람들이 느닷없이 천막과 함께 하늘로 날리고 말았읍니다. 공중에 떴다가 땅에 떨어졌을 적에는 가족들이 모두 가벼운 타박상을 입었읍니다. 아크리나와 이반은 까무러치고 말았읍니다. 정신이 되돌아 왔을 때는 굉장히 큰 소리가 들려왔읍니다. 숲속 나무들의 태반은 곤두박힌 채 불타고 있었읍니다."

퉁구스카의 황폐한 타이가 *taiga*삼림. 이 사진은 낙하한 지 21년 후에 '낙하지점'에서 5 *km* 떨어진 위치에서 찍은 것인데 나무들이 모두 가로 누워 있다.

"아침 식사 시간이었읍니다. 나는 바노바라 *Vanovara*의 무역 사무소 베란다에 걸터 앉아 북쪽을 바라보고 있었읍니다. 마침 나무통에 마개를 만들어 박으려고 도끼를 잡았을 때의 일이었읍니다……하늘이 둘로 쪼개지고 북쪽 숲 위의 하늘 전체가 불로 덮인 것처럼 보였읍니다. 그 순간 마치 셔츠에 불이 붙은 것처럼 뜨거운 열기를 느꼈읍니다……나는 순간적으로 셔츠를 찢어서 버릴까 하는 생각이 들었읍니다. 그러나 이때 하늘에서 큰 음향이 들려왔읍니다. 무엇인가 거대한 것들이 충돌한 것 같은 소리였읍니다. 나는 베란다로부터 5 *m* 가량 떨어진 땅 위에 내던져진 채 얼마 동안 정신을 잃었읍니다. 아내가 뛰어나와 나를 집 안으로 업고 들어갔읍니다. 그리고선 하늘에서 돌이 떨어지는 것 같기도 하고 대포를 쏘는 것 같기도 한 시끄러운 소리가 계속됐읍니다. 지면은 진동하고 있었는데, 나는 땅 위에 내던져졌을 때 머리를 손으로 거머쥐었읍니다. 왜냐하면 돌이 머리에 쏟아져 내리는 것처럼 느껴졌기 때문입니다. 다음 순간 하늘이 갈라져 마치 대포에서 쏟아져 나온 것 같은 열풍이 북쪽으로부터 불어와서 우리 집을 스쳐갔읍니다. 그 바람의 흔적이 땅 위에 남았읍니다……"

소스라친 마을 사람들

"아침 식사를 하려고 쟁기 *plough* 옆에 앉았을 때의 일이었읍니다. 별안간 대포 쏘는 소리 같은 커다란 소리가 귓청을 울렸읍니다. 옆에 있던 말이 질겁을 해서 주저앉고 말았읍니다. 북쪽 숲 위에 화염이 보였고 폭풍 때문에 전나무가 쓰러지는 것이 보였읍니다. 나는 폭풍이라고 직감했읍니다. 나는 두 손으로 쟁기를 꽉 쥐었읍니다. 그렇지 않으면 바람에 날릴 것 같아서였읍니다. 바람은 너무나 거세서 밭의 흙을 날릴 정도였읍니다. 바람은 안가라 *Angara*의 강물마저 상류 쪽으로 밀어 붙였읍니다. 강에는 물결의 벽이 생겼읍니다. 우리 밭은 언덕배기에 자리잡고 있었기 때문에 모든 일을 환히 바라 볼 수 있었읍니다. 말들은 그 소리에 놀라 어떤 놈은 쟁기를 매단 채 미친 듯이 내닫고 어떤 놈은 거꾸러지고 말았읍니다."

"목수들은 첫번째와 두 번째의 충격 소리에 놀라 손으로 가슴에 성호(聖號)를 그렸읍니다. 그리고 곧 이어 세 번째 충격 소리가 나자 신축 중인 가옥에서 톱밥더미 위로 떨어지고 말았읍니다. 그들 중 몇몇은 너무 놀라서 부들부들 떨었읍니다. 나는 그들을 위로하며 안심시킬 수밖에 없었읍니다. 우리는 일을 내팽개치고 마을로 도망쳤읍니다. 마을 사람들은 모두 한길에 나와서 무슨 날벼락이냐면서 두려워했읍니다"

"나는 밭에 나가 있었읍니다. 마침 한 마리의 말에 쟁기를 매달고 나머지 한 마리에도 매달려고 했을 때의 일입니다. 오른쪽에서 별안간 커다란 대포를 쏘는 것 같은 소리가 들렸읍니다. 나는 곧바로 뒤돌아봤읍니다. 그러자 가늘고 기다란 물체가 시뻘겋게 불타면서 하늘을 날고 있었읍니다. 앞쪽은 꼬리보다 훨씬 굵으며 대낮에 보는 불빛과 같았읍니다. 태양보다 몇 갑절 컸지만 광선이 태양보다 약했기 때문에 육안으로 볼 수 있었읍니다. 화염의 뒷끝에는 먼지와 같은 꼬리가 보였는데 그것은 먼지의 조그마한 구름이 여러 개 연결된 것 같은 모양이었읍니다. 그리고 그것들이 지나간 뒷전에는 새파란 불똥 같은 것이 남아 있었읍니다……화염 덩어리가 꺼지자 이번에는 대포 소리보다 훨씬 우렁찬 대폭음이 들려 왔어요. 지면은 진동했고 판잣집의 창유리는 산산조각이 나고 말았읍니다"

"……나는 칸 Kan 강변에서 양털을 빨고 있었읍니다. 그러자 별안간 놀란 새들이 파닥이는 것과 같은 소리가 들려왔읍니다. 그런 뒤 물결 같은 것이 강을 거슬러 올라왔어요. 그 후 커다랗고 날카로운 폭발 소리가 들려 왔읍니다. 그 소리가 너무나도 컸기 때문에 동료 중의 한 사람이 물에 빠졌읍니다"

혜성의 조각이 충돌

이처럼 엄청난 사건은 〈퉁구스의 대폭발 *The Tunguska Event*〉로 불리우고 있다. 소수의 몇몇 과학자는 "반물질 *anti-matter*의 조각이 날아들어 지구상의 보통 물질 *ordinary* *matter*과 접촉함으로써 감마선을 방출하면서 소멸한 것이 아닐까”라고 말하고 있다.

그러나 낙하 지점에 방사능은 남아 있지 않았다. 그래서 이러한 풀이에는 근거가 없다.

‘아마도 조그마한 블랙홀 *black hole*이 시베리아 지방에서 지구 속으로 들어가 지구를 꿰뚫고 반대 쪽으로 뛰쳐나간 것일 것’이라는 설도 있다. 그러나 대기의 충격파를 감안해 볼 때 그 물체가 그 후 북대서양으로부터 뛰쳐나간 것으로 생각할 수는 없다.

‘지구 이외의 천체로부터 상상을 초월할 만큼 진보된 문명을 가진 생물이 우주선 *spaceship*을 타고 와서 도저히 손을 쓸 수 없는 고장으로 말미암아 지구에 충돌한 것이리라’는 설도 있다. 그러나 충돌 지점에는 그러한 우주선의 파편조차 남아 있지 않았다.

이상과 같은 생각은 여태까지 이미 제출된 것인데 그 중 몇 가지는 얼마간 진지하게 제안된 설이다. 그러나 그 어느 것에도 확실한 증거는 없다.

〈퉁구스의 대폭발〉의 중요한 점은 거기에서 엄청난 폭발이 일어나고 충격파가 생기고 세찬 삼림 화재가 휩쓸었지만 충돌에 의한 분화구 *crater*가 생기지 않았다는 사실이다.

이러한 모든 사실과 모순되지 않는 설명은 오직 한 가지밖에 없다. 그것은 ‘1908년에 혜성 *comet*의 조각이 지구와 충돌했다’는 설이다.

여러 행성 사이의 거대한 공간에는 온갖 물체들이 수없이 존재한다. 바위, 금속, 얼음을 비롯하여 유기물을 포함한 것들도 있다. 먼지의 알갱이처럼 조그마한 것으로부터 니카라과나 일본 정도의 크기에 이르는 울퉁불퉁한 바위 돌까지 있다.

그리고 그것들의 앞길에는 가끔 행성이 가로놓여 있다. 〈퉁구스의 대폭발〉은 아마도 혜성의 얼음 조각에 의해 일어난 것이리라. 그 조각은 지름이 약 1백 *m*, 그러니까 축구 경기장과 맞먹는 크기로서 1백만 톤 가량의 무게가 있었고 초속 30 *km*쯤으로 날고 있었다.

오늘날 이러한 충돌이 일어나면 그 순간의 공포심에서 핵폭발이 일어난 것으로 오해하리라. 〈퉁구스의 대폭발〉 같은 혜성의 충돌로 불기둥이 생기면 1 메가톤의 핵 폭발과 똑같은 버섯구름이 생긴다. 핵 폭발과 다른 점은 오로지 감마선이 방출되지 않고 〈죽음의 재 *radioactive fallout*〉가 쏟아지지 않는다는 것 두 가지뿐이다.

혜성의 커다란 파편이 충돌하는 희귀한 자연 현상이 어쩌면 핵 전쟁의 방아쇠가 되지는 않을까. 그것은 기묘한 인과 관계를 지니고 있다. 과거에도 혜성의 조각이 수백만 개나 지구와 충돌한 적이 있었는데 그와 똑같이 조그마한 혜성이 지구와 부딪쳤다고 치자. 그러면 현대의 문명은 이를 핵 공격으로 오판하고 자멸의 핵 전쟁으로 돌진한다…….

우리는 혜성의 충돌과 그 결과로 생길지도 모르는 파국에 대해서 좀더 요령 있게 이해해 두어야겠다.

예를 들어 1979년 9월 22일 미국의 인공위성 〈벨라 *Vela*〉가 남대서양과 서인도양 근처에서 강렬한 두 가닥의 광선을 검지(檢知)했다. 그것은 맨 처음엔 '히로시마(廣島) 원폭의 6분의 1 가량의 위력을 가진 원자폭탄을 남 아프리카나 이스라엘이 비밀리에 실험한 것이리라'고 추정됐다. 세계의 여러 나라로선 고 정치적 영향이 클 것으로 짐작했다.

그러나 그 광선이 핵 폭발이 아니고 조그마한 소행성이나 혜성의 충돌로 빚어진 것이라면…… 광선이 목격된 지역을 방사선 측정기를 실은 비행기가 출동해서 조사해 보았으나 이상한 방사능은 전혀 검출되지 않았다.

이것은 핵무기 시대에 있어서 소행성이나 혜성의 조각을 진지하게 감시하지 않는 한, 핵 전쟁이 일어날 위험이 있음을 시사해 주고 있다.

밤하늘을 장식하는 유성

혜성은 대부분이 얼음덩이이다. 물(H_2O)의 얼음에 메탄(CH_4)의 얼음과 암모니아(NH_3)의 얼음이 얼마간 섞여 있다. 어느 정도의 크기를 가진 혜성의 조각이 지구의 대기 속에 돌입하면 거대한 불덩어리가 되고 지면에 충돌하면 엄청난 폭풍을 일으키며 그로 인해 나무는 불타고 숲은 휩쓸리고 주변 일대에선 큰 폭음이 들린다.

그러나 지면에 커다란 분화구를 만드는 일은 거의 없다. 얼음은 대기권에 돌입하면 모조리 녹아 버린다. 혜성의 조각으로 생각되는 물체는 지상에서 거의 찾아볼 수 없다. 혜성의 핵으로서 얼음이 아닌 부분이 조그마한 알갱이로 흩어질 따름이다. 아주 최근에 소련의 과학자 소보토비치 *E Sobotovich* 는 〈퉁구스의 폭발〉 현장에서 모래알만한 다이아몬드가 수없이 흩어져 있는 것을 발견했다. 충돌 때에 소멸되지 않고 남은 운석(隕石) 속에는 그러한 다이아몬드가 들어 있다. 이것은 예전부터 알려진 사실이다. 그리고 그러한 운석은 본디 혜성의 것일는지도 모른다.

맑은 날 밤에 하늘을 바라보고 있노라면 고독한 유성(별똥)이 짧은 시간 상공에서 빛을 낼 때가 있다. 때로는 유성이 비처럼 쏟아지는 일을 볼 수도 있다. 이러한 일은 해마다 특정한 며칠 동안만 일어난다. 그것은 자연의 불꽃이며 밤하늘의 쇼이다.

이러한 유성은 깨알보다 더 작다. 그것은 별이라기보다 떨어지는 솜털 같은 것이다. 이들은 지구의 대기권으로 들어오면 순간적으로 밝아진다. 높이 1백 *km* 가량의 대기 상층에서 공기와의 마찰로 말미암아 뜨거워진 채 불타 버리고 만다.

유성은 혜성의 찌꺼기이다.* 태양의 언저리를 여러 번 스쳐 간 낡은 혜성은 태양열에 덥혀져 증발하면서 무너지고 만다. 그 파편은 혜성의 원래의 궤도에 따라 흩어진다. 그 궤도와 지구의 궤도가 엇갈리게 되면 거기서는 혜성의 찌꺼기들이 무리지어 지구를 기다리고 있다. 그 무리의 일부는 언제나 지구의 궤도와 똑같은 곳에 존재한다. 따라서 유성의 비는 해마다 같은 날에 관찰된다.

1908년 6월 30일은 황소별자리 베타 유성우(流星雨) *Beta Taurid meteor shower*의 날이었다. 이 유성우는 엔케 혜성 *Comet Encke* 의 궤도와 관계가 있다. 〈퉁구스의 대폭발〉은 엔케 혜성의 파편에 의해 빚어진 것으로 생각된다. 그 파편은 번쩍거리는 무해(無害)한 유성우를 빚어내는 조그마한 알갱이와는 달리 상당히 큰 것이었으리라.

혜성은 언제나 공포와 외경의 눈으로 보여졌으며 미신의 근원이었다. 옛날엔 우주는 신(神)의 손으로 만들어진 질서 정연하고 변화 없는 것으로 여겨졌다. 그럼에도 혜성은 가끔

* 유성, 운석, 우주진 등이 혜성과 관계가 있는 것을 처음으로 지적한 이는 독일의 지리학자 훔볼트 *Alexander Von Humbolt*였다. 그는 1845년부터 62년에 걸쳐 《코스모스》라는 책을 펴 냈는데 그 속에서 혜성과 운석과의 관계를 기술했다. 다윈은 젊었을 때 훔볼트의 초기 저작을 읽고 자극을 받아 지리학적인 탐험과 박물학을 연결시키는 일에 평생을 바치기로 마음먹었다. 그 직후 다윈은 해양 조사선 비글호의 탐험에 참가하기로 결정했는데 이 항해가 바로 《종의 기원》의 계기가 됐다 —원주

나타났다. 그것은 당시의 우주관에 어긋난 것이었다.

흰 젖빛의 띠와 같은 혜성의 화염은 밤마다 별과 함께 승천하고 별과 함께 가라앉았다: 눈부신 그러한 혜성이 사람에게 영향을 끼치지 않는다고는 도저히 생각할 수 없었다. 그래서 '혜성은 재액(災厄)의 조짐'이라는 생각이 들었다. 그것은 천벌의 조짐이며 왕자의 죽음이나 왕국의 붕괴를 예언한다는 것이었다.

바빌로니아 사람들은 혜성을 '하늘의 턱수염 celestial beard'으로 생각하고 그리스 사람들은 '흐르는 머리카락 flowing hair'으로 여겼으며 아랍 사람들은 '불타는 칼 flaming sword'이라고 생각했다. 프톨레마이오스 시대에는 혜성을 대충 분류하고 그 형태에 따라 〈나막신〉 〈나팔〉 〈도가니〉 등으로 불렀다.

프톨레마이오스는 혜성이 전쟁, 혹서(酷暑), 동란, 등을 가져온다고 생각했으며 중세 사람들은 "혜성은 하늘을 나는 정체 불명의 십자가와 닮았다"고 적었다.

마그데부르그 Magdeburg의 루터파 교회 주교 셀리큠 Andreas Celichius은 1578년에 《새 혜성에 관한 신학적 각서 Theological Reminder of the New Comet》라는 책을 출판했다. 그는 거기서 천계에 의해 알아낸 견해를 피력했는데 그에 따르면 "혜성은 인간의 죄가 뭉쳐진 것"이라고 했다.

1066년 4월에 있었던 핼리혜성의 출현을 기록한 11세기 바이유 타피스트리 Bayeux Tapestry. 왼쪽 윗부분에 라틴어로 '별을 보고 놀라다'라고 씌여 있고 한 신하가 핼리 혜성에 대한 이야기를 영국의 해롤드 Harold 왕에게 보고하고 있다. 윌리암에 대한 해롤드의 패배를 혜성이 예언한다고 생각했기 때문이다(밑에 군함이 있다). 이 타피스트리는 윌리암의 아내 마틸드 여왕 Queen Matilde이 의뢰한 것이다.

지오토 *Giotto*가 그린 《동방
박사의 예배》. 1304, 베들레헴
별이 혜성으로 그려져 있다.
1301년에 나타난 핼리 혜성
을 모델로 삼은 듯하다.

목테즈마 *Moctezuma* 황제가
밝은 혜성을 보고 있다. 황제
는 혜성이 천재지변을 예언한
다고 믿었으며 그래서 스페인
정복을 선동했다.

더러운 냄새와 공포에 넘친 인간의 죄의 짙은 연기가, 날마다, 시
간마다, 온갖 순간마다 신의 눈 앞에 솟아오르고 있다. 그것은 점점
짙어져 혜성으로 변한다. 이는 곱슬머리 같은 것인데 마침내는 하
늘의 최고 신의 뜨겁게 타오르는 노여움에 의해 불살라지고 만다.

그러나 이에 대해서 "만일 혜성이 죄의 연기라면 하늘은 쉴
새 없이 불타고 있을 게 아닌가"라고 반론하는 사람들도 있
었다.

거대한 핼리 혜성

핼리 *Halley* 혜성 (또는 딴 혜성일는지는 모르나)의 출현에 관한 가장 오래된 기록은 중국의 《회남자(淮南子)》속에 적혀 있다. 주(周) 나라의 무왕은 은(殷) 나라의 주왕(紂王)을 공격했을 때 혜성을 봤다고 한다. 기원전 1057년의 일이다.

유태의 역사가 요세푸스 *Josephus*는 '이스라엘의 상공에 1년 내내 칼이 드리워지고 있었다'고 기록했는데 이것은 서기 66년에 나타난 핼리 혜성이었던 것으로 생각된다.

1066년에는 노르만 *Norman* 인들이 핼리 혜성을 보았다. 그들은 그것을 어느 왕국이 무너질 조짐이라고 생각했다. 이 혜성은 어떤 뜻에서 정복왕 윌리암 *William the Conqueror* 1세의 영국 침략을 북돋아 주었다. 이때의 혜성은 당시의 신문이라고 말할 수 있는 베이유의 벽걸이 *Bayeux Tapestry**에 그려져 있다.

근대적 사실파의 개조(開祖)의 한 사람으로 알려진 지오토 *Giotto*는 1301년에 핼리 혜성을 보고 그리스도 탄생의 그림 속에 이를 그려 넣었다.

1466년에 되돌아온 핼리 혜성은 유럽의 그리스도 교도들을 소스라치게 놀라게 했다. 그리스도 교도들은 혜성을 보내온 신이 터키 쪽을 편들지 않을까 하고 걱정했다. 터키군은 그 당시 콘스탄티노플 *Constantinople*을 점령하고 있었다.

16세기로부터 17세기에 걸친 지도적 천문학자들도 혜성에 매혹되었었다. 뉴튼마저도 혜성에 관한 한 얼마간 현기증을 느꼈다.

케플러도 "혜성은 마치 물고기가 바다 속을 헤엄치는 것처럼 우주 속을 날아간다. 그러나 혜성의 꼬리는 언제나 태양으로부터 먼 곳으로 흘리고 있다. 혜성은 햇빛을 받아 증발되고 있다"고 기술하고 있다.

만사에 타협하지 않았던 합리주의자인 영국의 철학자 흄 *David Hume*은 '혜성은 생식 세포'라는 설을 우겨댔다. 그것은 태양계의 난자와 정자이며 행성은 별끼리의 교접으로 태어난다고 말했다.

* 프랑스 북서부의 마을 베이유의 호텔에 보존되어 있는 옆으로 길다란 벽걸이. 정복왕 윌리암의 생애를 58 개의 그림으로 바느질한 것. 왕비 마틸다의 작품이라고 전한다— 역주

뉴톤은 대학 재학 중에 밤마다 밤하늘을 관측하면서 혜성을 찾기도 했다. 이 무렵엔 아직도 반사 망원경이 발명되지 않고 있었기 때문에 그는 육안으로 관측했다. 그는 너무나 열심히 관측했기 때문에 마침내는 지쳐서 병이 날 정도가 되었다.

아리스토텔레스를 비롯한 학자들은 '혜성은 대기 속을 움직이고 있다'고 생각했으나 뉴톤은 티코나 케플러와 마찬가지로 '그렇지가 않다'는 결론을 내렸다. '달보다 멀고 토성보다는 가깝다'고 생각했다. 혜성은 행성과 마찬가지로 태양 광선을 반사하여 빛내고 있다. "훨씬 머나먼 항성의 언저리에 혜성이 존재한다고 생각하는 것은 잘못된 것이다. 우리의 지구는 항성의 빛을 거의 받지 않고 있는데 이와 마찬가지로 저토록 멀리 떨어진 혜성은 태양 광선을 거의 받지 못하기 때문"이라고 그는 기술하고 있다.

뉴톤은 혜성도 행성처럼 타원 궤도에 따라 날고 있다는 사실을 밝혀 냈다. "혜성은 행성의 일종이다. 아주 가늘고 긴 타원 궤도를 그으면서 태양의 둘레를 돌고 있다"고 그는 말했다.

이것은 혜성의 신비를 풀고 혜성이 규칙적인 궤도를 갖고 있다는 것을 예언한 것이었다. 이를 알게 된 그의 친구 핼리 *Edmund Halley*는 1707년에 한 가지 계산을 해 냈다. 이것은 1531년, 1607년, 1682년에 나타난 큰 혜성이 한결같이 같은 것으로서 76년*을 주기로 출현한다는 사실을 계산으로 밝힌 것인데 그는 다음 차례의 혜성은 1758년에 되돌아오리라고 예측했다. 그 혜성은 그가 죽은 후 예측한 대로 정확하게 돌아왔다. 그래서 〈핼리 혜성〉이라고 이름 붙여졌다.

핼리 혜성은 인류사상 흥미로운 구실을 하게 됐다. 이 혜성이 1986년에 되돌아 올 적에는 혜성을 향해서 사상 최초의 혜성 탐색선이 보내질 것이다.

혜성 접근으로 큰 소동

행성을 연구하는 요즘의 학자들은 이따금 "행성에 충돌한 혜성은 그 행성의 대기를 위해 중요한 공헌을 하고 있다"고 주장하기도 한다. 이를테면 오늘날 화성의 대기에 포함되고 있는 수증기는 모조리 화성에 최근 충돌한 조그마한 혜성들

* 핼리 혜성의 운행은 토성이나 목성 등 바깥쪽 행성의 인력에 영향을 입어 그 주기는 20년 가량의 범위 내에서 어긋나는 경우도 있다 —역주

1577년의 혜성을 그린 터어키 인(아래에 있는 혜성과 비교하여 보라). 혜성 출현에 자극을 받아 이스탄불 천문대를 짓게 되었다.

피터 코디실러스 *Peter Codicillus*가 그린 1577년의 혜성. 대 혜성이 달과 토성 위에 떠 있고 화가들이 불을 켜들고 스케치를 하고 있다. 티코 브라에는 혜성이 달보다 멀리 있다고 생각했기 때문에 혜성을 지구의 현상에 넣지 않고 천체 현상에 집어 넣었다.

이 빚어낸 것이라고 설명하고 있다.

뉴톤은 혜성 꼬리의 물질이 증발하여 행성간 공간 *interplanetary space*으로 흩어진다는 사실을 깨달았다. 혜성은 야위어지고 행성간 공간에 흩어진 물질은 가까운 행성의 인력을 받아 조금씩 그 행성 쪽으로 끌려간다.

그는 지구의 물도 차츰 없어져 갈 것으로 믿었다.

"초목이나 부패로 말미암아 물이 없어질 것이며 마른 땅으로 변해 갈 것이다……만일 밖에서 보급되지 않는다면 지구의 물은 점점 줄어들어 마침내는 바닥이 날 것이다"

뉴톤은 '지구의 바닷물의 근원은 혜성이며 지구에 생물이 탄생한 것은 혜성의 물질이 지구에 쏟아진 덕분'이라고 믿었던 것 같다. 그리하여 그는 혜성에 대해 신비로운 공상의 나래를 펼치고 다음과 같이 쓰고 있다.

나는 영혼은 주로 혜성에서 온 것으로 생각한다. 영혼은 실제로 우리의 공기 속에 포함되어 있는 가장 작고 가장 미묘하고 보탬이 되는 알갱이다. 그리고 그것은 이 지상의 모든 생명을 유지하는 데 필요하다.

천문학자 허긴스 *William Huggins*는 1868년에 이미 혜성의 스펙트럼 *spectrum*을 조사하고 그 몇 가지 특징이 천연 가스나 에틸렌계 가스의 스펙트럼과 같다는 사실을 발견했다. 허긴스는 혜성 안에 유기 물질이 있는 것을 알아 냈다. 그후 탄소와 질소의 원자로 되어 있는 시안 *cyanogen*도 혜성의 꼬리에서 발견됐다. 이것은 청산가리 등의 시안 화합물을 만드는 분자의 찌꺼기에 해당된다.

1910년에 핼리 혜성의 꼬리 부분이 지구를 스쳐 가기로 되어 있었을 때 수많은 사람들이 겁을 먹었었다. 여러 사람들은 혜성의 꼬리가 아주 희박한 기체(氣體)라는 사실을 모르고 있었다. 혜성의 꼬리 독은 공장 연기로 오염된 1910년의 대도시의 대기보다도 훨씬 안전했었다.

그러나 혜성의 독이 아무리 별것 아니라고 말해도 사람들은 아무도 안심하지 않았다. 이를테면 1910년 5월 15일의 《샌프란시스코 크로니클 *San Francisco Chronicle*》 신문의 머릿기사에는 '집채처럼 커다란 혜성 촬영용 사진기'라든지 '혜성이 찾아와서 남편의 태도가 바뀌다' 따위의 제목이 붙었다.

《로스앤젤레스 이그제미너 *Los Angeles Examiner*》지는 다음과 같은 제목을 뽑고 있다. '혜성의 시안은 아직도 당신을 죽이지 않았는가' '전 인류가 마침내는 무료 가스실로' '난장판이 다가오고 있다' '많은 사람들이 시안의 냄새를 맡았다' '혜성에 전화를 걸려고 나무 위에 올라가다 추락사를 당하다' 따위였다.

1556년, 독일에 나타난 혜성. 뉴렘베르그 *Nuremberg*로 추측된다.

1910년에는 파티가 유행했다. 시안 가스의 오염으로 세계가 끝장나기 전에 즐겨야 한다는 풍조였다. 장사군들은 〈혜성의 액땜 알약〉이라든가 〈방독 마스크〉를 팔고 돌아다녔다. 방독 마스크는 제1차 세계 대전의 불길하고 무서운 징조이기도 했다.*

혜성에 관한 두세 가지 오해는 오늘날까지 꼬리를 끌고 있다. 1957년, 나는 대학원 학생으로 시카고 대학의 야크스 천문대 *Yerkes Observatory***에서 일하고 있었다. 어느 날 밤, 홀로 근무하던 중 전화가 끈질기게 울려왔다. 수화기를 들어본즉 상당히 술에 취한 목소리가 들려왔다.

"천문학자를 찾고 있는데……"

"제가 그런데, 무슨 일이죠?"

"윌메트 *Wilmette*의 마을에서 야외 파티를 하고 있었는데 하늘에 무엇인가 보였소. 그런데 이상한 일이지만 똑바로 보면 보이지 않고 사라져 버렸소. 그러나 그곳을 보지 않으면 또다시 보이는 거요"

사람 눈의 망막 중에서 가장 예민한 곳은 시야의 중앙이 아니라 조금 옆으로 쏠린 데에 있다. 그래서 빛이 약한 별은 시선을 얼마간 비껴 주면 도리어 잘 보이는 경우가 있다.

이 무렵 알아 볼 수 있는 별로서 새로 발견된 아렌드 롤랜드 *Arend Roland* 혜성이 있었다. 나는 그러한 사실을 알고 있었기에 설명을 해 주었다. 그러자 얼마 후에……

"혜성이란 무엇인가요?"

"혜성이지요. 지름이 1 *km* 이상이나 되는 얼음덩어리입니다"

나는 대답해 주었다.

잠시 후 전화의 상대방은 말했다.

"미안하지만 진짜 천문학자와 바꿔줄 수 없는지……"

핼리 혜성은 1986년에 되돌아온다. 그 출현을 정치가들은

* 제1차 대전은 핼리 혜성의 접근으로부터 4년이 지난 1914년 7월에 시작됐다. 1915년 독일군이 이풀 근처에서 대량의 염소가스를 사용한 것이 독가스의 시초로 꼽히고 있다 ―역주

** 시카고의 부호 야크스의 헌금으로 1987년에 창설된 천문대. 시카고 북쪽 약 1백 *km*에 위치하며 지름 1백 *cm*의 굴절 망원경을 가지고 있다. 굴절 망원경으로서는 지금도 세계 최대이다 ―역주

두 명의 일본 아마추어 천문
가가 1965년에 발견한 이께바
—세끼 *Ikeva-Seki* 혜성. 꼬리
의 길이가 거의 5천만 *km*나 된
다.

어떤 식으로 두려워할 것인가. 우리의 주변에서 또 어떤 넌
센스가 일어날 것인가.

행성은 타원형의 궤도를 따라 태양의 둘레를 돌고 있다. 그
러나 그 궤도는 타원이라고는 하나 그다지 기다랗지는 못하
다. 얼핏 보면 보통의 원과 거의 구별할 수가 없다. 그러나
혜성(특히 주기가 긴 혜성)은 극적이라 할 정도로 길다란 타
원형의 궤도를 따라서 난다.

행성은 태양계의 안쪽에 자리잡은 고참자이고 혜성은 신참
자이다. 그러면 어째서 행성의 궤도는 원형에 가깝고 또 서
로 알맞는 거리를 유지하고 있는 것일까. 만일 행성의 궤도
가 아주 길다란 타원형의 궤도를 가지고 있다면 그들의 궤도
는 서로 엇갈릴 것이다. 그렇게 되면 행성들은 조만간에 충
돌하고 말 것이다. 태양계의 역사가 시작된 무렵에는 아마도
생성 과정에 있었던 행성이 많았으리라. 그 중 타원형의 엇갈
리는 궤도를 가진 행성은 서로 충돌하여 파괴되는 운명을 지
니고 있었다. 원형의 궤도를 가진 것만이 성장하여 살아 남
은 것이다. 오늘날의 행성의 궤도는 충돌이라는 자연 선택
(자연 도태)을 견디어 낸 것들이다. 바로 이러한 초기의 파국
적인 충돌의 결과가 있은 후 남은 것들에 의해 태양계는 안
정된 중년기에 접어든 것이다.

행성들의 아득한 저편——태양계로부터 먼 가장자리의 암흑
속에는 혜성의 핵이 수조(兆) 개나 모인 둥글고 거대한 구름
이 있다. 이것들은 원형의 궤도를 따라서 태양의 둘레를 돌
고 있다. 그 속도는 경기용 자동차보다 조금 느리다.

대표적인 혜성은 거대한 눈덩어리이다. 그 지름은 1 *km* 가
량이며 빙글빙글 회전하면서 날고 있다. 혜성의 대부분은 명
왕성(冥王星)의 궤도보다 안쪽으로는 결코 들어오지 않는다.
그러나 이따금 근처를 스쳐가는 천체가 혜성의 구름에 대해
인력을 미치게 하여 구름을 진동시킨다. 이때 한 무리의 혜
성들이 구름에서 뛰쳐나와 아주 기다란 타원형의 궤도를 타
고 태양 쪽으로 돌진해 온다. 나중에는 그 궤도가 목성이나
토성의 인력에 의해 바뀌어져 그러한 혜성은 1백 년에 한 번
쯤 태양계의 안쪽으로 비틀거리면서 들어온다. 그리하여 목
성의 궤도와 화성의 궤도 사이까지 다다르면 덥혀져서 증발
하기 시작한다.

태양의 대기로부터 내뿜어진 물질의 흐름을 〈태양풍(太陽風) solar wind〉이라고 하는데 그것이 혜성의 얼음이나 먼지 찌꺼기를 뒷쪽으로 몰아붙인다. 이것이 바로 혜성의 꼬리이다.

지금 가령 목성의 지름을 1 m로 가정할 때 혜성은 먼지의 한 알 정도 크기밖에 되지 않는다. 그럼에도 꼬리가 충분히 자라면 한 행성으로부터 다음 행성까지 도달할 수 있는 길이가 된다.

혜성이 지구에서 보일 정도의 거리까지 오면 지구에 사는 사람들 사이에서는 열광적인 미신이 쏟아져 나오는 것이 관례였다. 그러나 결국 그것은 지구의 대기권을 날고 있는 것이 아니라 행성 사이를 비행하고 있다는 사실을 사람들은 알게 됐다. 사람들은 그 궤도를 계산하여 별들의 세계에서 찾아오는 이 방문자를 탐색하기 위해서 머지 않아 조그마한 탐색선을 띄울 것이다.

1910년에 나타난 핼리 혜성. 아래 왼쪽에 있는 것은 수성이다.

파국적인 충돌의 증거

조만간에 혜성은 행성과 충돌하게 된다. 지구와 그 동반자인 달은 혜성이나 태양계가 생겼을 때의 찌꺼기인 보잘것 없는 소행성의 폭격을 받을 것임에 틀림 없다. 우주에는 커다란 물체보다 작은 것들이 훨씬 많이 존재하고 있는 만큼 큰 것보다 작은 것이 충돌할 확률이 더 높다.

퉁구스에서 일어난 것과 같은 혜성의 작은 찌꺼기와 지구와의 충돌은 1천 년에 한 번 꼴로 일어날 것이다.

핼리 혜성의 핵은 지름이 20 km쯤 되는데 이처럼 큰 혜성이 지구와 충돌하는 일은 10억 년에 한 번 꼴에 지나지 않으리라.

조그마한 얼음의 물체가 행성이나 그 위성과 충돌할지라도 별로 커다란 흔적은 남기지 않을 것이다. 그러나 충돌한 물체가 크거나 또는 주로 바위로 이루어졌을 적에는 충돌 지점에서 폭발이 일어나 사발 모양으로 땅이 패인다. 이것을 충돌 분화구라 한다.

이 분화구는 침식 작용으로 사라지거나 먼지나 모래로 메워지지 않는 한 수십억 년이 지나더라도 원상태로 남을 것이다.

달 표면에서는 침식은 거의 일어나지 않는다. 그래서 달 표

핼리 혜성의 머리. 1910년 5월, 이집트의 헤르완 천문대에서 30인치 반사 망원경으로 찍은 것.

휴메이슨 *Humason* 혜성. 1961년 헤일 *Hale* 천문대에서 4.8인치 슈미트 *Schmidt* 망원경으로 찍은 것인데 뒤에 있는 줄은 별이다.

면을 조사해 보면 거기에는 수많은 충돌 분화구가 있음을 알 수 있다. 오늘날 태양계의 안쪽에는 혜성이나 소행성의 파편은 조금밖에 없다. 때문에 지금 있는 파편으로서는 그처럼 수많은 분화구를 설명할 수 없다. 즉, 행성이나 달들이 파괴되어 버리지 않을까 할 정도로 혜성과 소행성의 파편이 쏟아진 시대가 예전에는 있었다는 것이 된다. 달 표면은 이같은 사실을 지금도 뚜렷이 보여주고 있다. 이제 그 시대로부터 오늘날까지는 이미 수십억 년이나 경과된 것이다.

충돌 분화구는 비단 달에만 있는 것은 아니다. 태양계 안쪽의 행성이나 그 위성에도 분화구가 있다. 태양에 가장 가까운 수성, 구름에 덮인 금성, 그리고 화성, 화성의 둘레를 도는 두 개의 조그마한 위성―포보스 *Phobos*와 다이모스 *Deimos*에도 충돌 분화구가 있다. 수성, 금성, 화성 등 세 행성은 지구형 행성이다. 이들은 우리 지구의 가족이며 여러 모로 지구와 닮아 있다. 그들에게는 딱딱한 겉면이 있으며 속은 바위나 철로 되어 있다. 대기는 거의 진공에 가까운 것으로부터 압력이 지구 대기의 90배 이상에 달하는 것도 있다. 이러한 행성은 빛과 열의 근원인 태양의 둘레에 무리지어 있다. 마치 캠프 파이어의 둘레에 사람들이 모이는 것처럼.

이들 행성은 모름지기 46억 살이나 된다. 그리고 이들 행성은 태양계의 역사 초기에 파국적인 충돌의 시대가 있었음을 나타내는 증거를 지니고 있다.

화성의 궤도를 벗어나서 바깥 쪽으로 나가면 우리들은 아주 색다른 세계를 보게 된다. 그것은 목성과 그밖의 목성형 행성의 세계이다. 이들은 거대한 행성으로서 대부분이 수소와 헬륨으로 이루어져 있으며 이 밖에도 수소를 많이 포함한, 이를테면 메탄, 암모니아, 물 등이 약간 섞여 있다.

이들 행성은 고체의 겉면을 볼 수 없다. 보이는 것은 오직 대기와 여러 가지 색깔의 구름뿐이다. 이들은 상당히 위험한 행성이다. 지구처럼 대수롭지 않은 세계는 아니다. 목성으로 말하자면 그 속에 지구 1천 개쯤은 들어갈 수 있을 만큼 큰 것이다.

혜성이나 소행성이 목성의 대기 속으로 뛰어든다고 하더라도 우리는 분화구가 보일 것으로 기대해서는 안된다. 구름 속에 잠깐 쪼개진 틈이 보일 따름이다. 그러나 태양계의 바깥쪽에도 수십억 년을 헤아리는 충돌의 역사가 있다. 목성에는 12개 이상의 위성이 있으며 이 중 5 개는《보이저 Voyager》 탐색선으로 자상하게 조사되었는데 거기에는 과거의 파국의 증거가 남아 있었다.

앞으로 태양계의 탐색이 보다 본격적으로 진행되면 우리는 9 개 행성의 모든 것에 대해서 파국적인 충돌의 증거를 찾아 낼 수 있으리라. 수성에서 명왕성에 이르기까지 그리고 조그마한 위성과 혜성, 소행성 등 모든 것에 충돌의 증거가 있음 직하다.

월면의 새 분화구

천체 망원경으로 지구에서 달을 보면 겉면에는 약 1만 개나 되는 분화구가 보인다. 그 대부분은 월면의 옛날 고지에 있다. 이것들은 행성간 우주의 먼지가 모여서 달이 생성될 때부터 존재한 분화구이다. 《바다 maria》라고 불리는 곳에는 지름이 1 km보다도 큰 분화구가 1천 개쯤 있다. 달의《바다》라는 것은 달이 이룩된 얼마 후 월면의 낮은 곳으로 흘러내린 용암으로 덮여 있다. 그러한 용암은 그 전에 있었던 분화구마저 메워 버린 채 있다.

여기서 대충 계산해 보자. 달의 표면에는 약 1만 개의 분화구가 있는데 그것들이 10억 년 걸려서 생긴 것이라면 한 개가 만들어지는 데 평균 몇 년이 걸렸을까. 정답은 10억을 1만으로 나눈 숫자로서 10만 년이 된다. 그러니까 한 개의 분화구가 형성된 뒤 다음 차례의 분화구가 생기기까지에는 10만 년이라는 간격이 있다.

현실적으로는 수십억 년 전의 우주에는 지금보다 훨씬 많은 혜성과 소행성의 토막이 있었으리라. 따라서 우리가 오늘날 달에 분화구가 생기는 것을 지켜보려면 10만 년 이상을 기다려야만 된다. 지구의 표면적은 달보다 넓지만 지구상에 지름이 1 km 이상 되는 분화구가 생기는 것을 보려면 최소한 1만 년쯤은 기다려야 할 것이다.

미국의 애리조나 주에 남아 있는 운석 분화구는 지름이 1 km쯤 되는 충돌 분화구이다. 이것은 2만~3만 년 전에 생긴 것이

애리조나에 있는 운석 분화구. 직경 1.2 km이 고 1만 5천내지 4만년 전, 25 m 넓이의 철이 초속 15 km로 떨어진 것 같다. 낙하 당시 방출 한 에너지는 4 메가톤의 핵 폭발과 같다.

달의 적도 북쪽에 있는 코페르니쿠스 분화구. 직경이 1백 km이고, 직접 빛을 받으면 특수한 광선을 낸다.

달의 분화구 위로 떠오르는 지구.

다. 지상에서의 관측 결과는 앞서 예로 든 주먹구구식 계산의 결과와 합치된다.

실제로 조그마한 혜성이나 소행성이 달에 부딪치면 순간적인 폭발이 일어나 그 빛은 지상에서도 볼 수 있으리라.

10만 년쯤 거슬러 올라간 어느 날 밤 우리의 조상들은 하염없이 하늘을 쳐다보고 있었다. 달의 어두운 부분으로부터 기묘한 구름이 치솟아 구름은 별안간 태양 광선에 비추어졌다. 우리의 조상들은 분명히 이를 목격했다——우리는 오늘날 그러한 일들을 상상할 수 있다. 그러나 역사 시대로 접어든 후에 그러한 일들이 일어난 것으로는 도저히 생각할 수 없다. 그러한 일이 일어날 가능성은 1백에 하나 정도의 비율에 지나지 않는다. 그럼에도 월면에서 일어난 충돌을 육안으로 보았다는 역사적인 기록이 있다.

그것은 1178년 6월 25일의 저녁 무렵 일이었다. 영국의 다섯 명의 수도사(修道士)들은 이상한 것을 보았다. 이것은 《캔터베리의 자베이스가(家)연대기 the Chronicle of Gervase of Canterbury》 속에 기록되어 있는 것인데 당시의 정치와 문화에 관해 자베이스가 쓴 것은 일반적으로 상당히 믿을 수 있는 것으로 여겨지고 있었다. 그런데 그는 목격자들과 만나 선서를 받은 후에 얘기를 들은 것을 기록하고 있다. 연대기에는 다음과 같이 적혀 있다.

빛을 내는 달의 브루노 *Bruno* 분화구.

> 하늘에는 밝은 초생달이 걸려 있었다. 그 날카로운 뿔은 언제나와 마찬가지로 동쪽으로 기울어 있었다. 그런데 별안간 위쪽의 뿔이 두 조각으로 깨어지고 말았다. 그리고선 깨어진 틈의 복판 근처에서 횃불과 같은 화염이 치솟고 불과 뜨거운 석탄 같은 것, 그리고 불꽃이 내뿜어졌다.

천문학자인 멀포랜드 *Derral Mulholland*와 칼럼 *Odile Calame*은 여러 가지 계산을 구사하여 혜성이나 소행성이 월면에 부딪치면 먼지가 일어나 캔터베리의 수도사들이 본 것과 비슷한 광경이 되는 사실을 알아냈다.

만일 그러한 충돌이 겨우 8백 년 전에 일어났다면 그때 생긴 분화구는 지금도 보일 것임이 틀림없다. 달에는 공기도 물도 없는 만큼 침식도 거의 없다. 그래서 수십억 년 전의 조그마한 분화구마저 비교적 잘 보존되어 있다.

분화구로 가득 차 있는 달 표면. 소련위 루나 호가 처음 발견한 달의 모습이다. 달은 지구의 중력 때문에 한 달에 한 번씩 자전한다. 오른쪽 위에 있는 검은 점은 작은 마리아 *maria*인데 지구와 접한 표면에서 더 잘 보인다.

달 표면에 있는 반사경으로 보내는 레이저 광선. 맥도날드 천문대의 82인치 반사경을 가진 망원경이다.

자베이스의 기록을 읽으면 충돌이 일어난 장소가 월면의 어디인지 분명히 알 수 있다.

충돌이 일어나면 빛다발 *linear trails*이 생긴다. 이것은 폭발할 때 분화구에서 분출한 미세한 가루가 직선으로 흩날려 생기는 것으로서 마치 빛살처럼 보인다.

이러한 빛다발은 아주 새로운 분화구의 둘레에만 존재한다. 이를테면 아리스타르코스, 코페르니쿠스, 케플러 등의 이름이 붙은 분화구 둘레에는 빛다발이 있다.

그러나 분화구는 월면의 침식을 견뎌 낼 수 있다고 하더라도 빛다발은 아주 엷은 만큼 침식을 견뎌 낼 수 없다. 세월이 흐름에 따라 우주의 미세한 먼지인 우주진 *space stirs*이 쏟아져서 월면의 먼지를 불러 일으키거나 빛다발 위에 쌓이기도 한다. 이로 인해 빛다발은 차츰 사라져 간다. 그래서 빛다발은 최근의 충돌임을 나타내는 척도가 된다.

운석학자 허퉁 *Jack Hartung*은 캔터베리의 수도사들이 충돌을 목격했다는 바로 그 장소에 선명한 빛다발을 가진 아주 새로운 조그마한 분화구가 있다고 지적했다. 그 분화구는 16세기 로마 가톨릭 교회의 학자의 이름을 따서 〈조르다노 브루노 *Giordano Bruno*〉라고 불리고 있다. 이 학자는 "세계의 수효는 무한하며 그 많은 곳마다 생물이 살고 있다"고 주장했다. 이러한 주장과 함께 다른 죄를 뒤집어 쓰고 그는 1600년에 나무 기둥에 묶여 화형에 처해졌다.

이 해석을 증명해 주는 다른 증거도 있다. 칼럼과 멀포랜드가 발견한 것이 그것이다.

달에 어떤 물체가 고속으로 부딪치면 달은 얼마간 진동하기 시작한다. 그 진동은 오랜 세월 후 멎고 말지만 8백 년 가량의 짧은 기간 동안에는 멎지 않는다.

이러한 진동은 레이저 광선 반사법의 기술을 동원해서 조사할 수 있다. 아폴로 우주선의 비행사들은 월면의 몇 군데에 〈레이저 반사기〉로 불리는 특별한 거울을 장치해 두고 왔는데 이를 이용하면 된다. 지상에서 발사한 레이저 광선이 이 거울에 부딪치면 광선은 반사되어 지구로 돌아온다. 광선이 달까지 왕복하는 시간은 아주 정확하게 잴 수 있다. 그 시간과 광선의 속도를 곱하면 그때의 지구로부터 달까지의 거리 역시 아주 정확하게 구할 수 있다.

아폴로 16호 우주인이 달에
레이저 반사경을 설치하고 있
다.

이러한 측정을 여러 해에 걸쳐 거듭한 결과 달이 진동하고
있음을 알 수 있었다. 이것을 〈칭동(秤動)libration〉이라고
부르는데 그 주기는 약 3년, 진폭은 약 3m임이 밝혀졌다.
이것은 '조르다노 브루노라는 분화구가 생긴 후 오늘날까지
아직도 1천 년이 못 됐다'는 생각과 합치되는 숫자이다.

이러한 증거는 모두 추론에 따른 간접적인 것이다. 앞서 지
적한 바와 같이 그러한 일이 역사 시대로 접어든 후 일어난
것으로는 도저히 생각할 수 없다. 그러나 증거는 그러한 일
이 일어난 것을 시사하고 있다.

〈퉁구스의 대폭발〉이나 애리조나의 운석 분화구가 우리에게
가르쳐 주는 것처럼 파국적인 충돌은 모두 태양계의 역사 초
기에서만 일어난 것은 아니다. 동시에 뚜렷한 빛다발을 가진
분화구가 월면에 겨우 몇 개밖에 남아 있지 않다는 사실은
월면일지라도 어느 정도의 침식은 일어나고 있다는 것을 말
해 주고 있다.*

월면에서 분화구가 겹친 상태나 이밖의 층위학적(層位學的)
특징을 주목할 때 월면에서의 충돌이나 용암의 유출이 어떤
차례로 일어났는지를 재현할 수 있다. 그러한 연구에 의해서
도 조르다노 브루노라고 불리는 분화구가 아주 새롭다고 단
정할 수 있다.

* 화성에서는 달에 비해서 침
식이 심하다. 그래서 분화구
는 수많이 깔려 있으나 예상
한 대로 빛다발을 가진 분화
구는 사실상 한 개도 없었다
―원주

날아다니는 소행성

　지구와 달은 그다지 멀리 떨어지지 않았다. 달은 그처럼 심한 충돌에 노출되어 분화구투성이가 되어 있는데 지구는 어떻게 혜성이나 소행성의 충돌을 피할 수 있었을까? 어째서 지구에는 운석 분화구가 조금밖에 없는 것일까? 혜성이나 소행성은 사람이 살고 있는 행성과는 부딪치지 않는 편이 좋다고 생각했을까? 아무리 좋게 보아도 그런 비과학적인 생각으로는 납득되지 않는다.

　다만 한 가지 납득할 수 있는 설명이 있다면 그것은 지구나 달에도 완전히 같은 비율로 충돌 분화구가 생겼으나 지구의 분화구는 완만한 침식에 의해 사라지거나 메워지는 한편, 공기도 물도 없는 월면의 분화구는 엄청나게 오랜 세월 동안 보존되었다는 것이리라. 흐르는 물이나 바람에 날리는 모래알이나 조산(造山) 운동 따위는 아주 완만한 변화밖에 일으키지 않는다. 그러나 1백만 년, 10억 년이라는 세월은 굉장히 큰 충격의 흔적도 완전히 지워 버리고 만다.

　행성이나 그 둘레의 위성 표면에서는 우주의 혜성이나 소행성의 찌꺼기가 충돌한다는 외적인 변화 이외에도 지진과 같은 내적인 변화가 일어나고 있다. 때로는 화산 폭발과 같은 빠르고 파국적인 사건도 발생하는 한편, 바람에 실려온 조그마한 모래알이 바위에 부딪쳐 구멍을 뚫는 것과 같은 완만하기 짝이 없는 변화도 있다.

　그렇다면 내적 변화와 외적 변화의 둘 중에서 어느 편이 결정적인 힘을 가지고 있는 것일까? 이따금 일어날 뿐이지만 격심한 변화를 수반하는 일과 눈에 확연히 띄지는 않지만 오랜 세월 동안 서서히 변화하는 일을 비교해 볼 때 어느 쪽이 지배적일까? 이 문제에 관해서는 일반적인 해답을 낼 수가 없다.

　달의 경우는 바깥쪽으로부터 오는 파국적인 일이 지배적이고 지구의 경우는 내적인 완만한 변화가 결정적이다. 화성은 그 중간을 차지하고 있다.

　화성의 궤도와 목성의 궤도 사이에는 무수한 소행성이 깔려 있다. 그것들은 보통 조그마한 지구형 행성이며 큰 것으로는 지름이 수백 *km*나 되는 것도 있다. 대다수는 길다란 모양을 하고 있으며 회전하면서 우주를 날고 있다. 두 개 이상의 소행성의 궤도가 서로 너무 접근하여 있는 경우도 있다. 그러한 소행성은 이따금 서로 충돌하여, 때로는 소행성의 일부가 부서져 그 파편이 지구 쪽으로 날아 들어오기도 한다. 그것이 지상에 떨어지면 운석이 된다. 오늘날 박물관의 선반 위에 장식되어 있는 운석은 머나먼 세계의 파편이다.

소행성대 *asteroid belt*는 거대한 절구라고나 할까? 소행성은 서로 충돌함으로써 차츰 조그마한 파편으로 쪼개져 마지막에는 먼지의 알갱이쯤으로 변한다.

행성의 표면에 있는 최근의 분화구는 주로 혜성과 소행성의 커다란 파편 때문에 생긴 것이다.

이 소행성대는 그 옛날에 몇 개의 행성이 만들어졌을 적에 근처에 있던 거대한 목성의 인력에 의한 조석(潮汐) 현상으로 미처 행성이 되지 못한 암석의 무리일는지도 모른다. 또는 폭발한 행성의 파편일 수도 있다. 그러나 행성이 폭발한 것이라는 설은 옳지 않은 것 같다. 왜냐하면 행성이 어째서 폭발하는지 지구상의 과학자들은 아무도 설명할 수 없기 때문이다. 하기는 모르는 편이 마음 편할는지도 모르지만……

토성의 고리는 소행성대와 얼마간 닮은 점이 있다. 거기에는 수조(兆) 개의 조그마한 얼음덩어리가 모여서 토성의 둘레를 돌고 있다.

이들은 모여서 한 개의 위성이 될 뻔했는데 토성의 인력이 방해했기 때문에 달이 되지 못했을는지도 모른다. 또는 한 개의 달이 토성에 너무 접근한 까닭에 토성의 인력에 의한 조석 현상의 영향을 받아 산산조각이 되어 그 파편들이 토성의 둘레를 돌고 있는 것일 수도 있다.

또한 타이탄과 같은 토성의 달로부터 방출된 물질과 토성의 대기 속으로 떨어지는 물질과의 균형이 잡혀서 그러한 고리가 유지되고 있을는지도 모른다.

목성과 천왕성에도 고리가 있다는 사실이 최근에 밝혀졌는데 이것들은 지구에서는 거의 보이지 않는다. 해왕성에 고리가 있는지 없는지는 지금 행성학자들 사이에서 큰 화제가 되어 있다.

수성의 남쪽 반구. 수성과 달은 수억 년 전 충돌, 폭발로 인하여 생긴 행성이고 별로 표면 부식이 되지 않았기 때문에 표면이 비슷하다. 밑의 어두운 부분은 아직까지 사진으로는 나타나지 않는다.

고리는 우주 속에 있는 목성형 행성의 전형적인 목걸이일는지도 모른다.

금성은 목성의 아이인가?

정신과 의사인 벨리코프스키 *Immanuel Velikovsky*는 1950년에 《세계의 충돌 *Worlds in Collision*》이라는 제목의 일반 교양 서적을 출판했는데 그 속에서 그는 "토성에서 금성까지의 행성간 공간에서 최근 대충돌이 일어났다"고 주장했다.

그는 "한 개의 행성만한 크기의 혜성이 목성 속에서 탄생했다"고 주장하고 있다. 그 혜성은 지금으로부터 3천 5백 년 전쯤에 비틀거리면서 태양계의 내역(內域)으로 들어와 지구와 화성에 여러 번 접근했다. 이 무렵의 지구에는 때마침 홍해를 둘로 갈라 놓고 모세 *Moses*와 선민(選民)들이 이집트 왕으로부터 도피한 일이 있었다. 또 이 혜성이 여호수아 *Joshua*의 명령에 따라 지구의 자전을 정지시킨 것으로도 전하고 있다. 또한 이 혜성은 굉장한 지각 변동과 홍수를 불러 일으켰다. 이상과 같은 사실을 그는 말하고 있다. *

벨리코프스키에 의하면 이 혜성은 행성간 공간에서 복잡한

* 역사상의 사건을 신비적인 방법이 아니라 혜성으로서 설명하려고 시도한 최초의 인물은 영국의 천문학자 핼리이다. 그는 "노아의 홍수는 혜성의 뜻하지 않은 충격으로 야기됐다"고 주장했다—원주

당구 게임을 즐긴 다음 원에 가까운 안정된 궤도에 낙착하여 금성이 됐다고 한다. '그 이전에는 금성이 없었다'고 그는 주장하고 있다.

그러나 이 생각은 잘못이다. 천문학자들은 대충돌이 있었다는 생각에는 반대하지 않지만 그러한 대충돌이 '최근에' 일어났다는 주장에는 반대한다.

태양계의 모형을 만들어 보면 알 수 있듯이 궤도의 지름과 행성의 지름을 같은 축척으로 도저히 나타낼 수 없다. 왜냐하면 같은 축척이면 행성은 너무도 작아 보이지 않기 때문이다. 만일 행성을 같은 축척으로 나타낸다면 그것은 먼지 알갱이 정도로 작은 것이 된다. 그것을 보면 어떤 특정한 혜성이 수천 년 동안에 지구와 부딪쳤을 가능성은 극히 적다는 것을 쉽게 알 수 있으리라.

벨리코프스키는 '그 혜성은 목성으로 왔다'고 생각하고 있으나 목성은 거의 전부가 수소로 이루어졌고 금성으로 말하자면 암석과 금속으로 이루어진 행성으로서 거기에는 수소가 별로 없다. 또 목성에는 행성이나 행성을 형성해 낼 에너지도 존재하지 않는다.

가령 한 개의 혜성이 지구 가까이를 스쳐간다 하더라도 그것이 지구의 자전을 멎게 할 수는 없다. 물론 하루가 24시간이라는 자전을 다시 한 번 시동시킬 수도 없다. 또 '3천 5백 년 전에 이상한 지각 변동이나 홍수가 있었다'는 설을 뒷받침할 만한 지질학적 증거도 없다.

"그 혜성이 금성이 되었다"고 벨리코프스키는 말하지만 금성은 그 이전부터 존재했다. 메소포타미아 *Mesopotamia*의 비명(碑銘)에 그러한 내용이 적혀 있다.* 또 아주 긴 타원형의 궤도를 타고 있던 물체가 오늘의 금성 궤도와 같은, 거의 완전한 원의 궤도로 갑자기 옮겨진다는 것은 있기 힘든 일이다.

과학자가 아닌 사람들은 물론이려니와 과학자들도 수많은 가설을 제창했지만 그 대부분이 잘못된 것이었다는 사실이 나중에 밝혀졌다.

과학이라는 것은 본디가 자기 수정적 *self-correcting*인 일이다. 가설이 널리 받아들여지기 위해서는 확실한 증거를 가지고 진리의 엄격한 관문을 돌파해야만 한다.

벨리코프스키 사건이 좋지 않은 점은 그의 가설이 틀렸다

작은 틈으로 들어온 빛을 프리즘에 통과시킬 때 나타나는 스펙트럼. 가시 광선을 흡수하는 가스가 있다면 무지개에 검은 줄이 생긴다.

* 이 비명은 서력 기원전 2천 5백 년에 만들어진 앳다의 원통 인형(印形)에 새겨져 있으며, 바빌로니아의 여신 이슈타 *Ishtar*의 이슬걷이를 해온 새벽의 샛별인 금성의 여신 이난나 *Inanna* 임을 분명히 기록하고 있다 —원주

a

달의 생성 (a−d). 46억 년 내지 50억 년 전, 자연 증가의 마지막 단계. 떨어지는 파편들이 내는 에너지 때문에 파편들은 표면에서 녹는다. 근처의 파편들을 다 쓸어버린 후, 달은 천천히 식기 시작한다 (e−i). : 39억 년 전 소행성과의 충돌로 구멍이 생기고 충격파가 퍼지며 그 결과 표면이 다시 더워진다. 이때 생긴 웅덩이에 (i) 27억 년 전의 현무암 바위가 녹아 내린다 (j−k). 검게 남은 부분은 마리아라고 불리게 되며 지구에서도 육안으로 볼 수 있다. 최근에 생긴 충돌들은 에라토스데네스 분화구나 (i) 코페르니쿠스 분화구 (m) 처럼 빛을 낸다. 달이 점점 침식을 당하고 있으므로 마리아와 그 주변 사이의 대조가 흐려지고 있다.

a

b

c

d

e

f

g

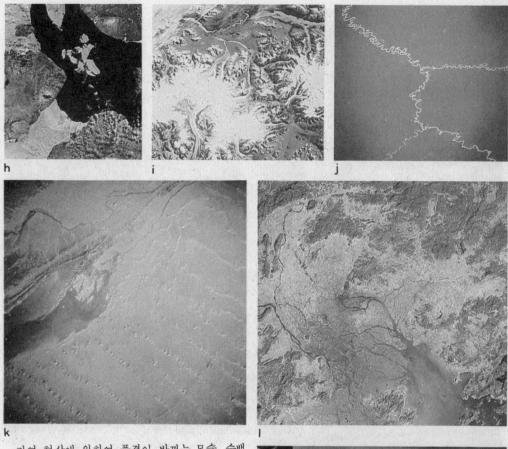

h   i   j

k   l

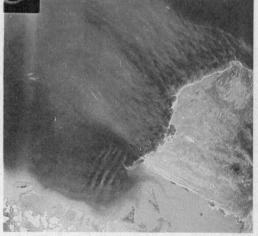

자연 현상에 의하여 풍경이 바뀌는 모습. 수백 Km 높이에서 찍은 지구의 모습이다. (a) 아프리카 근동 지방. 구름 사이로 남극이 보인다. (b와 c) 플로리다와 멕시코만의 열대 폭풍. (d) 로키 산맥, 덴버 왼쪽으로 약간 눈이 덮여 있다. (e) 지구에 있는 화산 하와이 군도. (f) 스와질랜드 남부의 단층 지구. (g) 나일강 삼각주. (h) 얼음은 액체 상태의 물보다 농도가 엷다. 세인트 로렌스 바다. (i) 알라스카 브룩스 지방, 강 사이에 있는 빙하. (j) 지형학상 아래로 흐르는 물. 아마존 강의 주루아 *Jurua*, 엠비라 *Embira*, 타라우사 *Tarauca* 지류들이다. (k) 아라비아 반도 남부에 있는 모래 언덕. 바람에 불려온 모래들이다. 주창 *Chuchiang*의 삼각주. 이 사진으로는 나타나지 않지만 칸퉁(중앙)과 홍콩(오른쪽 아래)이 있다. (m) 베네주엘라의 카라비안 해. 해감이 바다로 밀려와 있다.

자외선을 받고 있는 금성. 얼룩은 금성 대기권 높은 곳에 서 오른쪽에서 왼쪽으로 흘러 가는 구름의 모습이다.

금성의 표면. 아래의 사진에서는 베네라 우주선이 녹아 천 천히 침식당하고 있다.

가시 광선을 받고 있는 금성 의 초승달. 우리는 황산 용액 구름만을 볼 수 있다. 노란색 을 띄는 것은 황을 소량 포함 하기 때문이다.

든가 확립된 사실과 어긋났다든가 하는 점이 아니라 과학자 를 자처하는 사람들이 벨리코프스키의 연구를 억압하려는 데 있다.

과학은 자유로운 연구에 의해 진보해 왔으며 자유로운 연 구를 위해 존재한다. 아무리 기묘한 가설일지라도 그 장점을 생각해 보자는 것이 바로 과학이다. 불쾌한 생각을 억압하는 일은 종교나 정치의 세계에서는 흔히 있을 수 있지만 지식을

구하는 사람들이 그렇게 해서는 안된다. 더구나 과학 연구에
서는 절대 그런 일이 있어서는 안된다. 누가 기본적으로 새
로운 일을 생각해 낼는지 미리 짐작하기는 힘든 것이다.

밀운(密雲)에 덮인 금성

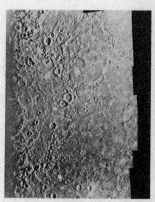

뜨거운 수성 표면의 카울리
스 웅덩이를 가까이에서 본 모
습.

금성은 크기도 밀도도 지구와 거의 비슷하다. 그것은 지
구에 가장 가까운 별이며 몇 세기 동안이나 지구의 자매별로
여겨져 왔다.

그러면 우리의 자매별이란 도대체 어떠한 것일까? 금성은
지구보다 태양에 더 가까운 만큼 지구보다 좀더 더운 것일
까. 또는 싱그러운 여름의 행성일까? 거기에는 충돌 분화구
가 있을까? 어쩌면 분화구는 침식에 의해 지워져 버리지는
않았을까? 화산, 산맥, 바다 등이 있지나 않을까? 또 생물
은 존재할까?

천체 망원경을 통해 최초로 금성을 본 사람은 갈릴레오였
는데 그것은 1609년의 일이었다.

그가 본 것은 별 특징이 없는 원반이었다. 그것은 달과 마찬
가지로 가느다란 낫 모양이 되기도 하고 둥근 원형이 되기도
했다. 갈릴레오는 그러한 변화를 느낄 수 있었다. 그렇게 되
는 까닭도 달의 경우와 마찬가지였다. 우리는 어느 때는 금
성의 밤의 부분만을 보고 있으며 또한 어느 때는 금성의 낮
의 부분만을 보고 있다. 이러한 발견은 지구가 태양의 둘레
를 돌고 있다는 사실을 확인시켜 주는 데 큰 구실을 했다.

그 후 광학적인 천체 망원경이 대형화되고 해상력(解像力:
자질구레한 데까지 가려내는 능력) resolution이 향상됐다. 그리
하여 이를 이용하여 금성도 계획적으로 관측됐다. 그러나 갈
릴레오 이상의 관측 결과는 얻어내지 못했다. 왜냐하면 금성
은 두꺼운 구름에 싸여 그 밑을 볼 수 없었기 때문이다.

우리는 새벽과 저녁나절의 하늘에서 금성을 본다. 그러나 우
리가 보는 것은 금성의 구름이 반사한 태양 광선일 따름이다.
사람이 천체 망원경으로 처음 금성을 본 이래 몇 세기 동안이
나 그 구름이 무엇으로 이루어지고 있는지 전혀 모른 채였다.

금성의 표면은 지구에서 전혀 보이지 않는만큼 몇몇 과

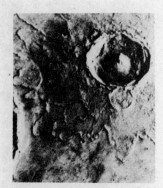

화성 22° 북쪽, 34° 서쪽에 있는 유티 분화구. 분화구가 생길 때 분출된 물질들이 주위에 켜를 이루고 있다. 모양이 액체가 떨어진 것과 비슷하므로 충돌 당시 표면이 매끄러웠거나 충돌 때문에 표면이 녹았던 것 같다. 유티 분화구보다 조금 먼저 생긴 것도 분출물에 덮이지 않은 것을 보면 분출물 켜가 얇은 것으로 보인다.

학자들은 기묘한 결론을 내렸다. '금성의 표면은 지구의 석탄기 *Carboniferous Period*와 마찬가지로 늪으로 되어 있다'는 결론이다. 이에 관한 논증 *argument*은 〈논증〉이라고 부를 정도는 못되지만 굳이 〈논증〉이라고 불러 권위를 부여한다면 대략 이러하다.

"나는 금성의 표면을 볼 수 없다"
"어째서?"
"구름으로 완전히 덮여 있기 때문에"
"구름은 무엇으로 형성되어 있을까?"
"물론 물이겠지"
"그렇다면 금성의 구름은 어째서 지구의 구름보다 두꺼울까"
"금성의 구름은 지구의 구름보다 많은 물을 포함하고 있기 때문이지"
"만일 구름 속에 많은 물이 포함되어 있다면 금성의 표면에도 물이 많지 않겠는가. 물이 많은 습지라면……"
"물론 늪이겠지"

만일 그곳이 늪이라면 반드시 소철나무가 무성하고 커다란 왕잠자리가 날고 아마도 공룡이 있지나 않을까.
관측 : 금성의 표면은 전혀 보이지 않는다.
결론 : 생물이 많이 있음이 틀림없다.
금성의 특징 없는 구름이 우리들의 사고 경향을 돋보여 주었다. 우리는 살고 있다. 따라서 '어디에든지 생물이 있다'는 생각에 공명하고 만다. 그러나 어느 특정한 세계 *a given world*에 생물이 있는지 없는지는 증거를 조심스럽게 모아서 분석한 연후에 비로소 말할 수 있는 것이다.
금성에 관한 우리들의 이러한 모호한 사고 방식이 터무니없었음은 나중에야 비로소 밝혀졌다.

화성, 카프리 카스마 *Capri Chasma* 경사면에 있는 분화구. 계곡이 천천히 늘어나면서 틈이 생기고 분화구가 침식되기 시작했다.

스펙트럼의 마술

금성의 본질에 관한 최초의 실마리는 유리의 프리즘과 회절

격자(回折格子) *diffraction grating*에 의해서 풀려 나가게
됐다. 회절 격자란 평면상에 일정한 간격을 둔 직선을 몇 줄
기 그은 것이다.

보통 백색 광선 *white light*을 좁은 틈으로 넣어서 프리즘
이나 회절 격자에 쪼이면 광선은 폭을 넓혀 일곱 가지 무지
개 빛이 된다. 이것을 〈스펙트럼〉이라고 부른다.

스펙트럼은 가시 광선의 주파수 *frequencies*＊가 높은 것으
로부터 낮은 쪽으로 보라색, 남색, 청색, 녹색, 황색, 오랜
지 색, 붉은 색의 순서로 나란히 선다. 우리는 이 색을 볼 수
있는 만큼 이를 〈가시 광선의 스펙트럼〉이라고 부른다. 그러나
광선은 훨씬 폭이 넓다. 우리가 볼 수 있는 것은 긴 스펙트럼
의 극히 일부분에 지나지 않는다. 보라색 광선보다 주파수가
높은 스펙트럼의 부분을 자외선 *ultraviolet*이라고 부른다. 이
역시 광선이며 미생물을 죽이는 힘을 갖고 있다. 우리는 자
외선을 볼 수 없으나 둥근코벌은 이를 손쉽게 볼 수 있으며
광전소자(光電素子) *photoelectric cells*도 이를 감지할 수
있다.

세계에는 우리가 볼 수 없는 것들이 더 많이 있다. 자외선
보다 먼저 X선이 있고, X선보다 먼 곳에 감마선이 있다.

붉은 색보다 주파수가 낮은 광선은 적외선 *infrared rays*
이다. 그것은 스펙트럼의 붉은 색보다 먼저 있는 어두운 곳
에, 감도가 좋은 온도계를 넣어 봤을 때 발견됐다. 온도가 높
아진 것이다. 그 어두운 곳은 우리 눈에는 아무 것도 보이지
않는데 온도계 위에는 틀림없이 광선이 비친다. 방울뱀과 반
도체(半導體)는 적외선을 어김없이 검지할 수 있다. 적외선
끝에는 보다 넓은 전파 영역이 있다.

감마선에서 전파에 이르기까지는 모두 〈××광선〉이라는
이름의 명칭이 붙어 있다. 이것들은 모두 천문학에서 훌륭한
구실을 한다.

그러나 우리들의 눈의 능력에는 한계가 있기 때문에 우리
는 가시 광선의 스펙트럼으로 불리는 조그마한 무지개의 띠
에 대해 편애하는 마음을 갖고 있다.

1844년에 철학자 꽁트 *Auguste Comte*는 사람이 알 수 없
는 지식의 실례를 찾고 있었다. 그리하여 멀리 멀어진 항성
이나 그 행성의 조성(組成)을 실례로 골라냈다. 우리는 결코

＊ 광선은 파동(波動)이다. 주
파수란 단위 시간(이를테면
1초)에 망막과 같은 검출기
에 들어오는 파동의 꼭대기
의 총수이다. 주파수가 높을
수록 광선의 에너지가 크다
―원주

그러한 별들을 몸소 방문할 수는 없으며 그러한 별들의 샘플을 손에 넣을 수도 없다. 따라서 그러한 별들의 조성은 영원히 알 수 없다고 그는 생각했다. 그것은 '거부된 지식 denied knowledge'이다.

그러나 꽁트가 죽은 후 겨우 3년 만에 아득한 물질의 화학적 조성을 알기 위해서는 스펙트럼을 이용할 수 있다는 사실을 알게 됐다.

분자나 원소는 저마다 다른 주파수의 광선——즉 다른 색깔의 광선을 흡수한다. 흡수하는 장소는 가시 광선일 경우도 있고 스펙트럼의 다른 장소일 때도 있다.

행성의 대기의 스펙트럼의 경우는 군데군데 암선(暗線) dark line이 생기는데 이것은 이 부분의 광선이 없어진 것을 뜻한다. 태양 광선이 행성의 대기 속을 잠깐 스쳐가는 순간 광선의 일부가 대기에 흡수돼 버린 것이다. 스펙트럼의 암선은 저마다 특정한 분자나 원자에 의해 만들어진다. 또 모든 물질은 저마다 특징 있는 〈스펙트럼의 지문(指紋) spectral signature〉을 갖고 있다. 따라서 6천 만 km 떨어진 금성의 대기도 지구 위에서 조사할 수가 있다.

우리는 태양의 조성조차도 꿰뚫어 볼 수 있다. 태양 가스 중에서 최초로 발견된 것은 헬륨이었다. 그것은 옛 그리스의 태양신 헬리오스 Helios의 이름을 따서 명명됐다.

또 A형 자변성(磁變星)*이 magnetic A star 유로피움 europium이라는 원소를 많이 포함하고 있다는 사실도 알아냈고 머나먼 저편의 은하에 대해서도 이를 구성하고 있는 1천억 개 가량의 별의 광선을 모아 스펙트럼을 조사할 수 있다.

스펙트럼을 이용한 분광(分光) 천문학 Astronomical Spectroscopy은 마법에 가까운 기술을 구사한다. 그 훌륭한 성과에 대해 나는 지금도 눈을 둥그렇게 뜰 수밖에 없다.

결국 꽁트는 민망할 정도로 운이 나쁜 실례를 든 것이었다.

그러면 얘기를 금성으로 되돌리자. 만일 금성이 물에 젖어 있는 행성이라면 그 스펙트럼에는 수증기의 선 water vapor line이 있을 것이며 그것은 손쉽게 발견될 것이다. 그러나 1920년경 윌슨 천문대가 처음으로 금성의 스펙트럼을 조사해 본즉 금성의 구름 속에는 수증기 같은 것은 전혀 없었다.

* 항성 중에는 강한 자장(磁場)을 갖고 있는 것이 있고 그 자장의 강도는 시간에 따라 변화하고 있다. 스펙트럼도 변화한다—역주

스펙트럼에 의한 조사 결과로 보면 금성의 표면은 메마른 사막과 같은 상태로서 상공에는 규산염(硅酸鹽) *silicate dust* 의 먼지가 표류하는 두꺼운 구름이 드리워지고 있었다.

그리고 좀더 자세한 조사에 의하면 금성의 대기에는 막대한 양의 이산화탄소도 포함되어 있음이 밝혀졌다. 그래서 몇 사람의 과학자들은 다음과 같이 생각하기도 했다. "금성의 물은 모조리 탄화수소와 화합하여 이산화탄소가 되어 버렸을 것이다. 왜냐하면 금성 전체가 유전(油田)이며 금성의 표면은 가는 데마다 석유의 바다로 덮여 있을 것이다"라고. *

또 다른 과학자들은 '구름의 상층부는 아주 차가우며 수증기는 모조리 엉겨 물방울이 되어 버렸을 것'으로 생각했다. 물방울은 스펙트럼 상에서는 수증기와 똑같은 선을 나타내지 않는다.

그들은 '금성의 어느 곳을 가보아도 물바다이며 도버 해협의 낭떠러지처럼 석회암에 덮인 섬 *limestone-encrusted island*은 한개밖에 없을 것'으로 생각했다. 그렇지만 대기 속에 엄청난 양의 이산화탄소가 포함되고 있는 만큼 금성의 바다는 보통의 물로 되어 있는 것이 아니라 탄산수(炭酸水)로 이루어지고 있다. 그렇지 않으면 물리화학적으로 납득이 가지 않는다. '금성은 사방팔방이 모두 소다수의 바다 *Ocean of seltzer*'라고 그들은 주장했다.

금성의 올바른 모습을 알아내는 최초의 실마리는 가시 광선이나 근적외 영역 *near-infrared parts*의 스펙트럼에서가 아니라 전파의 영역에서 얻어졌다.

전파 망원경의 작동은 카메라의 노출계(露出計)와 비슷하다. 지금 전파 망원경을 하늘의 폭넓은 영역으로 향해 두면 그 전파 망원경은 어떤 주파수의 전파가 얼마만큼 지구에 쏟아지는가를 기록할 수 있다.

우리는 라디오나 TV국의 사람들이 발신하고 있는 전파 신호에만 익숙해져 있다. 그러나 자연계의 물체도 갖가지 원인으로 전파를 발생한다. 그 한 가지 원인은 그 물체가 뜨겁다는 점이다.

1956년에 초기 전파 망원경을 금성으로 향한 결과 금성은 마치 초고온의 물체인 것처럼 전파를 내고 있었다.

그러나 '금성의 표면이 놀랄 만큼 뜨겁다는 사실'을 정말로

* 석유는 갖가지 탄화수소의 혼합물이다 —역주

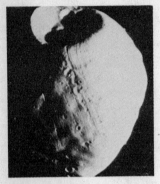

화성의 제일 안쪽에 있는 달, 포보스 *Phobos*. 위에 스티니 *Stickney* 분화구가 보인다. 이 분화구를 만든 충돌이 조금만 더 컸으면 포보스는 없어졌을 것이다.

포보스 표면에 있는 홈들. 화성의 중력에 의해 생긴 듯하다. 포보스의 형제 달인 데이모스 *Deimos*와 포보스에는 유기 물질이 있다. 두 개의 달은 소행성이 화성 중력권 내에 돌입한 것이다. 포보스의 부피는 27 × 21 × 19 *km*이며 화성 중심부를 가리키는 긴 축을 가지고 있다.

알게 된 것은 소련의 무인 탐색선이 금성의 두꺼운 구름을 처음으로 꿰뚫고 들어가서 접근하기 힘든 신비로운 금성의 표면에 착륙했을 때였다.

이때 비로소 금성이 타오를 정도로 뜨겁다는 것을 알게 되었다. 거기에는 늪도, 석유의 바다도, 소다수의 바다도 없었다.

충분한 자료가 없으면 이렇듯 누구나 손쉽게 잘못 판단하기 마련이다.

4백 80도의 초열 지옥

나는 친구를 만났을 때, 태양이나 전등의 가시 광선이 그 친구를 비춘 뒤 반사해 오는 것을 본다. 광선은 친구에게 부딪쳐 반사되어 나의 눈으로 들어온다.

그러나 유클리드와 같은 인물까지도 포함해서 옛날 사람들은 '우리가 물체를 볼 수 있는 까닭은 우리 눈에서 빛이 나와 보는 대상에게 적극적으로 접하기 때문'이라고 생각했었다. 이것은 퍽 자연스러운 생각이었다. 지금도 그렇게 생각하는 사람들이 있다. 그러나 이러한 생각으로는 컴컴한 방 속에서 물체가 잘 보이지 않는다는 사실을 설명할 수 없다.

그러나 오늘날 우리는 레이저 광선과 광전소자(光電素子), 또는 레이다 전파의 발신기와 전파 망원경을 연결하여 먼 곳의 물체일지라도 광선으로 더듬어 볼 수 있게 되었다.

레이다 천문학 *radar astronomy*에서는 지상의 레이다 발신기로부터 전파가 발사된다. 그 전파는 금성의 지구를 향하고 있는 반구(半球)에 부딪쳐 되돌아 오게 된다.

많은 파장의 전파는 금성의 구름이나 대기를 꿰뚫는다. 금성 표면의 일부는 레이다 전파를 흡수한다. 그런데 금성의 표면은 아주 조잡하여 전파를 옆으로 산란시키기 때문에 지상에서 반사파를 조사하면 그 부분은 검게 보인다.

따라서 금성의 자전에 따라 반사파의 특징이 이동해 가는 것을 추적함으로써 금성의 하루가 얼마만한 길이인지 처음으로 정확하게 알 수 있게 되었다. 그리고 자연히 금성이 자전축의 둘레를 며칠만에 한 바퀴 도는가도 알려졌다. 그것은 항성을 기준으로 하고 지구의 하루를 그 단위로 한다면 2백 43

일만에 한 번 회전한다. 더우기 자전의 방향은 태양계의 안 쪽에 있는 다른 행성들과는 정반대였다.

그러니까 금성에서는 태양은 서쪽에서 솟아 올라 동쪽으로 진다. 해돋이부터 다음 차례의 해돋이까지의 시간을 금성의 하루로 보면, 그것은 지구의 날짜 수로 따져 1백 18일이다.

게다가 금성은 지구 가까이로 오면 언제나 같은 반면(半面)을 지구 쪽으로 향하고 있다. 지구 인력의 영향으로 금성은 언제나 지구에 같은 얼굴을 보이게 되는데 이러한 일은 짧은 기간에 일어나지는 않는다. 따라서 금성의 나이가 겨우 수천 년밖에 안된다고는 할 수 없다. 금성의 역사는 태양계 내의 다른 행성들과 비슷하게 오래된 것이다.

지상의 레이다 망원경과 금성 둘레의 위성 궤도 orbit around the planet에 오른 미국의 무인 탐색선 〈파이오니어 금성호 Pioneer Venus의 레이다에 의해 금성 표면이 찍혀졌다. 그 사진에는 충돌 분화구의 존재를 보여 주는 증거가 있었다. 분화구는 크지도 작지도 않았으며, 월면의 고지(高地)와 같은 정도의 수효였다. 분화구의 수효가 많은 점 역시 금성이 매우 오래되었음을 시사한다.

그러나 금성의 분화구는 아주 얕다. 금성의 표면은 온도가 높기 때문에 오랜 세월 동안 암석의 일부가 녹아 흘러내려 오붓한 지형이 된 것으로 추측된다. 마치 사탕 과자가 녹아 흐른 것처럼 보인다.

금성에는 티베트 고원 Tibetan plateau의 갑절 가량 넓은 거대한 고지도 있고 거대한 협곡도 있으며, 아마도 거대한 화산이나 에베레스트 Everest보다 더 높은 산도 있으리라고 추측된다.

예전에는 구름에 의해 완전히 가려졌던 한 개의 세계가 이제 우리 앞에 그 모습을 드러냈다. 그 특징은 레이다와 우주 탐색선에 의해 비로소 밝혀진 것이다.

금성의 표면 온도는 처음에는 전파 천문학에 의해 추정되고 나중에는 우주 탐색선으로 직접 측정됐는데 그것은 섭씨 4백 80도 가량이었다. 부엌의 오븐 속 최고 온도보다 높은 온도이다.

기압은 90으로 지구 대기압의 90배 가량인데 이것은 깊이 9백 m의 바다 밑에서 느끼는 바닷물의 무게와 마찬가지이다.

따라서 금성의 표면에서 오래 체류하려면 우주선에 냉방 장치를 달아야 할 뿐만 아니라 심해 잠수선처럼 튼튼하게 만들어야 할 것이다.

미국과 소련의 우주 탐색선은 이미 10개 이상이나 금성의 짙은 대기 속을 파고들어 구름을 뚫고 내려 앉았다. 그 중 몇 개는 금성의 표면에서 1시간 가량 관측을 계속할 수 있었다.* 소련의 두 우주 탐색선은 금성 표면의 풍경 사진도 찍었다.

지구 이외의 세계를 방문한 이들 선구적인 탐색선의 발자취를 더듬어 보자.

짙은 황산의 비가 내린다

보통의 가시 광선으로 보면 금성은 옅은 황색 구름에 덮여 있다. 그것은 갈릴레오가 처음으로 보았을 때와 마찬가지로 별다른 특징을 엿볼 수 없다.

그러나 자외선 사진기로 찍으면 금성 대기의 상층에는 복잡하게 소용돌이치는 아름다운 구름이 있다. 거기에서는 초속 1백 m(시속 3백 60 km)나 되는 바람이 불고 있다.

금성 대기의 96%는 이산화탄소(탄산가스)이며 질소, 수증기, 아르곤, 일산화탄소 등의 기체가 극소량 포함되어 있다. 탄화수소는 0.1 ppm(ppm은 1백만분의 1)밖에 포함되어 있지 않다.

금성의 구름은 주로 황산(黃酸)의 물방울로 이루어져 있으며 소량의 염산과 불화(弗化)수소산에 포함되어 있다. 금성에는 차가운 구름이 있는 높은 하늘일지라도 아주 위험한 곳이 도사리고 있음을 알게 되었다.

눈으로 볼 수 있는 구름의 겉면보다 위쪽의, 그러니까 금성 표면으로부터 70 km 가량의 장소에 이르기까지 미소한 알갱이들의 안개가 펼쳐져 있다. 거기에서 10 km쯤 내려오면 우리는 구름 속으로 들어가게 된다. 그때부터는 짙은 유산의 물방울에 둘러싸인다.

구름 속을 내려감에 따라 물방울은 커진다. 대기의 하층에는 자극성이 강한 이산화황(SO_2=아황산가스)이 극소량 존재한다. 그것들은 구름 속을 상승하여 태양의 자외선과 만남

* 미국의 〈파이오니어 금성호〉는 1978년으로부터 1979년에 걸쳐 금성으로 날아가서 관측에 성공했다. 그것은 금성의 둘레를 도는 2척의 궤도선과 4개의 대기 돌입 탐색선으로 구성되고 있었다. 대기 돌입 탐색선 가운데 2개는 짧은 시간이었으나 금성 표면의 험준한 조건을 견뎌 냈다. 이 탐색선을 개발하기까지에는 예상조차 하지 못했던 몇 가지 어려움이 있었다. 이를테면 대기 돌입 탐색선에 실은 계기 중의 하나에 전방사(全放射) 측정기가 있었다. 이것은 금성의 대기 속의 갖가지 높이에서 위쪽으로부터 오는 적외선과 아래쪽으로부터 오는 적외선의 에너지를 동시에 측정하는 계기인데 이 계기에는 적외선을 통과시키는 튼튼한 유리가 필요했다. 그 재료로 다이아몬드가 선택됐다. 과학자들은 13.5캐러트의 다이아몬드를 수입하여 이를 깎아서 유리창에 박아 넣었다. 그러나 이 계기의 제작을 담당한 메이커는 1만 2천 달러의 수입세를 지불하도록 요구받았다. 그러나 미국의 세관은 탐색선을 우주로 쏘아 올린 후에는 '지상에서의 거래와는 무관하다'는 이유로 수입세의 전액을 메이커에게 되돌려 보내 주었다. —원주

으로써 분해되고 거기에 있는 물과 재결합하여 황산이 된다. 그 황산은 엉겨 붙어 다시 물방울이 되어 대기의 하층으로 내려간다. 그리고선 그곳에서 다시 덥혀져 이산화황과 물로 되돌아간다. 순환은 이렇게 해서 완결된다.

금성에서는 쉴 새 없이 황산의 비가 내리고 있다. 그러나 그 비가 결코 금성의 표면까지 다다르지는 않는다.

유황의 빛깔을 지닌 안개는 금성 표면으로부터 45 km 이상의 높이에 펼쳐져 있다. 그런데 만약 우리가 그 밑으로 내려오면 우리는 비로소 아주 짙고 투명한 대기층으로 들어가게 된다. 그러나 대기압이 너무나도 높기 때문에 우리는 금성의 표면을 볼 수는 없다. 태양 광선은 대기의 분자에 부딪쳐 산란하기 때문에 금성 표면의 모든 모습은 도중에서 사라지고 만다. 거기에는 먼지도 구름도 없다. 오직 대기가 손으로 더듬어 볼 수 있을 정도로 짙어질 따름이다.

금성의 표면에는 지구상의 흐린 날과 비슷할 정도의 태양 광선이 도달하고 있다.

그 야릇한 불그레한 빛 속에는 타오르는 뜨거움과 모든 것을 짓눌러 버리는 압력과 독기에 찬 기체가 충만되어 있다. 그러한 금성은 사랑의 여신이라기보다 도리어 지옥의 풍경이라고 할 수 있다.

금성의 표면에는 둥근 바윗돌이나 울퉁불퉁한 바위가 제멋대로 흩어져 있는 곳이 여러 군데 있을 것이다. 거기에는 적의에 찬 불모(不毛)의 황무지가 있으며 멀고 먼 지구로부터 찾아온 우주선의 침식된 잔해가 드문드문 드러누워 있다. 그러나 이것들은 짙고 구름이 많으며 독기 품은 대기 때문에 금성의 바깥쪽으로부터는 전혀 보이지 않는다. 이상이 우리가 기껏 상상할 수 있는 금성의 세계이다.

이러한 상황 속에 생물이 있으리라고는 도저히 믿어지지 않는다. 우리들과 아주 다른 생물조차도 아마 없으리라. 유기물이나 그 밖의 생물적 분자로 생각되는 것마저 모조리 손쉽게 분해되고 말 것이다.

그렇지만 지금 장난 삼아 이러한 행성에도 왕년에는 지적인 생물이 있었던 것으로 상상해 보자. 그들은 과연 과학을 생각해 냈었을까. 지구상의 과학의 발전은 본디 항성이나 행성의 규칙성을 관측함으로써 촉진됐다. 그러나 금성은 구름

금성 적도 지방의 레이다 지도. 밝은 부분은 공중으로 전자파를 반사하는 부분이다. 동그라미 부분에 대해서는 더 세심한 연구가 진행 중이며 그 중 하나가 아래에 있다.

지구에서 레이다 망원경으로 본 금성 적도 부분. 검은 사선 부분에 대해서는 아직 쓸 수 있는 자료가 오지 않고 있다. 몇 개의 분화구 중에서 가장 큰 것은 직경 2백 km 정도이다. 금성의 분화구는 깊이가 특히 낮은데, 특수한 침식을 받은 것이 아닌가 보인다.

* 현재로선 금성의 대기에 포함된 수증기의 양에 대해서는 애매한 점이 없지 않다. 파이오니어 금성호의 대기 돌입 탐색선에 실린 가스크로매트그라프(熱線촬영기)의 측정으로서는 대기 하층부에 있는 수증기의 함유율은 수십분의 1%였다. 한편 소련의 금성 11호와 12호의 착륙선에 실린 적외선 측정기에 의하면 그것은 대강 1백분의 1%였다. 만일 파이오니어의 측정대로 수십분의 1%라는 숫자를 쓴다면 금성 대기의 이산화탄소와 수증기는 그것만으로도 금성 표면에서 방출되는 열의 거의 전부를 붙잡아서 금성의 표면을 섭씨 4백80도로 유지시킬 수가 있다. 나는 소련의 약 1백 분의 1%라는 숫자 쪽이 미국의 숫자보다 믿을 수 있는 것으로 생각하지만 이 1백분의 1이라는 숫자를 이용하면 이산화탄소와 수증기만으로는 금성 표면의 온도는 섭씨 3백80도 가량에 지나지 않는다. 이런 경우 대기 온실의 적외선 창을 꼭 닫아 버리기 위해서는 딴 물질이 대기 속에 있어야만 한다. 그러기 위해서는 이산화유황, 일산화탄소, 염화수소가 다소 있으면 된다. 이런 성분은 모두 금성의 대기 속에 있는 것으로 알려지고 있다. 그래서 최근의 금성 탐측의 결과는 금성 표면의 고온(高溫)이 온실 효과에 의한 것을 증명했다고 볼 수 있다 —원주

에 흠뻑 덮여 있다. 밤은 엄청나게 길어 지구의 59일과 맞먹을 정도이다. 뿐만 아니라 금성의 표면에 발을 딛고 서서 쳐다본들 천체는 아무 것도 보이지 않는다. 낮이 돌아와도 태양조차 보이지 않는다. 그것은 바다로 잠수한 사람이 위쪽을 쳐다봐도 한결같이 펼쳐진 푸른빛을 볼 따름이지 태양을 볼 수 없는 것과 마찬가지이다.

만일 금성에 전파 망원경이 설치된다면 금성인들은 태양이나 지구나 그리고 훨씬 멀어진 천체를 발견할 수 있으리라. 만일 천체 물리학이 진보한다면 물리학의 법칙에 따라 마침내는 항성의 존재를 추측할 수도 있으리라. 그러나 이러한 상상은 단순한 이론에 그치지 않는다.

가령 금성의 지적인 생물이 어느 날, 날 수 있는 기술을 익히고 짙은 대기 속을 비행하면서 마침내는 높이 45 km보다 위쪽에 있는 신비로운 구름의 베일 속으로 들어가 고개를 구름 위로 내밀었다면 그들은 처음으로 태양, 행성, 항성들이 깔려 있는 영광의 우주를 보게 되리라. 그때 그들은 과연 어떠한 반응을 보이게 될 것인가 하고 나는 가끔 상상해 보기도 한다.

이상과 같은 터무니 없는 공상은 그만두고 현실적으로 곰곰이 생각해 보면 금성은 전체가 파국의 세계이다. 금성 표면의 온도가 높은 까닭은 굉장한 온실 효과 greenhouse effect 의 탓이라는 것이 이제는 과학적으로 밝혀졌다.

태양 광선은 금성의 대기나 구름을 뚫고 그 표면까지 도달한다. 금성의 대기나 구름은 가시 광선에 대해서는 반투명이기 때문이다.

태양 광선으로 덥혀진 표면은 열을 방출하려 한다. 그러나 금성의 표면은 태양에 비해 훨씬 온도가 낮으므로 가시 광선보다는 적외선을 주로 방출하게 된다.

그런데 금성의 대기 속의 이산화탄소와 수증기*는 적외선에 대해 완전히 불투명이다. 따라서 태양의 열은 모조리 붙잡혀 금성 표면의 온도가 오른다. 온도가 어느 높이에까지 오르면 적외선의 극히 일부가 짙은 대기로부터 가까스로 도망을 쳐서 그 양(量)이 대기의 하층이나 금성 표면이 흡수하는 태양 광선의 양과 균형을 잡게 된다. 그러므로 금성 표면의 온도 상승은 드디어 어느 선에서 멎게 된다.

지구와 이웃하고 있는 세계가 매우 쾌적하지 못한 세계라

는 사실은 이제 바야흐로 밝혀졌다. 그러나 우리는 앞으로도 금성을 조사하러 갈 것이다. 금성은 그런 대로 매력이 있는 세계이다. 옛 그리스나 북 유럽의 신화에서는 적어도 영웅이라면 지옥을 찾아가려는 용기를 지닐 수 있어야 했다.

금성에 비해 지구는 확실히 천당이다. 지옥과 같은 금성과 비교함으로써 우리는 지구의 여러 가지를 한결 잘 알 수 있으리라.

지구를 개조하는 사람들

상반신은 사람이고 하반신은 사자인 스핑크스 *Sphinx*는 5천 5백 년 이상이나 전에 건설됐다. 그 얼굴은 왕년에는 뚜렷했을 것이다. 그런데 수천 년에 걸친 이집트 사막의 모래 바람과 때때로 쏟아지는 비에 적셔져 요즘은 그 얼굴이 두리뭉실하게 흐려지고 말았다.

뉴욕 시에는 〈클레오파트라의 바늘 *Cleopatra's Needle*〉이라는 오벨리스크 *obelisk*가 있다. 그것은 이집트에서 가져온 것이다. 뉴욕의 센트럴 공원 *Central Park*은 세워진 지 아직 겨우 1백 년밖에 되지 않는데 거기에 새겨진 비문(碑文)은 거의 지워져 있다. 금성 대기 속의 화학적 침식과 마찬가지로 스모그 *Smog*나 공장의 배기 가스가 비문을 지워 버린 것이다.

지구상의 침식은 천천히 정보를 지워 버린다. 그러나 빗방울이나 모래알에 의한 침식은 서서히 진행되기 때문에 우리는 그 변화를 느끼기 어렵다.

산맥과 같은 커다란 구조물은 수천만 년이나 장수할 것이며 조그마한 충돌 분화구일지라도 아마도 십만 년은 지탱할 수 있으리라.* 그러나 사람들이 만든 커다란 구조물은 수천 년밖에 살아 남을 수가 없다.

이러한 완만하고 한결같은 침식 외에도 크거나 작거나 파국적인 파괴도 일어난다. 지금의 스핑크스에는 코가 없다. 하나님을 두려워하지 않은 괘씸한 짓이라 하겠는데 누군가가 총을 쏘았던 것이다. 터키 사병의 짓이라고도 하고 나폴레옹의 사병 짓이라고도 전해지고 있다.

금성에도, 지구에도, 또한 태양계의 다른 행성에도 파국적

* 더 정확하게 말하자면 지름 10 *km*의 충돌 분화구가 지구상에 생기는 것은 대강 50만 년에 한 개 꼴이다. 유럽이나 북미처럼 지질학적으로 안정된 지역에 있으면 그 분화구는 침식을 견뎌 내어 약 3억 년은 연명할 수 있다. 그런데 이보다 작은 분화구는 더 자주 생겨서 더 빨리 없어질 것이다. 특히 지질학적으로 활동적인 지역에서는 빨리 없어지게 마련이다 ―원주

목성에서 가장 바깥쪽에 있으며 큰 달인 카리스트 *Callisto*. 밝은 부분은 큰 충돌 분화구이다.

목성에서 가장 큰 달인 가니메데스 *Ganymede*의 일부 지역. 밝은 분화구와 다른 충돌 자국들이 보인다. 이오와 에우로파는 지구와 같이 별로 충돌 분화구가 보이지 않는다. 가니메데스나 카리스트보다 침식이 심했던 것 같다.

인 파괴의 흔적이 남아 있다. 그것들은 완만하고 한결같은 침식에 의해 지워져 가고 있거나 이미 지워져 버리고 있다.

이를테면 이 지구상에서는 비가 내린다. 빗물은 시냇물이 되고 조그마한 하천을 이루어 큰 강으로 흐르면서 토사를 운반하여 바다나 호수의 밑바닥에 퇴적한다. 화성에도 옛날의 강의 흔적이 있다. 물은 아마도 땅 속으로부터 솟아 올랐으리라. 목성의 달인 이오 *Io*에도 폭 넓은 강의 흔적으로 여겨지는 데가 있다. 그것은 액화된 유황이 흐른 자취이리라.

지구에는 강력한 바람과 비가 있다. 이들은 금성 대기의 상층이나 목성에도 있다. 모래 폭풍은 지구에도 화성에도 있다. 번개는 목성, 금성, 지구에도 있다. 지구와 이오 위성에서는 화산이 암석의 파편을 대기 속으로 내뿜어 올리고 있다.

내부의 지질학적 변화가 지구뿐 아니라 금성이나 화성, 그리고 목성의 달인 가니메데스 *Ganymede*나 에우로파 *Europa*의 표면까지도 천천히 변형시키고 있다. 그 흐름이 더딘 것으로 유명한 빙하 역시 지구와 화성의 경치마저 크게 바꿀 것이다.

이러한 변화는 언제나 일정하지는 않다. 유럽의 대부분은 왕년에 얼음으로 덮여 있었다. 수백만 년 전에는 오늘날의 시카고 시 근처는 두께 3 *km* 가량의 얼음에 묻혀 있었다.

화성이나 태양계의 다른 행성이나 위성 위에는 오늘날로서는 결코 만들어질 수 없는 지형이 있다. 그것들은 지금으로부터 몇 억 년, 또는 몇 십억 년 전에 행성의 기후가 지금과는 전혀 달랐을 때 만들어진 지형이다.

지구상에는 경치나 기후를 바꾸는 또 한 가지 요소가 있다. 그것은 지적인 생물인 인간이다. 그들 역시 환경을 크게 바꿔 놓을 수 있다.

금성과 마찬가지로 지구에도 이산화탄소와 수증기에 의한 온실 효과가 있다. 만일 지구에 온실 효과가 없다면 전세계의 기온은 물이 얼어붙는 섭씨 0 도보다 낮아지고 말 것이다. 온실 효과의 덕분으로 바다는 얼지 않고 따라서 생물도 살아갈 수 있다. 알맞는 온실 효과는 좋은 것이다.

그러나 지구에도 금성과 마찬가지로 90 기압쯤에 상당하는 이산화탄소가 있다. 다만 그것은 석회암이나 기타의 탄산염으로서 지각(地殼) 속에 잠들고 있으며 대기 속에는 없다.

그러나 만일 지구가 좀더 태양에 가까와진다면 기온이 좀
더 올라갈 것이다. 그렇게 되면 지표의 암석으로부터 이산화
탄소가 나와 대기 속에 섞인다. 이로 인해 온실 효과는 더욱
커져 지표에는 더욱 열이 가해지게 된다.

지표가 뜨거워질수록 탄산염으로부터 나오는 이산화탄소의
양은 더욱 많아지고 온실 효과도 한 없이 강해지며 마침내는
〈폭주(暴走)〉하여 기온이 매우 높아질 것이다. 태양에 가까운
금성에서는 그 역사의 초기에 그러한 일이 일어났던 것으로
나는 생각한다. 금성 표면의 상황은 지구에서도 그러한 일이
일어날 수 있다는 한 가지 경고를 뜻한다.

그렇지만 우리들은 또한 지구의 기후를 우리가 살기에 알
맞지 않은 방향으로 어지럽혀 오기도 했다. 몇 십만 년 동안
사람은 숲을 불태우고 숲의 나무를 마구 잘라내고 가축에게
풀을 한껏 먹임으로써 초원을 계속 파괴해 왔다.

화전식 농업 *slash-and-burn agriculture*이나 열대 수목의
공업적인 벌채, 가축에 의한 초원의 황폐 등은 오늘날 세계
도처에서 심하게 일어나고 있다.

숲은 초원보다 색깔이 검고 초원은 사막보다 색깔이 검다.
검은 것일수록 태양 광선을 잘 흡수하는 것은 널리 알려진 사
실이다. 지구는 그 검은 부분을 잃어 가고 있다.

그 결과 지표가 흡수하는 태양 광선의 양은 줄고 있다. 우
리는 토지의 이용법을 바꿈으로써 지구 표면의 온도를 내리
게 하고 있다. 이러한 냉각으로 말미암아 북극과 남극의 얼
음판의 넓이가 더 넓어지지는 않을까. 흰색의 얼음이 퍼지면
지구에 쏟아지는 태양 광선은 더욱 잘 반사되어 지구는 더욱
더 차거워질 것이다. 그것이 〈알베도 *Albedo* 효과〉*를 폭주시
키지나 않을까.

또한 우리는 석탄, 중유, 가솔린 등을 연소시킬 때 대기 속
에 유산을 방출하고 있다.** 지구의 성층권 *stratosphere*에는
지금도 이미 금성과 마찬가지로 유산의 미소한 물방울로 된
안개가 있다. 지구의 대도시는 유독한 분자로 오염되고 있다.
우리는 스스로의 활동이 장기적으로 볼 때 어떤 결과를 가져
올는지 아직도 모르고 있다.

우리의 귀여운 푸른 행성 지구는, 우리들이 알고 있는 한 생
물이 살 수 있는 유일한 행성이다. 금성은 너무 뜨겁다. 화

플라스틱 헬멧.
금성 표면 온도에 순식 간에
녹은 모자(아래)

* 〈알베도〉란 행성에 비친 태
양 광선 중에서, 몇 %가 반
사되는가를 나타내는 숫자이
다. 지구의 알베도는 30 %
내지 35 %로서, 나머지 65 %
내지 70 %의 태양 광선은 대
지에 흡수되어 지표의 평균
기온을 유지하는 데 보탬이
되고 있다─원주

** 석탄이나 석유에는 유황과 그
화합물이 포함되고 있어 그
것이 불타면 아유산가스나 유
산이 된다 ─역주

스핑크스의 머리. 스핑크스
의 발은 모래 속에 들어 있었
던 관계로 침식을 피할 수 있
었다.

성은 지나치게 춥다. 지구만이 알맞으며 사람에게 이곳은 바
로 천국이다. 우리는 어쨌든 이곳에서 진화하여 사람이 됐다.

그러나 지구의 쾌적한 기후는 불안정한 것이다. 우리는 이
가엾은 행성 지구를 닥치는 대로 심한 혼란 속에 몰아 넣고 있
다. 지구의 환경을 금성처럼 지옥으로 바꾸고 또한 화성과
같은 빙하 시대로 몰아 넣는 위험은 없는 것일까. 대답은 간
단하다. 그것은 아직 "아무도 모른다"고 말할 수밖에 없다.

지구 전체의 기후 연구나 지구와 다른 행성과의 비교 연구
등은 아직도 극히 초기 단계에 머무르고 있다. 그리고 이 분
야에는 부끄러울 만큼 소액의 연구비가 지출되고 있을 따
름이다.

우리는 '장기적인 결과가 어떻게 되는지는 전혀 알 수 없
다'는 사실을 깜박 잊고 있다. 따라서 이러한 무지 때문에
우리는 지구의 대기를 오염시키고 대지의 공기를 탁하게 만
드는 터무니없는 짓을 계속하고 있다.

수백만 년 전 사람이 처음으로 이 땅 위에 나타났을 때에
지구는 이미 중년기로 접어들고 있었다. 파국과 격동의 청년
기로부터 헤아리면 이미 46억 년을 경과하고 있었다.

그러면서도 오늘날 사람은 새로운, 그리고 어쩌면 결정적
인 변동의 요인이 되고 있다. 우리들의 지능과 기술은 기후조
차도 바꾸는 힘을 우리에게 주었다. 이러한 힘을 우리는 어
떻게 사용할 것인가.

인류 전체에 영향을 미치는 일들에 대해 우리는 무지한 채
족할 수 있을 것인가. 지구의 장기적인 번영보다도 단기적
인 이익을 우선시켜야 옳은 일일까, 아니면 장기적인 시간의
척도로 아이들과 손자들을 걱정하고 이 알맞은 자연 환경을
지닌 행성인 지구의 복잡한 생명 유지 시스템을 이해하려고
애쓰며 그것을 지키려고 해야 할 것인가.

지구는 조그마한, 깨지기 쉬운 행성이다. 우리는 이를 소
중히 여겨야 한다.

5 붉은 별의 신비

코페르니쿠스의 견해에 따르면 우리
의 지구는 하나의 행성이며 그것은 태
양의 둘레를 돌고, 또 태양에 조명되고
있다고 한다. 그리고 사람은 이따금 공
상에 젖을 수밖에 없다고 한다. 또 지
구 이외의 행성들도 옷가지나 가구를
가지고 거기에는 우리의 지구와 마찬
가지로 사람이 살고 있으리라고 한다.
여러 모로 생각을 가다듬어 볼 여지는
충분히 남아 있는 것으로 나는 생각한
다.

—호이헨스

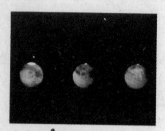

화성을 찍은 세 장의 사진. 극관과 명암은 보이나 옛날부터 일컬어지던 운하는 없다. 왼쪽에 있는 겨울 지방에서는 극관이 두드러지고 명암의 차이가 약하다.

화성에는 생물이 있는가

이런 얘기가 있다. 몇 해 전의 일인데 유명한 신문 발행인이 저명한 천문학자에게 전보를 쳤다.

"화성에 생물이 있는지 없는지 5백 단어의 기사를 수신인(受信人) 지불의 지급전으로 보내주시오"

그 천문학자는 이 요청을 충실하게 이행했다. 〈아무도 모른다 Nobody knows〉라는 두 단어를 "아무도 모른다, 아무도 모른다……"는 식으로 2백 50번이나 되풀이하여 5백 단어를 만들어 보낸 것이다.

전문가가 이처럼 끈질기게 〈모른다〉고 인정했음에도 불구하고 이에 주의를 기울인 사람은 한 사람도 없었다. 그때부터 오늘날에 이르기까지 '화성에는 생물이 있음이 밝혀졌다'고 생각하는 사람과 '화성에는 생물이 없음이 밝혀졌다'고 믿는 사람들이, 권위 있는 발표를 되풀이해 왔고 우리는 이를 귀가 따갑도록 들어 왔다.

어떤 사람들은 화성에 생물이 있어 주기를 아주 강렬하게 원하고 또 어떤 사람들은 화성에 생물이 없기를 간절하게 원했다. 이렇듯 두 파가 모두 지나친 데가 있었다. 과학 연구에 있어서, 애매한 것은 어디까지나 애매한 것으로 생각하는 태도가 꼭 필요한데 정열이 강한 사람들은 그러한 자세를 다소 잃고 있다.

어떤 세상일지라도 무슨 문제가 생기면 그 답을 들어 보고 싶어하는 사람들이 많이 있다. 답은 어느 편이든 상관 없다. 자기 자신의 머리 속에 서로 모순되는 두 가지 가능성이 공존하는 일은 짐스러우니까 답을 들어 홀가분해지려는 심정 때문이리라.

'화성에 생물이 있다'고 주장한 과학자들이 내놓은 증거는 나중에 알고 보니 조잡하기 그지 없었다. 그리고 또한 '화성에 생물이 없다'고 주장한 과학자들 역시, 생명의 증거가 되는 물체가 화성에 있는지 없는지 예비적으로 찾아봤으나 발견하지 못했거나 애매한 것이기 때문에 그러한 결론을 내렸다. 붉은 별 red planet 탓으로 과학자들은 한두 번 더 나팔을 불어야 할 신세가 됐었다.

그런데 어째서 화성인을 손꼽게 되었을까? 어째서 토성인
이나 명왕성인 따위는 입에 올리지 않고 화성인에 관해서
만 여러 모로 열심히 생각하거나 진지하게 공상하는 것일까.
한마디로, 화성은 누가 보아도 지구와 아주 닮았기 때문이 아
닐까. 그것은 표면을 볼 수 있는 가장 가까운 행성이다. 화
성의 북극과 남극에는 극관(極冠)polar caps이 있고 대기 속
에서는 흰구름이 날리고 심한 모래폭풍도 일고 붉은 표면의
모양은 계절에 따라 변화한다. 그리고 화성의 하루는 거의
24시간이다. 바로 그곳을 생물이 사는 세계라고 생각하는 일
은 퍽 매력적이다. 이런 까닭으로 화성은 신화적인 행성이
되고 우리는 지구상의 희망과 공포를 그곳에 걸어 보게 된
것이다.

그러나 찬반 어느 쪽이고 간에 우리들의 심리적인 경향은
우리들을 빗나가게 하지는 않을 것이다. 중요한 것은 증거이
다. 그리고 증거는 아직도 얻어지지 못한 채이다.

화성의 실체는 놀랄 만한 세계다. 그 미래는 우리가 예전
에 생각했던 것보다 훨씬 흥미로운 것이다. 우리들 시대에
인류는 화성에 탐색선을 보내 화성의 모래땅을 파고 1세기에
걸친 꿈을 실현했다.

사람보다 훌륭한 지능을 갖고 사람처럼 죽기도 하는 생물이 이
지구를 열심히 자세하게 관찰하고 있다는 것은 19세기 말에는 아
무도 생각하지 못했을 것이다. 미소한 생물들이 물방울 속에 무리
지어 번식하고 있는 것을 사람이 현미경으로 볼 수 있는 것처럼,
여러 가지 일로 바쁘게 움직이고 있는 인간 역시 아마 정밀하게
관찰되어 연구되고 있을 것이다. 사람은 보잘 것 없는 문제로 세
계의 여기저기를 돌아 다니면서 무한한 만족을 느끼기도 하고 자기
네들이 물질 세계를 지배하고 있다는 것에 안심하기도 한다. 현
미경 아래의 원생동물(原生動物)infusoria 들도 아마 비슷한 짓을
하고 있으리라.

우주라는 낡은 세계가 사람에게 위험한 것이라는 사실은 아무도
생각해 보지 않았다. 뿐만 아니라 다른 행성에 생물이 있다는 따위
는 더더구나 불가능하게 생각되었다. 옛날 사람들의 그러한 사고
방식(버릇)을 생각해 보면 기묘한 생각이 들기도 한다.

최근에 이르러 지구의 사람들은 화성에는 다른 인간이 있을 것

59세 때의 로웰.

이라고 상상했다. 지구의 인간들은 그들이 우리보다 열등해서 지구로부터 찾아온 사절단을 크게 환영해 주리라고 생각해 왔다.

그러나 우주의 후미진 곳 gulf을 넘어선 곳에서는 사람이 짐승보다 훨씬 훌륭한 것처럼, 사람보다 훨씬 폭 넓고 냉정하고 냉철한 지능을 가진 생물이 도사리고 있어 부러운 듯한 눈초리로 바라보면서 우리를 공격하려고 천천히 그러나 착실하게 계획을 짜고 있었다.

이는 웰즈 H G Wells가* 1897년에 쓴 고전적인 공상 과학 소설 《우주 전쟁 The War of the Worlds》의 첫머리인데 그 내용은 오늘날에도 사람들을 끌어들이는 힘을 갖고 있다.**

우리는 역사상 어떤 시대에도 '지구 이외의 곳에도 생물이 있지 않을까, 하는 두려움과 희망을 안고 살았다. 그래서 최근 1백 년 가량의 기간에는 그러한 두려움과 희망은 오로지 밤하늘에 빛나는 붉은 광점, 화성으로 향해졌다.

화성에 이끌린 사나이

《우주 전쟁》이 출판되기 3년 전에 미국의 보스턴에 살고 있던 로웰 Percival Lowell(이분은 구한말 시절에 미국의 주한 공사로서 서울에서 근무한 적이 있다)이라는 사람이 커다란 천문대를 건설했다. '화성에는 생물이 있다'는 설을 뒷받침하는 가장 정밀한 이론은 이 천문대에서 짜여졌다.

로웰은 젊었을 때부터 취미삼아 천문학을 공부했다. 나중에 하버드 대학으로 진학하고 외교관으로서 잠깐 일한 적이 있는 외에는 평범하게 생업에 종사했을 뿐이다.

그러나 그는 1916년에 세상을 떠날 때까지 자연과 행성의 진화에 관해 우리의 지식을 넓히는 데 크게 공헌했고 우주 팽창론 expanding universe의 발전에도 기여했다. 아울러 그는 명왕성의 발견을 재촉하는 결정적 업적을 올렸다. 명왕성은 영어로 〈플루토 Pluto〉라고 부르는데 이것은 그의 이름의 첫머리인 P와 L을 따서 명명된 것이다. 그리고 명왕성의 기호는 P와 L을 짝지은 〈♇〉이다.

* 영국의 소설가, 문명 평론가. 《타임 머신》《투명 인간》《세계 문화사》《달 세계 최초의 인간》등의 저서가 있다—역주

** 1938년에 웰즈 Orson Welles가 이 소설을 라디오 드라마로 각색해서 화성인이 영국과 미국의 동부를 공격하는 줄거리를 방송한 즉, 전쟁에 대해서 신경질이 되어 있던 수백만 명의 미국인들이 진짜로 화성인이 침공해 온 줄 알고 큰 소동을 벌인 적이 있다—원주

스키아파렐리의 생각에 따라
그린 화성 지도. 여러 가지 직
선과 곡선은 운하를 나타낸다.

그러나 로웰이 평생을 두고 사랑한 별은 화성이었다. 1877
년 이탈리아의 천문학자 스키아파렐리 *Giovanni Schiapar-
elli**가 화성의 모양을 발표했을 때 로웰은 전기 쇼크라도 받
은 것처럼 소스라치게 놀랐다.

스키아파렐리는 화성이 지구에 상당히 접근했을 때 화성의
밝은 장소를 관측하여 한 줄기 또는 두 줄기의 선(線)이 서
로 엇갈려 복잡한 그물 모양을 만들어 놓고 있는 것을 알
았다. 그는 그 모양을 〈카나리 *Canali*〉라고 불렀다. 그것은
이탈리아 말로 골짜기나 도랑을 뜻한다. 그러나 성급히 영어
로 번역되었을 때 '캐널 *canal*'로 바꾸어지고 말았다. 영어
의 '캐널'은 사람이 만든 운하(運河)를 뜻한다.

화성 열풍(火星熱風)은 유럽에서 미국으로 퍼져 로웰도 거
기에 사로잡혔다.

1892년으로 접어들자, 스키아파렐리는 시력이 감퇴되어 화
성 관측을 포기해 버렸다. 반면에 로웰은 관측을 계속하려고
마음 먹었다. 그래서 가장 알맞는 관측 지점을 찾기로 했다. 도
시의 전등불이나 구름의 방해를 받지 않으면서도 잘 보이는 장
소가 아니면 안된다. 천문학자의 말을 빌리면 '대기가 안정된
곳'이어야만 한다. 망원경으로 천체를 봤을 때 별의 모습이
흔들리지 않는 곳이 좋으며 망원경의 앞자리에 조그마한 난
류(亂流)*turbulence*라도 일면 천체는 잘 보이지 않는다. 별
들이 깜빡거리는 것처럼 보이는 것도 대기의 난류 때문이다.

로웰은 자기의 천문대를 자기 집에서 멀리 떨어진 애리조나
*Arizona*주 프랙스탑 *Flagstaff*의 〈화성의 언덕 *Mars Hill*〉
에 세웠다.**

그는 화성의 표면, 특히 운하를 스케치했다. 그러자 마치
최면술에 걸린 것처럼 되고 말았다. 그러한 관측은 손쉽지
않다. 새벽의 추위 속에서 여러 시간 천체 망원경을 들여다
보아야 하기 때문이다. 대기의 상황은 때에 따라 고르지 않아
화성의 모습은 흐리거나 일그러지게 마련이었다. 그럴 때는
애써 본 것도 버릴 수밖에 없다. 그러나 가끔 모습이 안정되
어 화성의 특징이 순간적으로 아주 뚜렷이 보이는 때가 있다.
그럴 때는 모처럼 보인 화성의 모습을 잘 기억해 두고 정확하
게 종이에 그린다. 선입감을 버리고 마음을 터놓은 채 화성
의 신비로운 모양을 그림으로 잡아 두는 것이다.

* 밀라노 브렐라 천문대의 대
장을 맡은 천문학자. 〈펠세우
스 별자리 유성군〉의 궤도가
〈1862 Ⅲ 혜성〉의 궤도와 일
치하는 것으로부터 유성군과
혜성 사이의 관계를 밝히기
도 했다——역주

** 뉴톤은 이렇게 말하고 있다.
'천체망원경이 이론대로 올
바르게 만들어졌다고 하더라
도 그 성능에는 일정한 한계
가 있다. 우리는 공기의 층
을 통하여 별을 보고 있기 때
문이다. 공기는 쉴새 없이
흔들리고 있다… 그것을 피
하는 오직 한 가지 방법은
두꺼운 구름 위로 솟아나온
가장 높은 산 위에서처럼 공
기가 얌전하고 조용한 장소
를 골라내야 한다'——원주

24인치 굴절 망원경 앞에 앉아 있는 로웰.

로웰의 노트에는 그가 본 것으로 여겨지는 것들이 담뿍 담겨져 있다. 밝은 지역과 어두운 지역, 그리고 극관으로 생각되는 것과 운하 등등. 화성은 운하로 장식되어 있는 셈이다.

로웰은 '관수(灌水)용으로 만든 수로(水路)가 화성 전체에 그물처럼 깔려 있으며 극관의 눈이 녹은 물을 적도 근처의 도시에 사는 목마른 사람들에게 나르고 있는 것'으로 믿고 있었다.

그는 또한 '화성에 살고 있는 주민들은 우리보다 오래된, 한결 슬기로운 종족이며 우리와는 상당히 다른 것'으로 믿었고 화성의 어두운 지역이 계절에 따라 바뀌는 것은 식물이 성장하고 또 시들기 때문이라고 믿었으며 '화성은 지구와 아주 닮은 천체'라고 믿었다.

한 마디로 그는 너무나도 많은 사실을 믿고 있었다.

화성은 오래되고 메마르며 거친 사막의 세계라고 상상했다. 그것도 지구의 사막과 다름이 없는 것으로 생각했는데 로웰이 말하는 화성은 로웰 천문대가 자리잡고 있었던 미국 남서부의 사막과 여러 모로 닮은 것이었다.

화성은 다소 춥기는 하지만 영국의 남부쯤의 쾌적함일 것으로 상상했으며, 공기는 산소가 적긴 하지만 호흡할 수 있을 정도이고 물은 조금밖에 없으나 훌륭한 운하가 이 〈생명의 물〉을 화성의 구석구석까지 분배해 주는 것으로 그는 믿었다.

운하를 둘러싼 논쟁

돌이켜 보면 로웰과 같은 시대의 사람으로서 로웰의 생각에 가장 진지하게 반론한 사람은 뜻밖의 인물이었다. 그는 자연 선택에 따른 진화 학설을 다윈과 함께 제창한 월레이스 *Alfred Russel Wallace*였다. 1907년에 그가 로웰의 책 서평을 부탁받은 것이 계기가 됐다.

그는 젊었을 때 기술자였다. 〈초능력 *extrasensory perception*〉 따위를 별 의문 없이 믿는 성품이기도 했지만 화성에 지능을 가진 생물이 있다는 설에 대해서는 의심을 품고 있었다. 이 점에서 그는 칭찬을 받을 만하다.

월레이스는 화성의 기온에 관한 로웰의 계산에 잘못이 있다고 지적했다. 화성의 평균 기온은 영국 남부와 같은 것이 아니라 한두 가지 예외를 제외하고는 어딜 가거나 섭씨 0 도이하라고 주장했다. 화성에는 영구 동토(永久凍土)가 있으며 땅 속도 영원히 얼어붙어 있을 것이다. 그리고 공기도 로웰이 계산한 것보다 훨씬 적고 분화구도 월면(月面)처럼 많을 것이다. 또한 운하의 물에 관해서는——

화성의(火星儀). 로웰이 만든 것으로 운하들의 이름까지 기록했다.

여유 있는 물은 조금밖에 없다고 하면서도 그것을 운하에서 흘러넘치게끔 한다는 말은 이해가 가지 않는다. 로웰 씨가 말한 대로라면 운하의 물은 무미건조한 사막과 구름조차 없는 하늘 아래를 거쳐 적도의 반대쪽 반구(半球)까지 흘러가야 한다. 그러한 일을 시도한다는 것은 지능이 있는 생물이라기보다 미치광이들의 집단일 것이다. 운하의 물은 수원(水源)으로부터 1백 마일(약 1백 60 km)도 흐르지 못하고 마지막 한 방울까지 증발하거나 땅 속으로 스며들어가 버릴 것이다. 이렇게 주장해도 이치에 어긋나지는 않으리라'

대체로 바르게 파악한 이렇듯 획기적이고 물리적인 분석은 월레이스가 84 세 때 지적한 것이다. 그의 결론은 '수리학(水理學)에 관심을 가질 만한 토목 기술자가 화성에는 없다'는 것이었다. 그러나 그는 화성의 미생물에 관해서는 아무런 의견도 내놓지 않았다.

월레이스의 비판이나 또한 '로웰에 못지 않게 훌륭한 천체 망원경과 관측 지점을 갖고 있던 다른 천문학자들이 우화 같은 운하의 증거를 발견하지 못하고 있다'는 사실에도 불구하고 로웰의 설은 일반 사람들에게 널리 받아들여졌다. 그것은 마치 천지 창조의 얘가처럼 신화적인 성격을 지니고 있었다. 그것이 사람들의 마음 속을 파고 든 이유의 하나는 19세기가 놀라운 기술 발전의 시대였기 때문이다. 그 기술 중에는 거대한 운하의 건설도 포함되고 있다. 수에즈 Suez 운하는 1869년에 완성되고 그리스의 코린트 Corinth 운하는 1893년에, 파나마 Panama 운하는 1914년에 완성됐다. 로웰의 주변에서는 뉴욕 주 북부의 5대호에 수문이 생겨 돛단배가 내왕하는 운하가 만들어지고 미국의 남서부에는 농업 용수를

1909년, 프랑스의 안토니아디 E M Antoniadi가 그린 화성. 극관과 망상 구조가 흐릿하게 그려져 있으나 자세히 보면 아무 운하도 알아볼 수 없다.

위한 운하가 건설됐다. 유럽이나 미국인들이 이처럼 위대한 일을 성취할 수 있다면 화성인인들 성취하지 못할소냐? 화성의 오래된 슬기로운 사람들은 붉은 별에서 진행 중인 건조화 *advance of desiccation*와 용감하게 싸우면서 한결 훌륭한 기술을 구사하고 있지나·않을까?

환상에 지나지 않았던 운하

우리는 이미 화성 둘레의 궤도에 정찰 위성을 올려 보냈다. 이로써 화성의 전표면의 지도를 작성하고 또한 두 개의 자동 연구실도 화성의 표면에 착륙시켰다.

로웰의 시대 이후 화성의 수수께끼는 한결 깊어졌음에도 로웰이 엿볼 수 있었던 화성상보다 훨씬 자세한 점까지 알 수 있는 사진을 입수하게 됐다. 거기에는 이미 널리 알려진 운하망의 지류(支流)의 하나도, 수문 하나도 찍혀 있지 않았다.

로웰도, 스키아파렐리도, 그밖의 사람들도 어려운 조건 아래서 망원경에 의한 안시(眼視) 관측 *visual observation*을 함으로써, 결국 그릇된 판단을 내리고 말았다. 그것은 아마 부분적으로 화성에는 생물이 있으리라는 선입관 탓이었으리라.

로웰의 관찰 노트는 망원경을 사용하여 몇 해 동안 꾸준히 관측한 자취를 남기고 있다. 그 노트를 보면 운하의 실재성에 대해 다른 천문학자들이 의문을 갖고 있는 사실을 로웰도 분명히 알아차리고 있었다. 그러나 그는 '스스로 중대한 발견을 한 것'으로 믿고 있었으며, 다른 천문학자들이 그 발견의 중요성을 이해해 주지 못하는 것을 유감으로 여기고 있었다. 이를테면 노트의 1905년 1월 21일자에는 '두 겹의 운하가 밝게 비치고 있는 것이 보였다. 운하가 실재하는 것을 확신했다'고 적혀 있다.

로웰의 노트를 읽어 보면 '그는 분명히 무엇인가를 보았었다'는 뚜렷한, 그러나 어쩐지 석연치 않은 생각에 사로잡히게 된다. 그는 도대체 무엇을 보았을 것인가.

나는 코넬 *Cornell* 대학의 폭스 *Paul Fox*와 함께 로웰이 그린 화성 지도와 미국의 무인 탐색선 마리너 *Mariner* 9호가 화성 둘레의 궤도에서 찍은 화성의 사진을 비교해 본

적이 있다. 마리너 9호의 사진은 로웰이 지상의 24인치(약 60cm) 굴절식 천체 망원경으로 본 화성상과 비교해 보면 해상도(解像度)로선 1천 배나 뛰어난 것이지만 로웰의 화성 지도에서 운하가 있는 것으로 그려진 곳에는 그럴 듯한 지형이 전혀 없었다.

화성의 표면에 따로따로 존재하는 조그마한 특징을 로웰의 눈이 연결지어 환상의 직선을 만들어 낸 것도 아니었다. 그가 '여기에 운하가 있다'고 생각한 장소를 여러 군데 조사해 봤지만 거기에는 검은 반점이나 분화구가 사슬처럼 연이어 있지도 않았다. 결국 거기에는 아무런 특징도 없었다.

그렇다면 도대체 로웰은 해마다 어떻게 해서 같은 운하의 선을 그릴 수 있었을까? 다른 천문학자들 중에는 "자기의 관측이 끝나기 전에는, 로웰의 지도를 자세하게 보지 않았다"고 말하는 학자도 있는데 그렇다면 그들은 어째서 로웰과 같은 운하의 선을 그을 수가 있었을까? 마리너 9호는 여러 가지 큰 발견을 했지만 그 중 한 가지는 '화성의 표면에는 시간에 따라 변화하는 얼룩 무늬와 반점이 있다'는 것이다. 이것은 대부분 충돌 분화구의 주벽(周壁)과 관계가 있으며 계절에 따라 변화하고 있다.

존 카터의 소설에도 등장하는 화성.

이 얼룩 무늬와 반점은 바람에 의해 운반되는 먼지 탓이다. 계절풍에 의해 먼지가 쌓이는 방식이 바뀌는 것이다. 그러나 그러한 얼룩 무늬나 줄기는 운하와 같은 성질을 가지고 있지 않을 뿐 아니라 운하가 있는 것으로 여겨졌던 장소에 존재하고 있는 것도 아니다. 또 이들은 그 하나하나가 지구상에서 볼 수 있을 정도로 크지도 못하다.

로웰이 말한 운하와 다소 닮은 지형이, 금세기 초의 수십 년 동안은 화성 표면에 실존하고 있다가, 무인 탐색선이 클로즈업 사진을 찍게 될 무렵에 별안간 자취조차 없이 사라져 버린 것일까? 그러한 일이 일어나리라곤 도저히 믿어지지 않는다. 〈화성의 운하〉는 어려운 관측 조건 아래서 일어난 사람의 손과 눈과 머리의 착오였던 것으로 생각된다. 다만 그것은 몇몇 천문학자들의 오류에 지나지 않았다. 로웰의 시대나 그 후의 시대에 로웰과 마찬가지 망원경으로 관측하고도 '운하 따위는 존재하지 않는다'고 주장한 천문학자도 있었다.

치오르코프스키 *Konstantin Eduardovich Tsiolkovsky*. 러시아 인으로서 로케트와 우주의 선구자로 우주 비행에 큰 공헌을 했다. 그는 인간이 외계의 환경을 바꿀 수 있는 날을 꿈꾸었으며, 1896년에는 외계의 고등 생물에 관한 글을 썼다. 1903년 그는 액체 연료를 사용하는 여러 단계의 로케트를 타고 대기권 밖으로 날아갈 수 있다는 원리를 설명했다.

그러나 〈화성의 운하〉가 인간적인 실수로 인한 착각이라는 해도 그것만으로는 결코 납득될 만한 설명은 못된다. 그것에 관해서는 무엇인가 중대한 점이 아직도 누락되어 있지 않을까 하고 지금도 나는 마음 속에 의문으로 남아 있다.

로웰은 "운하가 규칙적으로 변화하고 있다는 것은 화성에 지적 생물이 있다는 확실한 증거"라고 늘 말하고 있었다. 규칙적인 운하가 있다면 분명히 그럴 것이다.

그러나 오직 한 가지 미해결의 문제는 천체 망원경의 어느 쪽에 지적 생물이 있었는가 하는 점이다.

화성으로 나는 꿈

로웰이 말하는 화성인들은 사람이 좋고 희망에 차 있었다. 그들은 하나님과 얼마간 닮아 있었다. 웰즈가 《우주 전쟁》에 등장시킨 악의와 적의에 찬 화성인과는 전혀 달랐다.

이 두 가지 생각은 신문의 일요판이나 공상 과학 소설을 통해 일반에게도 널리 알려져서 많은 사람들의 상상력을 자극해 주었다.

나는 어린 시절에 버로스 *Edgar Rice Burroughs*의 화성 소설을 밤을 지새면서 읽은 적이 있다. 나는 그때의 일을 지금도 생생하게 기억하고 있다. 나는 버지니아 주 출신의 탐험가 카터 *John Carter*와 함께 〈바숨 *Barsoom*〉으로 떠났다. 화성의 주민들은 자기네들의 행성을 〈바숨〉이라고 부르고 있었다.

나는 여덟 개의 발이 달린 하역용 동물인 소트 *thoats* 떼들의 뒤를 따라가서 헬륨 *Helium* 왕국의 어여쁜 왕녀 데자 토리스 *Dejah Thoris*와 악수를 나누고 타스 타카스 *Tars Tarkas*라는 키가 4 m나 되는 녹색의 사병과도 친해졌다. 나는 뾰쪽한 지붕이 있는 바숨의 도시와 돔형의 펌프 막사 근처, 그리고 푸른 초목으로 덮힌 닐로시르티스 *Nilosyrtis* 운하와 네펜테스 *Nepenthes* 운하의 둑을 따라 걸어다녔다.

그러나 공상이 아니라 실제로 주인공 카터와 함께 화성의 헬륨 왕국을 찾아갈 수 있을까? 우리는 어느 여름의 저녁

나절에 고도로 과학적인 모험 여행을 떠날 수가 있을까? 우리가 가는 길은 바숨의 둘레를 도는 두 개의 달에 의해 밝게 비치고 있다는 것이 소설의 줄거리이지만……

화성에 관한 로웰의 결론은 우화와 같은 운하 얘기까지도 모두 파산이 나고 말았다. 그러나 화성에 관한 그의 묘사는 적어도 한 가지는 유익했다. 그것은 나를 포함한 여덟 살짜리 아이들에게도 행성의 탐험이 현실적으로 가능하다고 생각케 한 것이다. 아이들은 언젠가는 자기들도 멀리 떨어진 화성까지 여행할 수 있으리라고 생각했었다.

카터는 넓은 들판에서 두 팔을 벌리고 하나님에게 기도함으로써 화성으로 갈 수 있었다. 나는 어린 시절에 아무것도 없는 들판에 서서 마음을 굳게 먹고 두 팔을 벌려 내가 화성이라고 믿은 별을 향해 "나를 저 별로 데려가 주세요"하며 여러 시간 끈질기게 기도한 적이 있다. 그 기억은 아직도 생생히 남아 있다. 그러나 그러한 방법은 쓸모가 없었다. 이와는 다른 그 어떤 방법이 있을 것임이 틀림 없었다.

생물과 마찬가지로 기계도 진화한다. 로케트는 화약과 마찬가지로 옛 중국에서 발명되어 의식(儀式)용이나 감상용으로 사용됐었다. 그러한 최초의 로케트는 화약을 추진제(推進劑)로서 쓰고 있었다. 그것이 유럽으로 도입된 것은 14세기쯤이며 먼저 전쟁에 이용됐다.

19세기 끝 무렵에 소련의 학교 교사 치올코프스키 *Konstantin Tsiolkovsky*는 그것을 행성으로 가기 위한 여행 수단으로 사용할 것을 생각해 냈다. 아울러 미국의 과학자 고다드 *Robert Goddard*는 높은 하늘로 비행하기 위한 로케트를 처음으로 진지하게 개발했다.

제2차 세계 대전이 한창일 때 나치 독일이 개발한 군사용 로케트 V-2호는 사실상 고다드의 발명을 모조리 이용하여 만들어졌다. 그리하여 그 기술은 1948년에 2단식 로케트인 V-2·와크 코포럴 *WAC Corporal*이 발사되었을 때 막바지에 이르렀다. 이 로케트는 높이 4백 *km*라는, 왕년에 없었던 높이까지 치솟아 올랐다.

1950년대로 접어 들자, 소련에서는 코로로프 *Sergei Korolov*가 이끄는 팀과 미국의 브라운 *Wernher Von Braun*을 중심으로 하는 팀이 대량 파괴 무기의 운반용 로케트를 개발

고다드 *Robert Hutchings Goddard*. 11살 때의 모습(위)과 33살 때의 모습. 철제 연소통에 작은 고체 연료를 넣어 실험하고 있다.

하기 위한 자금을 얻어 로케트 기술을 진전시켰다. 이것이 바로 인공 위성의 발사와 연결된다.

기술은 그 후에도 숨가쁘게 계속 진보됐다. 사람이 지구 둘레의 궤도를 비행하고 월면에 착륙하고 무인 탐색선이 태양계의 외역까지 샅샅이 날아가게 됐다. 영국, 프랑스, 캐나다, 일본을 비롯해서 로케트를 최초로 발명한 중국에 이르기까지 인공 위성을 쏘아 올렸다.

고다드는 젊은 시절에 웰즈의 책과 로웰의 강의를 듣고 자극되었다고 말하고 있는데 그 고다드나 치올코프스키가 공상하면서 기뻐했던 것처럼 우주 로케트의 초기의 이용법 중에는 높은 궤도에서 지구를 관측하는 과학 스테이션 *scientific station*의 발사와 화성의 생물을 찾으려는 탐색선의 발사가 있었다. 이 두 가지 꿈은 이미 실현되고 말았다.

화성에서도 사는 미생물

이제 성질이 전혀 다른 행성으로부터 지적 생물이 날아와서 아무런 선입관 없이 지구로 접근하고 있다고 생각해 보자. 지구에 가까와질수록 지구의 모습을 잘 알게 되고 자세한 점까지 뚜렷이 보일 것이다. 이 행성에는 생물이 살고 있을까? 어디까지 접근해야 살고 있는지 없는지를 분간할 수 있을까?

만일 거기에 지적 생물이 있다면 아마 토목 공사를 해서 공학적인 구조물을 만들어 냈으리라. 그렇다면 수 *km*의 척도로 가려 낼 수 있는 구조물도 있으리라. 만일 우주선이 지구로 더 가까이 접근해서 그들의 망원경으로 1 *km* 가량의 물체를 가려 낼 수 있게 되면 우주선의 승무원들은 그러한 구조물을 찾아 낼 수 있으리라.

그렇지만 그 정도의 식별력(해상력)으로서는 지구가 전혀 불모의 세계처럼 생각되기 쉽다. 워싱턴, 뉴욕, 보스턴, 모스크바, 런던, 파리, 도쿄, 북경 등의 대도시일지라도 생물이 있을 만한 흔적은 전혀 느낄 수가 없다. 가령 지구에 지적 생물이 있다손 치더라도 그 생물은 1 *km*의 해상력으로 가려 낼 수 있을 만한 규칙적인 기하학적 모양의 것을 여러 개 만들어 낼 정도로 자연을 개조하지는 않고 있다.

그러나 우리의 감식력이 10배로 높아지면 지름이 1백 m 가량인 조그마한 점도 보이게 된다. 그렇게 되면 상황은 달라진다. 지구의 많은 장소가 갑자기 뚜렷하게 보이게 되며 정방형이나 장방형, 그리고 직선이나 원 따위의 복잡한 도형(圖形)이 나타나게 된다. 이것들은 분명히 지적 생물의 공학적 건조물이다. 흔히 있는 도로나 고속도로, 운하, 농장, 시가지……등등은 사람이 유클리드의 기하학을 사랑하고 영토욕을 가졌기 때문에 만들어진 것이다. 이 단계에 이르면 워싱턴, 뉴욕, 도쿄 등에 지적 생물이 있음을 알 수 있으리라.

그리하여 10 m의 물체까지 가려 낼 수 있게 되면 자연이 개조되어 있다는 사실을 비로소 잘 알게 되리라. 사람들은 언제나 바쁘게 일해 온 것이다.

이러한 사진은 낮에 찍을 수 있다. 그러나 저녁이나 밤에는 다른 것들이 보이게 된다. 즉, 리비아나 아라비아 만의 유전(油田)의 불이라든가 동해(東海)의 오징어잡이 배의 집어등(集魚燈)이라든가 대도시의 등불이 보인다.

그리고 다시 대낮에 지름이 1 m 가량의 물체를 볼 수 있을 만큼 해상력이 높아지면 우리는 비로소 고래나 소, 플라밍고 *flamingos*나 사람 등 개개의 생물을 볼 수 있게 된다.

지구상에 지적 생물이 있다는 것은 먼저 규칙적이고 기하학적 건조물에 의해서 밝혀지게 마련이다. 만일 로웰이 믿었던 것처럼 화성에 운하의 그물이 정말로 있다면 거기에도 지적 생물이 있다고 생각하지 않을 수 없다.

만일 화성의 표면을 큰 규모로 개조한 생물이 있다면 그것은 화성을 도는 위성 궤도상의 탐색선이 찍어 낸 사진을 보면 알 수 있다. 거기에 기술 문명이 있고 운하를 건설한 기술자들이 있다면 이는 손쉽게 발견되리라.

그러나 무인 탐색선이 찍어 낸 화성 표면의 수많은 정밀 사진을 조사해 봐도 거기에는 이상한 지형이 한두 개 있을 뿐 운하와 같은 것은 전혀 찾아 낼 수 없다

그렇지만 생물에는 커다란 식물이나 동물로부터 미생물에 이르기까지 온갖 종류가 있으며, 왕년에 생물이 있다가 이미 멸종해 버린 경우라든가 옛부터 생물이 없었다는 경우라든가 여러 가지 가능성이 있기도 하다.

액체 추진력을 가진 첫번째 로케트. 1926년 3월 16일 고다드는 매사추세츠의 자기 집 정원에서 실험했는데 이 로케트는 2½초 비행했다.

화성은 지구보다도 태양에서 멀리 떨어져 있으므로 기온이 지구보다 훨씬 낮다. 공기는 아주 엷어 대부분이 이산화탄소 (탄산가스)이다. 이밖에도 분자 상태의 질소와 아르곤 *argon* 이 조금 있고 그리고 수증기, 산소, 오존이 조금 포함되어 있다.

현재로선 연못이나 호수가 있을 수 없다. 왜냐하면 화성의 대기압은 매우 낮아서 찬 물일지라도 급속하게 증발해 버리기 때문이다. 그러나 흙 속의 미세한 구멍이나 틈에는 극소량의 물이 있을 것이다.

산소의 양은 아주 적어서 사람의 호흡용으로는 보탬이 되지 못한다. 지구의 경우, 태양의 강렬한 자외선은 대기 상층에 깔려 있는 오존에 의해서 흡수되고 지상에는 그 일부만이 도달하는데 화성의 경우는 오존의 양이 아주 적어서 태양으로부터 살균력이 있는 자외선이 송두리째 화성 표면으로 쏟아지고 있다.

이러한 환경 안에서 살아 남을 생물이 과연 있을 것인가?

이런 문제를 조사해 보려고 몇 해 전에 나는 동료들과 함께 당시 알려져 있던 화성의 환경을 재현시키려고 한 가지 장치를 만들었다. 그리고선 그 속에 지구의 미생물을 넣어 두고 살아 남는 것이 있는지 자세히 살펴 보았다. 이 〈화성의 병 *Mars Jars*〉 속의 온도는 화성과 마찬가지로 정오께는 섭씨 0 도보다 조금 높게 하고 새벽에는 영하 80 도로 내려가도록 조절해 두고 그 변화를 되풀이했다. 병 속의 공기는 주로 이산화탄소와 질소로 채우고 산소는 넣지 않았다. 강렬한 태양 광선을 재현하기 위해 자외선 램프를 사용했다. 물기는 모래알 한알 한 알을 적실 정도밖에 넣지 않았다.

두세 가지 미생물은 최초의 밤이 찾아오자 얼어 죽고 다시는 〈숨〉을 쉬지 못했다. 또 일단의 미생물들은 산소가 없기 때문에 허덕거리면서 숨을 거두고 말았다. 또한 어떤 것은 목이 말라 죽고 어떤 것은 자외선에 타 죽고 말았다.

그러나 끝까지 상당한 종류의 지상의 미생물이 이러한 엄격한 환경 속에서도 살아 남아 있었다. 그들은 산소를 필요로 하지 않았다. 기온이 아주 내려갈 적에는 일시적으로 가게 문을 닫고 말았다. 강렬한 자외선 앞에서는 작은 돌이나 모래 속에 숨어 지냈다.

별도의 실험을 했을 적에는 〈화성의 병〉 속에 물을 얼마간 넣어 주었다. 그러자 미생물들은 번식했다.

지구상의 미생물조차도 화성의 환경을 견디며 살아 남는 만큼, 만일 화성에 미생물이 있다면 그들은 좀더 잘 견디 내고 적응할 것이 아닌가.

그러나 이를 확인하려면 먼저 화성에 가 보아야 한다.

실패한 소련의 탐색선

소련은 행성의 무인 탐색 계획을 활발하게 계속하고 있다. 화성과 금성은 1년 내지 2년 간격으로 알맞는 자리에 되돌아 온다. 그때 케플러와 뉴톤의 물리학에 따라 가장 적은 에너지 소비로 화성이나 금성을 향해 탐색선을 쏘아 올릴 수 있다. 소련은 1960년대 초부터 그러한 기회를 거의 놓치지 않고 있다. 소련은 그 집착과 훌륭한 기술로 노력의 보람이 있는 성과를 올렸다.

이를테면 금성 *Veneras* 8호에서 12호에 이르는 다섯 개의 무인 탐색선은 금성의 표면에 착륙하여 관측 데이터를 보내 오는 데 성공했다. 그처럼 뜨겁고 농밀하고 부식성(腐食性)이 강한 대기 속을 뚫고 들어간 성과인만큼 참으로 훌륭했다.

그러나 소련은 여러 차례 시도했음에도 화성에의 착륙에는 아직도 성공하지 못하고 있다. 화성은 얼핏 보기에는 금성보다 훨씬 친근하다. 온도는 낮고 대기는 금성보다 훨씬 엷으며 또 훨씬 해가 없다. 얼음의 극관이 있고, 하늘은 분홍색으로 맑고, 커다란 모래 언덕, 옛날에 강이 흐르던 흔적, 거대한 협곡, 알고 있는 한 태양계에서 가장 큰 화산 구조물, 적도 지방의 온화한 여름의 오후 등등…… 화성은 금성보다 훨씬 지구를 닮고 있다.

1971년 소련의 화성 *Mars* 3호는 화성의 대기 속에 돌입했다. 자동적으로 보내온 전파 신호에 의하면 대기에 돌입했을 적에 그 착륙 장치는 정상적으로 작동하고 있었다. 내열재(耐熱材)가 붙어 있는 면이 올바르게 아래로 향하고 거대한 낙하산도 정확한 시기에 펼쳐지고 강하의 최종 단계에서 역

고다드가 만든 로케트의 후손이며 다단계 액체 연료 로케트인 아폴로 11호. 암스트롱을 단장으로 1969년 7월 16일 3일간의 달 여행을 떠났다.

a

b

c

d

e

f

g

h

i

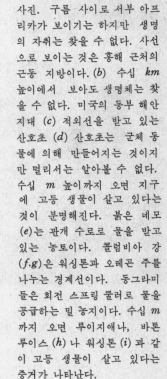

지구의 모습에서 생명체의 자취를 찾을 수 있을까? 고다드가 꿈꾸던 초생달 모양의 지구 (a) 수백 km 높이에서 찍은 사진. 구름 사이로 서부 아프리카가 보이기는 하지만 생명의 자취는 찾을 수 없다. 사선으로 보이는 것은 홍해 근처의 근동 지방이다. (b) 수십 km 높이에서 보아도 생명체는 찾을 수 없다. 미국의 동부 해안지대 (c) 적외선을 받고 있는 산호초 (d) 산호초는 군체 동물에 의해 만들어지는 것이지만 멀리서는 알아볼 수 없다. 수십 m 높이까지 오면 지구에 고등 생물이 살고 있다는 것이 분명해진다. 붉은 네모 (e)는 관개 수로로 물을 받고 있는 농토이다. 콜럼비아 강 (f.g)은 워싱톤과 오레곤 주를 나누는 경계선이다. 동그라미들은 회전 스프링 쿨러로 물을 공급하는 밀 농지이다. 수십 m 까지 오면 루이지애나, 바톤 루이스 (h)나 워싱톤 (i)과 같이 고등 생물이 살고 있다는 증거가 나타난다.

1백 m 상공에서 찍은 뉴욕의 모습. 적외선의 빛을 조금 받고 있으나 도로, 다리, 고속도로들의 모습이 선명하며 오른쪽 아래에는 케네디 국제 공항이 보인다(위). 수십 m 상공에서 내려다본 뉴욕(왼쪽). 수 m 상공으로 내려오면 대조가 뚜렷해지고 생명체의 모습을 볼 수 있다. 수십 명의 사람들이 스키를 타고 있다(오른쪽).

분진(逆噴進)로케트 *retro-rockets*도 분사했다.

화성 3호로부터 보내온 데이터를 보는 한 그것은 붉은 행성에의 착륙에 성공했음이 분명하다.

그러나 탐색선은 착륙한 지 20초 동안만 특징 없는 토막난 부분들을 TV 화면을 통해 지구로 보내 왔을 뿐 어째선지 전파가 끊어지고 말았다.

1974년의 화성 6호 때도 똑같은 일이 일어났는데 이 경우에는 착륙 후 1초만에 전파가 끊기고 말았다. 무엇이 잘못되어 있었을까?

나는 소련 우표(16코펙 *Kopecks*)의 그림에 의해 비로소 화성 3호를 보았다. 그것은 보라색 먼지 속을 내려가는 화성 3호의 모습이었다. 나는 화가가 모래 먼지와 강풍을 표현하려고 애쓴 것으로 짐작했다.

화성 3호는 맹렬한 모래 폭풍이 화성 전체를 휩쓸고 있을 때, 화성의 대기 속으로 돌입했다. 이것은 미국의 마리너 9호의 관측으로 밝혀졌다. 그 관측에 따르면 그때의 풍속은 화성의 겉면에 가까운 곳에서 초속 1백 40 *m* 이상이었다. 그것은 화성 겉면에서의 음속(音速)의 2분의 1보다 빠른 바람이었다.

나도, 소련의 동료도 이 강풍이 바로 실패의 원인인 것으로 여기고 있다. 낙하산을 펼친 화성 3호는 강풍에 사로잡혀 수직 방향으로는 사뿐이 착륙했음에도 수평 방향으로는 목의 뼈마디가 부러질 정도의 맹렬한 속도로 내려 앉았으리라. 커다란 낙하산을 펴고 내려가는 탐색선은 옆에서 부는 바람에는 극히 약하게 마련이다.

화성 3호는 착륙한 후 여러 차례 껑충거리면서 돌이나 바위 같은 것에 부딪쳐 나동그라졌으리라. 그래서 상공을 날고 있던 모선과의 전파 연락이 끊긴 것이 아닐까.

그런데 화성 3호는 어째서 그러한 모래 폭풍 속으로 뚫고 들어가야 했을까. 그것은 화성 3호가 발사되기 전에 이미 비행 계획이 짜여져 있었기 때문이다. 비행을 위한 모든 절차는 화성 3호가 지구를 떠나기 전에 거기에 실린 마이크로 컴퓨터 속에 수납되어 있었다. 1971년의 모래 폭풍이 얼마나 심한가를 알아차려도 컴퓨터 속의 계획은 변동시킬 수가 없었다.

북아메리카의 밤풍경. 윗부분의 초승달 모양은 북극광 때문이다.

우주 탐색선 전문가의 말을 빌리자면 화성 3호의 비행은 모두 〈사전 계획〉이 되어 있는 까닭에 〈적응성〉이 없었던 것이다.

화성 6호의 실패는 더욱 수수께끼로 남아 있다. 이 탐색선이 화성의 대기 속으로 돌입했을 적에는 화성 전체를 휩쓰는 폭풍따위는 일어나지 않고 있었다. 지역적인 폭풍이 일어나는 일도 가끔 있기는 하나 화성 6호의 착륙 지점에 그러한 지역적인 폭풍이 있었다고 생각할 이유를 찾아볼 수 없다.

아마도 착륙 직후에 기계가 고장을 일으켰으리라. 그렇지 않다면 화성의 표면 주변에 무엇인가 특별히 위험한 것이 있었는지 모른다.

서유럽의 밤풍경. 오른쪽 중앙엔 이탈리아와 시실리의 경계선에 켜진 불이 보인다. 제일 밝은 불빛들은 알제리아 석유 유전에서 자연 가스가 타고 있는 모습.

안전한 착륙을 위해서

소련은 금성에의 착륙에는 성공했으나 화성에의 착륙에는 실패했다. 우리는 이 실례를 보고 당연한 일로서 미국의 탐색선 바이킹 *Viking*에 대해서도 걱정했다. 두 개 있는 바이킹 착륙선 중의 한 개는 미국의 독립 2백 주년 기념일인 1976년 7월 4일에 화성 표면에 사뿐이 착륙시키려고 비공식으로 계획되어 있었다.

소련의 선배 탐색선과 마찬가지로 바이킹의 착륙 방법도 내열재와 낙하산과 역분진 로케트를 사용하는 것이었다. 화성의 대기는 지구 대기의 겨우 1%의 농도밖에 되지 않으므로 바이킹의 착륙선이 화성의 엷은 대기 속으로 들어가면 지름이 18 m나 되는 아주 넓은 낙하산을 펼쳐서 속도를 줄인다.

화성의 대기는 아주 엷은만큼 만일 바이킹이 높은 산악 지대에 착륙하게 되면 거기에 이르기까지의 엷은 대기로선 충분히 감속이 되지 않는다. 따라서 바이킹의 착륙선은 화성의 산에 충돌하여 산산조각이 되고 말 것이다.

따라서 착륙 지점의 한 가지 조건은 〈낮은 지역〉이어야 했다. 우리는 마리너 9호의 관측 데이터와 지상으로부터 레이다에 의한 관측으로서 그러한 낮은 곳을 수 없이 많이 알고 있었다.

화성 3호와 같은 비참한 운명을 되풀이하지 않기 위해 바이킹은 바람이 약한 장소와 시기를 골라서 착륙시키기로 계획되었다. 착륙선을 산산조각으로 만들 정도의 바람이라면 아마도 화성의 표면에서 먼지를 휘말아 올릴 것이다. 따라서 착륙 후보지 근처를 살펴봐서 먼지가 움직이거나 떠돌아 다니지 않는다면 적어도 견뎌 낼 수 없을 정도의 강풍은 불지 않고 있다는 상당히 확실한 보증이 될 것이다.

바이킹의 착륙선을 모선에 싣고 가서 먼저 화성 둘레의 위성 궤도에 올려 놓기로 한 것도 이 때문이다. 모선이 착륙 지점의 조사를 끝낼 때까지는 착륙선을 강하시키지 않는다.

화성 표면의 어두운 무늬나 밝은 무늬들이 특징 있는 변화를 나타내는 것은 바람이 강할 때이다. 우리는 그런 사실을 마리너 9호에 의해서 발견했다. 따라서 만일 모선이 잡은 사진에 그러한 무늬의 변화가 보이면 바이킹의 착륙 지점은 분명히 안전하지 않다. 그러나 그러한 무늬의 변화가 보이지 않는다고 해서 안전성이 1백 % 보장되는 것은 아니다.

동해의 밤풍경. 밝은 불빛들은 한국과 일본의 오징어잡이 배들이 오징어를 유인하기 위해 켠 것이다.

이를테면 바람이 너무 강해서 모든 먼지가 이미 흩날려 버리고 만 상태도 예상할 수 있다. 이런 경우에는 강한 바람이 불고 있음에도 이를 나타내는 확실한 증거가 없다.

화성의 상세한 천기 예보는 지구의 그것에 비하면 훨씬 신용할 수 없다. 따라서 바이킹의 비행 목적의 한 가지는 화성의 기상을 잘 살펴서 이와 비교해 지구의 기상을 잘 이해하는 데에도 있었다.

통신과 온도의 제약으로 말미암아 바이킹은 화성의 고위도 지대에는 착륙할 수 없었다.   남반구에서나 북반구에서도 위도로 보아 40 도나 50 도보다 극(極)에 가까운 곳은 탐색선과 지구 사이의 통신 시간이 아주 짧아지고 탐색선으로선 위험할 정도로 낮은 온도에 머물게 되는 시간도 훨씬 길어진다.

또 우리는 바이킹을 너무 울퉁불퉁한 장소에는 착륙시키고 싶지 않았다. 그러한 장소라면 착륙선이 뒤집혀 파괴될 염려도 있으며 적어도 화성의 토사(土砂)의 표본을 떠올리기 위한 기계의 팔이 바위 사이에 끼거나 지면으로부터 1 m 이상 높은 곳을 하릴없이 움직이게 될 수도 있다.

마찬가지로 우리는 너무 부드러운 곳에도 바이킹을 착륙시키고 싶지 않았다. 만일 착륙선의 세 개의 다리가 부드러운 토사 속에 쑥쑥 빠져 버린다면 여러 가지로 불편한 일이 생긴다. 기계의 팔이 움직이지 못할는지도 모른다.

그러나 너무 딱딱한 장소에 착륙시키고 싶지도 않았다. 이를테면 바이킹이 유리 같은 용암 벌판에 착륙한다면 거기에는 토사가 없을 것이며 따라서 기계의 팔은 화학적, 생물학적인 실험을 위해서 꼭 필요한 토사의 표본을 채집할 수 없을 것이다.

그 무렵 마리너 9 호가 궤도상에서 찍은 사진 가운데 가장 좋은 것에 지름이 90 *m* 이상 되는 것이 있었다. 바이킹의 모선이 잡은 사진도 이에 못지 않게 좋은 것이 있었다.

이러한 사진으로선 지름이 1*m* 가량의 암석은 도저히 가려낼 수가 없다. 따라서 바이킹의 착륙선이 비극적인 결말을 가져올 가능성도 남아 있다.

마찬가지로 미세한 가루와 같은 토사가 깊이 쌓여 있는 것도 사진만으로는 가려 낼 수 없다. 그러나 다행히도 착륙 지점이 울퉁불퉁한지 또는 부드러운지를 판단하는 방법이 있었다. 그것은 레이다였다.

아주 조잡하게 울퉁불퉁한 장소는 지구에서 보낸 레이다 전파를 옆으로 산란시키고 만다. 따라서 반사 전파가 별로 돌아오지 않는다. 레이다 사진으로 보면 그곳은 검다.

아주 부드러운 곳에서도 전파의 반사는 나쁘다. 왜냐하면 개개의 모래알 사이에 틈바귀가 많아서 전파를 흡수해 버리기 때문이다.

조잡한 울퉁불퉁한 장소와 부드러운 장소를 구별할 수는 없지만 착륙 지점을 고를 경우에는 그 두 가지를 구별할 필요까지는 없다. 우리는 양쪽이 다 위험하다는 것을 알고 있기 때문이다.

레이다에 의한 예비 관측 결과 화성 표면의 4분의 1에서 3분의 1 가량은 〈검다〉는 것이 가려 내졌다. 그러니까 그곳은 바이킹으로서는 위험한 장소이다.

그러나 화성 표면을 모조리 지상의 레이다로 관측할 수는 없다. 관측이 가능한 곳은 북위 25 도에서 남위 25 도 사이에 지나지 않는다. 그러나 바이킹의 모선(궤도선)에는 화성 표면의 지도를 작성하기 위한 레이다는 실려 있지 않았다.

바이킹 무사히 착륙

화성에의 착륙에는 수많은 조건이 있다. 우리들은 그 조건이 지나치게 많지나 않을까 하고 걱정했다. 우리의 착륙 지점은 너무 높아도, 바람이 지나치게 강해도, 너무 딱딱해도, 너무 부드러워도, 너무 조잡해서도, 극점에 너무 가까와도 안된다. 우리가 설정한 이러한 안전 기준을 모조리 동시에 만족시켜 주는 장소가 화성 위에 한 군데라도 있다면 그것은 훌륭한 것이다.

그러나 이러한 〈항구〉를 찾게 되면, 당연한 일이겠지만 착륙 지점은 보나마나 후미진 곳이 되고 말 것이다. 그것은 뻔한 일이다.

궤도선과 착륙선이 한 몸이 된 바이킹이 일단 화성 둘레의 위성 궤도로 들어가면 착륙 지점은 어쩔 수 없이 화성 표면의 일정한 위도 근처로 정해지고 만다. 그 궤도의 가장 낮은 곳이 화성의 북위 21 도선의 상공에 있다면 착륙선은 북위 21 도선 위에 내릴 수밖에 없다. 물론 그 궤도 아래서 화성이 자전하는 것을 오랫동안 기다린다면 다른 위도 위에 내릴 수도 있겠으나 보통은 21 도선상에 내려야 된다.

그래서 바이킹의 과학자 팀은 적당한 착륙 후보지가 둘 이상 있는 위도선을 골라 냈다. 바이킹 1 호의 목표는 북위 21 도였다. 이 경우, 제 1 후보지는 〈크류세 Chryse〉평원 속에 있었다. 〈크류세〉란 그리스 말로 '황금의 땅 the land of gold'이라는 뜻으로 착륙 후보지는 구부러진 4 개의 골짜기가 합류되는 근처였다. 그 골짜기는 화성의 역사 초기에 유수(流水)에 의해 새겨진 것으로 생각되고 있다.

거대한 마리너 계곡의 일부. 1971 ~ 1972년에 마리너 9호가 발견한 것으로서 길이가 5천 *km*, 넓이가 1백 *km*나 된다.

크류세 평원의 착륙 지점은 안전 기준의 모든 것을 충족시켜 주는 것으로 여겨졌다. 그러나 레이다에 의한 관측은 착륙 지점 근처를 살폈을 뿐 착륙 지점 자체에 대한 관측은 이루어지지 않았다. 그것은 지구와 화성의 기하학적 위치의 관계로 관측할 수 없었으며 크류세 평원의 착륙 지점이 레이다에 의해 처음으로 관측된 것은 착륙 예정일 몇 주 전이었다.

바이킹 2 호의 착륙 후보지는 북위 44 도 선상으로 제 1 후보

지점은 〈큐도니아 *Cydonia*〉라고 불리는 지역이었다. 그곳이
후보지로 선정된 것은 화성의 한 해 중 적어도 어느 시기에는
소량의 물이 있을는지도 모른다는 이론적 주장이 있었기 때
문이다.

바이킹의 생물학적 실험 장치는 물이 있는 곳을 좋아하는
미생물을 대상으로 하는 것이었기 때문에 큐도니아 지역에 착
륙만 할 수 있다면 바이킹이 생물을 발견할 가능성은 상당히
높아질 것이라고 두세 사람의 과학자들은 주장했었다.

반면에 '화성 자체가 바람이 강한 곳이므로 미생물이 정말
존재한다면 바람에 실려 미생물이 여기저기 흩어져 있을 것'
이라는 의견도 있었다.

이 두 곳의 착륙 지점은 제각기 장점이 있어서 어느 쪽이
보다 낫다고 정하기엔 어려운 점이 많았다. 그러나 한 가지
뚜렷한 점은 북위 44도의 지점은 위도가 너무 높아 레이다에
의한 조사를 전혀 할 수 없다는 것이었다. 따라서 이러한 북
녘의 고위도 지방을 착륙 지점으로 선택하면 바이킹 2호가
실패할 공산이 상당히 높아진다. 그럼에도 불구하고 우리들
은 그러한 위험성을 받아들일 수밖에 없었다.

'만일 바이킹 1호가 제대로 착륙하여 별다른 고장 없이 작
동해 주면 바이킹 2호에 대해서는 다소 커다란 위험성이 있
다 해도 별 지장은 없으리라'는 소리도 가끔 들려왔다. 그러
나 10억 달러나 든 이 탐색선의 운명에 대해 나는 아주 조심
스러운 의견을 내놓았다. 이를테면 바이킹 2호가 불운하게도
큐도니아 지역에 충돌하여 박살이 난 직후에 크류세 평원의
바이킹 1호의 중요한 기계가 고장날 가능성도 있다고 예측
했던 것이다.

그래서 바이킹에게 선택의 여지를 남겨 두기 위해 크류세나
큐도니아와는 지질학적으로 전혀 다른 착륙 지점을 하나 더
골라 냈다. 그곳은 이미 레이다로 조사되어 안전한 곳으로 증
명된 장소로서 남위 4도 근처에 있었다.

바이킹을 고위도 지방에 내리게 하느냐 또는 저위도 지방에
내리게 하느냐 하는 문제는 사실상 마지막 순간까지 결정되지
못했다. 그러나 마지막에 큐도니아 지역과 같은 위도에 있는 유
토피아 *Utopia* 평원이라는 희망에 찬 이름의 장소가 골라졌다.

바이킹 1호의 최초의 착륙 지점은 나중에 모선(궤도선)이

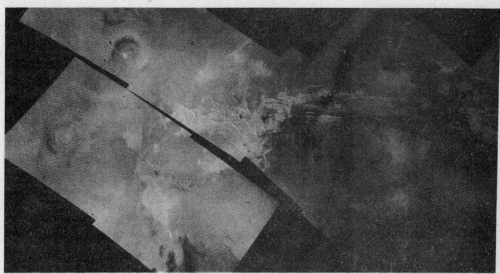

찍은 사진이라든가 뒤늦게 뽑아낸 지상으로부터의 레이다 관
측 자료 등을 검토한 결과 매우 위험한 것으로 나타났다.
'바이킹 1 호는 안전한 곳(항구)을 찾아내지 못하고 마치 전
설의 유령선처럼 화성의 하늘을 방황하지는 않을까'하고 나
는 얼마 동안 걱정하기도 했다.

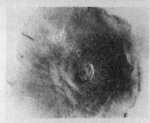

그러나 우리는 마침내 적당한 착륙 지점을 찾아 냈다. 그것
은 역시 크류세 평원 안에 있었지만 우리가 정했던 네 개의
옛 골짜기의 합류점으로부터는 멀리 떨어져 있었다.

착륙 지점을 선택하려고 시간을 낭비했기 때문에 바이킹 1
호를 1976년 7월 4일에 화성에 착륙시키는 것은 아무래도 무
리였다. 그날에 맞추려고 무리하게 시도하다가 착륙에 실
패한다면 미 합중국의 2백세 탄생 축하로선 알맞지 않다는데
많은 사람들이 의견을 모았다.

우리는 16 일이나 늦게 탐측기의 역분진 로케트에 점화했다.
착륙선은 위성 궤도를 떠나서 화성의 대기 속으로 돌입했다.

궤도선과 착륙선이 한 몸으로 되어 있는 바이킹 1 호와 2 호
는 태양으로부터 멀리 떨어진 곡선 궤도를 따라 행성간 공간
을 거의 1년이나 걸려서 약 1억 *km*나 비행한 끝에 화성 둘레
의 예정된 위성 궤도로 들어섰다.

화성의 타르시스 *Tharsis*에
있는 네 개의 큰 화산 중에서 세
개를 모아놓은 것. 가운데의 것
은 마리너 9호가 보내온 사진
이며, 아래의 것은 올림퍼스 산
을 모형으로 만든 것이다. 올
림퍼스 산은 애리조나의 3 배만
한 크기이며 높이는 에베레스
트 산의 3 배이다.

착륙선은 전파 지령을 받고 화성의 대기권으로 돌입하여
내열재의 부분을 올바른 방향으로 잡고 낙하산을 펼치고 덮

심한 침식을 당한 녹티스 래
비린투스 *Noctis Labyrinthus*
의 아침 안개.

카세이 밸리스 *Kasei Vallis*
의 일부. 카세이는 일본어로 화
성이라는 뜻이다. 강이 있었던
흔적이 보이며 예전에는 화성
에 지금보다 생물이 있었을 가
능성이 많았다는 것을 암시한
다.

크리스 베이진 *Chryse Basin*
의 분화구 지역. 오래 전에 물
이 흘렀던 흔적이 보인다.

개를 벗어 버린 채 역분진 로케트에 점화했다. 인류 역사상
처음으로 붉은 행성의 크류세 평원과 유토피아 평원에 탐색
선이 사뿐히 안전하게 내려 앉은 것이다.

이 승리에 찬 착륙은 탐색선의 설계나 조립, 그리고 테스트
등에 쏟은 위대한 기술과 비행 관리관들의 뛰어난 능력에 힘
입은 바 크다. 그러나 화성처럼 아주 위험하고 수수께끼에 찬
행성의 경우 적어도 어느 정도는 운이 좋았다고 할 수 있
다.

붉고 아름다운 세계

착륙하자마자 최초의 사진을 보내 오기로 되어 있었다. 우
리는 후미진 장소를 골라 낸 사실을 알게 됐다. 그러나 희망
은 버리지 않았다.

바이킹 1호가 찍어낸 최초의 사진은 자기 자신의 착륙 다리
의 한 개였다. 화성의 솜모래 속으로 착륙선이 침몰하는 경
우를 예상해서 착륙선이 가라앉기 전에 솜모래의 상태를 살
펴 두고 싶은 생각에서였다.

전송되는 횡선(橫線)이 한 줄씩 나타나자, 사진은 차츰 완
성되어 갔다. 착륙 다리는 가라앉지 않고 제대로 화성 표면
에 발을 딛고 있었다. 우리는 진심으로 안도의 숨을 내쉬
었다.

그 후 연달아 다른 사진들이 한 장 한 장씩 전파에 실려 지
구로 보내졌다.

화성의 지평선을 나타내는 사진이 처음으로 보내졌을 때
나는 기계 앞에 발이 묶였다. 그 일은 지금도 눈에 선하다.
그것은 결코 기묘한 별세계가 아니라고 나는 생각했다. 그곳
과 꼭 닮은 장소가 미국의 콜로라도 주나 애리조나 주, 네바
다 주에도 있다.

그곳에는 암석과 표사(漂砂)가 있으며 멀찍이 대지(臺地)
가 있다. 그곳은 지구의 경치와 마찬가지로 자연스러운 풍경
이었다. 화성은 정말 아주 평범한 〈장소〉에 지나지 않았다.
만일 머리가 희끗희끗 센 노다지꾼이 당나귀를 끌면서 모래 언
덕의 저편으로부터 홀연히 나타났다면 나는 놀랐을 것이다.

　　그러나 그렇게 상상해도 조금도 이상하게 생각되지 않은 풍경이었다. 그렇듯 지구와 아주 닮은 풍경이 거기에 있었다.
　　나는 소련의 금성 9호와 10호가 찍은 금성 표면의 사진을 여러 시간에 걸쳐 살펴본 적이 있는데 그때와 비슷한 감개에 사로잡혔다. 어쨌든 나는 그곳은 우리들이 여러 번 가 봐야 할 세계라고 생각했다.
　　화성의 경치는 황량하고 붉으면서도 아름다웠다. 지평선의 저편에는 분화구가 생겼을 때 내동댕이쳐진 암석이 뒹굴고 있었고, 조그마한 모래 언덕이 있었으며, 표사로 덮였거나 알몸의 바위, 그리고 바람에 실려온 미세한 알맹이 물질이 솜털처럼 깔려 있었다.
　　그러한 암석은 도대체 어디서 나온 것일까? 얼마만한 모래가 바람에 실려 왔을까? 쪼개진 바위, 모래에 묻힌 돌, 땅 위의 다각형 구멍 등은 이 행성의 어떤 역사의 소산일까?
　　암석의 성분은 무엇일까? 모래와 같은 물질로 되어 있을까? 모래는 암석이 부스러져서 생긴 것일까? 또는 별개의 것일까? 하늘은 어째서 분홍색으로 물들어 있을까? 공기는 무엇으로 이루어지고 있을까? 바람은 어떤 속도로 불고 있는 것일까? 지진도 있는 것일까? 계절에 따라 기압이나 풍경은 어떻게 바뀌는 것일까?
　　이러한 모든 질문에 대해 바이킹은 결정적인 답이나 적어도 납득할 수 있는 답을 내주었다.
　　우리는 후미진 장소를 착륙 지점으로 골랐지만 그럼에도 불구하고 바이킹이 밝혀 준 화성은 굉장히 흥미로운 것이었다.*
　　그러나 카메라는 운하를 건설하는 사람들의 모습도, 바숨 주민들의 하늘을 나는 자동차도, 짧은 칼도, 왕녀나 사병도, 다리가 여덟개인 하역 동물 소트도, 그 발자취도, 선인장이나 캥거루, 들쥐조차도 찍어 내지 못했다. 우리들이 확인한 것으로는 생물이 있다는 증거는 전혀 없었다.
　　아마 화성에도 커다란 생물이 있으리라. 그러나 우리가 택한 두 군데의 착륙 지점에는 없었다. 혹시 바위나 모래 근처에는 보다 작은 생물이 있지 않을까. 지구의 경우도 그 역사의 대부분을 차지하는 기간——물로 덮여지지 않았던 육지는 오늘날의 화성과 똑같은 상황이다. 지구의 공기도 왕년에는

* 바이킹이 화성의 사진을 찍었을 때 크류세 평원의 조그마한 돌에 'B'라는 대문자가 보이는 것 같다고 해서 작은 소동이 일어났다. 그러나 나중에 조사해 본 즉 광선과 그림자가 빚어낸 무늬를 사람들이 도형(圖形) 인식의 능력으로 제멋대로 'B'라고 읽은 것이 밝혀졌다. 만일 화성인들이 지구인과는 별도로 라틴 문자의 알파벳을 만들어 냈다면 얼마나 훌륭하랴. 그러한 소동이 일었을 때 나의 머리 속에서는 어린 시절에 기억한 '바숨'이라는 말이 아득하게 메아리치고 있었다 —원주

이산화탄소(탄산가스)가 많았다. 대기에는 오존이 없었으며 따라서 강렬한 자외선이 지표를 쬐고 있었다.

커다란 식물이나 동물이 육지로 올라온 것은 지구의 역사 중에서 마지막의 10%에 해당하는 기간으로 들어섰을 때부터 였다. 그러나 미생물만은 30억 년 동안 지구상의 여기저기에 있었다. 화성의 생물을 찾으려면 우리는 미생물을 찾아 내야 한다.

늑대잡이의 함정

바이킹 착륙선. 공중 용발 막이에 쌓여 있다(용발: 유도탄이 지구의 대기권에 재돌입할 때 두부의 피복 물질이 서서히 녹아서 증발하는 현상).

바이킹 1호 착륙선. 낙하선이 퍼지기 시작하고 있다. 나중에 화성의 하늘은 푸르지 않다는 것이 판명되었다.

바이킹 착륙선은 사람의 손이나 눈을 색다른 별천지까지 뻗치게 해 주었다. 바이킹 착륙선은 어떤 뜻으로는 여치 *grasshopper*처럼 영리하고 또 다른 뜻으로는 세균 정도의 지능밖에 갖고 있지 않다. 그러나 이처럼 비교했다고 해서 나는 바이킹 착륙선을 가볍게 생각해 버리는 것은 아니다. 생물을 세균의 단계까지 진화시키기 위해 자연은 수억 년의 세월을 필요로 했고, 다시 여치의 단계까지 진화시키기 위해 수십억 년이나 걸렸다.

우리는 우주 탐색선의 제작에 관해서 아직은 불충분한 경험밖에 없으나 그런대로 상당히 잘 만들어 낼 수 있게까지 되었다.

바이킹은 우리의 몸과 마찬가지로 두 개의 눈을 가지고 있다. 그 눈은 우리들과는 달리 적외선도 볼 수 있다. 표본 채취를 위한 기계의 팔은 암석을 밀어붙이거나 지면에 구멍을 뚫거나 토사의 표본을 모아 올릴 수가 있다. 우리가 손가락을 치켜들어 풍향과 풍속을 알아 내는 것처럼 바이킹도 마찬가지 방법으로 바람을 잴 수 있다. 바이킹에는 코(鼻)도, 미뢰(味蕾)도 있다. 이로써 우리 몸의 감각 기관보다 훨씬 정확하게 미량(微量)의 분자도 측정할 수가 있다. 화성의 산들바람으로 흔들리는 착륙선의 동요라든지 화성의 지진을 감지하는 내이(內耳) 기관도 있으며 미생물을 조사하는 장치도 갖추어져 있다.

바이킹에는 방사성 아이소토프 *isotope*를 사용한 원자력 전지가 실려 있어 화성에서 모은 과학적인 데이터는 모조리 전파에 실려 지구로 보내오기로 되어 있었다. 그것은 지구로부터 지령도 받을 수 있다. 그래서 지상의 과학자들은 바이킹이 얻어낸 데이터를 보고 난 뒤 바이킹에게 새로운 작업을 하도록 지시할 수도 있었다.

그러나 착륙선의 크기, 제작비, 전원(電源) 등에는 한도가 있었다. 그러한 엄격한 한도 속에서 화성의 미생물을 찾아 내기 위해서는 어떻게 하면 가장 능률적일까 ? 우리는 아직 미생물 학자를 그곳으로 보낼 수는 없다.

왕년에 나는 비슈니아크 *Wolf Vishniac*라는 뛰어난 미생물 학자를 친구로 사귀고 있었다. 그는 뉴욕 주 로체스터 대학 *University of Rochester*에 근무하고 있었다. 1950년대 후반에 우리들은 화성의 생물을 찾아보려고 진지하게 생각하기 시작했다. 이 무렵 비슈니아크는 어느 학회에 참석했었다. 그때 어떤 천문학자가 '미생물을 찾아 낼 수 있는 간단하고 믿을 수 있는 자동 장치의 한 가지조차 생물학자가 갖고 있지 않다는 사실은 놀랍다'고 지적했다. 이 말을 들은 비슈니아크는 이 문제를 어떻게 해서든지 해결하려고 결심했다.

비슈니아크 *Wolf Vladimir Vishniac*. 미생물학자.

그래서 마침내 그는 행성으로 보내기 위한 조그마한 장치를 개발했다. 그의 친구들은 그의 이름 〈울프 *Wolf*〉를 따서 그 장치를 〈늑대잡이의 함정 *Wolf Trap*〉 이라고 불렀다.

그것은 소량의 영양물을 유리병 속에 넣어 화성으로 가지고 가서 화성의 흙의 표본을 이와 섞는다. 만일 화성에 미생물이 있어서 번식한다면 영양물의 액체가 탁해지거나 뿌옇게 변할 것이므로 이를 관찰한다.

이 〈늑대잡이의 함정〉은 다른 세 개의 미생물학적 실험 장치와 함께 바이킹 착륙선에 실렸다. 다른 세 개의 실험 장치 중의 두 개 역시 화성에 미생물의 먹이를 운반하는 것이었다.

〈늑대잡이의 함정〉이 성공하기 위해서는 화성의 미생물이 물을 좋아해야만 한다. '비슈니아크는 미세한 화성인들을 익사시킬 따름'이라고 말하는 사람도 있었다. 그러나 〈늑대잡이의 함정〉의 장점은 화성의 미생물들이 주어진 먹이를 어떻게 처리해도 무방한 데 있다. 미생물은 오직 번식만 하면 된다.

다른 실험 장치는 모두 화성의 미생물들이 기체를 방출하거

바이킹 1호가 착륙한 크리스 평원.

캘리포니아 죽음의 계곡에서 착륙 연습을 하는 바이킹 호.

나 섭취하거나 할 것이라는 특별한 가설에 바탕을 두고 만들 어졌다. 더우기 이러한 가설은 추측의 테두리를 거의 벗어나 지 못한 것이었다.

미국의 행성 탐색 계획을 주관하는 항공 우주국은 이따금 뜻밖의 예산 삭감을 당했다. 뜻밖의 예산 증액이란 거의 없었 다. 항공 우주국의 과학 연구 활동은 정부의 효과적인 지원을 거의 받고 있지 않았다. 그래서 항공 우주국의 예산이 깎일 적에는 맨 먼저 과학 연구가 절감의 대상으로 꼽혔다.

1971년에는 4개의 미생물학적 실험 장치 중에서 한 개를 빼도록 결정했다. 누락된 것은 〈늑대잡이의 함정〉이었다. 비 슈니아크는 실망 속에서 어찌할 바를 몰랐다. 그는 이 장치 를 개발해 내는 데 12년이나 애썼던 것이다.

남극에서 죽은 과학자

그와 같은 입장에 몰리면 많은 사람들은 바이킹의 생물학 팀을 떠나 버리기 쉽다. 그러나 비슈니아크는 착하고 헌신적 인 사나이였다. 그는 팀을 떠나는 대신에 화성의 생물 찾기 에 가장 보탬이 되는 일을 하려고 마음먹었다. 지구상에서 화성과 가장 닮은 곳은 남극의 눈이 없는 골짜기인데 그는 그곳으로 가기로 결심했다.

그보다 전에 두 세 사람의 연구자들이 남극의 흙을 조사한 바 있었다. 그들은 거기서 발견한 몇 가지 미생물이 옛부터 그 눈이 없는 골짜기에서 살던 것이 아니라 더 따뜻한 곳으로 부터 바람에 실려 온 것이라는 결론을 내렸다.

그러나 비슈니아크는 〈화성의 병〉 실험을 되새겨 '생물은 섭사리 죽지는 않는 것'으로 믿고 남극은 미생물학 연구를 위한 장소로서 안성마춤이라고 생각했다.

만일 지구상의 미생물이 화성에서 살 수 있다면, 화성보다 더욱 따뜻하고, 습기도 있고, 산소도 많고, 자외선도 적은 남 극에서 그것이 살지 못할 리가 없다고 생각했던 것이다. 다 시 말해서 남극의 눈이 없는 골짜기에 생물이 있다면 화성에 생물이 존재할 가능성도 커진다.

그는 '남극에는 토착 미생물이란 없다'는 결론을 낸 실험

방법이 잘못된 것이라고 믿었다. 당시 사용된 영양물은 대학
미생물학 연구실의 쾌적한 환경에는 결맞을는지 모르나 남극
의 건조한 황무지용으로 조합(調合)된 것은 아니었다.

그래서 비슈니아크는 새로운 미생물학 실험 장치를 들고
동료 지질학자들과 함께 1973년 11월 8일 헬리콥터 편으로
맥머도 *McMurdo* 기지로부터 애스가드 *Asgard* 산맥의 볼
더 *Balder* 산 근처에 있는, 눈이 없는 골짜기로 떠났다.

그의 목적은 남극의 땅 속에 조그마한 미생물학 실험 장치
를 묻어 놓고 한 달 후에 회수해서 조사하는 일이었다. 1973
년 12월 10일, 그는 볼더 산의 실험 장치를 회수하러 갔다.
그의 출발은 3 *km* 떨어진 곳에서 사진으로 수록됐다. 그것이
마지막이었다. 18시간 후 그는 빙벽 아래에서 시체로 발견됐
다. 그는 미처 탐험되지 않았던 장소로 들어가 얼음판 위에서
미끄러져 1백 50 *m* 가량 떨어진 곳까지 뒹군 것으로 보인다.
아마도 그는 그 곳에서 무엇인가를 보았으리라. 미생물이 존
재할 만한 곳이 있었을까. 남극에는 없는 것으로 알려진 녹색
의 반점이라도 보았단 말인가…… 우리로서는 도저히 알 길
이 없다. 그가 그날 가지고 돌아다니던 조그마한 갈색 노트
의 마지막 부분에는 이렇게 적혀 있었다.

202번 관측 지점의 장치를 회수. 1973년 12월 10일, 22시 30분.
흙의 온도는 영하 10도. 기온은 영하 16도.

그것은 화성의 여름 기온과 똑같았다.

비슈니아크가 남극의 땅 속에 묻어 놓은 미생물학 실험 장
치의 대부분은 지금도 남극에 그대로 남아 있다. 그러나 들
고 온 표본은 그의 동료와 친구들이 그의 방법에 따라 조사
해 봤다. 그 결과 종전의 검사 기술로선 발견해 낼 수 없었던
미생물이 여러 종류 발견됐다. 미생물은 조사된 관측 지점의
거의 모든 곳에 존재하고 있었다.

분명히 남극에만 존재하는 새로운 효모(酵母)가 그의 미망
인 헬렌 *Helen Simpson Vishniac*의 손으로 그의 표본 중에
서 발견됐다.

당시의 탐험 때 남극으로부터 가져온 커다란 바위는 프리
드맨 *Imre Friedmann*에 의해 조사되어 미생물학상 매력적

인 발견이 이루어졌다. 바위의 겉면으로부터 1~2mm 되는 곳에 소량의 물이 고여 있고 그 속에 조류(藻類)가 살고 있었다. 그것은 〈조그마한 세계〉였다.

만일 그러한 〈세계〉가 화성에 있다면 한결 재미 있으리라. 왜냐하면 1~2mm의 두께라면 광합성에 필요한 가시 광선은 그 안까지 통과되고 세균을 죽이는 자외선은 적어도 얼마간 약해지기 때문이다.

우주 탐색선의 설계는 발사되기 몇 년이나 전에 확정되기 마련이고 비슈니아크는 이미 죽어 버렸기 때문에 그의 남극에서의 실험 결과는 화성의 생물을 찾는 바이킹의 설계에는 활용되지 못했다.

일반적으로 말해서 바이킹의 미생물 실험은 온도를 조절한 장치 속에서 진행되었으며 화성의 저온 속에서는 진행되지 않았다. 또 오랜 시간을 두고 미생물을 배양하지도 않았다.

바이킹의 실험은 '화성의 생물의 물질대사 *metabolism*는 이러한 것이리라'는 상당히 과감한 가정 아래 진행됐다. 암석 속의 생물을 찾아 내는 것과 같은 수단은 바이킹에게는 없었다.

수프를 마신(?) 화성인

두 개의 바이킹 착륙선에는 화성 표면의 물질을 채취하기 위한 기계의 팔이 달려 있었다. 그 팔은 표본을 집어 내면 천천히 착륙선 쪽으로 줄어들어 표본을 깔때기 모양의 투입구에 넣게 된다. 그 표본은 전차의 모형 같은 것에 실려 소립자의 형태로 다섯 개의 실험 장치로 운반된다. 다섯 가지 장치란 토사(土砂)의 무기 화학적 분석을 하는 것, 모래와 먼지 속의 유기 물질을 찾는 것, 그리고 미생물을 찾는 것 등 세 가지 장치를 포함하고 있다.

화성의 생물을 찾아 낼 때 우리는 모종의 가설을 갖고 있다. 그러나 우리는 어떤 생물일지라도 지구의 생물과 마찬가지라는 식의 가정을 하지 않도록 애쓴다. 그러나 우리가 할 수 있는 것에는 한도가 있다. 우리가 자세하게 알고 있는 것은 지구상의 생물에 관한 것뿐이다.

바이킹의 생물학적 실험은 최초의 선구적인 시도이기는 했

으나 그것이 화성의 생물을 찾아 내는 결정적인 실험이라고는
결코 말할 수 없다. 비록 그 결과가 유혹적이고, 사람들에게
호기심에 찬 갈등을 안겨 주고, 도발적이며, 자극에 넘친 것
이긴 했지만 적어도 최근까지는 사실상의 결론은 나오지 못
하고 있기 때문이다.

세 가지의 미생물학적 실험 장치는 저마다 다른 종류의 질
문에 대해 해답을 얻어 내려는 것이었다. 그러나 그 세 가지
질문은 모두가 화성 생물의 물질대사에 관한 것이었다.

만일 화성의 흙 속에 미생물이 있다면 그것들은 먹이를 먹
고 폐기(廢氣) 가스를 방출할 것임에 틀림없고, 대기 속의 기
체를 끌어들여 아마도 태양 광선의 도움으로 이들을 유용한
물질로 바꿀 것임에 틀림없다고 생각됐다.

그래서 우리는 화성으로 음식을 운반해서 만일 거기에 조그
마한 화성인이 있다면 그 음식을 맛있게 생각해 주기를 바랬
다. 아울러 무엇인가 흥미로운 새로운 기체가 흙 속에서 나
오는지 어떤지를 보려고 했다. 우리는 방사성 물질로 눈금을
붙인 기체도 화성으로 가져갔는데 이들이 유기물로 바뀌어진
다면 화성인이 있는 것으로 추론할 수 있을 것이다.

발사 전에 정해진 기준에 비추어 보면 바이킹의 세 가지
실험 장치 중 두 가지에서는 조그마한 화성인이 존재한다는
답이 나온 것으로 생각됐다.

우선 지구에서 가져간, 살균을 끝낸 유기물의 수프에 화성
의 흙을 집어 넣었을 때 흙 속의 어떤 물질에 의해 수프가
분해됐다. 그것은 마치 호흡하는 생물이 있어 지구로부터 가
져간 먹이를 먹고 분해해 버린 것 같았다.

두 번째 사건은 지구로부터 가져간 기체를 화성의 흙 표본
에 투여했을 때 일어났다. 화성의 흙과 기체가 화학적으로 결
합한 것이다. 그것은 마치 광합성을 하는 미생물이 있어 대
기 속의 기체로부터 유기물을 만들어 내고 있는 것 같았다.

화성에 미생물이 있는 것처럼 여기게 한 결과는 화성 위의
5천 km나 떨어진 두 지점에서 채취한 일곱 가지의 저마다 다
른 표본으로부터 얻을 수 있었다.

그러나 상황은 복잡했다. 실험이 성공했는지 어떤지를 판
단하기 위한 기준이 애매했다. 바이킹의 미생물학적 실험 장
치를 제작하여 여러 종류의 미생물을 테스트하기 위해서 막

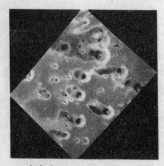

바람에 날린 모래와 먼지가
충돌 분화구를 덮은 모습.

바이킹 1호 착륙지인 크리스
의 모습. 돌멩이와 모래 언덕
들이 있다.

대한 노력이 기울여졌다.

화성은 지구가 아니다. 로웰의 고사(故事)가 가르쳐 주는 것처럼, 우리는 착각할 수도 있다. 아마도 화성에는 색다른 무기 화합물이 있어 미생물이 없더라도 그것만으로 먹이를 산화시킬 수 있을 것이다. 아마도 화성의 흙 속에는 무엇인가 특별한, 생명이 없는 무기물의 촉매 catalyst가 있어 대기 속의 기체를 유기물로 바꿀 수가 있을 것이다.

최근의 실험은 실제로 그러한 일이 있을 수 있다는 것을 보여 준다. 1971년에 일어난 화성의 커다란 모래 폭풍 때, 마리너 9호의 적외선 스펙트럼계 spectrometer는 먼지의 스펙트럼을 잡을 수가 있었다. 툰 O B Toon과 폴랙 J B Pollack, 그리고 나는 이것을 분석하여 먼지 속에 몬모릴로나이트 montmorillonite나 기타의 진흙 광물이 있다고 생각하면 스펙트럼의 특징을 좀더 요령 있게 설명할 수 있음을 알게 됐다.

그 후 바이킹 착륙선의 데이터도 화성에서는 진흙 가루가 바람에 날려 떠돌아다니고 있다는 생각을 뒷받침해 주었다. 그래서 바닌 A Banin과 리슈폰 J Rishpon은 화성 흙의 대용품으로서 그러한 진흙을 써서 실험해 본즉 바이킹이 〈성공한〉 미생물학적 실험과 마찬가지로, 호흡이나 광합성과 비슷한 현상을 재현할 수 있음을 발견했다.

진흙은 복잡하고 활성이 넘치는 표면을 지니고 있어 기체를 흡수하거나 방출하거나 화학 반응의 촉매 구실을 해치우기도 한다.

바이킹의 미생물학적 실험 결과를 모조리 무기 화학으로 설명할 수 있다고 단정하기에는 시기상조이다. 그러나 그러한 결론이 나온다 하더라도 놀라운 일은 아니다.

진흙의 가설은 화성에 생물이 있다는 생각을 송두리째 배제하는 것은 아니다. 그러나 화성에도 생물이 존재한다는 설득력 있는 증거는 하나도 없다고 할 수 있다.

활발한 진흙의 작용

그렇다고 하더라도 바닌과 리슈폰, 두 사람이 행한 진흙에 관한 실험 결과는 생물학으로서는 퍽 중요하다. 왜냐하면 그들은 생물이 없는데도 불구하고 생물과 똑같은 화학 반응을 하는 흙을 제시했기 때문이다.

생물이 나타나기 전부터 지구상에는 호흡이나 광합성을 닮은 화학 반응이 있어서 흙 속에서 순환하고 있었을는지도 모른다. 아마도 그 반응은 생물이 탄생했을 때 생물 속으로 편입되었으리라. 더우기 몬모릴로나이트라는 진흙 광물은 아미노산을 여러 개 연결하여 단백질과 비슷한 긴 사슬의 분자로 만드는 촉매 작용을 갖고 있다.

원시 시대의 지구상에 있었던 진흙은 생명을 만들어 낸 도가니였을는지도 모른다. 그리고 화성상에서의 오늘날의 화학 반응은 지구의 생명의 기원과 그 초기의 역사를 풀이하기 위한 중요한 실마리를 우리에게 던져주고 있는지도 모른다.

화성의 표면에는 수많은 충돌 분화구가 있는데 보통 과학자의 이름을 따서 명명되고 있다. 비슈니아크라는 이름의 분화구는 화성의 남극 지역에 자리잡고 있다. 그것은 적절한 배려였다. 비슈니아크는 화성에 생물이 있을 것이라고는 주장하지 않았다. 그는 다만, "화성에는 생물이 존재할 가능성이 있다"고 말하면서 "거기에 생명이 있는지 없는지를 가려 내는 것은 매우 중요하다"고 주장했을 따름이다.

만일 화성에 생물이 있다면 우리는 지구의 생물 형태 등이 얼마나 일반적인 것인가를 검토할 수 있는 귀중한 기회를 얻어내게 마련이다. 그리고 만일 지구와 그럴 듯하게 닮은 화성에 생물이 없다면 우리는 어째서 그렇게 됐는지 알아내야만 한다. 실험할 때 반드시 대조군(對照群)*을 두고 비교하는 것은 과학에 있어서 옛부터의 관습이 되고 있으며 비슈니아크도 이를 강조했는데 만일 화성에 생물이 없다면 화성은 훌륭한 〈대조군〉이 될 것이다.

바이킹의 미생물학적 실험 결과를 진흙으로 설명할 수 있는 것과, 또 그 결과가 반드시 생물의 존재를 뜻하고 있지는 않다는 것은 또 하나의 수수께끼를 풀어 나가는 데 도움이 됐다. 그것은 바이킹의 유기 화학 실험 장치가 화성의 흙 속에서 유기물을 전혀 발견하지 못했다고 하는 수수께끼이다.

만일 화성에 생물이 있다면 그 생물의 시체는 어디로 사라져 버린 것일까. 화성에는 어떠한 유기물의 분자도 존재하지 않았다. 단백질이나 핵산을 만드는 분자도, 단 한 개의 탄화

〈빅 조 Big Joe〉라고 알려진 모래로 덮인 표석. 바이킹 1호가 이곳에 착륙했더라면 부서졌을 것이다.

* 이를테면 약의 효험을 조사할 적에는 약을 복용시킨 환자의 그룹과 복용시키지 않은 환자의 그룹과를 비교해야 한다. 이런 경우 복용시키지 않은 그룹을 '대조군'이라고 한다—역주

바이킹 착륙선. 캘리포니아
죽음의 계곡에서의 실험.

수소도, 즉 지구상에서 생명의 물질로 여겨지고 있는 것은
화성에서는 전혀 찾아 낼 수가 없었다.

그러나 이것을 반드시 모순이라고는 할 수 없다. 왜냐하면
바이킹의 미생물학적 실험 장치는 바이킹의 화학 실험 장치보
다도 (같은 양의 탄소 원자에 대해 비교할 때) 1천 배나 감
도가 좋기 때문이며 따라서 미생물학적 실험 장치는 화성의 흙
속에서 합성된 유기물을 검출할 수 있을 것으로 생각된다.

그런데 이 문제에는 검토의 여지가 별로 남아 있지 않다.
지구의 흙 속에는 왕년에 살았던 생물의 찌꺼기인 유기물이
도처에 섞여 있다. 그러나 화성의 흙은 월면(月面)의 흙보
다도 적은 유기물을 함유하고 있을 뿐이다.

만일 우리들이 '화성에는 생물이 있다'는 가설을 채택한다
면 생물의 유체(遺體)는 화학적으로 활발하고 산화력이 있는
화성 표면의 물질에 의해 파괴된 것으로 생각할 수밖에 없다.
그것은 과산화수소 물의 병에 들어간 세균과 같은 것이다.

그렇지 않다면 지구의 생물과는 달리 유기물이 중심적인 구실을 하지 않는 생물이 화성에 살고 있다고 생각할 도리밖에 없다.

그러나 지구와는 다른 생물이 있다는 설은 나에게는 특히 변명 같은 것으로 여겨진다. 나는 별로 마음이 내키는 것은 아니지만 탄소 중심론자 *carbon chauvinist*를 자처하고 있다. 우주에는 탄소가 풍부하게 존재한다. 그리고 탄소는 생물에게 보탬이 될 수 있는, 놀랄 만큼 복잡한 분자를 만들어 낸다.

나는 또한 물 중심론자 *Water chauvinist*이기도 하다. 물은 폭 넓은 온도의 범위에서 액체 상태를 유지할 뿐 아니라 유기물을 녹이고 유기 화학의 반응을 일으키는 이상적인 액체(촉매)이기도 하다. 그러나 가끔 나는 이상하게 생각할 때가 있다. 내가 이러한 물질을 좋아하는 까닭은 내 자신이 그러한 물질로 이룩되어 있는 것과 관계가 있지나 않을까 하고 말이다. 우리의 몸이 주로 탄소와 물로 이룩되고 있는 것은 생명이 태어났을 때 지구상에 그러한 물질들이 많았기 때문이 아니었을까. 이를테면 화성과 같은 별천지에서의 생물은 별개의 물질로 되어 있는 것이 아닐까.

찾아내지 못한 생물

나는 물과 칼슘과 유기물의 덩어리로서 〈칼 세이건 *Carl Sagan*〉이라고 불리우고 있다. 당신도 나와 거의 같은 분자로 이룩되고 있지만 이름만이 다르다. 하지만 단지 그것뿐일까? 우리 몸 속에는 분자 이외에는 아무 것도 없는 것일까? 사람에 따라서는 이러한 생각은 인간의 존엄성을 손상케 하는 것이라고 여기는 사람도 있을 것이다.

그러나 내 자신은 우리들처럼 복잡하고 미묘한 분자의 기계가 생길 때까지 우주가 어지간히 생물의 진화를 허용해 준 것으로 생각한다. 그렇게 생각하면 인간의 존엄성은 도리어 높아진다.

생명의 본질이라는 것은 우리 몸을 만들어 주고 있는 원자나 단순한 분자 자체가 아니라 오히려 그것들이 어떻게 결합되어 있는가를 말한다.

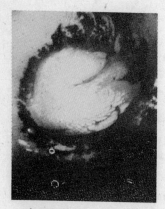

화성의 북극관. 주위에 검은 모래 언덕들이 있다. 이 극관은 주로 얼음으로 이루어져 있으며 남극관은 언 이산화탄소로 이루어져 있다.

북극관에 있는 얼음 절벽. 일정 간격의 점은 마리너 9호가 기준선으로 잡기 위한 것이다.

'사람의 몸체를 이룩하고 있는 화학 물질의 값어치는 96 센트이다'라든가 '10 달러이다'라든가 하는 숫자를 우리는 가끔 읽어 볼 수 있다. 우리의 몸이 그처럼 값어치가 없는 것임을 알면 우리는 약간 우울해지기도 한다.

그러나 이러한 견적(見積)은 사람의 육체를 가장 단순한 물질로 환원시켰을 때의 값어치이다. 한 마디로 우리의 몸은 대부분이 물로 이룩되고 있는데 물이란 거의 공짜이다. 탄소는 석탄으로서 값을 메긴다. 뼈의 칼슘은 분필의 값으로 환산한다. 단백질 속의 질소는 공기 속의 질소와 마찬가지라고 생각하는만큼 이것도 값이 싸다. 혈액 속의 철분은 녹슨 못과 같다고 생각한다.

만일 우리들이 이러한 내막을 잘 모른다면 우리 몸을 이룩하고 있는 원자들을 모조리 커다란 용기에 집어넣고 휘저을 것이다. 그러한 일은 직성이 풀릴 때까지 해 볼 수 있다. 그러나 마지막에 이루어지는 것은 원자들의 별 수 없는 혼합물뿐이다. 이밖에 딴 무엇이 이루어질 것으로 기대할 수 있을 것인가?

모로비츠 *Harold Morowitz*는 우리 몸을 이룩하고 있는 분자를 조사하여 이것들을 화학 약품의 판매점에서 사려면 값이 얼마나 먹힐까를 계산해 본 적이 있다. 그 답은 약 1천만 달러로 나왔다. 이 숫자는 우리를 얼마간 기분 좋게 해 준다. 그러나 그 분자들을 모조리 병 속에 넣고 섞어 본들 그 병 속에서 사람이 형성되어 나올 리가 없다. 병 속에서 사람을 만들어 내는 일은 우리들의 능력을 훨씬 넘어선 처사이며 앞으로 아주 오랜 세월이 흐르더라도 불가능할 것이다. 그러나 다행히도 사람을 만드려면 훨씬 돈이 덜 들고, 훨씬 믿을 수 있는 방법이 있기는 하다.

딴 세계에 사는 생물들도 대체로 우리들과 같은 원자로 이룩되고 있으며, 아마도 단백질이나 핵산과 같은 기본적인 분자도 다만 결합 방식이 틀릴 뿐 우리들의 그것들과 마찬가지일 것이다.

목성 등의 짙은 대기 속에 떠 있는 생물도 구성 원자에 있어서는 우리들과 아주 닮았을 것이다. 다만 그들에게는 뼈가 없으므로 많은 양의 칼슘을 필요로 하지는 않을 것이지만.

이밖에도 용매(溶媒)로서 물 이외의 것이 쓰이고 있는 예도 분명히 어딘가에 있을 것이다. 불소(弗素)는 우주에는 별로 대량으로 존재하지 않지만 불화수소산은 용매로서 꽤 훌륭한 것으로 생각된다. 우리 몸을 이룩하고 있는 분자들은 불화수소산을 만나면 상당히 손상된다. 그러나 예를 들어 파라핀 왁스 *paraffin waxes* 따위는 불화수소산 속에서도 완전히 안정되어 있으며 침식을 당하지 않는다.

암모니아는 한결 훌륭한 용매가 될 것이다. 암모니아는 우주 속에 얼마든지 있기 때문이다. 그러나 그것은 지구나 화성보다 훨씬 차가운 세계가 아니면 액체가 되지 않는다. 금성의 표면에서 물이 기체로 되어 있는 것처럼 암모니아는 지구에서는 보통 기체로서 존재한다.

또한 용매를 전혀 갖고 있지 않은 생물도 때로는 존재하리라. 그러한 고체의 생물의 경우는 용매 속을 분자가 이동하는 대신에 고체 속을 전기 신호가 벗겨 갈 것이다.

그러나 이러한 생각들도 바이킹의 착륙선이 내놓은 데이터의 모순을 해결하지는 못한다. 바이킹의 착륙선은 화성에 생물이 있는 듯이 여겨지는 데이터를 내는 한편, '화성의 흙 속에는 유기물이 없다'는 데이터도 냈다.

화성은 지구와 닮은 세계이며 탄소와 물이 풍부하게 존재한다. 따라서 만일 화성에 생물이 있다면 그것들은 유기 화학의 법칙에 바탕을 둔 것이리라.

그런데 바이킹의 유기 화학 실험 장치는 사진 촬영 장치나 미생물학적 실험 장치와 마찬가지로 '1970년대 후반의 크류세 평원과 유토피아 평원의 미소립자 속에는 생물이 없었다'는 결론을 뒷받침하는 데이터를 내고 있다.

남극의 눈이 없는 골짜기의 경우처럼, 암석 밑의 깊이 수 *mm*의 장소라든지 화성의 딴 곳에는 생물이 있을는지도 모른다. 또는 더 먼 옛날, 기후가 한결 온화했을 무렵에는 생물이 있었을는지도 모른다. 그러나 우리가 조사한 그 시간과 장소에는 생물이 없었다.

앞으로의 탐색 계획

바이킹에 의한 화성의 탐색은 역사적으로 중요한 뜻을 가진 것이었다. 그것은 딴 세계의 생물이 어떤 것인가를 처음으로 진지하게 조사한 것이었고, 또한 다른 행성상에서 1시간 이상이나 작동한 최초의 탐색선이기도 했다. 사실 바이킹 1 호는 여러 해에 걸쳐 화성 관측을 계속했다. 그리하여 그것은 딴 세계의 지질, 지진, 광물, 기상, 그리고 그밖의 여섯 가지 과학 분야에 관해 푸짐한 데이터를 제공해 주었다.

우리는 이러한 훌륭한 성과를 이어받아서 무엇을 해야만 될 것인가. 과학자 중에는 화성에 착륙, 화성 토사의 표본을 모아서 지구로 되돌아 오는 자동 탐색선을 쏘아올리고 싶다고 생각하는 사람도 있다. 화성의 토사가 지상에서 입수된다면 우리들은 지상의 정교한 연구실에서 이를 자세하게 조사할 수 있으리라. 그렇게만 되면 화성에 보낼 수 있는 소형화된 비좁은 〈연구실〉에서 조사하는 것보다는 훨씬 좋은 데이터를 얻어 낼 수 있을 것이다.

그렇게 되면 바이킹의 미생물학적 실험 장치가 내놓은 결과의 애매한 점은 거의 해결될 것이다. 토사의 화학적, 광물학적 분석도 가능하며 암석을 깨서 그 속에 생물이 있는지 없는지를 조사할 수도 있다. 유기 화합물과 생물에 관해서도 수백 가지 테스트를 할 수 있으며 또한 조건을 여러 가지로 바꾸면서 현미경으로 직접 관찰할 수도 있다. 물론 우리들은 비슈니아크의 미생물 검출법도 사용할 수 있다.

이러한 화성 탐색을 위해서는 상당한 돈이 들겠지만 기술적으로 분명히 가능할 것이다.

그러나 위험한 일이 한 가지 있다. 그것은 지구를 오염시킬지도 모른다는 염려이다. 화성의 토사를 지구상에서 조사하려는 경우 물론 토사를 사전에 살균할 수는 없다. 이런 종류의 화성 탐색에서 중요한 일은 미생물을 산 채로 가지고 돌아오는 것이다. 그런 경우 무슨 일이 일어나게 될까.

화성의 미생물이 지구로 들어오면 일반 사람들의 건강에 해를 끼치게 될 것인가. H G 웰즈와 오손 웰즈의 화성인들은 본 마우스 *Bourne mouth* 시(市)와 저지 *Jersey*시(市)의 제압에만 열중하는 바람에 자기네 몸의 면역력이 지구의 세균에 대해서는 쓸모가 없다는 것을 끝내 깨닫지 못하고 돌이킬 수 없는 처지에 몰렸다. 이와 반대되는 현상이 일어나지나 않을까. 이것은 중요하고도 어려운 문제이다.

거기에는 미소한 화성인이 없을는지도 모른다. 설령 있다
고 하더라도 그것을 1 kg 먹어 본들 우리가 병에 걸리지 않
을 수도 있다. 그러나 꼭 그렇다고 단정할 수는 없다. 위험한
도박인 셈이다.

바이킹 1호 착륙지인 크리스
의 모습. 돌멩이와 모래 언덕
들이 있다.

만일 화성의 토사를 살균하지 않은 채 지구까지 가져 오려
면 까마득할 정도로 신뢰성이 높은 격리 방법을 확립해야만
한다. 그러나 지구상에는 생물 무기 *bacteriological weapons*
를 개발하고 저장하고 있는 나라가 있다. 이 때문에 사고가
일어날 것도 같지만 내가 아는 한 그로 말미암아 세계적인
유행병이 일어난 적은 없다.

아마도 화성 토사의 표본도 안전하게 지구까지 가져올 수
있을 것이다. 그러나 토사를 싣고 돌아오는 탐색선의 발사를
고려할 때는 안정성을 충분히 검토해야 할 것으로 나는 생각
한다.

화성을 조사하여 이 이질적인 세계에 관해서 여러 가지를
발견하고 충분히 즐길 수 있는 방법은 이밖에도 있다. 바이
킹의 착륙선이 찍어 보낸 사진을 조사하고 있을 때 내가 늘 느
낀 일은 착륙선이 이동하지 못하는 안타까움이었다. 나는 저
도 모르게 착륙선을 향해 "여보게, 발끝으로 조금만 더 서 주
지"하고 불러 보기도 했다. 그러나 움직이지 못하도록 설계된
이 착륙선은 한 발짝 뛰는 것조차 완강히 거부하고 있는 것
처럼 보였다. 우리는 기계의 팔로 먼 발치에 있는 모래 언덕
을 휘저어 보고 싶었고, 암석 밑에 생물이 숨어 있는지 어떤
지를 알아 보고 싶기도 했다. 멀찌기 보이는 산맥이 분화구
의 주벽(周壁)인지 어쩐지도 알고 싶었다. 그리고 나는 남동
쪽으로 그다지 떨어지지 않은 곳에 크류세 평원의 네 갈래의
구부러진 골짜기가 있다는 것도 알고 있었다.

바이킹의 관측 데이터는 모두 매력에 넘치고 도발적이었으
나 그 착륙 지점보다 훨씬 더 흥미로운 장소가 화성에는 1백
군데 이상이나 있다는 것도 나는 알고 있었다.

바람직한 탐색선은 화성 위를 돌아다닐 수 있는 차량이
다. 진보된 실험 장치, 특히 사진기와 화학, 생물학의 실험 장
치를 실은 자주차(自走車) *roving vehicle*를 말하는데 이러한
차량의 원형은 지금 미국의 항공 우주국에서 개발 중이다. 그
차량은 어떻게 하면 암석을 넘을 수 있나, 어떻게 하면 골짜

화성의 모습. 북극관에 분화구가 보이고 거대한 화산인 올림퍼스 산에는 구름이 덮여 있다.

기로 떨어지는 일을 피할 수 있나, 어떻게 하면 옹색한 장소로부터 빠져나올 수 있나를 스스로 가려 낼 수 있다.

주위의 풍경을 TV로 잡아, 가장 재미있는 장소를 스스로의 시야에 담아 두고 이튿날 그곳으로 가 보는 그러한 차량을 화성에 착륙시키는 것은 우리들이 이미 익힌 기술만으로도 가능하다.

이 차량은 매력에 찬 화성의 갖가지 지형을 찾아서 복잡하게 꺾어가면서 날마다 새로운 장소로 갈 수 있다.

설령 화성에 생물이 없다 하더라도 이러한 탐색은 커다란 과학적 성과를 거둘 것이다. 우리는 옛날에 강이 흐르던 골짜기로 내려갈 수도 있으며 커다란 화산의 기슭을 올라갈 수도 있다. 남북 양극(兩極)의 얼음 언덕 주변에 있는 기묘한 계단 모양의 지형을 찾아갈 수도 있으며 손짓해 오는 화성의 피라밋 *Pyramids of Mars**에 접근할 수도 있다.

이러한 탐색에 대해서는 일반 사람들의 관심도 클 것이다. 날마다 몇 가지 새로운 풍경이 가정의 TV에 방영된다. 우리는 차량이 지나간 길을 더듬어 보고 새로운 발견에 관해 생각해 보고 새로운 목적지를 제안할 수 있으리라. 나그네 길은 멀고, 차량은 지구로부터의 전파 지령에 순종한다. 시간이 충분히 있으므로 새로운 주파(走破) 계획에는 새로운 훌륭한 아이디어를 담아 줄 수 있다.

즉, 몇십 억을 헤아리는 사람들이 또 하나의 세계의 탐험에 참가할 수 있게 되는 것이다.

극관을 검게 물들인다

화성의 표면적은 지구의 육지의 면적과 비슷하다. 그것을 샅샅이 조사하려면 여러 세기가 걸릴 것은 뻔하다. 그렇지만 화성이 모조리 탐색되는 날이 반드시 올 것이다. 로보트 비행기가 공중에서 화성 표면의 사진을 찍어서 지도를 만들고, 자주차가 전 면적을 빠짐없이 달리고, 토사 표본이 안전하게 지구로 운반되고, 화성의 모래 위를 사람이 걸어다니는—그런 날이 반드시 올 것이다.

그렇다면 그 후는 어떻게 대처할 것인가. 우리는 화성을

* 화성의 피라밋 중에서 가장 큰 것은 밑바닥의 지름이 3 *km*, 높이가 1 *km*나 되며 지구상의 수메르 *Sumer*, 이집트, 멕시코 등의 피라밋보다 높다. 이것들은 오랜 옛날의 것으로 상당히 침식되고 있다. 아마도 오랜 세월을 두고 조그마한 산에 바람이 모래알을 몰아붙여 그로 인해 침식된 것이리라. 그러나 이것들을 신중하게 조사해 볼 필요가 있다고 나는 생각한다—원주

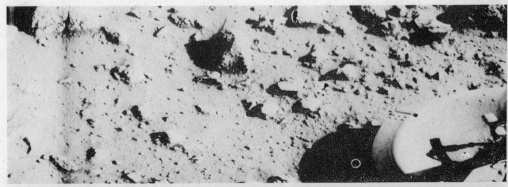

어떻게 하자는 것일까?

사람들이 지구를 잘못 이용한 실례는 수두룩하다. 그것을 입 밖에 내는 순간 나는 오싹해질 정도이다.

만일 화성에 생물이 있다면 우리는 화성에 대해 아무 일도 해서는 안될 것이라고 나는 믿는다. 그때는 화성은 화성인의 것이다. 비록 화성인이 미생물에 지나지 않는다고 해도 마찬가지이다.

가까운 행성에 독립된 생물이 존재한다는 것은 그것만으로도 훌륭한 보배이다. 나는 그 생물을 보존하는 일을 화성을

1976년 7월 20일 처음 지구에 도착한 화성 사진. 오른쪽에 보이는 것은 착륙 발의 일부이다(위).

바이킹 2호가 본 유토피아의 풍경. 살아 있는 유기체나 지적 동물의 자취는 찾을 수 없었다(아래).

태양계에 있는 세 지방. 왼쪽은 화성의 크리스이고, 오른쪽 위는 하와이의 마우나 케아 *Mauna Kea*이며, 오른쪽 아래는 화성의 유토피아다. 화성과 지구의 모습은 이처럼 유사하다.

어떻게든 이용하는 것보다 훨씬 값비싼 것으로 생각한다.

그러나 화성에 생물이 없다면 어떻게 될 것인가. 광물 따위를 캐내는 장소로서 보람이 될 것 같지는 않다. 왜냐하면 화성에서 지구까지의 운임은 앞으로 여러 세기 동안 계속 비싼 상태일 것이기 때문이다.

그러면 우리는 화성에서 살 수가 있을까? 어쨌든 무슨 뜻에서든지 화성을 사람이 살 수 있는 곳으로 만들어 낼 수 있을까?

화성은 분명히 귀여운 세계이다. 그러나 우리들의 좁은 생각으로선 화성에는 나쁜 점이 수두룩하다. 뭐니뭐니해도 산소가 모자라고, 액체 상태의 물이 없고, 자외선이 지나치게 강하다(온도가 낮다는 것은 극복할 수 없는 장해는 아니다. 남극의 관측 기지에 1년 내내 사람이 살고 있는 것을 봐도 이는 분명하다).

그러나 이러한 문제는 만일 우리가 더 많은 양의 공기를 만들어 낼 수 있다면 모두 해결할 수 있다. 대기압이 더 높아지면 물도 액체 상태로 존재할 수 있다. 좀더 많은 산소가 있으면 우리들은 화성의 공기를 호흡할 수 있으리라. 오존이 불어나면 태양의 자외선은 차단되어 화성의 표면까지 도달하지 못하게 된다. 구부러진 골짜기나 남극과 북극에 겹겹이 쌓여 있는 판떼기 모양의 얼음이라든지 그밖의 증거는 화성에도 왕년에는 그러한 좀더 짙은 대기가 있었다는 것을 나타내 주고 있다. 그러한 기체들이 화성에서 도망가 버렸다고는 생각되지 않는다. 따라서 그것들은 화성의 어디엔가 지금도 남아 있을 것이다.

일부는 표면의 암석과 화학적으로 결합하고 있을 것이며, 일부는 땅 속의 얼음이 되었을 것이다. 그러나 대부분은 극관의 얼음으로 변해 있다.

이 극관의 얼음을 증발시키려면 이를 뜨겁게 덥혀야만 한다. 아마도 검정 가루를 뿌려서 극관을 검게 물들이면 될 것이다. 그렇게 하면 극관은 태양 광선을 잘 흡수하게 되어 온도가 오른다. 이것은 우리들이 숲과 초원을 파괴하여 지구의 반사율을 높이고 있는 것과는 정반대의 시도이다.

그러나 극관은 굉장히 크다. 그것을 모조리 덮으려면 새턴 *Saturn* 5형 로케트 1천 2백 대를 동원해서 검정 가루를 지구

로부터 화성으로 운반해야 한다. 그렇게 애써 봐도 바람이
가루를 흩날려 버릴지도 모른다.

　따라서 자기 자신의 복제(複製)를 만들어 내는 검정 물질
*dark material*을 고안해 내는 편이 손쉽다. 조그마한 검정
기계를 화성으로 옮겨 준다. 이 기계는 극관 위에 있는 화성
의 물질만을 사용하여 자기 자신과 똑같은 것을 복제한다. 이
런 종류의 기계는 있다. 우리는 그것을 식물이라고 부른다.
어떤 종류의 식물은 내한성이 강하며 쇠약해지더라도 금방
원기를 되찾는다.

　지상의 미생물 중 적어도 몇 가지는 화성에서도 살아 갈 수
가 있다. 우리는 그것을 알고 있다. 여기서 필요한 것은 지
의류(地衣類)와 같은 검은 식물을 인위적 선택과 유전자 공
학에 의해 극히 엄한 화성의 환경에 견디어 낼 수 있도록 개
조하는 계획이다.

　만일 이러한 식물을 만들어 낼 수 있다면 화성의 드넓은 극

화성의 생명체를 찾기 위해 땅을 파고 있다.

아래는 위의 사진을 더 가까이 본 것.

관의 얼음판 위에 그 씨를 뿌린다. 그것들은 뿌리를 내리고 번식하면서 극관의 얼음을 검정으로 물들여 태양 광선을 흡수한다. 그럼으로써 얼음은 뜨거워지고 오랫동안 사로잡혀 있던 옛날의 화성의 대기가 해방된다.

우리는 미국의 유명한 개척자 애플시드 *Martian Johnny Appleseed*와 같은 화성의 개척자를 상상할 수 있다. 그것은 로보트일는지도 모르고 살아 있는 사람일는지도 모른다. 어쨌든 그는 얼어붙은 극지방의 황야를 돌아다니면서 후세의 사람들을 위해 일만 한다.

이런 생각은 일반적으로 〈행성 개조 계획〉이라고 부른다. 이질적인 자연을 사람에게 알맞는 또 한 가지의 세계로 바꾸는 일을 이렇게 부르는 것이다.

그러나 사람은 수천 년에 걸쳐 이 지구의 기온을 온실 효과와 알베도 *albedo* 효과에 의해 가까스로 1 도 가량 바꿔놓았을 뿐이다. 물론 오늘날 우리들은 석탄이나 석유 따위의 화석 연료를 대량으로 연소시키고 숲과 초원을 폭넓게 파괴하고 있다. 우리는 겨우 1~2세기 동안에 지구의 온도를 다시 1 도 가량 바꾸려고 하고 있는 것이다.

이처럼 생각을 가다듬어 보면 화성을 충분하게 개조하려면 아마도 수백 년, 수천 년의 시간이 걸릴 것 같다.

형광성 X레이. 분광계에 넣기 위해 바이킹 2호가 채취한 화성의 모래와 돌(오른쪽).

미래의 화성 교통 수단. 장애물을 피해 갈 수 있는 차와 착륙선. 그러나 실제 교통 기관은 이 두 가지를 혼합한 모양을 취하게 될 것이다(왼쪽).

장차 기술이 크게 발전하면 우리들은 화성의 대기압을 올리고 물이 액체 상태로 존재할 수 있게 할 뿐 아니라 극관이 녹아서 생긴 물을 따뜻한 적도 지방에 보낼 수도 있으리라. 물론 물을 보내는 방법이 있다. 운하를 건설하면 되는 것이다.

표층의 얼음이나 땅 속의 얼음이 녹아서 솟아 나온 물은 그물과 같은 거대한 운하로 보내진다. 로웰이 잘못된 운하설을 제창한 지 채 1백 년도 못돼서 그가 말한 것이 그대로 화성에서 실현되는 것이다.

로웰도 월레이스도 '화성이 사람에게 별로 우호적이 못되는 까닭은 물이 모자라기 때문'이라고 올바르게 이해하고 있었다. 만일 그물의 눈과 같은 운하가 있다면 물 부족은 해소될 것이다. 그러면 화성에서 사람이 살 수 있게 되리라고 믿을 수 있다.

로웰의 관측은 극히 어려운 조건 아래서 진행되었다. 스키아파렐리는 그보다 전에 운하와 비슷한 것을 관측했었다. 로웰이, 자기가 죽을 때까지 계속된 화성과의 연애를 시작하기 전까지는 그것들은 〈카나리〉로 불리고 있었다.

사람은 정열에 불타오르면 자기 자신마저 속이는 재능을 지니고 있다. 행성에 지성 있는 생물이 살고 있다는 생각처럼 사람들의 정열을 불러 일으킨 일은 전무후무하리라.

로웰이 생각한 것은 일종의 예언이 될는지도 모른다. 그가 말한 운하는 화성인이 건설한 것이었다. 이것 또한 정확한 예언이 될는지도 모른다. 어느 날인가 화성이 개조된다면 그 개조를 도맡는 것은 국적과 본적을 화성에 가진 인간이리라. 화성인이란 우리들 자신을 뜻하는 것이다.

6

나그네 이야기

그러나 시간은 진리의 아버지이다. 우리들의 선조가 알지 못했던 많은 것을 시간은 우리들에게 가르쳐 주었다. 지금 우리들이 원하고 있으면서도 실현할 수 없는 일이라도, 시간은, 그것을 실현할 방법을 우리들의 자손에게 가르쳐 줄 것이다.
　　　　　　　　—윌킨즈《월세계의 발견》

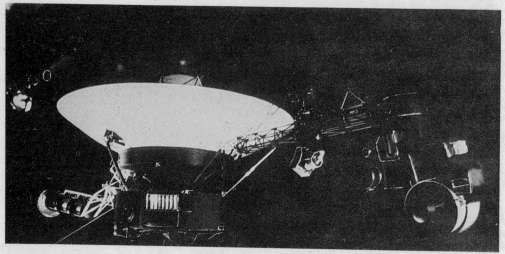

보이저 우주선.

행성으로 날아가는 로케트

현재는 인간이 우주의 바다를 여행하기 시작한 시대이다. 현재의 배는 케플러의 궤도를 따라 행성으로 날아간다. 그러나 그 배에는 사람은 타고 있지 않다. 타고 있는 것은 아름답게 만들어진데다가 지능을 가진 로보트이다. 그들은 미지의 세계를 탐험한다.

그러한 태양계 외역(外域)에 있는 행성에로의 여행은 지구상의 단 하나의 장소에서 관제되고 있다. 그것은 미국 캘리포니아 주 파사데나 *Pasadena*에 있는 항공 우주국 제트 추진 연구소 *NASA Jet Propulsion Laboratory*이다.

1979년 7월 9일, 보이저 2호라 불리워지는 우주 탐색선이 목성에 접근했다. 행성간 공간을 2년 간이나 날아다닌 끝에 가진 목성과의 랑데뷰였다. 이 탐색선은 수백만 개의 부품을 구비했으며, 중복 안전성(重複安全性)을 고려해서 만들어졌다. 즉, 부품 중의 어느 것이 고장이 나면 다른 부품이 대역으로 작동하도록 설계되어 있다.

탐색선은 무게 8백 25 kg으로, 넓은 응접실에도 들어갈 수 없을 정도의 크기였다. 이것은 태양에서 멀리 떨어진 곳까지 날아가기 때문에 태양 에너지를 전원(電源)으로 사용할 수는 없다. 그 때문에 보이저에는 작은 원자력 발전소가 설치되

어 있다. 그것은 정제(錠劑) 형태를 한 플로토늄이 내는 열
을 이용해서 수백 와트의 전기를 일으키는 장치였다. 소형
컴퓨터나, 탐색선의 온도 조절 등 잡무를 처리하는 장치는
탐색선의 한 복판에 있다. 지구로부터의 지령 전파를 받아들
이고, 관측 데이터를 지구에 보내는 것은 직경 3.7m인 사발
모양의 커다란 안테나이다.

제트 추진 실험실의 비행 조
절 장면

과학 관측 장치의 대부분은 주사대(走査台) 위에 설치되어
있다. 이 주사대는 탐색선이 목성이나 그 위성 가까이를 지
날 때, 그쪽을 향하도록 되어 있다.

과학 관측 장치의 수는 많다. 자외선과 적외선의 스펙트럼
계, 하전 입자(荷電粒子) *charged particles*나 자장(磁場)
magnetic field, 목성이 내는 전파를 측정하는 계기 등이 그
것이다. 그러나 좀더 커다란 수확을 올린 것은 두 개의 TV
카메라였다. 그것은 태양계 외역에 있는 섬과 같은 행성의
사진을 몇만 장이고 찍도록 설계되어 있다.

목성 둘레에는 극히 위험한 고(高)에너지 하전 입자의, 눈
에 보이지 않는 껍질이 있다. 그것은 소위 방사선대 *radiation
belt*인데, 보이저는 목성과 그 위성의 확대 사진을 찍고 또한
토성을 향해 날아가기 위해, 이 방사선대의 외측 가장자리를
통해 빠져나가지 않으면 안되었다.

그러나 방사선대의 하전 입자는 탐색선의 섬세한 기기를 부
수고, 전자 장치를 태워 버릴 위험이 있었다.

목성은 또 고체 조각들이 모여서 이룬 띠를 두르고 있다.
그것은 4개월 전에 보이저 1호가 발견한 것이었다. 보이저 2
호는 그 띠 속을 뚫고 지나가야 했다.

만약 작은 돌멩이 같은 것이 탐색선에 부딪치면, 탐색선은
제어 불능인 거친 회전을 시작해, 안테나를 지구 쪽으로 향할
수 없게 된다. 그렇게 되면 관측 데이터는 영구히 손에 넣을
수 없게 되고 만다.

탐색선이 목성에 접근하기 직전, 비행 관제관들은 안정할
수가 없었다. 몇 번인가 경보기가 울고 긴급 사태도 있었지
만 지구상의 인간과 우주의 로보트가 지혜를 짜내 위기를 모
면했다.

보이저 2호는 1977년 8월 20일에 지구를 출발했다. 그것은
반원형의 궤도를 따라 나아가, 화성의 궤도나 소행성대를 통

과하고 목성에 접근했다. 그리고 목성과 그 주위의 14 개 정도의 위성 사이를 누비듯이 전진했다.

목성 가까이를 통과했을 때 보이저는 목성의 인력에 의해서 토성으로 접근하는 궤도 쪽으로 방향이 변하고 가속화되었다. 그것은 토성의 인력에 의해서도 가속되어 천왕성 쪽을 향한다. 천왕성을 지나면 명왕성을 지나 태양계 밖으로 튀어나가 버린다. 그리고 항성간 탐색선이 되어 항성 사이의 거대한 대양을 영원히 방황하며 돌아다니게 된다.

인간의 역사에는 특징 있는 훌륭한 업적이 수 없이 많지만 이러한 탐험과 발견의 여행이 시작된 것은 최근의 일이다.

15,6세기에는 스페인에서 아조레스 *Azores** 제도까지 가는 데 며칠이 걸렸다. 현재의 우리들은 같은 날 수에 지구와 달 사이의 해협을 건너갈 수 있다.

당시 대서양을 지나 신세계라 불리워진 미국까지 가는 데는 수개월 걸렸다. 오늘날 태양계 내역의 대양을 넘어 우리들을 기다리고 있는 문자 그대로의 신세계, 화성과 금성에 도달하는 데도 역시 수개월이 걸린다.

17, 8세기에 네덜란드에서 중국까지 여행하는 데는 1~2년이 걸렸다. 그것은 보이저가 지구에서 목성까지 날아가는 데 필요한 시간과 같다.**

그러한 여행에 든 연간 경비는 지금보다 옛날이 비교적 많았는데 어느 경우이든 그것은 국민 총생산 *GNP*의 1 % 이하였다.

로보트를 태운, 우리들의 현재의 우주선은 인간 자신에 의한 장래의 행성 탐험의 선구자이며 선발대이다. 그러나 우리들은 전에도 이와 똑같은 길을 여행한 적이 있다.

네덜란드인의 활약

15세기부터 17세기에 이르는 시기는 역사의 커다란 전환기였다. 이 시기에 우리들은 지구의 여러 곳에 갈 수 있게 되었다. 유럽 여러나라에서 모든 대양에 용감한 범선을 보냈다. 이러한 항해는 여러 가지 동기에 의한 것이었다. 야심, 탐욕, 국가의 위신, 종교적 광신, 죄인의 사면, 과학적 호기심, 모

* 포루투갈 서방 2천 *km* 정도의 대서양에 있는 제도. 유럽에서 미국까지 거리의 3분의 1 정도의 지점에 있다—역주

** 다른 비유를 하면, 수정란이 수란관을 통하여 자궁에 착상(着床)할 때까지에 필요한 날 수는 아폴로 11호가 달까지 가는데 걸리는 날 수와 같다. 그것이 갓난아기가 될 때까지 걸리는 시간은 바이킹이 화성까지 가는데 필요한 시간과 같다.

보통 인간의 일생은 보이저가 명왕성의 궤도를 넘어서 태양계 밖으로 나갈 때까지의 세월보다 길다 —원주

17세기 초 네덜란드 미들버
그 *Middleburg* 항구의 모습.

험에의 갈망, 스페인 서부의 에스트레마두라 *Estremadura* 지
방에서의 실업 (失業)······ 등이 항해에 나서는 동기가 되었다.

항해자들은 좋은 일도 하고 나쁜 일도 했다. 그러나 전체
적으로는 지구를 하나로 묶고, 편협한 마음을 약화시켰으며,
민족을 통일하고, 지구 전체와 우리들 자신에 관한 지식을
강하게 발전시켰다.

범선에 의한 탐험과 발견 시대의 대표 선수는, 혁명으로 탄
생한 17세기의 네덜란드 공화국이었다. 스페인 제국으로부터
의 독립을 선언한 지 얼마 안되는 네덜란드는 그즈음 어느 나
라보다도 깊이 유럽 계발(啓發) 운동에 관련했다. 네덜란드는
합리적이며 질서가 있고 창조적인 나라였다.

그러나 스페인의 항구나 배는 네덜란드와의 무역을 거부했
다. 그 때문에 이 작은 공화국은 살아 나아가기 위해 상업용
범선을 스스로 건조하고, 거기에 사람을 태워 대선대(大船隊)
를 만들어 항해할 수밖에 없었다.

반관반민(半官半民)의 네덜란드 동인도 회사는 세계의 머나
먼 구석까지 배를 보내 진귀한 물건을 구해다가 유럽 여러 나
라에 비싸게 팔아서 이익을 얻었다. 그러한 항해는 네덜란드
연방 공화국의 생명을 유지해 주는 혈액과 같은 것이었다. 해
도나 항해도는 국가 기밀로 되어 있었다. 범선은 때때로 밀
령을 띠고 출항했다.

돌연, 네덜란드 인들은 지구의 여러 곳에 나타났다. 뉴욕

하늘을 떠받치고 있는 아틀라스.

시의 허드슨 *Hudson* 강이나 오스트레일리아의 타스마니아 *Tasmania* 섬 등은 네덜란드 선장의 이름을 따라서 명명된 것이다. 이러한 원양 항해는 상업을 목적으로 하는 일이 많았다. 그러나 단순히 그것만이 전부는 아니었다.

거기에는 과학적 모험과, 새로운 대륙, 새로운 식물이나 동물, 새로운 인간들을 발견하고자 하는 정열이 있었다. 그것은 지식 그 자체를 위해 지식을 탐구하려는 열의였다.

암스텔담 시 청사(市廳舍)는 자신에 넘친 17세기 네덜란드의 자화상(自畫像)이라 해도 좋을 것이다. 그것은 여러 척의 배로 실어온 대리석으로 건설됐다.

당시의 시인이며 외교관이었던 호이헨스 *Constantijn Huygens*는 "이 시 청사는 고딕 건축이 지닌 혼잡스러운 복잡함을 추방했다"고 말했다. 이 시 청사에는 오늘날에도 그리스의 신 아틀라스 *Atlas*의 상이 있다. 그것은 성좌가 그려진 천구(天球)를 받치고 있다. 그 밑에는 정의의 여신이 쇠검과 천칭을 들고 죽음의 신과 벌(罰)의 신 사이에 서 있다. 그리고 여신은 발 밑에 상업의 신인 탐욕의 신과 질투의 신을 밟고서 있다. 네덜란드 인들의 경제는 개인적인 이익을 기반으로 한 것이었다. 그러나 그들은 무제한의 이익 추구가 국가의 정신에 위협을 가져온다는 것을 이해하고 있었다.

아틀라스와 정의의 신 아래 편의, 시 청사 마루에는 약간 풍자적인 그림이 그려져 있다. 그것은 상안 세공(象眼細工)으로 그려진 커다란 지도이다. 아마 17세기 말이나 18세기 초기의 것이리라. 이 지도에는 서 아프리카나 대서양도 그려져 있다. 전세계가 네덜란드의 무대였다. 그리고 네덜란드 인들은, 이 지도에 네덜란드라 쓰지 않고 자기네 나라가 있는 유럽의 그 부분에 옛 라틴 이름인 벨기에만을 썼다. 순진한 겸손함이 거기에서 나타났다 해도 좋을 것이다.

당시는 매년 수많은 배가 지구를 반주(半周)하는 곳까지 항해했다. 아프리카 서해안을 따라서 그들이 이디오피아 해 *Ethiopian Sea*라 부르는 곳을 남하하여 아프리카 남해안을 돌아 마다가스카르 *Madagascar* 해협을 빠져서 인도 남단을 스쳐 그들이 최대의 관심을 기울이고 있었던 향료 제도 *Spice Islands*로 항해했다. 이 제도는 셀레베르 섬과 뉴기니아 섬 사이에 있으며, 현재는 인도네시아에 속하고 모루카

제도라고 불리워진다.

몇 개인가의 원정대는 거기에서 다시 〈신네덜란드〉라는 이름의 육지로 항해했다. 그곳은 지금의 오스트레일리아이다. 소수의 네덜란드 인들은 말라카 *Malacca* 해협을 빠져서 필리핀을 통하여 중국에 도착했다. 17세기 중엽의 문서에는 '네덜란드 연방 동인도 회사로부터 중국 황제에게 보내는 사절'에 관한 설명이 있다. 네덜란드 시민이었던 대사들이나 선장들은, 청나라의 수도 북경에서 또 하나의 문명과 대면하고 경탄을 금하지 못했다. *

지식인을 위한 휴식의 항구

당시 네덜란드는 세계의 강국이었는데 네덜란드가 그러한 힘을 지닌 것은 전무후무한 일이었다. 네덜란드는 좁은 나라였기 때문에 지혜에 의지해서 살아야만 했다. 따라서 그 외교 정책은 평화주의적 경향이 강했다.

정통이 아닌 의견에 대해서도 관대했기 때문에 유럽의 다른 지역으로부터 검열이나 통제를 피해 네덜란드로 도망해 온 지식인들도 있었다. 그들에게 있어서 그곳은 휴식의 항구였다. 그것은, 1930년에 나치스 지배하의 유럽으로부터 도망쳐 오는 지식인들을 받아들인 미국이 많은 득을 얻은 것과 흡사하다. 17세기 네덜란드에는 아인슈타인이 존경한 위대한 유대인 철학자 스피노자 *Spinoza*나, 수학사와 철학사의 중심적 인물인 데카르트 *Descartes*, 정치학자 로크 *John Locke*들이 살고 있었다. 로크는 페인 *Paine*, 해밀턴 *Hamilton*, 아담스 *Adams*, 프랭클린 *Franklin*, 제퍼슨 *Jefferson* 등과 같은 철학적 경향을 가진 혁명가들에게 영향을 주었다.

네덜란드가 이러한 예술가, 과학자, 철학자, 수학자의 은 하수로 장식된 것은 전무후무한 일이다. 그것은 위대한 화가인 렘브란트 *Rembrandt*, 페르멜 *Vermeer*, 할스 *Frans Hals*, 현미경을 발명한 레벤후크 *Leeuwenhoek*, 국제법의 창시자 그로티우스 *Grotius*, 빛의 굴절 법칙을 발견한 스넬 *Willebrord Snellius* 등의 시대였다.

사상의 자유를 소중히 여기는 네덜란드의 전통에 따라 라

* 네덜란드인들이 청나라 조정에 바친 헌상품도 알려져 있는데 그들은 황후에게는 여러 가지 그림을 그린 작은 상자를 6 개, 황제에게는 계수나무 껍질 두 단을 헌상했다 —원주

갈릴레오는 성직자들에게 달에도 산이 있으며 목성에도 달이 있다고 설명했으나 그들은 믿지 않았다. 갈릴레오는 천체를 연구하는 데에 최초로 망원경을 사용했다.

이덴 대학은 이탈리아의 갈릴레오 *Galileo Galilei*에게 교수직을 주기로 했다. 그는 '지구가 태양의 주위를 도는 것이지 그 반대가 아니다'라고 주장하고 있었는데, 가톨릭 교회로부터 이 이단설(異端說)을 버리지 않으면 고문을 하겠다는 위협을 받고 있었다. *

갈릴레오는 네덜란드와 밀접한 관계를 갖고 있었다. 그가 만든 최초의 천체 망원경은 네덜란드에서 설계한 휴대용 망원경을 개조한 것이었다. 그것을 이용해서 갈릴레오는 태양의 흑점이나, 금성의 차고 이지러짐, 달의 분화구, 목성의 커다란 위성 4개를 발견했다. 이 중 목성의 4개의 위성은 그의 이름을 따서 〈갈릴레오 위성 *Galilean satellites*〉이라 불리우고 있다.

1615년에 대공비(大公妃) 크리스티나 *Christina*에게 보낸 편지 속에, 그는 자신이 교회로부터 받은 고통을 다음과 같이 쓰고 있다.

왕비 전하께서도 아시듯이 저는 지금까지 누구도 본 일이 없는 것이 천계(天界)에 수 없이 많은 것을 발견했습니다. 이것들은 새로운 것이었으며, 또 거기에서 유도된 결론은 학계의 철학자들이 일반적으로 믿고 있는 물리학의 이론과 모순되어 있었기 때문에 적지 않은 수의 교수들(대부분은 교회의 교수들)이 저를 반대하게 되었읍니다……그들은 마치 제가 자연을 뒤집어 엎고 과학을 타도하기 위하여, 그것들을 하늘에 올려놓은 것처럼 말하는 것입니다. 진리가 밝혀지면 밝혀질수록 학문 연구를 진전시키며, 그것을 확립, 성공시키기 위한 자극이 된다는 것을 그들은 잊어 버리고 있는 것 같습니다.

예를 들면 네덜란드에 살고 있던 철학자 데카르트는 1634년 소인이 찍힌 편지 속에서 다음과 같이 쓰고 있다. **

당신도 틀림없이 알고 있으리라고 생각하지만, 갈릴레오는 최근 종교 재판소에서 비난당하고, 지구의 운동에 관한 그의 견해는 이단이라는 판결을 받았읍니다. 내가 논문에서 설명한 것 중에는 지구의 운동에 관한 설도 포함되어 있지만 그들은 모두 상호 연관되어 있읍니다. 그 중 어느 것 하나라도 잘못이 있다고 판별되면 나의 논문 전부가 옳지 않다는 이야기가 되겠지요. 나는 그것을 당신에게 이야기해 두지 않으면 안되겠읍니다. 나의 논문은 매우 확실하고 명확한 증거를 기초로 했다고 생각하고 있읍니다. 그러

* 교황 요한 바울 2세 *Pope John Paul II*는, 3백 46년 전에 종교 재판이 내린 갈릴레오에 대한 유죄 판결을 파기할 것을 1979년에 신중히 제안했다 ―원주

** 유럽에는 광신적인 교의(敎義)가 그다지 범람하지 않는 지역도 있었지만, 그러한 곳에서 살고 있는 사람들조차 갈릴레오나 케플러의 태양 중심설을 함께 추진할 용기를 갖고 있지 않았다 ―원주

나 교회의 권위에 반하면서까지 나의 주장을 통과시키고 싶지는
않습니다……나는 '좋은 인생을 보내기 위해서는 눈에 띄지 않게
살아야 한다'는 것을 신조로 삼고 있읍니다. 앞으로도 평온함 속
에서 살며, 이 신조를 따라 생활하기를 원합니다.

호이헨스 가의 부자

크리스티아누스 호이헨스
(1629 ~ 1695)

탐험을 좋아하는 대국으로서의 네덜란드와 지식과 문화 중
심으로서의 네덜란드 사이의 관련성은 매우 강했다. 범선의
개량은 모든 종류의 기술 진보를 촉진시켰다. 사람들은 자신
의 손으로 일하는 것을 즐겼다. 발명은 칭송을 받았다. 기술
이 진보하기 위해서는 완전히 자유로운 지식 탐구가 필요했
다. 그를 위해 네덜란드는 유럽에서도 가장 많은 책을 출판
하고, 가장 많은 책을 읽었다. 외국어로 쓰여진 책은 번역하
고 다른 곳에서는 금지된 책들도 출판을 허가했다.

미지(未知)의 땅을 향한 모험 항해나 진귀한 사회와의 만
남은 편안 위주의 자기 만족에 충격을 주었다. 사상가들은 일
반적으로 알고 있던 지식을 다시 생각해야만 하게 되었다. 예
를 들면 지리학의 지식과 같이 수천 년 동안이나 진리로 여겨
졌던 것도 근본적으로 잘못되었다는 것을 인정해야만 하게
된 것이다.

세계 대부분의 나라가 왕이나 황제에 의해서 다스려지고 있
던 시대에, 네덜란드 연방 공화국은 다른 어느 나라보다 더
국민에 의해 다스려졌다. 사회는 개방되었으며, 정신 생활이
장려되고, 물질적으로도 풍부했으며, 탐험을 해서 새로운 세
계를 이용했다. 그러한 기풍이 있었기 때문에 사람들은 자기
네의 기도(企圖)에 자신을 갖고 그것을 즐겼다.*

한편 이탈리아에서는 갈릴레오가 '지구 이외에도 세계가
있다'고 발표하고, 브루노는 '다른 세계에도 생물이 있다'고
생각하고 있었다. 그 때문에 그들은 잔혹한 처벌을 받아야만
했다.

그러나 네덜란드에서는 이 두 가지를 함께 믿고 있던 천문
학자 크리스티아누스 호이헨스 *Christiaan Huygens*에게 존
경의 눈이 집중되고 있었다. 그는 당시 지극히 뛰어난 외교

* 네덜란드는 오늘날까지 그
인구에 비해 많은 숫자의 뛰
어난 천문학자를 배출하고
있는데 그것은 이러한 탐험
의 전통에 의한 것인지도 모
른다. 그러한 천문학자 중에
카이퍼 *Gerard Peter Kui-
per*가 있었다. 그는 1940년
부터 50년대에 걸쳐 전세계
에서 한 명뿐인 행성 전문
천체 물리학자였다. 당시,
그의 연구 분야는 직업적인
천문학자 사이에서는 약간
평판이 나빴다. 그것은 로웰
들이 좋지 않은 행동을 한 탓
*Lowellian excesses*이기도
했다. 나는 카이퍼의 제자인
것을 자랑스럽게 생각하고
있다 ―원주

관인 콘스탄틴 호이헨스의 아들이었다. 아버지 콘스탄틴은 문학가이기도 하며, 시인, 작곡가, 연주가이기도 했다. 그는 영국의 시인 단 *John Donne*의 친한 친구여서 그의 시를 번역하기도 했다. 그리고 위대한 가족의 가장(家長)이기도 했다.

콘스탄틴은 화가인 루벤스 *Rubens*를 존경하고 있었다. 그리고 렘브란트라는 이름의 젊은 화가를 〈발견〉했다. 그래서 그는 렘브란트의 그림 속에 여러 번 등장한다.

데카르트는 콘스탄틴 호이헨스를 처음 만난 후 그에 관하여 '한 인간이 이렇게 많은 것을 알고 있고, 더우기 이런 정도로 깊이 알고 있다는 것은 아무래도 믿어지지 않는 일이다'라고 쓰고 있다.

호이헨스의 집은 세계 각지의 물건으로 뒤덮여 있었다. 외국의 뛰어난 사상가들이 종종 그의 집을 방문했다.

크리스티아누스 호이헨스는 이러한 환경 속에서 자랐기 때문에 젊었을 때부터 외국어, 그림, 법률, 과학, 기술, 수학, 음악 등의 지식과 기능을 폭넓게 몸에 익히고 있었다. 그의 흥미와 관심은 참으로 여러 가지에 미치고 있었다. "세계는 나의 나라이며 과학은 나의 종교이다"라고 그는 말했다.

빛의 입자설과 파동설

빛은 이 시대의 주제였다. 빛은 사상이나 종교의 자유, 지리학상의 발견 등을 나타내는 상징이기도 했으며, 이 시대의 그림, 특히 페르멜의 우아한 그림에는 빛이 가득 차 넘쳐 흐르고 있었다. 빛은 스넬의 굴절 연구나 레벤후크의 현미경 발명, 호이헨스의 빛의 파동 이론 등이 나타내고 있는 것처럼 과학적인 연구의 대상이기도 했다.*

그들은 모두 상호간에 관련이 있었다. 페르멜의 마음 속은 항해의 도구나 벽걸이용 지도 등으로 가득 차 있었다. 그는 현미경을 응접실에 놓아 두고 사람들의 호기심을 만족시켰다. 레벤후크는 페르멜의 토지 관리인이기도 했는데, 그는 호프우에이크 *Hofwijck*에 있었던 호이헨스의 집도 종종 방문했다. 레벤후크의 현미경은 양복점에서 천의 질을 보기 위해서 사

* 뉴톤은 호이헨스를 존경했는데, 그를 당시의 가장 기품이 높은 수학자이며, 고대 그리스 수학의 전통을 충실히 고수하고 있는 사람이라고 생각하고 있었다. 이것은 현재에도 과거에도 위대한 찬사이다. 뉴톤은 빛의 그림자가 선명한 윤곽을 가지고 있는 것에서 '빛은 마치 작은 입자의 흐름처럼 행동한다'고 믿

용하고 있던 확대경이 발전된 것이었다. 그 현미경을 사용해서 그는 한 방울의 물 속에서 하나의 세계를 발견했다. 거기에는 미생물이 있었다. 그는 그것을 '극미동물(極微動物) *animalcule*'이라 부르며 귀엽다고 생각했다. 호이헨스는 최초로 현미경 설계를 했으며 그 자신 그것을 사용하여 수많은 것을 발견했다. 레벤후크와 호이헨스는 사상 최초로, 인간 생식의 전제가 되는 정자(精子)를 본 사람들이었다.

미리 끓여서 멸균한 물 속에서도 천천히 미생물이 발생해 오는 것을 본 호이헨스는 '그것들은 작기 때문에 공기 중을 떠돌아 다니다가 물위에 떨어진 뒤에 번식한다'는 설을 주창했다. 당시에는, 발효하는 포도의 즙이나 썩은 고기 속에서는 전에 있던 생물과는 전혀 독립적으로 새로운 생물이 발생한다고 생각되고 있었다. 이것을 생물의 자연 발생설 *spontaneous generation* 이라 하는데, 호이헨스는 그에 대신하는 설을 이끌어 낸 것이다.

그러나 호이헨스의 생각이 옳았다는 것이 증명된 것은 2세기 후인 파스퇴르 *Louis Pasteur*의 시대가 되어서부터였다.

미국의 탐색선 바이킹 *Viking*에 의한 화성 생물 탐색 아이디어는 어떤 의미에서는 레벤후크나 호이헨스에까지 거슬러 올라갈 수 있다. 그들은 세균 병인설(細菌病因說) *germtheory of disease*의 원조이며, 따라서 현대 의학에 있어서의 커다란 부분의 원조이기도 하다.

그러나 그들의 마음 속에는 실용적인 것을 목표로 삼을 생각은 없었다. 그들은 기술 사회에는 조금 정도밖에 발을 들여놓지 못했다.

토성의 띠 등을 발견

17세기 네덜란드에서 개발된 현미경과 망원경은 인간의 시력을 강화시켜 지극히 작은 것의 세계와 매우 큰 세계를 볼 수 있게 했다. 원자와 은하의 관측은 이 시대에, 여기서부터 시작되었다.

크리스티아누스 호이헨스는 천체 망원경을 위하여 렌즈를 얇게 깎고 닦아 광을 내는 것을 즐겼는데, 그는 길이 5 m의

었다. 붉은 빛은 최대의 입자로 되어 있으며 자색의 빛은 최소의 입자로 되어 있다고 그는 생각했다. 한편 호이헨스는 "빛은 진공 속을 마치 파동처럼 행동하며 전해 온다. 파도가 해면을 통해 전해지는 것과 마찬가지이다"고 주장했다. 우리들이 빛의 파장이나 주파수에 관하여 말하는 것은 그것을 파동이라고 생각하고 있기 때문이다. 회절 현상(回折現象)을 포함하여 빛의 많은 성질이 파동의 이론으로 무리 없이 설명되기 때문에 나중에는 호이헨스의 설이 지배적이 되었다. 그러나 1905년, 아인슈타인은 금속에 빛이 닿았을 때에 전자가 튀어 나오는 광전 현상은 빛의 입자설에 의해서 설명할 수 있다는 것을 발견했다. 현대의 양자역학(量子力學)은 입자와 파동의 두개의 설을 한데 묶었다. 일반적으로 빛은 어떤 상황 하에서는 입자의 흐름으로 행동하고 다른 상황 하에서는 파동으로서 행동한다고 생각되고 있다. 이 '파동과 입자의 이중성'은 우리들의 상식과는 일치되지 않는다. 그러나 그것은 빛에 관한 실험 결과와는 잘 일치한다. 전혀 다른 것끼리의 결혼은 수수께끼이기도 하고 장쾌하기도 하다. 빛의 성질에 관한 이러한 지식의 아버지가 평생 독신 생활을 한 뉴톤과 호이헨스라는 것은 재미있는 사실이다 ―원주

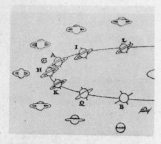

1659년에 출판된 호이헨스의 《토성의 구조 Systema Saturnium》의 한 부분. 지구와 토성의 관계에서 토성의 띠를 설명하고 있다.

* 갈릴레오도 토성의 띠를 보았지만 어떠한 형태를 하고 있는지는 알지 못했다. 그의 초기의 천체 망원경으로는 토성의 양쪽에 대칭형의 무엇인가가 솟아 나와 있는 것처럼 보였다. 그는 허둥대면서 '귀와 닮았다'고 말하고 있다 —원주

천체 망원경을 만들었다. 그 천체 망원경을 사용하여 여러 가지를 발견한 그는, 그것에 의해 인류 역사상 부동의 위치를 차지하게 되었다.

그는 에라토스테네스의 흔적을 추적하여, 처음으로 지구 이외의 행성의 크기를 측정했다. 그는 또 최초로 '금성은 완전히 구름으로 싸여 있다'고 생각했으며 화성 표면의 특징을 처음으로 도면으로 그렸다. 그것은 바람으로 황폐해진 어두운 사면(斜面) 〈대 시루티스 Syrtis Major〉였다. 그는 화성의 자전에 따라서, 그러한 특징 있는 모양이 나타났다 사라졌다 하는 것을 관측하고, 화성의 하루가 우리들의 지구와 마찬가지로 24 시간 정도라는 것을 처음으로 명백히 했다. 그는 토성에 띠가 있으며 그 띠는 토성의 어느 부분과도 붙어 있지 않다는 것을 최초로 관측했다.* 그리고 그는 토성 최대의 위성인 타이탄 Titan도 발견했다. 그것은 현재로서는 태양계 중 가장 큰 달(月)이며 극히 흥미있고 장래성이 풍부한 〈세계〉이다.

이러한 발견의 대부분은 그가 20대에 이룩한 것이었다. 그리고 그는 '점성술은 무의미하다'고 생각하고 있었다.

호이헨스는 훨씬 더 많은 것을 이룩했다. 그 시대의 항해술에 있어서 가장 중요한 문제는 어떻게 해야 경도 longitude를 알 수 있을까 하는 점이었다. 위도 latitude는 별을 관측함으로써 쉽게 알 수 있다. 남쪽으로 가면 갈수록 남쪽 성좌가 잘 보인다. 그러나 경도를 알려면 시각을 정확하게 알아야만 한다. 만약 배 위에 정확한 시계가 있다면 자신의 모항(母航)의 시각을 알 수 있을 것이다. 멀리 항해했을 때 태양이나 별이 떠오르고 지는 것을 관측하면, 그 장소의 시각을 알 수 있다. 이 두 곳의 시간 차로 경도를 산출한다.

추시계의 원리는 이미 갈릴레오가 발견했지만 호이헨스는 실제로 사용할 수 있는 추시계를 발명했다. 그것은 당시 배가 대양 한복판에서 자신의 위치를 계산할 때 사용되었다. 단지 항상 잘 맞지는 않는다는 흠이 있었지만.

그러나 그의 이와 같은 노력에 의해서 천문학이나 그밖의 과학의 관측은 유래 없이 정확한 것이 되었다. 또 그의 노력에 자극을 받아 항해용 시계는 크게 진보했다.

그는 태엽도 발견했다. 그것은 오늘날에도 회중시계 등에

사용되고 있다. 그밖에도 원심력 계산법 *calculation of cen-trifugal force*을 생각해 냈으며 기계학에도 중요한 공헌을 했고 주사위 놀이 연구로부터 확률론까지도 만들어 냈다.

그는 공기 펌프도 개량했다. 그것은 후에 광산업 혁신에 기여하게 된다. 또 그는 '마법의 초롱 *magic lantern*'도 발견했다. 이것은 오늘날 슬라이드 영사기의 선조에 해당하는 것이었다. 그는 '화약 엔진 *gunpowder engine*'이라 불리워지는 기계도 발명했다. 이것은 후에 '증기 기관 *steam engine*'의 발견에 영향을 미쳤다.

지구는 하나의 행성이며, 태양 주위를 돌고 있다는 코페르니쿠스의 견해가 네덜란드에서는 일반 사람들에게 널리 받아들여지고 있었다. 호이헨스는 그것을 기쁘게 생각했다. 사실 그는 "코페르니쿠스의 견해는 거의 모든 천문학자가 인정하고 있다"고 말하고 "인정하고 있지 않는 것은 머리 회전이 빠르지 않은 천문학자이든가, 단지 권위자가 주장하는 미신의 영향을 받은 천문학자뿐이다"고 서술하고 있다.

중세 시대, 그리스도교의 천문학자들은 다음과 같은 말을 자주 했다. "하늘은 지구의 주위를 하루에 한 바퀴씩 돌고 있다. 따라서 하늘이 무한히 멀리까지 계속된다는 일은 있을 수가 없다. 그러므로 지구 이외에 수 많은 세계가 있다든가 (또 다른 하나의 세계가 있다든가) 하는 일은 불가능한 일이다"라고.

하늘이 돌고 있는 것이 아니라 지구가 돌고 있다는 사실을 발견한 것은 지구의 독자성과 다른 세계에도 생물이 있을지도 모른다는 사고 방식에 중대한 영향을 미쳤다.

코페르니쿠스는 '태양계뿐만 아니라, 우주 전체가 태양의 주위를 돌고 있다'고 주장했다. 케플러는 '항성 주위에도 행성이 있을 것이다'라는 생각을 부정했다. '항성은 하나하나가 다 태양이며 그 주위의 궤도에는 다수의, 아니 무수히 많은 행성이 있다'는 생각을 처음으로 명확하게 주장한 것은 브루노였다고 생각된다.

그러나 다른 사람들은 세계가 몇 개든지 있다는 식의 사고 방식은 바로 코페르니쿠스나 케플러의 설로부터 나온다고 생각하고 깜짝 놀랐다.

마튼 *Robert Merton*은 17세기 초에 '태양 중심의 가설은 다른 곳에도 수많은 행성계가 존재함을 의미하지만 이것은 〈불합리한 추론 *reductio ad absurdum*〉이라 불리워지는 논의로서, 최초의 가정(假定)이 틀린 것'이라고 주장했다.

그는 이미 일단은 시들어 버렸다고 생각되는 논의를 말하며, 다음과 같이 쓰고 있다.

만약 천공(天空)이 코페르니쿠스가 주장하는 것처럼 비견할 데 없을 만큼 크고, 무수히 많은 별들로 차 있으며, 무한대로 펼쳐져 있다면, 천공에 보이는 별들은 각각 수많은 태양이며, 각자 하나의 특별한 중심이 되어 태양이 자신의 주위에 행성을 가지고 있는 것처럼 다른 태양들도 많은 행성들을 거느리고 있다는 이야기가 될 것이다. 따라서 사람이 사는 세계가 무수히 많이 있다는 결과가 된다. 우리들은 그렇게 상상할 수 있다. 과연 이러한 생각을 누가 막을 껏인가……케플러나 그밖의 여러 사람이 주장하는 지구 운동을 일단 인정해 버리면 이상과 같은, 무례하고 대담하며 이상한 모순에 가득찬 추론에 도달하지 않을 수 없다.

생물이 있는 행성을 상상

그러나 지구는 움직이고 있다. 만약 마튼이 오늘날 살아 있다면 '사람이 살고 있는 세계가 무한히 많다'고 추론하지 않을 수 없으리라.

호이헨스는 이러한 결론이 나와도 당황하지 않았다. 그는 즐겁게 그런 결론을 받아들였다. 우주 저 건너에 있는 항성들은 하나하나가 태양이다.

호이헨스는 우리들의 태양계로부터 유추해서 '어느 항성이든 각각 행성계를 가지고 있으며 그 행성의 대부분에는 생물이 살고 있을 것'이라고 생각했다.

우리가 만약 다른 행성은 거대한 사막일 뿐이며, 설계자인 신의 힘을 단적으로 표시하는 생물도 거기에는 없다고 생각한다면 그것은 그러한 행성은 아름다움에 있어서도, 신성(神性)에 있어서도, 지구보다 열등하다고 보는 것이다. 그것은 지극히 불합리하다. *

이러한 생각은 승리를 구가하는 듯한 제목인 《발견된 하늘

* 그 외에도 같은 의견을 말한 사람이 있다. 예를 들면 케플러는 《세계의 조화》라는 책 속에서, 티코 브라에의 '다른 행성은 벌거벗은 황무지'라는 설에 대해 '그것들이 아무런 의미 없이 존재할리는 없으며 생물로 가득차 있을 것이다'라는 의견을 갖고 있었다고 말하고 있다 ―원주

의 세계——행성 세계와 그 주민 및 산물에 관한 새로운 고
찰 *The Celestial Worlds Discover'd: Conjectures Concer-*
ning the Inhabitants, Plants and Productions of the Worlds
in the Planets〉이라는 책 속에 적혀 있다. 이 책은 호이헨스
가 죽기 전인 1690년에 편집되어 많은 사람들의 찬사를 받았
다. 러시아의 피오트르 대제 *Czar Peter the Great*도 몹시
감동하여 이 책을 러시아에서 출판하게 했는데, 그것은 러시
아에서 출판된 서방측 책으로서는 최초의 것이었다.

이 책의 대부분은 행성의 자연이나 환경에 관하여 논한 것
이었다. 아름답게 만들어진 초판본의 도면 중에는 거대한
행성인 목성, 토성과 태양을 같은 척도로 표시한 것이 있는
데, 그들은 비교적 작게 그려져 있다. 그밖에 지구와 토성을
나란히 그린 그림도 있다. 지구는 작은 원으로 그려져 있다.

호이헨스는 다른 행성의 환경이나 주민도 17세기의 지구와
많이 닮아 있으리라고 상상했다. 그는 〈행성인〉에 관하여 다
음과 같이 쓰고 있다. "몸 전체도, 몸의 각 부분도 우리들의
몸과는 전혀 다를지도 모른다…… 그러나 그것은 매우 우스
꽝스러운 생각이다…… 우리들과 다른 모양을 한 인간의 몸
속에 합리적인 혼이 머무를 수는 없다."

1420년경 중국 민 왕조 시대
에 아프리카에 다녀온 장 호가
가져온 기린

물론 그는 "기묘한 몸을 하고 있어도 영리할 수는 있다"고
도 말한다. 그러나 그는 일보 전진해서 "그렇지만 심하게 기
묘한 모양을 하고 있지는 않을 것"이라고 주장, "그들도 손
과 발이 있고, 똑바로 서서 걸으며, 문자를 쓰고 기하학도
하고 있을 것이다. 목성의 경우는 4 개의 갈릴레오 위성이 있
는데, 그것은 목성의 바다를 항해하는 어부들의 항법(航法)
에 도움이 될 것이다"라고 쓰고 있다. 호이헨스도 역시 시대
의 산물인 사람이었다. 그러나 우리들 중에 그렇지 않은 사
람이 과연 있을까.

그는 '과학은 나의 종교'라고 주장했다. 그리고 '행성에는
생물이 살고 있음에 틀림 없다. 그렇지 않다면 신은 아무 목
적 없이 행성을 만든 것이 된다'고 서술하고 있다. 그는 다
윈 이전의 인간이었기 때문에 지구 이외의 생물에 관한 그의
생각에는 진화론적인 견해는 섞여 있지 않다.

그러나 그는 관측에 기반을 두어, 현재의 우주관에 가깝게
생각을 발전시킬 수 있었다.

우주의 광대함 속에 우리들은 얼마나 훌륭한, 눈부신 체계를 가지고 있는가……수많은 태양, 수많은 지구, ……그리고 그 모두에 풀이 있고 나무가 있으면 동물이 있다. 그것들은 많은 바다나 산으로 장식되어 있다……그곳까지의 머나먼 거리와, 많은 항성의 수를 생각하면 우리들의 놀람과 감탄은 얼마나 클 것인가.

4 개의 목성 위성

우주 탐색선 보이저는, 그 당시 탐험 항해에 나간 범선의 직계 자손이며, 크리스티아누스 호이헨스의 과학적 사고법의 자손이기도 하다. 보이저는 항성을 향해 가는 범선이며, 그 도중에 호이헨스가 잘 알고 매우 사랑한 행성 세계를 탐험한다.

수세기 전 탐험 항해에 나선 범선이 가지고 돌아간 가장 큰 보석은 '여행자의 이야기'였다. 즉 보이지 않는 토지와 진귀한 생물들의 이야기였다. 그것은 우리들의 호기심을 고조시키고 모험심을 자극했다.

공중에 솟아 있는 산의 이야기도 있었다. 바다의 괴물이나 용의 이야기도 있었다. 금으로 만든 식기를 매일 사용하고 있는 사람들, 코를 손 대신 사용하는 동물, 프로테스탄트나 가톨릭, 유대교, 회교 등의 교의(敎義)에 관한 논쟁을 바보스럽다고 생각하는 사람들의 이야기도 있다. 또 타오르는 듯한 검은 자갈, 가슴에 입이 있고 머리가 없는 사람, 나무를 먹고 자라는 양 등의 이야기도 있었다.

이러한 이야기 속에는 진실된 것도 있고 거짓도 있었으며 원래는 정말로 있는 이야기였는데, 탐험한 사람이나 이야기를 들은 사람이 오해하거나 과장한 것도 있었다.

예를 들면 볼테르 *Voltaire*나 스위프트 *Jonathan Swift* 등도 이러한 이야기를 하고 있으며, 그 결과 유럽 사회에 새로운 전망을 가져왔다. 사람들은 '섬과 같이 고립된 세계'라는 낡은 사고 방식을 고치지 않으면 안되게 되었다.

현대의 보이저도 우리들에게 여행자의 이야기를 가져다 준다. 그것은 깨진 유리 구슬 같은 세계의 이야기이며, 북극부터 남극까지 거미집 같은 것으로 덮인 세계, 감자 같은 모

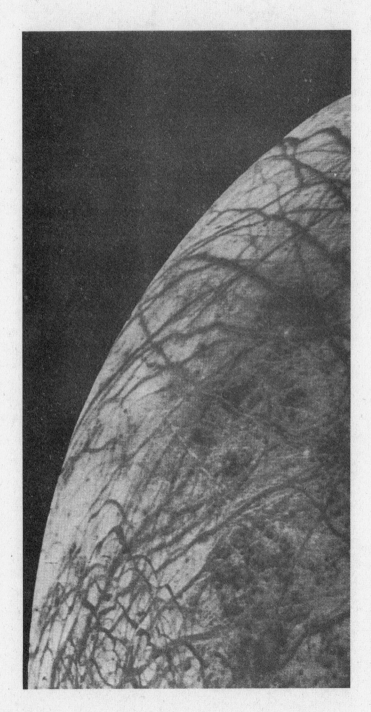

목성의 달 에우로파. 지구의 달과 크기가 비슷하고 분화구나 산이 없는 모습이 1백·*km* 두께쯤 되는 얼음으로 덮여 있는 것으로 여겨진다. 검은 줄들은 지표의 물질이 얼음 틈으로 비집고 나온 것으로 추측된다.

양을 한 작은 위성, 지하에 대양(大洋)을 가진 세계, 썩은 계란 냄새가 나는 피자파이 같은 육지, 용해된 유황의 호수가 있으며, 연기를 우주에 직접 분출하고 있는 화산도 있는 세계……등의 이야기이다.

그리고 또 거대한 목성의 이야기도 갖다 준다. 이 행성은 실로 크며 거기에 비교하면 지구는 마치 소인(小人) 같다. 목성 속에는 지구가 2천여 개나 들어갈 수 있다.

목성의 〈갈릴레오 위성*〉은 수성과 거의 비슷한 크기이다. 우리들은 그들 위성의 크기와 질량을 측정할 수 있다. 따라서 그들의 밀도를 계산할 수 있다. 밀도를 알면 그들 위성의 내부가 어떠한 것으로 생겨 있는가를 얼마든지 알 수 있다.

이오와 에우로파, 두 개의 내부는 암석과 같은 정도의 높은 밀도를 가지고 있다. 바깥 쪽의 두 개의 위성 가니메데스와 카리스트 Callisto는 밀도가 상당히 낮아서 암석과 얼음의 중간 정도이다.

그러나 바깥 쪽에 있는 두 개의 위성 속이 얼음과 암석의 혼합물이 되려면, 그 혼합물 속에는 지구의 암석과 마찬가지로 미량의 방사선 광물이 함유되어 있어야 한다. 그 방사선 광물은 주위를 덥힌다. 수십억 년에 걸쳐 축적된 그 열은 위성의 표면으로 올라와 우주로 달아날 길이 없다.

따라서 가니메데스와 카리스트 내부의 방사선 광물은 속의 얼음을 녹였음에 틀림 없다. 그러므로 우리들은 이 두 개의 위성 지하에는 눈과 물이 혼합된 바다가 있으리라고 예상했다.

갈릴레오 위성의 확대 사진을 보기 전에 우리가 생각하고 있었던 것은 '이 4 개의 위성은 서로 매우 다를지도 모른다'는 것이었다.

실제로 이들 위성을 보이저의 눈으로 자세히 관측해 보고 이 예언이 맞았다는 것을 확인했다. 그들은 닮아 있지는 않았다. 그들은 우리들이 그때까지 본 어느 〈세계〉와도 달랐다.

* 목성에는 16 개의 위성이 있는 것으로 알려졌는데, 그 중 4 개는 특히 커서 갈릴레오가 정밀하지 못한 천체 망원경으로 1610년에 발견했다. 그래서 '갈릴레오 위성'이라 부르고 있다. 목성에서 가까운 쪽에서부터 이오, 에우로파, 가니메데스, 카리스트의 4개이다 ―역주

에우로파의 줄무늬

보이저는 지구에는 결코 돌아오지 않는다. 그러나 그 과학적인 관측 데이터, 그 훌륭한 수많은 발견, 그 '여행자의 이야기'는 지구에 도착할 수 있다. 예를 들면 1979년 7월 9일, 바로 그날 아침 8시 4분(미국 태평양안 표준시), 옛 유럽에서 연유된 에우로파라는 이름을 가진 신세계 최초의 사진이 지구상에 수신되었다.

그러한 사진은 태양계 외역으로부터 어떻게 보내지는 것일까.

에우로파는 목성 주위의 궤도를 돌면서 태양 빛을 받아 빛나고 있다. 그 태양 광선의 일부는 에우로파의 표면에서 반사되어 우주로 되돌아간다. 그 반사광이 보이저의 TV 카메라 속에 들어가 광전 입자에 맞아 상(像)을 만든다. 이 상은 보이저가 컴퓨터로 읽어 전파에 태워 발신한다. 그 전파는 5억 km 정도의 굉장한 거리를 지나 지구의 전파 망원경에 도달한다. 지상의 수신국은 스페인에 하나, 미국 캘리포니아 남부 모하비 Mojave 사막과 오스트레일리아에 하나씩 있다.

1979년 7월의 아침에는 오스트레일리아의 전파 망원경이 목성과 에우로파 쪽을 향하고 있었다. 얻은 정보는 지구 주위의 궤도상에 있는 통신 위성의 중계에 의해 오스트레일리아에서 캘리포니아 남부의 수신국으로 보낸다. 그곳에서부터는 마이크로파(波) 중계에 의해서 제트 추진 연구소의 컴퓨터로 보내지며 거기서 처리된다.

사진은, 기본적으로는 신문의 전송 사진 wirephoto과 같다. 한 장의 사진은 백만 개 정도의 짙고 옅은 여러 가지 회색 점으로 이루어져 있다. 그 점들은 매우 작고 서로 극히 근접해 있기 때문에 약간 떨어져서 보면 보이지 않는다. 우리는 점이 집적(集積)된 결과를 화면으로 보는 것이다.

탐색선으로부터 보내지는 것은 개개의 점이 얼마만큼 밝은가 어두운가 하는 정보이다. 각각의 점의 정보는 컴퓨터로 처리된 후 음악 레코드와 비슷한 형태의 자기(磁氣) 디스크에 저장된다.

〈보이저 2호〉가 찍은 목성의 대기. 구름은 시속 백 40 km로 달린다.

갈색의 목성 구름에는 뚫린 부분이 있어서(그 위에는 암모니아 구름도 없다) 구름층을 더 잘 볼 수 있다.

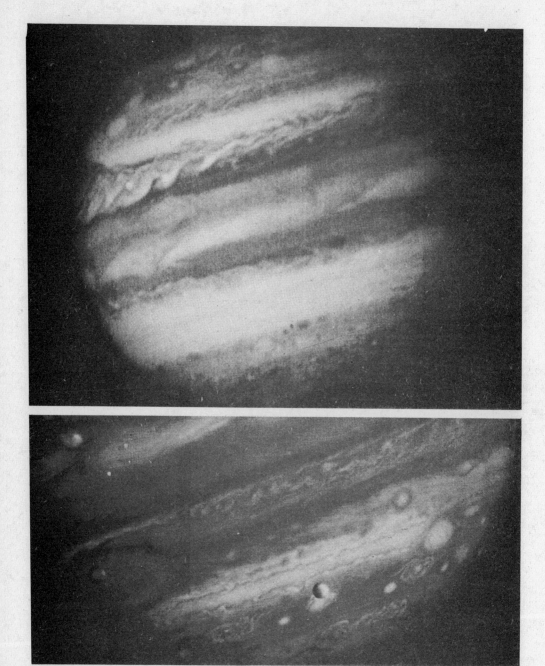

2천 8백만 *km* 거리에서 〈보이저 1호〉가 찍은 목성 (위)과 목성 뒤에 있는 위성 이오의 모습(아래)

보이저 1호는 목성과 그 위성의 사진을 1만 8천 장 정도 보냈는데, 그들은 그러한 자기 디스크에 저장되었다. 보이저 2호도 같은 숫자만큼의 사진을 촬영했다.

이러한 놀랄 만한 연락과 중계의 최종적인 산물은 얇은 인화지 한 장에 반영된 한 장의 사진이다. 그 사진은 에우로파가 지닌 놀라움을 보여주고 있었다. 그것은 인류 사상 최초로 기록되고 현상, 조사된 에우로파의 사진이었다.

그 기념해야 할 날은 1979년 7월 9일이었다.

우리들은 그러한 사진에 의해서 진실로 놀랄 수밖에 없는 것을 보았다. 보이저 1호는 다른 세 개의 위성에 관해서는 훌륭한 사진을 찍었지만 에우로파의 사진은 그다지 좋지 않았다. 에우로파의 최초의 확대 사진은 보이저 2호에게 맡겼는데, 완성된 사진에서는 직경 수 *km*의 것까지 식별할 수가 있었다. 얼른 보았을 때, 에우로파에는 화성의 운하와 아주 닮은 모양이 있었다. 화성의 운하란 로웰이 화성을 장식하기 위해 상상한 것이다. 그러나 이것은 우주 탐색선의 조사에 의해 실제로 존재하는 것이 아님이 확실해졌다. 그런데 에우로파에는 직선이나 곡선이 복잡하게 교차한, 놀랄 만큼 복잡한 그물 모양이 있었다. 이것들은 융기한 산맥일까, 아니면 매몰된 골짜기일까. 어떻게 해서 생긴 것일까.

위성 자체가 팽창하거나 수축함으로써 생긴 지질 구조적인 것일까. 지구의 플레이트 텍토닉스 *plate tectonics*와 관련이 있는 것일까. 목성의 다른 위성과는 어떤 관계가 있는 것일까.

뛰어난 기술에 의해 그것들이 발견되었을 때 누구나 깜짝 놀랐다. 그러나 인간은 지혜를 짜서 그 원인이 무엇인가를 생각하지 않으면 안된다.

에우로파는 그물 같은 선 이외의 지역은 당구공처럼 반반하다. 충돌 분화구도 없다. 그것은 운석 등이 충돌했을 때 열이 발생하여 표면의 얼음이 녹아 흘러 버린 때문이리라. 선(線)처럼 보이는 것은 얼음의 틈이거나 개천이라고 생각되지만 어떻게 해서 생겼는가에 관해서는 보이저가 사진을 찍은 이래, 아직도 논의가 계속되고 있다.

* 지구의 표면은 두께 약 1천 *km*인 몇 개인가의 암반으로 덮여 있으며, 그 암반이 끊임없이 이동해서 화산이나 지진의 원인이 된다는 학설 —역주

초생달 모양의 이오에서 폭발하고 있는 2개의 화산. 거의 4개월 이상이나 분출을 계속하고 있다.

최근 이오의 라페트라 *Ra petera* 화산에서 분출된 유황.

목성에의 비행 일지

만약 보이저에 사람이 타고 있었다면 선장은 비행 일지를 적었으리라. 보이저 1호와 2호가 수행한 일을 종합해 보면 그 일지는 다음과 같이 될 것이다.

◇ 제 1일＝장치나 기계가 고장난 것 같아서 매우 염려했는데, 우리들은 무사히 케이프 카나베랄 *Cape Canaveral*에서 출발하여 행성과 항성을 향한 긴 여행을 시작했다.

◇ 제 2일＝과학 관측 조사대를 받치고 있는 기둥이 잘 작동하지 않는다. 만약 이 문제가 해결되지 않는다면 우리들은 사진도 거의 찍을 수 없고, 과학 관측도 거의 할 수 없다.

◇ 제 13일＝우리들은 뒤돌아보고 지구와 달이 나란히 있는 사진을 찍었다. 두 개를 동시에 찍은 것은 이것이 최초이다. 지구와 달은 아름다운 한 쌍이다.

◇ 제 150일＝궤도 수정을 위해 로케트 발사. 순조.

◇ 제 170일＝여느 때처럼 선내의 잡무뿐, 아무 일도 없는 날이 몇 개월이나 계속되고 있다.

◇ 제 185일＝목성의 예비 사진 촬영에 성공.

◇ 제 207일＝지지봉(支持棒)의 문제는 해결했다. 그러나 주발신기(主發信器)가 고장. 보조 발신기로 바꿈. 만약 이것이 고장나면 지구의 사람들은 우리들의 목소리를 두 번 다시 못들을 것이다.

◇ 제 215일＝화성의 궤도를 지났다. 화성은 태양 건너편에 있었다.

◇ 제 295일＝우리들은 소행성대에 들어갔다. 여기에는 커다란 암석이 많이 있어 회전하면서 비행하고 있다. 이곳은 우주의 바다의 얕은 여울이며 암초이다. 그 여울이나 암초의 대부분은 해도(海圖)에도 기록되어 있지 않다. 그러므로 파수를 보게 했다. 충돌하지 않도록 하기 위해서이다.

◇ 제 475일＝우리들은 소행성대의 중앙 부분에서 안전하게 나올 수 있었다. 무사해서 다행이다.

◇ 제 570일＝하늘에 보이는 목성이 점점 커진다. 지구상

의 어떤 천체 망원경으로 본 것보다도 훨씬 작은 점까지 보
이게 되었다.

◇ 제 615일＝목성의 거대한 기상 체계, 변화하는 구름 등
이 우리들의 눈 앞에서 자전하고 있다. 그것을 보고 있으면
황홀해진다. 이 행성은 거대하다. 이것은 다른 모든 행성을
합한 것의 두 배 이상의 크기이다. 목성에는 산도, 골짜기도,
화산도, 하천도 없다. 육지와 바다의 경계도 없다. 짙은 가스
와 거기에 떠 있는 구름만의, 거대한 바다에 지나지 않는다.
고체 표면을 갖지 않은 세계인 것이다. 우리가 볼 수 있는
것은 목성의 하늘에 떠 있는 것뿐이다.

◇ 제 630일＝목성의 구름은 지금도 훌륭한 광경이다. 이
묵직한 세계는 한 바퀴 도는데 10 시간 이내로 자전하고 있
다. 대기의 급격한 운동은 이 빠른 자전의 힘이나 태양 광선,
목성 내부로부터 나오는 열 등에 의한 것이다.

◇ 제 640일＝구름의 형태는 확실하며 눈부실 정도로 아름
답다. 그것은 고호 *Van Gogh*의 《별의 밤》이나 블레이크
William Blake, 뭉크 *Edvard Munch*들의 작품을 생각나
게 한다. 그러나 그것은 아주 조금 닮아 있을 뿐이다. 어떤
화가도, 이러한 것을 그린 적은 없다. 왜냐하면 화가는 이제
까지 지구를 떠난 일이 없기 때문이다. 지구상에 붙잡혀 있
는 화가들은 누구도 이렇게 기묘하면서도 훌륭한 세계를 상
상해 본 일은 없었다.

목성에 가까이 가서 보면, 색색의 줄무늬 모양을 볼 수 있
다. 하얀 띠는 높은 구름이리라고 생각된다. 아마 암모니아
의 결정으로 이루어졌으리라. 갈색 띠는 깊고 뜨거운 장소
이리라. 거기서는 대기가 하강하고 있을 것이다. 푸른 곳은
구름 속에 뚫린 깊은 구멍임이 분명하다. 그 구멍으로 우리
들은 맑게 개인 공기를 보는 것이다. 목성에는 새빨간 구름
도 있는데 왜 빨간지 그 이유는 아직 모르고 있다. 그것은 인
이나 유황의 화합물 때문인지도 모르며, 혹은 목성 대기 속
의 메탄, 암모니아, 물 등이 태양으로부터의 자외선으로 분
해되어 재결합해서 생긴 유기 물질의 밝은 색 탓일지도 모른
다. 그렇다면 40억 년 전 지구에 생명이 탄생했을 때 어떠
한 화학적 반응이 일어났는가를 목성의 색이 우리들에게 알
려 주는 게 된다.

이오의 로키 페트라 *Loki Patera* 화산의 화산 기둥. 자외선은 혹처럼 반원을 이루고 있으며 그 주위에 작은 미립자로 된 구름이 보인다. 자외선 구름의 높이는 이오 표면으로부터 2백 *km*나 되며 매우 작은 입자와 원자를 공중으로 발사한다.

◇ 제 647일＝커다란 붉은 점이 보인다. 주위의 구름보다 훨씬 높은 곳까지 튀어나온 기체 기둥이다. 이 〈점〉 속에는 지구가 6 개나 들어간다. 아마도 깊은 곳에서 생기거나 농축된 복잡한 분자가 상승해서 오기 때문에 빨갛게 보일 것이다. 그것은 1백만 년 전부터 있는 대폭풍 *great storm system* 일지도 모른다.

◇ 제 650일＝목성에 좀더 다가갔다. 경이로움으로 가득찬 하루였다. 목성의 방사선대는 위험한데, 다행히도 편광계(偏光計) *photopolarimeter*가 부서졌을 뿐이다. 목성에도 토성과 마찬가지로 띠가 있다는 것이 최근에 밝혀졌는데 우리들은 그 띠의 평면도 지났다. 띠의 입자나 돌멩이와는 부딪치지 않고 지나쳤다. 그리고 위성 아말테아 *Amalthea*가 보였다. 이것은 작고 붉은 위성으로, 길고 가는 모양을 하고 있으며 방사선대의 한가운데를 날고 있다. 계속해서 여러 가지 색을 한 위성 이오가 보이고, 에우로파의 직선 모양, 가니메데스의 거미집 같은 모양, 카리스트의 주위에 몇 겹인가의 별을 가진 커다란 분지 등이 보였다. 우리들은 카리스트의 옆을 통과하여 목성의 위성 중에서도 가장 바깥 쪽에 있는 목성 13의 궤도를 가로질렀다.

◇ 제 662일＝입자 측정기와 전장(電場) 측정기 *particle and field detector*＊는 우리들이 목성의 방사선대를 떠났다는 것을 나타내고 있었다. 목성의 인력이 우리들의 우주선을 가속화시켜 주었다. 우리들은 갑자기 목성에서 빠져나와 또 다시 우주의 바다를 항해하고 있다.

◇ 제 874일＝우주선의 항법 계기(航法計器)의 하나는 항상 카노프스 *Canopus* 별 쪽을 향하게 해 놓았는데, 그것이 어긋나 버렸다. 성좌의 전설에 의하면 이 별은 범선의 키 *rudder* 라 한다. 그것은 우리들의 키이기도 하다. 어두운 우주 속에서 우주선의 방향을 결정하는 데는 꼭 필요한 별이다. 이제까지 탐험된 일이 없는 우주의 바다 속에서, 자신들이 나아가야 할 방향을 아는 데에 우리들은 이 별을 사용한다. 우리들은 계기를 조정하여, 또 다시 카노프스를 잡을 수 있었다. 광학계기가, 켄타우르스 *Centauri*좌의 알파성과 베타성을 카노프스로 잘못 잡았던 것이다. 다음에 들를 항구는 토성으로 거기에 도착하기까지 앞으로 2 년 걸린다.

＊ 전기를 띤 것의 영향을 받는 범위 ―역주

불규칙한 모양의 목성의 달, 아말테아. 밝은 점은 충돌 분화 구일 것이다. 아말테아의 직경 은 2백 40 km정도이며 장축이 목성을 향하고 있다.

장대한 이오의 활화산

보이저가 보낸 '여행자의 이야기' 중에서 내가 좋아하는 것 은 갈릴레오의 4개의 위성 중 가장 안쪽에 있는 이오에 관한 여러 가지 발견이다.

보이저의 비행 이전에도 이 위성이 어딘가 평범하지 않다 는 것은 알고 있었다. 우리들은 그 표면의 특징을 거의 알지 못했지만, 그러나 그것은 붉은 위성이었다. 극단적으로 붉고 화성보다 더 붉었다. 아마도 태양계 중에서 가장 붉은 천체일 것임을 우리들은 알고 있었다. 게다가 몇년 간이고 관측하고 있으면 그 위성에서는 무언가 일어나고 있는 것 같았다. 적 외선의 상태가 변하고, 레이다 전파의 반사하는 모습도 변화 하는 것처럼 생각되었다.

나는 또 목성 주위 꼭 이오의 궤도에 해당하는 곳에 유황, 나트륨, 칼륨 등의 원자가 도너츠 형으로 모여 있는 것도 알 고 있었다. 그들 원자는 이오가 방출한 물질처럼 생각되었다.

보이저가 이 거대한 위성에 접근했을 때, 우리들은 태양계 의 다른 행성이나 위성과는 전혀 다른 여러 가지 색의 표면을 보았다.

이오는 소행성대 가까이 있다. 따라서 이 위성은 탄생 직후 부터 지금까지 줄곧 떨어지는 자갈에 여기저기 할 것 없이 두드려 맞았을 것임에 틀림없다. 수많은 충돌의 분화구가 생 겼으리라.

그런데 이오에서는 단 하나의 충돌 분화구도 발견되지 않았 다. 즉 이오의 표면에서는 분화구를 지우거나 매몰해 버리는 어떤 거대하고 효과적인 변화가 일어나고 있다는 이야기이다. 이 변화가 대기에 의한 것일 수는 없다. 왜냐하면 이오는 인 력이 작기 때문에, 대기가 거의 모두 우주 공간으로 달아나 버리기 때문이다. 흐르는 물에 의한 변화도 아니다. 왜냐하 면 이오의 표면은 너무 추워서 물은 전부 얼어붙어 있기 때 문이다.

이오의 표면에는 화산의 꼭대기와 닮은 지형이 몇 개인가 있다. 그러나 그것을 화산이라고는 말할 수 없었다.

목성 내부의 단면도. 구름층 이 더 얇아 보인다. 중심부에 바위와 철이 있는 것이 지구와 비슷하다.

보이저 1호가 찍은 이오(Io)의 표면 사진. 거의 원형에 가까운 검은 부분은 최근에 활동중인 화산이다. 중앙에 밝은 환에 둘러 싸인 화산이 보이는데 이것은 이 사진을 찍기 15시간 전에 분화했던 것이다. 이것은 프로메테우스라고 불려져 왔다. 최초에는 용해상태로 있었던 화산이 분출한 유황이 얼어 붙어서 검은 부분, 빨간 부분, 오렌지색 부분, 황색 부분이 만들어 졌다고 생각된다. 용해상태였을 당시 온도가 가장 높았던 곳은 검은 부분, 가장 낮았던 곳은 황색 부분이었다고 여겨진다. 프로메테우스 주위를 둘러 싸고 있는 부분을 포함해서 하얀 부분들은 모두 이산화 유황이 얼어서 형성된 것으로 생각된다. 이오의 직경은 3,640km이다. (사진·NASA 제공)

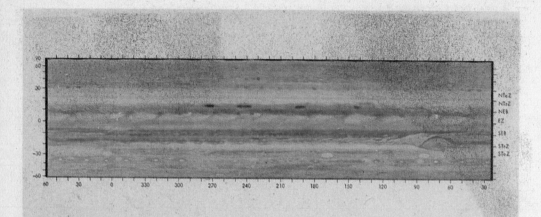

뱀껍질 혹은 원통 모양을 한 목성 구름의 평면도. 아래 쓰여진 숫자는 경도, 왼쪽은 위도를 표시한다. 오른쪽에 쓰여진 약자들은 위에서 부터 순서대로 북온대, 북열대, 북적도 띠, 적도, 남적도 띠, 남열대 그리고 남온대를 각각 의미한다. 각 지대는 색채있는 띠로 나타나지만 사실은 하얀 암모니아 구름으로 덮여 있다. 남적도 띠와 남열대의 경계 부근에 거대한 적색 반점이 보인다. 이 반점의 경도는 약 75도이다. 북적도 띠에 나란히 보이는 하얀 깃털 모양의 위쪽에 푸르스름한 빛깔의 불규칙한 반점이 있는 부분이 가장 뜨겁고, 가장 깊숙한 부분이다. (사진·NASA 제공)

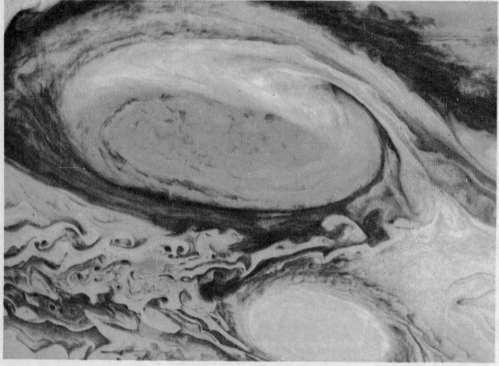

거대한 적색 반점을 인공적으로 착색해 본 것. 컴퓨터로 적색과 청색을 강조했기 때문에 녹색은 나타나지 않고 있다. 거대한 적색 반점 상공 ½ 정도 되는 곳에 고층운이 일시적으로 떠있다. 보이저 1호 사진.

여성 과학자 모라비트 *Linda Morabito*는 보이저 항법반 (航法班)의 일원으로서 보이저가 항상 바른 궤도를 따라 날아가도록 하는 일에 책임을 지고 있었다. 그녀는 언제나처럼, 이오의 바깥 쪽 우주 공간에 흩어져 있는 항성의 상을 확실히 떠 올린 사진을 만들도록 컴퓨터에게 명령했다. 그것은 이오 건너편의 항성을 수단으로 해서 보이저가 날아가고 있는 곳을 알기 위해서였다. 그런데 놀랍게도 이오의 표면에서 암흑의 우주 공간을 향해 밝은 것이 솟아오르고 있는 게 아닌가. 그리고 그것은 정녕 화산이 있는 게 아닐까 하고 생각되어지는 장소로부터 솟아 오르고 있었다.

보이저는 최초로 지구 이외에 있는 활화산을 발견한 것이다. 지금까지 이오에는 가스나 암석의 파편을 분출하고 있는 활화산이 9 개 있으며 그외에 수백, 혹은 수천 개의 사화산이 있는 것으로, 알려져 있다.

화산의 기슭을 구르거나 흘러내리는 암석의 파편, 또는 색색의 지형 (地形)의 상공을 아치를 그리면서 날아가는 암석의 파편은, 충돌 분화구를 덮어 버리기에 충분한 양이다. 우리들은 이오의 금방 생긴 표면, 신선한 풍경을 보고 있는 것이다. 갈릴레오나 호이헨스도 만약 이것을 본다면 틀림없이 놀랄 것이다.

이오의 화산은, 그것이 발견되기 전에 이미 필 *Stanton Peale*과 그의 공동 연구자들에 의해 예언되었다. 그들은 가까이에 있는 위성 에우로파와 거대한 목성의 인력에 의해서 이오의 내부 고체에 어떠한 조석 현상 (潮汐現象)이 일어날까를 계산했다. 그 결과 이오 속의 암석은 방사선 물질 때문이 아니라 조석 현상에 의한 마찰 열 때문에 용해되어 액체가 되어 있을 게 틀림없다고 생각되었다.

현재는 '지하의 얕은 곳에, 녹아서 액체가 된 유황의 바다가 있어서 그것이 분출되어 화산이 되는 것이리라'고 여겨지고 있다. 고체 유황에 열을 가하면 물의 보통 비등점 *boiling point* 보다 약간 높은 섭씨 1백 15 도에서 녹아서 색이 변한다. 온도가 높아지면 높아질수록 색은 진해진다. 그리고 녹은 유황이 급히 냉각되면 그 색 그대로 단단해진다.

이오의 표면에서 우리가 본 색의 형태는, 화산의 분화구로부터 넘쳐 나온 액체 유황이 하천이 되어 흐르거나, 얇은 층

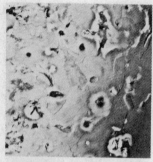
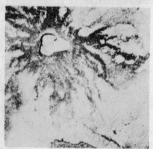

이오의 남극. 편편한 평원,
분화구 반층, 분출된 유황, 가
파른 언덕들이 늘어져 있다.

을 만들며 화산의 기슭을 흐르거나 할 때 생겼으리라고 예상되는 것과 매우 비슷하다. 가장 뜨거운 검은 유황은 화산의 정상 가까이에 있었다. 그 가까이의 하천 등에는 붉은 색과 오렌지 색의 유황이 있었으며, 멀리 떨어진 대평원은 노란 유황으로 덮여 있었다.

그리고 이오의 표면은 몇 개월 만에 변한다. 따라서 이오의 지도를 만들 때는 지구상의 천기도(天氣圖)처럼 끊임없이 새로운 것을 만들지 않으면 안된다. 장래 이오를 탐험하는 사람들은 그 점을 기억해 두지 않으면 안될 것이다.

이오에는 매우 엷은 대기가 있으며, 그것은 주로 이산화유황(아황산가스)으로 되어 있다. 그것도 보이저가 발견했다. 만약 이오의 표면에서 우주복의 헬멧을 벗는다면 썩은 계란 냄새 같은 강렬한 냄새가 코를 자극할 것이다.

그러나 엷은 대기는 커다란 역할을 하고 있다. 이오는 목성의 방사선대 속을 날고 있는데 그 방사선대 속의 강렬한 하전 입자를 이 엷은 대기가 충분히 방어해 준다.

밤이 되면 온도가 내려가기 때문에 이산화유황은 응축되어 하얀 서리와 같이 된다. 따라서 밤에는 하전 입자가 이오의 표면을 두드린다. 이오에 가면, 밤에는 지하에 들어가 지내는 편이 현명하다. 썩은 계란 같은 냄새가 도움이 되고, 환영받는 곳은 태양계에서는 아마도 이오뿐일 것이다.

이오의 화산의 거대한 불기둥은 매우 높은 곳까지 도달하고 있기 때문에, 화산은 목성 주위의 우주 공간에도 여러 가지 원자를 직접 방출하고 있다. 이오의 궤도를 따라 목성을 둘러싸고 있는 도너츠형 원자군(群)은 아마 이오의 화산에 의해서 만들어진 것이리라.

이들 원자는 나선형 길을 따라 점점 목성 쪽으로 다가가는데 그 도중에 이오보다 안쪽에 있는 위성, 아말테아에 부딪치기도 하고, 아말테아의 표면을 덮기도 한다. 아말테아가 새빨간 것은 그 때문인지도 모른다.

또 이오로부터 분출된 물질이 몇 번이고 충돌하고 응축해서 목성의 띠를 만드는 데 도움이 되었다고도 할 수 있는 일이다.

태양이 되는 데 실패한 목성

인간이 목성에서 산다는 것은 매우 상상하기 힘든 일이다. 단지 나는 먼 장래에는 목성의 대기 속에 영원히 떠 있는 거대한 기구 도시(氣球都市)라는 것이 기술적으로는 가능하리라고 생각한다.

이오나 에우로파의 목성에 가까운 쪽에 서서 위를 보면, 거대하고 변화가 풍부한 목성이 하늘의 대부분을 점유하고 떠 있는 것이 보인다. 그것은 결코 떠오르고 지고 하지는 않는다. 왜냐하면 태양계의 위성 거의 전부가 자신의 주인인 행성에 대해 항상 같은 〈얼굴〉을 향하고 있기 때문이다. 그것은 지구의 위성인 달도 마찬가지다.

장래, 목성의 달을 탐험하는 사람들에게 목성은 언제까지나 자극과 흥분을 줄 것이다.

태양계의 천체는 성간 우주(星間宇宙)의 기체와 먼지가 모여서 생긴 것이다. 목성도 그 예외는 아니다. 머나먼 성간 우주로 달아나거나 태양 쪽으로 떨어진 물질은 별도로 하고 그곳에 있는 기체나 먼지의 대부분을 목성이 획득했다. 만약 목성이 현재의 수십 배의 질량을 갖고 있었더라면 목성의 내부에 모인 물질은 핵 융합 반응을 일으켜 스스로의 빛으로 빛나기 시작했으리라. 태양계 최대의 행성인 목성은 항성이 되려다 실패한 것이다.

항성이 되는 데는 실패했지만, 그러나 목성의 내부는 상당히 고온이다. 목성은 태양으로부터 받아들인 에너지의 거의 두 배에 달하는 에너지를 우주 공간에 방출하고 있다. 적외선 스펙트럼을 보면 목성은 항성이라고 생각하는 것이 정당하다는 생각조차 든다.

만약, 목성이 가시 광선을 내는 진짜 항성이 되었더라면, 우리들은 오늘날 2중성(二重星) 혹은 연성(連星)이라 불리우는 계(系) 속에서 생활하고 있을 것임에 틀림없다. 하늘에는 태양이 두 개 있으며, 밤은 간혹씩 밖에는 오지 않으리라. 우리들의 은하계 속에는 태양을 두 개 가진 행성계가 무수히 있다. 그것은 얼마든지 있을 수 있는 일이다.

목성의 달 중에서 가장 큰 가니메데스. 이 사진에서 가장 작은 무늬도 넓이가 3km나 된다. 수많은 충돌 분화구가 있으며 어떤 것은 밝은 빛을 낸다.

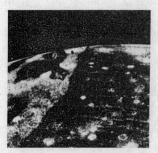

보이저 2호가 찍은 사진. 평행한 줄들은 얼음 표면에 어떤 충격으로 퍼진 것으로 보인다.

가령 우리들이 그런 행성계에 살고 있다면 우리들은 틀림 없이, 그러한 환경을 자연스러운 것이며 훌륭한 것이라고 생각할 것이다.

목성의 구름 밑, 훨씬 깊은 곳에서는 그것보다 위에 가로 놓여 있는 대기층의 무게 때문에 지구의 어떠한 압력보다도 훨씬 커다란 압력을 받고 있다. 그 압력은 지극히 커서 수소 원자의 주위를 돌고 있는 전자를 빼앗아 버려서 액체 금속 수 소 *liquid metallic hydrogen*라는 훌륭한 물질로 변한다. 수은처럼 액상(液狀)의 금속으로 변하는 것인데 지구상에서는 그러한 고압을 만들 수가 없다. 따라서 그러한 물리적 상 태의 수소는 지구상의 연구실에서는 지금까지 관측된 일이 없다. 우리들은 금속 수소가 적당한 온도 하에서 초전도 현상 (超電導現象)*을 나타내는 게 아닐까, 라는 희망을 갖고 있 다. 만약 그러한 금속 수소를 생산할 수 있다면 전자 공학 분야에 혁명이 일어날지도 모른다.

목성의 내부는 지구 표면 대기압의 3백만 배 정도의 압력으로 눌려 있으며 그곳은 금속 수소가 용솟음치는, 깜깜한 대해원(大海原)이다. 그밖에는 거의 아무 것도 없다.

그러나 목성의 중심부에는 바위나 쇠의 덩어리가 있을지도 모른다. 그것은 거대한 만력(萬力)으로 압력을 지탱하게 한 지구 비슷한 것이다. 그것은 태양계 중에서도 가장 커다란 행성인 목성의 중심에서 영원히 은폐된 채, 태양을 보는 일 은 없다.

목성 속의 액체 금속에 흐르고 있는 전류가, 목성의 거대 한 자장(磁場)과 그와 관련된 방사선대를 만들어 내고 있을 것이다. 그 자장은 태양계 중에서도 최대이며 방사선대에는 전하(電荷)를 가진 양자와 전자가 붙잡혀 있다. 이들 하전 입 자는 태양으로부터 방출되어 태양풍으로서 와서 목성의 자장 에 잡혔거나, 자장에 의해서 가속된 것이다.

굉장한 숫자의 하전 입자가 구름보다 훨씬 높은 곳에 잡혀 있어서 목성의 남극 상공과 북극 상공 사이를 왔다갔다 하고 있다. 그리고 우연히 고층 대기와 부딪치면 그 하전 입자는 방사선대로부터 제거된다.

위성인 이오는 목성에 매우 가까운 궤도를 돌고 있기 때문 에 쟁기로 밭을 갈 듯이 이 강력한 방사선대의 한가운데를

* 전기 저항이 0이 되는 현상. 보통의 구리선에 전기를 통 하면, 구리선의 저항 때문에 전기의 일부는 열로 변하여 달아나는데, 초전도 물질속 을 전기가 통할 때에는 그러 한 손실은 없다 —역주

날고 있다. 그 때문에 이오에는 하전입자가 샤워처럼 쏟아지고, 그 결과 강렬한 에너지를 가진 전파가 발생한다(이 샤워는 이오의 활화산 분화에도 영향을 주고 있는지도 모른다).

따라서 목성에서 오는 폭발적인 전파는, 이오의 위치를 컴퓨터로 산출함에 의해서 매일의 일기 예보나 점성술보다도 훨씬 잘 예측할 수가 있다.

목성이 전파를 내고 있는 것은 1950년대에 우연히 발견되었다. 그것은 전파 천문학이 시작된 지 얼마되지 않아서였다. 바크 *Bernard Burke*와 프랭클린 *Kenneth Franklin*이라는 두 젊은 미국인이 새로 만든, 당시로서는 매우 감도가 좋은 전파 망원경으로 밤하늘을 조사하고 있었다.

태양계보다 훨씬 먼 우주로부터 오는 전파를 찾고 있었던 그들은 놀랍게도 강한 전파원을 발견했다. 그것은 이전에 보고된 일도 없었고, 전파가 나오고 있는 위치에는 눈에 띄는 항성도, 성운도, 은하도 없었다.

그뿐만 아니라 먼 항성을 기준으로 잡으면, 그 별은 천천히 움직인다. 먼 곳의 천체라면 생각할 수 없는 빠르기였다. 먼 우주의 성좌표를 조사해 보아도 아무것도 설명할 수가 없었다. 어느 날, 나는 천문대 빌딩 밖으로 나와 그 전파원이 있는 곳에서 무언가 재미있는 일이 일어나지 않을까를 확인하기 위해 육안으로 밤하늘을 바라보았다. 그러자 정녕 그 위치에 극히 밝은 천체가 있었다. 그것이 목성임은 곧 알 수 있었다. 이런 우연한 발견은 과학사에 부단히 있는 일이다.

보이저 1호가 목성에 접근하기 전, 나는 매일 밤 밤하늘에서 반짝이는 이 거대한 행성을 볼 수가 있었다. 그것은 우리들의 선조들이 1백만 년을 넘는 긴 세월 동안 보고 즐겼으며 이상하게 생각한 별이다.

그리고 보이저가 목성에 접근한 날, 나는 제트 추진 연구소에 들어오는 보이저의 데이터를 조사하기 위하여 연구소로 향했다. 그 도중에 나는 이런 생각을 했다. '목성은 이제는 옛날의 목성이 아니다. 공중의 점에 지나지 않는 별로 돌아가기는 어려운 것이 되었다. 목성은 금후 영원히 탐험되고 조사될 장소인 것이다'라고. 목성과 그 위성은 다양하며 지극히 아름다운 태양계의 작은 모형과 같다. 그것은 우리들에게 많은 것을 가르쳐 줄 것이다.

〈보이저 1호〉가 찍은 카리스트. 크기는 수성과 비슷하며 분화구가 많은 것으로 미루어 목성의 위성 중에서 가장 오래된 40억∼45억년 전에 생겨난 것 같다.

흥미 깊은 타이탄

토성은 조성(組成)이나 그밖의 많은 점에서 목성과 닮아 있다. 단지 약간 작을 뿐이다. 토성도 10 시간 정도 주기로 자전하고 있으며 적도와 나란한 아름다운 색의 띠가 있다. 단지 그 띠는 목성의 것보다 눈에 띄지 않는다. 자장과 방사선대도 있지만, 어느 것이나 목성의 것보다 약하다. 단지 토성을 둘러싸는 띠는 목성의 것보다 훨씬 훌륭하다. 그리고 토성의 주위에는 알려진 것만 해도 두 개의 위성이 돌고 있다.

토성의 위성 중에서 가장 흥미가 있는 것은 타이탄인 것 같다. 그것은 태양계 속에서 가장 큰 달이며, 상당한 양의 대기를 가진 단 하나의 달이다.

보이저 1호가 1980년 11월에 타이탄과 만날 때까지는 우리들은 타이탄에 관하여 불안할 정도로 적은 지식밖에는 갖고 있지 않았다.

애매하게나마 알려져 있는 단 하나의 기체는 메탄 CH_4이다. 그것은 카이퍼 *G P Kuiper*가 발견했다. 태양에서 오는 자외선이 이 메탄을 좀더 복잡한 탄화수소의 분자와 단순한 수소 가스로 변화시킨다. 그 탄화수소는 타이탄 위에 남아

갈색의 타르 같은 진흙 모양으로 되어 타이탄의 표면을 덮는
다. 그 물질은 지구상에서 생명의 기원에 관한 실험을 할 때
생기는 것과 얼마간 닮아 있다.

타이탄의 인력은 작기 때문에, 가벼운 수소 가스는 우주 공
간으로 급속히 달아난다. 그것은 〈분출〉이라 불리우는 격렬
한 현상으로 그때 메탄이나 그밖의 대기의 성분도 수소 가스
와 함께 도망갈 것이다.

그러나 타이탄의 대기압은 적어도 화성의 대기압과 같은 정
도이다. 그렇다면 분출은 일어나지 않을 것으로 생각된다.
아마도 대기 중에 발견 안된 주요한 성분이 있을 것이다. 예
를 들면 질소 가스 등이 그것이다. 그것이 대기의 평균 분자
량을 크게 하고, 그 덕분에 분출이 일어나지 않는 것이리라.
혹은 분출은 일어나고 있지만 위성의 내부에서 나오는 가스
에 의해서 보충되고 있을지도 모른다. 타이탄 전체의 밀도는
매우 낮기 때문에 물이나 얼음이 많이 있으며, 메탄도 포함되
어 있음에 틀림없다. 그리고 그것들이 내부의 열에 의해서 표
면으로 방출되고 있을 것이다. 단지 어느 정도의 비율로 방
출되고 있는가는 아직까지 알려지지 않았다.

천체 망원경으로 타이탄을 보면 단지 빨간 원반이 보일 뿐
이다. 2, 3명의 관측자들은 원반 위에 변화하는 하얀 구름이
보인다고 보고하고 있다. 그것은 메탄의 결정이 모인 구름일
가능성이 가장 높다.

그런데 왜 빨간 색을 하고 있을까. 타이탄 연구자의 거의
전부가 복잡한 유기물 때문일 것이라고 생각하고 있는데 그
가능성이 가장 높다. 타이탄의 표면 온도와 대기의 농도에
관해서는 아직 논란이 계속되고 있다. 대기의 온실 효과에
의해서 표면의 온도가 어느 정도 높다는 것을 시사하는 데이
터도 몇 개인가 있다.

타이탄의 표면이나 대기 중에는 유기물이 많이 있다. 그런
의미에서 이 위성은 태양계 중에서는 눈에 띄는 유일한 〈주
민〉이다.

우리들의 〈발견의 여행〉의 역사가 보여 주고 있듯이, 보이
저나 그밖의 정찰용 탐색선이 타이탄을 방문한다면 이 위성
에 관한 우리들의 지식은 비약적으로 증대할 것이다.

만약 타이탄 위에 서서 올려다 본다면 구름 사이로 토성과

그 띠가 보일 것이다. 토성의 엷은 황색 구름은 사이에 있는 대기 때문에 바랜 듯한 색으로 보일 것이다.

지구에 비해 토성과 그 띠나 위성은 태양으로부터 10배 정도 멀리 떨어져 있다. 그러기 때문에 타이탄을 비치는 태양 광선은 지구가 받는 태양 광선의 겨우 18%에 지나지 않는다. 따라서 타이탄의 온도는, 가령 대기의 보온 효과가 상당히 크다 하더라도 섭씨 0도보다도 훨씬 낮다.

그러나 타이탄에는 유기물이 많이 있으며 태양의 빛도 도달하고 있다. 어쩌면 화산성의 뜨거운 장소도 있을는지 모른다. 따라서 타이탄에 생물이 있을 가능성을 완전히 배제해 버릴 수는 없다.

그러한 매우 다른 환경 속에서 살고 있는 생물은 지구의 생물과는 매우 다를 것임에 틀림없다. 그러나 타이탄에 생물이 있을지 어떨지에 관한 강력한 증거는 아직 아무것도 없다. 다만 가능성은 있다는 것* 뿐이다. 관측계기를 가득 실은 우주 탐색선을 타이탄의 표면에 착륙시키지 않는 한 이 문제에 대한 해답을 얻을 수는 없을 것이다.

태양 제국의 경계선

토성의 띠를 만들고 있는 개개의 입자를 조사하기 위해서는 띠에 가까이 다가가지 않으면 안된다. 왜냐하면 띠를 만들고 있는 입자는 작기 때문이다. 그것은 눈 덩어리, 얼음 조각, 분재(盆栽)와 같은 작은 빙괴(氷塊)등으로 직경 1 m 정도의 것들이다.

그것들은 물이 얼어서 된 것으로 알려져 있다. 왜냐하면 띠가 반사하는 태양 광선의 스펙트럼을 취하여 조사해 본즉 연구실 속에서 취한 얼음의 스펙트럼의 특징과 일치하기 때문이다.

우주선을 타고 토성의 띠의 입자에 접근할 때는 우리들은 속력을 낮추어야 한다. 띠의 입자는 초속 20 km(시속 7만 2천 km)정도의 속도로 토성 주위를 돌고 있으므로 우주선의 속도를 거기에 맞춰 함께 날아야 한다. 즉, 우리들도 토성 주위의 궤도를 따라 입자와 같은 빠르기로 날지 않으면 안된다. 이

* 1655년에 타이탄을 발견한 호이헨스의 의견은 다음과 같다. "이제는 누구나 이들(목성과 토성)의 계(系)를 보고 비교해 볼 수가 있다. 작고 귀여운 우리들의 지구에 비해 그것들은 지극히 크고 고상한 시종을 데리고 있는데, 이제는 그런 것에 놀랄 리도 없다. 혹은 현명한 창조주는 이 지구만을 위하여 갖고 있던 동물이나 식물을 전부 사용해 버리고, 지구만을 장식하고 목성이나 토성 등의 세계는 모두 황무지로 두었으며 창조주를 믿고 존경할 인간을 거기에는 살게 하지 않았다고 생각 할 수밖에 없는가. 혹은 이들 거대한 천체는 단지 반짝이게 하기 위해서만 만들어졌으며, 우리들 중 몇 명만의 연구를 위해서만 만들어진 것이라 생각하지 않을 수 없는 것인가"

토성은 태양 주위를 30년에 한 바퀴씩 돈다. 그러므로 토성과 그 위성의 계절은 지구의 4 계에 비해 훨씬 길다. 따라서 토성의 달에 살리라고 생각되는 인간에 관하여 호이헨스는 "지루한 겨울이 있으므로 그곳에서 사는 사람들의 생활 모습은 우리들과는 매우 다를 것임에 틀림없다. 그렇지 않으면 살아갈 수 없을 것이다"라고 쓰고 있다 —원주

렇게 해야 비로소 토성의 띠가 얼음이나 흐름처럼 보이지 않고, 입자 하나하나가 잘 보이게 된다.

　그러면 왜 토성 주위에는 띠 대신 하나의 커다란 위성이 존재하지 않는 것인가.

　입자가 토성에 가까우면 가까울수록 궤도를 도는 속도는 빠르다(케플러의 제3법칙에 의해서 그만큼 빠르게 토성 주위로 떨어지고 있는 것이다). 안쪽의 입자는 바깥 쪽의 입자를 추월해 간다(추월선은 항상 왼쪽에 있다).

카리스트(*Callisto*, 목성의 위성). 밝은 점들은 모두 충돌 분화구이다.

토성과 토성의 띠. 파이오니어 11
호가 찍은 것이다.

컴퓨터가 찍은 토성의 여러 면
아래와 같은 모습은 지구에서는 볼
수 없다. 띠에 있는 단절은 카시니
단절 *Cassini Division*이라 한다. 이
곳을 통해 별들을 볼 수는 있으나
입자가 없는 부분은 아니다. 그런
이유에서 파이오니어 11호를 이리
로 통과시키려는 계획은 실패했다.

띠 전체로서는 초속 20 *km* 정도의 속도로 돌고 있지만, 옆에 있는 두 개의 입자의 상대적인 속도는 극히 작다. 아마 매분 몇 *cm* 정도의 빠르기이리라.

그러나 입자들은 이 상대적인 운동 때문에 상호의 인력에 의해 들러붙는 일은 없다. 붙는다 해도 각각의 궤도 속도가 약간씩 다르기 때문에 떨어져 버린다.

만약 띠가 토성에서 떨어져 있으면 궤도 속도의 차는 그다지 크지 않다. 따라서 입자들은 모이게 되고 우선 작은 눈덩이가 되면서, 성장해서 결국에는 위성이 되어 버린다.

토성의 띠 밖에 직경 수 백 *km*의 위성으로부터 화성과 거의 비슷한 크기의 타이탄까지 여러 가지 크기의 위성이 있는데, 그것은 아마 수많은 우연이 중복된 결과가 아닐까.

행성이나 위성의 물질은 모두 원래 띠와 같은 형태를 하고 있었을는지도 모른다. 그것이 후에 응축하고 모여서 현재의 위성이나 행성이 된 것이리라.

토성의 경우도 목성과 마찬가지로 자장이 태양풍의 하전 입자를 잡거나, 가속시키거나 한다. 하전 입자가 하나의 자장으로부터 또 하나의 자장으로 날아갈 때는, 그 입자는 토성의 적도면을 가로지르지 않으면 안된다. 만약 거기에 띠의 입자인 작은 눈덩어리가 있다면 양자나 전자는 거기에 흡수되어 버린다. 그러한 이유로 토성의 경우도, 목성의 경우도 띠는 방사선대를 지워 버린다. 따라서 방사선대는 띠의 안쪽과 바깥 쪽에만 있는 것이다.

마찬가지로 목성과 토성에 가까운 위성도 방사선대의 입자를 조금씩 먹어 버린다. 그 덕분에 토성의 새로운 달이 한 개 발견되었다. 그것은 미국의 탐색선 파이오니어 11호가 발견했는데, 이 탐색선이 관측한 것은 방사선대 속의 예기치 않은 공백이었다. 그 공백은 토성의 미지의 달이 하전입자를 제거해서 생긴 것이었다.

태양풍은 토성의 궤도를 넘어 태양계 저 멀리의 외역에도 도달하고 있다. 보이저가 천왕성에 접근하고 더 나아가 해왕성이나 명왕성의 궤도가 있는 곳까지 날아갔을 때, 관측계기가 고장나 있지 않다면 계기류는 거의 틀림없이 태양풍을 검출할 것이다. 그것은 행성 사이를 부는 바람이며, 항성의 영역에까지 미친, 태양의 대기의 끝인 것이다.

태양으로부터 명왕성까지의 거리의 2 배나 3 배 정도의 곳까지 가면, 항성간 공간에 존재하는 양자와 전자의 압력이 태양풍의 압력보다 강하게 된다. 그곳은 태양 권계면(太陽圈系面) *heliopiuse*이라 불리워지고 있다. 태양 제국의 경계를 정한다면 그곳이 하나의 경계이다.

보이저는 21세기 중엽, 이 태양권계면을 돌파하여 우주의 대양을 날아갈 것이다. 다른 태양계 속으로 들어가는 일은 결코 없이, 항성의 섬들로부터 멀리 멀어진 영원의 공간을 방황해 가리라. 그리고 지금부터 수억 년 지난 후에 은하계의 거대한 중심의 둘레를 한 바퀴 돌게 될 것이다.

우리들은 장대한 〈항해〉를 시작했다.

7

하늘의 화톳불

태양은 궤도의 한가운데에 있으며, 항
성이 있는 천구의 중심도 태양과 같은
곳에 있다. 이 천구는 너무나 크기 때
문에 지구가 돌고 있는 원으로부터 항
성의 천구까지의 거리는, 천구의 중심
으로부터 천구의 표면까지의 거리와 거
의 비슷하다. 아리스타르코스는 그렇게
생각하고 있었다.

—아르키메데스

별은 도대체 무엇일까

나는 어린 시절, 뉴욕 시 브루클린 구의 벤손하이스트라는 곳에서 살고 있었다. 나는 우리집 근처를 잘 알고 있었다. 아파트, 비둘기집, 뒷뜰, 앞현관, 공터, 느릅나무, 장식용 난간, 석탄을 떨어뜨리는 장치, 공을 던지기에 적당한 벽 등 모두를 알고 있었다. 공을 던지는 벽으로서는 로즈 스틸웰 *Loew's Stillwell*이라는 극장의 외벽이 좋다는 것도 알고 있었고, 많은 사람들이 살고 있는 장소도 알고 있었다. 또 브루노와 디노, 로날드와 하베이, 선디, 바니, 대니, 잭크와 마이러의 집들도 알고 있었다.

그러나 몇 구역 멀어진 곳이나 번잡한 자동차 도로, 86번가의 고가 철도의 북쪽은 내가 가서는 안되는 금지 구역이었다. 따라서 그곳은 내게는 보이지 않는 미지의 영역이었다. 그곳은 나로서는 화성과 마찬가지 정도로 아무 것도 알지 못하는 장소였다.

아무리 일찍 잠자리에 드는 사람일지라도 겨울에 때때로 별을 볼 때가 있을 것이다. 나도 저 먼 곳의 반짝이는 별을 바라보며 '저것은 도대체 무엇일까' 하고 이상하게 생각했다. 나는 자주 나보다 나이 많은 사람이나 어른들에게 물었다. 그들은 "저것은 하늘의 등불이란다, 아가야"라고 대답할 뿐이었다. 하늘의 등불이라는 것 정도는 나도 알고 있었다. 그러나 그것들은 도대체 무엇일까. 작은 램프가 떠돌아 다니고 있는 것 뿐일까. 무엇을 위하여……

나는 별이 귀엽게 생각되었다. 별들은 평범하기 때문에 호기심이 없는 사람들은 그 불가사의함을 알 수 없으나, 그것에는 분명히 뭔가 깊은 대답이 있음에 틀림 없다고 생각되었다.

내가 좀더 컸을 때 양친은 내게 도서관의 카드를 건네주었다. 도서관은 분명 85번가에 있었으나 내게 그곳은 '이국의 땅'이었다.

나는 곧바로 도서관으로 가서 직원에게 〈별 *star*〉*에 관한 책을 빌려 달라고 부탁했다. 그녀는 클라크 케이블 *Clark Gable* 진 하로 *Jean Harlow*와 같은 이름의 남녀 사진이

* 별을 영어로 '스타'라 한다. 도서관원은 그것을 영화의 '스타'라고 생각한 것이리라—역주

실린 책을 가지고 왔다. "이게 아닌데요"라고 나는 말했지만, 왜 그녀가 그런 책을 가지고 왔는지, 그 당시로서는 잘 알지 못했다. 그녀는 미소를 띠고 다른 책을 찾았다. 이번에는 제대로 찾아 왔다. 나는 숨을 죽이고 그 책을 열어 깊은 대답을 알 때까지 열심히 읽었다. 그 책에는 놀랄 만큼 매우 위대한 생각이 쓰여져 있었다. 그 책에 의하면, 별은 머나먼 저 멀리의 태양이라 했다. 그리고 우리들의 태양도 별인데, 단지 우리들에게 가까이 있다는 점만이 다른 별과 다르다는 것이다.

태양을 훨씬 더 멀리 가져다 놓으면 별처럼 반짝이는 작은 빛의 점이 되리라. 그러려면 도대체 얼마나 멀리 가져가야 하는가. 나는 빛이 전달될 때, 그 밝기는 거리의 제곱에 반비례한다는 법칙을 알지 못했으며, 시각(視角)에 관한 것도 몰랐다. 물론 별까지의 거리를 계산하는 방법도 전혀 몰랐다. 그러나 만약 별이 태양이라면 굉장한 거리에 있으리라는 것은 나도 알았다. '아마도 85번가보다도 맨하탄 구보다도 더욱 멀고, 또한 뉴저지 주보다도 더 멀겠지' 라고 나는 생각했다.

그러나 우주는 내가 상상한 것보다도 훨씬 컸다.

후에 나는 또 한 권의 놀라지 않을 수 없는 책을 읽었다. 브루클린 구를 포함해서 지구는 하나의 행성이며, 그것은 태양의 주위를 돌고 있다는 것이다. 그리고 다른 곳에도 행성이 있으며, 그들도 태양의 주위를 돌고 있다. 어떤 것은 태양에서 가깝고, 어떤 것은 멀다. 행성들은 태양처럼 스스로 빛을 내는 것은 아니며 태양의 빛을 반사하고 있는데 지나지 않는다. 만약 멀리 떨어져서 보면 지구나 그밖의 행성은 볼 수 없으리라. 왜냐하면 지구 등은 약한 빛의 점이므로 태양의 빛 속에 먹혀들어가 버리기 때문이다.

나는 그렇다면 다른 별들의 주위에도 역시 행성이 있다고 해도 이상한 것은 아니라고 생각했다. 그러한 행성은 지금까지 아직 하나도 발견되고 있지 않지만 그런 다른 행성에도 생물이 살고 있을 가능성은 충분하다고도 생각했다. 단 그들 생물은 아마도 우리들이 브루클린 구에서 흔히 보는 생물과는 다르리라.

그런 이유로 나는 천문학자가 되어 항성이나 행성을 연구하고, 가능하면 그곳에 가 보겠다고 결심했다.

양친이나 몇몇 선생님은 나의 엄청난 희망을 듣고 나를 격려해 주었다. 그리고 나는 인류 역사상 최초로 인간이 다른 세계를 방문하고, 우주의 깊은 곳을 정찰하는 이 놀라운 시대에 때맞춰 태어났다. 그런 의미에서 나는 매우 행운아였다.

만약 내가 좀더 앞 시대에 태어났더라면, 내가 아무리 노력을 해도 항성이란 무엇이며 행성이란 무엇인가를 이해할 수 없었으리라. 우리들의 태양 외에도 태양이 있으며 그 주위에도 세계가 있다는 것을 나는 알지 못했을 것이다. 그것은 우리들 선조가 백만 년에 걸쳐서 인내심을 가지고 계속 관측하고 대담하게 생각해 온 결과 이윽고 자연으로부터 알아낸 중대한 비밀의 하나이다.

먼 선조들의 생각

별이란 무엇일까. 이러한 질문을 하는 것은 어린이가 웃는 것만큼이나 당연한 일이다. 우리들은 끊임 없이 그런 질문을 해 왔다. 현대가 옛날과 다른 것은 결국 몇 개인가의 해답을 찾았다는 점이다. 그 해답이 어떤 것인지는 책을 읽거나 도서관에서 조사해 보면 손쉽게 알 수 있다.

생물학에는 반복설(反復說)recapitulation이라는 법칙이 있다. 그것은 불완전할지는 모르지만 매우 잘 맞는 강력한 법칙인데 '생물의 태아의 성장 과정은 그 생물이 지나온 진화의 과정을 재현한다'는 것을 내용으로 한다. 또 그것은 '개체 발생은 계통 발생을 반복한다'라고도 한다.

우리들 개인의 지적인 발달에 있어서도 이 반복설이 맞는 것처럼 생각된다. 우리들은 무의식 속에서 우리들의 먼 옛날 선조들의 사고법의 과정을 더듬고 있다.

과학이 없었던 시대, 도서관이 없었던 때를 생각해 보자. 수십만 년 전의 일을 생각해 보자. 그 당시의 선조들도 오늘날의 우리들만큼이나 영리하고 호기심이 많으며 사회적인 일이나 성적(性的)인 일에 관계하고 있었으리라. 그러나 당시엔 실험이 행해지고 있지 않았으며 발명된 것도 없었다. 말하자면 이때는 인류의 유년 시대였다.

불을 발견했을 때의 일을 상상해 보자. 당시 인간의 생활은 어떠했을까. 우리들의 선조는 별을 어떻게 생각했을까.

다음과 같은 이야기를 하는 사람이 틀림없이 있었으리라고 나는 때때로 상상 속에서 생각한다.

우리들은 풀의 열매나 뿌리를 먹는다. 나무의 열매나 잎도 먹는다. 죽은 동물도 먹는다. 우리들은 동물을 발견해내 죽이기도 한다. 우리들은 어느 음식이 안전하며, 어느 것이 위험한지를 잘 알고 있다. 어떤 음식을 먹으면 벌을 받아서 죽어 버린다. 우리들은 나쁜 일을 하지는 않았다. 그러나 디기탈리스 *foxglove*나 독(毒) 젤리를 먹으면 죽는다. 우리들은 아이들과 친구를 좋아한다. 그러므로 그들에게도 위험한 음식에 대해 가르쳐 준다.

동물을 상하게 하면 거꾸로 우리들이 죽음을 당하는 수도 있다. 뿔에 찔리기도 하고, 밟히기도 하고, 먹혀 버리기도 한다. 동물은 우리에게 생과 사를 의미한다. 그놈들은 어떻게 행동하는가, 어떠한 발자국을 남기는가, 결혼해서 새끼는 몇 마리나 낳는가, 어정어정 돌아다니는 것은 언제인가. 우리들은 그런 것들을 알아야만 한다. 그리고 그것을 아이들에게 이야기한다. 아이들은 그것을 또 그들의 아이들에게 이야기한다.

우리들은 동물 없이는 살 수 없다. 우리들은 동물을 추적해 간다. 특히 먹을 식물이 거의 없는 겨울에는 동물을 추적하지 않으면 안된다. 우리들은 여기저기 돌아다니는 사냥꾼이며 채집자이다. 우리들은 수렵 민족 *hunterfolk*인 것이다.

우리들은 밤하늘 아래나, 나무 밑에서 나무 가지에 싸여서 잠든다. 우리들은 동물의 모피를 옷으로 사용한다. 그것은 따뜻하다. 그것으로 우리들의 벌거벗은 몸을 감싼다. 때로는 그것을 해먹 *hammock*으로 사용한다. 동물의 모피를 입으면 동물의 힘이 자신에게 옮겨 온 듯한 생각이 든다.

우리들은 영양을 찾아 돌아다닌다. 우리들은 곰도 죽인다. 우리들은 동물들과 묶여져 있다. 우리들은 동물을 잡아먹고 그놈들도 우리들을 잡아 먹는다. 우리들은 서로 상대편의 일부가 되어 있다. 우리들은 도구를 만든다. 그리고 살아 간다. 좋은 돌을 발견하거나 그 돌을 깎고, 얇은 조각으로 만들고, 갈고, 윤을 내는 일을 잘 하는 놈이 있다. 동물의 힘줄로 돌을 나무 막대기에 잡아매어 손도끼도 만든다. 그 도끼로 식물을 자르고 동물을 죽인다. 우리들은 긴 막대에 돌을 붙여 창으로 쓰기도 한다. 주의 깊게 조용히 있으면 때로는 동물이 접근해 오기 때문에 그 창으로 찌를 수가 있다.

고기는 썩는다. 때로는 너무 배가 고파 그것마저 먹어 버리는 일도 있다. 때로는 풀잎을 섞어 썩은 고기의 좋지 않은 냄새를 없애기도 한다. 썩지 않는 음식은 동물의 가죽이나 커다란 잎을 이용해 싸 두거나 커다란 나무 열매 껍질 속에 넣어둔다. 이렇듯 음식은 저축해 두거나 아니면 가지고 다니는 편이 좋다. 너무 빨리 먹어 버리면 나중에 배고파하는 사람도 나온다. 그러므로 우리들은 서로 돕지 않으면 안된다. 누구나 규칙을 따라야만 한다. 우리들은 항상 규칙을 가지고 있다. 규칙은 신성한 것이다.

불을 사육한 때

어느 날 폭풍우가 몰아 닥쳤다. 번개가 치고 천둥이 울리며 비가 쏟아졌다. 어린이들은 폭풍우를 무서워한다. 때로는 우리들도 폭풍우가 두렵다. 폭풍우는 비밀을 가지고 있다. 천둥은 강력한 느낌을 주고 그 소리도 크다. 번개는 짧고 밝다. 아마 거대한 힘을 가진 누군가가 화를 내고 있는 것이리라. 우리들은 그런 힘을 가진 자가 하늘에 있다고 생각한다.

폭풍우가 몰아친 후, 가까이 있는 숲이 반짝반짝 빛나며 바스락거리는 소리가 났다. 우리들은 그것이 무엇인가를 보러 갔다. 거기에는 밝고 뜨거운 것이 활활 타고 있었다. 그것은 황색과 적색을 섞은 듯했다. 우리들은 그런 것을 본 일이 없었다. 이제부터 우리들은 그것을 〈불꽃〉이라고 부른다. 그것은 냄새를 가지고 있으며 음식을 먹는다. 그것은 식물을 먹고 나뭇가지를 먹고, 방치해 두면 나무를 통째로 먹어 버린다. 그것은 강한 놈이다. 그러나 그다지 영리한 것 같지는 않다. 먹을 것이 없으면 그놈은 죽어 버린다. 만약 도중에 먹을 것이 없으면 그것은 도끼를 던진 만큼의 거리도 걷지 못한다. 그놈은 무언가 먹지 않고서는 걷지 못한다. 그러나 먹을 것이 많이 있으면 그놈은 커지고 불꽃의 아이를 많이 만든다.

대담하게도 우리들 중에서 두려운 일을 생각한 놈이 있었다. 불꽃을 잡아서 조금씩 모이를 주어 우리들의 친구로 하자는 것이다. 우리들은 견고한 나무의 긴 가지를 찾았다. 불꽃은 그것을 천천히 먹었다. 그러므로 우리들은 불꽃이 없는 쪽의 끝을 잡고, 그 가지를 들어 올릴 수가 있었다. 작은 불꽃은 가지고 달리면 죽었다. 불꽃의 아이들은 약했다. 그러므로 우리들은 달리지 않았다. 우리들은 불꽃을 향하여 "죽지 말아다오"하고 외치면서 걸었다. 다른 사냥꾼들은 눈을 휘둥그레 뜨고 우리들을 보았다.

그 후도 우리들은 그 불꽃을 가지고 걸었다. 우리들은 불꽃의 어머니를 결정했다. 불꽃에 천천히 먹이를 주어 굶어 죽지 않도록 하는 사람이었다.* 불꽃은 불가사의한 것이기도 하며 도움이 되는 도구이기도 했다. 확실히 위대한 사람이 준 선물이었다. 그 위대한 사람은 폭풍우 때 화를 냈던 사람과 같은 사람일까.

불꽃은 추운 밤에 우리들을 따뜻하게 해 준다. 그것은 우리들에게 빛도 준다. 초승달일 때, 불꽃은 어둠 속에 밝은 구멍을 만들어 준다. 우리들은 그것 때문에 밤에 창을 만들 수도 있다. 만약 피곤하지 않다면 우리들은 서로 얼굴을 보며 이야기도 할 수 있다.

더우기 불꽃은 동물들이 다가오지 못하게도 해 준다. 얼마나 좋은 것인가. 우리들은 밤에 동물들의 습격을 받았다. 하이에나 *hyenas*나 이리와 같은 작은 동물들조차 때로는 우리를 잡아 먹었다.

그러나 이제는 다르다. 이제는 불꽃이 동물들을 쫓아 준다. 동물들은 어둠 속에서 낮게 신음하는 소리를 내며 어정거린다. 그것을 우리들은 알고 있다.

그놈들의 눈은 불꽃의 빛처럼 빛나고 있다. 그놈들은 불꽃을 무서워하고 있다. 그러나 우리들은 무섭지 않다. 불꽃은 우리들의 것이다. 우리들은 불꽃을 보살펴 준다. 또 불꽃은 우리들을 보살펴 준다.

* 불을 생물로 보며 보호하고 보살피는 것을 〈원시적〉인 생각이라고 버릴 것만은 아니다. 수 많은 현대 문명의 뿌리 가까이에는 그와 같은 생각이 있다. 고대 그리스나 로마, 인도의 바라문 계급의 사람들 집에는 필히 난로가 있었다. 그리고 그 불을 보살피기 위하여 미리 정해 놓은 규칙이 있었다. 밤에는 불을 재로 덮어두고 아침이 되면 작은 가지를 넣어 불을 살린다. 난로 속의 불을 꺼뜨리는 것은 가족의 사멸과 같다고 생각했다. 이 세 문명에 있어서의 난로의 풍습은 조상 숭배와 관련이 있었다. 오늘날 세계적으로 종교의 의식이나, 기념 행사, 정치적 식전, 스포츠의 제전 등에 〈영원의 불〉이 사용되는데 그 기원은 고대까지 거슬러 올라갈 수 있다―원주

밤하늘의 수수께끼를 풀다

하늘은 소중하다. 그것은 우리들을 덮고 있다. 그것은 우리들에게 말을 한다. 우리들이 불을 발견하기 전에는 우리들은 어둠 속에 누워 뒹굴며 빛의 점을 올려다 보았다. 몇 개인가의 점은 모여서 하늘에 그림을 그리고 있었다. 다른 것보다 그 그림을 잘 볼 수 있는 여자가 있었다. 그녀는 우리들에게 별의 그림과 그 이름을 가르쳐 주었다. 우리들은 밤 늦게까지 자지 않고 밤하늘의 그림에 관하여 여러 가지 이야기를 만들어 냈다. 밤하늘에는 사자도 있고 개, 곰, 사냥군도 있었다. 또 신기한 그림도 있었다. 그것들은 하늘에 있는, 화가 났을 때 폭풍우를 일으키는 '강한 놈'이 그린 그림일까.

밤하늘의 그림은 거의 변하지 않는다. 매년 같은 별의 그림이 그곳에 있다. 달은 아무 것도 없다가 실같은 은색이 되고, 이윽고 둥글게 자란다. 그리고 또 다시 말라 가서 사라지고 만다. 달의 변화에 따라 여자들은 피를 흘린다. 달이 커지거나 작아질 때, 어느 시기에는 섹스를 해서는 안된다고 정하고 있는 종족도 있다. 어떤 종족은 달의 차고 이지러짐과 여성들의 출혈의 날을 사슴의 뿔에 새겨서 기록한다. 그렇게 하면 계획을 세우고 규칙에 따를 수 있다. 규칙은 신성한 것이다.

별들은 멀리 떨어져 있다. 우리들이 언덕에 오르거나 나무에 올라가서 보아도 조금도 가까와지지 않는다. 그리고 구름은 우리들과 별 사이로 들어온다. 별은 구름 저편에 숨어 있음에 틀림없다. 별은 반짝인다. 기묘한, 차가운, 하얀, 흠이 없는 빛이다. 그것은 많이 있으며 전체를 둘러싸고 있다. 그러나 그것은 밤에만 있을 뿐이다. 별이란 무엇일까. 나는 이상하게 생각한다.

불을 발견하고 나서부터는 나는 장작불 옆에 앉아서 별에 관해 생각했다. 느리기는 하지만, 하나의 생각이 떠올랐다. '별은 불꽃이다'라고 나는 생각했다. 그리고 나는 또 다른 생각을 했다. 별은 다른 사냥군들이 태우고 있는 화

톳불이라고. 별은 화톳불보다도 작은 빛이다. 따라서 별은
아주 먼곳의 화톳불이리라. 그러나 친구들은 내게 물었다.
"그러나 어떻게 공중에서 화톳불을 피우겠는가. 그리고 왜
그것을 둘러싸고 있는 사람들은 우리의 발 아래로 떨어지
지 않는가"

　그것은 좋은 질문이다.　그들은 나를 곤란하게 했다. 때
때로 나는 생각했다.　하늘은 계란 껍질이나 나무 열매의
껍질을 반으로 자른 것 같으리라고. 따라서 멀리 떨어진
화톳불을 둘러싸고 있는 사람들은 우리들이 그들을 내려다
보고 있는 것으로 상상할 것이라고 나는 생각했다. 즉 다
른 사람이 보면 그들은 올려다 보고 있는 것처럼 보이리라.
만약 내가 말하고 있는 것을 알아 듣는다면 '우리들은 저
들의 공중에 있는 것이다. 왜 우리들은 저들이 있는 곳으
로 떨어지지 않을까'라고 이상하게 생각할 것이다. 그러나
친구 사냥군들은 나에게 말했다. "아래는 아래, 위는 위지"
라고. 이것도 좋은 대답이다. 친구 중 한 사람이 생각한 것
이 또 하나 있다.　그의 생각은 '밤이란 커다란 검은 동물
의 던져진 껍질'이라는 것이다.　그 껍질에는 여기저기 구
멍이 있다.　우리들은 그 구멍으로 불꽃을 보고 있는 것이
다. 그의 생각은 '별이 있는 곳에만 불꽃이 있다'는 것은
아니었다. 그는 불이 하늘 전체에 펼쳐져 있다고 생각했
다. 그러나 동물의 껍질이 그 불꽃을 감추어서 구멍이 있
는 곳으로만 불꽃이 보인다는 것이다.

　별 중에는 방황하며 돌아다니는 것이 있다. 우리들이 사
냥하는 동물이나 우리들 자신처럼 그 별은 이동한다.　몇
개월 간이고 자세히 보고 있으면 그들 별의 움직임을 알 수
있다. 움직이는 별은 다섯 개밖에 없다. 그것은 손가락 숫
자와 마찬가지다. 그들은 별들 사이를 천천히 움직인다.
만약 우리의 화톳불 이야기가 맞는다면 이들 별은 커다란
화톳불을 가지고 돌아다니는 수렵 민족일 것이다. 움직이
는 별이 가죽의 구멍일 수가 있을까. 구멍이 뚫렸다면 구
멍은 항상 그곳에 있을 뿐이다. 구멍은 구멍이다. 구멍은
방황하며 돌아다니지 않는다. 또 나는 불꽃의 하늘에 둘
러싸여 있고 싶지는 않다. 만약 껍질이 떨어지면 밤하늘
은 밝아질 것이다. 불꽃으로 휩싸여 너무 밝을 것이다. 나

는 불꽃의 하늘은 우리들을 먹어 버릴 것이라고 생각한다. 하늘에는 두 종류의 강한 인간이 있는 모양이다. 한 사람은 나쁜 사람으로서 불꽃이 우리를 먹어 버리도록 부추기는 자이며 또 한 사람은 좋은 사람으로서 껍질을 놓아 우리들을 보호해 준다. 우리들은 이 좋은 사람에게 보답하는 방법을 찾아 내지 않으면 안된다.

별은 하늘의 화톳불일까. 혹은 껍질에 뚫린 구멍으로부터 강렬한 불꽃이 우리들을 내려다 보고 있는 것일까. 어느 쪽인지 나는 모른다. 우리는 때로 화톳불로 생각하고 때로 구멍으로 생각했다. 한 번은 화톳불도 구멍도 아니라고 생각했다. 그러나 그 이외의 것을 생각하기는 어려웠다.

통나무에 머리를 대고 누우면 하늘만이 보이리라. 언덕도, 나무도, 사냥군들도, 화톳불도 보이지 않는다. 단지 하늘 뿐이다. 때때로 나는 하늘 속으로 흡수되어 가는 듯한 기분을 느낀다. 만약 별이 화톳불이라면 나는 그러한 다른 사냥군들이 있는 곳을 방문해 보고 싶다. 특히 방황하며 돌아다니는 사람들이 있는 곳을. 그렇다면 하늘로 올라가는 것은 기분이 좋은 일이다. 그러나 만약 별이 껍질의 구멍으로 보이는 불이라면 나는 무섭다. 구멍을 지나 강렬한 불꽃 속으로 들어가기는 싫기 때문이다. 어느 쪽이 옳은지 나는 알지 못한다. 모르는 채 있는 것은 싫은 일이다.

과학의 여명

수렵자나 채집자 그룹의 사람들 대부분이 별에 관해 이렇게 생각했다고는 생각지 않는다. 그러나 긴 세월 중에는 아마도 이러한 생각을 한 사람이 몇 명인가는 있을 것이다. 물론 이러한 것을 혼자 전부 상상해 낸다고는 생각할 수 없다. 그러나 원시적인 사회에서도 정밀한 이론은 자주 보인다. 아프리카 남단에 있는 보츠와나 공화국의 칼라하리 *Kalahari* 사막에서는 은하수가 바로 머리 위에 보이는데, 거기에 살고 있는 쿤 붓슈만 *Kung Bushmen* 족들은 은하수를 〈하늘의 등뼈〉라 부른다. 그것은 하늘이 거대한 짐승이며 우리들은 그 짐승 속에 살고 있다고 생각한 데서 연유한 것이다.

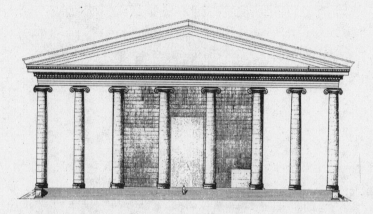

사모스 섬에 재건한 헤라 사원.
당시의 가장 큰 사원으로서 길
이가 1백 20 m에 달한다.

그들의 설명을 들으면, 은하수를 이해할 수 있을 뿐 아니라 그것이 도움이 되는 것임을 알 수 있다. 쿤족 사람들은 은하수가 하늘을 떠받치고 있다고 생각한다. 만약 은하수가 없다면 어둠은 우리들의 발 아래로 떨어져 박살이 나 버릴 것이다. 이것은 재미 있는 생각이다.

하늘의 화툿불이라든가, 하늘의 등뼈라든가 하는 비유적인 이야기는, 인간의 문명이 발달해 가면서 점차 다른 생각으로 바뀌어졌다. 하늘에 있다고 생각한 강력한 인간은 승격되어 신이 되었다. 신에게 이름도 지어 주고 친척이 되는 신도 만들었다. 그리고 신에게는 그가 수행해야 할 우주에서의 일이나 책임이 부여되었다. 인간의 모든 근심거리에 관하여 그것을 주관하는 남신(男神)이나 여신이 있었다. 신은 자연을 움직였다. 신의 배려가 없으면 아무것도 일어나지 않았다. 만약 신이 행복하면 먹을 것도 많이 있고, 인간도 행복했다. 그러나 신의 노여움을 사는 일이 있으면, 아무리 작은 일이라도 그 결과는 두려운 것이었다. 가뭄, 폭풍우, 전쟁, 지진, 화산 폭발, 유행병 등이 일어났다.

헤라 사원의 단 하나 남은 유적
인 돌 기둥.

그러므로 신을 달래야만 했기 때문에 신을 노하게 하지 않기 위한 기도나 주문을 외기 시작했으며, 거기에 대단한 노력을 기울였다. 그러나 신들은 변덕스러워서 그들이 어떤 일을 할지 아무도 몰랐다.

자연은 수수께끼에 싸여 있었다. 세계를 이해하는 것은 어려운 일이었다. 에게 해의 사모스 섬에 있었던 헤라 *Hera* 신전은 지금은 거의 아무것도 남아 있지 않다. 그것은 고대

고대 지중해 연안의 지도. 도시마다 그 곳의 유명한 과학자 이름이 붙여져 있다.

시대 7대 불가사의의 하나로 하늘의 여신이었던 헤라를 위해 바쳐진 신전이었다. 여신 아테나 *Athena*가 그리스의 도시 아테네의 수호신인 것처럼 헤라는 사모스 섬의 수호신이었다.

훨씬 뒤에 이 여신은 올림피아의 신들 중 최고의 지위에 있던 제우스 *Zeus*와 결혼했다. 옛날 이야기에 의하면 두 사람은 사모스 섬에서 신혼의 밤을 지냈다 한다. 그리스의 종교에서는 밤하늘에 펼쳐져 있는 빛의 띠는 여신 헤라의 유방이라 한다. 그것은 그녀의 유방으로부터 힘차게 흘러 나와 하늘을 가로질러 흐른다는 것이다. 유럽에서는 은하수를 '젖길 *Milkyway*'이라 하는데 그것은 이 전설에서 나온 말이다.

그것은 원래 '하늘이 지구를 양육한다'는 중요한 생각으로부터 나온 것이리라. 만약 그렇다면 그러한 생각은 수천 년

간이나 잊혀지고 있었던 것 같다. 아주 옛날 사람들은 생존
의 위기에 대처하는데 변덕스럽게 기분이 제멋대로 변하는
신의 이야기를 생각해 냈다. 우리들은 거의 전부 그러한 사
람들의 자손이다.

사물을 이해하고 싶다는 인간의 본능은 손쉽게 손에 들어
오는 종교적 설명 때문에, 오래 동안 억제된 채 있었다. 고대
그리스의 호메로스 시대에는, 하늘에도 지구에도 천둥에도
태양에도 땅에도 불에도 시간에도 사랑에도 전쟁에도 전부
신이 있었다. 나무에는 나무의 요정이 있고 초원의 신이 있
었다. 그러한 시대가 오래 계속되었다.

우주는 본 적도 없는 수수께끼 같은 신에 의해서 조종되는
인형극의 〈인형〉과 같은 것이었다. 이러한 생각이 인간의 자
유로운 고사를 수천 년간이나 억압해 왔다.

그런데 지금으로부터 2천 5백 여년 전, 이오니아 *Ionia* 지
방 사람들이 드디어 눈을 떴다. 그것은 영광스런 깨달음이
었다. 이 깨달음은 사모스 섬과 그 근처의 그리스 식민지로
부터 시작되어, 배의 왕래가 잦은 동 에게 해의 여러 섬에서
점차 커 가고 있었다. *

모든 것은 원자로 되어 있다든가, 인간이나 동물은 좀더
단순한 형태의 생물로부터 발전해 왔다든가, 병은 악마나 신
이 일으키는 게 아니라든가, 지구는 태양의 주위를 돌고 있
는 행성의 하나에 지나지 않는다든가, 별은 매우 멀리 떨어
진 곳에 있다든가, 그러한 것을 믿는 사람들이 돌연히 나타
난 것이다.

한발 앞선 이오니아

이 혁명은 혼돈 *chaos* 속에서 질서 있는 우주 *Cosmos*를
만들어 냈다. 초기 그리스 사람들은 최초에 있었던 것은 혼
돈이라고 믿었다. 천지 창조의 이야기에서도, 이 〈카오스〉라
는 말은 '형태가 없다'는 의미로 사용되고 있다. 우선 카오
스가 있었으며, 카오스는 '밤'이라 불리우는 여신과 결혼하
여, 그 결과 태어난 자손들이 모든 신이나 인간이 되었다는
것이다.

* 이오니아 지방과 이오니아
해는 다른 장소이다. 이오
니아 해에서 에게 연안으로
이주해 온 사람들이 그곳을
이오니아 지방이라 부른다
　　　　　　　　—원주

'우주는 카오스로부터 만들어졌다'는 생각은 '자연은 제멋대로인 신에 의해서 조종되고 있기 때문에 예측할 수 없다'는 그리스 인들의 신념과 완전히 일치하는 것이었다.

그러나 기원전 6세기에, 이오니아 지방에서 새로운 생각이 생겨났다. 그것은 인류의 극히 위대한 생각 중의 하나였다. 고대 이오니아 인들이 '우주는 알 수 있다'고 주장한 것이다. 왜냐하면 그것은 내면의 질서를 보여 주기 때문이다. 자연에는 규칙성이 있다. 따라서 비밀을 알아낼 수 있다.

자연을 완전히 예측할 수는 없다. 그러나 자연에는 따르지 않으면 안될 규칙이 있다. 우주의 이러한 질서와 칭찬 받을 만한 특징이 〈코스모스〉라 불리웠다.

그러나 왜 이러한 생각이 이오니아 지방에서 생겨났을까. 지중해 동부의 눈에 띄지 않는 작고 머나먼 섬들에서 왜 그런 생각이 발전했을까.

왜 인도나 이집트, 바빌로니아, 중국, 중앙 아메리카 등의 대도시에서 그런 생각이 생겨나지 않았을까.

중국에는 몇 천 년에 이르는 천문학의 전통이 있었다. 중국인들은 종이 만드는 법이나 인쇄술, 화약, 로케트, 시계, 비단, 자기(磁器) 등을 발명하고, 대양을 항해하는 해군도 가지고 있었다. 그러나 역사가 중에는 "중국은 너무나도 전통적 사회여서 혁명적인 것을 쾌히 받아들이지 않았다"고 하는 사람도 있다.

놀라울 만큼 유복하고, 수학적 재능도 뛰어났던 인도인들은 왜 그러한 생각을 해 내지 못했던가. 몇 명인가의 역사가들은 다음과 같이 말하고 있다. "인도인들은 우주는 끝없이 오래 되었다고 생각하여 그 우주 속에서는 죽은 뒤 또다시 태어나고 그리고 또다시 죽는 순환이나, 혼과 우주와의 순환 등이 끊임없이 반복되고 있어서 근본적으로 새로운 것은 아무것도 일어날 수 없다는 생각에 매혹되어 사로잡혀 있었기 때문에 새로운 생각은 해 낼 수가 없었다"

마야 *Maya*나 아즈테카 *Aztec* 사람들은 천문학에 뛰어나고, 인디언이 그랬던 것처럼 커다란 수(數)에 매혹되어 있었는데 왜 그들은 새로운 생각을 해 내지 못했을까. 역사가들은 확실히 말하고 있다. "그들은 기계적인 것에 대한 흥미나 의욕은 갖고 있지 않았다"고. 마야나 아즈테카 사람들은 어린이의 장난감 이외에는 짐차조차도 발명하지 않았다.

이오니아 인들에게는 유리한 점이 두셋 있었다. 그 하나
는 이오니아가 섬나라였다는 점이다. 불완전하지만 각각 고
립되어 있었기 때문에 다양성이 생겨났다. 수많은 섬에서
각각 다른 정치 체제를 취했다. 사회적, 지적으로 모든 섬을
하나로 통일시켜 권력의 집중이 없었다. 따라서 자유스러운
연구가 가능했다. 이 섬들에서는 정치적인 목적으로 미신을
조장한다든가 할 필요가 없었다.

다른 많은 문명과는 달리 이오니아 인들은 문명의 교차점에
서 있었다. 이오니아는 단일한 문명의 중심지는 아니었다.
이오니아에서는 그리스 어를 쓰기 위하여 처음으로 페니키아
phoenicia 문자가 사용되었다. 그 덕분에 많은 사람들이 읽기
와 쓰기를 배울 수 있었다. 글자를 쓰는 것은 신관 *priest*이나
필사자 *scribe*만의 독점적인 일이 아니게 되었다. 그 덕분
에 많은 사람들의 생각을 고찰하고 의논의 대상으로 삼을 수
있게 된 것이다.

이오니아에서는 정치적 권력이 상인들의 손에 있었는데,
상인들은 기술을 기반으로 해서 번영하고 있었기 때문에, 기
술을 적극적으로 진보시켰다.

이집트나 메소포타미아 *Mesopotamia*의 위대한 문명을 포
함해서 아프리카, 아시아, 유럽의 문명이 만나 교차한 것은
지중해 동부 지역이었다. 거기서는 편견, 언어, 사상, 신(神)
들이 맹렬하게 감정적으로 서로 부딪쳤다.

머리칼 색깔이 다른 몇 명인가의 신이 있어서, 각자 같은
영토에 관해 서로 점유권을 주장하고 있는 것을 본다면 당신
은 도대체 어떻게 할까. 바빌로니아의 마덕 *Marduk*이라는
신과 그리스의 제우스 신은 각자 하늘의 주인이며, 많은 신
들을 통치하는 왕으로 여겨지고 있었다.

'마덕과 제우스는 같은 존재'라고 당신은 생각할지 모른다.
혹은 '이 두 개의 신은 각각 매우 다른 속성을 가지고 있기
때문에 어느 쪽인가 한 쪽은, 단지 신관이 생각해 낸 것에 지
나지 않는다'고 생각할는지도 모른다. 그러나 어째서 한쪽
만인가. 양쪽 다 신관이 만들어 낸 것은 아닐까.

이러한 의문이 원인이 되어 결국 위대한 생각이 일어났다.
그 생각이란 '신이라는 존재를 사용하지 않고도 세계를 알 수

사모스의 밀리 *Mili* 광장에 있
는 손 모양의 도어. 이오니아
인들이 일찍 깨인 것은 육체
노동을 숭상했기 때문이다.

있는 방법이 있을지도 모른다'는 인식이었다. 그것은 '자연
에는 원리나 힘, 법칙이 있어서 그것에 의해 세계를 이해할
수 있으며, 참새가 떨어진 것까지 제우스 신의 탓으로 돌릴
필요는 없다'는 생각이었다.

이렇듯 중국, 인도, 중앙 아메리카의 사람들도 좀더 시대
가 지나고 세월이 흐름에 따라 과학을 생각했을 것이다. 문
화란 같은 리듬으로 진보되는 것은 아니다. 때로는 천천히,
때로는 급속하게, 상황에 따라서 진보하는 것이다. 문화는
각각 다른 시기에 일어나고 다른 속도로 진보한다. 과학이란
매우 유효한 것이며 사물의 이치를 잘 설명하고, 우리들의
뇌의 가장 진보된 부분과 매우 잘 공감하는 것이다. 따라서
지구상의 모든 문명, 그냥 그대로 놓아두면 틀림 없이 지구
상의 모든 문명이 과학을 발견하리라고 나는 생각한다. 그렇
다 하더라도 어느 문명인가가 최초로 과학을 발견하게 된다.
그것이 이오니아였다. 과학은 이오니아에서 탄생했다.

선구자 탈레스 철학

기원전 600년부터 400년까지의 기간 중에는 사상의 위대한
혁명이 시작되었다. 혁명의 열쇠가 된 것은 손이었다. 이오
니아의 사상가들은 어부나 농민이나 옷감 짜는 사람들의 자
식이었다.

다른 나라들의 신관이나 필사자들은 부유한 가정에서 자랐
으며 자기 자신의 손을 더럽히는 것을 싫어했지만, 이오니
아의 사상가들은 손으로 무슨 일을 하거나 고치거나 하는 것
에 익숙해 있었다. 그들은 미신을 거부하고 수수께끼를 풀려
고 노력했다.

이오니아에서 일어난 일에 관해 우리들은 현재 단편적인,
전해 내려 온 이야기밖에 들을 수가 없다. 당시 사용되었던
이야기는 비유를 썼던 것들로서 현재 우리들은 잘 알 수가 없
다. 게다가 이오니아에서 일어난 새로운 생각을 의식적으로
억압하려는 노력이 몇 세기인가 후에 행해졌다.

이오니아에서의 혁명에 지도적인 역할을 한 사람이 몇 사
람 있다. 그들은 그리스 이름을 가지고 있는데, 오늘날 우

리들에게는 거의 친숙하지 못한 사람들뿐이다. 그러나 그들은 우리들의 문명과 우리들의 인간성을 개발한, 실로 위대한 선구자들이었다.

이오니아 최초의 과학자는 밀레토스 *Miletus*의 탈레스 *Thales*였다. 밀레토스는 사모스 섬으로부터 좁은 해협 건너편에 있는 아시아의 마을이었다. 탈레스는 이집트에 여행하고 바빌로니아의 지식에도 정통하고 있었다. 그는 일식(日蝕)을 예언했다고 전해진다.* 그는 피라밋 그림자의 길이와 지평선으로부터 태양까지의 각도를 기반으로 그 높이를 산출해 내는 방법을 알고 있었다. 이 방법은 오늘날 달에 있는 산의 높이를 측정하는 데 이용되고 있다.

탈레스는 기하학의 정리도 처음으로 증명했다. 그것들은 3세기 정도 후에 유클리드가 밝힌 것과 같은 종류의 정리였다. 예를 들면 '이등변 삼각형의 밑 각은 같다'라는 따위의 정리를 탈레스는 처음으로 증명했다.

탈레스로부터 유클리드에게로, 그리고 1663년에 뉴톤이 스타브리지의 박람회에서 《기하학 원론 *Elements of Geometry*》을 인정 받을 때까지, 지적인 노력이 확실하게 계속되어 왔다. 그리고 그것은 오늘날의 과학과 기술 속에 생생히 살아 있다.

탈레스는 신들의 도움을 빌지 않고 세계의 이치를 이해하려고 시도했다. 그는 바빌로니아 사람들과 마찬가지로 세계는 원래 물이었다고 믿고 있었다. 바빌로니아 인들은 '육지를 만들기 위해 마덕이라는 신이, 물 위에 매트를 놓고 그 위에 흙을 쌓아 올렸다'**고 믿고 있었다.

탈레스도 같은 의견을 갖고 있었지만 파링톤 *Benjamin Farrington*이 말하고 있는 것처럼 그는 확실히 마덕을 쫓아냈다. 확실히 예전에는 모든 곳이 물이었다. 그러나 육지는 자연의 과정에 의해서 대양 속으로부터 생긴 것이다. 그는 나일 강 하구에 흙모래가 흘러와서 삼각주가 생긴 것을 본 적이 있는데, 육지도 그것과 마찬가지로 해서 생겼다고 생각했다.

사실 탈레스는 '물이야말로 모든 것의 밑에 숨겨져 있는 근원적, 일반적인 것이다'라고 생각했다. 그것은 오늘날 우리들이 '전자, 양자, 중성자, 혹은 가설적 입자 *quark*가 모든 것을 만들고 있다'고 생각하는 것과 무척 닮은 생각이었다.

탈레스의 결론이 옳았느냐 그렇지 않느냐는 그다지 중요하

* 기원 전 585년 5월 28일의 일식을 1년 정도 전에 예언했다. 탈레스는 이 예측 기술을 바빌로니아에서 배웠다 한다—역주

** 두세 개의 증거에 의하면 바빌로니아 사람들보다도 전의 초기 스메르 인들의 창조 신화는 대개 자연론적이었다. 그것은 기원 전 2천 년경 《에누마 에릿슈 *Enumaelish*》라는 책에 정리되어 있다. 에누마 에릿슈란 '높이 있을 때'라는 의미로 그 내용은 시의 형태를 취하고 있는데 아마 세계 최초의 시일 것이다. 그러나 바빌로니아 시대가 되면 자연 대신에 신이 등장하고 신화는 우주의 역사가 아니라 신의 유래를 나타내는 게 되었다. 《에누마 에릿슈》는 일본 아이누의 신화를 우리들에게 생각나게 해준다. 그에 의하면 원래 진흙 투성이인 우주를 새의 날개가 두들겨, 그 결과 육지가 물로부터 나뉘어졌다 한다.

피지 *Fiji*제도 사람들의 창조 신화는 이렇다.

'로코마우츠 *Rokomautu*라는 신이 거대한 손으로 대양 바닥의 진흙을 꺼내 여기저기에 쌓아 육지를 만들었다. 그것이 피지 제도다.'

육지가 물로부터 나뉘어져 생겼다는 것은 섬에 살고 있는 사람들이나 항해하는 사람들에게는 아주 자연스러운 생각이었다—원주

지 않다. 중요한 것은 그의 사고 방식이다. 세계는 신에 의해서 만들어진 것이 아니고 자연 속에서 물질적인 힘에 의해 만들어졌다는 그의 사고 방식이 중요한 것이다.

탈레스는 또 이집트와 바빌로니아로부터 천문학과 기하학이라는 새로운 과학의 종자를 가지고 돌아왔다. 그것들은 이오니아의 기름진 토양에 뿌리를 내리고 성장했다.

탈레스의 개인적인 생애에 관해서는 거의 아무것도 알려져 있지 않다. 그러나 그의 사람됨을 나타내는 하나의 이야기가 아리스토텔레스의 저서 《정치학 Politics》 속에 나오고 있다.

탈레스는 매우 가난했다. 때문에 그는, 철학이 돈을 버는 데는 도움이 되지 않는다는 증서처럼 생각되어 사람들로부터 비난을 받았다. 이에 대해 탈레스가 취한 행동으로 다음과 같은 에피소드가 전해지고 있다. 이 이야기에 의하면 그는 하늘을 해석하는 일에 뛰어났기 때문에 겨울철에 벌써 그 다음 해의 올리브 수확이 대풍작이 될 것을 알고 있었다. 그는 약간의 돈밖에 갖고 있지 않았지만, 키오스 Chios와 밀레토스에 있던 올리브의 기름을 짜는 기계 전부에 보증금을 걸고 그 사용권을 얻었다. 그와 경쟁하는 사람은 없었기 때문에 그는 싼 값으로 권리를 손에 넣을 수 있었다. 올리브 수확기가 되자 수많은 기름 짜는 기계가 한꺼번에 필요하게 되었다. 그는 자신이 생각하는 가격으로 기계를 빌려 주어 많은 돈을 벌었다. 이와 같이 해서 그는 철학자는 백만장자가 되려고 생각만 하면 언제라도 쉽게 될 수 있지만, 철학자가 원하는 것은 돈을 버는 것과는 별도의 것임을 세상 사람들에게 알려 줬다.

탈레스는 정치적인 지혜가로서도 유명했다. 그는 "리디아의 왕 크로이서스 Croesus에게 합병당하지 않도록 저항해야 한다"고 밀레토스 사람들을 설득했으며, 이것은 잘 되었다. 또 그는 "이오니아의 모든 섬나라가 연합해서 리디아에 대항해야 한다"고도 설득했다. 그러나 이 연합은 실현되지 않았다.

그리스 시대의 진화론

밀레토스의 아낙시만드로스 Anaximander는 탈레스의 친구이며 동료이기도 했는데 그는 실험을 행한 사람으로 알려져 있다. 그는 수직으로 세워 놓은 막대기의 그림자가 어떻게 움직이는가를 조사하여, 1년의 길이와 계절을 정확하게 알아냈다.

인간은 오래 동안 막대기로 서로 때리거나 찌르거나 할 뿐이었는데 아낙시만드로스는 막대기를 사용하여 시간을 측정했다.

그는 태양, 달, 별 등은 불로 되어 있다고 믿고 있었으며 '우리들은 하늘의 돔 *dome*에 뚫려 있는 〈움직이는 구멍〉을 통하여 그 불을 보고 있다'라고 믿고 있었다. 그것은 아마도 꽤 오래된 생각이었으리라.

유팔리노스 *Eupalinos* 턴넬.

아낙시만드로스는 지구가 하늘에 달려 있거나 걸려 있는 게 아니라 스스로 우주의 한가운데에 가만히 머물러 있는 것이라는 놀랄 만한 생각을 가지고 있었다. 지구는 천구(天球)의 모든 곳에서 같은 거리에 있기 때문에, 지구를 움직이게 하는 힘은 작용하지 않는다고 하는 게 그의 생각이었다.

인간은 태어났을 때는 실로 무력하다. 따라서 만약 최초의 인간의 어린이가 자력으로 이 세계에 왔다면 그 아이는 즉시 죽어 버렸을 것이다. 그러므로 인간은 좀더 자활력이 있는 새끼를 갖는 동물로부터 발전해 온 것이리라고 아낙시만드로스는 서술하고 있다.

그는 또 생명은 진흙 속에서 자연히 발생하는 것이라는 설을 제창했다. 그에 의하면 최초의 동물은 등뼈가 있는 생선이었을 것이라 한다. 그는 이러한 생선의 자손 중에서 물을 떠나 육지로 올라온 것이 있으며, 그것이 점점 형태가 변하여 여러 가지 동물로 진화했다고 생각했다.

아낙시만드로스는 또 '세계는 무한히 존재하며 모든 세계에 생물이 살고 있고, 소멸과 재생의 순환을 반복하고 있다'고 믿었다. 후에 성 아우구스티누스 *St. Augustine*는, "아낙시만드로스는 탈레스 이상으로, 이러한 끊임없는 모든 활동이 신의 배려에 의한 것이라고는 생각지 않았다"라고 슬픈 듯이 말했다.

기원전 540년을 전후하여 사모스 섬에서는 포류크라테스 *Polycrates*라는 전제 군주가 권력을 잡았다. 그는 젊었을 때 요리사였는데 뒤에 국제적인 해적이 되었다. 그는 예술, 과학, 기술을 관대하게 보호했다. 그러나 자기 나라 사람들을 억압하고, 인접국들과 전쟁을 일으키고, 그리고 침략을 받을까 두려워했다. 그 때문에 그는 자기 나라의 수도를 길이 6 *km*에 이르는 거대한 성벽으로 둘러쌌다. 그 유적은 현재도 남아 있다. 먼 샘에서 성벽 안까지 물을 길어 오기 위해 그는 커다란 굴을 파도록 명령했다. 그 굴은 길이 1 *km*에 이르는 산을 통과하는 굴이었다. 굴은 산의 양쪽에서 파들어 갔으며 두 개의 구멍은 한가운데서 거의 딱 들어맞았다. 이 공사는 완성까지 15년이 걸렸는데, 이것은 당시의 토목 기술의 수준이 높았음을 나타낼 뿐만 아니라 이오니아 사람들의 실용적인 능력이 매우 뛰어났음을 보여 주고 있다. 그러나 이 사업에는 매우 유감스러운 점이 있다. 그것은 이 굴이 사슬에 매인 노예들의 손으로 건설되었다는 점이다. 많은 노예들은 포류크라테스의 해적선이 잡아 온 사람들이었다.

이 시대는 테오드로스 *Theodorus*의 시대라 할 수 있다. 그는 당시의 기술의 거장으로 자물쇠, 자, 목수용의 곱자, 수준기, 선반(旋盤), 청동의 주조법, 중앙 난방법 등의 발명자로서 그리스 인들 사이에서는 매우 인정받고 있었다. 그런데도 어째서 이 인물을 기념하는 비(碑)는 없을까.

당시 자연의 법칙에 관해 꿈꾸고 생각하는 사람들은 기술자나 공학자와 자주 대화했다. 그들은 종종 동일인이었다. 이론과 실제는 일체가 되어 있었던 것이다.

마침 그 무렵, 가까이의 코스 *Cos* 섬에서는 히포크라테스 *Hippocrates*가 이름 높은 의학의 전통을 확립하고 있었다. 현재는 단지 〈히포크라테스의 서약〉만이 기억될 뿐이지만 그는 실용적이고 효과적인 의학의 학파를 만들어 냈다. 히포크라테스는 물리학이나 화학* 위에 의학을 건축하지 않으면 안 된다고 주장했다. 그러나 그의 의학에도 이론적인 면이 있었다. 히포크라테스는 《고대의 의술에 관하여 *On Ancient Medicine*》라는 책 속에서 이렇게 서술하고 있다.

"사람들은 은하수를 신성한 것이라고 생각하고 있다. 그것은 단지 사람들이 은하수를 이해할 수 없기 때문이다. 그러나 자신들이 이해하지 못한다 해서 신성한 것이라 한다면 신성한 것이. 무한히 존재하게 될 것이다"

* 그밖에 점성술에도 기반을 두지 않으면 안된다고 히포크라테스는 주장했다. 당시 점성술은 과학이라고 생각되고 있었다. 히포크라테스가 남긴 대표적인 문장은 다음과 같다. '인간은 항성이 올라갈 때 몸을 잘 지켜야 한다. 특히 시리우스나 대각성(大角星)이 올라갈 때, 묘성(昴星)이 가라앉을 때를 주의해야 한다'—원주

공기도 발견했다

이윽고 이오니아 인의 사고 방식이나 실험하는 습관 등은

그리스 본토나 이탈리아, 시칠리 섬 등으로 퍼져 나갔다.

옛날, 공기의 존재를 거의 누구도 믿지 않던 시대가 있었다. 그 당시의 사람들도 물론 호흡하는 것은 알고 있었지만 눈에 보이지 않는 물질로서의 공기는 누구도 상상하지 않았다. 그러나 기원전 450년경에 활약한 엠페도클레스 Empedocles라는 이름의 의사가 공기에 관한 실험*을 했다. 이것은 기록에 남아 있는 실험 중에서는 최초의 것이었다.

'그는 자신을 신이라고 생각하고 있었다'고 주장하는 문헌도 있다. 그러나 이것은 그가 너무 영리했기 때문에 주위 사람들이 그를 신이라고 생각했다는 이야기이리라.

그는 '빛은 매우 빠르게 전달되지만, 무한정 빠른 것은 아니다'라고 믿었으며 '예전의 지구상에는 지금보다도 훨씬 많은 종류의 생물이 있었는데, 그 많은 종류의 생물은 아이를 만들 수 없어 자신의 종족을 유지해 갈 수가 없었다. 존재하는 모든 종류의 동물은 그 동물이 출현한 이래 그 체격, 용기, 속력의 어느 것인가가 그 동물을 지키고 순치해 왔다'고 가르쳤다.

엠페도클레스는 아낙시만드로스나 데모크리토스와 마찬가지로 생물들이 자신들의 환경에 훌륭하게 적응한 것을 설명하려고 시도한 것인데, 이것은 '자연 선택에 의한 진화'라는 다윈의 위대한 생각의 일부를 확실히 선취(先取)한 것이었다.

엠페도클레스는 사람들이 몇 세기에 걸쳐 사용해 온 부엌용 품을 사용해서 실험했다. 그것은 〈클레피시드라 clepsydra〉라고 불리어지는 것으로, 속어로 '물도둑'이라고 칭해지고 있으며, 부엌에서 국자 대용으로 사용되고 있었다. 그것은 놋쇠로 만든 구형(球形)의 물건으로 윗쪽에는 구멍이 뚫린 가늘고 짧은 통이 있고, 밑에는 작은 구멍이 몇 개인가 뚫려 있다. 이것을 물 속에 넣으면 속으로 물이 들어간다. 그것을 물 속에서 꺼내 짧은 통을 열어 놓으면 물은 밑의 작은 구멍으로 마치 샤워처럼 흘러 나온다.

그러나 엄지 손가락으로 가느다란 통을 막고 물 속에서 꺼내면 물은 공 속에 머물고 있다가 엄지 손가락을 떼면 비로소 흘러 나온다.

만약 짧은 통이 있는 곳을 엄지 손가락으로 누른 채 공을 물

엠페도클레스로 하여금 공기는 수많은 미립자가 모여서 이루어졌다고 생각하게 만든 클레피시드라 clepsydra.

* 이 실험은 혈액 순환에 관한 전혀 틀린 이론을 지지하기 위해서 한 것이었다. 그러나 자연의 현상을 증명하기 위하여 실험을 한다는 생각은 중요한 혁신이다—원주

속에 넣고 물을 공 속에 집어 넣으려 하면 들어 가지 않는다. 무엇인가의 물질이 물이 들어가야 할 장소에 있음에 틀림 없다. 그러나 우리들은 그러한 물질을 볼 수는 없다. 도대체 무엇이 있는 것일까.

엠페도클레스는 '공기 이외에는 있을 수 없다'고 주장했다. 육안(肉眼)으로는 볼 수 없는 어떤 것이 압력을 미치고 있어서 만약 우리들이 짧은 통에 손가락을 댄 채로 두면 공 속에 물을 가득 채울 수는 없는 것이다. 엠페도클레스는 눈에 보이지 않는 것을 발견했다. 그는 공기가 매우 작은 형태로 나뉘어져 있기 때문에 볼 수가 없다고 생각했다.

전해지는 말에 의하면 엠페도클레스는 신을 너무나 숭배한 나머지 거대한 화산인 에트나 Aetna 산 정상의 화구 속 용암에 뛰어들어 죽었다 한다. 그러나 나는 때때로 그가 지구 물리학에 대한 관측을 하려고 대담하게도 선구적인 모험을 시도하다 발이 미끄러진 것이리라고 생각해 본다.

데모크리토스의 원자론

원자가 존재한다는 이 놀라운 착상은 데모크리토스 Democritus라는 남자에 의해서 더욱 발전되었다. 그는 그리스 북부에 있었던 이오니아의 식민지 아브데라 Abdera 출신이었다. 그 무렵 아브데라는 사람들의 비웃음을 사고 있었다. 만약 당신이 기원전 430년에 태어나 아브데라에서 온 누구인가에 관해 이야기하면 당신은 틀림없이 사람들의 웃음을 유발시킬 수 있으리라. 아브데라는 어떤 의미에서 뉴욕 시내의 구석진 시골 브루클린 같은 곳이었다.

데모크리토스에게 인생이란 즐거움이며 이해하는 것이었다. 즐기는 것과 이해하는 것은 같았다. '축제가 없는 인생이란 숙박소가 없는 긴 여행과 같다'고 그는 서술하고 있다.

데모크리토스는 아브데라 출신이었지만 그러나 얼간이는 아니었다. 그는 우주 공간에 펼쳐져 있는 물질로부터 자동적으로 수많은 세계가 생겨나서 발전하고, 그리고 멸망한다고 믿었다.

당시 누구도 충돌 분화구 같은 것은 알지 못했지만, 데모크리토스는 '여러 개의 세계가 때때로 충돌한다'고 믿었으며 '몇 개인가의 세계는 우주의 암흑 속을 고독하게 방황하며 돌아다니고, 다른 세계는 몇몇 태양이나 달을 데리고 있다. 어떤 세계에는 생물이 살고, 다른 세계에는 식물도 동물도, 물조차도 없다. 가장 간단한 생물은 원시 시대에 새어 나온 물로부터 생긴 것이다'라고 믿었다.

또 예를 들면 '나는 손에 펜을 가지고 있다'라는 식으로 생각하는 것 같은 감각과 이성은, 순수하게 물리학적 기계적인 것일 뿐이라고 생각했다. 생각하거나 느끼는 것은 매우 정밀하고 복잡하게 조립된 물질의 특성에 의한 것이며, 신이 물질 속에 주입한 영혼의 탓은 아니라는 것이다.

데모크리토스는 〈원자 atom〉이라는 말을 발명했다. 이것은 그리스 어로 '자를 수 없다'는 의미이다. 원자는 궁극의 입자이며 그것을 좀더 작은 조각으로 분할하려는 시도는 영구히 성공하지 못한다는 것이었다. 모든 물체는 원자의 집합체이며 원자가 절묘하게 합해진 것이다. 우리들도 원자의 집합체이다. 데모크리토스는 "원자와 공간 이외에는 아무것도 존재하지 않는다'고 말했으며 우리들이 칼로 사과를 자를 때 칼날은 원자와 원자 사이의 아무것도 없는 공간을 통과하고 있다고 주장했다. 만약 그런 빈 공간이 존재하지 않는다면 뚫을 수 없는 원자에 부딪쳐 사과를 자를 수 없다.

원추의 경우, 칼이 아무리 잘 들어가도 두 개의 다면적이 똑같게 되지는 않는다. 왜일까. 매우 작은 척도에서 보면 물질은 아무래도 얼마인가 거친 면이 있다. 이 미소한 척도의 거친 면을 그는 원자의 세계로 보았다. 그의 주장은 오늘날의 우리들의 일반적인 생각과는 다르다. 그러나 데모크리토스의 주장은 미세하기 이를 데 없고, 우아하며, 일상생활로부터 끄집어 낸 것이었다. 그리고 그의 결론은 기본적으로는 옳았다.

같은 생각을 기반으로 하여 데모크리토스는 원추나 피라밋의 체적을 계산하려고 시도했다. 그것은 매우 작은 판자를 수없이 쌓았다고 생각하고 계산하는 방법이다. 물론 아래쪽에 가까운 곳은 면적이 크고 정점에 다가갈수록 좁게 되도록 쌓아 간다. 그는 오늘날의 수학자가 〈극한의 이론 theory of limits〉이라 부르는 문제를 이야기했던 것이다. 그는 미분법 (微分法)

과 적분법 (積分法)의 문을 두드리고 있었다. 이 두 개의 계산법은 세계를 이해하기 위한 기본적인 도구이지만, 문헌에 나타나 있는 한으로는 뉴톤의 시대가 될 때까지 발견되지 않았었다. 데모크리토스의 연구 성과는 후에 거의 완전히 파기되어 버렸는데, 만약 그러지 않았더라면 그리스도 시대까지는 미분법이나 적분법이 완성되었을 것이다. *

데모크리토스는 '은하수는 별이 밀집해서 생긴 것'이라고 믿고 있었다. 1750년에 이것을 알게 된 라이트 *Thomas Wright*는 다음과 같이 쓰고 있다.

광학의 진보가 가져온 혜택에 의해 천문학이 많은 수확을 올리게 뒤 때보다도 훨씬 전에 그는 이성이 눈으로 무한한 거 멀리를 보았다고 할 수 있다. 훨씬 진보된 시대의 훨씬 유능한 천문학자가 본 것과 같은 것을 데모크리토스는 보았다.

데모크리토스의 마음은 여신 헤라의 유방을 넘어 밤의 등뼈의 저멀리까지 날아갔다.

데모크리토스는 약간 이상한 사람이었던 듯싶다. 여자와 어린이와 섹스는 그를 당황하게 했다. 왜냐하면 그것들은 사색을 위한 시간을 빼앗기 때문이다. 그러나 그는 우정을 소중히 하고, 명랑하게 사는 것이 인생의 목표라고 생각하고 있었다. 그리고 그는 '열광 *enthusiasm*'의 기원과 성질에 관해 대규모의 철학적 연구를 했다.

그는 소크라테스 *Socrates*를 만나기 위해 아테네로 여행했다. 그러나 그는 너무나 거가 죽어서 자기 소개를 할 수가 없었다. 그는 의학의 아버지 히포크라테스의 친한 친구이기도 했으며 물질적인 세계의 아름다움과 우아함을 외경하고 있었다.

또 '민주 정치 하에서 거지로 사는 편이 전제 정치 하에서 풍족하게 사는 것보다 좋다'고 느끼고도 있었다.

그는 그 당시 유행하고 있던 종교는 악이며, 불멸의 영혼도 불멸의 신도 존재하지 않는다고 믿고 있었다. 그는 "원자와 공간밖에는 아무것도 존재하지 않는다"고 말했다.

데모크리토스가 자신의 의견 때문에 박해를 받았다는 기록은 없다. 그러나 그는 요컨대 아브데라 출신이었다. 이오니아 지방 사람들은 습관에 위배되는 의견에 대해서도 관용적이었

* 미적분법의 벽은 후에 에우독소스와 아르키메데스에 의해 깨졌다―원주

지만, 그러한 경향은 오래 계속되지 않아서 데모크리토스의 시대에는 풍화되고 붕괴되기 시작했다. 관습에 위배되는 의견을 가진 사람들은 벌을 받게 되어가고 있었다.

현재 그리스의 1백 드라크마 *drachma*짜리 지폐에는 데모크리토스의 초상화가 인쇄되어 있다. 그러나 데모크리토스가 살아 있을 때는 그의 생각은 억압되어 역사에 별다른 영향을 미치지 못했다. 이 당시엔 신비 사상 *mystics*이 승리를 얻기 시작했던 것이다.

물질주의와 실험주의

아낙사고라스 *Anaxagoras*는 이오니아의 실험가였다. 그는 아테네에서 살았으며 기원전 450년경에 활약했다. 그는 유복했지만, 자신의 부에는 무관심했으며 과학에 정열을 불태웠다. "인생의 목적이 무엇인가"라는 질문을 받으면 그는 "태양과 달과 하늘의 연구"라고 대답했다. 그것은 진정한 천문학자의 대답이었다.

예를 들어 커다란 그릇 속에 커피와 같은 진한 액체가 들어 있을 때, 크림과 같은 하얀 액체를 한 방울 넣어 보아도 색은 눈으로 알아볼 수 있을 정도로 엷어지지는 않는다——아낙사고라스는 이러한 현명한 실험을 해 보았다. 그리고 감각으로는 직접 알 수 없는 미묘한 변화라도 실험을 하면 추론할 수 있다고 생각했다.

아낙사고라스는 데모크리토스만큼 과격하지는 않았다. 그러나 둘 다 모두 철저한 물질주의자 *materialist*였다. 그렇다고 해서 재물을 갖고 싶어하는 물질주의자는 아니고 '세계를 지탱하고 있는 것은 물질뿐이다'라고 주장하는 물질주의자였다.

아낙사고라스는 특별한 〈마음의 물질 *mind substance*〉이 있다고 믿고 원자가 있다고는 생각지 않았다. 또 그는 '인간이 다른 동물보다 현명한 것은 손이 있기 때문'이라고 믿었다. 이것은 정녕 이오니아적인 생각이었다.

달은 빛을 반사해서 빛나고 있음을 처음으로 확실히 밝힌 것은 아낙사고라스였다. 그는 달이 차고 이지러지는 것에 대한 이론도 생각해 냈다. 이 이론은 지극히 위험한 것이었기 때문에 원고를 몰래 회람시키지 않으면 안되었다. 그것은 〈아테네의 지하 출판〉이라고 할 만한 것이었다.

달의 차고 이지러짐이나 월식을, 지구와 달 그리고 스스로 빛나는 태양간의 상호 기하학적인 위치 관계에 의해서 설명하는 것은 당시의 편견과 조화되는 것은 아니었다. 두 세대나 지난 후의 아리스토텔레스는 '달의 차고 이지러짐이나 월식은 달에 그러한 성질이 있기 때문'이라고 말하는 것으로 만족하고 있었다. 그것은 언어의 장난에 지나지 않으며, 아무것도 설명하고 있지는 않았다.

그 무렵 널리 믿어지고 있던 것은 '태양과 달은 신이다'라는 생각이었다. 그러나 아낙사고라스는 '태양과 별은 불타는 돌'이라고 생각했다. 별의 열을 우리가 느낄 수 없는 것은 그들이 너무나도 멀리 떨어져 있기 때문이었다.

그는 또 '달에는 산이 있으며 생물이 살고 있다'고 생각했다. '산이 있다'는 것은 옳았고 '생물이 있다'는 것은 틀린 생각이었다.

그는 '태양은 아주 크며 아마도 펠로폰네소스 *Peloponnesus* 지방보다 클 것'으로 생각했다. 펠로폰네소스 지방이란 그리스 남부의 3분의 1을 점유하고 있는 지역이다. 그를 비판하는 사람들은 이 면적은 너무 커서 바보스럽다고 생각했다.

아낙사고라스를 아테네에 데리고 온 것은 페리클레스 *Pericles*였다. 페리클레스는 위대한 영광의 시대의 지도자였는데, 펠로폰네소스 전쟁의 실마리를 만들었으며 그 전쟁의 결과, 아테네의 민주 정치는 붕괴되었다.

페리클레스는 철학과 과학을 좋아했으며 아낙사고라스는 그의 제일 친한 친구였다. 아낙사고라스는 페리클레스의 친구로서 아테네를 위대한 국가로 만드는 데 커다란 공헌을 했다고 생각하는 사람도 있다.

그러나 페리클레스에게도 정치적인 문제가 있었다. 페리클레스가 너무 강했기 때문에 그의 정적들은 그를 정면으로 공격할 수가 없어서 그의 측근들을 공격했다. 아낙사고라스는 종교적인 불신심(不信心)을 이유로 유죄 판결을 받고 감옥으로 보내졌다. 왜냐하면 그는 '달은 보통 물질로 만들어져 있고 그곳도 하나의 장소이며 태양은 공중에 떠 있는 빨갛게 가

열된 돌'이라고 사람들에게 가르쳤기 때문이었다.

윌킨즈 *John Wilkins* 사교(司教)는 1638년 이들 아테네 시민들을 비판하며 다음과 같이 쓰고 있다.

이들 열광적인 우상 숭배자들은 그들의 신을 돌멩이로 보는 것은 불경스럽다고 생각했다. 그러나 그럼에도 불구하고 그들은 돌로 만든 신의 상을 숭배하여 돌을 신으로 할 정도로 무신경했다.

페리클레스는 어떤 묘책을 써서 아낙사고라스를 감옥에서 꺼내는 데 성공했던 듯싶다. 그러나 이미 늦었었다.

이오니아의 전통은, 이집트의 알렉산드리아에서는 2백년 정도 뒤에 계승되었다. 그리스에서는 조류가 변화하고 있었다. 탈레스로부터 데모크리토스나 아낙사고라스에 이르기까지의 위대한 과학자들은 역사나 철학책 속에서는 일반적으로 '소크라테스 이전의 인물들 *Presocratics*'로 기록되어 있다. 그것은 마치 그들의 주요한 역할이 소크라테스, 플라톤, 아리스토텔레스의 시대에 이르기까지 철학의 성채(城砦)를 지킨 것에 지나지 않고, 그들에게도 약간의 영향밖에 주지 못했다는 식이다.

그러나 고대 이오니아 철학자들은 그들과는 매우 다른, 별도의 사고 방식을 대표하고 있으며, 그 사고 방식은 현대 과학의 사고 방식과 많이 일치한다.

그들의 영향이 크게 봐도 2세기나 3세기 정도밖에 작용하지 않았다는 것은, 이오니아가 깨어나기 시작한 이래 이탈리아의 르네쌍스 *Renaissance* 시대에 이르는 사이에 살았던 모든 인류에게 돌이킬 수 없는 손실이었다.

순수 사고에 의존한 일파

사모스 섬과 관계가 있던 인물 중 가장 영향력이 있었던 것은 아마 피타고라스 *Pythagoras*이리라.* 그는 기원 전 6세기의 포류크라테스와 동시대의 인물이었다.

그는 지방 전통에 따라서 한때 사모스 섬의 카키스 *Kerkis* 산의 동굴 속에서 살았다. 그는 '지구는 공과 같다'고 추론

3세기 고대 사모아의 동전. 피타고라스와 '사모스의 피타고라스'라는 그리스 전설이 새겨져 있다.

* 기원 전 6세기는 지구의 여기저기에서 놀랄 만한 기적, 정신적 발효 현상이 나타난 시대였다. 그것은 이오니아에서 탈레스, 아낙시만드로스, 피타고라스나 그밖의 철학자들이 활약한 시대일 뿐만 아니라, 이집트왕 네코가 어부들에게 아프리카 일주 항해를 시킨 시대이기도 하며, 페르시아에서 종교 개혁자 조로아스터가 등장한 시기이기도 하다. 중국에서는 공자나 맹자가 나타나고 이스라엘, 이집트, 바빌로니아에서는 유태인 예언자가 나타났으며 인도에서는 불교의 창시자인 석가가 출현했다. 이러한 활동이 서로 전혀 관계가 없다는 것은 믿기 어려운 일이다—원주

했는데, 그것은 세계사에 있어서 최초의 일이었다. 아마도 그는 달이나 태양의 형태로부터 유추했던가, 월식 때 달에 비치는 지구 그림자의 곡선을 보고 유추했던가, 혹은 사모스 섬에서 나가는 배가 수평선 너머로 사라지며 마스트 끝이 최후로 보이지 않게 되는 것을 보고 유추했던가 했을 것이다.

그와 그의 제자들 중의 누군가가 〈피타고라스의 정리 *Pythagorean theorem*〉를 발견했는데 그것은 '직각 삼각형의 짧은 변의 제곱의 합은 긴 변의 제곱과 같다'는 이론이다. 피타고라스는 이 정리를 실례(實例)를 들어서 설명하려 하지는 않았다. 그는 사실을 일반적으로 증명하기 위한, 수학적 연역법을 개발했다. 현대의 수학적인 의논 방법은 모든 과학에서 필요불가결한 것인데, 이는 피타고라스에 힘 입은 바 크다.

질서 있고 조화된 우주, 인간이 이해할 수 있는 우주를 나타내기 위하여 〈코스모스〉란 말을 최초로 사용한 것도 피타고라스였다.

대부분의 이오니아 사람들은 우주의 이면에 감추어져 있는 조화는 관찰과 실험에 의해서 알 수 있다고 믿고 있었다. 그 관찰과 실험은 현대 과학에 있어서도 지배적인 방법이지만 피타고라스는 전혀 다른 방법을 사용했다. 그는 '자연 법칙은 순수한 사고에 의해서 유도될 수 있다'고 사람들에게 가르쳤다. 그와 그의 제자들은 근본적으로는 실험가는 아니었다.* 그들은 수학자였다. 그리고 그들은 철저한 신비주의자였다. 이에 대해 러셀 *Bertrand Russell*은 다음과 같이 신랄하게 풍자했다.

피타고라스는 종교를 창시했다. 그 종교의 주요한 교의는 혼의 재생과 콩을 먹는 것에 대한 죄악시였다. 그의 종교는 의식으로서 구체화되고 여기저기에서 국가의 보증을 받았으며, 성자의 규칙을 확립했다. 그러나 이 종교에 귀속한 사람들도 콩을 먹고 싶어했으며, 빠르든 늦든, 종지(宗旨)에서 등을 돌렸다.

실험을 업신여기는 풍조

피타고라스파의 사람들은 수학적 증명의 확실함 속에서 기

---

* 그러나 몇 개인가의 예외는 있었다. 팽팽한 현은 그 길이에 비례하여 조화 있는 소리를 내는데, 피타고라스 파의 사람들은 이 사실에 매혹당하고 있었다. 그것은 분명 관찰이나 실험에 의해서 알게 된 일이라고 생각된다. 실험가였던 엠페도클레스도 적어도 부분적으로는 피타고라스 파에 속하고 있었다. 피타고라스의 제자의 한 사람이었던 알크마이온은 최초로 인체를 해부한 사람으로 알려져 있다. 그는 동맥과 정맥을 구분하고, 시신경과 유스타씨 기관을 발견하고, 뇌가 지능의 역할을 담당한다는 것을 확실히 했다(이 주장은 후에 아리스토텔레스에 의해서 부정되었다. 아리스토텔레스는 심장이 지능의 역할을 한다고 주장했다. 그러나 후에 알렉산드리아의 헤로필로스 *Herophilus*가 알크마이온의 설을 부활시켰다). 알크마이온은 발생학도 창시했다. 그러나 뒷 시대의 피타고라스파 사람들은 알크마이온이품은 것 같은 불순한 것에 대한 관심은 갖지 않았다―원주

쁨을 느꼈다. 또 인간이 순수하고 더러움이 없는 세계로 접근
하는 즐거움이나 직각 삼각형의 3 변이 수학적 관계에 완전
히 따르는 것처럼, 조화되어 있는 '코스모스' 속에서도 즐거
움을 느꼈다.

그것은 무미건조한 세계의 혼잡한 현실과는 확실히 구별할
수 있는 것이었다. 그들은 자신들의 수학 속에서 완전한 세
계 *perfact reality*인 신의 영역을 엿보았다고 믿었다. 그들
은 우리들이 사는데 익숙한 세계는 신의 세계의 불완전한 투
영화일 뿐이라고 믿었다.

플라톤의 〈동굴의 비유 이야기〉는 유명하다. 죄인이 동굴
속에서 사슬에 매여 있다. 그들은 동굴 앞을 지나는 사람들
의 그림자밖에 볼 수 없으며, 그 때문에 그 그림자야말로 현
실이라고 믿고 있다. 그리고 자신들이 목을 돌리기만 하면
복잡한 현실이 보이는데도, 그렇게 할 것조차 생각해 내지
못한다──그러한 비유로 된 이야기이다.

이처럼 피타고라스파의 사람들은 플라톤과 그 후의 그리스도
교도들에게 강한 영향을 주었다. 그들은 서로 대립되는 의견
을 자유롭게 싸우도록 장려하지 않았다. 그러기는 커녕, 다
른 정통파의 종교가 모두 그렇듯이 그들도 계율을 엄하게 했
다. 따라서 그들은 스스로의 오류를 정정할 수가 없었다. 키
케로 *Cicero*는 다음과 같이 쓰고 있다.

토론을 할 때 필요한 것은 의론(議論)의 강함이며, 권위의 힘은
그다지 중요한 게 아니다. 사실 가르치는 것을 직업으로 하는 사
람들의 권위는 배우고 싶다고 생각하는 사람들에게 종종 상당한
장해가 된다. 학생들은 자기 자신이 판단하지 않고 자신들이 선택
한 선생님의 판결을 듣고, 그것으로 문제는 해결되었다고 생각해
버린다. 사실 나는 피타고라스파 사람들의 전통적인 교육 방법을
인정할 생각은 없다. 그들은 의론 속에서 나온 주장의 근거를 물
으면 "선생님이 그렇게 말씀하셨다"고 대답하는 습성이 배어 있다.
그 '선생님'이란 피타고라스를 가리킨다. 이미 결정된 의견이 너
무 강하여 이성에 의하여 후원됨이 없는 권위가 만연하고 있었다.

피타고라스파 사람들은 정다면체에 매혹되어 있었다. 그것
은 대칭적인 3차원의 물체로, 모든 면이 같은 다각형으로 되
어 있다. 입방체는 정다면체의 가장 단순한 예이다. 그것은

6 개의 면을 가지고 있으며 각각의 면은 정방형이다.

정다각형은 무수히 있는데도, 정다면체는 5 개밖에 없다 (이 명제의 증명은 수학적인 추리의 유명한 예이다).

정12면체는 12 개의 정5각형을 면으로 하고 있는데, 이에 관한 지식은, 어떤 이유에 의해 그들에게 위험한 것으로 생각되었다. 그것은 우주와 신비적인 관계가 있었다.

당시 세계는 흙, 불, 공기, 물의 4가지로 구성되어 있다고 생각되고 있었는데, 다른 4 개의 정다면체는 이 4개의 〈원소〉와 어떻게든 관계가 있었다.

따라서 다섯 번째의 정다면체는, 천체에만 있는 다섯 번째의 원소와 관계가 있음에 틀림없다고 그들은 생각했다. 그리고 정12면체는 일반인들에게는 가르쳐 주지 않기로 했다.

피타고라스파 사람들은 정수(整數) whole number를 사랑하고, 다른 모든 수는 확실히 정수로부터 유도될 수 있다고 생각했다. 그러나, 2의 평방근(정방형의 대각선의 길이)이 무리수임을 그들이 발견했을 때, 정수의 교의(敎義)에 위기가 도래했다. 2 개의 정수의 비로는 √2를 정확하게 나타낼 수가 없었다. 그 정수를 아무리 크게 잡아도 안된다. 우습게도 이것은 피타고라스의 정리를 사용해서 발견되었다.

〈무리수 irrational number〉란 원래는 '정수의 비로 나타낼 수 없는 수'라는 의미만을 가졌다. 그러나 피타고라스파의 사람들에게 그것은 뭔가 두려운 일이었다. 그들의 세계관이 무의미한 것을 나타내는 것만 같았다. 그 때문에 〈무리수〉란 말은 '불합리하다 irrational'라는 의미를 갖게 되었다.

피타고라스파 사람들은 √2와 정12면체라는 수학상의 중요한 발견을 모두가 같이 알려 하지 않고, 그 지식을 억압하려 했다. 피타고라스파 이외의 사람들에게는 그것을 가르쳐 주지 않았던 것이다. *

현재에도 과학의 보급이나 대중화에 반대하는 과학자들이 있다. 신성한 지식은 신전 속에 넣어 봉합해 두어야 하며, 대중이 이해함으로써 더러워지게 해서는 안된다는 것이다.

피타고라스파 사람들은 '구(球)는 완전하다'고 믿고 있었다. 구면상(球面上)의 모든 점이 중심으로부터 같은 거리에 있기 때문이었다. 원도 역시 완전했다. 그리고 피타고라스파 사람들은 '행성은 원의 궤도를 따라서 언제나 같은 속도로 움

피타고라스와 클라톤이 생각한 5 개의 완전 입방체

* 피타고라스 파의 히파소스 *Hippasus*라는 학자는 정12면체의 비밀을 '12개의 5각형을 갖는 구(球)'라고 발표했다. 그는 후에 해상 사고로 죽었는데, 피스고라스 파인 그의 동료들은 '신의 벌을 받았다'고 했다 한다. 히파소스의 책은 남아 있지 않다—원주

직이고 있다'고 주장했다. 그들에게는 행성이 궤도상의 위치
에 의해서 천천히 움직이거나 빠르게 움직인다는 것은 보기
에 안 좋다고 생각되었다. 원이 아닌 운동은 어딘가에 결점
이 있으며 행성의 운동으로는 적당하지 않다고 그들은 생각
했다. 행성은 불완전한 지구와는 관계 없이 완전하다고 생각
했던 것이다.

케플러가 생애에 걸쳐 한 연구 속에서는 피타고라스파의
전통에 대한 찬성론과 반대론을 확실히 볼 수 있다.

완전하며 신비적인 감각에 의해서는 알 수 없는 세계에 관
한 피타고라스파의 생각은 그리스도교 신자들에게 즉시 받아
들여질 수 있었다. 그리고 그것은 케플러가 젊었을 때 받은
교육에도 영향을 준 것이었다.

케플러는 한편으로는 '자연 속에는 수학적인 조화가 존재
한다'고 확신하고 있었다. 그는 '우주는 조화 있는 비율에 의
해서 장식되어 있다'고 쓰고 있다. 또 그는 '행성의 운동은
단순한 수학적 관계에 의해서 결정되고 있다'고도 확신하고
있었다.

그밖에 피타고라스파의 생각에 따라서, 그는 오래동안 '행
성 운동으로서는 균일한 원운동밖에 허용될 수 없다'고 믿고
있었다. 그러나 결국 행성의 외관상의 운동에 관한 데이터를
조사해 보고 그는 원형 궤도 *circular paths*라는 생각을 버
리고, '행성은 타원형의 궤도를 따라 움직이고 있다'는 것을
인정하지 않을 수 없게 되었다.

케플러는 피타고라스의 교의에 매혹당하여 행성 운동의 조
화 있는 법칙을 찾아 내려고 노력했으며, 그 교의 때문에 진정
한 궤도를 발견하는 데 10년 이상이나 늦고 말았다. 실용적인
것을 경시하는 풍조는 고대 세계에 만연해 있었다. 플라톤은
천문학자들에 대해서 "하늘에 관하여 잘 생각하도록 하라"고
말하고 "하늘을 관측함에 의해 시간을 낭비하지 말라"고 했다.

아리스토텔레스는 이렇게 믿고 있었다.

"하층의 인간은 태어나면서부터 노예이다. 모든 하급의 인
간과 마찬가지로 노예들은 주인의 규칙에 따르는 것이 좋다.
노예들은 주인과 생활을 같이 하고 있는 것이다. 직인(職人)
들은 주인과 그다지 밀접하게 관련되어 있지는 않지만, 그들
도 노예가 되면 신분에 알맞게 솜씨가 좋아진다. 좀더 신분이

비천한 기계공은 또 특별히 다른 노예의 일이 있다"

플루타크 *Plutarch*는 이렇게 쓰고 있다. "당신이 즐겨서 그 일을 했다 해도, 그 일을 만든 사람을 꼭 따를 필요는 없다" 크세노폰 *Xenophon*의 의견은 이러했다. "기계술이라 일컬어 지는 것은 사회적인 더러움을 가져온다. 따라서 우리들은 그 것을 불명예스러운 것으로 여긴다. 그것은 당연하다"

이러한 태도의 결과로서 빛나고 장래성이 넘쳐 있던 이오 니아 사람들의 실험적 방법의 대부분은 2천 년 동안이나 방 치되게 되었다.

실험을 하지 않으면 대립하는 가설로부터 옳은 것을 선택 할 수가 없으며, 과학을 진보시킬 수 없다.

피타고라스파 사람들의 반경험적(反經驗的) 경향은 오늘날 까지도 연장되고 있다. 그러나 왜일까. 실험을 기피하는 경향 은 도대체 어디에서 오는 것일까.

과학을 멸망시킨 노예 제도

고대 과학의 쇠퇴에 관해서는 과학사가(科學史家) 파링톤 이 다음과 같이 설명하고 있다.

상업을 소중히 여기는 전통이 이오니아의 과학을 탄생시켰 지만, 그 전통은 노예 경제 *slave economy*도 만들어 냈다. 노 예를 갖는 것은 부와 권력에의 길이었다. 포류크라테스의 성 벽은 노예들에 의해서 건설되었다. 페리클레스나 플라톤이나 아리스토텔레스 시대의 아테네에는 수많은 노예가 있었다. 아테네 사람들의 민주주의에 관한 대범한 이야기는 소수의 집권 계급의 사람들에게만 한정된 이야기였다.

노예들이 한 전형적인 일은 손을 사용하는 노동이었다. 과 학의 실험도 손을 사용하는 노동이었는데, 노예를 가지고 있 는 사람들은 특권적으로 수작업(手作業)으로부터는 멀었다. 노예를 가진 사람들은 몇 개인가의 사회에서는 〈신사〉로 불리 어지고 있었다. 과학 연구를 할 여가를 가진 것은 그 사람들 뿐이었다. 따라서 거의 아무도 과학 연구를 하지 않았다.

이오니아 사람들은 어떤 종류의, 품질이 좋은 기계를 만들 능력을 완전히 몸에 익히고 있었다. 그러나 노예를 부릴 수

있게 되었기 때문에 기술 개발에의 경제적인 자극이 점차로
쇠퇴해 갔다.

　상업 중시 경향이 기원전 6세기경 이오니아 사람들의 눈
을 뜨게 했지만, 그 후 발달한 노예 제도 때문에 2세기 정도
후에는 이오니아 과학은 쇠퇴해 있었다. 이것은 매우 우스꽝
스러운 일이라 하겠다.

　같은 경향을 세계 여러 곳에서 찾아볼 수 있다. 예를 들면
중국의 독자적인 천문학은 서기 1280년경에 정점에 달했다.
그것은 곽수경(郭守敬)의 노력에 의한 것으로, 그는 1천 5백
년에 걸쳐 축적된 관측 데이터를 기반으로 천체 관측의 도구
나, 계산을 위한 수학적 기술을 개량했다. 그러나 일반적으로
중국의 천문학은 그 후 급속히 쇠퇴했다고 말해지고 있다. 왜
일까. 시빈 *Nathan Sivin*은 그 이유로서 '적어도 부분적으
로는 상류 계급의 태도가 융통성이 없어지고, 그 때문에 교육
을 받은 사람들은 기술에 대해 호기심을 갖지 않게 되었으며
과학을 신사에게 적합하지 않은 일로 평가하게 되었기 때문'
이라고 했다. 게다가 '천문학자직은 세습 *heritage*되게 되었
는데 세습이란 진보를 위해서는 적당치 않은 제도였다'고 서
술하고 있다.

　그 위에 '천문학의 진보는 궁정의 책임이며, 게다가 그것
은 머나먼 외국의 기술자들에게 맡겨 놓고 있었다'고 한다.
그 외국의 기술자들이란 주로 예수회 *Society of Jesus*에 속
하는 수도사들이었다. 그들은 유클리드나 코페르니쿠스의 책
을 중국에 소개했다. 중국인들은 그것을 보고 놀랐다. 그러
나 중국인들은 코페르니쿠스의 책을 조사한 후 그 태양 중심
의 우주론을 억압했다. 그것은 그들의 기득(旣得)의 이권을
지키기 위해서였다.

　인도나 마야나 아즈테카의 문명에 있어서는, 과학은 죽은
채 태어난 갓난아기 같았다. 그것은 이오니아에서 과학이 쇠
퇴한 것과 같은 이유로 그렇게 되었다. 그들 사회에서는 노
예 경제가 만연하고 있었다.

　현대의 제 3 세계의 커다란 문제는 '교육을 받고 있는 것은
현재의 지위를 기득권으로서 갖고 있는 부유한 계급의 아이
들뿐'이라는 것이다. 그들은 손을 사용해서 일하는 데 익숙
해 있지 않으며 전통적인 지혜에 도전하는 데도 익숙해 있지

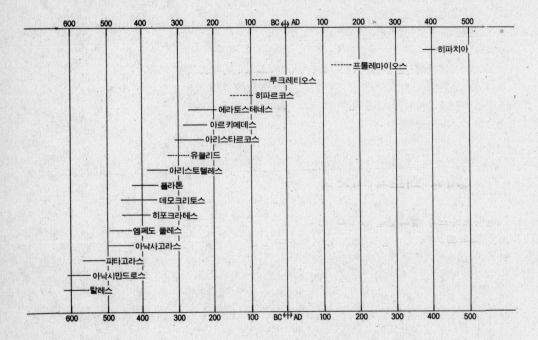

이오니아와 그리스 과학자들의 생존 시기. 기원 후부터 과학 자들이 드물어지고 있다.

않다. 따라서 그들 나라에서는, 과학은 아주 서서히 뿌리를 내리게 될 것이다.

플라톤과 아리스토텔레스는 노예 사회 속에서 쾌적하게 살고 있었다. 그들은 노예를 억압하는 것을 정당화시키는 의론도 전개했다. 그들은 전제 군주에게 봉사했다. 그들은 '마음과 몸은 분리된다'고 사람들에게 가르쳤다(그것은 노예 사회에서는 당연한 이상이었다). 그들은 또 사상과 물질은 별개의 것이라고 가르쳤다. 그들은 지구와 하늘을 이혼시켰다. 이러한 〈분리 *division*〉의 사상은 그 후 20세기 이상에 걸쳐 서구인들의 사고 방식을 지배했다.

플라톤은 '모든 물체에 신이 들어 있다'고 믿었는데, 자신의 정치학과 우주학을 묶는데 사실 노예를 비유한 이야기를 사용했다. 그는 데모크리토스의 책은 전부 태우라고 사람들에게 권했다 한다(마찬가지로 호메로스의 책도 태우라고 했다 한다). 그것은 아마도 데모크리토스가 불후(不朽)의 영혼이라든가 불후의 신이라든가, 피타고라스의 신비주의라든가를 인정하지 않았기 때문이리라. 혹은 그가 세계는 무한히 존재한다고 믿고 있었기 때문인지도 모른다.

데모크리토스는 인간의 지식의 모든 것에 관해 73 권의 책을 썼다 하는데, 그것들은 단 한 권도 남아 있지 않다. 우리들은 몇 개인가의 단편(斷片)과 2차적인 자료로부터 데모크리토스의 생각을 알 수 있을 뿐이다. 남아 있는 이러한 자료들은 주로 윤리학 *ethics*에 관한 것이다. 고대 이오니아 철학자들의 거의 전부가 이와 같다.

사상 최초의 지동설

피타고라스와 플라톤은 우주를 '알 수 있는 것'으로 인식했다. '자연에는 수학적인 기초가 있다'고 그들은 생각했는데 이것은 과학을 크게 진보시켰다. 그러나 한편 '과학은 소수의 상류 계급 사람들만의 것'으로 생각하고 실험을 싫어했으며 신비주의를 믿고 노예 사회를 쉽게 받아들임으로써 그들은 인류의 커다란 시도였던 과학을 후퇴시키기도 했다.

신비주의에 기울게 되는 동면(冬眠)이 그때부터 오래 계속되었다. 과학적인 도구에 대한 연구는 사라져 버렸다. 이오니아 인들의 사고 방식은 알렉산드리아의 도서관에 있던 과학자들에 의해 일부 전수되긴 했지만, 전체로서는 오랜 잠 속에 빠져 버렸다.

그러나 그것은 불현듯 또다시 발견되었다. 서구 세계는 또다시 눈을 뜬 것이다. 실험과 연구가 이제 또다시 존경받게 되었다. 잊혀져 가던 책이나 단편(斷片)이 또 한 번 읽혔다. 다 빈치나 콜럼버스, 코페르니쿠스들은 이러한 고대 그리스의 전통에 자극을 받거나, 혹은 그와는 별도로 고대 그리스의 전통을 독자적으로 투사하거나 했다.

현대에도 이오니아의 과학은 살아 있다. 이오니아의 정치나 종교는 살아 남아 있지 않지만 대담하고 자유로운 탐구 정신은 지금도 상당히 살아 있다. 그러나 지금도 미신이나 불명료한 윤리적 규제가 매우 심하게 남아 있다. 우리들도 이렇듯 고대에 있었던 것과 마찬가지의 모순 때문에 고뇌하고 있다.

플라톤과 사람들과 그 후계자들인 그리스도교 신자들은 '지구는 더럽혀져서 어느 정도 메스껍기도 하지만 하늘은 완전하고 신성하다'는 생각을 가지고 있었다.

지구는 행성의 하나이며 우리들은 우주의 시민이라는 기본적인 생각은 거부되고 잊혀져 있었다.

지동설을 최초로 주창한 것은 아리스타르코스 Aristarchus 였다. 그는 피타고라스보다 3세기 정도 후에 사모스 섬에서 태어났다. 아리스타르코스는 이오니아 최후의 과학자였다. 이 시기의 지적 계발의 중심은 알렉산드리아의 위대한 도서관으로 옮겨갔다. 아리스타르코스는 '행성계의 중심은 지구가 아니고 태양이며 행성은 모두 지구의 주위가 아니라 태양의 주위를 돌고 있다'고 주장한 최초의 사람이었다. 이에 관해 그가 저술한 것도, 당연한 일이지만 모두 잃어버렸다. 그는 월식 때 달 표면에 비치는 그림자를 보고 태양은 지구보다 훨씬 크고 지구로부터 멀리 떨어져 있다고 추정했다.

그리고 그는 '태양처럼 매우 커다란 것이 지구처럼 작은 것의 주위를 돌고 있다는 것은 불합리하다'고 생각했을지도 모른다. 그는 지구가 자전 축의 주위를 하루에 한 바퀴씩 태양을 중심에 두고 회전하면서 일년에 한 바퀴씩 태양의 주위를 돌고 있다고 생각했다.

이와 같은 생각을 우리들은 코페르니쿠스라는 이름과 묶어서 생각하지만 갈릴레오는 코페르니쿠스를 태양 중심설의 발명자로서가 아니라 그것을 '부활시켜 확인한 사람'으로서 쓰고 있다.*

아리스타르코스는 기원전 280년경에 이미 행성의 배치를 확실하게 완성하여 그려냈음에도 불구하고 그로부터 코페르니쿠스에 이르는 1천 8백 년 동안, 누구도 행성의 정확한 배치를 알지 못했다.

지동설은 아리스타르코스 시대의 사람들을 화나게 했다. 아낙사고라스나 브루노나 갈릴레오에 대하여 반대의 소리가 있었던 것과 마찬가지로 "아리스타르코스를 불경죄로 벌하라"고 외치는 소리가 있었다. 아리스타르코스나 코페르니쿠스에 대한 저항은, 매일의 생활 속에서 경험하는 지구 중심의 감각에 기반을 둔 것인데 그러한 저항은 우리들 속에도 아직 남아 있다. 우리들은 지금도 태양이 '뜨고' 태양이 '진다'고 말하고 있다. 아리스타르코스 시대로부터 이미 2천 2백 년이나 지났는데도 우리들이 사용하는 말은 지금도 지구는 움직이지 않는 것처럼 사용되고 있다.

* 코페르니쿠스는 아리스타르코스를 읽고 태양 중심설의 생각을 얻었을지도 모른다. 코페르니쿠스는 이탈리아의 대학 의학부에 유학한 일이 있는데 당시에 사용되고 있던 고전적인 교과서가 최근에 발견되었다. 그들 교과서는 당시 대단한 흥분을 불러일으켰을 것이다. 코페르니쿠스는 자신의 책의 원고 속에는 아리스타르코스가 지동설을 먼저 주창했던 일을 쓰고 있지만 책으로서 인쇄할 때는 그 부분을 삭제했다. 코페르니쿠스는 교황 바울 3세에게 보낸 편지 속에서 이렇게 쓰고 있다.
'키케로에 의하면 니케타스는 지구는 움직이고 있다고 생각하고 있는 것 같습니다……(아리스타르코스의 일을 논했다). 플루타크에 의하면 그밖에도 같은 의견을 가진 사람이 있다 합니다……따라서 나는 그것에 관해 가능한지 어떤지를 생각했읍니다. 그리고 나 자신 지구는 움직인다는 것에 대해 생각하기 시작했읍니다'—원주

별은 멀리 있는 태양인가

'태양은 펠로폰네소스 반도와 같은 정도의 크기'라는 설을 들었을 때, 그리스 인들은 경악했지만 행성이 각각 떨어져 있다는 설을 들었을 때도 역시 깜짝 놀랐다. 사실 지구와 금성은 가장 가까이 접근했을 때라도 4천만 *km* 이상 떨어져 있으며 명왕성까지는 60억 *km*나 떨어져 있다. 그러나 태양계는 훨씬 작고 지역적인 것이라고 생각하는 편이 당시로서는 자연스러운 일이었다.

지금 자신의 손가락을 눈 앞에 놓고 처음에 왼쪽 눈만으로 보고 다음에 오른쪽 눈으로 보자. 이 경우 손가락 건너편의 물체를 기준으로 하면 손은 움직인 것처럼 보인다. 손가락이 눈에 접근하면 접근할수록 더욱 많이 움직인 것처럼 보인다. 이 시차(視差)의 크기로 우리들은 손가락까지의 거리를 알 수 있다.

만약 우리들의 좌우의 눈이 서로 좀더 떨어져 있다면 우리의 손가락은 더욱 많이 움직인 것처럼 보일 것이다. 우리들이 두 번의 관측을 할 때의 거리가 길어지면 길어질수록 시차는 커지며 우리들은 멀리 떨어진 곳까지의 거리를 보다 잘 측정할 수가 있다.

다행스럽게도 우리들은 지구라는, 움직이는 관측대 위에 살고 있다. 지구는 6개월마다 궤도의 한쪽 끝에서 또 다른 쪽 끝으로 움직여 간다. 그 양 끝 사이의 거리는 약 3억 *km*이다.

만약 우리들이 6개월의 기간을 두고 움직이지 않는 같은 천체를 관측하면 우리들은 대단히 커다란 거리를 측정할 수 있다.

아리스타르코스는 '항성이란 멀리 떨어진 태양이 아닐까'라고 생각했다. 그는 태양을 항성의 사이에 놓아 보았다. 이 경우 지구가 움직여도 검출할 수 있을 듯한 항성의 시차는 검출할 수 없었다. 이것은 항성이 태양보다도 훨씬 먼 곳에 있음을 시사한다.

천체 망원경이 발명되기까지는 지구와 가장 가까운 별이라도 시차가 너무 작아서 그것을 측정할 수가 없었다. 항성의 시차가 비로소 측정된 것은 19세기부터였다. 시차를 측정할 수 있게 되자 간단한 그리스 기하학에 의해 거리를 산출할 수 있었고 그에 의하면 항성은 몇 광년이나 떨어져 있다는 사실이 명백히 밝혀졌다.

항성까지의 거리를 측정하는 방법은 또 하나 있다. 그것은 이오니아의 과학자들도 충분히 발견할 수 있었던 것이었으나 우리들이 아는 한 그들은 그 방법을 실제로는 사용하지 않았다. 물체가 멀리 있으면 그만큼 작게 보인다는 것은 누구나 알고 있다. 외관상의 크기와 거리의 반비례 관계는 그림이나 사진의 원근법의 기초가 되어 있다.

따라서 우리들이 태양으로부터 멀어지면 멀어질수록 태양은 보다 작고 보다 희미하게 보일 것이다. 태양이 항성과 마찬가지로 작고 희미하게 보이도록 하기 위해서는 우리들은 태양으로부터 얼마나 떨어져야 하는가? 바꿔 말하자면 태양의 몇 분의 일의 조각이 항성과 같은 밝기를 나타내려면 얼마만한 거리가 필요한 것일까? 이 문제에 답하기 위한 초기의 실험이 호이헨스에 의해서 행해졌다. 그것은 이오니아의 전통에 따른 실험이었다.

호이헨스는 놋쇠 판에 작은 구멍을 몇 개나 뚫었다. 그것을 태양 앞에 놓고 어느 구멍으로 보이는 태양이 전날 밤에 관찰한 밝은 별 시리우스 *Sirius*와 같은 밝기인가를 조사했다. 같다고 생각되어지는 구멍의 크기는 태양의 외관상 크기의 2만 8천분의 1이었다.* 따라서 호이헨스는 시리우스가 지구로부터 태양까지의 거리의 2만 8천 배나 떨어진 곳에 있다고 생각했다. 그것은 약 0.5 광년의 거리였다.

별을 관찰한 후 몇 시간이나 지나고 나서 그 별의 밝기를 생각해 내는 것은 어려운 일이지만 호이헨스는 매우 잘 기억하고 있었다. 만약 그가 '시리우스는 원래 태양보다도 밝다'는 것을 알고 있었더라면 그는 8.8광년이라는 정답을 거의 정확하게 산출해 냈으리라.

아리스타르코스나 호이헨스가 부정확한 데이터로부터 불완전한 답을 유도해 낸 것은 큰 문제가 되지 않는다. 그들은 자신들의 방법을 지극히 명확하게 설명했기 때문에, 좀더 정확한 데이터를 얻을 수 있었다면 좀더 정확한 해답을 유도할 수 있었을 것이기 때문이다.

나는 뉴욕 시의 브루클린에서 보낸 소년 시대에 '별은 도대

17세기 호이헨스가 별의 거리를 측정하기 위해 사용한 구멍 뚫린 놋쇠 원반.

* 호이헨스는 구멍을 통과하는 빛의 양을 줄이기 위해 실제로는 구멍에 작은 유리 구슬을 끼워 넣었다—원주

체 무엇일까'라는 문제에 의문을 느끼고 흥분했는데, 아리스
타르코스 시대로부터 호이헨스 시대까지 사이에 인류는 이 문
제에 해답을 냈다. 답은 '별은 거대한 태양이며, 몇 광년이
나 떨어진 광대한 항성 사이 우주에 존재한다'는 것이었다.
아리스타르코스의 위대한 유산은 '우리들도, 우리들의 지구
도 자연 속에서 특권적인 지위에 있을 수 없다'는 것이었다.
그 이래 이 생각은 위로는 항성에 이르기까지, 옆으로는 인
간의 수많은 집단에 이르기까지 적용되어 커다란 성공을 거
두었으며 또 변함 없는 반대에 부딪쳐 왔다. 천문학, 물리
학, 생물학, 인류학, 경제학, 정치학 등이 크게 진보한 것은
아리스타르코스의 이 생각 덕분이다. 사람들이 억압당하고 있
을 때 이러한 생각을 하게 된 것은 그것을 사회 문제화하려
던 의도가 아니었을까? 나는 그랬으리라고 생각하고 있다.
아리스타르코스의 유산은 항성의 영역을 넘어서 머나먼 곳
까지 영향을 미치고 있다.

헤아릴 수 없을 만큼 많은 은하

영국의 국왕 조지 3세 *George Ⅲ* 때의 음악가이며 천문학
자였던 하셀 *William Herschel*은 18세기 말에 성공(星空)의
지도를 완성했다. 그리고 은하수가 있는 면 위에는 여러 방향
으로 같은 수의 별이 있음을 발견했다. 이 사실로부터 그는
'우리들은 은하계의 중심에 있다'*고 추론했다.

제 1 차 세계 대전이 시작되기 직전에 미국의 미조리 주에
있었던 샤프레이 *Harlow Shapley*는 구상 성단까지의 거리
를 측정하는 기술을 생각해 냈다. 구상 성단이란 수 많은 별
이 귀여운 공 모양으로 모인 것으로 꿀벌의 무리와 비슷하다.

샤프레이는 기준이 되는 밝기의 별을 발견했다. 그러한 별
은 밝기가 주기적으로 변하기 때문에 알 수 있는데, 그러한
별의 본래의 평균 밝기는 항상 같다. 이러한 별이 먼 곳의 구
상 성단 속에 있으면 가까이 있는 구상 성단 속의 같은 종류
의 별과 비교해서 어느 정도 약하게 보이는가를 조사한다.
그에 의해서 그는 그 별까지의 거리를 계산했다.

이것은 넓은 들판에서 원래 밝기를 알고 있는 초롱의 빛이

*이것은 당시 우주의 중심에
지구가 있다고 알려져 있었
기 때문에 지구에 특권적인
지위를 부여하는 것이 된다.
이 사고방식을 지지했던 월
레이스(전화론 제창자의 한
사람)는 아리스타르코스에게
반대하는 입장을 취해《우주
에 있어서의 인간의 지위(19
03년)》라는 책 속에서 '아
마도 지구만이 인간이 살고
있는 행성일 것'이라고 쓰고
있다―원주

어느 정도 약하게 보이는가를 조사해서 초롱까지의 거리를 아는 것과도 같으며, 본질적으로는 호이헨스의 방법과 같다.

샤프레이는 태양 가까이가 아니라 은하수의 먼 곳을 중심으로 수많은 구상 성단이 분포되어 있는 것을 발견했다. 그 중심은 사수좌 방향에 있었다.

1915년 그는 용기를 내어 '태양계는 우리들의 은하계의 중심 가까이에 있는 게 아니고 은하계의 끝 쪽에 있다'는 설을 제창했다.

하셸은 실수를 범했다. 왜냐하면 사수좌의 방향에는 대량의 먼지가 떠 있는데 그 먼지 저 멀리에는 굉장한 숫자의 별이 있다는 것을 알지 못했기 때문이다.

우리들은 은하계의 중심으로부터 3만 광년 정도 떨어진 곳에 있다. 그것은 지금은 매우 확실하게 밀려져 있디. 우리들이 있는 곳은 한 개의 와상(渦狀)의 끝에 가깝고, 그곳은 별의 밀도가 비교적 적다.

샤프레이가 연구한 구상 성단 속에는 중심이 되는 듯한 별이 있으며, 그 주위를 도는 행성에는 생물이 살고 있을지도 모른다. 혹은 구상 성단의 중심부에 가까운 곳에 행성이 있어, 그곳에도 생물이 살고 있을지도 모른다.

그러한 곳에 사람이 살고 있다면 그들은 우리를 귀엽다고 생각하리라. 왜냐하면 우리들이 육안으로 볼 수 있는 별은 약간밖에 안되지만, 그들의 하늘은 수많은 별로 타오르고 있는 듯할 것이기 때문이다. 우리들은 육안으로는 수천 개의 별밖에 볼 수 없다. 그러나 은하계의 중심에 가까운 곳에서는 10억 개의 몇 백만 배나 되는 별을 육안으로 볼 수 있으리라. 거기에서도 한 개, 혹은 복수의 태양이 질지도 모르지만 그러나 밤은 결코 오지 않는다.

18세기에 살았던 더반 *Durban*의 라이트와 쾨니히스베르크 *Königsberg*의 칸트는 천체 망원경으로 보았을 때, 밝고 아름답게 와상으로 보이는 것은 다른 은하이리라고 예측하고 있었다. 20세기가 되고 나서도 꽤 오래 동안 천문학자들은 우주에 은하는 하나밖에 없다고 믿고 있었다. 은하수, 즉 우리들의 은하계 이외에는 은하는 없다는 것이다.

칸트는 '안드로메다좌 속에 있는 M 31*이라는 성운은 또하나의 은하수이며 굉장한 수의 별로 이루어져 있다'고 확실

* 프랑스의 혜성 발견가 샤르르 메셰가 만든 성운 등의 표 중 31번째로 말해졌기 때문에 M 31이라 한다. 안드로메다좌에 있기 때문에 안드로메다 은하라고도 한다 —역주

히 말하고 이러한 별을 〈섬 우주 island universes〉라는 충격적이고도 잊을 수 없는 이름으로 부를 것을 제안했다.

그러나 과학자들 중에는 '그러한 와상 성운(渦狀星雲)은 멀리 떨어진 섬 우주가 아니라 비교적 가까이 있는 성간(星間) 가스의 구름이다. 아마도 응축해서 태양계로 되는 도중일 것이다'라고 하는 사람도 있었다.

와상 성운까지의 거리를 알기 위해서는 새로운 기준이 되는 별로서 본질적으로 좀더 밝은 변광성(變光星)이 필요했다. 그러한 별은 1924년에 허블 Edwin Hubble이 M 31 속에서 발견했는데, 그것은 매우 희미한 별이었다. 그러나 그에 의해 M31까지의 거리는 말할 수 없이 멀다는 사실이 명백해졌다. 그 거리는 오늘날 2백만 광년보다도 좀더 멀다고 알려져 있다.

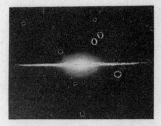

옆에서 본 은하수. 이렇게 보면 태양과 지구는 나선 팔 외곽 가까이에 자리 잡고 있다.

만약 M31이 이렇게 멀리 떨어져 있다면 이것은 단순한 성간 가스의 구름일 수는 없다. 그것은 매우 크지 않으면 안되며 그 자신 하나의 거대한 은하일 수밖에 없다.

그보다도 더욱 희미하게 보이는 다른 은하는 좀더 멀리 있음에 틀림 없다. 우주의 끝에 이르기까지 우주의 어두운 공간에는 그러한 은하가 1천억 개나 빛나고 있다.

탐험은 멈추어서는 안된다

인류가 탄생한 이래 줄곧 우리들은 자신이 우주 속의 어디에 있는가를 알기 위해 노력해 왔다. 우리들 인류가 아직 아이였을 때(우리들의 선조가 멍하니 별을 바라보고 있을 때)에도, 고대 그리스의 이오니아 과학자들의 시대에도, 그리고 우리들의 시대에도, '우리들은 어디에 있는가' '우리들은 무엇인가' 하는 질문에 언제나 직면해 왔다.

우리들은 시시한 행성 위에 살고 있다는 것을 알았다. 이 행성은 평범한 항성의 주위를 돌고 있으며, 그 항성인 태양은 은하의 끝 쪽에 있는, 와상의 두 개의 팔 사이에 있다. 또한 그 은하는, 드문드문 흩어져서 존재하는 수 많은 은하 중의 하나이며, 우주 속의 잊혀진 구석에 존재한다. 그리고 그 우주에는 인간의 수보다도 훨씬 많은 은하가 존재한다.

이러한 전망은 천공(天空)의 모형을 생각하고, 테스트하려고 하는 옛날부터의 대담한 시도의 연장선상에 있다. 예전에 태양은 붉게 타는 돌이고, 별은 하늘의 불꽃이며, 은하수는 밤의 등뼈이고 여신 헤라의 유방이었다고 믿었는데 그것을 연장한 연장선상 위에 현대의 우주관이 있다.

아리스타르코스의 시대로부터 연구가 일보 진전될 때마다 우리들은 우주 극장의 중심적인 무대로부터 점점 멀어져 갔다. 새로운 발견을 하나로 정리할 시간적인 여유는 이제까지 거의 없었다. 샤프레이나 허블의 발견은 지금 살고 있는 많은 사람들이 태어난 이후에 행해진 것이다.

이들의 위대한 발견을 몰래 슬퍼하고 있는 사람도 있으리라. 새로운 긴긴은 모두 지구와 인간을 격하시키는 것이라고 생각하고, 마음 속으로 '지구는 우주의 중심이며 촛점이고, 축(軸)의 지점이었으면…'하고 원하는 사람도 있으리라.

그러나 우리들이 우주를 취급하려 하면 우리들은 우선 우주를 이해하지 않으면 안된다. 좀더 우월한 장소에 있고 싶다는 우리들의 희망이 설사 짓밟힌다 하더라도 우리들은 우선 우주의 진실을 알지 않으면 안된다.

우리들이 어디에 살고 있는가를 아는 것은, 우리들의 이웃을 개선하기 위해 빠뜨릴 수 없는 전제 조건이며 또한 그러기 위해서는 이웃이 어떻게 되어 있는가를 알아야 하는 것이다.

우리들의 행성, 지구가 중요한 것이었으면 하고 원한다면 그럴 수 있도록 우리가 노력할 수 있는 가능한 일이 몇 가지 있다.

우리는 용감하게 묻고 깊은 대답을 얻음으로써, 우리들의 세계를 의의 있는 것으로 할 수가 있다.

우리는 인류가 아직 어린애였을 때 처음으로 품은 문제를 가지고 우주에의 여행을 시작했다. 그리고 그 후 모든 세대의 사람들이 쇠퇴할 줄 모르는 경악의 눈을 가지고 '별이란 무엇인가'를 물어 왔다. 우리들은 방랑자로서 시작했다. 그리고 지금도 방랑자이다. 우리들은 우주의 대양의 해변에서 오래 동안 방황해 왔다. 그러나 어느새 우리는 항성으로의 항해를 출발할 수 있는 곳까지 왔다.

가없는 時空의 여행

"죽은 아이보다 오래 산 자는 없다.
장수자인 팽조(彭祖)도 젊은 나이에 죽
었다. 하늘과 땅과 나의 연령은 같다.
그리고 만물도 나와 하나이다.
　　　　　　　　—장자(莊子)

"우리들은 밤이 무서워지리만큼 별을
깊이 사랑했다"
　　　　—영국 두 아마츄어 천문가

시간과 함께 변하는 성좌

밀물과 썰물의 현상이 나타나는 부분적인 원인은 조석(潮汐)현상에 있다. 달과 태양은 멀리 떨어져 있지만 그 인력의 영향은 매우 현실적인 것이어서 지구상에서도 볼 수 있다.

바닷가에 나가면 우리들은 우주를 생각해 보게 된다. 바닷가에 있는 작은 모래알은 크기가 거의 같은데 그것은 큰 바위가 부서져서 생긴 것이다. 바위는 오랜 세월에 걸쳐 흔들리고 마찰되고 깎이고 침식되어 왔다. 멀리 떨어져 있는 달과 태양의 힘으로 생긴 파도와 기후가 그렇게 만든 것이다.

또한 바닷가에 나가면 우리는 시간에 대해서도 생각하게 된다. 세계는 인류보다도 훨씬 오래되었다는 것을.

모래를 주먹으로 한 웅큼 집어 올리면 대충 1만 개의 모래알이 들어 있다. 이것은 개인 날 밤에 육안으로 볼 수 있는 별의 수보다 많다. 그러나 우리가 볼 수 있는 별의 수는 우주에 존재하는 무수한 별 무리 중 지극히 미미한 부분에 지나지 않는다.

우리가 밤에 볼 수 있는 것은 지구와 가까운 거리에 있는 일부의 별들뿐이다.

우주는 헤아릴 수 없으리만큼 거대하며, 우주에 있는 별의 숫자 또한 이 지구상의 모든 바닷가에 있는 모래알의 숫자보다도 훨씬 많을 것이다.

먼 옛날의 천문학자나 점성가들은 별이 빛나는 하늘에 그림을 그리려고 했다. 그러나 그렇게 그린 성좌는 별을 제멋대로 구분했을 뿐이다. 그것은 본래 어두운 별인데 가까이 있기 때문에 밝게 보이는 별과 상당히 멀리 떨어져 있지만 본래 큰 별이기 때문에 밝게 보이는 별을 결합시켰을 따름이다.

지구상의 모든 지점에서 별까지의 거리는 거의 같다. 그러므로 우리가 가령 소련의 중앙아시아 지구로부터 미국의 중서부로 자리를 옮기더라도 별의 배치에는 변화가 없다. 천문학적으로 말하면 소련과 미국은 '한 장소'에 있는 셈이다.

어떤 성좌의 별도 매우 멀리 떨어진 곳에 있기 때문에 우리들이 지구상에 얽매어 있는 한, 별들이 3차원으로 흩어져 있

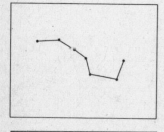

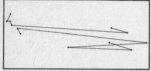

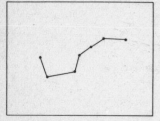

북두칠성. 지구에서 본 모습(위), 옆에서 본 모습(가운데), 뒤에서 본 모습(아래).

는 것처럼 보이지는 않는다.

별과 별 사이의 평균 거리는 수 광년이다. <u>1 광년은 앞에</u>
<u>서도 말한 대로 약 10조 **km**</u>이다. 성좌의 모양이 다르게 보이
도록 하려면 별과 별의 거리만큼, 다시 말하면 수 광년의 거
리를 여행하지 않으면 안된다. 그렇게 하면 가까운 거리에 있
는 별은 성좌 밖으로 튀어 나온 듯이 보이고 다른 별은 그
성좌 뒤편으로 들어간 것처럼 보일 것이다. 뿐만 아니라 성좌
의 모양은 극적으로 바뀔 것이다. 우리들의 현재 기술로는 이
처럼 광대한 항성간 여행은 도무지 불가능하다. 적어도 가
까운 장래에도 그것은 불가능할 것이다.

그러나 인간이 만들어 낸 컴퓨터는 가까운 거리에 있는 모
든 별의 3차원적인 위치를 우리들에게 가르쳐 준다. 컴퓨터
에서는 북두칠성과 같은 밝은 성군(星群) 주위를 한 바퀴 돌
면서 성좌가 어떻게 변하는지를 볼 수가 있다.

우리들은 하늘의 점을 이어가는 방식으로 대표적인 성좌의
별들을 이어 나간다. 우리들의 위치가 바뀜에 따라서 그 모
양은 매우 비뚤어지게 보인다.

다른 행성에 살고 있는 생물들은 우리가 밤하늘을 보는 것
과는 전혀 다른 성좌를 밤하늘에서 보게 될 것이다. 그것은
다른 행성의 생물들에게는 일종의 <u>로르샤하 실험 *Rorschach*</u>
<u>*test* (잉크가 번진 것을 보여 주고 그것이 무엇으로 보이는지</u>
<u>살펴 본 후 성격 등을 진단하는 방법 독일의 신경 정신병</u>
<u>의사 로르샤하가 고안한 것</u>)이 될 것이다.

아마도 앞으로 몇 세기 후에는 지구의 우주선이 그 먼 거리
를 놀라운 속도로 날아가 컴퓨터 외에는 아무도 알고 있지
못한 새로운 성좌를 보게 될 것이다.

성좌의 모양은 공간적으로 변할 뿐만 아니라 시간적으로도
변화한다. 우리들이 장소를 바꾸면 성좌의 모양도 바뀌는 것
처럼 일정한 시간을 가만히 기다리고 있기만 해도 성좌의 모
양은 바뀐다. 별은 때때로 한 무리를 이루어 이동한다. 또 어
떤 때는 하나의 별이 다른 별들보다 훨씬 빠른 속도로 움직이
는 경우도 있다. 별은 본래의 성좌를 떠나 새로운 성좌에 들
어가는 것이다.

때때로 연성의 한 쪽 별이 폭발을 일으켜 짝별 사이에 있
던 인력의 고리 *gravitational shackles*를 끊고 본래의 궤도

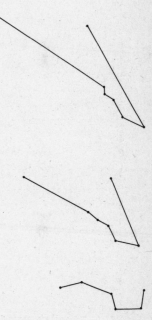

컴퓨터로 추정해 본 1백만 년
전 (위), 그리고 50만 년 전 (가
운데)과 오늘날(아래)의 북두
칠성.

속도로 우주 속으로 튀어나가는 경우도 있다. 마치 투석기(投石器)로 던진 돌처럼 말이다.

그리고 별은 태어나서 성장한 후엔 죽는다. 만일 인간의 수명이 아주 길다면 새 별이 생기고 오래된 별이 사라지는 것을 볼 수 있을 것이다. 밤하늘의 별이 수 놓는 그림은 천천히 용해되어 바뀌어 가고 있다.

아득히 먼 곳에 있는 별이나 은하

인류가 이 지상에 출현한 이래 수백만 년 동안 성좌는 새록번화해 왔다. 여기서는 큰곰좌 *Great Bear*로 불리우는 북두칠성을 생각해 보자. 컴퓨터는 우리들을 공간뿐만 아니라 시간 속으로 실어다 준다.

이제 북두칠성의 일곱 개의 별을 움직여 과거로 거슬러 올라가면 1백만 년 전쯤에는 이 일곱 개의 별이 지금과는 그 모양이 전혀 달랐다는 것을 알게 된다. 그 때의 북두칠성은 아마도 머리가 두 개 달린 짐승과 같은 모양을 하고 있었을 것이다.

만일 타임머신 *time machine*이 당신을 아득한 먼 옛날의 미지의 세계로 되돌아가게 한다면 당신은, 원리상으로는, 성좌의 모양을 보고 그 때가 어느 시대인지를 알 수가 있을 것이다. 만일 북두칠성이 머리가 두 개 달린 모양을 하고 있다면 그 시기는 홍적세(洪積世)*pleistocene* 중기인 셈이다.

우리는 컴퓨터에 의뢰하여 시간을 미래로 앞당겨 볼 수가 있다. 그 미래에서 사자좌 *Leo*를 생각해 보기로 하자.

황도십이궁(黃道十二宮)이라는 것은 하늘을 일주하는 열두 개의 성좌를 말하며 태양은 이 십이궁을 도는 데 일년이 걸린다. 황도십이궁을 영어로는 〈Zodiac〉이라고 한다. 이것은 동물원을 뜻하는 〈Zoo〉에서 나온 말이다. 왜냐하면 황도십이궁의 성좌는 사자좌처럼 주로 동물의 그림으로 되어 있기 때문이다.

앞으로 1백만 년이 지나면 사자좌도 오늘날처럼 사자 모양으로는 보이지 않게 될 것이다. 우리들의 먼 후손은 아마도 이 성좌를 〈전파 망원경좌〉라고 부를지도 모른다. 오늘날

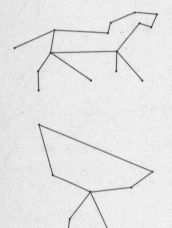

컴퓨터로 추정해 본 1백만 년 후의 사자 자리(아래)모습과 현재(위)의 모습.

우리가 원시인의 돌창살이 고물로 보이듯이 1백만 년이 지나면 전파 망원경도 고물이 되지 않을까 생각한다.

사냥꾼인 오리온 *Orion*은 황도십이궁의 성좌는 아니지만 그것은 네 개의 밝은 별로 둘러싸여 있고 대각선상의 세 개의 별로 이등분되어 있다. 이 세 개의 별은 사냥꾼의 허리 리띠를 나타내고 있다. 그 허리띠에 매달리듯이 세 개의 희미한 별이 있다. 그 별들은 전통적인 천문학의 투영도법에 의하면 사냥꾼 오리온의 검이라고 한다.

그 세 개의 별 가운데 한 복판에 있는 별은 사실은 별이 아니라 기체의 큰 구름으로 〈오리온 성운 *Orion Nebula*〉이라고 부르고 있다. 거기서는 몇 개의 별들이 탄생하고 있는 중이다. 오리온좌의 대부분의 별들은 젊고 뜨거우며 매우 빠른 속도로 발전하고 있다. 그리고는 초신성이라고 부르는 폭발을 일으켜 그 생명이 끝나 가고 있다. 그 별들은 몇 천만 년 사이에 태어났다가 다시 죽어 간다.

콤퓨터로 오리온좌의 먼 장래를 내다보면 깜짝 놀랄 만한 현상을 보게 된다. 오리온좌의 수많은 별이 새로 생겨났다가는 훌륭한 최후를 마치는 것이다. 그것은 마치 밤하늘에 반짝이는 반딧불과 같다.

우주 공간의 태양 부근에는 여러 가지 별이 있는데 태양에 가장 가까운 별이 켄타우르스좌의 알파성 *Alpha Centauri*이다. 이것은 실은 삼연성(三連星)이다. 두 개의 별이 서로 상대방의 주위를 돌고 세 번째인 프록시마 *Proxima*라는 별이 조금 떨어져서 그 두 개의 별 둘레를 돈다. 프록시마는 자기 궤도의 특정 지점에 도달할 때 태양과의 거리가 가장 가까와진다. 프록시마라는 말은 '가장 가까운'이라는 의미이다.

하늘에 있는 별은 대부분이 연성이거나 또는 다연성(多連星)이다. 우리들의 태양처럼 고독한 별은 예외적인 존재이다.

안드로메다좌 가운데서 두 번째로 밝은 별은 '안드로메다좌의 베타성 *Beta Andromedae*'이라고 부르고 있는데 이것은 75 광년이나 떨어져 있다. 지금 우리들이 보고 있는 이 별의 빛은 항성 사이의 깜깜한 우주 속을 75 년이나 걸려 겨우 지구에 도달한 것이다. 가령 지난 주 화요일에 이 안드로메다좌의 베타성이 대폭발을 일으켰다고 가정하자. 이런 일은 결코 일어나지 않지만 가령 일어났다고 하더라도 우리가 그것을 아는 때는 75 년 후이다. 대폭발이 있었다는 재미 있는 정보는 빛의 속도로 전달되지만 항성간 우주의 그 엄청난 거리를 달려 오는 데는 75 년이나 걸린다.

우리가 지금 보고 있는 안드로메다좌의 베타성의 빛은 스위스의 특허국에 근무하던 젊은 아인슈타인이 지구상에서 획기적인 특수 상대성 이론을 발표하였을 때 성간 우주의 기나긴 여정은 막이 올려졌다.

공간과 시간은 서로 얽혀 있다. 우리들은 시간을 거슬러 올라가 보지 않고서는 공간을 볼 수 없다.

빛의 속도는 매우 빠르다. 그러나 우주는 매우 공허하고 별은 서로 멀리 떨어져 있다. 75 광년이라는 거리는 천문학의 다른 거리에 비하면 비교적 가깝다.

예를 들면 태양으로부터 은하계 중심까지의 거리는 3만 광년이나 된다. 우리들의 은하계로부터 안드로메다좌 속에 있는 가장 가까운 소용돌이형 은하 M 31까지의 거리는 2 백만 광년이다.

지금 우리들이 보고 있는 M 31의 빛이 지구를 향해 출발했을 때 우리들의 행성 지구에서는 우리의 조상들이 지금과 같은 인간으로 급속하게 진화하고 있을 때였다. 그러나 인간이라고 부를 만한 동물은 아직 지구상에 나타나 있지 않았다.

지구로부터 가장 먼 준항성 *quasar** 까지의 거리는 1백억 광년 내지 1백 50억 광년쯤 된다. 우리들이 보는 그 준항성은 지구가 아직 생겨나지 않았고 은하수도 없었을 때의 모습이었다.

이것은 천문학적인 물체에 국한된 것은 아니다. 그러나 천문학적인 물체는 지구와 아주 멀리 떨어져 있기 때문에 빛의 속도의 유한성이 지니는 의미가 커지게 된다.

가령 당신의 애인이 3 m 떨어진 방의 구석에 있다고 하자. 당신은 그녀의 현재 모습이 아니라 1 억분의 1 초 전의 〈과거〉의 그녀를 보고 있는 셈이다(빛의 초속은 3억 m 이다. 당신과 애인의 거리가 3 m 가 되므로 그 거리를 가로질러 가는 데는 1억분의 1초가 걸린다).

그러나 현재의 그녀와 1억분의 1초 전, 과거의 그녀와의 차이는 매우 적기 때문에 그 차이를 알 수는 없다. 한편 80억 광년의 거리에 있는 준항성의 경우 우리는 그 준항성의 80억

* 강력한 전파를 발사하는 천체. 항성인지 은하인지 정체를 잘 몰라 '별에 준한다'는 의미로 준항성 (準恒星)이라는 이름을 붙였다—역주

년 전의 상태를 보고 있다. 이 사실은 지극히 중요할는지 모른다(준항성이라는 것은 은하 역사의 초기에만 일어난 폭발적인 현상일 것이라고 생각하는 사람들도 있다. 그럴 경우 은하가 멀리 있을수록 우리는 역사의 아득한 초기에 생긴 일을 보고 있는 셈이다. 우리는 그처럼 먼 옛날에 생긴 일을 준항성으로 보고 있을 가능성이 많다. 개괄적으로 말하면 사실 그렇다고 할 수 있다).

미국의 항성간 우주 탐색선 보이저 1, 2 호는 지금까지 쏘아올린 탐색선 중에서 속도가 가장 빠르다. 그 탐색선은 빛의 속도의 1만분의 1의 속도로 날고 있다. 그런데도 지구에서 가장 가까운 항성까지 가는 데 4만 년이 걸린다.

우리가 지구를 떠나 켄타우르스좌의 프록시마성까지 적당한 시간에 날아갈 수 있을까. 그것을 기대해도 좋을까. 우리는 빛의 속도에 접근하기 위해 무슨 일을 해야 할까. 빛의 속도에는 어떤 마력이 있을까. 우리가 빛보다도 빠른 속도로 날 수 있는 날이 언제 올 것인가.

〈상대성 이론〉을 발표한 알버트 아인슈타인.

상대성 이론의 탄생

1890년 대에 당신이 만일 이탈리아 토스카나 *Tuscan* 지방의 즐거운 시골길을 걸어가고 있었다면 파비아 *Pavia*로 가는 길에서 10대의, 머리칼이 다소 길게 자란 학생을 만났을 것이다. 성적이 비교적 좋지 않은 그의 독일 선생님들은 그 학생에게 이런 말을 했다.

"자네는 온전한 사람은 되지 못하겠군", "자네 질문은 교실의 규율을 파괴하는 거야" "자네는 퇴학하는 편이 좋지" 등등.

그래서 그 학생은 학교를 퇴학하고 북부 이탈리아에서 자유를 즐기며 방랑 생활을 하고 있었다. 프러시아의 엄격한 선생님들 밑에서 여러 가지를 수업하던 그에게 북부 이탈리아는 분위기가 아주 달랐다.

그는 그곳에서 모든 사물에 대해 충분히 생각할 여유를 가질 수 있었다. 그 소년의 이름은 아인슈타인 *Albert Einstein*. 그 소년의 깊은 생각에 의해 세계는 놀랄 만큼 많이 바뀌었다.

아인슈타인은 베른슈타인 *Bernstein*이라는 사람이 쓴 〈모든

사람을 위한 자연 과학 *People's Book of Natural Science*〉
이라는 책에 매혹되어 있었다. 그것은 자연 과학의 지식에
관한 책이었다. 전선에 흐르는 전기나 공간 속을 지나가는
빛의 놀라운 속도에 관한 이야기가 이 책의 첫 페이지에 실려
있었다.

그는 '만일 빛의 파도를 타고 우주를 여행할 수 있다면 세
계는 어떻게 보일까'하고 생각했다. 즉, 빛의 속도로 여행하
려는 것이었다. 태양의 빛이 잔 물결처럼 비치어 빛과 그림자
로 얼룩진 시골길에서 그는 그와 같은 생각을 했다. 시골길
을 걷는 소년에게 그것은 얼마나 매력적인 상상이었을까.

당신이 만일 빛과 함께 여행을 하고 있다면 빛의 물결을 타
고 있다는 사실을 알 리가 없다 물결 꼭대기를 타고 출발했
다면 언제까지나 꼭대기에 있으므로 자기 자신이 물결 위에
타고 있다는 것을 전혀 모르게 될 것이다.

빛의 속도에서는 무엇인가 기묘한 일이 생긴다. 아인슈타
인은 생각하면 할수록 문제가 어려워지는 것을 느꼈다. 지금
빛의 속도로 여행할 수 있다고 가정하면 도처에서 역설적인
문제가 튀어 나왔다. 어떤 생각들은 그때까지 충분히 검토해
보지도 않고 〈진실〉로 받아·들여지고 있었다.

아인슈타인은 몇 세기 전에 제기했어야 했을 간단한 문제를
생각해 냈다. 예를 들면 그는 '두가지 일이 동시에 발생한다
는 것은 무슨 뜻일까'하는 문제를 깊이 생각해 본 것이었다.
"지금 내가 자전거를 타고 간다. 그때 네거리에서 마차와
부딪치기 직전의 아슬아슬한 사태가 벌어졌다. 순간적으로 나
는 핸들을 꺾으며 간신히 충돌을 피했다."

그럼 여기서 다시 한 번 이 사건을 생각해 보자. 이번에는
마차와 자전거가 빛의 속도에 가까운 속도로 달리고 있다고
가정해 본다.

만일 당신이 길 옆에 서 있다면 당신은 내가 자전거를 타
고 당신이 있는 방향으로 접근해 오는 것을 볼 수 있다. 그
것은 태양 광선의 반사 때문이다. 한편 마차는 당신의 시선에
대해 직각의 방향에서 달려 온다. 이 때 나의 속도를 빛의
속도에 더하지 않아도 좋을까. 더해 주면 나의 상(像)은 마
차의 상보다도 빨리 당신의 눈에 들어오게 된다. 당신은 마
차가 도착하는 것을 보기 전에 내가 핸들을 꺾는 것을 보게

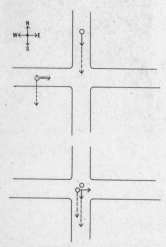

특수한 관계 속에서의 역설.
관찰자는 네거리 남쪽에 서 있
다. 한 사람이 자전거를 타고
화살표 속도로 북쪽에서 온다.
자전거의 헤드라이트 빛은 관
찰자에게 점선의 속도로 다가
온다. 그때 서쪽에서 마차가
화살표 속도로 다가온다. 마차
가 내는 빛은 남쪽으로 점선 속
도로 달린다. 자전거의 속도와
빛의 속도를 합친다면 자전거
의 빛이 마차의 빛보다 먼저
도착할 것이며 자전거를 탄 사
람과 마부는 충돌할 위험을 느
끼지만, 관찰자는 매우 다르게
본다.

되지 않을까. 내가 있는 곳에서 바라보면 나와 마차는 동시에 네거리로 다가가는데 당신이 있는 방향에서 보면 그렇게 보이지 않을 것이다.

당신은 내가 핸들을 꺾어 충돌을 피하고 즐겁게 페달을 밟으면서 빈치 Vinci가(街)로 향하는 것을 보겠지만 실제로는 내가 마차와 거의 충돌하는 사태를 겪지나 않을까 ? 이것은 기묘하고도 미묘한 문제이다. 이런 질문은 이미 명백해진 사실에 도전하는 것이다. 아인슈타인 이전에 아무도 이런 문제를 생각하지 못했다는 것은 어쩌면 당연한 일이었다.

그러나 아인슈타인은 이와 같은 기본적인 문제를 비롯하여 모든 사물의 이치를 근본적으로 다시 생각하여 물리학에 혁명을 일으켰다.

만일 세계가 이해될 수 있는 것이며, 빠른 속도로 여행할 때의 논리적인 역설을 피할 수 있다면 거기에는 따르지 않으면 안될 두세 가지 규칙, 자연의 법칙이 있을 것이다.

아인슈타인은 이런 규칙을 《특수 상대성 이론 Special theory of relativity》속에서 발표했다. 즉 물체에서 나오는 빛은 (자체에서 나오는 빛이나 반사된 빛을 막론하고) 그 물체가 움직이고 있건 그렇지 않건 간에 같은 속도로 나간다는 것이었다. 즉 '그대는 그대의 속도를 빛의 속도에 더하지 말지어다'라는 말이다.

또 어떤 물체도 빛의 속도보다 빨리 움직일 수는 없다. '그대는 빛의 속도보다 빠른 속도로 여행하지 말지어다'라는 내용이 된다.

당신이 빛의 속도에 가까운 속도로 여행하는 것을 물리학의 어느 법칙에서도 금하고 있지는 않다. 당신은 빛의 속도의 99.9 %의 속도로 달려도 괜찮다. 그러나 당신이 아무리 노력해도 마지막 0.1 %의 속도를 더 내어 빛의 속도를 초과할 수는 절대로 없다. 세계가 논리적으로 모순되지 않기 위해서는 우주 공간에도 제한 속도가 필요한 것이다.

19세기 말부터 20세기 초에 걸쳐 유럽인들은 일반적으로 '우리들은 특별하다'고 믿고 있었다. 그들은 독일, 프랑스, 이탈리아의 문화나 정치는 다른 나라의 문화나 정치보다 우수하다고 생각했다. 그들은 또 유럽의 식민지가 된 나라는 행운의 나라이며 유럽의 인간은 식민지의 인간보다 우수하다고

이태리의 빈치 Vinci에 있는 교통 표지판. "여기서부터 빈치입니다. 빛의 속도를 40 km 이하로 줄여 주십시요"라고 씌어 있다.

레오나르드 다 빈치.

믿고 있었다.

아리스타르코스나 코페르니쿠스의 생각을 사회나 정치 문제에 응용하는 것은 거부되었고 무시되고 있었다.

젊은 아인슈타인은 물리학의 특권적인 입장에 반대했고 그와 마찬가지로 정치적인 특권에도 거역했다.

우주 공간에 가득찬 별은 온갖 방향으로 제멋대로 돌고 있어 쉬는 데가 없다. 그리고 우주를 바라볼 때 다른 장소보다 더 나은 장소라는 것도 없다. 이것이 바로 〈상대성〉이라는 말이 의미하는 것이다. 이 생각은 마술적인 예복을 걸치고 있지만 실은 지극히 단순한 것이다. 요컨대 우주를 바라보는 전망대는 어디나 같다는 것일 뿐이다. 자연의 법치은 누가 사용하는 마찬가지다. 우주 속에서 우리들이 살고 있는 보잘 것 없는 장소가 만일 무엇인가 특별한 곳이라면 그것은 놀라운 일일 것이다. 그러나 그럴 리가 없으며 어디나 평등하다. 이 말이 사실이라면 다음과 같은 결론이 나온다.

'누구라도 빛보다 빨리 여행할 수는 없다.'

빛보다 빨리 날 수 있는가

회초리를 휘두를 때 날카로운 파열음이 나는 것은 회초리 끝이 소리의 속도보다 빨리 움직이기 때문이다. 즉 작은 충격파가 발생하는 것이다. 우뢰 소리가 나는 것도 똑 같은 이치이다.

과거에는 비행기가 소리의 속도보다 빨리 날지 못한다고 생각했다. 그런데 오늘날 초음속 비행 *supersonic flight*은 당연한 것이 되어 버렸다.

그러나 빛의 속도의 벽(壁)은 음속의 벽과는 다르다. 그것은 초음속기가 해결한 것과 같은 기술상의 문제와는 다른 것이다. 그것은 만유 인력의 법칙만큼이나 기본적인 자연의 법칙이다.

소리에 있어서의 회초리나 우뢰처럼 진공 속을 빛보다 빨리 움직이는 것은 없을까. 우리는 그런 것을 경험한 적이 없다. 그 반대로 입자 가속기 *nuclear accelerator*나 원자 시계 등의 예에서 볼 수 있는 바와 같이 특수 상대성 이론과 양적으로 들어맞는 현상을 우리는 매우 폭 넓게 경험하고 있다.

빛과는 달리 소리에는 동시성 *simultaneity*의 문제는 없다. 왜냐하면 소리는 물질적인 매질 *material medium* 속에도 전해지기 때문인데 그 매질은 대개 공기이다. 친구와 말을 나눌 때 당신의 귀에 와 닿는 음파는 공기의 분자 운동이다.

그러나 빛은 진공 속을 뚫고 지나간다. 태양의 빛은 그 도중에 '아무 것도 없는 공간'을 가로질러 우리가 있는 곳에 와 닿는다. 그 때 우리가 아무리 귀를 기울여도 태양 흑점의 소리나 태양면이 폭발하는 소리를 들을 수는 없다.

상대성 이론이 나오기 전에는 '빛은 우주 공간에 가득 차있는 특수한 매질 속에서 전달된다'고 믿었다. 그리고 그 특수한 매질을 〈발광성 에텔 *luminiferous aether*〉이라고 불렀다.

그러나 유명한 마이켈슨-모오리 *Michelson-Morley*의 실험에 의해 그러한 에텔은 존재하지 않는다는 것이 밝혀졌다.

우리는 때때로 빛보다도 속도가 빠른 것에 관한 이야기를 듣는다. 〈사고의 속도 *Speed of thought*〉와 같은 것이 그렇다는 말이다. 그러나 그것은 너무나 바보 같은 생각이다. 뇌 속의 신경 세포 *neuron*를 지나는 신호의 속도는 당나귀가 끄는 마차의 속도와 비슷하게 느린 속도이다.

인간은 상대성 이론을 생각해 낼 만큼 현명하다. 이것은 우리들의 사고력이 우수하다는 것을 보여 주고 있다. 그러나 우리는 사고의 속도를 자랑할 수는 없다고 본다. 그렇지만 현대의 컴퓨터 속에서는 전기 신호가 빛과 같은 속도로 달리고 있다.

아인슈타인이 20대 중엽에 생각해 낸 특수 상대성 이론은 그 후 여러 가지 실험을 거쳤는데 모든 실험의 결과는 그 이론이 옳다는 것을 입증했다.

어쩌면 내일이라도 어떤 사람이 새 이론을 내놓을지도 모른다. 그 이론은 우리들이 아는 모든 것과 모순되지 않고 동시성과 같은 역설을 극복할 뿐만 아니라 빛보다도 빨리 날 수 있다는 이론일 수도 있다. 그러나 그런 이론이 나올 수 있을는지는 매우 의심스럽다.

빛보다도 빨리 움직일 수 없다는 아인슈타인의 금령(禁令)은 우리들의 상식과 어긋날지도 모른다. 그러나 이 문제에 대해 우리는 상식만 믿을 수는 없다. 시속 10 *km*라는 속도로

다 빈치가 생각한 나는 기계. 위는 레오나르드 박물관에 있는 나선형 헬리콥터의 모형이며 아래는 다 빈치의 노트에 그려진 것인데, 이 노트는 1497~1500년 사이에 쓴 것이다.

달린 우리의 경험을 가지고 초속 30만 km의 속도를 낼 때의 자연 법칙을 묶을 수는 없다.

상대성 이론은 인간이 궁극적으로 할 수 있는 일에 한계를 그었다. 그러나 우주는 인간의 야망에 동조할 필요는 없다. 특수 상대성 이론은 빛보다 속도가 빠른 우주선(宇宙船)으로 별에 간다는 방법을 우리들에게서 빼앗아 갔다. 그러나 이 이론은 전혀 예기치 않았던 다른 한 가지 방법을 내놓았다.

기묘한 광속 여행

가모우 G $Gamow$의 방법을 모방하여, 빛의 속도가 초속 30만 km라는 실제치가 아니라 가령 시속 40km이고 이 속도는 엄수된다고 가정하자(자연의 법칙은 어겨도 처벌을 받지 않는다. 왜냐하면 그것은 범죄가 아니기 때문이다. 자연은 자기 조정적 $self$-$regulating$ 이어서 그 금령을 어길 수 없도록 사물을 조정하는 일만 한다).

그리고 지금 당신은 스쿠터를 타고 빛의 속도에 접근하고 있다고 가정하자(상대성 이론에는 '……라고 가정하자'는 말이 많이 나온다. 아인슈타인은 이것을 〈사고실험(思考實驗) $Gedankenexperiment$〉이라고 불렀다).

당신의 속도가 빨라짐에 따라 지나가는 물체는 가까이 보이게 된다. 당신이 정면을 향하고 있으면 당신의 배후에 있는 것까지도 전방의 시야에 보이게 된다. 세계는 매우 기묘한 것으로 보이게 된다. 그리고 마침내 모든 것이 찌부러져서 바로 눈 앞에 있는 작은 원형의 창문 속으로 들어가게 된다.

가만히 서서 보고 있는 사람의 눈에는 당신이 이상한 색으로 보이게 된다. 당신의 몸에서 반사하는 빛은 당신이 멀어질 때 붉게 보이고, 되돌아 올 땐 파랗게 보인다.

당신은 진행 방향에 압축되어 당신의 질량은 늘어난다. 그리고 당신이 경험하는 시간은 천천히 흐르게 된다. 그것은 빛의 속도에 가까운 속도로 날 때 생기는 숨막히는 순간으로 〈시간의 신장 $time$ $dilation$〉이라고 한다.

그러나 당신과 함께 움직이고 있는 관찰자, 가령 2인승 스쿠터를 함께 타고 달리는 사람의 눈에는 이런 현상이 하나도 생기지 않는다.

　이와 같이 기묘한, 그리고 처음에는 사람을 어리둥절하게 만드는 특수 상대성 이론의 예언은 과학이 모두 진실인 것처럼 역시 진실이었다. 그런 일이 생기는지의 여부는 당신의 상대적인 속도에 달려 있다. 그러나 이것은 실제로 일어나는 현상이며 눈의 착각은 아니다. 그것은 주로 고등학교 1학년 때의 대수(代數)처럼 간단한 수학으로 증명할 수 있다. 따라서 교육을 받은 사람이라면 누구든지 이해할 수 있다.

　그것은 많은 실험 결과와도 모순되지 않는다. 매우 정확한 시계를 비행기에 싣고 날면 정지하고 있는 시계에 비해 속도가 느리게 된다. 입자 가속기의 경우 입자의 속도가 빨라지면 그 입자의 질량이 늘어나서 입자 가속기는 그것을 감안하여 설계되어 있다. 만일 그 사실을 고려하지 않고 설계되었다면 가속된 입자는 모두 벽에 부딪쳐 핵 물리학의 실험에는 거의 쓸모가 없게 된다.

　속도는 거리를 시간으로 나눈 것이다. 빛의 속도에 접근하면 일상 생활에서 경험하는 것처럼 단순히 속도를 더 낼 수가 없기 때문에 사람의 상대적인 운동과 독립된 절대적인 공간과 시간의 개념은 쓸모가 없게 된다. 당신의 몸이 줄어들고 시간이 늘어나는 것도 이 때문이다.

　빛의 속도에 접근하면 당신은 거의 나이를 먹지 않게 된다. 그러나 당신의 친구나 친척은 자기 집에서 보통의 속도로 늙어 간다. 만일 당신이 상대성 이론의 여행에서 돌아온다면 어떤 일이 벌어질까. 친구나 친척들은 모두 몇 십 년이나 나이를 더 먹었는데 당신은 거의 나이를 먹지 않아 차이가 크게 나 있음을 발견하게 될 것이다. 빛의 속도로 여행한다는 것은 불로장수(不老長壽)의 영약을 먹는 것과 같다. 빛의 속도에 접근하면 시간은 매우 느리게 흘러가게 된다. 다시 말하면 특수 상대성 이론은 우리에게 항성에 가는 수단을 제공해 주었다. 그러나 빛에 가까운 속도로 나는 것이 과연 공학적으로 가능할까. 그러한 항성행 우주선이 정말 가능할까.

　이탈리아의 토스카나 지방은 젊은 아인슈타인이 자기의 생각을 굳히게 만든 그릇이었다. 그러나 그곳은 약 4백 년 전에 살았던 위대한 천재 다 빈치의 고향이기도 했다. 다 빈치는 토스카나의 언덕에 올라가 높은 곳에서 아래를 내려다 보기를 좋아했다. 그 곳에 올라가면 새처럼 높이 올라간 느낌을 가질 수 있었다. 그는 지형이나 거리나 성곽 등의 조감도를 처음으로 그린 사람이었다.

그는 회화, 조각, 해부학, 지리학, 박물학, 군사 기술, 토목 공학 등 여러 가지 분야에 흥미를 느끼고 업적을 올렸다. 그 가운데서도 그가 매우 정열을 쏟은 것은 날 수 있는 기계를 고안하여 만드는 일이었다.

그는 설계도를 그리고 모형을 만든 다음 실물과 같은 크기의 원형(原型)도 만들었다. 그러나 그것들은 어느 것이나 하늘을 날 수 없었다.

왜냐하면 그 때는 충분한 힘을 내는 가벼운 엔진이 없었기 때문이었다.

그의 설계는 탁월하여 후대의 기술자들에게 힘을 주었다. 그러나 다 빈치 자신은 이 실패에 낙심했다. 하지만 그것은 그의 탓만은 아니다. 그는 15 세기의 사람이었으니까.

수폭(水爆)으로 추진되는 우주선

같은 일이 1939년에도 있었다. 영국 행성간 협회(英國行星間協會) *British Interplanetary Society* 기술자들이 1939년대의 기술로 인간을 달에 보낼 우주선을 설계했다. 그것은 30년 후에 인간의 달 여행을 성취한 아폴로 우주선과는 전혀 다른 우주선이었다. 그러나 그것은 달 여행이 언젠가는 기술적으로 가능해질 것임을 보여 주는 것이었다.

오늘날 우리들은 인간을 항성까지 실어 나를 우주선의 예비적인 설계도를 가지고 있다. 그와 같은 우주선은 어느 것이나 지구에서 직접 출발하도록 설계되어 있지는 않다. 그 우주선들은 지구 주변의 위성 궤도 상에서 조립되어 거기서 항성간 우주를 향한 장기 여행을 떠나도록 되어 있다.

그와 같은 기도 가운데 하나가 〈오리온 계획 *Project Orion*〉이다. '오리온'은 성좌의 이름을 따라 명명한 것인데 이 우주선의 궁극적인 목적지가 항성이라는 것을 말해 주고 있다.

오리온 우주선은 핵무기의 일종인 수소 폭탄의 폭발력을 이용한 것이었다. 관성판(慣性板) *inertial plate*이라는 것 앞에서 수소 폭탄을 폭발시키면 우주선은 그 때마다 가속된다. 이것은 우주 공간의 거대한 원자력선(原子力船)이다.

오리온 우주선은 기술적으로는 실현될 가능성이 충분히 있다. 그러나 수소 폭탄을 사용함으로써 대량의 방사선 물질을 방출하게 되므로 방사선 물질이 인류에게 끼치는 해악을 막기 위해 이 계획은 행성간의 한 공간이나 아무것도 존재하지 않는 항성간 우주의 공간에서만 폭발시킨다는 양심적 계획을 세웠다.

이 오리온 계획은 우주 공간에서 핵무기의 폭발을 금지하는 일련의 국제 조약이 서명되기 전에도 미국에서 진지하게 추진되고 있었다. 이 조약이 성립된 것은 매우 유감스러운 일이라고 본다. 우주선 오리온은 핵무기의 용도로서는 가장 좋은 것이기 때문이다.

한편 영국 행성간 협회는 최근 〈대달루스 계획 *Daedalus Project*〉을 세웠다. 그것은 핵 융합로(核融合爐)의 존재를

세계의 별 모형도. 위의 왼쪽이 오리온, 오른편이 대달루스, 아래쪽이 별과 별 사이를 운항하는 분사 추진기.

전제로 하고 있다. 이 융합로는 현재의 어떤 원자로보다도 훨씬 효율적이고 안전하다는 것이다.

우리들은 아직 핵 융합로를 가지고 있지 않다. 그러나 수십 년 후에는 반드시 완성되리라고 장담할 수 있다.

오리온 우주선이나 대달루스 우주선은 빛의 속도의 10분의 1로 날 수 있을 것이다. 4.3 광년 거리인 켄타우르스좌의 알파성까지 가는 데는 34년이 걸릴 것이다. 이것은 인간의 일생보다 짧은 기간이다.

그러나 이와 같은 우주선은 특수 상대성 이론의 '시간의 신장'이 중요한 의미를 가질 정도의 빠른 속도, 즉 빛의 속도에 가까운 속도를 내지는 못할 것이다.

우리들은 오리온 우주선이 당장이라도 건조되기를 희망하고 있다. 그러나 기술 개발의 진도를 낙관적으로 예측하더라도 오리온 우주선이나 대달루스, 또는 동류의 우주선이 건조되는 것은 21세기의 중반 이후가 될 것이라고 내다본다.

가장 가까운 항성보다도 더 멀리 가기 위해서는 무엇인가 다른 방법을 취하지 않으면 안될 것이다. 오리온 우주선이나 대달루스는 아마도 '다세대 우주선 multigeneration ship'으로 사용할 수도 있을 것이다. 그렇게 될 경우 다른 항성 주위에 있는 행성에 도착하는 사람은 수세기 전에 지구를 출발한 사람들의 먼 후손이 될 수도 있다.

또는 인간의 안전한 동면법(冬眠法)이 발견될지도 모른다. 그렇게 되면 우주 여행자들은 한동안 깊은 잠 속에 묻혀 있다가 몇 세기 후에 깨어날 날이 올지도 모른다.

이러한 상대성 이론적이 아닌 항성간 우주선은 돈이 굉장히 많이 들겠지만 빛의 속도에 가까운 속도로 나는 항선간 우주선에 비하면 설계나 건조, 조종이 편할 것이다.

인류는 다른 항성에 접근할 수가 있지만 그것을 가능케 하기 위해서는 대단한 노력이 필요하다. 빛의 속도에 가까운 속도로 나는 우주선으로 항성간 우주를 나는 것은 1백 년 후가 아니라 1천 년 후나 1만 년 후의 목표이다. 그러나 그것은 원리상으로는 가능하다.

버사드 *R W Bussard*는 일종의 항성간 (람젯)*interstellar ramjet**를 제안하고 있다. 그것은 우선 항성간 우주에 표

* 제트 엔진의 일종. 현재의 제트기 엔진에는 선풍기와 같은 팬이 있지만 이 엔진에는 팬이 없다—역주

류하고 있는 엷은 물질을 빨아들인다. 그것은 대부분이 수소의 원자인데 그것을 가속시켜 우주선 내의 핵 융합 엔진에 보낸다. 그리고 핵 융합 반응을 일으킨 가스를 뒤로 분출시킨다. 이 때 연료와 추진제로 사용되는 것은 수소이다.

그러나 깊숙한 우주에는 $10\ cm^2$의 공간에 수소 원자가 한 개밖에 존재하지 않는다. 큰 포도알 한 개 속에 수소 원자가 한 개 있는 셈이다. 따라서 람젯트를 작동할 수 있게 하기 위해서는 우주선의 전면에 수백 km의 포착기를 부착시키지 않으면 안된다.

우주선이 상대성 이론적인 속도에 달하면 이 수소 원자는 빛의 속도에 가까운 속도로 우주선에 부딪치게 된다. 만일 조금이라도 부주의할 경우에는 그 수소 원자가 유발한 방사선으로 우주선이나 그 안에 타고 있던 승객은 모두 불에 타 죽고 말 것이다.

이 문제를 해결하는 방법으로는 레이저 광선 사용이 제안되고 있다. 수소 원자와의 거리가 아직 떨어져 있을 때 레이저 광선을 발사하여 원자핵 주위에 있는 전자를 떼어 버린다. 그렇게 하면 수소 원자는 전하(電荷)가 있기 때문에 강력한 자장(磁場)을 걸어 방향을 바꾼 다음 포착기 쪽으로 유도한다. 이 때 우주선의 다른 부분에는 수소 원자가 충돌하지 못하게 한다. 이것은 지금까지 지구상에서는 사용해 본 적이 없는 기술이다. 그것은 〈작은 세계 *small worlds*〉라고 해도 좋을 만한 거대한 엔진에 관한 이야기이다.

미래와 과거로 향한 여행

이와 같은 우주선을 좀더 생각해 보자. 지구는 인력으로 우리를 잡아당기고 있다. 높은 곳에서 떨어질 때 우리들은 가속도를 경험한다. 우리의 조상인 원시인들도 나무에서 떨어져 본 적이 있겠지만 나무에서 떨어지면 1 초마다 낙하 속도가 초속 10 m씩 빨라진다.

이 가속도는 우리들을 지구의 표면으로 끌어당기는 인력 때문에 생기는 것이다. 이 인력은 $1\,g$이라고 하는데 g은 지구의 인력을 표시하는 약자이다. 우리들은 $1\,g$의 가속도 아래서 쾌적하게 지내고 있다. 우리들은 1g의 상태에서 자라났다. 따라서 우리가 1g의 가속도로 속도가 빨라지는 항성간 우주선에 타고 있다면 우리는 자연스러운 환경에 있다고 생각된다.

사실 가속되고 있는 우주선에서 우리가 느끼는 힘과 인력은 같다는 것이 아인슈타인이 그 후에 주장한 일반 상대성 이론 *general theory of relativity*의 주요한 골자이다. 1g의 가속도로 1년간 계속 날면 우리들은 빛의 속도에 지극히 가까운 속도로 날게 된다. 그것은 다음과 같이 계산해 보아도 명백하다.

$$0.01 km/sec^2 \times 3 \times 10^7 sec = 3 \times 10^5 km/sec$$

이러한 우주선이 1g으로 가속도가 붙으면서 빛의 속도에 집근해 산다고 생각해 보자. 이 우주선은 그런 속도로 여정의 중간 지점까지 간 다음 1g으로 감속해 가면서 목적지에 착륙한다. 이 우주 여행은 대부분이 빛의 속도에 매우 가까운 속도로 날기 때문에 시간은 대단히 느리게 흐른다.

태양에 가까이 있는 별로, 행성을 거느리고 있을지도 모르는 별은 버나드 *Barnard*성이다. 이 별까지의 거리는 약 6 광년으로 우주선의 시계로 시간을 재 보면 이 별까지 가는데 약 8년이 걸린다. 은하계의 중심까지는 21년, 안드로메다좌의 M 31까지는 28년이면 갈 수 있다.

물론 지구에 남아 있는 사람들에게는 다르게 보인다. 예를 들면 은하계의 중심에 가는 데 21년이 아니라 3만 년이 걸리는 것처럼 보인다. 우리가 지구로 돌아왔을 때 우리를 환영해 줄 친구는 거의 없을 것이다.

빛의 속도에 가까운 속도로 여행하는 것은 원리적으로 가능하며, 우주선의 시계로 56년이 걸리면 현재 알려진 우주의 주위를 일주할 수 있을 것이다. 그런데 그 여행을 마치고 지구로 돌아올 때에는 지구의 시계로는 이미 몇 백억 년이 지난 다음이며 태양은 이미 사멸했고 지구도 검게 탄 잿더미가 되어 있을 것이다.

문명이 진보하면 상대론적인 우주 여행은 실현될 수도 있다. 그러나 그것이 가능한 것은 여행을 떠나는 사람들뿐일 것이다. 지구에 남아 있는 사람들에게 우주 여행의 정보를 빛의 속도보다도 빨리 전달해 줄 방법은 없을 것 같다.

다 빈치가 만든 비행기의 모양이 오늘날의 초음속 비행기의 모양과 전혀 다르듯이 오리온 우주선이나 대달루스, 버사드의 람젯트 등도 우리가 언젠가는 실제로 만들 항성간 우주선과는 전혀 다른 우주선이 될 수도 있다.

그런데 우리가 우리 자신을 파멸시키는 사태를 초래하지만 않는다면 언젠가는 우리도 항성 여행을 떠나게 될 것으로 믿는다. 우리들의 태양계 탐험이 모두 끝나면 다음에는 다른 항성계의 행성을 탐험의 대상으로 연구하게 될 것이다.

시간 여행을 상징하는 그림.

공간 여행과 시간의 여행은 관계가 있다. 우주 공간 속으로 고속으로 날아가는 것은 미래로 고속 비행할 때 비로소 가능해진다.

그런데 과거는 어떠한가. 우리는 과거로 되돌아가 역사를 바꿔 놓을 수가 있을까. 역사 책을 쓴 것과는 다르게 그 때 일어난 사건들을 바꿔놓을 수가 있을까?

우리들은 한시도 쉬지 않고 천천히 미래로 여행하고 있다. 매일 하루씩 미래로 나아가고 있는 것이다. 그런데 상대론적인 우주 여행을 하게 되면 우리들은 빨리 미래로 다가갈 수가 있다.

그러나 대부분의 물리학자들은 과거로 되돌아가는 여행은 불가능하다고 믿고 있다. 만일 특수한 장치를 이용하여 시간을 거슬러 올라갈 수가 있다고 하더라도 과거의 일을 바꾸어 놓을 수는 없다고 생각한다.

만일 당신이 과거의 세계로 여행을 떠나 당신의 부모를 서로 만나지 못하게 방해한다면 당신은 결코 이 지구상에 다시 태어나지는 못한다. 그러나 당신은 현재 존재하고 있으므로 그 가정은 모순이 된다.

$\sqrt{2}$가 무리수라는 증명이나 특수 상대성 이론의 동시성에 대한 논의와 마찬가지로 이것은 결론이 우습게 보이기 때문에 전제 조건을 재검토해 보지 않으면 안될 문제이다.

그런데 다른 물리학자들은 두 개의 다른 역사, 두 개의 분명한 현실이 나란히 존재하고 있다는 설을 주장하고 있다. 이 두 개 가운데 하나는 당신들이 잘 아는 세계이며 다른 하나는 그 시대에 당신들이 존재하지 않았던 미지(未知)의 세계이다.

시간이라는 것은 아마도 수많은 잠재적 차원 *potential*

콜럼버스가 이사벨 여왕에게 지형학에 대해 설명하는 모습을 담은 1892년의 우표.

*dimension*을 가지고 있겠지만 우리들은 그 중의 단 한 차원 밖에 경험할 수 없는 운명이다.

당신이 과거로 되돌아가 과거를 바꿔 놓을 수가 있다고 가정해 보자. 예를 들어 당신이 스페인의 이사벨라 *Isabella* 여왕을 설득시켜 여왕이 콜럼버스를 지원하지 못하게 했을 경우를 생각해 보자.

그것은 당신이 일련의 다른 역사적 사건을 일으킨 셈이 된다. 그러나 당신과 함께 과거의 세계로 가지 않고 뒤에 남은 사람들은 그와 같은 새 사실을 결코 알 수가 없다——이런 식으로 논리를 이끌어 갈 수 있다.

그러므로 그와 같이 과거로 되돌아가는 여행이 가능하다면 상상할 수 있는 모든 역사가 어떤 의미로는 현실적으로 존재하게 된다.

역사란 사회, 문화, 경제와 같은 여러 갈래의 실이 얽히고 설킨 복잡한 다발이어서 간단히 풀 수가 없다. 이 세상에는 수없이 많고 뜻하지 않은 엉뚱한 작은 일들이 꼬리를 물고 일어난다. 하지만 그런 일들은 장기적인 영향을 미치지는 못한다.

그러나 중요한 전환기라든지 분기점에서 생긴 일은 역사의 도식(圖式)을 바꾸는 경우도 있다. 물론 비교적 작은 조정만으로도 큰 변화를 초래할 수 있다. 이런 일이 생긴 시점이 옛날일수록 그 영향은 컸다. 왜냐하면 먼 옛날 일일수록 시간의 지렛대가 길어지기 때문이다.

행성으로 향한 출발

소아마비의 바이러스 *polio virus*는 작은 미생물이다. 우리들은 소아마비의 바이러스와 매일처럼 만나고 있다. 그러나 그 바이러스 가운데서 참으로 운 좋은 바이러스만이 이따금 인간을 무서운 병에 걸리게 한다.

미국의 32대 대통령 루즈벨트 *Franklin Roosevelt*도 소아마비에 걸렸던 사람이었다. 루즈벨트는 이 병 때문에 불구자나 뒤에 처진 사람들을 동정했을 것이며 또 이 병 때문에 오히려 노력함으로써 성공에 이르게 되었는지도 모른다.

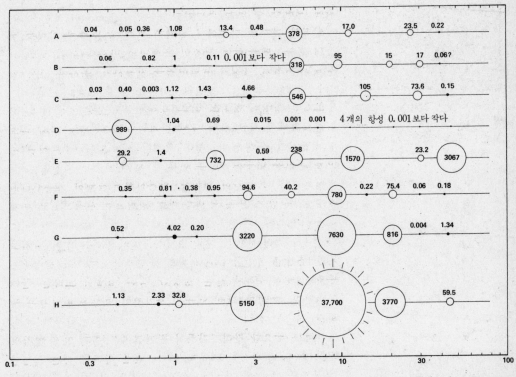

만일 루즈벨트의 개성이 다르고 미국 대통령이 되려는 야심이 없었더라면 1930년대의 대공황이나 제 2차 대전 중의 핵무기 개발 등은 다르게 전개되었을지도 모른다. 세계의 미래도 달라졌을 것이다. 그런데 그 바이러스는 직경이 1 백만분의 1 *cm*밖에 안되는 보잘 것 없는 미생물이다.

한편 시간을 여행하는 사람이 스페인의 이사벨라 여왕에게 '콜럼버스의 지리학은 틀렸다'라고 하든지 '에라토스테네스가 산출해 낸 지구의 크기로 보아 콜럼버스는 결코 아시아에 도달하지 못할 것이다'라고 주장하여 콜럼버스를 돕지 말도록 설득했다고 생각해 보자. 만일 그런 설득이 성공했더라도 콜럼버스 이외의 유럽인은 수십 년 내에 서쪽으로 항해하여 신세계에 도달했을 것이다. 그것은 거의 확실한 사실이다.

항해술의 진보, 향료 무역의 매력과 유럽 대국 간의 경쟁 등으로 미국은 결국 서기 1천 5백 년쯤에는 발견되었을 것이

컴퓨터 조작에 의해 표시된 7 개의 태양계 조직.

B는 우리가 평상적으로 볼 수 있는 조직. 항성으로부터 행성까지의 거리는 수평축에 따라서 표시됨. 행성의 질량은 지구의 질량 단위로 표시. 지구의 행성은 검은 원으로 표시. 목성의 행성은 빈원으로 표시. A와 C는 지구의 행성이 항성 가까이 있고 목성의 행성이 멀리 떨어져 있는, 바로 우리와 비슷한 경우임. E와 F에 있어서 지구와 목성의 행성은 산재해 있다. G에서는 매우 질량이 큰 목성의 행성이 나타나 있고, H의 다섯번 째 것은 매우 질량이 커서 그것은 하나의 항성을 형성하여 연성계가 된다.

다. 그렇게 되었더라면 오늘날 콜럼비아 *Columbia*라는 나라는 없었을 것이고 미국에도 콜럼비아 특별 구역 *District of Columbia*이라든지 오하이오 주 콜럼버스, 콜럼비아 대학도 없었을 것이다. 그렇지만 역사의 전체적인 흐름은 그다지 달라지지 않았을는지도 모른다. 미래를 크게 바꾸려고 한다면 시간을 여행하는 사람은 신중히 선택한 수많은 종류의 일들을 바꾸었어야 할 것이다. 그렇게 하지 않으면 역사의 〈짜임〉을 변경시킬 수가 없다. 전에 존재한 적이 없는 세계를 탐험한다는 것은 상상만 해도 가슴이 뛴다. 우리들은 그곳을 찾아가 보아야만 역사가 어떻게 만들어 지는가를 진정으로 이해할 수가 있다. 역사를 실험 과학으로 만들 수가 있는 것이다.

가령 플라톤, 바울 *Paul*, 피터 대제 *Peter the Great*와 같은 역사의 중심적인 인물이 없었더라면 세계는 어떻게 달라졌을까. 고대 그리스 이오니아의 과학적인 전통이 살아 남아 번창했더라면 어쩌했을까.

그러나 과학의 전통이 살아 남기 위해서는 '노예의 존재는 자연스러운 것이며 옳은 것이다'라는 당시의 일반적인 생각을 포함하여 그 당시의 사회적인 힘도 대부분이 바뀌었어야 했을 것이다.

2천 5백 년 전에 지중해 동부에 여명을 가져왔던 그 빛이 꺼지지 않았더라면 어떻게 되었을까. 과학이나 실험적인 방법, 기술이나 기계의 존엄 등이 산업 혁명보다 2천년이나 전에 강력히 추구되었더라면 세계는 어떻게 달라졌을까. 만일 이 새로운 생각이 강력하게 널리, 그리고 높게 평가되었더라면 어떻게 달라졌을까?

그랬더라면 우리들은 10세기나 20세기라는 시간을 절약할 수 있었을 것이라고 때때로 생각한다.

다 빈치가 했던 것과 같은 일은 그 사람보다 1천 년 전에 진행됐을 것이고 아인슈타인이 한 일과 같은 업적도 5백 년 전에 성취되었을 것이다.

이와 같은 '또 하나의 지구'에서는 다 빈치나 아인슈타인도 물론 태어나지 않았을 것이며 모든 것이 많이 달라져 있었을 것이다.

만일 2천 5백 년 전에 아주 사소한 것이 달라졌더라면 우리는 오늘날 아무도 지상에 존재하지 않았을 것이다. 아마도 우리가 살고 있는 지구에는 다른 수십 억의 인간이 살게 되었을 것이다.

만일 이오니아 인이 이겼더라면 '우리와는 다른 우리들'이 지금쯤 항성으로 가는 모험적인 여행을 떠났을 것이다. 그리고 켄타우르스좌의 알파성이나 버나드성 시리우스 *Srius*, 고래좌의 타우 *Tau*성으로 떠났던 최초의 탐색선은 옛날에 돌아왔을 것이다.

무인 탐색선, 이민을 실어나르는 정기선, 거대한 화물선 등 항성간 우주선의 대선대(大船隊)가 지구 둘레의 위성 궤도 위에서 건조되어 우주의 바다를 오가고 있었을 것이다.

이 우주선에는 모두 표지와 배의 이름이 적혀 있을 것이다. 그 우주선에 가까이 가 보면 문자는 모두 그리스 어임을 알 수 있다. 그리고 초기의 항성간 우주선 한 척은 뱃머리에 정 12 면체의 표지를 달고 〈행성 지구의 항성간 우주선 데오도로스 *Theodorus*호〉라는 문자가 새겨져 있었을 것이다.

그런데 현실적인 세계의 시각표에서는 사물이 다소 느리게 진전되어 왔다. 우리들은 아직 항성으로 출발하는 단계에 와 있지 못하다. 그러나 앞으로 1세기나 2세기 안에는 태양계의 탐험을 끝내고 우리들의 행성인 지구에도 올바른 질서를 확립하게 될 것이다.

그 무렵이 되면 우리도 항성에 가려는 의지를 가지고 항성에 가기 위한 자원과 기술적인 지식을 갖춰 놓고 있을 것이다. 우리들은 멀리 떨어진 곳에서 다른 행성계를 조사하여 어떤 것은 태양계와 비슷하다든지 어떤 것은 다르다는 것을 알 수 있게 될 것이다. 우리들은 어떤 별을 탐험해야 할 것인가를 알게 될 것이다.

탈레스나 아리스타르코스, 다 빈치, 아인슈타인 등의 후손들인 우리들의 자손과 우리의 우주선은 몇 광년의 거리를 날아가는 것이다.

다른 행성계를 찾아 내다

우주에 행성계가 얼마나 있는지 우리들은 아직 모른다. 엄청나게 많은 행성계가 있을 것이라고 추측할 뿐이다. 우리들

미지의 행성의 위치와 운동을
알아보는 전구 실험. 전구는 멀
리 있는 별을 나타내고 작은 원
은 빛을 내지 못하는 행성을 나
타낸다.
(위) 별빛이 너무 밝기 때문
에 행성이 잘 보이지 않는다.
(가운데) 둥근 물체가 별을 가
리면 빛을 반사하는 행성이 더
잘 보인다. (아래) 별이 완전히
가려지면 행성이 잘 나타난다.

과 매우 가까운 거리에도 행성계가 하나만 있는 것이 아니라
어떤 의미로는 네 개가 있다. 목성, 토성, 천왕성은 각각 위
성계를 가지고 있다. 각 위성의 크기나 간격은 태양 주위의
행성과 흡사하다.

연성은 태양 등에 비해 질량이 유달리 크다. 이런 연성까
지 포함하여 통계학적으로 미루어 추측해 보면 태양처럼 하
나만 있는 별은 거의 모두가 행성인 동반자를 데리고 있다.

우리는 또 다른 항성의 주위에 있는 행성을 직접 본 적은
없다. 그러한 행성은 그 공간의 태양 빛의 늪에 가라앉은 작
은 빛의 점에 지나지 않는다. 그러므로 우리의 눈에는 그것
이 보이지 않는다.

그러나 우리들은 본 적도 없는 행성이 그 행성계의 항성에
인력을 미치고 있는 사실을 점점 인식하게 되었다.

지금 그와 같은 한 항성이 그 배경에 있는 성좌 가운데를 수
십 년에 걸쳐서 천천히 움직이고 있다고 하자. 그리고 그 항
성 주위에 목성 정도의 질량이 있는 큰 행성이 있고 그 궤도
면이 우리 쪽을 향하고 있다고 가정해 보자. 즉 궤도면이 우
리들의 시선과 직각이 되어 있다고 생각하는 것이다. 이 어두
운 행성이 우리 쪽에서 볼 때 항성의 우측에 있으면 항성은
다소 우측으로 끌릴 것이고 반대로 행성이 항성의 좌측에 있
으면 항성은 좌측으로 끌릴 것이다.

그래서 항성의 궤도가 바뀌거나 흔들린다. 직선이어야 할
궤도가 파도와 같은 궤도가 되는 것이다.

지구에 가장 가까운 거리에 홀로 있는 별은 버나드성인데
이 별이 행성의 인력 때문에 궤도가 흐트러지는지 어떤지가
관측되었다.

한편 켄타우르스좌의 알파성과 같은 삼연성의 경우는 세
별의 상호 관계가 복잡하기 때문에 질량이 작은 동반자를 찾
기가 매우 어렵다.

버나드성을 연구하는 데도 엄청난 노력이 필요했다. 천체
망원경으로 찍은 사진 건판에 나타난 현미경으로나 볼 수 있
는 차이를 몇 십 년에 걸쳐서 찾아 내어야 했기 때문이다.

버나드성 주위에 있는 행성에 대해서는 지금까지 두 개의
연구가 있었는데 어떤 기준으로 보면 이 두 개의 연구는 모
두 성공한 것이었다. 이 두 개의 연구는 목성과 질량이 비슷

한 두 개나 그 이상의 행성이 한 궤도를 돌고 있다는 것을 밝혀 냈다. 그리고 그 궤도는 케플러의 제2 법칙으로 계산되었다. 이 행성들은 목성이나 토성과 태양의 위치 관계에 비하면 얼마쯤 중앙의 항성에 가까운 궤도를 돌고 있는 것 같다. 그런데 이 두 관측은 불행하게도 서로 모순되는 점을 드러내고 있다.

버나드성 주위에 행성이 있다는 것은 이미 발견되었다고 해도 좋다. 그러나 이에 대한 확실한 증명은 앞으로의 연구에 기대해야 할 것이다.

별 주위의 행성을 찾아 내는 다른 방법도 현재 개발 중에 있다 그 중에는 항성의 빛을 인공적으로 가리는 방법도 포함된다. 천체 망원경 앞에 원판을 놓거나 달의 어두운 끝 부분을 이용하여 항성을 가린다. 이렇게 하면 행성은 가까이 있는 항성의 빛 때문에 보이지 않게 되는 일이 없어 행성이 반사한 빛이 보이게 된다.

앞으로 수십 년이 지나면 비교적 가까이 있는 1백 개 정도의 항성 가운데서 어느 항성이 큰 행성을 끌고 있는지 분명히 대답할 수 있게 될 것이다.

역사의 분기점에 서다

최근 적외선으로 관측한 바에 의하면 가까이 있는 항성 가운데는 행성 이전의 상태로 보이는 기체나 먼지 구름이 원반형으로 둘러싸인 것이 있었다.

한편 두세 가지의 자극적인 이론적 연구에 의하면 행성계는 은하 가운데서는 당연한 존재라는 것이다. 응축하고 있는 기체와 먼지의 편평한 원반에서 항성이나 행성이 생긴다고 생각하고 그런 현상을 컴퓨터로 조사해 보았다. 그 때 원반의 최초의 응축물인 물질의 작은 덩어리가 시기를 가리지 않고 구름 속으로 투입되었다. 그러니까 그 덩어리는 구름 속을 움직이면서 먼지의 입자를 끌어모은다. 구름 속의 기체는 주로 수소인데 그 덩어리가 상당히 커지면 인력이 생겨 수소가스도 끌어당긴다.

움직이고 있는 두 개의 덩어리가 부딪치면 하나가 된다는

지구에서 1천 5백 광년 밖의 말머리 성운 *Horsehead Nebula*에 달과 비슷한 행성이 있다. 광속에 가까운 우주선을 만든다면 탐험해 볼 만한 곳이다.

식으로 컴퓨터의 프로그램은 짜여 있었다. 그 계산은 기체나 먼지가 없어질 때까지 계속되었다.

마지막 결과는 구름의 최초의 상황이 어떤가에 따라 달라졌다. 특히 구름 중심으로부터의 거리에 따라 기체나 먼지의 밀도가 어떻게 다른가 하는 조건에 크게 좌우되었다.

그러나 최초의 상황이 아주 달라도 대체로 중심에 있는 항성에 가까운 데는 지구형의 행성이, 그리고 멀리 떨어진 데는 목성형의 행성이 생겨 그 수는 약 열 개가 되었다. 그것은 우리의 태양계와 흡사한 행성계였다.

최초의 상황이 크게 다르면 행성은 생기지 않고 제멋대로 소행성이 생기거나 항성 부근에 목성형의 행성이 생기기도 했다. 그리고 때로는 목성형의 행성이 기체와 먼지를 너무 끌어 모아 한 개의 항성이 되기도 했다. 목성형의 행성이 항성으로 변한 것이 연성의 기원이다.

단언하기엔 아직 시기가 이르지만 은하계 속에는 매우 다채로운 행성계가 존재한다고 본다. 그리고 모든 항성은 이러한 기체와 먼지의 구름으로부터 생겼다고 우리는 생각한다. 우리들의 은하계에는 약 1천억 개의 행성계가 있어 우리들의 탐험을 기다리고 있을 것이다.

소용돌이형으로 궤도를 그리는 두 개의 별이 대기에서 간격을 유지하는 데에 실패했을 때 복합된 형태의 가상 행성.

행성 가까이 있는 가상의 얼음 동굴에서 야간에 보이는 플레이아데스.

　　그러한 〈세계〉는 어느 것이나 지구와 같지는 않을 것이고 인간이 살 만한 행성은 많지 않을 것이다. 거의 모든 행성은 사람이 살 수 없는 세계일 것이다. 대부분의 행성은 믿을 수 없으리만큼 아름다울 것이다. 몇 몇 별세계에는 대낮에 태양이 몇 개씩이나 빛나고 밤하늘에는 달이 몇 개나 떠 있을 것이다. 또는 입자의 거대한 아치가 이쪽 지평선에서 저쪽 지평선으로 걸려 있을 것이다.

　　몇 개의 달은 행성에 매우 가까이 있기 때문에 달의 표면에서 보면 행성이 하늘의 절반 이상을 차지하고 있는 것처럼 보일 것이다. 어떤 세계에서는 거대한 가스상 성군 *gaseous nebula*이 보일 것이다. 그것은 과거에 존재했다가 이미 없어진 별의 잔해이다.

　　이와 같은 다른 행성의 밤하늘에는 널리 떨어진 진귀한 성좌가 많이 보일 것이다. 그리고 노란 별이 한 개 희미하게 보일 것이다. 이 별은 아마도 육안으로는 거의 보이지 않고 천체 망원경으로나 겨우 보일 것이다. 그것은 거대한 은하계 속에 있는 태양이라는 작은 별이다. 그것은 현재 그곳을 탐험하고 있는 항성간 우주선대의 고향과 같은 별이다.

　　시간과 공간은 이미 말한 대로 서로 얽혀 있다. 세계나 별도 인간처럼 태어나고서 살다가는 죽는다. 인간의 수명은 수십 년인데 비해 태양의 수명은 그 1억 배나 길다. 항성에 비하면 우리는 덧없는 존재이다.

　　하루살이의 입장에서 보면 인간은 지루하게 움직이지도 않고 무엇을 하려는 기미도 보이지 않는다. 그러나 항성의 입장에서 보면 인간은 작은 순간적인 빛에 지나지 않는다. 인간은 우주의 시간의 한 순간밖에 살지 못한다.

　　우주 공간에 존재하는 모든 세계에서 사물은 진행하고 있으며 각 세계의 미래를 결정하는 일들이 일어나고 있다.

　　그리고 우리들의 작은 행성인 지구 위에서는 2천 5백 년 전에 이오니아의 과학자들이 신비주의자들과 대결한 것과 마찬가지로 중대한 역사의 전환이 이루어지고 있다. 지금은 역사의 분기점 (分岐點)이다.

　　지금 우리가 우리들의 세대에서 하는 일은 앞으로 몇 세기 동안이나 영향을 미치게 될 것이며 우리들 자손의 운명을, 수많은 별 속에서의 그들의 숙명을 강력하게 결정하게 될 것이다.

공기가 없는 행성. 모든 물체는 빨강 별과 파랑 별에 의해서 두개의 그림자를 갖는다.

플라이온계 *Pleione Systems* 속에 있는 가상의 행성. 플레이아데스 성단의 하나인 플라이온은 너무 빨리 회전하기 때문에 모양이 찌그러졌고 별의 물질들이 공중으로 떨어진다.

붉은 거성 *Giant* 과 푸른 왜성 *Dwarf*의 만남 푸른 왜성에 신성 폭발이 일어난다.

멀리 구상 성단을 배경으로 하고 있는 행성

태어나고 죽는 별의 목숨

9

"신은 크기와 모양이 다른 여러 가지 물질의 입자(粒子)를 만들 수 있다. 그리고 그 입자는 밀도나 힘이 서로 다를 것이다. 신은 이렇게 하여 자연의 법칙을 바꿀 수가 있고 우주 여러 곳에 몇 종류의 세계를 만들 수가 있다. 이와 같은 모든 것에서 나는 아무런 모순도 찾아 내지 못했다.

　　　　　　　　　　—뉴톤 《광학》

항성은 우주의 부엌

애플 파이를 만들려면 밀가루, 사과, 소량의 기타 재료와 열과 오븐이 필요하다. 재료는 사탕과 물과 같은 분자로 되어 있다. 그리고 분자는 탄소, 산소, 수소와 같은 원자로 되어 있다.

그러면 이 원자는 어디에서 왔을까. 수소 이외의 원자는 항성에서 만들어진다.

항성은 우주의 부엌과 같은 곳이다. 그곳에서 수소의 원자가 요리되어 무거운 원기가 되었나. 그리고 그 항성은 우주의 기체와 먼지가 농축되어 생긴 것이며 그 기체와 먼지는 거의 모두 수소로 되어 있다.

수소는 우주의 시초인 〈대폭발〉 때 만들어졌다. 만일 당신이 재료가 없는 상태에서 애플 파이를 만들려고 생각한다면 우선 우주를 발명하지 않으면 안된다.

이제 애플 파이를 둘로 자른다고 가정하자. 그 절반을 다시 둘로 자른다. 그리고 데모크리토스의 생각대로 이 이등분의 작업을 계속한다고 하자. 그러면 몇 번이나 잘라야 한 개의 원자가 될까. 대답은 약 90 번 잘라야 원자가 나온다는 것이다. 물론 그 정도로 잘게 자를 수 있는 예리한 칼은 없다. 파이는 너무나 말랑거리기 때문이다. 아뭏든 원자는 너무 작아서 눈으로는 볼 수 없다. 그러나 이 이등분의 작업을 계속하는 방법은 있다.

원자의 성질을 처음으로 이해한 것은 영국의 케임브리지 대학에 있는 사람들이었다. 그것은 1910년을 전후한 45 년 동안의 일이었다.

그 연구 가운데는 원자의 조각을 몇 개의 원자에 충돌시켜 어떻게 튕겨지는가를 관찰하는 실험도 포함되어 있었다. 전형적인 원자는 외측에 전자의 구름 cloud of electrons이 있다.

전자는 그 이름으로도 알 수 있듯이 전기를 띠고 있는데 그 전기는 마이너스 전기이다. 이 전자가 원자의 화학적인 성질을 결정한다. 예를 들면 금의 광택, 철의 차디찬 감촉, 탄소인 다이아몬드의 결정(結晶) 구조는 모두 전자의 상태에 의해

움직이고 있는 원자들. 데모크리토스가 이 사진을 보았다면 얼마나 기뻐했을까.

정해진다. 그런데 전자의 구름에 싸여 있는 원자의 깊숙한 곳에는 핵이 있다. 핵은 보통 플러스 전기를 띠고 있는 양자와 전기적으로 플러스도 마이너스도 아닌 중성자*로 되어 있다.

원자는 매우 작다. 1억 개의 원자를 서로 겹치게 하지 않고 일렬로 세워도 그 원자의 길이는 나의 새끼 손가락 끝만 하다. 핵은 원자보다도 더 작아 그 10만 분의 1의 크기에 불과하다. 핵이 발견되기까지는 무척 오랜 시간이 걸렸는데 그렇게 시간이 오래 걸린 이유는 핵이 너무나 작았기 때문이다.

그런데 원자의 질량의 대부분은 핵에 있다. 전자는 핵에 비하면 떠도는 구름과 같은 것이다.

원자는 주로 텅 빈 공간으로 되어 있으며 물질은 공허한 것으로 이루어져 있다.

나는 원자로 되어 있다. 내 팔꿈치도 원자로 되어 있고 내 앞에 있는 테이블도 원자로 되어 있다. 그런데 원자가 매우 작고 또 텅 빈 것이며 핵은 그보다도 더 작은 것이라면, 어떻게 테이블이 나를 지탱해 줄 수 있을까. 왜 나의 팔꿈치를 구성하고 있는 핵이 테이블의 핵 속으로 미끌어져 들어가지 않을까. 나는 왜 마루에 달라붙지 않을까. 왜 지구 속으로 굴러 떨어지지 않을까.

그 해답은 전자의 구름에 있다. 내 팔꿈치를 구성하고 있는 원자의 겉은 마이너스 전기를 띠고 있다. 테이블을 구성하고 있는 원자도 마찬가지이다. 마이너스 전기끼리는 서로 반발한다.

내 팔꿈치가 테이블 속으로 빠져 들어가지 않는 것은 원자의 핵 주위에 전자가 있고 그 전기의 힘이 강하기 때문이다. 우리의 일상 생활은 원자의 구조에 의해 지탱되고 있다. 만일 원자의 전기를 끈다면 모든 것은 그 자리에서 와해되어 미세한 먼지가 되고 말 것이다. 만일 전기의 힘이 없었다면 우주에는 물질이 존재하지 않았을 것이다. 오로지 전자와 양자, 중성자의 엷은 구름과 인력이 있는 소립자의 알만이 있게 될 것이다. 그것은 수많은 세계의, 내용이 없는 찌꺼기에 지나지 않는다. 애플 파이를 자르는 작업을 다시 한 번 생각해 보자. 한 개의 원자에 도달한 다음에도 파이를 계속 자른다면 우리는 무한히 작은 것과 만나게 된다.

* 옛날에는 양자가 전자의 구름 속에 균일하게 흩어져 있는 줄 알았다. 구름의 중심에 플러스 전기를 가진 핵으로서 양자가 모여 있는 줄은 몰랐던 것이다. 핵은 케임브리지 대학의 러더포드 *Ernest Rutherford*가 발견했다. 그는 입자를 표적에 충돌시켰을 때 입자 가운데 진행 방향의 역방향으로 튀어 나오는 것이 있는 것을 알고 핵을 발견했다. 그는 다음과 같이 말하고 있다. "그것은 나의 생애에서 가장 믿기 어려운 일이었다. 그것은 직경 40 *cm* 정도의 탄환을 휴지 한 장에 쏘았을 때 그 총알이 휴지에 튕겨 쏜 사람에게 와 맞는 것과 다름이 없는 것이었으며 거의 믿을 수 없는 일이었다"—원주

원자를 더욱 자르다

한편 밤 하늘을 쳐다보면 우리는 무한히 큰 것과 만나게 된다.

이러한 〈무한〉은 인간의 생각 가운데서 가장 두렵고 존경할 만하다. 그것은 끝이 없는 후퇴를 의미하고 있다. 공간적으로 아득한 저편으로 후퇴할 뿐만 아니라 시간적으로도 영원히 후퇴하는 것을 의미한다.

예를 들면 이발관에 갔을 때 두 장의 거울 사이에 서면 수많은 당신 자신의 모습을 보게 된다. 혹은 두 개의 평면경을 사용하여 촛불의 불꽃을 비추어 보면 수많은 상(像)을 볼 수 있다. 그 상들은 서로 상대방의 상을 비친 것이다.

그러나 현실적으로 당신은 무한히 많은 상을 볼 수는 없다. 왜냐하면 거울은 완전한 평면이 아니고 두 개의 거울은 서로 완전히 평행한 위치에 놓여 있지 않기 때문이다. 또 빛은 무한히 빨리 나가는 것은 아니며 불꽃 자체가 빛이 나가는 통로에 끼어들기 때문이다. 그런데 우리가 진정으로 무한에 대하여 말할 때 우리는 어떤 수보다도, 양적으로 큰 것에 대해 말한다. 당신이 마음 속으로 어떤 숫자를 생각하여도 무한은 그 수보다 더 큰 것이다.

큰 숫자를 쓰는 데는 지수법(指數法)이라는 편리한 방법이 있다. 1천은 10^3이다. 이것은 1 다음에 0이 3 개 붙는다는 것을 나타낸다. 1백만은 10^6이다. 이것은 1 다음에 0이 6 개 붙는다는 뜻이다.

세상에는 〈가장 큰 수〉라는 것은 존재하지 않는다. 만일 어떤 사람이 가장 큰 수의 후보를 제시한다면 당신은 그 수에 1을 더 보태면 더 큰 수를 만들 수 있다. 그러나 〈큰 수〉는 존재한다. 미국의 수학자 카스너 *Edward Kasner*는 전에 아홉살 난 조카에게 '10의 1백 제곱이라는 지극히 큰 수의 이름을 붙여 보라'고 말한 적이 있다. 이것은 1 다음에 0이 1백 개가 붙는 수이다. 그 소년은 그것을 〈구우골 *googol*〉이라고 부르기로 했다. 그것은 다음과 같은 수이다.

10,000,000,000,000.000,000,000,000,000,000,000, 000,000,

000, 000, 000, 000, 000, 000, 000, 000, 000, 000, 000, 000, 000, 000, 000, 000, 000, 000, 000, 000.

당신도 큰 수를 만들어 재미 있는 이름을 붙여도 상관이 없다. 그것은 재미 있는 일이다. 특히 당신이 아홉 살이라면 더 재미 있을 것이다.

만일 구우골이 큰 수로 보인다면 다음에서 구우골 플렉스 *googolplex*를 생각해 보자. 이것은 10의 구우골 제곱을 의미한다. 다시 말하면 1 다음에 0이 1백 개 붙는 것이 아니라 구우골 개의 0이 붙는 것이다.

당신의 몸을 예로 들어 보자. 당신의 몸은 10의 28제곱 개 정도의 원자로 되어 있다. 관측할 수 있는 우주 내의 양자, 중성자, 전자의 총수는 대략 10의 80 제곱 개이다. 만약 이 관측할 수 있는 우주 속에 중성자를 빈틈없이 꽉 밀어 넣는다고 하여도 중성자의 총수는 10의 128 제곱 개밖에 되지 않는다. *

이것은 구우골보다는 다소 작지만 구우골 플렉스에 비하면 보잘 것 없이 작은 수이다.

그런데 구우골이든 구우골 플렉스든 무한이라는 생각에는 가까와질 수가 없다. 그 수조차도 무한에는 근접할 수가 없는 것이다. 사실 구우골 플렉스와 무한과의 거리는 1과 무한의 거리와 다름이 없다.

우리는 구우골 플렉스를 종이에 써 볼 수는 있다. 그러나 그것은 절망적인 야심이다. 구우골 플렉스의 〈0〉을 알아볼 수 있을 정도의 크기로 쓴다면 그 종이는 우리가 알고 있는 우주를 메우고도 남을 것이다. 다행히도 우리는 구우골 플렉스를 표기하는 지극히 간단한 방법을 알고 있다. 그것은 $10^{10^{100}}$이다. 또 무한대는 '∞'라는 기호로 표시한다.

검게 탄 애플 파이의 부분은 주로 탄소로 되어 있다. 90번을 자르면 탄소의 원자에 도달한다. 이 원자는 핵이 있는 부분에 6개의 양자와 6개의 중성자가 있으며 외측의 구름이 있는 곳에는 6개의 전자가 있다. 이제 이 핵의 일부를 집어낸다고 하자. 다시 말해 양자 2개와 중성자 2개를 집어내면 그것은 이미 탄소의 원자핵이 아니고 헬륨의 원자핵이 된다.

이와 같이 원자핵을 떼어내거나 또는 분열을 시키는 것은 핵무기나 현재 사용되고 있는 발전용 원자로 속에서 일어나고

* 이 계산의 정신은 먼 옛날부터 있었다. 아르키메데스의 작은 책 《모래알을 세는 사람》의 서두에는 다음과 같은 글이 적혀 있다. "게론 왕 전하, 모래알의 수는 무한히 많다고 생각하는 사람이 있습니다. 여기서 모래알이라고 말씀 드리는 것은 시라크사 부근이나 시칠리아 섬에 있는 모래알뿐만이 아닙니다. 사람이 살든 말든 모든 지역의 모든 모래알을 포함하고 있읍니다. 또 그 모래알의 수는 무한이라고는 보지 않지만 너무나 많아 그 수를 나타낼 수 있는 수에 이름을 붙인 사람이 없다고 생각하는 사람이 있읍니다. 그러나 저는……"

아르키메데스는 숫자의 이름을 지었을 뿐만 아니라 모래알의 수도 계산했다. 그는 그 후 자기가 알고 있는 우주에 모래알이 얼마나 들어갈 수 있는지도 조사했다. 그의 추정치는 10^{80} 개였다. 그것은 기묘한 우연의 일치인데 우주 속의 양자, 중성자, 전자의 총수와 같다─원주

있다. 다만 여기서 분열되는 것은 탄소의 원자핵은 아니다.

만일 당신이 애플 파이를 91 번 잘랐다면, 또는 탄소의 원자핵을 엷게 잘랐다면 잘린 조각은 이미 탄소의 작은 부분이 아니고 다른 것이 된다. 그것은 화학적 성질이 전혀 다른 원자인 것이다. 만일 원자를 자르게 되면 원소 *element*를 변환(變換)시키게 된다.

원자는 양자, 중성자, 전자로 되어 있다.

우리는 양자를 자를 수가 있을까. 만일 우리가 양자와 같은 소립자에 높은 에너지를 가해 다른 양자에 부딪치게 하면 우리는 양자 속에 숨어 있는 가장 기본적인 입자를 엿볼 수가 있다. 양자나 중성자와 같은 이른바 소립자는 쿼크 *quark*라는 더욱 기본적인 입자로 되어 있다고 물리학자들은 생각하고 있다. 쿼크에는 여러 가지 〈색〉이나 〈냄새〉를 지닌 것이 있다. 〈색〉이라든지 〈냄새〉라고 말한 것은 '원자핵의 세계를 다소나마 친근감이 들게'하기 위해 물리학자들이 열심히 노력한 결과 붙인 이름이다.

쿼크가 물질을 구성하는 궁극적인 입자일까, 아니면 쿼크 자신이 더욱 기본적이고 더욱 작은 입자로 구성되어 있는 것일까.

우리는 물질의 성질에 대해 최종적인 이해에 도달할 수 있을까, 아니면 그보다도 더 기본적인 입자로 무한히 나아가야 할 것인가. 이것은 과학에 있어서 아직도 미해결의 큰 문제이다.

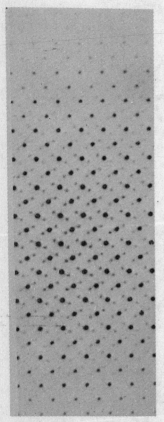

백철광의 원자. 가시 광선과 X 레이를 이용하여 4백 50만 배로 확대했다. *Fe*는 커다란 점이고 S는 유황으로서 한 쌍의 조그만 점이다.

원자를 만드는 입자들

원소의 변환은 중세의 연구실에서는 〈연금술 *alchemy*〉이라는 이름으로 탐구되었다. 수많은 연금술사들은 '모든 물질은 물, 공기, 흙, 불의 4 원소로 된 혼합물'이라고 생각했다. 이것은 본래 이오니아 인들이 생각한 것인데, 이 경우 가령 흙과 불의 비율을 바꾸면 구리를 금으로 바꿀 수 있을 것이라고 연금술사들은 생각했다.

이 분야에는 카리오스트로 *Cagliostro*나 생제르망 *Saint-Germain* 백작과 같은 매력적인 사기한이 많이 있었다. 그들은 자기네가 원소를 변환시켰다고 주장했을 뿐만 아니라 '불로 장수의 비법'을 알고 있다고도 주장했다. 때로는 이중으로

만든 막대기 속에 금을 숨겨둔 뒤 열심히 공개 실험을 하고
나서 도가니 속에 금이 기적적으로 나타나는 수법도 연출했
다. 부(富)와 불로 장수를 추구하는 유럽의 귀족들은 그들의
밥이 되어 이 '의심스러운 기술' 때문에 많은 돈을 털렸다.

그러나 파라켈사스 *Paracelsus*나 뉴튼과 같이 훨씬 성실한
연금술사도 있었다. 그들의 경우는 돈이 모두 허비된 것은 아
니었다. 실험 결과 인(燐), 안티모니 *Antimony*, 수은(水銀)
등이 발견되었다. 사실 현대 화학의 기원을 거슬러 올라가면
이런 실험에 도달하게 된다.

자연계에 존재하며 화학적으로 분명히 구별되는 원자는 92
종류가 있다. 그것들은 화학 원소라고 불리우고 있으며 최근
까지는 지구상의 모든 것을 구성하고 있었다. 다만 이 원소
의 대부분은 서로 결합하여 분자의 상태로 존재하고 있다.

물은 수소 원자와 산소 원자로 된 분자이다. 공기는 주로 질
소 *N*, 산소 *O*, 탄소 *C*, 수소 *H*, 아르곤 *Ar*으로 되어 있
으며 그것들은 N_2, O_2, CO_2, H_2O와 같은 분자 형태로 존재
하고 있다.

지구도 그 자체는 지극히 풍부한 원자의 혼합물이며 주로
규소, 산소, 알미늄, 마그네슘, 철로 되어 있다.

불은 화학 원소로 된 것이 아니다. 고온 때문에 핵 주위 전
자의 일부가 탈취되어 플라즈마 *plasma*가 되고 그것이 분출
하는 것이 불이다.

이오니아 인이나 연금술사들이 생각했던 '4 개의 원소'는
현대의 지식으로 말하면 '원소'는 아니다. 물은 한 분자이고
공기와 흙은 분자의 혼합물이며 불은 프라즈마이다.

연금술의 시대부터 지금까지 수많은 원소가 발견되어 왔다.
그리고 근래에 이르러 발견된 원소일수록 희귀한 것이었다.

원소 가운데 대부분은 생소한 것이 아니었다. 그것들은 지
구를 구성하는 주요한 원소였거나 생물에게 기본적인 원소였
거나 했다.

어떤 것은 고체이고 어떤 것은 기체였다. 그리고 취소(臭素)
*bromine*와 수은은 실내의 온도에서는 액체였다.

과학자들은 편의상 원소들을 간단한 것으로부터 복잡한 것
의 순서로 나열했다. 가장 간단한 수소가 원자 번호 1이고 가
장 복잡한 우라늄은 원자 번호가 92 이다. 그 밖의 원소, 예

자연 상태에서 생갈 수 있는
92개의 원소들. 붉은 글씨로
원자 번호(양자의 수나 전자의
수와 같다)가 쓰여져 있고 중
성자의 수는 검은색으로 쓰여
있다. 원자의 중량은 핵 속에
있는 양자와 중성자를 합친 것
이다.

를 들면 하프늄 *hafnium*, 엘비움 *erbium*, 디프로시움 *dypr-osium*, 프라세오디미움 *praseodymium* 등은 그다지 낯익은 것은 아니다. 일상 생활에서 이런 원소와 만나는 경우는 드물다. 아뭏든 친숙한 원소일수록 그만큼 많이 존재한다. 예컨대 지구는 철을 대량으로 포함하고 있지만 이트리움 *yttrium* 은 거의 포함하고 있지 않다.

물론 이 법칙에도 예외는 있다. 예를 들면 금이나 우라늄 등인데 이런 원소는 친숙한 원소이기는 하지만 그 정도로 많이 존재하고 있지는 않다.

이 원소들은 제멋대로 정한 경제적인 협약, 미묘한 판단이나 또는 훌륭한 실용 가치 때문에 높이 평가되고 있다.

원자가 양자, 중성자, 전자라는 세 가지 입자로 되어 있다는 사실은 비교적 최근에 발견되었다. 중성자가 발견된 것은 1932년이었다.

현대의 물리학과 화학은 신변의 복잡한 세계를 놀라우리만큼 단순화시켰다. '세 개의 입자가 여러 가지로 결합하여 모든 것을 만들어 낸다'는 것을 물리학과 화학이 밝힌 것이다.

이미 말한 바와 같이 중성자는 그 이름이 말해 주듯 전기를 띠지 않고 있다. 양자는 플러스의 전기를 가지고 있고 전자는 그와 동량의 마이너스 전기를 가지고 있다. 원자가 일체가 되고 있는 것은 전자와 양자의 서로 다른 전기가 서로 끌어당기고 있기 때문이다. 원자는 각각 전기적으로 중성이기 때문에 핵 속에 있는 양자의 수와 전자의 구름 속에 있는 전자의 수는 정확히 같아야 한다.

원자의 화학적 성질은 전자의 수만으로 결정된다. 그리고 전자의 수는 핵 속 양자의 수와 같다. 그 양자의 수를 〈원자번호〉라고 부른다. 피타고라스가 좋아했듯이 화학은 단순한 숫자를 기초로 하고 있다.

만일 양자가 한 개라면 그 원자는 수소이고 2개면 헬륨, 3개면 리튬 *lithium*, 4개면 베릴륨 *beryllium*, 5개면 붕소, 6개면 탄소, 7개면 질소, 8개면 산소라는 식으로 92 개까지 나간다. 92개가 바로 우라늄이다.

같은 부호의 전기는 서로 강하게 반발한다. 그것은 자기와 같은 종류의 것을 서로 싫어하는 현상으로서 마치 이 세상이 은둔자와 인간 혐오자로 가득 차 있는 것과도 같다.

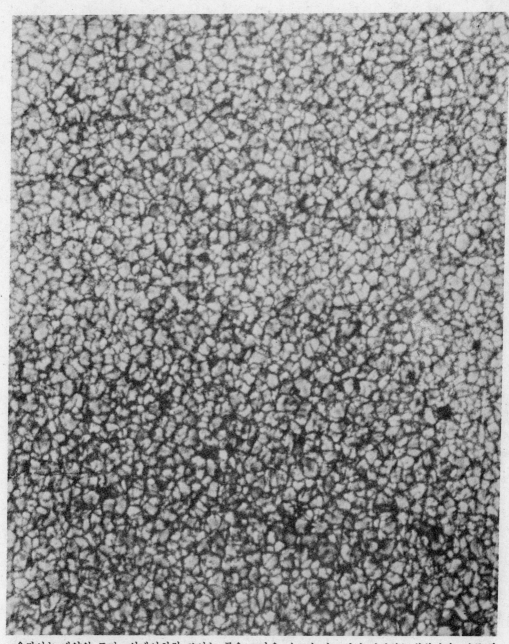

움직이는 태양의 표면. 알맹이처럼 보이는 곳은 뜨거운 가스가 나오거나 가라앉는 부분이다. 이들 하나하나의 깊이는 1천 *km*나 된다.

태양의 광구. 여기서 가시 광
선이 방출된다. 이 사진은 흑
점 운동이 있을 때 찍은 것인데
흑점 운동은 11. 2년만에 일어나
며 이 운동이 일어날 때는 1백
개 이상의 흑점이 보인다. 흑
점이 둘레보다 어두워 보이는
것은 온도가 섭씨 2천 도나 낮
기 때문이다.

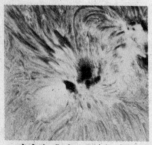

태양의 흑점. 흑점은 강력한
자장을 가지고 있는, 비교적 온
도가 낮은 지역이다.

전자는 전자를 밀어낸다. 양자는 양자를 배척한다. 그렇다
면 핵은 어떻게 일체가 될 수 있는가. 핵을 구성하는 여러 양
자는 어째서 당장에 흩어지지 않는가. 그것은 자연에는 또 하
나의 힘이 있기 때문이다. 그것은 인력도 아니고 전기의 힘
도 아니다. 거리가 가까울 때 작용하는 핵의 힘인 것이다. 그
것은 한 쌍의 결쇠 비슷한 것으로 양자와 중성자가 매우 접
근해 있을 때만 작용하여 양자끼리의 전기적인 반발력을 극
복한다.

중성자는 전기적인 반발력은 없고 끌어당기는 핵력이 있어
원자핵을 유지하기 위한 접착제 역할을 하고 있다. 이 은둔
자들은 고독을 추구하면서도 무뚝뚝한 패거리와 사슬로 묶여
있어 아무에게나 차별을 두지 않고 친절을 베풀고 있다.

2개의 양자와 2개의 중성자가 결합하면 헬륨의 원자핵이
된다. 그것은 안정된 핵이다. 헬륨의 원자핵이 3개 모이면
탄소의 원자핵이 되고, 4개 모이면 산소의 원자핵이 된다.
그리고 5개면 네온, 6개면 마그네슘, 7개면 규소, 8개면

유황……이 되는 식이다.

하나나 또는 그 이상의 양자를 추가하고 핵이 흩어지지 않을 정도의 충분한 수의 중성자를 보태 주면 언제나 새로운 화학 원소가 생긴다.

만일 수은에서 양자 1 개와 중성자 3 개를 제거하면 수은은 금으로 바뀐다. 옛날 연금술사들이 꿈꾸던 금이 되는 것이다.

우라늄보다 원자 번호가 큰 원소도 있지만 그것은 지구상에 자연적으로는 존재하지 않는다. *

그것은 인간이 만든 것으로 대부분은 급속하게 붕괴되고 만다. 그런 원소 가운데 원자 번호가 94인 것은 플로토늄이라고 한다. 이 원소는 독성(毒性)이 매우 강한데 그것은 불행하게도 붕괴하는 속도가 느리다.

핵융합으로 빛나는 태양

그러면 자연에 존재하는 원소는 어디에서 왔을까. 여러 가지 종류의 원자는 각각 만들어졌다고 생각할 수도 있다. 그러나 우주의 거의 모든 장소나 모든 것이, 다시 말하면 우주의 99 %는 수소와 헬륨으로 되어 있다. **

이 두 원소는 가장 단순한 원소와 두 번째로 단순한 원소이다.

헬륨은 이 지구상에서 발견되기 전에는 태양에만 존재하는 것으로 알려졌다. 그래서 그 이름을 그리스 신화에 나오는 태양의 신 헬리오스 *Helios*의 이름을 따서 헬륨이라고 지었던 것이다. 그러면 수소와 헬륨이 변화하여 다른 화학 원소가 생긴 것일까.

전기적인 반발력을 이겨내고 소립자가 한 덩어리가 되기 위해서는 원자핵 부분을 매우 가깝게 접근시켜 가까운 거리에서 핵력이 작용하도록 해야 한다. 이런 경우는 초고온(超高溫) 속에서만 생긴다. 온도가 매우 높을 때는 입자가 매우 빠른 속도로 움직이기 때문에 반발력이 작용할 틈이 없다. 이것은 온도가 수천만 도에 달할 때 생기는 현상이다.

자연계에서는 이러한 고온과 동시에 필요한 압력은 항성의 내부에만 존재하고 있다.

* 원자 번호 94의 플로토늄은 적게나마 자연에도 존재하고 있는 것이 최근 알려졌다— 역주

** 지구는 예외이다. 원시 시대에 있었던 수소는 지구의 약한 인력에 끌려 지구에도 많았지만 지금은 대부분이 우주로 빠져나가고 말았다. 목성은 인력이 강하기 때문에 초기의 수소도 대부분이 남아 있다—원주

우리들은 가장 가까이 있는 항성인 태양의 전파로부터 일반 가시 광선이나 X선에 이르기까지의 온갖 파장(波長)을 조사했다. 그러한 파장의 전자파는 모두 태양의 표면층에서만 나오는 것이다.

태양은 아낙사고라스가 생각했던 것처럼 빨갛게 단 뜨거운 돌덩이가 아니라 수소와 헬륨의 기체로 된 거대한 구(球)이며 고온 때문에 빛나고 있는 것이다. 그것은 마치 부지깽이가 빨갛게 달아 오르면 빛이 나기 시작하는 것과 마찬가지이다. 그런 점에서 아낙사고라스는 적어도 부분적으로는 옳았다.

심한 태양 폭풍이 일어나면 밝게 빛나는 태양면 폭발(太陽面爆發) flare을 볼 수 있고 지구상에서는 단파 통신이 두절된다. 그리고 태양의 자장 때문에 굽어버린, 고온 가스의 거대한 아치를 볼 수 있다. 이것을 홍염(紅焰) prominence이라고 하는데 지구보다도 훨씬 큰 불꽃이다. 흑점은 태양이 질 때 육안으로 보일 때가 있다. 그 흑점은 그 주변보다도 차가운 지역으로 자장은 강화되어 있다.

이와 같이 끊임없이 교란시키는 듯한 활동은 눈으로 보이는 비교적 냉각된 표면에서 생긴다. 태양의 표면 온도는 6천 도에 지나지 않지만 태양의 내부는 4천만 도 정도의 초고온이며 태양 광선은 그러한 내부에서 생긴다.

항성과 그 주변의 행성은 항성간 우주의 기체와 먼지의 구름이 인력으로 압착될 때 생긴다. 구름 내부의 분자가 충돌하여 그 충돌로 구름의 온도가 초고온으로 올라가면 수소가 핵융합을 일으켜 헬륨으로 바뀌어 간다. 수소의 원자핵 4개가 결합하여 헬륨의 원자핵 1개가 되고 이때 감마선의 광자(光子)를 낸다.

이 광자는 압착된 구름 내부로부터 표면을 향해 장대한 여행을 시작한다. 그 광자는 광자 위를 가로막는 물질에 흡수되거나 방출되어 에너지를 상실하면서 표면을 향해 나아가 1백만 년이 되면 가시 광선이 되어 표면에 달한 다음 우주 공간으로 뛰쳐 나간다. 이때 별이 되기 전의 구름의 인력으로 인한 수축은 멎는다. 별 바깥층의 중량은 내부에서 일어나고 있는 핵반응으로 발생하는 고온과 고압에 의해 뒷받침되고 있다.

태양은 이미 50억 년 동안 이와 같은 안정된 상태를 유지해 왔다. 폐쇄된 상태에서 수소 폭탄과 같은 핵융합 반응이 연속적으로 일어나 태양에게 에너지를 공급해 왔다. 태양에서는 매초 4억 톤의 수소가 헬륨으로 변하고 있다.

우리가 밤 하늘에서 보는 별은 핵융합 반응 덕분에 빛나고 있는 것이다.

백조좌의 데네브 *Deneb* 쪽에 초고온 기체(超高溫氣體)의 거대한 거품이 빛나고 있다. 이 거대한 거품의 중심부에서 아마 별의 죽음에 해당하는 〈초신성의 폭발〉이 일어난 것이리라. 그 주변에서는 초신성의 폭발로 인한 충격파 때문에 성간 물질이 압축되고 새 세대의 구름의 수축과 별의 형성이 시작되고 있다.

그런 의미로 보면 별에도 어버이가 있는 셈이다. 인간의 경우에도 아기를 낳을 때 어머니가 죽는 경우가 있듯이 별의

생명과 별. 망원경을 설치할 때 붉은 색만을 들어 오도록 하면 흑점은 검게 나타난다.

태양과 지구의 죽음 앞으로 수십억년 후 최후의 행복한 날이 있을 것이다(위). 그리고 수백만년이 흐르면 태양이 팽창하고 지구는 뜨거워져서 생물들이 죽고 해안선이 점점 드러 나게 된다(오른쪽페이지 위)

바다도 증발한다(왼쪽페이지 아래). 대기도 공중으로 날아가 버린다. 태양이 붉은
거성이 되면(아래) 지구는 생명도 공기도 없는 황폐한 행성이 된다. 마침내 태양은
하늘을 덮을 정도로 커지고 지구를 삼키게 된다.

인마 궁에 있는 트리피드 성운. 수천 광년 밖에 있는데 성운 속에 별이 감추어져 있기 때문에 가스가 빛난다. 여기에 보이는 별들은 성운과 관련이 있지만 성운 밖에 나와 있는 것들이다.

오리온 성운. 은하계에서 가장 큰 가스와 먼지 덩어리로서 이 성운에서 맨 먼저 별을 찾아낸 사람은 호이헨스이다.

* 육안으로는 6개의 별밖에 보이지 않지만 천체 망원경으로 보면 수백 개가 보인다. 주변에는 성간 물질의 구름이 있기 때문에 전체가 희미한 청백색으로 보인다—역주

어버이도 아기 별을 낳을 때 죽는 수가 있다.

태양과 같은 별은 오리온 성운처럼 복잡하게 압축된 구름 속에서 떼를 지어 탄생한다. 바깥에서 보면 그와 같은 구름은 어둡고 침침해 보인다. 그러나 내부는 새로 태어난 별빛으로 눈부시게 밝다.

이 아기 별들은 그 후 아기 방을 나와 은하계 속에서 자기의 운명을 개척해 나간다. 청년기의 별 주변에는 밝게 빛나는 성운의 찌꺼기가 마치 태반(胎盤)처럼 인력에 끌려 떨어지지 않고 있다.

플레이아데스 *Pleiades* 성단(星團)*이 가까운 실례이다. 인간의 가족과 마찬가지로 어른이 된 별은 집을 떠나 먼 여행길로 떠나서 형제끼리도 서로 돌보지 않는다.

은하계의 어딘가에는 태양의 형제나 자매에 해당하는 별이 아마 수십 개는 있을 것이다. 그 별들은 약 46억 년 전에 같은 구름에서 태어난 형제 자매들이다. 그러나 어느 별이 태양의 형제 자매인지는 모른다. 우리가 알고 있는 것은 그것들이 은하의 저편에 있을 것이라는 사실뿐이다.

뉴트리노의 비밀

태양의 중심부에서는 수소가 헬륨으로 바뀜에 따라 가시 광선의 광자가 발생하여 태양이 밝게 빛난다. 이러한 핵융합 반응은 가시광선의 광자 외에도 불가사의하고 유령과 같은 것을 방출하고 있다.

그것이 바로 뉴트리노 *neutrino*이다. 뉴트리노는 광자처럼 무게도 없이 빛과 같은 속도로 방출되는 것이다. 그러나 뉴트리노는 광자는 아니며 빛의 일종도 아니다. 뉴트리노는 양자, 전자, 중성자처럼 고유의 회전 운동량을 가지고 있다. 다시 말하면 자전하고 있다. 그러나 광자는 자전하지 않는다.

뉴트리노는 물질을 투과한다. 그래서 지구나 태양을 쉽게 관통한다. 극히 일부만이 앞을 가로막는 물질에 걸린다.

내가 태양을 1초 동안 쳐다보면 10억 개의 뉴트리노가 나의 시야를 뚫고 지나간다. 그것은 광자처럼 눈의 망막(網膜)에 와 닿아서 멎지 않는다. 그것은 무엇에도 지장을 받지 않고 나의 후두부(後頭部)를 뚫고 지나간다.

밤이 되면 태양은 지구의 저쪽에 있지만 만일 내가 태양이 있는 쪽의 지면을 들여다 보면 낮에 태양을 보았을 때와 똑같은 수의 뉴트리노가 지구를 뚫고 내 눈으로 들어와 통과해 나간다. 한 장의 깨끗한 유리가 가시 광선에 대해 투명한 것처럼 지구가 뉴트리노에 대해 투명해지는 것은 실로 기묘한 일이다.

만일 태양의 내부에 대한 우리의 지식이 자기가 생각하고 있는 만큼 완전하고 또 우리가 뉴트리노를 만들어 내는 핵 물리학을 이해하고 있다면, 우리는 안구(眼球)와 같은 특정 면적에 1 초라는 단위 시간에 쏟아지는 태양의 뉴트리노 수를 상당히 정확히 계산할 수가 있을 것이다.

이 계산의 결과를 실험으로 확인하는 것은 계산하는 것보다도 훨씬 어렵다. 뉴트리노는 지구를 관통해 지나가기 때문에 포착할 수가 없다. 그러나 엄청나게 많은 수의 뉴트리노 가운데는 극소수지만 물질과 반응하는 것이 있어 적당한 조건 밑에서는 검출해 낼 수가 있다.

매우 드문 경우지만 뉴트리노가 염소 *chlorine*의 원자를 양자와 중성자의 총수가 같은 아르곤으로 전환시키는 경우가 있다. 그러나 태양의 뉴트리노 방출을 검출하려면 염소가 엄청나게 필요하다.

따라서 미국의 물리학자들은 염소가 들어 있는 세탁용 표백액을 사우드 다코타 *South Dakota* 주 리드 *Lead*에 있는 홈스테이크 광산에 대량으로 주입하여 그 염소로부터 아르곤이 새로 만들어졌는지를 화학적으로 상세하게 조사했다. 아르곤이 많이 생겼다면 그만큼 뉴트리노가 많이 작용한 것이 된다.

이 실험으로 알게 된 것은, 태양은 계산으로 예측한 것보다 훨씬 적은 뉴트리노밖에 방출하고 있지 않다는 사실이다.

여기에 해결되지 않은 참된 수수께끼가 있다. 태양이 방출하는 뉴트리노가 적다는 것은 원자핵이 항성에서 합성된다는 우리들의 생각을 뒤엎는 것이 아닐까. 그러나 그것은 확실히 무엇인가 중대한 것을 의미하고 있다.

이것을 설명하기 위한 가설로는 '태양으로부터 지구까지 날아오는 사이에 뉴트리노는 산산조각이 되고 만다'는 것으로부터 '태양 속 원자의 불이 일시적으로 약해진 탓일 것이다. 현

황소좌에 있는 플레이아데스. 갈릴레오가 망원경으로 처음 발견했다.

로제트 성운 *Rosette Nebula* 은 한 개의 행성으로 되어 있는 것 같지만 자세히 보면 여러 개의 별이 뭉쳐 있다.

수병자리에 있는 행성 성운. 뜨거운 수소로 이루어져 있는데 중앙 별의 온도는 10만 도가 넘으므로 이 성운들은 1초에 50 *km*씩 확장한다.

별 진화의 후반기. 2개의 별이 접촉할 때 밝은 별의 대기가 적색 거성(왼쪽)에서 펼서 중성자 별의 원반으로 옮아간다.

재의 태양 빛은 부분적으로는 인력으로 인한 완만한 수축으로 생기기 때문이다'라는 설에 이르기까지 여러 가지 설이 있다.

그런데 뉴트리노 천문학은 아직 초창기의 단계에 있다. 태양 속의 이글이글 타는 심장부를 직접 볼 수 있는 도구가 제작된 것을 보고 우리는 놀라움을 금치 못하고 있는 단계에 있다. 뉴트리노 망원경의 감도가 개선되면 우리는 가까운 별의 중심부에서 일어나고 있는 핵융합 반응을 조사할 수도 있게 될 것이다.

태양계의 죽음. 태양이 초신성이 되면 행성의 대기가 없어지고 세상은 다 증발한다. 이때 떠돌아 다니던 초단파는 별 사이의 가스와 먼지를 압축시켜 새로운 행성계를 만든다.

지구를 삼키는 태양

그러나 수소의 핵융합 반응은 영원히 계속될 수는 없다. 태양이나 다른 항성도 그 뜨거운 내부에는 일정량의 수소 연료밖에 없다. 별의 운명이라든지 수명 같은 것도 그 별의 최초의 질량에 달려 있다.

별이 우주 공간에 빼앗기는 물질이 얼마가 되는지 간에 그 물질을 빼앗겨도 별의 질량이 태양의 2,3 배가 된다면 그 별의 종말은 태양과는 아주 다른 것이 될 것이다.

그런데 태양의 운명도 괄목할 만하다. 태양의 중심부에 있는 수소는 앞으로 50억 년이나 60억 년이 지나면 모두 핵융합 반응을 일으켜 헬륨이 되고 말 것이다. 그렇게 되면 수소의 핵융합 반응이 일어나는 영역이 천천히 바깥쪽으로 옮겨져서 핵융합 반응의 껍질은 불어날 것이다. 그리고 그 껍질이 1천만 도보다 낮은 온도에 달하면 그때는 수소의 핵융합 반응이 중지되고 말 것이다.

한편 헬륨이 풍부한 중심부는 태양 자신의 인력 때문에 새로 수축하기 시작하고 그래서 내부의 온도와 압력은 올라가게 된다. 헬륨의 원자핵은 서로 달라붙을 정도로 더욱 응집하여 단거리에서 작용하는 핵력의 갈고리가 상호간의 전기적인 반발력을 극복할 수 있게 된다. 태양은 이전의 핵융합 반응의 재가 연료가 되어 제 2 라운드의 핵융합 반응을 시작하게 된다.*

이 반응은 탄소나 산소의 원소를 발생시키고 그러면 태양은 다시 에너지를 얻어 일정 기간 계속 빛나게 된다. 태양은 자기의 잿더미 속에서 다시 일어나 한동안 다시 사는 불사조(不死鳥)가 될 것이다.

태양의 중심부에서 멀리 떨어진, 껍질이 엷은 부분에서는 아직도 수소의 핵융합이 일어나는 반면 중심부에서는 고온 헬륨의 핵융합이 일어나 이 두 가지 영향은 서로 작용하여 태양은 큰 변화를 일으킨다. 태양은 크게 팽창하고 표면층은 냉각하여 거대한 붉은 별이 된다. 내부로부터 표면에 걸친 인력이 약해지기 때문에 태양의 대기는 마치 항성간 우주의 폭풍처럼 우주로 번진다.

태양은 크게 불어난 적색 거성(巨星)이 되어 수성이나 금성은 물론 아마도 지구까지도 포위하여 먹어삼킬 것이다. 태양계의 내역(內域)은 태양 그 자체 속에 들어가게 된다.

지구상에는 앞으로 수십억 년이 지나면 평온한 나날이 끝나고 이변이 시작된다. 태양은 차츰 붉어지면서 팽창하기 시작하고 지구상의 남극이나 북극도 찌는 듯이 더워진다. 그리하여 남극이나 북극의 얼음이 녹아 세계 각지의 해안은 바닷물로 뒤덮이게 된다. 바닷물의 온도도 올라가서 수증기가 많이 발생한다.

그래서 구름이 많이 생겨 태양 광선을 가로막는다. 그 덕분에 지구의 최후는 잠시 동안이나마 연기된다.

그러나 태양의 변화는 무자비하게 계속된다. 태양은 마침내

* 태양보다도 더 큰 항성의 경우는 종말기에도 중심부의 온도와 압력이 높아 자기의 잿더미 속에서 두세 번 되살아날 수 있다. 그때는 탄소와 산소를 연료로 써서 더 무거운 원소를 만들어 낸다 —원주

끓어 오르기 시작하고 대기도 우주 공간으로 증발한다. 그리하여 상상할 수조차 없는 대파국이 지구에 찾아오게 된다.*

그때가 되면 인간도 지금과는 아주 다른 생물로 진화해 있을 것이다. 그것은 거의 확실하다. 우리들의 자손은 별의 진화를 조정할 수 있거나 완화시킬 수 있게 될지도 모른다.

그들은 아마 지구를 떠나 화성이나 에우로파, 타이탄으로 떠날는지도 모른다. 그리하여 마침내 고다드 *Robert Goddart* 가 상상했듯이 아직 젊고 장래성이 있는 항성 주변의 무인 행성을 찾아 낼지도 모른다.

태양이 자기의 재를 연료로 사용하는 것은 일정 기간뿐이다. 결국에 가서는 태양 내부가 모두 탄소와 산소로 변해 핵반응은 더 이상 일으킬 수 없으리만큼 온도와 압력이 올라갈 때가 오게 된다.

태양 중심부의 헬륨이 거의 모두 사용되고 난 후면 태양 내부는 천천히 수축한다. 그 때문에 온도는 다시 올라가서 마지막 라운드의 핵반응을 일으키고 태양의 대기는 다소 팽창한다.

죽음의 고통으로 인해 태양은 맥박도 느려진다. 수천 년을 주기로 해서 팽창과 수축을 되풀이하다가 최후에는 구상(球狀)의 기체 껍질들을 우주 공간으로 내뿜는다.

온도가 높은 중심부는 노출되어 자외선을 방출한다. 그 자외선이 기체의 껍질에 와 닿으면 기체의 껍질은 붉거나 푸른 아름다운 형광을 내뿜는다. 그 빛은 명왕성의 궤도 밖에까지 환히 비칠 것이다.

태양 질량의 절반은 아마도 이렇게하여 상실될 것이다. 태양계는 태양의 유령과도 같은 이상한 빛으로 뒤덮인다.

은하계의 구석에 있는 우리가 주위를 둘러보면 기체의 껍질이 반짝이는 별, 즉 행성상 성운(行星狀星雲) *planetary nebula*을 보게 된다(이것은 행성과는 아무런 관계도 없다. 그러나 별로 좋지 않은 천체 망원경으로 보면 청록색의 천왕성이나 해왕성과 똑같이 보인다).

행성상 성운은 둥근 테처럼 보이는데 이것은 비누방울을 볼 때처럼 우리가 그 성운의 중심보다는 주변을 더 잘 볼 수 있기 때문이다.

행성상 성운은 모두 죽어 가고 있는 별의 모습이다. 그 중심

* 아즈데카 족은 '지구가 자처 빠지고 지구의 종자가 마를' 때를 예언하고 있다. 그때에는 태양도 떨어지고 별도 떨어진다고 그들은 믿고 있다 ─원주

에 있는 별의 주변에는 이미 죽은 세계가 있을지도 모른다. 그 세계는 한때 생물이 넘쳐 흘렀던 행성이었지만 지금은 대기나 바다도 없고 오로지 유령처럼 차디찬 빛에 둘러싸여 있을 뿐이다.

태양의 중심부는 노출되어 처음에는 행성상 성운으로 둘러싸인다. 그것은 뜨거운 작은 별이 되어 우주 공간에 열을 내뿜으면서 식어 간다. 그리고 그 작은 별은 더욱 수축하여 지구상에서는 들어본 적도 없는 밀도가 된다. 찻 숟갈 한 개의 분량이 1톤 이상이나 나가는 고밀도 물질이 되는 것이다.

그 다음에 다시 수십억 년이 지나면 태양은 퇴화한 백색 왜성(白色倭星) white dwarf이 된다. 그것은 행성상 성운의 중심에서 볼 수 있는 빛의 점과 마찬가지로, 냉각하여 표면의 높은 온도는 차츰 내려가서 사멸한 작고 검은 별이 된다.

큰 별은 초신성으로

질량이 거의 같은 두 개의 별은 거의 똑같은 진화의 과정을 밟는다. 그러나 큰 별은 핵 연료를 빨리 소모하기 때문에 빨리 적색 거성이 되고 훨씬 빠른 속도로 최종적인 백색 왜성이 된다.

따라서 연성의 대부분은 한쪽이 적색 거성이고 다른 한쪽은 백색 왜성으로 짝을 이루게 된다. 현실적인 연성도 대체로 그렇게 되어 있다.

이와 같이 짝을 이룬 연성이 지나치게 접근하면 서로 접촉하여 팽창한 적색 거성의 빛나는 대기가 수축한 백색 왜성으로 흘러 들어간다. 그것은 백색 왜성 표면의 일부분으로 집중하여 흘러 들어가는 것이다. 그 대기의 수소는 백색 왜성의 강한 인력 때문에 압축되어 압력과 온도가 계속 올라간다. 그리고 마침내는 적색 거성에서 들어간 대기가 핵융합 반응을 일으키게 된다. 이때 백색 왜성은 잠시 동안 밝게 빛난다.

이와 같은 연성을 〈신성 nova〉이라고 하지만 이것은 초신성과는 기원이 전혀 다르다. 신성은 연성에서 생겨나고 그 에너지는 수소의 핵융합으로 만들어지는 반면 초신성은 독립된 별에서 생겨나고 그 에너지는 규소의 핵융합으로 생겨난다.

별의 내부에서 만들어진 원자는 우주 공간으로 방출되어 일반적인 성간 가스가 된다. 적색 거성의 바깥 쪽에 있는 대기도 우주 공간으로 방출된다. 행성상 성운은 태양과 비슷한 별이 자체의 표면을 불어 날리면서 별로서의 최종 단계로 접근하고 있는 모습이다.

초신성은 자체의 물질을 격렬하게 우주 공간으로 분출시킨다. 방출되는 원자는 별의 내부에서 핵융합 반응으로 쉽게 만들어지는 것뿐이다. 수소는 헬륨이 되고, 헬륨이 탄소가 되고, 탄소가 산소가 되는 식이다. 거대한 별 속에서는 헬륨의 원자핵이 다시 추가되어 네온, 마그네슘, 규소, 유황 등이 된다.

첫째 단계의 핵융합에서 두 개의 양자와 두 개의 중성자가 추가되어 몇 단계를 거치면 철이 된다.

또 규소의 직접적인 핵융합으로도 철이 생긴다. 규소의 원자핵은 양자와 중성자를 합쳐 28 개의 입자로 되어 있는데 그것이 수십억 도의 고온 아래서 두 개씩 융합하면 철 원자가 된다. 그것은 양자와 중성자를 합쳐 56 개의 입자를 가졌다.

이것들은 모두 낯익은 화학 원소로 우리들은 그 이름을 알고 있다. 이와 같은 별의 핵반응으로는 엘비움, 하프늄, 디프로시움, 프라세오디미움, 이트리움 등은 쉽게 생성되지는 않는다. 그와 같은 별의 핵반응으로 생기는 것은 우리들이 일상 생활에서 알고 있는 원소들이다. 그것들은 성간 가스가 되고 구름이 되어 다음 세대의 항성이나 행성의 재료가 된다.

지구를 구성하고 있는 원소는 수소와 얼마간의 헬륨을 제외하고 모두 수십억 년 전에 별의 연금술로 조리된 것들이다. 그 연금술사의 몇몇 별은 지금 은하계 저편에서 눈에 띄지 않는 백색 왜성이 되어 있을 것이다.

우리들의 DNA 속에 있는 질소, 이빨에 있는 칼슘, 혈액 속에 있는 철분과 우리들의 애플 파이 속에 있는 탄소도 모두 수축하는 별의 내부에서 만들어진 것이다. 우리들의 몸도 별의 물질로 되어 있다. 희귀하게 존재하는 몇몇 원소는 초신성의 폭발로 생성되었다. 지구상에는 금이나 우라늄이 비교적 풍부하게 있는데 그것은 태양계가 생기기 직전에 그 부근에서 수많은 초신성이 폭발했기 때문이다.

　다른 행성계의 경우에는 그와 같은 희귀한 원소의 존재량이 지구와는 다소 다를 것이다. 니오비움 *niobiun*의 펜던트와 프로트악티늄 *protactinium*의 팔찌를 자랑스럽게 달고 다니는 지구 사람들이 있는 반면, 금이란 기껏 실험실의 희귀한 연구 자료에 지나지 않는 그런 행성도 어딘가 있을 것이다. 만일 이 지구상에 금이나 우라늄이 프라세오디미움처럼 미량밖에 없고 귀한 것이 아니라면 우리들의 살림은 지금보다 더 좋아졌을까 ?

　생명의 기원이나 진화는 별의 기원이나 진화와 지극히 밀접한 관계가 있다. 첫째는 우리들의 몸을 만들고 있는 물질, 생명을 가능케 한 원자는 먼 옛날에 지극히 먼 곳에 있는 적색 거성 속에서 만들어진 것이다. 우주에 있는 화학 원소의 존재 비율과 항성 속에서 만들어지는 원자의 양적 비율은 거의 일치한다. 따라서 적색 거성과 초신성이 물질을 만들어 내는 오븐이며 도가니라는 데는 거의 의문의 여지가 없다.

　태양은 제2 세대나 또는 제3 세대의 별이다. 태양 속에 있는 물질이나 우리들의 주변에 있는 물질은 모두 별의 연금술의 1 회나 2 회전의 사이클에서 만들어진 것이다.

　둘째는 몇 종류의 무거운 원소가 지구상에 있다는 것은 태양계가 형성되기 직전에 가까운 데서 초신성이 폭발했다는 것을 말해 준다. 그러나 이것은 단순한 우연의 일치로는 보이지 않는다. 초신성의 폭발로 인한 충격파가 항성간 우주의 기체와 먼지를 압축하고 그것이 계기가 돼 응축이 시작되어 태양계가 된 것으로 보인다.

　세째는 태양이 빛나기 시작했을 때 자외선이 지구의 대기로 쏟아져 내려왔다. 대기의 온도가 올라가 천둥이 일어나고 번개가 에너지원이 되어 복잡한 유기물이 생겨나고 그것이 생명의 기원으로 이어졌다.

　네째는 지구상의 생물은 거의 모두가 태양 광선만을 의지하여 살아 오고 있다. 식물은 태양에서 나오는 광자를 모아 태양 에너지를 화학 에너지로 바꾸고 있다. 동물은 식물에 기생하고 있다. 농업이란 식물을 중계자로 하여 태양 광선을 일정한 방법으로 수확하는 것이다. 우리들은 모두 태양을 에너지원으로 삼고 있다.

　끝으로 돌연변이라고 하는 유전적인 변화가 진화의 재료가 되고 있는데 그 돌연변이의 일부는 우주선 *cosmic rays*에서 유발된다. 우주선이란 초신성이 폭발할 때 빛과 거의 같은 속도로 방출된 고에너지 입자의 흐름인데 그것이 생물에 부딪치면 돌연변이를 일으키는 경우가 있다. 자연은 그 돌연변이를 일으킨 생물 가운데서 새로운 형태의 생물을 골라 낸다. 지구상 생물의 진화 가운데 일부는 멀리 떨어져 있는 거대한 태양들의 찬란한 죽음에 의해 추진되고 있다.

초신성의 대폭발

지금 가이거 계수기 *Geiger counter*와 한 조각의 우라늄 광석을 가지고 땅 속으로 깊이 들어간다고 상상해 보자. 금광도 좋고 용암이 지하에 뚫은 구멍 속도 좋다.

예민한 계수기는 감마선이나 양자, 헬륨, 원자핵 등 고에너지 하전 입자(荷電粒子)에 쏘여지면 소리를 낸다. 가이거 계수기를 우라늄 광석에 가까이 대면 1분간에 내는 소리가 극적으로 많아진다. 즉 계수율이 갑자기 높아지는 것이다. 그것은 우라늄의 원자핵이 자연히 붕괴하여 헬륨의 원자핵을 방출하기 때문이다.

그런데 우라늄 광석을 무거운 납 그릇에 넣으면 계수율이 상당히 줄어든다. 그것은 납이 우라늄의 방사선을 흡수하기 때문이다. 그렇다고는 하더라도 다소의 소리는 들을 수가 있다. 소리의 일부는 동굴 속의 벽에 포함되어 있는 자연의 방사선 물질에 의한 것이다. 그러나 그러한 방사선 물질만으로는 설명할 수 없을 정도의 소리가 남아 있다. 그 일부는 동굴의 천정을 뚫고 내려오는 고에너지 하전 입자에 의한 것으로 우리들은 먼 옛날에 우주의 깊숙한 곳에서 만들어진 우주선의 소리를 듣고 있는 것이다.

주로 전자와 양자로 되어 있는 우주선은 이 지구상에 생명이 탄생한 이래로 계속 지구에 쏟아지고 있다. 수천 광년의 저편에 있는 별이 파괴되어 생긴 우주선이 은하계 속을 수백만 년 동안이나 소용돌이처럼 돌다가 그 가운데 일부가 의연히 지구와 우리들의 유전물질에 와 닿는 것이다.

유전자 부호(符號)의 발달이나 캠브리어 기생물의 폭발적

11세기경의 아나사지 속이 그린 듯한 이 그림은 1054년의 초신성 폭발을 달의 위치와 함께 그렸다.

인 발전, 우리들의 조상이 두 다리로 걷게된 것 등은 우주선
의 영향에 의한 것이리라.

1054년 7월 4일, 중국의 천문학자들은 타우루스 *Taurus* 성
좌에서 새 별을 발견하고 〈객성 (客星)〉이라고 불렀다. 그것은
그 이전에는 관측되지 않았던 별인데 하늘에서도 가장 밝은
별이 되었다.

황소자리의 게 성운.

지구를 반 바퀴 돈 미국의 남서부에는 그 무렵 문화가 상
당히 높은 사람들이 살고 있었다. 천문학의 풍부한 전통이 있
는 그들도 이 밝은 새별을 보았다.*

이 사람들이 태워버린 숯덩어리를 탄소 14에 의한 연대 측
정법으로 조사해본 결과 그들은 11세기 중엽의 인간들임이 밝
혀졌다. 뉴 멕시코 주의 암벽 밑에 살고 있던 그들은 현재의
호피 *Hopi*의 조상에 해당되는 아나사지 족이었다.

그 종족 중의 한 사람이 비바람이 들이치지 않는 암벽의 천
정에 새 별의 그림을 그린 것으로 보인다. 그 그림에 그린 초
생달과 새 별의 위치 관계는 현실적인 위치 관계와 완전히
일치하고 있었다.

그 그림에는 손도장이 찍혀 있었는데 그것은 아마 화가가
서명을 한 것이리라.

이 놀라운 별은 5천 광년쯤 떨어진 곳에 있는데 현재는
〈게 초신성 *Crab Supernova*〉이라든가 또는 〈게 성운〉이라
고 불리고 있다. 그것은 그 후 몇 세기가 지난 뒤 천문학
자들이 이 폭발의 잔해를 천체 망원경으로 볼 수 있었을 때
그 별의 형태가 게를 연상시켰기 때문에 붙여진 이름이다. 이
〈게 성운〉은 거대한 별이 자체 폭발한 뒤에 남겨진 잔해이다.

지구상의 사람들은 석달 동안이나 이 대폭발을 육안으로 볼
수가 있었다. 그것은 대낮에도 뚜렷이 볼 수가 있었고 밤에
는 이 별빛으로 책을 읽을 수도 있었다.

초신성은 한 은하 속에서 평균 1백 년에 한 번 꼴로 나타난
다. 대표적인 은하의 수명은 대략 1백억 년인데 그 1백억 년
동안에 약 1억 개의 별이 폭발하는 셈이 된다. 그것은 엄청
난 숫자지만 그래도 그처럼 폭발하는 것은 1천 개의 별 가운
데 한 개에 지나지 않는다.

은하계에서는 1054년에 초신성이 관측된 다음 1572년에도
초신성이 관측되었다. 이것은 티코에 의해 기록되고 있으며

* 회교도의 관측자도 이 새 별
을 알고 있었다. 그러나 유
럽의 연대기에는 이 별에 관
한 글이 보이지 않는다—원주

1604년에도 초신성이 나타났는데 이것은 케플러가 기록하고 있다.*

유감스럽게도 천체 망원경이 발명된 후에는 우리의 은하계에서 초신성이 한 번도 나타나지 않고 있다.

그러나 다른 은하계에서는 지금도 이따금 관측되고 있다. 여기서 내가 적어두고 싶은 초신성의 후보는 적지 않다. 그 가운데서 1900년 대 초기의 천문학자들이 들으면 깜짝 놀랄 것으로 보이는 것은 헬판드 *David Helfand*와 롱 *Knox Long*이 1979년 12월 6일자 영국의 과학 잡지《네이쳐 *Nature*》에 쓴 논문이다. 그들은 다음과 같이 기술하고 있다.

1979년 3월 5일 방사선의 폭발적인 증가를 검출하는 계기를 실은 아홉 개의 행성간 우주 탐색선이 딱딱한 X선과 감마선의 맹렬한 폭발적 증가를 기록했다. 탐색선의 비행 시간으로 위치를 추정해 본 결과 대(大)마젤란 운(雲) *Large Magellanic Cloud* 속의 초신성 잔해인 N—49의 위치와 일치했다.

(대 마젤란 운은 이 성운을 처음 본 사람이 북반구에 사는 마젤란이었기 때문에 그렇게 불리고 있다. 그것은 은하계를 둘러싸고 있는 작은 은하로서 지구로부터 18만 광년의 거리에 있다. 그 이름에서도 예상되는 바와 같이 소(小) 마젤란 운이라는 것도 있다).

그런데 소련의 레닌그라드에 있는 욧페 연구소의 마젯츠 *E P Mazets* 등은《네이쳐》지의 같은 호 지상에 다른 주장을 폈다. 소련의 우주 탐색선 금성 11호와 12호는 금성에 연착륙하기 위해 발사되었는데, 그 두 우주선에 실은 감마선 검출기가 동일한 것을 관측하고 있었다. 마젯츠 등은 그 관측 자료를 분석해 본 결과 '이것은 수백 광년밖에 떨어져 있지 않는 펄서**의 폭발에 의한 것이다'라고 주장했다.

헬판드와 롱은 "초신성의 잔해와 위치가 일치하고 있다"고 말했을 뿐 폭발적인 감마선이 그곳에서 나오고 있다는 말은 하지 않았다. 그들 역시 그 방사선의 발생원이 태양계 속에 있을 수 있다는 놀라운 가능성을 포함하여 여러 가지 경우를 상상한 폭넓은 생각을 하고 있었던 것이다. 그것은 다른 세계의 항성간 우주선이 자기들의 세계로 되돌아갈 때 배출한 배기 가스일지도 모른다. 그러나 N—49의 위치에 있는 별

* 케플러는 1606년에《새 별에 대하여》라는 책을 출판했다. 그는 이 책에서 '초신성은 하늘에 있는 원자가 결합한 결과 생기는 현상이 아닐까' 하고 말하고 있다. 그리고 그는 이 설이 "나 자신의 의견이 아니라 내 처의 의견이다. 어제 내가 글을 쓰다가 지쳐 있을 때 저녁 식사를 들라는 아내의 부름을 받았다. 내가 부탁한 샐러드가 식탁 위에 놓여 있었다. 나는 '만일 접시가 없다면 이 샐러드는 저 별과 흡사하다. 레터스의 잎, 소금, 물, 식초, 기름 방울, 엷게 저민 달걀 등이 모두 공중을 영원히 날아다니고 있었다면 샐러드가 된 것은 우연한 일일 것'이라고 말했다. 그랬더니 나의 귀여운 아내가 '그렇겠죠. 그러나 제가 만든 샐러드처럼 맛이 있지는 않겠죠'라고 말했다"—원주

** 0.03초에서 4초 정도 간격으로 규칙적으로 전파를 발사하는 천체. 이 천체는 자장이 있는 중성자성일 것으로 보이고 있다—역주

이 불타는 것이라고 생각한 것부터가 가장 단순한 가설이었다.
이상과 같은 사실로 비춰볼 때 초신성과 같은 것이 거기에
있었던 것만은 확실할 것이다.

우주의 등대 펄서

대 마젤란 운. 모든 은하에서
와 마찬가지로 이 구름 속에서
도 초신성 폭발이 일어나고 있
다.

태양이 적색 거성이 될 때 태양계 안에 있는 행성들의 운
명은 참으로 가공할 만하다. 그러나 그 행성들은 적어도 초
신성의 폭발로 용해되거나 타 버리는 경우는 없다. 그런 경우
를 당하는 것은 태양보다도 큰 항성 주위에 있는 행성들이다.
태양보다도 더 큰 항성은 온도나 압력이 태양보다도 높기
때문에 저장해 두고 있는 핵 연료를 빨리 소비해 버리고 만다.
그러므로 그러한 항성의 수명은 짧다. 태양보다 몇 십 배나
더 큰 항성은 불과 수백만 년 동안에 수소를 헬륨으로 바꿔
놓고 곧 더욱 진귀한 핵반응으로 옮겨간다.
따라서 그처럼 거대한 항성 주변에 있는 행성에서는 생물
들이 충분히 진화할 시간적인 여유가 없다. 그렇기 때문에 자
기들의 항성이 언젠가는 초신성이 될 것이라는 것을 그들은
알 수가 없다. 만일 초신성에 관해 이해할 수 있으리만큼 오
래 사는 생물이 있다면 그 생물들의 항성은 아마도 초신성은
되지 않을 것이다.
초신성이 폭발을 일으키는 데 있어서 없어서는 안될 조건
은 규소의 핵융합으로 철의 거대한 핵이 생기는 것이다. 항
성의 내부에 있는 자유스러운 전자는 굉장한 압력 아래서 철
원자핵의 양자와 억지로 결합되고 양이 같은 반대의 전기는
서로 소멸시키는 작용을 하게 된다. 전자와 철의 원자핵은 전
보다 훨씬 좁은 용적 속으로 들어가지 않을 수 없게 되어 마
친 한 개의 거대한 원자핵처럼 된다.
그리하여 항성의 핵은 격렬하게 폭발한다. 바깥 부분은 날아
가고 초신성이 폭발하는 것이다. 초신성은 그것이 속하고 있
는 은하의 모든 별을 합친 것보다도 더 밝게 빛날 때도 있다.
오리온좌에 있는 청백색의 초거성들은 최근 생성된 것인데
수백 년 후에는 초신성이 되고 사냥군 별자리인 〈우주 불꽃〉이
된다. 초거성들은 이 운명을 벗어날 수가 없다.

중력을 조절하는 기계. 지구
의 중력을 1로 잡는다.

초신성이 무섭게 폭발하면 그 별이 가지고 있는 거의 모든
물질이 우주 공간으로 방출된다. 불과 얼마 남지 않은 수소와
헬륨 그리고 방대한 양의 탄소, 규소, 철, 우라늄 등의 원자
가 날아가는 것이다.

뒤에 남는 것은 뜨거운 중성자의 덩어리이다. 그것은 중성
자가 핵력에 의해 서로 결합된 것으로 원자량이 10^{56}이라는
거대한 원자핵이다. 그것은 직경이 30 km 정도의 태양인데 작
게 수축되고 밀도가 높은, 쇠퇴한 이 별의 파편은 어지러울
정도의 속도로 자전하고 있다. 이것을 중성자성 neutron star
이라고 부르고 있다.

거대한 적색 거성의 핵도 수축하면 이와 같은 중성자성이 된
다. 그 자전 속도는 훨씬 더 빠르다.

게 성운의 중심에 있는 중성자성은 거대한 원자핵이다. 그
것은 뉴욕 시의 맨하탄 구(區)의 크기로 1 초간에 30 회 꼴로
자전하고 있다. 그것은 또 수축할 때 강화된 강력한 자장을
가지고 있다. 목성의 훨씬 작은 자장이 하전 입자를 포착하듯
이 이 중성자성의 강력한 자장도 하전 입자를 포착하고 있다.

회전하는 자장에 걸려 든 전자는 지향성이 있는 전파나 가
시 광선을 발하고 있다. 만일 지구가 이 우주 등대의 빛 속에
들어가면 자전할 때마다 섬광이 빛나는 것을 관측할 수 있다.
그래서 이것을 〈펄서(脈動星) pulsar〉라고도 한다. 전파나 빛
이 마치 맥 pulse이 뛰듯이 관측되기 때문이다. 펄서는 마치
우주의 메트로놈 metronome 처럼 깜박이며 점멸(點滅)하고
있다. 이것은 지상에서 가장 정확한 시계보다도 훨씬 정확하
게 시간을 가리키고 있다.

예컨대 'PSR 0329+54'와 같은 몇 펄서 전파의 맥동(脈
動)을 장기간 측정해 본 결과 이와 같은 별의 주위에는 한 개
나 또는 그 이상의 작은 행성이 있는 것이 아닌가 하는 생각
을 갖게 되었다. 행성은 항성이 진화하여 펄서가 될 때까지
살아 남았거나 또는 그 후 펄서의 인력에 끌렸을 것임을 쉽게
짐작할 수 있다.

나는 이런 행성에서 본 하늘의 모습은 어떨까 하고 생각해
본 적도 있다.

앞에서 언급한 바와 같이 태양과 같은 별은 적색 거성이 되
었다가 이어 백색 왜성이 된 다음 그 생애를 끝마친다. 한편

질량이 태양의 두 배나 되며 수축하고 있는 별은 초신성이 된 다음 중성자성이 된다.

그런데 초신성의 단계를 거친 후일지라도 질량이 태양의 5 배나 되는 더 큰 항성의 운명은 더욱 놀랍다. 그것은 그 엄청난 인력 때문에 블랙홀이 된다.

공포의 블랙홀

여기 마법과 같은 인력 기계 *gravity machine*가 있다고 가정해 보자. 그것은 다이얼을 돌리기만 하면 지구의 인력이 강해지기도 하고 약해지기도 하는 그런 기계이다. 이 기계의 다이얼이 처음에 1 g에 맞추어져 있으면 모든 것이 우리가 기대하는 바 대로 움직인다. 지구상의 동식물은 1 g* 하에서 진화되어 왔고 건물의 구조도 1 g 하에서 설계되어 있다.

만일 인력이 1 g보다 훨씬 작으면 기다랗고 가는 물체가 자체의 무게를 이기지 못해 넘어지는 경우는 없었을 것이다.

만일 인력이 1 g보다 훨씬 크다면 동식물이나 건물 등은 눌려서 무너지지 않도록 키가 훨씬 낮고 단단해졌을 것이다.

그러나 인력이 상당히 강하더라도 빛은 평상시와 마찬가지로 일직선으로 나아갈 것이다.

여기서 지구의 대표적인 경우를 살펴보자. 우리들이 인력을 줄이면 물체는 가벼워진다. 인력이 0 g에 접근하면 살짝 건드리기만 해도 사람은 중심을 잃고 공중에 떠 빙빙 돌게 된다. 엎질러진 차(茶)나 그 밖의 액체도 물방울이 되어 공중에 떠서 진동한다. 물의 표면 장력이 인력보다도 커져 여기 저기에 차의 물방울이 생길 것이다.

기계의 다이얼을 다시 1 g으로 돌려 놓으면 차가 비처럼 쏟아질 것이다. 인력을 1 g에서 3 g이나 4 g으로 늘리면 한 걸음 움직이는 데도 대단한 노력이 들기 때문에 아무도 움직이지 못할 것이다.

인력 기계의 다이얼을 더 큰 숫자 쪽으로 돌리면 친구들을 그 인력이 작용하는 장소 바깥으로 내보내는 것이 친절한 행위가 될 것이다.

* 1 g이란 지구상의 낙하 물체에 걸리는 가속도이다. 그것은 1 초마다 거의 초속 10 m씩 빨라지는 가속도이다. 돌이 떨어질 때 낙하한지 1 초가 지나면 초속 약 10 m의 속도가 되고 2 초가 지나면 초속 20 m의 속도가 된다. 돌이 지면에 낙하하든지 공기와의 마찰로 감속될 때까지 이러한 가속이 계속된다.

인력이 큰 세계에서는 낙하 물체가 그만큼 더 가속된다. 예를 들면 10 g의 가속도가 생기는 세계에서 떨어지는 돌은 처음 1 초 동안에 매초 10×10 m 즉 초속 1백 m의 속도가 되고 그 다음 1 초간에는 초속 2백 m까지 가속된다. 그와 같은 세계에서는 다리가 무엇에 걸려 넘어지기만 해도 생명이 위태롭게 될 것이다.

인력에 의한 가속도는 흔히 소문자 g로 표기된다. 이것은 뉴톤의 인력의 정수 G와 구별하기 위해서이다. 이 G는 우주 공간 어떤 곳에서나 인력의 강도를 표시할 때 사용된다(두 물체에 관한 뉴톤의 인력의 공식은 $F=mg=GMm/r^2$이다. 따라서 $g=GM/r^2$이 된다. F는 인력의 크기, M은 행성 또는 항성의 질량, m은 낙하 물체의 질량, r은 낙하 물체로부터 행성이나 항성의 중심까지의 거리이다)—원주

등불의 불빛은 인력이 몇 g이 되더라도 $0g$의 경우와 마찬가지로 완전한 직선을 따라 나아간다. 그것은 1천 g이 될 때도 마찬가지이다. 그러나 그렇게 되면 나무는 이미 짓눌려서 형체도 찾아볼 수 없게 될 것이고 인력이 10만 g이 되면 바위도 자체의 무게를 못이겨 가루가 되고 만다. 그리하여 마침내는 모든 생물이 사멸하게 될 것이다. 하늘의 특별한 도움으로 살아 남는 것은 체샤이어 고양이 *Cheshire cat** 뿐이다. 인력이 10억 g에 접근하면 더욱 이상한 현상이 생긴다. 그전까지만 해도 직진하던 빛이 휘기 시작한다. 굉장한 인력 하에서는 빛도 영향을 받게 되는 것이다.

인력을 너욱 강하게 하면 빛은 우리들의 발 밑으로 되돌아 올 것이다. 그렇게 되면 체샤이어 고양이도 자취를 감추고 그 인력의 웃음 소리만 남게 될 것이다. 인력이 매우 강하면 아무것도, 빛조차도 밖으로 나갈 수가 없다. 그런 곳이 블랙홀이라는 곳이다. 그것은 주위와 전혀 관계가 없는 불가사의한 존재이며 일종의 체샤이어 고양이인 것이다.

만일 어떤 별의 밀도와 인력이 충분히 커지면 블랙홀이 되어 우리들의 우주에서 자취를 감추고 만다. 블랙(검다)이라고 이름을 붙인 것도 그 때문이다. 빛은 그곳에서 나올 수가 없다. 그러나 그 내부에서 끌려온 빛으로 모든 것이 밝게 비치기 때문에 매력적일 것이다.

블랙홀은 외부에서는 보이지 않지만 그 속에 인력이 있다는 사실은 알 수가 있다. 항성간 우주 여행을 할 때 자칫 주의를 게을리하면 블랙홀에 끌려 들어갈 염려가 있다. 그렇게 되면 사람의 몸은 최대로 잡아 당겨져서 가느다란 실처럼 되고 다시는 원상으로 되돌아가지 못할 것이다.

블랙홀에 한 번 들어가면 살아서는 돌아오지 못하지만 만일 돌아올 수 있다면 토성의 테처럼 생긴 블랙홀의 테 속으로 모든 것이 끌려 들어가는 광경을 잊을 수가 없을 것이다.

태양 내부의 핵융합 반응은 태양의 외측을 지탱해 주고 있어 수십억 년 동안이나 인력으로 인한 파멸적인 수축은 생기지 않는다. 그것은 백색 왜성이 되었을 때는 원자핵으로부터 탈취된 전자의 압력이 별을 불어나게 한다. 중성자성의 경우는 중성자의 압력이 인력으로 인한 수축을 막아준다.

---

* 루이스 캐롤이 쓴 동화 《이상한 나라의 앨리스》에 나오는 기묘한 고양이로 인력의 영향을 받지 않는 특별한 능력이 있다고 한다―역주

그러나 초신성의 폭발이나 그 밖의 격심한 사태를 겪은 뒤의 늙은 별의 경우는 만일 그 별의 질량이 태양의 질량보다 몇 배나 클 경우에는 그 수축을 막을 힘이 없다. 그 별은 믿을 수 없을 만큼 수축하여 자전하면서 붉어졌다가 자취를 감추고 말 것이다.

질량이 태양의 20 배나 되는 항성은 로스앤젤레스 시 정도의 크기로 줄어든다. 그때의 인력은 10^{10} g 정도가 되고 그 별은 스스로 만들어 낸 시간, 공간 연속체의 틈바퀴 속으로 빠져들어가 자취를 감추고 만다.

밑이 없는 인력 터널

블랙홀을 최초로 생각한 사람은 영국의 천문학자 미첼 *John Mitchell*인데 그것은 1783년의 일이었다. 그러나 그의 생각은 너무나 황당하여 최근까지도 무시되어 왔다. 그런데 우주에 블랙홀이 있다는 증거가 실제로 발견되어 수많은 천문학자는 물론 여러 사람들이 놀랐다.

X선은 지구의 대기를 뚫지 못한다. 그러므로 천체가 X선과 같이 파장이 짧은 빛을 내고 있는지를 조사하기 위해서는 X선 망원경을 대기 밖으로 운반하여 관측하지 않으면 안 된다.

최초의 X선 관측 위성은 격찬할 만한 국제 협력에 힘입어 지구 궤도로 발사되었는데 이 위성을 발사한 것은 미국이고 케냐 근해에 해상 발사대를 제공한 것은 이탈리아였다. 이 위성의 이름은 스와힐리 어 *Swahili*로 〈자유〉를 뜻하는 '우후루 *Uhuru*'였다.

우후루는 1971년 백조좌에 있는 매우 밝은 X선원이 1 초 동안에 1천 회나 명멸하는 것을 발견했다. 〈백조좌 X—1〉으로 명명된 이 X선원은 매우 작은 천체임에 틀림 없다. 명멸하는 이유야 어쨌든 1천분의 1 초마다 명멸하는 정보는 〈백조좌 X—1〉을 빛보다 빠른 속도로 가로지를 수는 없다. 초속 30만 *km*를 1 천분의 1 초로 나누면 3백 *km*가 되므로 백조좌 X—1은 이 3백 *km*보다 크지 않은 것이다. 소행성만한 것이 밝게 명멸하는 X선원이며 그것은 항성간 우주 너머에 있는

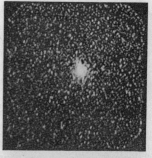

백조좌 X-1의 모습(위)과 질량을 가진 물체에 의해 왜곡된 평면(아래). 중력과 블랙홀을 이해하는데 도움이 된다.

지구 주변에서도 볼 수 있었다.

그것은 도대체 무엇일까. 백조좌 X—1이 있는 곳은 뜨겁고 푸른 초거성이 있는 곳과 정확하게 일치하고 있었다. 그 초거성은 가시 광선으로 볼 수 있어 이 초거성을 관찰해 보면 그 가까이에 있는 보이지 않는 거대한 동반자가 인력으로 초거성을 이리저리 끌어 당기는 것을 알 수 있었다.

이 동반자의 질량은 태양의 약 10 배나 된다. 그 초거성이 X선을 내는 것 같지는 않고 그렇다면 가시 광선의 관측으로 추정된 그 동반자를 X선원으로 추정할 수밖에 없다. 무게가 태양보다 10 배나 되면서 소행성의 크기만큼 줄어든, 보이지 않는 천체라면 블랙홀 이외는 없다.

초거성의 기체나 먼지가 백조좌 X—1 주위로 끌려와서 토성의 테와 같은 것을 만들고 그 테의 마찰로 X선이 발생할 것이라고 생각하면 납득이 간다.

이 밖에 전갈좌(全蠍座) V 861, GX 339—4, SS433, 콤파스좌 X—2 등은 블랙홀의 후보들이다.

카시오페아 *Cassiopeia*좌의 전파원 A는 초신성의 잔해이다. 이 별이 폭발한 빛은 17 세기경에 지구에 와 닿은 것으로 보이는데 그 시대에는 천문학자가 상당히 많았음에도 불구하고 그 사실을 기록한 사람은 없다. 슈클로프스키 *I S Shklovskii*가 말한 대로 그 부근에 블랙홀이 숨어 있어 폭발한 별의 핵을 삼키고 그 때문에 초신성의 불이 약해진 것으로 보인다.

우주 공간으로 쏘아 올린 천체 망원경은 전설적인 블랙홀의 흔적을 좇아 단편적인 자료를 모으는 도구이다.

블랙홀을 이해하려면 우주 공간의 곡면(曲面)을 생각하면 된다. 그래프 용지처럼 선이 그어진 평평하고 부드러운 고무판이 있다고 하자. 이 고무판 위에 작은 물체를 떨어뜨리면 고무판의 움푹 들어간 부분 주위에는 동심원(同心圓)의 무늬가 퍼져 태양 주위 행성의 궤도와 같은 모양이 된다.

아인슈타인의 해석에 의하면 인력은 우주의 구조에 생긴 비틀림이라고 한다. 우리들은 고무판의 경우에서 물체가 떨어짐으로써 이 2 차원의 공간이 3 차원으로 비틀린 것을 보았다.

우리는 지금 3 차원의 우주에 사는데 그 3 차원의 세계가 물체(질량)로 인해 우리가 알 수 없는 4 차원의 세계로 뒤틀

이집트의 덴데라에 있는 파라오의 사원에서 발견된 5각 별 조각.

린다고 상상해 보자.

어느 곳에 큰 물체가 있으면 그 물체가 큰 만큼 국부적인 인력도 커지고 그 때문에 주름살이나 변형, 다시 말하면 우주의 비틀림도 커진다.

블랙홀은 밑이 없는 구멍이다. 그 속에 빠지면 어떤 일이 생길 것인가. 밖에서 보면 그 구멍에 빠져 들어가는 데는 시간이 무한히 걸릴 것 같다. 왜냐하면 기계적인 시계나 생물학적인 시계가 모두 멎은 것으로 느껴지기 때문이다. 그러나 그 구멍으로 떨어져 들어가는 사람의 눈에는 모든 시계가 정상으로 움직이는 것으로 느껴질 것이다.

만일 당신이 인력의 조석(潮汐)이나 방사선을 견뎌 내고, 생존할 수 있고, 또 그 블랙홀이 자전하고 있다고 가정하면(자전하고 있을 가능성은 크다), 당신은 시간이나 공간이 전혀 다른 곳에 출현하게 될지도 모른다. 우주의 다른 공간에, 그리고 무엇인가 다른 시간에 나타나게 될지도 모른다는 말이다. 사과의 벌레 구멍과 다소 닮은, 우주 벌레 구멍이 있다는 것은 이전부터 진지하게 주장되어 왔으나 그 존재를 증명할 수가 없었다.

이와 같은 인력의 터널이 항성간 여행이나 은하간 여행의 지하철이 될 수는 없을까. 그 터널로 가면 접근하기 어려운 곳을 다른 길보다도 빨리 갈 수 있지 않을까. 블랙홀은 우리들을 먼 옛날이나 미래로 데려가는 타임 머신 노릇을 할 수는 없을까?

이와 같은 생각을 엉뚱하게나마 논의한다는 사실은 우주가 얼마나 초현실적인가를 말해 주고 있다.

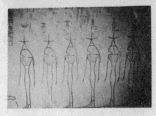

이집트 나일강변에 있는 왕의 무덤에 새겨진 태양과 별. 태양빛이 지구로 생각되는 둥근 물체에 내리쬐고 있다(위). 풍뎅이. 고대 이집트 인들은 풍뎅이의 일생이 자연의 순환을 의미하며 특히 매일 태양이 돌아오는 것과 비슷하다고 생각했다(가운데). 별의 신들. 어떤 무덤에는 수백 개가 새겨져 있다(아래).

인류는 우주의 아들

우리는 매우 깊은 의미에서 우주의 아이이다. 더운 여름날 태양을 향해 얼굴을 돌렸을 때 얼굴에 와 닿는 태양의 열을 생각해 보자. 태양을 육안으로 쳐다보는 것이 얼마나 위험한가를 생각해 보자. 우리는 1억 5천만 *km* 떨어진 곳에 있으면서도 태양의 힘을 알게 된다.

이글이글 타오르는 태양의 표면에 서거나 태양 핵의 불 속으로 가라앉는다면 어떤 느낌이 들까. 태양은 우리를 따뜻하게 해 주고 우리에게 먹을 음식물을 제공하고 사물을 볼 수 있게 해 준다. 태양은 인간의 경험을 초월하는 힘을 가지고 있다.

새는 떠오르는 태양을 즐거운 노래로 맞이한다. 단세포 동물도 빛을 향해 헤엄쳐 가는 것이 있다. 우리의 조상들이 태양을 숭배* 한 것도 어리석은 짓은 아니었다.

그런데도 태양은 흔히 있는 평범한 별에 지나지 않는다. 만일 우리들이 자기보다 강한 것을 숭배해야 한다면 태양이나 별을 숭배해도 무의미하지 않을까.

연구가 자신은 깨닫지 못하는 경우가 있지만 천문학을 연구하는 밑바닥에는 경외심이 깔려 있다.

은하는 별이라는 이름의 불가사의한 생물로 가득 차 있다. 그것은 아직 탐험되지 않은 대륙이다. 우리는 예비적인 정찰을 하여 몇몇 생물을 만났다. 그 중에는 우리가 아는 생물과 닮은 것도 있고 우리의 자유스러운 공상을 훨씬 넘는 기괴한 것도 있었다.

우리는 탐험의 첫발을 내디딘 단계에 있다. 은하라는 대륙의 가장 흥미 있는 생물은 아직 알려지지도 않았고 예상되지도 않았다는 것을 과거의 탐험 여행이 말해 주고 있다.

은하계에서 그다지 멀지 않은 곳에 행성이 있다는 것은 거의 확실하다. 그것은 마젤란 성운 속에 있는 항성 주위를 돌고 있으며 은하계를 둘러싼 구상 성단(球狀星團) 속의 항성 주위도 돌고 있다.

이러한 세계에 가 보면 은하계가 지평선에서 올라오는 것이 보일 것이다. 그것은 숨막힐 듯한 광경일 것이다. 그것은 4천억 개의 별로 이루어진 거대한 소용돌이형(型) 은하인 것이다. 그 속에는 수축 중인 가스운(雲), 응결 중인 행성계, 밝게 빛나는 초거성, 안정된 중년기의 별, 적색 거성, 백색 왜성, 행성상 성운, 신성, 초신성, 중성자성, 블랙홀 등 온갖 별이 있다.

그와 같은 세계에서 보면 우리들의 몸을 이루고 있는 물질이나 형태나 성격은 대부분이 생명과 우주의 깊은 관계에 의해 결정되는 것을 분명히 알게 된다. 우리들은 지금 지구 위에서 그것을 이해하기 시작한 단계에 있다.

* 고대의 스메르 인은 신을 나타내는 그림 문자로 별 모양의 표시를 썼다. 그것은 별을 나타내는 기호였다. 한편 아즈테카 족은 신을 '테오틀 Teotl' 이라고 불렀는데 그것을 나타내는 그림 문자는 태양을 나타내는 것이었다. 하늘은 테오아틀 Teoatl 이라고 불렀는데 이 말은 '신의 바다' '우주의 바다'라는 뜻이었다―원주

10

永遠의 끝

"맑은 하늘 저 멀리 무렷하게 보이
는 길이 있다. 그것은 스스로 빛을 내
뿜는 휘황한 은하이다. 이 길을 통하
여 여러 신들은 제우스 신의 궁전을 왕
래한다…… 힘세고 유명한 하늘나라의
거주자들이 바로 이곳에 집을 가지고
있다. 여기가 바로 위대한 하늘나라 여
러 신의 궁(宮)들이 자리잡고 있는 영
역인 것이다."
—오비드 《메타모르프소스》

소용돌이형 은하 *whirlpool galaxy*. 1845년 윌리엄 파슨스가 발견했다.

안드로메다 대은하. 지구에서 육안으로 볼 수 있는 물체 중 가장 멀리 있으며 최소 7개의 소용돌이형 팔을 가지고 있다는 점이 우리 은하와 비슷하다.

여러 가지 은하의 탄생

1백억 년 또는 2백억 년 전에 어떤 일이 일어났다. 〈대폭발〉이었다. 그것이 바로 우리의 '우주의 시작'이었다. 어째서 그와 같은 대폭발이 일어났는지 그것은 우리가 아는 한 최대의 불가사의다. 그러나 그런 일이 일어났다는 것만은 거의 확실하다. 현재 우주 가운데 존재하는 모든 물질과 에너지가 당시에는 지극히 고밀도(高密度) 형태로 한 곳에 응축되어 있었기 때문에——그것은 많은 문명의 창조 신화에서 흔히 볼 수 있는 일종의 우주의 알 *cosmic egg*이었다——수학적 치수로 나타낼 수도 없는 것이었다. 그것은 모든 물질과 에너지가 현재의 우주 한구석에 몰려 있었다는 것이 아니고 오히려 우주 전체, 즉 물질도, 에너지도, 그것들이 들어 있는 공간도, 모두가 아주 작은 부피 안에 응축되어 있었다는 것을 말한다. 그 안에서 무엇인가가 일어날 여지는 거의 없었다.

거대한 폭발과 더불어 우주의 팽창이 일어나기 시작, 지금까지 그 팽창이 계속되고 있다. 이 우주의 팽창을 마치 외부에서 볼 수 있는 거품의 팽창처럼 설명하는 것은 잘못된 표현이다. 그 정의(定義)에서 볼 때 우리들은 폭발의 외부에 어떤 일이 있었나를 전혀 모르고 있다. 역시 내부로부터 생각하는 것이 바람직하다. 움직이는 공간의 구조체에 부착되어 있는 그래프 용지의 눈금이 모든 방향으로 균등하게 퍼져 나간다고 생각하는 것이 좋다. 공간이 부풀어 감에 따라 그 우주 안의 물질과 에너지도 함께 팽창하면서 급속히 냉각되어 갔다. 우주의 불덩어리에서 발하는 방사선이 지금이나 그때나 우주에 가득 차 있어 스펙트럼으로 변화되어 갔다. 감마선으로부터 X선으로, 다시 자외선으로 이동되어 7가지 무지개 색의 가시 광선을 통해 적외선, 전파로 흘러간다. 여전히 남아 있는 저 불덩어리에서 나오는 우주의 배경 방사 *background radiation*는 공간의 도처에서 흘러나와 오늘날에는 전파 망원경으로 검출이 가능하다. 우주의 초기에는 우주 공간이 휘황하게 빛났다. 시간이 감에 따라 공간 구조는 팽창을 계속하면서 방사선이 냉각되었고 보통의 가시 광선이 보이면서 우주는 처음으로 오늘날과 같이 어두워지기 시작했다.

초기의 우주는 방사선과 물질로 충만되어 있었고 태초에 물질은 밀도 높은 불덩어리의, 양자와 전자로 만들어진 수소와 헬륨 원소로 되어 있었다. 비록 당시에 관찰할 수 있는 사람이 있었다 하더라도 보이는 것은 아무것도 없었을 것이다. 그러나 얼마간의 혼합된 형태의 가스가 나타나기 시작했다. 그리하여 농도가 엷은, 덩쿨손 모양의 거대한 가스 구름이 형성되어 여전히 빛을 발하면서 휘말리며 돌기 시작하더니 결국은 수천 억 개의 회전점을 가진 덩어리가 마치 각각 한 마리의 짐승처럼 몸을 뒤틀어댔다.

그러다가 드디어 우리가 오늘날 볼 수 있는 가장 거대한 구조체가 우주 가운데 나타났으니, 이름하여 은하(銀河)라 불리운다. 바로 그 한구석에 우리가 살고 있다.

우주 중의 물질이 작은 덩어리로 분산되기 시작한 것은 대폭발이 일어난 지 약 10억 년 뒤였으며 그렇게 된 이유는 대폭발 자체가 완전한 균질(均質) 형태로 일어나지 않았기 때문이다. 물질은 여기저기 따로따로 뭉쳐져 밀도를 더해 갔다. 그리하여 농도 짙은 부분의 중력이 다량의 주변 가스를 끌어들여 수소와 헬륨의 구름이 커져 갔고 이것이 결국 은하군(群)이 되었다. 당초에는 소량의 불균질 덩어리였던 것이 나중에는 고밀도의 거대한 덩어리로 바뀔 만큼 충분했다.

인력에 의한 수축이 계속됨에 따라 원시적인 은하들은 회전하는 물체의 각(角) 운동량 보존 *conservation of angular momentum*의 법칙에 따라 점점 더 빨리 회전하게 되었다. 그때에 회전축에 따라서 은하의 중력과 원심력의 균형이 깨어져 평평하게 허물어지기도 했다. 이것들은 최초의 소용돌이형 은하들로 우주 공간을 크게 맴도는 거대한 물질의 풍차(風車)가 되었다. 인력이 약하거나 회전력이 약한 다른 은하들은 별로 팽창되지 않고 타원형 은하가 되었다.

우주의 곳곳에는 마치 똑같은 틀에 넣어져 만들어진 것같이 비슷한 은하들이 생겨났다. 이는 인력과 각 운동량의 보존이라는 간단한 자연 법칙이 온 우주에 똑같이 작용했기 때문이었다. 지구라고 하는 소우주 안에서 떨어지는 물체나 발끝으로 회전하는 스케이트 선수에게 작용하는 물리 법칙이

작은 타원 은하. 최소한 수십억 개의 태양이 들어 있다.

모자 은하. 검은 부분이 소용돌이형 팔이다. 우리의 소용돌이형 은하도 옆에서 보면 이런 모습이다.

우리 은하와 같은 소용돌이
형 은하 M 81. 지구에서 볼 때
은하들은 이처럼 마구 흩어져
있다.

옆에서 본 소용돌이형 은하.

우주라고 하는 거대한 공간 가운데서도 작용하여 은하를 만
들어 낸 것이다.

수많은 은하군

발생 초기의 은하들 안에는 작은 구름 덩어리들이 많이 있
어서 인력에 의한 수축과 붕괴를 일으켰다. 내부 온도가 매
우 높아지면서 핵융합 반응이 시작되었고 그것들은 항성이
되었다.

고열의 거대한 젊은 별(新星) young star들은 급속히 진화
했다. 그들은 마치 탕아(蕩兒)처럼 수소 연료라는 돈을 마구
써 버리고는 곧 빛나는 초신성(超新星)으로 폭발되면서 수명
을 다하고 말았다. 그리하여 핵융합 반응의 재들——헬륨,
탄소, 산소, 기타 보다 더 무거운 원소들——은 성간 가스가
되어 그 다음 세대 별의 형성에 한 몫을 하게 되었다.

초기의 거대한 별들은 초신성이 되어 폭발을 계속하면서
부근의 가스에 거듭되는 충격파를 보냄으로써 성간 물질을
압축시켜 은하군의 세대 교체를 촉진하게 되었다. 인력이란
제멋대로여서 물질의 작은 응축에 의해서조차 증폭시켰다.
게다가 초신성의 충격파도 매회 물질의 집적(集積)을 촉진
시켰다. 이리하여 우주 진화의 서사시(叙事詩)가 시작되었
다.

대폭발 가스로부터 물질의 농축 현상이 일어났고 은하군,
은하, 항성, 행성에 이어 드디어 생명이 탄생했다. 그리고
그 생명의 기원에 이르는 멋지고 믿을 만한 과정을 조금씩이
나마 이해할 수 있는 지적인 생물이 출현하게 되었다.

은하군은 오늘도 우주를 가득 채우고 있다. 어떤 것은 수
십 개의 보잘 것 없는 은하의 집단으로 되어 있다. 우리가
국부 은하군 local group이라는 귀여운 명칭을 붙여준 집
단 가운데는 단지 두 개의 거대한 은하가 있다.

은하계 Milky Way와 M 31인데 둘 다 소용돌이형이다.
다른 은하군 중에는 수천 개의 거대한 은하 집단이 서로 인
력으로 얽혀 돌아가는 것도 있다. 처녀좌 Virgo 은하단에는
수만 개의 은하가 포함되어 있는 것으로 보인다.

크게 보아 우리는 은하군이 산재하는 대우주 속에 살고 있
다. 이 우주에는 1천억 이상의 아름다운 구조체가 있는가 하
면, 붕괴되어 버린 폐허(廢墟)도 있을 것이고, 질서가 있는 곳
도, 혼란한 곳도 있을 것이다: 보통의 소용돌이형 은하는 지
구에서 보는 각도에 따라 다르게 보일 것이다(마주 보면 소
용돌이형 양팔이 보일 것이고 모서리 쪽을 보면 소용돌이형의
양팔을 이루고 있는 가스나 먼지의 중앙선이 보일 것이다).

페가서스 *Pegasus* 좌의 NGC
7217. 소용돌이형 팔은 은하 핵
을 단단히 감고 있어서 멀리서
보면 하나의 별처럼 보인다.

또 가스나 먼지의 강을 지닌 막대 모양의 소용돌이형 은하
도 있으며 항성이 그 중앙을 운항하고 있어 반대편 소용돌
이형 은하의 팔과 연결되어 있기도 한다. 1조 개 이상의 별
을 가진 당당하고 거대한 타원형 은하도 있다. 그것들은 다
른 은하들을 삼켜 버리거나 합병시켜서 그렇게 커진 것일 게
다.

작은 타원형 은하군도 있는데 이것들은 은하계의 꼬마들로
그 가운데에도 각각 수백만 개의 보잘 것 없는 태양들이 존
재하고 있다.

신비스러워질 정도로 불규칙하게 분포되어 있는 무수한 종
류의 은하도 있다. 그것은 은하 세계에도 어딘가 잘못 진행
되어 온 곳이 많다는 것을 보여 주고 있다.

막대 모양 소용돌이형 은하.
은하의 2/3 이상이 가스와 먼
지와 별로 된 막대처럼 나타나
는데 막대도 핵처럼 회전한다.

또 어떤 은하들은 서로 다른 은하를 아주 가까이 돌면서 한
쪽 은하의 인력에 끌려 가장자리가 구부러지는 경우도 있다.
또 어떤 경우에는 가스와 별들의 중간에 은하의 인력으로 인
한 다리가 생겨나는 수도 있다.

어떤 은하군은 선명치 않은 구형(球形)으로 배치되어 있다.
그것들은 주로 타원형 은하로 구성되어 있으며 은하계의 식
인종이라고 할 수 있는 하나의 거대한 타원형 은하의 지배를
받고 있다.

좀더 무질서하게 배치되어 있는 은하군의 경우에는 소용돌
이형 은하나 불규칙한 형태의 은하들이 비교적 많다. 은하
끼리의 충돌로 당초의 구형 은하군 *spherical cluster*의 형태
가 일그러지고 소용돌이형이나 불규칙형이 생겨 나오는지도
모른다.

은하가 무수히 많고 형태도 가지가지라는 사실은 태고(太
古)의 대사건들이 상상할 수 없을 만큼 어마어마한 규모로
벌어졌음을 말해 주고 있다. 우리들은 지금 막 그러한 이야기

를 읽기 시작하려 하고 있다.

충돌, 자살하는 은하

고속(高速) 컴퓨터가 개발됨으로써 수천, 수만 개의 점(點)의 집단 운동을 수리적(數理的)으로 실험할 수 있게 되었다. 이때 각각의 점은 별을 나타내며 그것들은 다른 모든 별의 인력에 의해 영향을 받고 있다. 어떤 경우에는 이미 원반 모양으로 평평하게 된 은하에 저절로 소용돌이형 모양의 팔이 생겨나기도 하고 어떤 때에는 각각 수십억 개의 별로 이루어진 두 개의 은하가 서로 인력에 의해 접근한 결과로 소용돌이형의 팔이 생겨나기도 한다. 이같은 은하들에 퍼져 있는 가스나 먼지가 충돌하면 온도가 올라가는 경우도 있다. 그러나 두 개의 은하가 충돌했을 때에는 각각의 은하의 별들은 벌떼 사이를 통과하는 총알처럼 서로가 쉽게 빠져나간다. 은하는 대체로 아무 것도 없는 공간으로 되어 있으며 별과 별 사이의 공간은 광막하기 때문이다. 그러나 이럴 경우 은하의 형태는 심하게 뒤틀린다.

하나의 은하가 다른 은하에 정면 충돌할 경우 그 은하의 별들이 쏟아져 나와 은하간의 우주 가운데로 날아가 버린다. 한 개의 은하가 소멸되고 마는 것이다.

작은 은하가 거대한 은하에 정면 충돌하면 작은 쪽이 흡수되어 매우 아름답고 보기 드문 불규칙한 은하가 생성된다. 그것은 직경이 수천 광년이나 되는 환상 은하 *ring galaxy*로서 검은 벨벳을 펼쳐 놓은 듯한 은하 사이의 우주 공간을 배경으로 아름답게 빛난다. 이것은 은하의 연못에 첨벙 빠져든 것 같은 것으로서 붕괴된 별들이 일시적으로 모습을 보이는 것이며 중심 부분이 흩어져 버린 은하이다.

구조가 분명치 않은 얼룩점과 같은 불규칙형 은하나 소용돌이형 은하의 팔들, 환상 은하의 고리 등은 단지 우주 영화의 몇 토막에 불과하다. 그것들은 나중에 흩어졌다가 다시 모여 은하가 되기도 한다.

우리는 은하를 무거운 고체 덩어리라고 느끼는 경우가 있으나 그것은 잘못된 생각이다. 그것은 수천억 개의 별들로 이루어진 유동적인 구조체이다. 은하는 인간과 비슷하다. 인간의 몸은 1백조 개의 세포로 만들어졌다. 인간의 몸에서는 언제나 합성과 분열이 되풀이 행해지고 있는데 그것은 각각의 부분을 모아놓은 것은 아니다. 은하도 역시 꼭 마찬가지이다.

은하의 자살률은 아주 높다. 그것은 지구로부터 수천만 광년, 혹은 수억 광년이나 멀리 떨어진 곳에서 X선이나 적외선, 혹은 전파를 세게 방출하고 있으며 아주 밝은 핵(核)이 몇 주간을 주기로 광도(光度)가 변하는 것이 있는데 이것이 바로 자살하는 은하의 실례(實例)이다. 자살하는 은하 중의 어떤 것은 길이가 1천 광년 정도 되는 불기둥과 같은 방사선을 분출하는가 하면 원반형의 먼지 덩어리들을 어지럽게 흩날리는 것도 있다.

이런 은하들은 스스로의 폭발을 계속하고 있는 것이다.

NGC 6251이나 M 87과 같은 거대한 타원형 은하의 중심 핵에는 태양의 수백만 배, 혹은 수십억 배나 되는 거대한 블랙홀이 있지 않나 하고 생각된다. M 87의 내부에는 질량이 크고 밀도가 높으며 작은 소리를 내는——태양계보다 작은——것이 있다. 아마도 블랙홀일 것으로 생각된다. 수십억 광년 떨어진 곳에는 굉음을 내는 준항성(準恒星) quasar이라고 하는 천체가 있는데 그것은 생긴지 얼마 안되는 은하의 대폭발음으로서 아마 태초의 대폭발 이후 우주 역사상 가장 강력한 폭발 사건인지도 모른다.

이상한 천체 퀘이서

〈퀘이서〉라는 말은 '항성에 준하는 전파원(電波源) quasi-stellar radio source'이라는 영어의 약어이다.

나중에 와서 그들 모두가 강력한 전파를 발하는 것은 아니라는 사실이 명백해지자 그것들을 '항성에 준하는 천체 QSO quasi-stellar objects'라고 부르게 되었다. 그것들은 외양이 항성과 비슷하기 때문에 당연히 우리의 은하계 가운데에 있는 별들로 생각되었다. 그러나 분광기 관찰 spectroscopic observation에서 나타난 바에 의하면 그것들이 적방편이(赤方偏移)

red shift 현상을 보임으로써 아주 멀리 떨어져 있다는 것을
알 수 있게 되었다. 그것들은 우주의 팽창과 밀접하게 관련되
어 있는 것으로 보이며 그 중에는 광속의 90% 이상이나 빠른
속도로 우리들로부터 멀어져가는 것도 있다. 그들이 그렇게
먼 곳에 있으면서도 그처럼 밝다면 본래 무척이나 밝은 것임
이 틀림없다. 어떤 것은 1천 개의 초신성이 한꺼번에 폭발한
것만큼이나 밝은 것도 있으며 백조좌(白鳥座) *Gygnus* X−1
의 경우와 같이 짧은 주기로 밝아졌다 어두워졌다 하는 것도
있다. 따라서 그들의 무시무시하게 밝은 빛은 아주 작은 체
적에 제한되어 있다고 생각된다. 이 경우는 아마 태양계보
다도 작은 것 같다. 이러한 놀라운 과정이 전개되는 것은 준

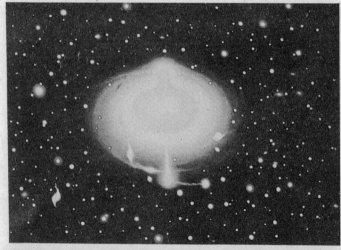

거대한 은하 중앙에 있는 퀘
이서. 윗 사진은 보이지 않는
블랙홀의 주위를 가스와 먼지
로 된 원반이 돌고 있는 모습
이다. 아래 사진에서는 수십억
의 태양이 회전하면서 자장을
확대하고 있다.

항성 내의 어마어마한 에너지 방출에 그 원인이 있음에 틀림 없다. 이에 관해 지금까지 나온 가설(假說)로는 다음과 같은 것이 있다.

1) 준항성들은 펄서를 어마어마한 괴물처럼 늘려 놓은 것이다. 그것은 빠른 속도로 회전하는 거대한 질량의 중심부를 지녔고, 가장자리에는 강한 자장(磁場)이 있다.

2) 준항성들은 은하 중심에 높은 밀도로 밀집되어 있는 수백만 개의 항성이 서로 충돌, 외부층이 떨어져 나가고 내부에 있는 수십억 도(度)의 거대한 별들이 노출되어 모습을 보이게끔 된 것이다.

가장 부피가 큰 은하 M 87. 처녀좌 옆에 있는 거대한 타원형 은하로서 가운데에는 거의 가스나 먼지가 남아 있지 않다.

3) 준항성들은 항성이 고밀도로 밀집되어 있기 때문에 그 가운데 항성의 하나가 초신성의 폭발을 일으키자 그 주변에 있는 항성의 외부층이 떨어져 날아가면서 그 항성도 초신성이 된다. 이와 같은 초신성의 연쇄반응적 폭발이 바로 준항성이다.

4) 준항성은 물질과 반물질이 서로 충돌하여 쌍방이 모두 격렬한 상태로 소멸되는 현상이다. 반물질은 어떻게든 현재까지 준항성 내에 남아 있는 것을 말한다.

5) 준항성은 은하 중심부에 있는 거대한 블랙홀 가운데로 가스나 먼지, 항성이 떨어져 나갈 때 생기는 에너지이다. 그 중심 핵의 블랙홀은 오랜 세월이 지나는 사이에 작은 블랙홀이 충돌 융합하여 만들어지는 것이다.

6) 준항성은 블랙홀의 반대 쪽에 있는 화이트홀 *white hole* 이다. 우주의 다른 부분이나 혹은 다른 우주에 있는 다수의 블랙홀로 쏟아지는 물질이 마치 화이트홀로부터 쏟아져 나오는 것처럼 보이게 되었다.

준항성들을 생각하다 보면 우리는 깊은 신비에 빠지게 된다. 그러나 준항성의 폭발 원인이 어떤 것이든 한 가지만은 분명해 보인다. 즉, 그와 같은 격렬한 사건은 일찌기 들어 보지 못한 대파괴를 수반하게 됨이 틀림없다는 것이다. 준항성의 폭발이 있을 때마다 몇 백만의 세계——그 중에는 생명이 존재하는 세계도 있고 지금 무엇이 일어나고 있는지를 이해할 줄 아는 지적인 생물이 존재하는 세계도 있겠지만——가 완전히 파괴될는지도 모른다.

인마좌. 거대한 타원형 은하
와 나선형 은하가 충돌한 것과
같은 모습이지만 지금은 하나
의 티원형 은하로 보려는 경향
이 짙다.

은하에 관한 연구는 우주의 질서와 아름다움을 밝혀 준다.
그것은 또 우리에게 이제까지 상상도 못했을 정도의 격렬한
대혼란을 보여 주고 있다. 우리가 생명의 존재가 가능한 우
주에 살고 있다는 것은 놀라운 사실이다. 우리가 또 은하나
항성이나 세계를 파괴하는 세계에 살고 있다는 사실 역시 놀
라운 것이다. 우주는 우호적이지도 않지만 그렇다고 적대적
인 것도 결코 아닌 것 같다. 우주는 다만 우리와 같이 미약
한 생물들에 대해 무관심할 뿐이다.

들락날락하는 태양계

은하계처럼 잠잠할 것같이 생각되는 은하에도 파란과 유동
이 있다. 전파 망원경으로 관측하면 은하계의 핵으로부터
두 개의 거대한 수소 가스 구름이 분출하고 있음을 알 수 있
는데 그것은 수백만 개의 태양을 만들 수 있을 만큼의 수소
가스량이며 은하 핵에서 가벼운 폭발이 일어나는 것이 아닌가
여겨진다. 지구의 주변 궤도를 비행하고 있는 고(高)에너지
의 천문학 위성은 은하계의 핵으로부터 강력한 감마선이 나
오고 있음을 알아 냈다. 이것은 그곳에 거대한 블랙홀이 숨어
있다는 생각과 일치한다.

우리의 은하계와 같은 은하들은 안정된 중년기를 대표하는 것인지도 모른다. 은하의 진화 과정 가운데는 준항성들이나 폭발하는 은하들과 같이 격렬한 청년기를 겪고 있는 경우도 있다. 준항성들은 너무나 먼 곳에 있기 때문에 우리는 수십억 년도 넘는 옛날의 은하의 청년기를 보고 있는 셈이 된다.

은하계의 항성들은 질서정연하고 의젓하게 움직이고 있다. 몇 개의 구상 성단(球狀星團)이 은하면을 통해 들어가 반대쪽으로 서서히 빠져나와 다시 원래 위치의 방향으로 되돌아 날아간다. 우리가 만약 은하면에 불쑥불쑥 나타나는 별들의 움직임을 하나하나 추적할 수 있다면 그것은 팝콘이 프라이팬 위에서 통통 튀는 모습과 같으리라. 우리는 은하의 형태가 눈에 띄게 변화한 것을 본 일이 없다. 왜냐하면 형태가 변하려면 오랜 세월이 필요하기 때문이다. 은하계가 한 번 대회전(大回轉)을 하는 데는 2억 5천만 년이 걸린다. 만약 그 회전을 빠르게 할 수가 있다면 은하는 율동적으로 움직여서 마치 다세포 유기체를 닮은 생물인 것처럼 보이게 될 것이다.

천체 망원경으로 찍은 은하의 사진이라 할지라도 그것은 은하의 둔중한 움직임과 전파의 한 단계를 포착한 것에 불과하다. *

은하의 안쪽은 하나의 고정체로서 회전하고 있다. 그러나 보다 바깥 부분은 케플러의 제3 법칙에 따라 태양의 주변을 도는 행성과도 같이 외측으로 갈수록 천천히 회전하고 있다. 은하의 소용돌이형 팔은 중심핵 주변을 차례로 싸고 도는 경향이 있으며 가스나 먼지는 소용돌이형의 차례에 따라 밀도를 더해 간다. 그리하여 거기서부터 어리고 뜨거우며 밝은 별들이 생겨나 소용돌이형 팔의 윤곽을 이루게 된다. 이들 별은 수천만 년 정도나 밝게 빛나 왔지만 그 시간도 은하가 한 번 자전하는 데 걸리는 시간의 5% 정도의 기간밖에 안된다.

그러나 소용돌이형 팔을 이루고 있는 항성들이 다 타 버렸을 때에는 새로운 별이나 성운(星雲)들이 바로 이어서 탄생하기 때문에 소용돌이형 팔의 형태는 항상 그대로 남는다. 나선형 팔의 윤곽을 이루고 있는 별들은 그 은하가 한 번 회전하는 동안조차도 살아 있을 수 없으며 다만 소용돌이형의 윤곽만이 남아 있게 된다. 어떤 특정한 별이 은하계의 중심부를 싸고 도는 속도는 소용돌이형이 한 번 도는 속도와 똑같은 것은 아

* 이것은 반드시 사실이라고는 볼 수 없다. 어떤 은하의, 우리 쪽에서 가까운 부분은 먼 부분보다 수만 광년이나 가깝다. 따라서 우리가 볼 수 있는 가까운 부분은 먼 부분보다 수만년 전의 모습이다. 그런데 은하가 형태를 크게 바꾸는 데는 수천만 년이나 걸리기 때문에 어느 한 순간 은하의 모습이 동결(凍結)되었다고 생각하는 것도 무리는 아니다—원주

니다. 태양은 은하계 중심부의 둘레를 초속 2백 *km*(시속 약 72
만 *km*)의 속도로 이미 20회나 돌았는데 그 동안에도 몇 번씩
소용돌이형 팔로부터 나왔다, 들어갔다 했다. 태양과 그 행성
들은 평균적으로 소용돌이형 팔 안에서 4천만 년 정도 있다
가 8천만 년 정도는 팔의 바깥 부분에 있으며 그 다음 4천만
년은 다시 팔의 안쪽에 가 있는 식으로 존재한다.

소용돌이형 팔은 생겨난 지 얼마 안되는 가장 새로운 별들의
무리로 이루어져 있으며 태양과 같은 중년의 별들이 반드시
팔 안쪽에 존재하는 것은 아니다. 현재 우리가 살고 있는 곳
은 팔의 바깥쪽, 즉 팔과 팔 사이이다.

태양계는 주기적으로 소용돌이형 팔의 안쪽을 통과하게 됨
으로써 우리들에게 중대한 결과를 초래했으리라고 생각된다.
태양은 약 1천만 년 전에 오리온 *Orion*이라고 하는 소용돌
이형 팔인 황금대 *Gold Belt**에서 출현했는데 현재는 그곳
으로부터 1천 광년 약간 못되는 거리에 떨어져 있다(오리온
이라는 팔의 안 쪽에는 사수좌 *Sagittarius*의 팔이 있고 바
깥 쪽에는 페르세우스좌 *Perseus*의 팔이 있다).

태양이 소용돌이형 팔의 내부를 가로지를 때에는 가스 상
태의 성운이나 별 사이의 먼지구름 사이를 지나가며 별보다
작은 물체들을 만날 가능성이 다른 때보다 높아진다.

지구는 1억 년 정도마다 대빙하 시대를 맞는데 이것은 태
양과 지구 사이에 성간 물질이 끼어들기 때문에 일어나는 현
상인지도 모른다는 설도 나왔다. 내피어 *W Napier*와 클루
브 *S Clube*는 '태양계에 있는 많은 수의 위성들이나 소행
성, 혜성, 행성 주위의 고리 등은 일찌기 오리온의 팔 가운
데 있는 성간 우주(星間宇宙)를 자유로이 배회하다가 태양이
오리온의 소용돌이형 팔 가운데로 돌입했을 때 태양이나 행
성에 휘말려 들었다'는 설을 주장했다. 이것은 흥미 있는 생
각이긴 하지만 그럴 듯한 설명은 아닌 것 같다. 그러나 이 설
이 맞는지의 여부를 조사해 볼 수는 있다. 그러기 위해서는
이를테면 화성의 위성인 포보스 *Phobos*나 혜성의 표본을 입
수해서 그 가운데 있는 마그네슘의 동위 원소(양자의 수는 같
지만 중성자의 수가 다른 마그네슘)를 조사한다. 마그네슘
의 동위 원소가 비교적 풍부한가 어떤가는, 가까이 있는 초
신성의 시기 적절한 폭발을 비롯하여 특정한 마그네슘 표본

* 5, 6등성(星)보다도 밝은 B형
별(분광기로 분류한 별의 유
형)이 집중되어 있는 곳. 고
울드 *B A Gould*가 1879년
에 발견했다—역주

을 만들어낸 별의 원자핵 합성 반응 *nucleosynthetic event* 의 구체적인 결과에 달려 있기 때문이다. 은하계의 이곳저곳 에서는 여러 가지의 다른 사건들이 일어났을 것이며 동위 원 소의 함유율이 다른 마그네슘은 여러 곳으로 퍼졌을 것이다.

도플러 효과의 효용성

대폭발이나 은하의 파괴, 퇴화 등은 도플러 효과 *Doppler effect* 라고 하는 평범한 자연 현상에 의해 발견됐다.

우리는 도플러 효과를 소리의 물리학으로 알고 있다. 예를 들어 우리들의 곁을 질주하는 자동차가 경적을 울렸다고 생각 해 보자. 자동차 안에 있는 운전사에게는 그 소리가 언제나 같은 크기로 들린다. 그러나 차 밖에서 들으면 음의 높이는 변한다. 경적음은 높은 주파수로부터 낮은 주파수로 변해 간 다. 시속 2백 *km*로 달리고 있는 경주차는 음속(音速)의 5분의 1 의 속도로 질주한다. 소리라고 하는 것은 공기의 연속파로서 파산(波山)과 파곡(波谷)이 있다. 산과 산 사이의 간격이 짧 으면 주파수가 높아져서 소리도 높아진다. 산과 산 사이의 간 격이 커지면 음은 낮아진다. 경주차가 우리에게서 멀어지면 경 주차의 경적음 파장이 길어지며 따라서 소리는 낮아지고 독특 한 음이 된다. 이것은 누구나 경험한 적이 있을 것이다. 그러 나 경주차가 우리 쪽으로 질주해 오고 있을 때에는 음파의 파 장이 조여들면서 주파수가 높아지고 이 때문에 우리는 높게 울부짖는 소리를 들을 수 있게 된다.

만약 우리가 그 자동차가 서 있을 때 내는 평소의 경적 소 리의 높이를 알고 있다면 우리는 눈을 감고도 그 소리의 높 이 변화에 따라 차의 속도를 추측할 수 있을 것이다.

빛도 역시 파(波)이다. 빛은 소리와 달라서 진공 가운데서도 완전히 전달된다. 빛의 경우에도 도플러 효과가 작용한다. 만 약 자동차가 어떤 이유에서 앞뒤로부터 경적 대신에 황색 불빛 을 발하고 있다면 차가 가까이 다가올 때에는 빛의 주파수가 약간 높아지고 멀리 사라져갈 때에는 빛의 주파수가 좀 낮아진 다. 다만 그 변화를 차의 속도 정도의 속도에서는 느낄 수 없 다. 그러나 만약 자동차가 광속(光速)의 몇분의 1인가로 질주

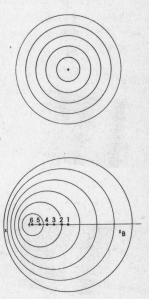

도플러 효과. 정지하고 있는 음파나 빛의 중심은 동심원을 그리며 퍼져 나간다. 진원이 오른쪽에서 왼쪽으로 움직이면 동심원의 중심도 1에서 6으로 움직인다. 그러나 B에 있는 사람은 파동이 퍼져 나가는 듯 한 느낌을 받고 A에 있는 사 람은 더 압축된 느낌을 받는 다. 따라서 멀어지는 물체는 붉게 보이고(파장이 더 길다) 가까이 오는 물체는 푸르게 보 인다(파장이 짧다). 도플러 효 과는 우주 공학의 열쇠이다.

5천만 광년 밖에서 충돌하는 두 은하. 이런 충돌이 일어나면 은하의 내부는 완전히 파괴되고 수십억 개의 별이 공간으로 튀어 나온다

한다면 차가 우리에게로 접근해 오고 있을 때에는 빛의 주파수가 높아지고 빛의 색깔이 청색에 가깝게 되는 것을 관찰할 수 있을 것이다. 그리고 차가 우리들로부터 멀어져 갈 때면 주파수가 낮아지면서 색깔이 적색쪽으로 이동할 것이다. 우리는 이것을 적방편이(赤方偏移)라고 부른다.

따라서 무서운 속력으로 우리 쪽으로 다가오는 물체가 있다면 그것이 발하는 빛의 스펙트럼선 spectral line은 청색 쪽으로 이동한다. 반대로, 멀어져갈 경우 빛의 스펙트럼선은 붉은색 쪽으로 바뀐다.*

이 적방편이 현상이야말로 우주의 수수께끼를 풀 수 있는 열쇠로서 우리는 아득히 먼 저 쪽의 은하에서 발하는 빛의 스펙트럼선을 관측, 그것을 도플러 효과로 해석함으로써 그 은하에 관한 것을 알 수가 있는 것이다.

20세기에 접어든 지 수년만에 윌슨 Wilson 산에는 세계 최대의 천체 망원경이 건설되었다. 그것은 그 무렵에는 아직 맑은 하늘을 지녔던 로스앤젤레스 시가를 굽어 보는 곳에 세워졌는데 이 천체 망원경이 바로 먼 은하의 적방편이 현상을 발견해 내기 위한 장치였다. 천체 망원경의 큰 부품들은 노새들의 힘으로 산 정상으로 옮겨졌다. 휴메이슨 Milton Humason이라고 하는 젊은 노새몰이가 기계 부품이며 광학 장치, 과학자, 기술자, 고관들을 산 위에까지 실어 나르도록 도왔다. 휴메이슨은 직접 말을 타고 노새의 행렬을 유도했다. 말 안장 뒤에는 그가 기르는 하얀 강아지 테리어가 서서 앞발을 그의 양 어깨에 올려 놓고 있었다.

그는 담배를 씹으면서 일하는 잡역 인부 출신에다 훌륭한 도박사, 당구의 명인이었고 호색한이기도 했다. 그는 중학 2학년에서 중퇴했지만 총명하고 호기심이 많았으며 그래서 고지(高地)에 짐을 나르는 데 필요한 장비에 관해 여러 가지로 머리를 짜 냈다. 휴메이슨은 천문대 기술자의 딸과 사귀고 있었는데 이 기술자는 자기 딸이 노새를 다루는 정도 이상은 야심도 없는 젊은이와 사귀고 있는 것을 못마땅하게 생각했다. 휴메이슨은 천문대에서 이것저것 뜨내기 일을 했다. 그는 전기 기술자의 조수, 수위, 그가 건설을 도왔던 천체 망원경실의 밤바닥을 닦는 일 등을 해 냈다.

그러던 어느날 저녁, 야근을 맡은 관측 조수가 병이 나서 휴

* 그 물체 자체는 여러 가지 색을 띠고 있을 것이다. 청색을 띠고 있는 것도 있을 것이다. 적색이 짙다고 하면 그 물체가 정지하고 있을 때에 비해 스펙트럼선의 파장이 긴 쪽으로 바뀌고 있음을 알 수 있다. 적색으로 짙어지는 양(量)은 그 물체의 속도와 정지되고 있을 때의 스펙트럼선의 파장에 비례한다
—원주

메이슨에게 대신 해 달라는 부탁을 했다. 그러자 그는 망원
경에 대한 그의 기술을 훌륭하게 발휘함으로써 상근(常勤)의
천체 망원경 조작원 겸 관측 조수가 되었던 것이다.

도망쳐 가는 은하들

제1차 세계대전이 끝나고 윌슨 산 천문대에는 허블 *Edwin
Hubble*이라는 사람이 왔다. 그는 곧 유명인이 되었는데, 머
리도 좋고 세련되어 있었으며 천문학계 이외의 사람들과도
잘 사귀었다. 그는 영국의 옥스포드 대학에서 로우드 장학 연
구원으로 1년 유학하는 동안에 얻은 영어 액센트를 지니고
있었다.

소용돌이형의 은하는 바로 〈섬 우주 *island universe*〉이며
우리의 은하계와 마찬가지로 많은 별들이 모인 것들임을 최
종적으로 입증한 사람이 바로 허블이었다. 그는 또 은하까지
의 거리를 재는 데 필요한 항성의 표준 촉광을 알아냈다.

허블과 휴메이슨은 멋진 히트를 날렸다. 이 두 사람은 잘
어울리지 않는 한쌍이었는데도 천체 망원경에서만은 서로 협
조가 잘 되었다. 얼마 뒤 그들은 로웰 천문대의 천문학자 슬
라이퍼 *V M Slipher*의 지도를 받아 먼 은하들의 스펙트럼을
조사하기 시작했다. 휴메이슨이 찍은 먼 은하의 스펙트럼 사
진은 세계의 어느 전문적인 천문학자가 찍은 스펙트럼 사진
보다도 질적으로 훌륭하다는 사실이 곧 명백해졌다. 그는 윌
슨산 천문대의 정규 직원이 되었고 자기가 하고 있는 관측의
과학적인 의미도 잘 알게 되었다. 그리하여 그가 죽을 무렵
에는 천문학계의 많은 사람들로부터 존경을 받았다.

은하로부터 오는 빛은 그 가운데 있는 수십억 개의 항성이
발하는 빛의 총합량이다. 빛이 이들 항성을 떠날 때 빛의 일
부는 항성 재일 바깥층의 원자들에 의해 흡수된다. 그 결과
로 생긴 스펙트럼선을 보면 몇 백만 광년이나 떨어져 있는 별
들도 우리의 태양이나 가까이 있는 별들과 똑같은 화학 원소
를 가지고 있다는 사실을 알 수 있다.

휴메이슨과 허블은 모든 은하의 스펙트럼이 적방편이 현상
을 나타낸다는 사실을 알아내고 깜짝 놀랐다. 게다가 멀리

스테판의 5중주. 스키아파렐리가 1877년에 발견한 화성의 운하와 관계가 있는 것으로 여겨졌으나 최근의 연구에 따르면 왼쪽 아래에 있는 NGC 7320은 우리 은하계에 더 가까이 있다고 한다.

'세이퍼트 6중주'라는 별명을 가진 은하군. 스테판의 5중주와 세이퍼트 6중주는 우주에서 가장 큰 지역의 하나이다.

있는 은하일수록 적방편이의 정도가 더 심하다는 사실도 알아냈다.

이와 같은 적방편이에 대한 가장 정확한 설명은 도플러 효과였다. 즉 은하들은 우리로부터 점점 멀어져 가고 있다는 것이었다. 따라서 멀리 있는 은하일수록 보다 빠른 속도로 멀어져 가고 있다. 하지만 어째서 은하는 우리들로부터 도망쳐 가고 있는 것일까? 마치 우리들의 은하계가 은하 사회 속에서 자칫 실례라도 범한 듯하다. 우리들이 있는 곳은 우주 가운데서 뭔가 특별한 장소라도 된단 말인가. 이론은 우주 자체가 팽창하고 있고 은하도 그 팽창에 따라 움직이고 있다고 생각하는 편이 훨씬 타당하게 여겨졌다. 휴메이슨과 허블의 대폭발을 발견했다는 사실은 점차 명백해졌다. 대폭발이 비록 우주의 시작은 아니라 하더라도 그것이 적어도 가장 최근에 있었던 우주의 재생 시기라고 볼 수는 있다.

현대 우주학의 거의 대부분은——특히 팽창 우주론 *expanding universe*과 대폭발설은——멀리 있는 은하들의 적방편이 현상이 도플러 효과이며 그것은 그들이 멀어져 가는 속도 때문에 일어나는 것이라는 생각에 입각하고 있다. 하지만 자연계에는 다른 종류의 적방편이 현상도 있다. 인력에 의한 적방편이가 그것이다. 강한 인력 장(場)으로부터 빛이 나올 때는 그곳으로부터 빠져 나오느라고 에너지를 잃고 만다. 따라서 멀리 떨어져 있는 관측자가 보면 멀어져 가는 빛이 파장이 길고 더 붉은 색깔로 편이(偏移)하는 것처럼 보인다. 우리는 '은하 가운데는 중심부에 거대한 블랙홀을 가지고 있는 것이 있을지도 모른다'고 생각하고 있는데 그것은 적방편이에 대한 그럴 듯한 설명이라고 할 수 있다. 그러나 관측되는 스펙트럼선은 때때로 굉장히 희박하게 확산된 기체에 의해 생겨난 것이다. 블랙홀 주변에 있음이 틀림없는, 놀랄 만큼 밀도가 높은 기체에 의해 생겨난 것은 아니다. 혹은 적방편이는 우주 전체의 팽창에 의한 도플러 효과로 생성되는 것이 아니고 보다 작고 국부적인 은하 폭발로 생겨난 것인지도 모른다. 그러나 이 경우는 우리로부터 멀어지고 있는 것만큼 같은 수의 폭발 파편이 우리들 쪽으로도 날아와야 한다는 얘기가 된다. 즉 적방편이만이 아니라 청방편이(靑方偏移) *blue swift*도 있다고 기대할 수 있기 때문이다. 그러나 우리의

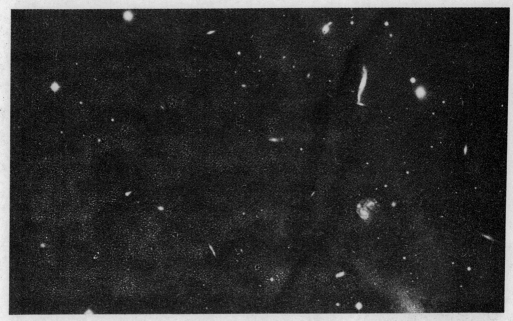

국부 은하군 밖에 있는 아무리 먼 거리의 은하에 천체 망원경을 대고 관찰해 보아도 거기에서 보이는 것은 거의가 적방편이 뿐이다.

헤르클레스 *Hercules* 좌의 일부. 초속 1만 *km*로 후퇴하고 있다.

처녀좌(座)가 은하단에 돌입

그럼에도 불구하고 이러한 생각에 의문을 표하는 천문학자들도 있다. '은하의 적방편이는 도플러 효과에 의한 것이며 따라서 우주는 팽창하고 있는 것'이라는 추리는 전부 옳지 않다고 생각하는 사람이 있는 것이다. 천문학자 아프 *Halton Arp*는 수수께끼 같은 경우를 발견해 냈다. 그것은 '은하와 준항성, 혹은 두개의 은하가 분명히 물리적으로 결합되어 있는데도 아주 다른 적방편이 현상이 보인다'는 것이었다. 때때로 두개의 은하 사이나 은하와 준항성과의 사이에는 가스, 먼지, 항성 등의 다리가 놓여 있는 것처럼 보일 때가 있다.

만약 적방편이가 우주의 팽창 때문에 생기는 것이라면 아주 다른 적방편이를 보이고 있는 천체는 그만큼 거리가 아주 다

두 은하의 연결부인 나리에 서 새 별이 탄생하고 있다. 컴 퓨터 정보로 그린 그림.

밀튼 휴메이슨.

르다는 것을 의미하게 된다. 그러나 물리적으로 연결되어 있 는 두 개의 은하가 서로 그렇게 멀리 떨어져 있을 리는 없다 고 생각된다. 물론 어떤 경우에는 십억 광년쯤 떨어져 있는 경우도 있지만, 이 점에 대해 회의적인 사람들은 두 개의 은 하의 결합은 단지 시각상의 일치일 뿐이라고 말한다. 이를테 면 가까이에 있는 밝은 은하와 훨씬 멀리 떨어져 있는 준항 성을 생각해 보자. 그것들은 적방편이도 아주 다르고 지구로 부터 멀어지는 속도도 아주 다른데 우연히 일직선으로 겹쳐 서 우리 눈에 들어오는 경우가 있다. 그러나 실제로는 물리적 으로 결합이 되어 있는 것은 아니다. 이와 같은 시각상의 접 근은 가끔 우연히 일어날 수 있을 것이다. 여기에서 '이같은 우연의 일치 현상은 예상되는 확률보다 자주 일어날 것인지' 가 논란의 중심 대상이 되고 있다.

아프는 다른 예를 들고 있다. 그에 의하면 두 개의 준항성 이 한 개의 은하를 양쪽에서 감싸고 있는 경우가 있다고 한 다. 그 은하는 작은 적방편이밖에는 나타내지 않지만 양쪽의 두 개의 준항성은 둘다 똑같이 큰 적방편이를 나타낸다.

그는 '이 두 개의 준항성은 멀리 떨어져 있는 것이 아니고 맨가운데의 은하로부터 좌우로 방출되는 것이며 또 적방편 이는 아직 알려지지 않은 장치에 의해 일어나는 결과'라고 믿 고 있다.

그러나 회의론자들은 그것들은 우연히 위치가 일치한 것이 라고 주장, 허블과 휴메이슨의 적방편이에 대한 전통적 해석 을 지지하고 있다. 만약 아프가 옳다면, 멀리 있는 준항성 의 에너지원을 설명하기 위해 제안된——초신성의 연쇄반응 이라든가 거대한 블랙홀 등등——신기한 장치 같은 것은 불 필요하게 될 것이다. 아프의 말대로라면 준항성은 그다지 멀 리 있을 필요가 없다. 그러나 그 적방편이를 설명하려면 뭔 가 우리에게 낯설고 신기한 장치가 필요하게 될 것이다. 어느 경우든 우주의 깊숙한 곳에서는 뭔가 대단히 신기한 일이 계 속되고 있다는 것이 된다.

적방편이를 도플러 효과에 의해 설명하면 은하는 멀리 후퇴 하고 있는 것이 된다. 그러나 그것이 대폭발설의 유일한 증거 인 것은 아니다. 또 다른 독립적이고 설득력이 있는 증거가 있 으니, 그것은 우주의 흑체 배경 방사 *black body background* *radiation*이다. 조용하고 약한 전화가 우주의 모든 방향에서 일제히 쏟아져 나온다는 것이다. 그리하여 그 대폭발의 방사선이 상당히 냉각될 때에 방출된다고 예상되는 정전기파의 강도와 그것의 강도가 일치된다. 우리 시대에는 이 정도가 될 것이라고 예상되었던 강도와 일치된다는 얘기이다.

그러나 여기에도 수수께끼 같은 것이 있다. 미국의 U₂ 형 정찰기가 감도 높은 안테나를 싣고 대기권의 가장 높은 곳에 올라가서 관측했던 바——마치 대폭발의 불덩어리가 일제히 퍼져 나간 듯, 그래서 우주의 기원이 된 대폭발이 정확한 대칭형이었던 것같이——주먹구구식 계산으로는 모든 방향의 배경 방사의 강도가 똑같은 것처럼 나타났다. 그러나 좀 더 정밀히 조사해 본 결과 배경 반사는 완전한 대칭형은 아닌 것으로 알려졌다. 거기에는 작고·정연한 변형이 나타나 있었는데 만약 은하계 전체가(국부 은하군의 다른 은하도 포함해서) 처녀좌 은하단 쪽으로 초속 6백 *km* 이상의 속도로 진행하고 있다고 생각하면 이해할 수 있는 변형이었다.

이러한 속도라면 우리는 1백억 년 정도면 처녀좌 은하단에 도달할 수 있을 것이다. 그렇게 되면 주변에 많은 은하가 있기 때문에 은하 천문학은 훨씬 더 수월해질 것이다.

처녀좌 은하단에는 우리가 아는 한 이미 가장 많은 은하가 모여 있으며 거기에는 소용돌이형이나 타원형이나 불규칙형의 은하가 가득차 있어 마치 하늘의 보석 상자와 같을 것이다. 그러나 우리는 왜 그곳을 향해 돌진하지 않으면 안되는 것일까? 이같은 고공 관측을 한 바 있는 스무트 *George Smoot*와 그의 동료 연구자들은 "은하계는 인력에 의해 처녀좌 은하단의 중심부로 점차 끌려가고 있고, 이 은하단에는 지금까지 알아낸 것보다 많은 수의 은하가 있으며 이 은하단은 10억 광년 내지 20억 광년이 되는 어마어마한 넓이의 우주 공간을 차지하고 있다"고 말하고 있다. 이는 참으로 놀라운 사실이다.

우주는 신의 꿈인가

인간이 관찰할 수 있는 우주는 직경이 불과 수백억 광년

2중 나선을 상징하는 고대 중국의 그림.

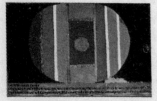

불교도들이 '순수한 존재'가 들어 있다고 생각한 달걀. 이 달걀은 중앙에 있는 여자의 번식력과 남자의 에너지(자르는 선)로 의식이 있는 생명을 만든다고 여겼다.

정도밖에 안되지만 만약 처녀좌 은하단과 같은 은하의 거대한 집단이 있다면 아마 훨씬 더 멀리에 또 다른 거대한 은하단이 있을 수도 있다. 다만 거리가 너무나 멀고 넓기 때문에 관찰이 더 어려울 뿐이다.

처녀좌 은하단 가운데 있다고 생각되는 거대한 양의 물질을 그곳에 모이게 하려면 초기의 불균질의 인력으로서는 충분한 시간적 여유가 없었을 것이 분명하다.

그리하여 스무트는 대폭발이 자신의 다른 관측 자료가 보여 주고 있는 것보다도 훨씬 불균질이었으며 우주 초기의 물질 분포에는 덩어리가 많았으리라는 결론을 내리고 싶어진 것이다(어느 정도의 덩어리는 예상될 수 있고 또 은하 응축 condensation of galaxies을 이해하는 데는 필요하기조차 하지만 스무트가 말하듯이 그렇게 대규모적인 덩어리가 있었다면 그것은 너무나 놀라운 일이다).

이런 모순은 두 개 이상의 대폭발이 거의 동시에 일어났다고 상상한다면 아마 풀릴 수도 있을 것이다.

그런데 만약 팽창 우주와 대폭발에 관한 전반적 연구 관찰이 정확하다면 우리는 훨씬 더 어려운 문제들에 직면하지 않으면 안된다. 대폭발이 일어날 당시의 상태는 어떠했을까? 그 이전에는 무슨 일이 있었났을까? 거기에는 물질이라고는 전혀 없는 작은 우주가 있었을까? 그래서 물질은 무(無)에서 갑자기 생겨난 것일까? 그런 일은 어떻게 일어났을까?

많은 문화 사회에서는 보통 '신이 무에서 우주를 창조했다'고 대답해 왔다. 하지만 그것은 임시변통적인 답안에 지나지·않는다. 만약 우리가 이 문제를 좀더 과감하게 추구하려고 한다면 우리는 물론 '신은 어디서 왔는가'라고까지 묻지 않으면 안된다. 그리고 만약 '그 문제에는 해답이 나올 수가 없다'고 생각한다면 어째서 신의 창조 같은 것을 들먹이기 전에 '우주의 기원은 답할 수 없는 문제'라고 솔직히 말하지 않는 것일까? 아니면 만약 '신은 항상 존재하고 있다'고 한다면 신을 들먹이기 전에 우주는 항상 존재하고 있었다고 말할 수도 있지 않을까?

어떤 문화 사회라도 세계의 창조와 그 이전의 세계에 관한 신화를 가지고 있다. 그것은 종종 신들의 결혼이나 우주란 cosmic egg의 부화에 의해 설명된다.

일반적으로 우주는 인간이나 동물의 선례에 따르는 것이라고 순진하게 상상되었었다.

대폭발설과 같은 현대의 과학적 신화와 옛 신화와의 주요한 차이는 '과학이란 스스로 캐어 묻는 것이며 자기가 생각한 바를 검증하기 위해 과학자들은 실험과 관측을 행할 수가 있다'는 점이다. 하지만 옛날의 창조에 관한 이야기도 깊이 존경할 만한 가치는 있다.

어떠한 인간 사회도 '자연에는 순환이 있다'는 것을 알고 있다. 그러나 신들이 그러한 순환을 원치 않았다면 도저히 그것은 생겨날 수 없었을 것으로 생각되었다. 그리고 인간의 세계에 순환이 있다면 신의 세계에도 순환이 있을 것이다. 힌두교는 우주 자체가 생과 사를 광대하게 무한히 반복한다고 믿은 세계 유일의 위대한 종교였다. 의심할 여지도 없이 우연하게도 힌두교의 시간 척도는 현대의 과학적인 우주학의 척도와 일치하고 있다. 여기에서 순환은 보통의 낮과 밤은 물론이고 브라흐마 *Brahma* 신의 낮과 밤에까지 이른다. 그리고 브라흐마 신의 1주야는 86억 4천만 년이나 되며 그것은 지구나 태양의 나이보다도 많고 대폭발 이후 흐른 시간의 절반이나 된다. 힌두교에는 이밖에도 더 긴 시간의 척도가 있다.

힌두교에서는 '우주는 신이 꿈을 꾸고 있는 것에 불과하다. 1백 브라흐마 년이 지난 뒤면 그는 꿈도 꾸지 않는 깊은 잠 속에 빠져 버릴 것'이라는 오묘하고 흥미있는 생각을 가지고 있다. 우주도 이 신과 함께 사라져 버린다. 그러나 다시 1백 브라흐마 년이 지난 뒤 신은 눈을 뜨고 스스로 일어나 또 다시 위대한 우주의 꿈을 꾸기 시작한다.

한편 다른 곳에도 우주는 여기저기 널려 있으며 그 우주들마다 각각의 신이 있어 그들 역시 우주의 꿈을 꾸고 있다고 한다.

이와 같이 거창한 생각들이 훨씬 더 거창한 다른 생각에 의해 수정되고 변화됨에 따라 마침내 인간이 제신(諸神)의 꿈의 산물이 아니라 바로 제신이 인간의 꿈의 산물이라고 생각하게 되었다.

창조를 의미하는 히콜 *Huichol* 족의 이 그림 속에는 태초의 존재들이 나타나 있다. 다섯 마리의 뱀은 물의 모체이고 오른쪽에는 최초의 식물이 암꽃과 수꽃을 달고 있으며 왼쪽에는 태양과 새벽별이 대결하고 있다.

전통적인 유태교의 세계관. 신(위)이 지구와 사람을 만드셨다. (중앙에 아담과 이브가 있다.)새와 구름, 태양, 달, 별이 지구를 둘러싸고 있다.

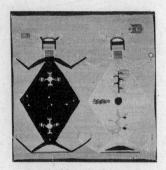

나바조 Navajo 족의 모래 그림. 하늘은 아버지로, 땅은 어머니로 표현하였는데 하늘 안에는 여러 별자리와 북두칠성이 있고 땅 안에는 네 가지 신성한 식물로 꼽는 콩, 옥수수, 담배, 호박이 그려져 있다.

* 마야 족의 비문 가운데 새겨진 날짜들에는 아득히 먼 과거의 것도 있지만 먼 미래의 것도 있다. 한 비문에는 1백만 년 이상의 것이 언급되어 있고 또 어떤 비문에는 4억 년 전의 일이 씌어져 있다. 물론 마야학 전문가들 사이에는 이것에 관해 몇 가지 이견(異見)이 있다. 기록된 사건들이 신비롭긴 하나 시간 단위가 너무 거대하다. 그리스도교의 성서에는 세계의 연령이 수천 년으로 되어 있지만 유럽인들이 이 생각을 버리기 천 년이나 앞서서 마야 족들은 몇 백만 년이라는 세월을 생각했고 인도인들은 수십억 년이란 세월을 생각하고 있었다─원주

팽창 우주인가 진동 우주인가

인도에는 신도 많지만 그 각각의 신이 나타내는 현상도 가지가지이다. 촐라 Chola 왕조의 청동상은 11세기에 만들어진 것으로 시바 Shiva 신의 여러 가지 다른 모습을 보여 주고 있다. 이 가운데 가장 우아하고 숭고한 것은 각각의 우주 순환의 시작에 해당하는 〈우주의 창조〉를 나타내는 상으로서 이 상의 주제는 '시바 신의 우주 무용(舞踊)'으로 알려져 있다. 그 모습 때문에 〈무용왕 나타라자 Nataraja〉라고 불리우는 이 시바 신은 4개의 손을 가지고 있다. 오른쪽 윗손에는 '창조의 음'을 내는 큰 북이 들려져 있고 왼쪽 윗손에는 화염(火炎)을 가지고 있는데 이것은 '지금 새로이 창조된 우주도 수십억 년 후에는 완전히 파멸된다'는 것을 사람들에게 일깨워 주기 위한 것이라고 한다.

이처럼 의미심장하고 아름다운 상이 현대의 천문학적 사고의 예고가 아니었나 하는 생각이 든다*.

대폭발 이래 우주가 계속 팽창해 왔다는 것은 있음직한 일로 여겨지고 있지만 우주가 앞으로도 영구히 팽창을 계속하게 될 것인지는 결코 분명치 않다. 팽창은 점차 속도를 늦추다가 정지하고 다시 반대로 움직일지도 모른다. 만약 우주 가운데의 물질이 어느 한계량보다 적다면, 멀어져 가고 있는 은하의 인력은 팽창을 정지시킬 만큼의 힘이 없어 우주는 영구히 도망을 계속할 것이다. 그러나 예를 들어 블랙홀 가운데에 물질이 숨겨져 있다거나 혹은 은하와 은하 사이의 뜨겁고 눈에 보이지 않는 가스 중에 물질이 숨겨져 있어서 우리가 볼 수 있는 이상으로 물질이 존재해 있다면 우주는 인력에 의해 멈추게 될 것이다. 그것은 바로 힌두교에서 말하는 순환의 반복이기도 하다. 팽창 뒤에는 수축이 오며 우주가 사라진 뒤 또 우주가 있고 그래서 우주에는 종말이 없다. 만약 우리가 이같은 '진동하는 우주 oscillating universe'에 살고 있다면 대폭발은 우주의 창조가 아니라 전(前)우주의 종말에 불과하며 새로운 우주의 시작을 위한 파괴인 셈이다.

이같은 현대 우주학의 추론은 어떤 것도 우리들의 기호에

맞지는 않는다.

어떤 추론에 의하면 우주는 1백억 년인가 2백억 년 전에 창조되어 영원히 팽창을 계속하고 있다고 한다. 이 경우 은하는 서로 멀어져 가며 드디어 최후의 하나까지도 우리의 우주 지평선에서 사라진다. 그때는 은하 전문 천문학자들도 할 일이 없어지게 된다. 별은 냉각되어 사멸하고 물질 자체도 붕괴하여 우주는 소립자로 된 차갑고 희박한 안개로 변할 것이다.

또 다른 진동 우주론에 의하면 우주에는 시작도 끝도 없다고 한다. 이 경우 우리는 진동의 끝에 무엇이 올는지 아무런 정보도 얻지 못한 채, 우주의 죽음과 재생의 끝 없는 순환 중에 휘말려 있게 된다. 앞서의 우주 체계 속에서 진화 발전되었던 문명 사회와 온갖 형태의 생물, 행성, 항성, 은하 등은 모두 진동의 끝으로 흘러 들어가 대폭발에 의해 흩어져 날아갔다. 물론 우리가 살고 있는 현재의 우주에서는 아무도 이것을 모른다.

어느 우주론에서도 우주의 운명에 대한 논의는 약간 우울한 느낌을 주고 있지만 그 시기에 이르기까지의 시간의 장구함을 생각하면 안심이 된다. 이러한 대사건이 일어나려면 수백억 년 혹은 그 이상의 시간이 걸릴 것이기 때문이다.

인간의 먼 자손이 어떤 존재가 될는지 모르지만 인간과 그 자손들은 우주가 사멸하기까지 수백억 년 동안 무수한 일을 성취할 수 있을 것이다.

만약 우주가 진짜로 진동을 하고 있다면 더욱 기이한 문제들이 제기될 것이다. 팽창 뒤에 수축이 따를 때, 먼 은하의 스펙트럼은 모두 청방편이(靑方偏移)를 일으킬 것이며 인과 관계는 역전하여 원인에 앞서 결과가 일어날 것이라고 어떤 과학자들은 생각하고 있다. 예를 들면 이미 수면(水面) 위에 잔물결이 퍼져 나간 뒤에야 내가 돌을 던지는 셈이 되며 또한 횃불의 불꽃은 이미 타오르고 있는데 그제서야 불을 붙이는 것이 된다. 이러한 인과 관계의 역전 현상은 무엇을 의미하고 있는가? 우리들은 그것을 이해하는 척할 수가 없다. 그런 시대의 사람들은 무덤에서 태어나, 죽어서 자궁으로 들어갈 것인가? 아니면 시간이 뒤로 흘러갈 것인가? 이런 질문에 어떤 의미가 있을 것인가?

태양의 기원을 설명하는 히콜 족의 그림. 위에서 땅의 여신은 아직 태어나지 않은 태양을 환영하는데, 여신의 아들은 태양의 바퀴를 활로 쏜다. 바퀴 아래 있는 것은 소년이 동쪽으로 여행할 때 타는 배이다.

우주가 진동의 끝에 다다를 때, 즉 수축으로부터 팽창에로 이동할 때에는 어떤 일이 일어날지 과학자들은 궁금해 하고 있다. 몇몇 과학자들은 '그때는 자연 법칙이 멋대로 변할 것'이며 '지금의 우주에 질서를 세워 가고 있는 물리학이나 화학은 무한한 가능성을 가진 자연 법칙의 극히 일부에 지나지 않을 것'이라고 생각한다. 극히 제한된 범위의 자연 법칙만이 은하, 항성, 행성, 생명, 지적 생물 등에 적용될 것임을 쉽게 알 수 있다. 그러나 진동의 극한 시기에 와서 자연의 법칙이 예상치 못한 방식으로 재분류된다면 우주의 슬로트 머신 *slot machine* 이 모순 없는 우주를 지금 우리에게 제공하고 있는 것은 참으로 보기 드문 우연의 일치라고 할 수밖에 없을 것이다.*

우리는 영구히 팽창하는 우주에 살고 있는 것일까, 아니면 무한히 순환하는 우주에 살고 있는 것일까? 이것을 알아내는 방법이 있다. 그 한 가지는 우주 가운데 있는 물질의 총량을 정확히 조사하는 방법이고, 또 한 가지는 우주의 끝을 주의 깊게 관찰하는 일이다.

* 자연 법칙은 진동의 극한 시기에서 멋대로 바뀌는 것은 아니다. 만약 우주가 이미 여러 차례의 진동을 경험했다면 많은 인력 법칙 가운데는 인력이 너무나 약해서 우주가 팽창했다가 나중에 다시 수축할 누가 없게 되는 경우도 있을 것이다. 우주가 일단 이처럼 약한 인력 법칙을 맞게 되면 우주는 산산이 흩어져서 또 한 차례의 진동이나 극한적인 다른 자연 법칙을 경험할 수 있는 기회를 갖지 못하게 될 것이다. 따라서 우리는 우주가 제한된 기간만 존재하든가 아니면 각각의 진동을 할 때의 여러 가지 자연 법칙이 엄격한 제약을 받고 있든가 하다는 사실을 추론할 수 있다. 만약 진동의 극한에서도 물리학의 법칙이 멋대로 바뀌지 않는다면 거기에는 질서가 있고 어느 법칙은 허용되고 어느 법칙은 허용되지 않는다는 것을 결정 짓는 일련의 규칙이 있을 것이다. 이같은 일련의 규칙들 가운데는 기존의 물리학보다 우위에 서는 새로운 물리학도 포함될 것이다. 우리의 언어가 아직 빈곤하기 때문에 이같은 새로운 물리학에 대한 적절한 명칭은 없는 것 같다―원주

미약한 전파를 잡을 수 있다

전파 망원경은 아주 희미하고 아주 멀리 있는 천체들을 탐지해 낼 수가 있다. 우리가 우주 공간의 깊은 곳을 바라본다는 것은 먼 과거를 되돌아 보는 셈이다. 제일 가까운 준항성도 아마 5억 광년은 떨어져 있을 것이다. 가장 멀리 있는 준항성은 1백억 광년이나 1백 20억 광년, 아니 그보다 더 멀리 떨어져 있을 것이다. 우리가 1백 20억 광년 떨어진 천체를 보고 있을 때 우리는 그 천체의 1백 20억 년 전의 모습을 보고 있는 셈이다. 우주 공간 깊은 곳을 보면 볼수록 그만큼 시간적으로 더 과거를 보고 있으며 우주의 지평선을 본다는 것은 대폭발 시대를 보는 셈이 된다.

미국의 대형 전파 간섭계 *Very Large Array*는 27개의 전파 망원경을 나란히 모아놓은 것으로 뉴멕시코 주의 오지(奧地)에 있다. 전파 망원경은 전파의 위상(位相)에 맞추어 배치한 것으로 각각의 전파 망원경이 전자 장치로 연결되어 있다. 그것은 마치 직경 수십 *km*나 되는 하나의 거대한 전파

뉴 멕시코의 오지에 있는 전
파 망원경들. 이 전파 망원경
은 철도를 이용하여 이동한다.

망원경과 같은 역할을 한다. 이 대형 전파 간섭계는 빛의 영
역에서 최대의 지상 천체 망원경이 할 수 있는 미세한 것까지
전파 영역에서 알아내고 판별해 낼 수가 있다.

이와 같은 전파 망원경은 때때로 지구 반대 쪽의 전파
망원경과 연결됨으로써 지구의 직경과 같은 길이의 기선
*baseline*을 형성, 어떤 의미에서 지구와 같은 크기의 전파 망
원경이 된다.

미래에는 지구의 공전 궤도 위에 인공 위성에 의한 전파 망
원경을 띄워 한 개가 태양의 반대 쪽에 오도록 할 수 있을
것이다. 그렇게 되면 태양계의 내부 영역과 같은 크기의 전
파 망원경을 가지게 될 것이다. 이같은 전파 망원경들은 준
항성의 내부 구조나 성질을 밝혀 낼 수가 있을지 모른다. 아
마 준항성의 광도를 알아 낼 수 있을 것이며 적방편이에 의
존하지 않고도 준항성까지의 거리를 알아 낼 수 있을 것이
다. 가장 먼 준항성의 구조나 적방편이를 이해함으로써, 우
주의 팽창이 수십억 년 전에는 지금보다 더 빨랐는지, 팽창
의 속도가 늦어지고 있는지, 우주는 언젠가는 붕괴될 것인지
를 알 수 있을 것이다.

오늘날의 전파 망원경은 감도가 대단히 높다. 먼 곳에 있는
준항성은 너무나 희미하기 때문에 검출되는 전파는 1천조분의
1 와트 정도밖에 안된다.

지구상의 모든 전파 망원경이 지금까지 수신한 태양계 외
부로부터의 전파 에너지 총량은 한 송이의 눈이 지상에 떨어
질 때의 에너지보다도 적다.

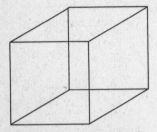

평면적으로 그린 육면체.

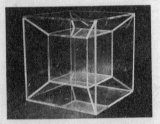

입체적으로 만든 육면체. (안의 육면체는 밖의 것을 축소한 것).

타원형은 은하 NGC 3266의 전파 영상.

우주의 배경 방사를 탐지하거나 준항성의 수를 헤아린다거나 우주의 지적 생물로부터 오는 신호를·탐지하거나 할 경우 전파 천문학자들은 거의 있지도 않은 극소량의 에너지를 취급하고 있는 것이다.

어떤 물질, 특히 항성들 중의 물질은 가시 광선을 발하기 때문에 쉽게 볼 수 있다. 하지만 다른 물질, 이를테면 은하 주변에 퍼져 있는 가스나 먼지 같은 물질은 그렇게 간단히 검출되지는 않는다. 그것은 전자파(電磁波)는 방출하고 있는 것으로 보이나 가시 광선은 방출하지 않고 있기 때문이다. 이것이 우리가 우주의 신비를 풀기 위해서 신기한 도구를 사용하고 눈으로 볼 수 있는 가시 광선과 다른 주파수의 전자파를 이용하는 한 가지 이유이기도 하다.

지구의 주변 궤도를 도는 천문 관측 위성에 의해 은하와 은하 사이에 강한 X선을 방출하고 있는 것이 존재함을 알아 냈다. 처음에 그것은 은하 간에 존재하는 뜨거운 수소가 발하는 X선으로 생각되었다. 말하자면 지금까지 관측되지 않은 어마어마한 양의 수소 가스가 우주를 휩싸고 있어 우리가 진동하는 우주 속에 갇혀 있음을 입증하여 주는 것으로 생각되었다.

그러나 최근 지아코니 *Ricardo Giacconi*가 관찰한 바에 의하면 X선이 나오는 점들을 하나하나 분석한 결과 그것은 먼 준항성들의 거대한 집단들에서 나오고 있는 것 같다는 결론을 내렸다. 이로 말미암아 지금까지 알려지지 않았던 물질이 우주에 더 보태어지게 되었다.

우주 물질의 재고량이 조사되고 모든 은하, 준항성들, 블랙홀들, 은하 간의 수소 가스, 인력파(波), 그밖의 우주 존재 물들의 양이 전부 관측된다면 우리 자신이 어떤 우주에 살고 있는지 알게 될 것이다.

불가사의한 평면 세계

우주의 거대한 구조에 관해 논할 때면 천문학자들은 '우주는 구부려져 있다'거나 '우주에는 중심이 없다'거나 혹은 '우주는 유한하지만 경계선이 없다'는 등등 구구한 의견을 내세운다. 그들이 말하고 있는 것은 도대체 어떤 것인가?

지금 우리는 〈이상한 나라〉에 살고 있다고 상상해 보자. 그
곳에서는 모든 사람의 몸이 완전히 납작하다. 그리고 빅토
리아 여왕 시대에 살았던 영국의 셰익스피어 연구가 애보트
*Edwin Abbott*의 말대로 이런 나라를 〈평면국 *Flatland*〉이
라고 불러 보자. 어떤 사람은 사각형이고 어떤 사람은 삼각형
이며, 더 복잡한 모양을 한 평평한 빌딩을 종종걸음으로 드
나들고 평면적인 일이나 평면적인 사랑을 하게 될 것이다.

평면국에 사는 사람들은 모두 가로 세로의 폭만이 있을 뿐
높이가 없을 것이다. 우리는 좌, 우, 전, 후는 알고 있지만
——납작한 수학자들을 제외하고는——위 아래는 전혀 상상도
못할 것이다. 수학자들은 말한다. "자, 들어보세요, 아주 간
단해요. 좌 우를 생각해 보세요. 그리고 전 후도. 지금까
지는 알겠지요? 자, 그러면 또 하나의 차원을 상상해 보세
요. 그것은 다른 두 개의 차원에 대해 직각으로 만나는 차원입
니다" 그러면 우리는 이렇게 말한다. "당신 무슨 말을 하고
있는 겁니까? 다른 두 차원에 직각으로라니! 차원은 두 개밖
에 없는데 그 세 번째의 차원을 보여 주시오, 어디 있읍니까?"

수학자들은 실망한 채 사라져 버린다. 아무도 수학자가 하
는 말에는 귀를 기울이려 하지 않는다.

평면국에 사는 사각형 생물은 서로가 짧은 선(線)으로밖에
볼 수가 없다. 그리고 사각형 생물의 가장 가까운 변만을 볼
수 있고 다른 변을 보려면 약간 걸어가야 한다. 그러나 사각
형 생물의 내부는 가공할 사고(事故)나 해부 등에 의해 변이
(變異), 파괴되고 내부가 드러나지 않는 한 영구히 신비의
베일에 싸여 있을 것이다.

예를 들어 어느 날 사과 모양을 한 3차원의 생물이 이 평
면국에 나타나 이리저리 걸어다녔다고 해 보자. 사과는 특히
매력이 있고 마음에 드는 사각형 생물이 납작한 집으로 들어
가는 것을 보고는 차원간의 우호적 표시로 인사를 하기로 작
정한다. "안녕하십니까?"하고 3차원에서 온 사과라는 방문
객이 묻는다. "나는 3차원의 세계에서 왔읍니다'"

사각형 생물은 깜짝 놀라 문이 닫혀진 자기 집을 돌아다녀
보고는 아무도 없음을 확인한다. 불행하게도 위에서 들려온
인사말 소리가 자신의 평평한 몸뚱이 안에서 나온 것처럼 느
껴진다. 그는 약간 정신이 이상해져서 잽싸게 자기 자신을 돌

고대 이집트의 그림. 빛과
공기의 신인 슈 *Shu*는 하늘의
여신 누트 *Nut*와 땅의 신 겝
*Geb*을 나누었다.

남근 숭배 사상을 담은 말리
*Mali*의 조각.

이켜 보고 자기의 혈통을 더듬어 보게 될지도 모른다.

정신 이상의 판정을 받은 데 화가 난 사과는 평면국에 내려
온다. 3차원의 생물은 이제 평면국에 내려와 섰지만 그러나,
평면국에서는 부분적으로만 존재할 뿐이다. 즉, 평면국의 평
평한 생물이 볼 수 있는 것은 3차원의 생물이 평면국의 평평
한 표면에 접하고 있는 점이나 부분의 단면뿐인 것이다.

평면국의 표면을 슬슬 미끄러져 가는 사과는 먼저 하나의
점으로 보이다가 그 점이 차츰 커져서 점차 거의 원형의 단
면으로 보일 것이다. 사각형 생물은 2차원 세계의, 닫힌 방
속에 나타나, 서서히 원에 가까워져 가는 한 점을 본다. 이
상하게 생긴, 그리고 모습을 바꾸어 가는 생물이 난데 없이
나타난 것이다.

둔감한 평면 세계에서 거부 반응을 받은 사과는 불쾌해져
서 사각형 생물을 공중으로 쳐 올렸다. 그 사각형 생물은 빙
글빙글 돌면서 신비로운 3차원의 세계로 올라간다. 처음, 사
각형 생물은 뭐가 뭔지 도무지 알 수가 없다. 전연 경험해 보
지 못한 일이었으니까. 그러나 결국 그는 희한하게 유리한
지점, 즉 〈위〉에서 평면국을 보고 있다는 사실을 깨닫는다.
그는 닫힌 방 안도 들여다 볼 수가 있다. 그는 납작한 동료들
도 볼 수가 있다. 그는 독특하고 파괴적인 안목으로 그의 우
주를 바라보고 있다. 다른 차원을 통과하여 지나가노라니 덤
으로 생긴 이익처럼 X레이와 같은 투시력이 생긴다.

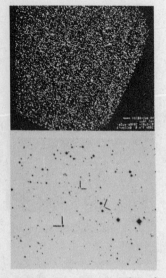

에리다누스좌를 X레이로 탐
사한 것.

가시 광선을 받고 있는 에리
다누스좌. 3개의 퀘이서가 표
시되어 있다.

그러나 결국 이 사각형 생물은 낙엽처럼 평면국의 표면으로
서서히 떨어져 내려온다. 그의 동포인 평면국 생물들의 입장에
서 보면 그는 폐쇄된 방에서 홀연히 모습을 감췄다가 어디선
가 알 수 없는 곳으로부터 비참해진 모습으로 나타나게 된 것
이다. 도무지 이해할 수 없는 그들은 "도대체 너에게 무슨
일이 생겼느냐?"고 묻는다. "나는 〈위〉에 갔던 것 같애"하
고 그가 대답한다. 동료들은 그의 한 변(邊)을 다독거리면서
그를 위로한다.

4차원의 세계를 상상한다

우리는 이처럼 차원이 다른 여러 가지 세계를 생각할 때 화

제를 2차원의 세계에만 국한시킬 필요는 없다. 애보트에 의하면 우리는 1차원의 세계도 상상해 볼 수 있다. 그곳은 모든 사람이 선(線)의 일부분이고 점(點)이라고 하는 제로 차원의 짐승들이 사는 그런 불가사의한 마술적 세계이다. 그러나 더 높은 차원의 세계에 관한 일이 더 흥미 있을 것 같다. 과연 4차원의 물리적 세계가 있을 수 있을까? *

우리는 다음과 같은 방법으로 입방체를 만들어 내는 일을 상상할 수가 있다. 즉 일정 길이의 선분(線分)을 긋고 그 선분에 대해 직각이 되는 방향으로 그 선분의 길이만큼 이동한다. 그렇게 되면 정사각형이 된다. 그 다음 이 사각형의 평면에 직각이 되는 방향으로 처음의 선분과 같은 길이만큼만 이동시킨다. 이로써 입방체가 생겼다.

우리는 이 입방체가 던지는 그림자를 알고 있다. 그것은 보통 두 개의 사각형이 정점에서 달라붙은 모양을 하게 된다. 입방체의 2차원의 그림자를 살펴 보면 모든 변의 길이가 같지 않다는 것과 모든 각이 직각이 아니라는 것을 알 수 있다. 3차원의 물체를 2차원으로 변화시킬 때 본래의 모양을 완전히 재현시킬 수는 없다. 이것은 기하학적 투영에서 차원을 줄일 때 지불해야만 하는 대가이다.

자, 이제 우리는 3차원의 입방체를 가져다가 그것에 직각의 방향, 즉 4차원의 방향으로 움직여 보자. 좌우, 전후, 상하의 관계가 아니고 그들 모든 방향에 대해 동시에 직각이 되는 방향으로 말이다. 그것이 어떤 방향이 될지 여러분에게 보여 줄 수는 없다. 하지만 나는 그런 방향이 존재한다는 것은 상상할 수 있다. 이렇게 될 경우 우리는 〈테세랙트 *tesseract*〉라고 불리우는 4차원의 '초(超)입방체 *hypercube*'를 만들어 낼 수가 있다. 나는 여러분에게 테세랙트를 보여 줄 수는 없다. 왜냐하면 우리는 3차원의 세계에 사로잡혀 있기 때문이다. 내가 여러분에게 보여 줄 수 있는 것은 테세랙트가 3차원의 세계에 던지는 그림자뿐이다. 그것은 모든 정점을 선으로 연결시켜 두 개의 입방체를 포개어 놓은 것과 같다. 그러나 4차원의 실제 테세랙트는 모든 선의 길이가 같고 모든 각이 직각으로 되어 있을 것이다.

평면국과 같은 우주를 상상해 보라. 그곳에 살고 있는 사람들에게는 알려지지 않았지만 그들의 2차원의 우주는 3차원

* 만약 4차원의 동물이 있다면 그것은 우리들 3차원의 세계에 나타났다가 자유자재로 사라질 수 있을 것이며, 형태도 뚜렷하게 바꿀 수 있을 것이다. 그것은 우리를 잠긴 방에서 끌어내기도 하고 어디선가에서 우리로 하여금 갑자기 모습을 나타내게 할 수도 있을 것이다. 그 동물은 우리의 안과 밖을 뒤집어 놓을 수도 있을 것이다. 우리의 안팎을 바꿀 수 있는 방법은 여러 가지가 있다. 물론 가장 불쾌한 방법은 내장이 외부에 있고——빛나는 은하간의 우주 가스나 은하, 행성 등 온갖 것이 우리의 몸 안에 있는——전우주가 우리의 체내에 들어오는 일일 것이다. 이러한 생이 좋을 수는 없다 ——원주

의 물리적 우주를 향해 굽어 있다. 평면국 사람들이 가까운 거리를 간다면 그들의 우주는 납작해 보인다. 하지만 그들 중 누군가가 완전히 직선이라고 생각되는 선을 따라 끝없이 계속 멀리 걸어간다면 그는 큰 비밀의 뚜껑을 열 수 있게 될 것이다. 왜냐하면 그는 장애물에 맞부딪치지도, 발길을 돌리지도 않았는데 아뭏든 출발했던 곳으로 다시 돌아와 있게 될 테니까. 그의 2차원의 우주는 불가사의한 3차원의 세계에로 뒤틀려 휘어 있거나 구부러져 있었음에 틀림 없다. 그는 3차원의 세계를 상상할 수는 없다. 하지만 그는 그런 세계가 있다는 것을 추론해 낼 수는 있나.

딴 곳에도 우주가 있을까

우주의 중심은 어디에 있는 것일까? 우주에는 끝이 있는 것일까? 우주의 끝을 넘어 저쪽엔 무엇이 있을까? 3차원의 세계에로 구부러져 있는 2차원의 우주에는 중심이라고 하는 것이 없다. 적어도 공(球)의 표면에는 중심이란 없다. 이같은 우주의 중심은 그 우주 가운데는 존재하지 않으며 접근할 수도 없는 3차원의 세계, 즉 공의 〈안에〉 있다. 공의 표면 면적은 일정하지만 이 우주에 끝은 없다. 즉 유한하지만 경계가 없다. 따라서 그 너머에 무엇이 있을까 하는 질문은 무의미하다. 왜냐하면 납작한 생물은 스스로 그들이 살고 있는 2차원의 세계를 도망쳐 나갈 수는 없기 때문이다.

모든 차원을 하나씩 확대시켜 보면 우리들 자신에게 해당되는 상황을 이야기하게 된다. 즉, 우주는 중심도 없고 끝도 없으며 그 너머엔 아무것도 없는 4차원의 초구(超球)라는 것을. 어찌하여 모든 은하들은 우리로부터 멀어져 가고 있는 것처럼 보이는 것일까? 초구는 마치 계속 부풀어 가고 있는 4차원의 풍선처럼 한 점으로부터 팽창을 계속하며 팽창과 더불어 우주 공간은 시시각각으로 불어 나가고 있다.

팽창이 시작된 후 어느 시점에서 은하들이 응결, 초구의 표면을 타고 외측으로 흘러 나가게 되었다.

은하마다 천문학자가 있지만 그들이 보는 빛도 초구의 구부러진 표면에 사로잡혀 있다. 초구는 팽창을 계속하고 있기

때문에 어떤 은하에 있는 천문학자도 다른 모든 은하들이 그
로부터 도망쳐 가고 있다고 생각할 것이다. 특별히 선택된
기준점이란 없다.*

그리하여 멀리 있는 은하일수록, 보다 빠른 속도로 멀어져
간다. 은하는 우주의 구조체 속에 파묻혀 있으며 그 우주의
구조체는 팽창을 계속하고 있다. 그러면 대폭발은 지금의 우
주 어느 곳에서 일어났던 것일까. 이 질문에 대한 대답은 명
백하게 '도처에서'라고 할 수 있다.

우주가 영원히 팽창을 계속하는 것을 막을 만큼 충분한 물
질이 만약 우주 속에 없다면 이 우주는 열린 형태를 하고 있
음에 틀림없다. 우리의 3차원 세계에 비유하면 그것은 말안
장 같은 형태로 구부러져 있다. 만약 충분한 물질이 있다면
우주는 우리 3차원의 세계에서 비유한다면 공처럼 구부러진
폐쇄 형태일 것이다. 우주가 폐쇄되어 있다면 빛은 그 안에
갇혀 있다. 1920년대에 천문 관측자들은 M 31의 반대 방향
인, 멀리 있는 한 쌍의 소용돌이형 은하를 발견했다. 그들은
또 반대 측으로부터――마치 여러분의 머리 뒤를 보듯이――우
주를 주항(周航)해 온 빛으로 은하계와 M 31을 보고 있다는
것이 가능한 일일까 하고 의문스럽게 생각했다. 이제 우리는
1920년대에 그들이 상상했던 것보다도 우주가 훨씬 더 크다
는 사실을 알고 있다. 빛이 우주를 주항하려면 우주의 나이
보다도 더 많은 시간이 걸린다. 그리고 은하들은 우주보다
나이가 적다. 하지만 만약 우주가 폐쇄되어 있다면, 그래서
빛이 그 곳을 빠져나갈 수가 없다면 우주를 블랙홀이라고 하
는 것이 옳은 표현일는지 모른다. 만약 블랙홀의 내부가 어떻
게 생겼는지 알고 싶거든 여러분의 주위를 둘러보면 된다.

우리는 9장에서 벌레 구멍 이야기를 한 바 있는데, 이 구
멍을 통하면――즉 블랙홀을 통하면――우주의 한 곳에서
다른 곳까지 먼 거리를 가지 않고도 도달할 수 있다는 것이
다. 우리는 이와 같은 벌레 구멍들을 4차원의 물리적 세계를 관
통하는 관(管)이라고 상상하면 된다. 그러나 이같은 벌레 구
멍들이 실제로 존재하는지의 여부는 알지 못하고 있다. 하지
만 만약 그런 것이 존재한다면 우리 우주는 다른 곳과도 연
결이 되어 있는 것일까? 아니면 이 벌레 구멍들은 다른 우
주들, 우리와는 영원히 접근이 어려울지 모르는 그런 곳들과

* 우리가 어디서 보아도 우주
는 대체로 같게 보인다고 하
는 견해를 처음으로 주장한
사람은 브루노였다―원주

의 연결이 가능할까? 우리가 아는 것은 다만 다른 많은 우주들이 존재할 수도 있다는 사실이다. 아마 어떤 의미에선 서로의 우주 안에 겹쳐져 있는지도 모를 일이다.

영원의 끝에 서서

과학적으로 보거나 종교적으로 보거나 간에 매우 절묘한 추측이라고 할 수 있는——이상하지만 머리에서 사라지지 않고 자극을 주는——한 가지 명상이 있다. 그것은 전연 입증된 바도 없고 앞으로도 끝내 증명되지 않을지 모른다. 하지만 그 생각은 우리를 매우 흥분시킨다. 이 생각에 따르면 우주에는 무한한 표층이 있기 때문에 우리의 우주 가운데 있는 전자와 같은 소립자도 그것을 꿰뚫어볼 수만 있다면 그 자체가 완전히 폐쇄된 하나의 우주라는 것을 알 수 있다는 것이다.

그 안에는 은하, 보다 작은 천체들의 부분을 이루고 있는 훨씬 많은 수의 소립자들이 존재하며 그와 같은 소립자들도 그 자신 다음 단계의 우주가 있다. 이와 같은 일은 영구히 계속된다. 우주 안에 우주가 있다고 하는, 아래에로의 무한한 반복이 끝없이 계속된다. 그것은 위로도 마찬가지이다. 은하들이며 항성들, 행성들, 사람들이 있는 우리가 잘 아는 우주는 다음 단계의 보다 큰 우주 안에 들어 있는 한낱 소립자에 불과하며 그것은 위로 무한히 계속되는 표층의 첫 단계이다.

이것은 힌두교의 우주론에서 말하는 무한 순환 우주론을 능가하는 유일한 종교적 착상이다. 그러면 그와 같은 다른 우주들의 모습은 어떤 것일까? 그들 우주는 다른 물리 법칙에 따라 이루어져 있을까? 그런 우주들 가운데에도 별(항성)이나 은하 아니면 아주 다른 세계가 있는 것일까? 그런 우주에는 상상조차 할 수 없는 다른 형태의 생명이 존재하고 있을까?

어떤 우주에 들어가려면 우리는 어떻게 해서든 4차원의 물리적 세계를 통과하지 않으면 안될 것이다. 그것은 물론 쉬운 일이 아니겠지만 아마 블랙홀을 통해 길이 있을지도 모른다. 태양 가까이에도 작은 블랙홀이 있을지 모른다. 우리는 영원의 끝에 서서 건너뛰어 보고 싶어 한다.

未來에의 편지

11

이제 하늘과 땅의 운명은 정해졌다.
도랑과 운하들은 자기의 갈 길을 바로
찾아가고, 티그리스와 유프라테스 강
에는 둑이 완성되었다.
　이제 우리들은 무얼 더 해야 될 것
인가? 무얼 더 창조(創造)해야 하는
가?
　오 아누나키 *Anunaki* 하늘의 위대
한 신이여! 우리는 무엇을 해야 합니
까?
—인간 창조에 관한 아시리아인의 말

바다의 주인공은 고래

거대한 우주의 암흑 세계 속에는 수많은 항성과 행성들이 있다. 그 가운데는 우리들의 태양계보다 오래된 것도 있고 얼마 되지 않은 것도 있다.

아직 확실한 것은 아니지만 지구에서 일어났던 생물의 진화와 지적인 발전 과정은 이제 우주에서도 똑같이 행해지고 있다. 지금 이 순간에도 우리 인간들끼는 아주 다른, 좀더 진보된 존재들이 살고 있는 행성이 은하계에만도 1백만 개 정도는 있을지 모른다.

많은 것을 안다고 해서 영리한 것은 아니다. 지능이라는 것은 단지 정보의 양만으로 결정되는 것은 아니다. 정보를 정리해서 이용하는 판단력이 필요하다. 그러나 아직은 우리들이 접해 온 방대한 양의 정보가 지능의 한 지표가 되고 있다.

정보량의 최소 단위는 1 비트 bit 이다. 확실한 질문에 대한 답—'예'이건 '아니오'이건—이 바로 1 비트인 것이다. 불이 켜져 있는가, 꺼져 있는가를 구분하는 것이 정보의 1 비트에 해당한다. 26개의 영어 알파벳에서 한 문자를 지적해 내려면 5 비트 번의 정보 교환이 필요하다(왜냐하면 $2^5 = 2 \times 2 \times 2 \times 2 \times 2 = 32$로서 26보다 많은 숫자이기 때문이다).

이 책에 포함된 언어 정보 내용은 1천만 비트인 10^7 비트가 조금 못된다. 한 시간 가량의 TV 프로그램에 소요되는 비트의 총수는 약 10^{12} 비트쯤 된다. 지구상의 모든 도서관에 있는 책 속의 단어나 그림 정보는 10^{16} 내지 10^{17} 비트쯤 될 것이다.

물론 이들 중 대부분의 정보는 중복되기도 한다. 이러한 숫자들은 인간이 얼마나 알고 있는가를 있는 그대로 측정해 주고 있다. 그러나 다른 어떤 곳, 지구보다 수십억 년 전부터 생성되어 생물들이 살아 온 천체가 있다면 그곳의 생물들은 10^{20} 비트나 10^{30} 비트쯤 알고 있을지도 모른다—물론 정보량이 많을 뿐만 아니라 그 정보의 질도 퍽 다른 것일 것이다.

진보된 지적 생물들이 살고 있는 1백만 개 정도의 천체들 중에서 가장 진기한 행성으로 간주되고 있는 것은 그것들 중에서는 유일하게 표면의 해양이 액체로 되어 있는, 바로 우리들의 지구이다. 여기에는 풍요한 물과 그밖의 알맞는 자연 환경 속에서 비교적 지능이 뛰어난 생물들이 살고 있다. 어떤 것은 여덟 개의 다리를 가지고 있기도 하고 또 다른 것은 몸의 반점의 명암을 교묘하게 바꾸는 것으로 의사 소통을 하기도 한다. 나무나 혹은 금속으로 만들어진 배를 타고 바다로 나가 약탈을 하는 영리한 생물인 인간도 있다. 그러나 인간을 제외한 생물 중에서 가장 뛰어난 두뇌를 가진 생물은 이 지구에서는 가장 거대한 고래이다*.

고래는 지구에서는 가장 몸집이 큰 동물로서 공룡보다 훨씬 크다. 파란 색의 어른 고래는 길이 30 m, 몸무게 1백 50톤의 것도 있다.

대부분의 고래들, 특히 수염 고래는 성격이 사납지 않은 방생 고래로서 광대한 해양 곳곳을 돌아다니며 조그만 동물들을 먹고 산다.

다른 것들은 물고기나 크릴 krill을 먹는다.

고래가 해양에 출현한 것은 극히 최근의 일이다. 7천만 년 전까지만 해도 그들의 조상은 육식 포유동물이었는데 육지에서 살다가 서서히 해양으로 이동해 왔다. 어미 고래는 새끼 고래에게 젖을 먹이고 정성스럽게 보살핀다. 그래서 어른들이 새끼들을 보살피는 오랜 기간 동안의 양육기가 있다. 놀이는 고래들의 전형적인 소일거리다. 이러한 것들은 모든 포유동물들의 특성인데 두뇌가 있는 존재로 커 나가기 위해서는 중요한 것들이다.

1만 *km*나 전달되는 바다 속의 통신

바다 속은 어둡고 흐릿하다. 그러므로 땅에 있는 포유류가 살아 나가는 데 필요한 시각과 후각은 깊은 해양에서는 그리 쓸모 있는 것이 아니다. 그런데 육지에서의 고래는 시각이나 후각 등의 감각에 의해 친구나 새끼들, 혹은 약탈자들이 어느 정도 가까이 있는가를 알아내어 새끼들 가까이에서 그들을 보호해 왔다. 그런데 이제 바다에서의 고래는 그들의 새끼들을 보호하기 위한 새로운 방법이 필요해졌고, 그리하여 진

* 세코이아 *sequoia*라고 하는 나무 중에는 고래보다 크고 무거운 것도 있다—원주

흑고래의 노래를 분광 사진기에 기록한 모습. 가로축은 시간이고 파장은 위로 갈수록 높아진다. 수직으로 그려진 표시는 몇 옥타브를 부드럽게 넘어가는 소리이다.

화가 이루어졌다. 그것은 청각인데 점차 이 청각이 뛰어나게 작동하여 고래의 이해력의 중심적인 역할을 하게 되었다. 고래들이 내는 소리는 노래라고 불려지고 있기도 하지만, 아직은 그 본질이나 의미에 대해서는 전혀 모르고 있다.

고래의 소리는 진동수의 영역을 훨씬 넘어서서 인간의 귀로 식별할 수 있는 가장 낮은 음보다 더 내려간다. 보통 고래의 노래는 약 15분간 지속되는데, 길면 한 시간이나 계속될 때도 있다. 가끔은 매우 비슷한 것이 반복되기도 한다. 경우에 따라서는 한 무리의 고래가 노래를 부르다 중간에 겨울 바다를 떠나게 되면 여섯 달 후에 다시 돌아와 아무런 방해가 없으면 그 노래를 계속해서 부를 만큼 그들의 기억력은 아주 좋다. 그러나 가끔, 그들이 되돌아왔을 때 발성법이 조금이라도 달라져 있으면 다시 새로운 노래가 고래떼들 사이에서 출현한다. 그리고 드물기는 하지만 가끔은 전체 무리들이 함께 같은 노래를 부르기도 한다. 상호 동의에 의해서, 혹은 합작으로 노래를 만들어 부르는데, 매달 조금씩 조금씩 천천히 변해 간다. 발성법은 복잡하다.

흑고래의 노래가 음색 언어(音色言語)처럼 분명히 발성된다면, 그것의 종합 정보 내용량은 약 10^6 비트가 될 것이다. 이 숫자는 고대 영국의 대서사시 《오딧세이》나 《일리아드》의 정보량과 거의 같다.

고래나 그 조카뻘이 되는 돌고래가 무슨 말을 하고 무슨 노래를 부르고 있는지 우리는 알지 못한다. 고래는 손을 갖고 있지 않으며 어떤 공학적인 물건을 만들지도 않는다. 그러나 그들은 사회적인 동물이다. 사냥도 하고, 헤엄도 치며, 고기를 잡고, 여기저기 찾아 다니며 장난도 치고, 친구들을 사귀고, 놀고, 약탈자에게서 도망치기도 한다. 그들 사이에서는 수많은 말들이 오가고 있을지도 모른다.

고래에게 가장 위협적인 존재는, 최근 테크놀로지 *technology*를 통해 해양에서의 경쟁자가 된, 인간이라고 불리우는 최고의 고등 동물이다. 고래 역사의 99.99%는 인간이 존재하지 않았던 시대였다. 그 기간 동안 고래는 가장 특출한 의사 소통 방법을 개발해 왔다.

예를 들어 긴 수염 고래는 주파수 20 헤르쯔 *hertz*의 아주 커다란 소리를 내는데, 이것은 피아노의 가장 밑 건반의 음에 가까운 소리다(1 헤르쯔는 주파수의 단위이다. 1회의 진동은 올라가서 마루를 이루고 내려가서 골을 이루는 것으로 구성되는데 매초마다 우리들의 귀에 들려 온다). 이러한 저(低) 주파수의 소리는 바다 속에서는 거의 흡수되지 않는다.

미국의 생물학자인 페인 *Roger Payne*은 깊은 바다에서 두 마리의 고래가 서로에게 의사 소통을 하는 데 사용되는 음의 회로를 계산해 보았다. 그 결과 세계 어느 곳이나 20 헤르쯔로 통신이 가능하다는 것을 알았다. 남극 안타르티카 *Antartica* 로스 *Ross* 해(海)에서 낸 소리가 알류샨 *Aleutian* 열도의 동료에게 통할 수 있다는 것이다. 그들의 역사에 의하면 고래는 전지구적인 통신 체계를 이룰 수 있다고 한다. 1만 5천 *km*나 떨어져 있어도 연가(戀歌)를 부르면 깊은 해양의 광대한 영역에 활기차게 퍼져 나간다. 거대하고 영리하며, 의사 전달이 가능한 이 생물은 수천만 년 동안 근본적으로는 아무런 적(敵)도 없이 진화해 왔다. 그러나 19세기에 들어서면서 증기선이 발명됨에 따라 소음 공해의 징조가 보이기 시작했다. 상선이나 군함이 많아지고 바다, 특히 고래들 세계의 음파 영역에는 인간이 만들어 내는 소음이 급격히 심해졌다.

바다를 가로지르며 통신을 해 온 고래들은 점점 더 어려움을 겪게 되었다. 그리고 그들이 통신할 수 있는 거리는 점차 줄어들었다. 2백 년 전, 긴 수염 고래가 전달할 수 있는 통신의 평균 거리는 약 1만 *km*였다. 지금 현재는 아마도 몇 백 *km*에 불과할 것이다.

고래들은 서로의 이름을 알고 있을까? 단지 소리만으로 서로를 구별할 수 있을까? 우리들은 고래들을 격리시켜 놓고 있다. 수천만 년 동안 서로 의사를 전달해 오던 생물들이 지금은 실제적으로 침묵을 당하고 있다*. 게다가 우리들은 더 나

* 이것과 아주 흡사한 기묘한 이야기가 있다. 우주의 다른 기술적 생물과의 통신에 자주 사용되는 전파는 주파수가 14억 2천만 헤르쯔에 가깝다. 이것은 우주에 가장 많이 존재하는 수소의 전파 영역 스펙트럼선 주파수와 같다.

우리들은 이제 막 지구 이외의 지적인 생물로부터의 신호를 듣기 시작했을 뿐이지만 지구상의 민간인이나 군대의 통신에 의해서 이 주파수대는 점차 헝클어지고 있다. 그러한 전파를 내고 있는 것은 결코 큰 나라 뿐만은 아니다.

우리들은 항성간 통신의 채널을 계속 방해하고 있다. 지구상의 전파 기술이 무제한으로 성장하면 머나먼 세계의 지적 생물과의 통신이 간단하지 않게 될지도 모른다. 그들의 노래는 지구의 인간으로부터의 대답을 듣지 못한 채 덧없이 지나쳐 버릴지도 모른다. 왜냐하면 우리들은 전파 공해를 규제함으로써 그러한 노래를 듣고자 하는 의지를 가지고 있지 않기 때문이다—원주

쁜 짓을 저지르고 있다. 근래 고래들의 시체가 끊임없이 인간들에 의해 거래되고 있다. 몇몇 인간은 고래를 사냥하여 죽인 뒤 그것으로 립스틱을 만들거나 상업적인 윤활유로 쓰기 위해 팔아 치운다. 많은 나라들이 이들 지능이 높은 생물을 조직적으로 살해하는 것이 끔찍하다는 것을 알고는 있으나 그래도 고래 매매는 계속되고 있다. 특히 <u>일본이나 노르웨이</u>, 소련에 의해 더욱 <u>조장되고</u> 있다.

한 종족으로서의 우리들 인간은 지구 이외의 지적인 생물과 교류하는 것에 관심을 가지고 있다. 그렇다면 지구상의 지적인 생물과 먼저 통신을 나누는 것이 타당하지 않을까? 다른 문화권, 다른 언어권 인간들과의 교류나 원숭이, 돌고래들과의 교류에서부터 시작함이 옳지 않을까? 특히 해저(海底)의 지능적인 지배자, 위대한 고래와의 교류가 우선되어야 할 것이다.

유전자와 뇌의 도서관

고래가 살아 나가려면 반드시 알아 두어야 할 일이 많다. 이 지식들은 고래의 유전 인자와 뇌 속에 저장이 된다. 유전자 속에는 '플랭크톤을 어떻게 지방질로 바꾸는가'에 관한 정보나 '수면으로부터 1 km 잠수할 때 어떻게 호흡을 멈추는가'에 관한 정보도 있다.

뇌에는 '내 어머니는 누구인가'라든가 '지금 들리는 노래는 어떤 의미인가' 등등의 습득된 정보가 저장되어 있다.

지구상의 다른 모든 생물처럼 고래도 〈유전 인자 도서관〉과 〈두뇌 도서관〉을 갖고 있다.

인간의 유전 인자처럼 고래의 그것도 핵산으로 되어 있다. 이 핵산 속의 특별한 분자가 핵산을 둘러싸고 있는 화학적인 건축 재료를 사용하여 스스로 다시 재생할 수 있게 한다. 또 그것은 유전 정보를 행동으로 바꾸게도 한다. 예를 들어, 고래의 한 개의 효소는 인간의 각 세포에 해당하는 것으로서 헥소키나제 *hexokinase*라고 부른다. 고래가 먹은 플랭크톤 속의 사탕 1분자를 적은 에너지로 변화시키는 데는 20개 이상의 효소를 연결하는 반응이 필요하지만, 헥소키나제는 그러한 반응의 제 1단계를 받아들이는 효소이다.

이렇게 해서 만들어지는 에너지는 그 고래가 낮은 주파수로 부르는 노래의 한 음절에 도움을 줄 것이다.

고래나 인간, 그밖의 지구상의 다른 동물이나 식물 체내에는 이중 나선형인 DNA가 있는데 이중 나선형 DNA에 저장된 정보는 모두 네 가지 문자로 기록된다. 그 문자라고 하는 것은 DNA를 만들고 있는 누클레오타이드로서 이 누클레오타이드라는 분자에는 네 종류가 있다. 그러면 각각의 다양한 형태인 생물의 유전 물질에는 몇 비트나 되는 정보량이 들어 있을까?

여러 가지의 생물학적인 질문들에 대해 '예' 혹은 '아니오'로 대답하고 있지만 도대체 얼마나 많은 답이 유전 물질 속에 씌어져 있는 것일까? 한 마리의 바이러스에는 약 1만 비트의 정보가 필요하다. 이것은 대략 이 책의 한 페이지 정도의 정보량에 해당되는 숫자이다. 그러나 바이러스 같은 미생물의 정보는 극히 단순하며 치밀하고 대단히 능률적이다. 따라서 그 정보를 읽으려면 세심한 주의를 기울여야 한다.

바이러스가 지닌 정보는 '다른 생물 속에 침투하여 자기 자신과 똑같은 것을 만들어라'고 하는 명령문이다.

바이러스가 지닌 유일한 장점이 바로 이 '자기 자신과 똑같은 것을 만드는 일'이다. 박테리아 한 마리에는 1백만 비트, 이 책의 약 1백 페이지에 해당하는 정보량이 필요하다. 박테리아는 바이러스보다 더 많이 활동하고 있다. 바이러스와는 달리, 박테리아는 완전한 기생 생물은 아니다. 그것은 자생한다. 자유롭게 헤엄쳐 다닐 수 있는 단세포 동물인 아메바는 더욱 정교하다. 아메바 한 마리에는 DNA 정보가 4백만 비트 필요하다. 또한 다른 아메바를 만들어 내려면 5백 페이지짜리 책 80권이나 되는 양이 필요하다.

고래나 인간은 50억 비트 가량의 정보를 갖고 있다. 이 양은 5×10^9비트로서 생물 백과 사전 정도의 정보량과 같은 숫자이다. 각 세포의 핵 속에는 1천 권의 책을 채울 수 있는 영어 단어 수만큼의 정보가 들어 있다. 1백조 개나 되는 우리 인간의 세포마다 몸 구석구석을 구성해 나가도록 정보 지시를 하는 완벽한 도서관이 들어 있는 것이다. 우리들 몸의 세포는 단 하나의 세포가 연속적으로 세포 분열해서 생기는 것이다.

핵산 속에 기록된 유전 정보를 책의 정보와 비교해 본 것. 책에는 제목이 있어서 찾아보아야 하지만 유기체는 무의식 중에도 복잡한 기능을 처리해 내고 있다.

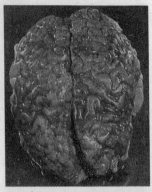

그 단 하나의 세포란 우리들의 양친이 만드는 수정란이다. 태아가 성장해서 태어날 때까지의 수많은 단계에서 세포는 분열을 계속해 가지만 그 분열을 할 때마다 원래의 유전자의 지시서는 보다 더 충실하게 복제된다. 그래서 간장 세포는 골 세포나 그 외의 세포를 어떻게 만들어 내는가에 대한 필요하지도 않은 정보를 알고 있다. 또 반대로 골 세포에는 간장 세포를 만들기 위한 정보가 들어 있다. 우리들 몸이 스스로 어떻게 해야 할 것인가 하는 모든 정보는 유전자 도서관에 저장되어 있다. 웃는 방법, 재채기하는 법, 걷는 방법, 유형의 구별법, 아이를 만드는 법, 사과를 소화시키는 법 등 아주 오랜 옛날부터의 정보는 빠짐 없이 중복되어 유전자 속에 들어 있다.

예를 들어 사과 하나를 먹는 것도 무한히 복잡한 과정으로 이루어진다. 실제로 내가 효소를 직접 합성하여 음식물에서 에너지를 얻어 내는 데 필요한 화학적인 단계를 기억해서 직접 행해야 한다면, 우리들은 아마 굶어 죽고 말 것이다. 그러나 박테리아조차도 공기가 없는 곳에서 사탕을 분해시킬 수 있다. 사과가 썩는 것은 그 때문이다. 사과는 박테리아의 점심 식사가 되는 것이다.

박테리아나 인간, 그리고 박테리아와 인간 사이의 단계에 있는 모든 생물은 유사한 유전자 정보 지시를 수없이 갖고 있다. 우리들의 각각의 유전자 도서관에 있는 많은 페이지가 다른 생물들의 책과 완전히 똑같다. 이것은 우리들이 똑같은 진화의 길을 걸어왔음을 기억하게 한다. 인간의 테크놀로지는 우리들의 신체가 아무런 고생도 없이 행하고 있는 복잡한 생화학적 반응의 극히 일부분만을 흉내낼 수 있을 뿐이다. 즉 그 과정에 대한 연구는 이제 막 시작한 것에 불과하다.

그러나 진화는 수십억 년에 걸쳐 이루어져 왔다. DNA가 알고 있듯이.

진화의 흔적을 보이는 인간의 뇌

하지만 우리들이 연구해야 할 것은 너무나 복잡하여 수십억 비트 정도의 정보로도 충분치 못한 것은 아닐까? 환경이 너무나 빨리 변화하여 전에는 완벽하게 잘 들어맞게 작성된 유전자 백과 사전도 이후에는 더 이상 적절하지 않게 되는 것은 아닐까? 그렇게 되면 1천 개의 유전자 도서관이 있다 해도 충분치 않을 것이다.

바로 그것이 우리가 두뇌를 소유하게 된 까닭이다.

신체의 모든 기관과 마찬가지로, 뇌도 수백만 년이 넘는 기간 동안 점점 복잡해지면서 진화해 왔으며 정보 내용도 증가해 왔다. 뇌의 구조는 그 동안 거쳐온 진화의 단계가 어떠했는가를 보여 준다. 뇌는 내부에서부터 시작하여 외부로 나가는 식으로 진화했다. 제일 깊숙한 곳이 가장 오래된 부분인데, 여기서는 맥박이나 호흡, 혹은 생명의 리듬과 같은 기본적인 생물학적 기능을 담당한다.

맥클린 *Paul Maclean*의 매우 도발적인 학설에 따르면 가장 고도의 뇌 기능은 세 단계에 걸쳐 진화한 것이라고 한다.

뇌간(腦幹) 위를 모자처럼 덮고 있는 것은 R-영역 *R-complex*이라고 하는데 공격을 하거나 관습적으로 대응하는 행위, 그리고 지역적 사회적 제도들이 들어 있는 부분이다. 이것은 수억 년 전, 인간이 아직 파충류였던 시대부터 발달한 부분이다. 그 때문에 모든 인간의 두개골 저 깊숙한 곳에는 악어의 뇌와 비슷한 부분이 있게 마련이다.

R-영역을 둘러싸고 있는 것은 변연계(邊緣系) *limbic system*인데 이것은 포유동물들이 갖고 있는 부분이다. 수천만 년 전, 인간의 조상이 포유류로 진화는 했으나 아직 영장류가 되기 전이던 때에 진화된 부분이다. 이 부분에서는 감정이나 기분, 걱정이나 어린애들에 대한 보호 본능을 지시한다.

마지막으로 뇌의 제일 바깥 부분에는 대뇌 피질이 있는데 그것은 그 밑부분에 있는 더 원시적인 두 개의 뇌에 불안하게 얹혀져 있다.

이 대뇌 피질은 수백만 년 전 우리들의 선조가 영장류가 되고 나서부터 발달된 부분이다. 대뇌 피질 속의 물질은 의식(意識)을 만들어 내는데 이곳이 바로 우리들의 우주에의 여행이 출발되는 부분이다.

전체 두뇌의 총합의 3분의 2가 넘는 이 부분은 직관이나 비평, 분석의 지시를 하는 영역으로 되어 있다. 생각이나 영감

인간의 두뇌. 1천 4백 *g* 정도의 뇌에는 1백조 개 이상의 정보가 숨어 있다. 앞 페이지의 그림은 두 개의 반구로 나뉜 대뇌 피질이다. 이 두개의 반구는 신경세포 다발로 연결되어 있다. 주름이 있는 것은 일정 지역 안에서 표면적을 되도록 늘리기 위함이다. 아래의 그림은 뇌의 밑부분이다. 대뇌피질 부분은 대단히 커서 아래에서 보아도 잘 보인다. 두 번째 사진에서 보이는 부분은 심장 박동, 체온, 촉각, 고통 등의 원시적 기능을 주관한다. 이 사진에도 R-영역이나 변연계 *limbic system*은 내부에 감추어져서 보이지 않는다.

도 바로 이 부분에서 나오며 이곳에서 읽기와 쓰기 그리고 수학 계산을 하고 음악을 작곡한다. 대뇌 피질은 의식이 있는 생활을 관장한다. 이것은 인간을 다른 동물과 구별하는 곳이며 인간성이 안착되어 있는 곳이다. 인간의 문명은 바로 이 대뇌 피질의 산물인 것이다.

뇌의 언어는 유전 인자의 DNA 언어와는 다르다. 그것은 뉴론 neurons이라 불리는 세포 속에 씌어 있다는 것이 알려져 있다. 뉴론은 직경이 수백분의 1 mm 정도의 현미경적, 전기화학적 스위치 소자 switching element이다.

우리 몸에는 약 1천억 개의 뉴론이 있다. 이것은 은하계에 있는 별의 숫자와 맞먹는 숫자다. 대부분의 뉴론은 이웃해 있는 수천 개의 세포와 연결되어 있다. 인간의 대뇌 피질에는 그러한 결합이 10^{14}개, 즉 1백조 개 가량이나 들어 있다.

쉐링톤 Charles Sherrington은 대뇌가 작용하는 과정을 다음과 같이 추측하고 있다.

〔대뇌 피질〕하나의 반짝이는 점이 리듬에 맞춰 가며 여러 개로 불어나고, 이 불똥들이 흘러 다니면서 여기 저기에서 빠른 속도로 반짝반짝 빛을 낸다. 뇌가 깨어나고 정신이 들게 된다. 마치 은하가 우주 무용을 시작하는 것처럼.

〔대뇌 피질〕속에서는 수백만 개의 반짝거리는 이동자들이 수수께끼 같은 형태로 물결치며 마치 황홀한 마법의 조직처럼 된다. 그 모양은 점점 확실해지며 그것은 모두 의미를 지닌 모양이다. 그러나 의미가 있는 모양도 오래 그 모양을 지속하고 있지는 않다. 단지 근본 형태의 이동성 집합을 이룰 뿐이다.

그렇게 하여 잠에서 깨어난 신체가 정신을 되찾게 되면서 거대한 집합의 조화를 이룬 근본 형태는 하부의 뇌로 내려가게 된다. 반짝이면서 움직이고 있는 일련의 불똥들이 고리 모양으로 서로 연결된다. 이렇게 해서 신체는 일어서게 되고 하루를 맞게 되는 것이다.

자고 있을 때도, 뇌는 인간 생활의 복잡한 일들로 쉴 새 없이 자극받고 진동받고 반짝거린다. 꿈을 꾸거나 기억시키거나 사물들의 윤곽을 새겨 두거나 하는 등의 일로.

그러므로 사고(思考)나 상상, 환상 같은 것도 물리적인 실체를 지니고 있다. 그리고 한 가지의 사고를 하려면 수 백 개의 전자 화학적인 자극이 필요하다.

만약 뉴론의 수준까지 가 보면 우리는 정교하고 복잡하며 빛나는 여러 형태들을 볼 수 있다. 그 중에는 어린 시절 시골에서 맡아 보았던 라일락 향기에 대한 기억을 되살리는 불똥이 있는지도 모른다. 또 다른 형태의 불똥은 '열쇠를 어디에 두었지?'하는 걱정을 하게 하는 것인지도 모른다.

2천만 권의 책에 상당

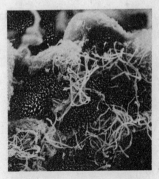

인간의 골계에 모여 있는 뉴론 덩어리. 1만 5천 배로 확대한 것이다.

정신이라는 산맥에는 수많은 골짜기들이 있다. 그 골짜기는 한정된 크기의 두개골 속에 계속 정보를 저장하는 데 필요한 만큼 대뇌 피질의 표면을 늘려 가기 위한 회전부이다. 뇌는 놀랄 만큼 분주하게 신경 화학적인 반응을 행하고 있다. 뇌의 회로(回路)는 인간이 만들어 내는 어떤 회로보다 훌륭하다. 〈의식(意識)〉이라고 하는 아름다운 건축물은 10^{14} 개의 신경 결합으로 되어 있다. 그 이상의 무엇인가에 의해서 〈의식〉이 생겨나는 것은 아니다. 그러한 증거는 아무 데도 없다.

사고의 세계는 대략 두 개의 반구(半球)로 나뉜다. 대뇌 피질의 오른쪽 반구는 주로 유형을 구별하거나 직관, 감수성, 독창적인 통찰을 담당한다. 왼쪽 반구는 이성적인 사고나 분석, 비평적인 사고를 통괄한다.

이 두 개의 반구는 서로 상반되는 성질을 갖고 있으면서도 본질적으로는 상호 작용하여 인간의 사고를 특징 짓는다. 이 두 개가 합쳐져서 아이디어를 만들어 내기도 하고 사물의 옳고 그름을 판단하기도 한다. 두 개의 반구 사이는 무수한 신경 다발이 있으며 이 다발을 통과하면서 두 개의 반구가 행한 사고는 끊임없이 대화를 하고 있다. 그 신경 다발을 뇌량(腦梁)이라고 부르는데 이것은 창작력과 분석력을 중개하는 역할을 한다.

창작력과 분석력은 세계를 이해하고 아는 데 있어서 필요 불가결한 특징들이다.

인간의 두뇌 속의 정보량을 비트로 환산하면 신경 결합 총수 정도의 숫자가 된다. 즉 약 1백조인 10^{14} 비트의 정보가 된다. 이걸 영어로 쓰면 2천만 권(세계에서 가장 큰 도서관

1623년 런던에서 출판된 세 익스피어의 책.

의 장서 수에 맞먹는 숫자이다)의 책을 가득 채울 수 있다. 2천만 권의 책에 해당하는 정보가 우리들 각자의 뇌 속에 들어 있는 것이다.

뇌는 아주 좁은 공간에 들어가 있는 지극히 거대한 장소이다. 뇌 속에 있는 대부분의 책, 즉 정보는 주로 대뇌 피질에 들어 있다. 뇌의 기저부(基底部)에는 먼 옛날 인류의 조상들이 의존했던 대부분의 기능들이 들어 있다. 공격, 육아(育兒), 공포감, 섹스, 지배자를 무조건 따르는 성질 같은 것들이 그곳에 들어 있다. 읽고 쓰고 말하는 등의 고도의 뇌 기능은 대뇌 피질의 특정 장소에 집중되어 있는 것으로 보인다. 이와는 달리 기억은 여기저기에 중복되어 보관된다.

텔레파시 *telepathy*라는 것이 정말 존재한다면 우리는 사랑하는 사람의 대뇌 피질에 있는 책을 읽을 수 있는 기회를 갖는 행복을 얻을 수 있을 것이다. 그러나 텔레파시가 존재한다는 뚜렷한 증거는 없다. 그래서 위에서 말한 사랑하는 사람의 마음을 읽어 내는 일은 예술가나 작가들에게 맡겨지고 있다.

뇌는 사물에 대해 생각해 내는 것 이상의 많은 일을 한다. 비교하고 종합하고 분석하고 추상적인 개념들을 산출하는 것이다. 우리는 신체의 유전 인자가 알 수 있는것보다 더 많은 것을 이해하고 있어야만 한다. 이것이 바로 뇌의 도서관이 유전 인자 도서관의 1만 배가 넘는 거대한 것이 된 까닭이다.

걸음마를 하려는 아기의 동작에서 분명히 나타나는 것처럼, 우리들은 배우려는 열망을 지니고 있다. 그것은 우리들의 생존을 위한 도구이다. 감정이나 관습적인 행동 유형은 우리들의 마음 속 깊숙한 곳에 구축되어 있다. 그것들은 우리들 인간성의 일부분이다. 그러나 또한 인간만이 그러한 특징을 지닌 것은 물론 아니다. 다른 동물들도 감정은 있다. 인간이라는 종족을 특징적으로 구분해 주는 것은 바로 사고력이다.

대뇌 피질은 우리를 해방시켜 주었다. 우리들은 유전학적인 것만을 갖는 도마뱀이나 비비와 같은 행동 유형을 더 이상 취할 필요가 없다. 우리들 각자는, 스스로의 책임 아래 자기의 뇌 속에 무엇을 집어 넣을 것인가, 한 사람의 성인으로서 어떤 일을 해야 할 것인가, 무엇을 알아야만 할 것인가를 결정하고 있다. 파충류 수준의 두뇌 기능에 더 이상 머무르지 않고 우리는 우리 자신들을 변화시켜 나갈 수 있는 것이다.

오랜 옛날 사람들의 목소리를 듣는다

글을 쓴다는 것은 인간의 발명 중 가장 위대한 것이다. 결코 서로 알지 못하는, 먼 거리에 있는 사람들이 글로써 하나로 연결될 수 있다. 책은 시간이라는 굴레를 부순다. 그것은 인간이 마법을 쓰고 있다는 것을 증명한다.

2세기에서 6세기에 걸쳐 중국에서 종이와 잉크, 그리고 목판 인쇄술이 발명됐다. 이때부터 한 번 만들어진 것을 여러 장 복사하여 배포할 수 있게 되었다. 그러나 이 인쇄술과는 멀리 떨어진 세계의 사람들이나 유럽 세계에까지 인쇄술이 보급되는 데는 무려 1천 년이나 걸렸다. 그 후 갑자기 책이 세계 도처에서 인쇄되기 시작했다.

1450년대에 들어서면서 활자를 사용한 인쇄술이 발명되기 전까지는 유럽 전체에 겨우 몇 만 권의 책이 있었을 뿐이었다. 그것들은 모두 손으로 직접 쓴 책들이었다.

이 숫자는 알렉산드리아의 대도서관 장서량의 10분의 1밖에 안되는 양이다. 50년 후인 1500년대에는 1천만 권이 인쇄되었다. 글을 읽을 줄 아는 사람이면 누구든지 배운다는 것이 가능해졌다. 마법은 모든 곳으로 퍼져 나갔다.

위의 것은 보스코 *Joannes de Sacro Bosco*가 쓴 《*Sphaera mundi*》의 한 페이지로써 모하메드가 승천하는 장면이다. 아래의 그림은 물을 나르는 아쿠아리우스 *Aquarius* 별자리를 그린 1450년대의 그림이다.

좀더 최근에 들어서면서, 책 특히 문고판의 책들은 대량 인쇄되고 있으며 값싸게 제공되고 있다. 검소한 한 끼의 식사 값으로 〈로마 제국의 흥망성쇠〉에 대해 숙고할 수 있으며, 〈종(種)의 기원〉이나 〈꿈의 해석〉, 사물의 본성에 대해 파고 들 수 있다. 책은 씨와 같다. 몇 세기 동안 동면해 있다가 전혀 가망성이 없어 보이는 땅에서 불쑥 꽃 피우기도 한다.

세계의 대도서관들은 수백만 권의 책을 보유하고 있다. 이것은 단어량으로 따지면 약 10^{14} 비트의 정보량을 갖고 있으며 그림은 10^{15} 비트 정도 된다. 신체의 유전 인자가 저장하고 있는 정보량의 1만 배보다 많으며 뇌의 그것의 약 10배 가량 되는 숫자이다. 만약 우리가 일 주일에 책 한 권을 읽는다면 일생 동안 몇 천 권밖에 읽지 못할 것인데, 그러면 지금 현시대에 존속하는 대도서관의 장서량의 0.1%밖에 읽지 못하

19세기 타일란드 사람들은
천문학에 관심이 깊었다.

는 것이 된다. 그러므로 어떤 책을 읽을 것인가를 알아 내는
데 독서의 비결이 있다. 책 속의 정보는 처음 만들어질 때부
터 고정되어 있는 것이 아니라 차츰차츰 계속 변해 가며, 경
우에 따라서는 수정되기도 하고 세상 변천에 따라 선택되기
도 한다.

알렉산드리아 도서관이 설립된 지는 이제 2천 3백 년이 된
다. 만약 그 안에 책이 하나도 없고 문자로 기록된 것들이 하
나도 없었다면 2천 3백년이라는 그 긴 기간은 얼마나 더 길
게 느껴질 것인가.

1백 년을 4세대로 나눈다면 2천 3백 년은 내약 1백 세대의
인가을 지켜 본 셈이다. 만약 정보가 말로써만 전달 가능한
것이라고 한다면 과거에 대해 우리가 알고 있는 것은 얼마나
극소량일 것이며, 진보의 속도는 또한 얼마나 느릴까. 그렇게
되면 우리가 우연히 얻어 들은 고대의 유물 중 어떤 것이 발
견되고 그것에 대한 설명이 얼마나 정확한가에 모든 게 달려
있게 된다. 지나간 과거의 정보는 일단은 숭상될지 모르지만
자꾸 이야기를 계속하다 보면 점점 뒤죽박죽이 되고 마침내
소멸되어 버린다.

책은 우리들로 하여금 시간을 꿰뚫는 여행을 가능하게 하
고 조상들의 지혜를 두드릴 수 있게 한다. 도서관은 통찰과
지식을 우리와 연결시켜 주는 역할을 한다. 그 통찰과 지식
은 전세계와 인간 역사에서 배출된 훌륭한 교사들이 많은 노
력을 하여 자연으로부터 추출해 낸 위대한 심성(心性)들이
다. 그것들은 지치지도 않고 우리에게 교훈과 영감을 주어 우
리들 자신이 인류의 지식의 총합에 공헌할 수 있게 한다.

공공 도서관은 자발적인 기부에 의존하고 있다. 문명의 건
강성과 우리들의 문화를 지탱해 주고 있는 것에 대한 이해의
깊이와 미래에의 관심 등은 모두 다 우리들이 얼마만큼 도서
관을 지원해 주느냐에 달려 있다고 해도 좋을 것이다.

지구를 지배하던 공룡들

만약 지구가 똑같은 구조적 특질을 가지고 다시 새롭게
출현한다면 인간과 아주 유사하게 생긴 어떤 존재가 출현할

것으로는 생각되지 않는다. 진화의 과정에는 굉장히 제멋대로
인 부분이 있다. 다른 유전 인자에 부딪친 우주 광선이 다른
변화를 만들어 내고, 그리하여 초기에는 작은 결정체이던 것
이 나중에는 심각한 결과를 가져 올 수 있다. 생물학에서는
역사의 경우와 마찬가지로 우연한 어떤 일이 커다란 역할을
한다. 중대한 어떤 사건이 옛날에 일어난 것일수록 그것이
현재에 미치는 영향은 크다.

예를 들어 우리의 손을 보자.

다섯 손가락을 갖게 된 것은 인간의 데번기(紀) *Devonian*
의 어류(魚類)에서 진화해 왔기 때문이다. 그 어류는 지느러
미에 5개의 뼈를 갖고 있었다. 만약 4개나 혹은 6개의 손
가락 뼈가 있는 어류의 자손이라면 우리는 양손에 각각 6개
의 손가락을 갖고 있을지도 모르고, 또 그것이 완벽하게 자
연스러운 것이라고 여기고 있을지도 모른다. 십진법을 쓰고
있는 것도 우리의 손가락이 10개이기 때문이다.* 만약 손가
락의 배열이 지금과 같지 않고 다르다면 8진법이나 12진법을
사용하고 있을지도 모르며, 십진법은 '새로운 수학'에 밀려
나게 될지도 모른다.

내가 생각하기에는 인간이라는 존재가 지닌 좀더 많은 근
원적인 단면들에도 이 점을 똑같이 적용시킬 수 있다고 믿고
있다. 말하자면 유전적 재질이나 신체 내부의 생물학적 반응
인간의 형태, 자세, 유기체 조직, 사랑과 증오, 정열, 절망
상냥함, 공격적인 태도, 심지어는 심리 분석 과정에도 적용시
킬 수 있다는 것이다.

결국 이 모든 것들은, 적어도 그 일부분만이라도 무한히 오
래 계속되어 온 인류의 진화 역사 속에서 언뜻 보기에는 사
소한 사건들의 결과가 이렇게 되어 나타난 것이다.

바로 6천 5백만 년 전만 해도 인간의 조상들은 호감을 주
지 못하는 포유류로서 두더쥐나 나무두더쥐 같은 크기와 지
능을 가진 생물이었던 것이다. 이러한 동물들로부터 오늘날
지구를 지배하고 있는 인간이 생겨났다고 추측했던 생물학자
들은 참으로 대담했다고 할 수 있다.

그때의 지구는 무섭고 불유쾌한 공룡들로 가득 차 있었다.
생태학상의 활동 범위는 거대하게 팽창한 생물인 공룡들로
사실상 채워져 있었다. 6층 건물의 높이만큼 큰 파충류들 중

* 5, 또는 10을 기수(基數)로
하는 계산법은 아주 자명한
것처럼 생각되었기 때문에 고
대 그리스인들은 '수를 센
다'고 하는 말로서 '5로 한
다'는 의미의 말을 사용하고
있었다—원주

실러 *Julius Schiller* 가 저술한 책에 등장하는 계좌. 이 책이 1627년 독일에서 출판되자, 이교도의 미신이라 하여 몰수될 위기에 처했었다. 저자는 궁여지책으로 게 대신에 복음 전도자인 세인트 주의 이름을 붙였나.

어떤 것은 헤엄을 치고, 어떤 것은 날고, 어떤 것은 지구 표면 곳곳에서 우뢰와 같은 소리를 지르고 있었다. 어떤 것은 좀더 큰 두뇌를 갖고 있었고, 직립 자세인 것도 있었다. 작거나 속도가 빠른 포유동물(아마도 인간의 조상도 포함될 것이다)을 저녁밥으로 잡아먹는 데 사용하는, 마치 논과 같은 조그만 두 개의 앞발을 가진 것도 있었다.

그런 공룡들이 살아 남았다면 오늘날 지구라는 행성을 지배하는 지혜로운 종족들은 키가 4 m나 되고, 초록색 피부에다 날카로운 치아를 갖고 있었을 것이다. 이런 인간의 형태는 공룡에 관한 공상 과학 소설에서나 고려할 만한 무시무시한 환상이다. 그러나 공룡은 생존하지 못했다. 대이변이 일어나서 지구상에 존재하는 종족들의 대부분과 함께 공룡은 전멸했다. 그러나 나무두더쥐는 살아 남았다. 포유류도 멸망하지 않았다. 그들은 생존한 것이다.

대파국으로 전멸한 공룡들

무엇이 공룡들을 싹 쓸어가 버렸는지는 아무도 모른다.

가장 유력하게 주목받는 설에 따르면 우주적인 대파국에 의한 것이라고 한다. 게 자리 성운 *Crab Nebula*을 출현시킨 것과 같은 초신성의 지구 폭발이 일어났다고 하는 설이다. 그 설에 의하면, 6천 5백만 년 전, 태양계에서 10 광년이나 20 광년 떨어진 곳에서 가끔씩 초신성의 폭발이 일어났고 그때 강렬한 우주선(宇宙線)이 우주 공간의 여기 저기 흩어졌을 것이다. 그 중 얼마인가는 지구를 감싸고 있는 공기 속으로 들어가 공기 중의 질소 가스를 태웠을 것이다. 그렇게 하여 산화질소가 발생해, 그것이 대기 중의 오존층을 제거하게 되었다. 오존층이 제거됨으로써 태양으로부터 오는 자외선이 강화되고, 자외선에 약한 생물의 대부분은 소사하거나 돌연변이를 일으키거나 했다. 이런 생물 중에는 공룡들의 주식(主食)이 있었다고 생각된다.

그 재난이 어떤 것이었든지 간에 그로 인해 지구상에서 공룡은 사라지게 됐고 포유류를 제압하던 것들이 제거됐다. 우리들의 선조는 더 이상 탐욕스러운 공룡의 그늘 밑에서 숨어

살 필요가 없었다. 그렇게 해서 우리들 인간은 점점 다양해
지면서 원기왕성하게 번창해 갔다.

2천만 년 전만 해도 인간의 직계 조상들은 아마도 나무에
서 살고 있었을 것이다. 그 후 대빙하기가 찾아와 산림이 황
폐해지자 조상들은 나무에서 내려왔을 것으로 생각된다. 만약
그들이 나무 위에서 사는 생활에 아주 잘 적응했다면 나무가
거의 없어졌을 때 몹시 곤란했을 것이다. 나무 위에 살고 있
던 많은 영장류가 나무의 소멸과 더불어 모습을 감췄다. 몇
몇 영장류만이 대지 위에서 불안한 존재로 근근히 생활해 나
갔고 그리고 살아 남았다. 그 중에서 하나가 진화하여 우리
들 인간이 된 것이다.

그러한 기후 변화가 왜 일어났는지를 아는 사람은 아무도
없다. 태양 광선의 광도나 지구 궤도에 조그만 변화가 생겨서
그랬을는지도 모른다. 아니면 화산의 강력한 분출로 성층권
에 먼지가 들어가 태양 광선을 전보다 더 많이 우주 공간으로
반사하게 되어 지구가 냉각됐을지도 모른다. 바다의 순환에
변화가 생긴 탓일 수도 있다. 혹은 태양 광선이 은하의 먼지
낀 구름을 통과했기 때문인지도 모른다.

원인이 무엇이었든지 간에 우리는 여기서 다시, 우리들의
생존을 구속하는 것은 제멋대로 일어나는 천문학적이거나 지
리학적인 우연한 사건들이라는 것을 알게 된다.

나무에서 내려 오면서 우리들은 직립 자세로 진화했다. 손
을 자유롭게 움직이게 되었고 지극히 훌륭한 두 개의 눈을 갖
게 되었다. 기구를 만들어 내기 위한 선결 조건들도 습득했
다. 대뇌를 갖게 되고 복잡한 생각들을 서로 전달하게 되면서
생생한 모험을 겪었다. 다른 생물들에게도 마찬가지겠지만 어
리석은 것보다는 지혜로운 것이 낫다. 지능이 있는 존재들은
문제를 더 잘 해결할 수 있고, 더 오래 살 수 있으며, 더 많
은 자손들을 생산해 낼 수 있다. 핵 무기가 발명되기 전까지
는 지능이 생존을 강력하게 지원해 주었다.

인류 역사에는 전신에 털이 나 있는 작은 포유동물의 무리
가 있었다. 이들은 공룡을 피해 숨어 다녔고 나무 꼭대기에서
살고 있었다. 그러다가 나중에는 땅으로 내려와 살면서 불
을 피우는 것에 익숙해졌다. 문자를 발명했고 천문대를 건
설했으며 오늘날에는 우주선(宇宙船)을 쏘아 올리고 있다.

만약 일이 조금만 틀어졌더라면 지금의 업적에 대응할 만한 문명을 수립해 나갈 수 있는 지능과 조정 능력을 가진 다른 생물들이 생겨났을 지도 모른다. 그것은 두 발 가진 지능적인 공룡이나 너구리, 수달, 혹은 오징어였을지도 모른다.

그밖의 동물들의 지능이 어떻게 다른가를 아는 것은 중요하다. 그래서 우리들은 고래와 유인원 *great apes*을 연구한다. 다른 어떤 종류의 문명이 존재할 가능성이 있는가를 조금이라도 알기 위해 우리는 역사를 공부하고 문화 인류학을 연구하고 있다.

그러나 우리들은 모두 고래도, 원숭이도, 사람도 서로 너무나 밀접하게 관계를 맺고 있다. 그러므로 우리들의 연구가 지구상의 하나나 두 개의 진화의 계통에만 한정되는 한 우리들은 다른 지적 생물이나 다른 문명이 어느 정도의 것이며, 얼마만큼 그 광휘를 발하는 것인가는 영원히 알 수 없게 될 것이다.

지구 외의 행성에 사는 문명인

지구 외의 행성에서는 유전적인 변화를 만들어 내는 일련의 우발적인 사태도 다르며 유전자의 특별한 조합을 선택하는 환경도 다를 것이다. 따라서 나는 우리들과 닮은 형태의 생물이 존재할 가능성은 거의 제로에 가깝다고 생각한다. 다만 전혀 다른 형태를 한 지적인 생물을 발견할 가능성은 있을 것이다.

그들의 두뇌 역시 안쪽으로부터 바깥쪽을 향해서 진화하고 있을지도 모르겠다. 그들도 우리들의 뉴론과 닮은 스위치 소자를 지니고 있을지도 모른다. 그러나 그들의 뉴론은 우리들의 그것과는 굉장히 다를 것이다.

유기물로 만들어진 장치는 온실에서 움직이지만 그들의 뉴론은 온실보다도 훨씬 낮은 온도에서 움직이는 초전도 소자(超電導素子)로 되어 있을는지 모른다. 그렇다고 하면 그들의 사고는 우리들의 그것보다 10^7 배나 빠를 것이다.

다른 세계에 사는 생물의 뉴론은, 어쩌면 물리적으로 가까이 접촉되어 있지 않은 반면, 전파 통신으로 연결되어 있는지도 모른다. 이럴 경우 하나의 지적 생물은 수없이 많은 서로 다른 모습을 지닐 수 있고 그 분신은 수많은 다른 행성에 분산, 존재할 수도 있다. 그러한 분산은 각각 전체 지능의 일부를 분담, 전파에 의해 자기보다 거대한 지능에 대해 정보를 보낼 수 있다.*

우리들과 마찬가지로 10^{14}개 정도의 신경 다발을 지닌 지적 생물이 사는 행성이 어딘가에 있을는지도 모른다. 그리고 10^{24}개나 10^{34}개 정도의 신경 다발을 지닌 생물이 사는 행성이 존재할 가능성도 있다. 그러한 생물들은 도대체 무엇을 알고 있는 것일까?

우리들은 그들과 같은 우주 속에서 살고 있다. 따라서 우리들과 그들과는 공통의 실질적 정보를 갖고 있음에 틀림없다. 만약 우리들이 그들과 접촉할 수 있다면 그들의 두뇌 속에 있는 많은 것들은 우리들에게 몹시 흥미 있는 것임에 틀림없다.

그러나 그 반대 또한 진실이다. 우리들보다 훨씬 진화된 생물이 지구 이외의 행성에 존재한다고 하면, 그들도 우리들에게 흥미를 가질 것이다. 우리들이 무엇을 알고 있는가, 우리들이 무슨 생각을 하는가, 우리들의 두뇌는 어떻게 되어 있는가, 우리들의 진화의 진로는 어떠했었는가, 우리들의 미래는 어떻게 될 것인가 등등에 관해 그들도 관심을 기울일 것이다.

만약, 비교적 가까운 항성 주위의 행성에 지적인 생물이 있다면, 그들은 우리들을 알 수 있을 것인가. 희미하게 보이는 지구상에서 유전자로부터 뇌로, 뇌로부터 도서관으로, 하는 식의 오랜 진화 과정이 일어났다고 하는 것을 그들은 어렴풋이나마 느끼고 있을 것인가.

지구 외의 생물이 굳이 그들의 행성으로부터 벗어 나오지 않을 경우라도 그들이 우리들이나 우리들의 사고, 우리들의 감정을 알 수 있는 방법은 적어도 두 가지가 있다.

하나는 커다란 전파 망원경으로 듣는 방법이다. 수십 억 년 동안 그들은 약하고 단속적(斷續的)인 전파밖에 듣지 못했을 것이다. 그들 전파들은 우뢰나 지구의 자장(磁場) 속을 휘휘 소리내며 날아다니는 전자나 양자가 내는 전파였다.

그러나 지구로부터 오는 전파가 갑자기 크고 강력해졌다. 이러한 변화가 일어나고 나서 아직 1세기도 지나지 않았지만 강력해진 전파는 잡음이라고 하기보다는 오히려 신호에 가까왔다. 인간이라고 하는 지구상의 주민은 드디어 전파 통신의

* 산산이 흩어진 개인을 전파에 의해서 연락, 집적하는 일은 어떤 의미에서는 이미 지구상에서도 출현하기 시작했다―원주

방법을 발견해 낸 것이다.

오늘날 광범한 국제 방송, TV 방영, 레이다 전파의 발신 등이 지구로부터 다른 행성에 행해지고 있다.

전파의 두세 개 주파수에 있어서는 지구는 태양계 속에서 가장 밝고도 가장 강력한 전파원(電波源)이 되었다. 지구는 전파에 있어서는 목성보다도 밝고 태양보다도 밝다.

따라서 지구 외의 문명인이 지구로부터 나오는 전파를 계속 관측하여 그러한 신호를 수신하면 '지구상에서는 최근 무엇인가 재미 있는 일이 계속 일어나고 있는 모양이구나'하고 결론을 내릴 것임에 틀림없다.

우주에도 송신되는 TV

지구는 자전하기 때문에 지구에서 발사된 전파는 하늘을 이동해 나간다. 따라서 다른 항성 주위의 행성에 살고 있는 전파 천문 학자는 우리들의 전파 신호가 나타났다 꺼졌다 하는 시간을 관측해서 지구의 하루 길이를 산출할 수 있을 것이다.

우리들의 전파원 가운데서 가장 강력한 것은 레이다 전파 발신기이다. 그 가운데는 레이다 천문학을 위한 발신기도 있다. 그것은 전파의 손가락 *radio fingers*으로 가까운 행성의 표면을 찾으려 하고 있다.

하늘을 향해 발사된 레이다 전파 빔 *radar beam*은 지구 그 자체보다도 더 크고 그 전파의 대부분은 태양계를 뛰쳐나가 항성간 우주의 머나먼 저편까지 흘러간다.

그러므로 만약 감도가 좋은 수신기로 듣고 있는 지적 생물이 존재한다면 그것은 틀림없이 들릴 것이다.

그런데 레이다 발신기의 대부분은 군사용이다. 그것은 핵탄두를 붙인 미사일이 대량 발사되는 것을 경계하면서 끊임없이 하늘을 질주하고 있다. 미사일이 자국(自國) 영토에 도착하는 것보다 15분 빨리 인류의 종말을 예지하려고 하는 것이다. 레이다 전파의 내용물은 제로에 가깝다. 삐—삐—하는 단순한 전파의 연속에 지나지 않는다.

지구로부터 발사되는 전파 가운데 가장 널리 퍼져 있고 가장 눈에 띄는 것은 TV 프로이다. 지구는 자전하고 있기 때

문에 어떤 TV 국이 지구 지평선으로부터 나타나면 다른 TV
국은 반대쪽 지평선을 향해 사라져 간다.

프로는 뒤죽박죽이 될 것이다. 그러나 근처 항성 주위의 행
성에 사는 진보된 문명인들은 그러한 전파라도 골라 내어 서로
연결할 수 있을 것이다.

그러한 프로 가운데서 가장 잘 나오는 것은 TV 국의 이름
과 합성 세제나 방취제, 두통약, 자동차, 석유 제품 등을 사라
고 하는 호소이다. 그리고 가장 주목을 끄는 것은 수많은 시
간대에 수많은 TV국에서 동시에 방영되는 프로, 예를 들면
미국 대통령이나 소련 수상이 국제적 위기가 있을 때 행하는
연설 등일 것이다.

그밖에도 민간 TV국의 무신경한 프로, 국제적 위기, 가정
내에서의 불화 사건 같은 것들이 지구상의 생활에서 우리들이
뽑아내어 우주로 내보내는 주된 정보일 것이다. 다른 행성의
문명인들은 우리들을 어떻게 생각할 것인가 ?

이러한 TV 프로들을 다시 되돌릴 수 있는 방법은 없다. 또
한 그러한 전파를 초월하여 앞질러 가서 앞서 보낸 방송을 수
정할 수 있는 방법도 없다. 왜냐하면 빛이나 전파보다 빠른 속
도를 낼 수는 없기 때문이다.

지구상에서의 대규모 TV 방송은 겨우 1940년대 후반에 시
작됐을 뿐이다.

그 TV 전파는 지구를 중심으로 하여 둥근 파상(波狀)의 무
늬를 이루며 광속으로 번져 나간다. 그리하여 그 TV 전파 속
에는 미국 어린이 프로의 주인공인 두디 *Howdy Doody*의
노래, 당시 부대통령이었던 닉슨 *Richard M Nixon*의 애견
(愛犬) 체커 *Checker*에 관한 유명한 연설, 메카시 *Joseph
McCarthy* 상원의원의 TV에서의 심문 등이 포함되어 있다.

이러한 프로는 수십 년 전에 방영된 것이므로 아직 지구로
부터 수십 광년 떨어진 곳까지밖에 도달하지 못했다. 만약 지
구에서 가장 가까운 곳의 문명인들이 그보다 훨씬 먼 곳에 있
다고 한다면 우리들은 아직도 얼마간은 안심하며 호흡을 계
속할 수 있을 것이다.

언제까지나 그들이 이러한 프로를 이해하지 못하기를 우
리들은 희망해 보자.

보이저에 실린 편지

두 개의 탐색선 보이저가 지금 항성을 향해 날고 있다. 거기에는 금박을 입힌 동판(銅板)으로 만든 레코드가 한 장씩 들어 있다. 그 레코드에는 카트리지 *cartridge*(전축의 바늘을 꽂는 부분)와 바늘이 첨부되어 있고 알루미늄으로 된 겉장에는 사용법이 씌어 있다.

우리들은 유전자나 두뇌나 도서관에 관한 얼마간의 지식을, 항성간 우주의 바다를 항행하는 다른 생물을 향해 보냈다. 그러나 우리들은 과학의 기초 지식을 보내려는 생각은 하지 않았다. 왜냐하면 전파를 보내지 않은지 오래된 보이저를 머나먼 항성간 우주 속에서 주울 정도의 문명인이라면 우리들보다도 훨씬 많은 과학 지식을 지니고 있을 것이기 때문이다.

그 대신 우리들의 독특한 점이라고 생각되는 그 무엇인가를 그들에게 알리고 싶다고 생각했다. 그리하여 대뇌 피질이나 그 변연계가 흥미를 지닐 만한 것들은 레코드에 수록하고 TV 영역에 관계되는 것들은 별로 수록하지 않았다.

이 레코드의 수취인은 지구상의 어떠한 말도 이해할 수 없을는지 모르지만 우리들은 60 종류의 언어로 된 인사말과 혹고래 *humpback whale*의 인사말을 이 레코드에 수록했다.

또한 세계 각지의 사람들이 서로를 보살피고 서로에게서 배우고 도구나 예술 작품을 만들며 시합을 하는 등등의 사진도 이 레코드에 수록했다.

또한 많은 문화권의 훌륭한 음악을 1시간 30분 정도 수록했다.

그 가운데는 우주의 쓸쓸함에 관한 우리들의 기분을 표현하고 있는 것, 고독을 해소하고 싶어하는 희망, 우주의 그밖의 생물들과 접촉하고 싶다고 생각하는 우리들의 희망을 나타내는 음악이 포함되어 있다.

그밖에도 생명의 탄생 이전의 시대부터 진화에 의해 인간이 형성되는 동안 언제나 지구상에서 들을 수 있었던 파도나 바람 소리라든가 극히 최근에 싹트기 시작한 기술 문명에 의한 여러 가지 소리도 수록했다.

이것은 수염 고래가 드넓은 바다 저편을 향해서 사랑의 노래를 보내는 그 목소리와 닮아 있다. 우리들이 보낸 메시지의 대부분은, 아니 그 전부는 틀림없이 해독 불능일 것이다. 그러나 우리들은 그것을 보낸다. 왜냐하면 일단 그러한 시도를 해 본다고 하는 것이 중요하기 때문이다.

그러한 사고 방식에서 우리들은 탐색선 보이저의 레코드 속에 한 인간의 사고와 감정도 수록했다. 그것은 한 여성의 두뇌, 심장, 안구(眼球), 근육 등의 움직임을 나타낸 것이다. 그것은 1시간에 걸쳐 기록되고, 음(音)으로 변해서 더욱 시간이 압축된 상태로 레코드에 수록되었다. 어떤 의미에서 우리들은 1977년 6월이라는 해와 달에 있어서의 한 인간의 사고와 감정에 대한 직접적인 복사품을 우주로 보낸 것이라 하겠다.

아마 틀림없이 이 복사품은 아무런 도움도 되지 못할 것이다. 언뜻 들으면 펄서의 전파와 닮아 있기 때문에 이 레코드를 받아 본 지적 생물들은 그것을 펄서의 전파로 녹음한 것이라고 생각하는지도 모른다.

또는 그것을 받아 본 것이 상상도 할 수 없을 정도로 진보된 문명인이었다면 그렇게 하여 녹음된 사고나 감정을 해독해서 우리들이 자기네에게 그것을 보냈음을 높이 평가할는지도 모른다.

은하 사회의 일원으로서

우리들의 유전 인자 속에 포함되어 있는 정보는 몹시 낡은 것이다. 그 대부분은 수백만 년 전부터의 것이며 일부는 수십억 년 전부터의 것이다. 그에 비해 우리들의 책에 씌어진 정보는 기껏해야 수천 년 전부터의 것이며 우리들의 머리 속에 있는 정보는 겨우 수십 년 전부터의 것이다. 이러한 것들 중 아주 옛날부터 있는 정보는 인간만이 지닌 것은 아니다.

지구에는 침식, 풍화 현상이 있기 때문에 기념비나 인공 건축물은 먼 장래까지 남아 있을 수는 없다. 그것은 자연의 현상이다.

그러나 보이저에 실린 레코드는 다르다. 보이저는 지금 태양계 바깥을 향해서 날고 있다. 항성간 우주에서 침식 작용을 행하는 것은 주로 우주선(宇宙線)과, 충돌하는 먼지의 입자인데 이 침식 작용은 몹시 서서히 행해지기 때문에 레코드에 새겨진 정보는 10억 년 동안은 지워지지 않을 것이다.

유전자나 두뇌나 책은 각각 다른 방법으로 정보를 수록하고 있으며 그 영속성은 서로가 각각 다르다.

그러나 보이저에 실려서 항성간 우주로 보낸 금속제 레코드에 새겨진 인류의 기록은 그런 것들보다 훨씬 더 오래 남을 것이다. 그것은 〈미래에의 편지〉이다.

보이저에 실린 편지는 싫증이 날 만큼 느린 속도로 날고 있다. 그것은 지금까지 인간이 쏘아 올린 것들 중에서는 가장 빠른 것이지만 그래도 가장 가까이 있는 항성까지 가는 데에도 수만 년이나 걸린다.

보이저가 몇 년씩이나 걸려서 날아간 거리를 TV 프로는 몇 시간 정도에 날아가고 만다. 이제 막 끝났을 뿐인 TV 방영 전파가 겨우 수시간 내에 보이저를 뒤쫓아 가서 토성의 영역을 넘어 항성을 향해 날아간다.

그러한 상태로 날아가면 전파 신호는 〈켄타우르스좌의 알파성〉까지 4년 남짓만에 도달한다. 그리고 나서 다시 몇 십 년, 몇 세기에 걸쳐 우주 건너편의 누군가가 우리들의 TV 방영을 봤을 때 우리들을 좋게 생각해 주기를 나는 희망한다. 우리들은 1백 50억 년에 걸친 우주 진화의 산물이며 아주 미소한 물질의 변화가 드디어 의식을 지닌 인간에까지 이르는 것이다.

우리들의 지능은 최근 우리들에게 무서운 힘을 제공해 주었다. 우리들이 자멸을 피할 수 있을 만큼의 지혜를 갖고 있는지 어떤지는 아직 모른다. 그러나 우리들의 대부분은 열심히 노력하고 있다.

우주의 시간 척도로 말하면 굉장히 빠른 시기에 우리들의 행성인 지구 전체가 평화롭게 통일되고 지구상의 생물의 생명이 중요시되는 체제가 완성되어, 계속해서 지구가 은하 사회의 일원으로서 다른 문명 세계와 통신할 수 있는 방향으로 커다란 제 1보를 내디딜 수 있기를 우리들은 희망한다.

宇宙人으로부터의 편지 12

"너는 누구냐. 너는 어디로부터 왔
느냐. 너와 같은 것을 지금까지 본 적
이 없다. 창조주 라벤 *Raven* 은 인
간을 보고서 그렇게 말했다. 그리고,
이 눈에 익지 않은 새로운 생물이 자
기 자신과 너무나 닮아 있음에 깜짝
놀랐다"
—에스키모의 창조 신화

우주인은 지구에 왔었는가

샹뽈리옹(1790 ~ 1832)

우리들은 항성을 향해 지금까지 4개의 탐색선을 쏘아 올렸다.

파이오니어 10호와 11호, 보이저 1호와 2호가 그것이다. 이 탐색선들은 낡고 원시적인 것으로서 행성간 우주의 굉장한 거리에 비하면, 마치 꿈 속에서 달리고 있는 것처럼 느린 속도로 날고 있다.

그러나 앞으로 우리들은 보다 훌륭한 탐색선을 개발할 수 있을 것이다. 그것은 보다 빨리 날 수 있을 것이며 항성의 행선지도 정할 수 있게 될 것이다. 그리하여 머지 않은 장래에 유인 우주선이 쏘아 올려질 것이다. 은하계 가운데는 우리들의 지구보다 수백만 년이나 오래된 행성이 수없이 많음에 틀림 없으며 지구보다 수십억 년이나 더 오래된 행성도 있을 것이다.

그렇다면 혹시 지구를 찾아왔던 우주인은 없었을까 ? 지구가 생긴 후 수십억 년이란 세월이 흘렀는데 그 동안 머나먼 외계의 문명 세계로부터 기묘한 우주선이 찾아와서 지구를 관찰한 후 서서히 하강하여 착륙했던 적이 예전에 단 한 번도 없었던 것일까.

잠자리나 무심한 파충류, 소란스런 영장류(靈長類), 그리고 배회하던 인간들이 그러한 우주선을 한 번도 본 적이 없었던 것일까.

이런 생각을 하는 것은 극히 자연스러운 일이다. 비록 증명할 수 없는 사실이라고는 하더라도, 우주의 지적 생물체에 관해 생각해 본 적이 있는 사람이라면, 다른 곳의 우주선이 지구에 왔었나 하는 문제도 생각했음에 틀림 없다. 그러면 실제로 그러한 일들이 일어났었던 것일까.

중요한 것은 그것을 입증할 만한 증거의 질(質)이다. 그 증거가 철저하면서도 회의적인 눈으로 정밀하게 조사되었는가 하는 것이 문제이다. 그럴 듯하다고 하는 것만으로는 안된다. 한 명 또는 두 명의, 목격자라고 자칭하는 사람들의 말만으로도 안된다. 확실한 증거가 있어야 한다.

지금까지 UFO(미확인 비행 물체)를 보았다고 하는 이야기
는 무척 많으며, 또 아주 옛날에 우주인이 지구에 찾아 왔었
노라고 하는 이야기도 굉장히 많다. 그러한 이야기들을 들으
면 지구는 때때로 초대하지도 않은 손님들의 파도에 씻기우
고 있는 것 같은 생각도 든다. 그러나 지금까지 열거한 기준
에 비춰보면 외계의 지적 생물이 지구를 방문했었다고 하는
납득될 수 있는 사례는 단 하나도 없다.

사실 나는 그러한 방문자가 있었다면 좋겠다고 바라고 있
다. 외계의 문명을 이해하는 단서가 될 수 있는, 복잡한 문
자를 새겨 넣은 동전 같은 것이라도 발견되지나 않을까 하는
나의 소망에는 억제하기 힘든 무엇인가가 있다. 그것은 우리
인간들이 이미 수없이 많이 품어 온 소망인 것이다.

물리학자 프리에르 *Joseph Fourier**는 1801년, 프랑스 이
젤 *Isère* 현(縣)의 지사로 근무하고 있었다. 현내의 학교를
시찰하던 도중 그는 11세의 한 소년을 발견했다. 그 소년은
머리가 기막히게 좋고 동양 언어에 대해 놀랄 만한 직감력을
지니고 있어서 이미 많은 학자들이 경탄의 눈길을 보내고 있
었다.

프리에르는 그 소년을 자기 집에 초대해서 잡담을 나누었
다. 프리에르는 나폴레옹의 이집트 원정 때 동행하여 고대 이
집트인들이 세웠던 천문학적 기념비에 관한 조사를 담당했
었다. 그때 그는 이집트의 공예품이나 도구 등을 수집해서
갖고 돌아왔었다. 그의 집에서 그 수집품들을 본 소년은 눈
을 크게 떴다.

그 수집품에 씌어진 상형 문자가 소년의 호기심을 자극했다.
"그 문자는 어떤 의미를 나타내고 있는 것입니까 ?"
소년이 물었다.
"아직 아무도 아는 사람이 없단다"
프리에르는 그렇게 대답했다.

소년의 이름은 샹뽈리옹 *Jean François Champollion*이라
고 했다. 그는 그 누구도 읽지 못했다는 문자의 비밀에 관한
탐구심의 불꽃을 일으켰다. 그는 뛰어난 언어 학자가 되어
정열을 기울여 고대 이집트 문자의 연구에 몰두했다.

그 무렵의 프랑스에는 이집트의 물품들이 아주 많았는데 대
부분이 나폴레옹이 가져온 이후 유럽 학자들의 손으로 넘어

카르나크의 유적. 나폴레옹
은 이집트 원정을 다녀온 후 원
정기를 쓰라고 명했다. 이 그
림은 《원정기》의 표지.

덴데라의 사원. 일부는 모래
에 묻혀 있다.

* 고체의 열 전도 방법에 관한
연구로 유명. 그의 연구는
오늘날 행성 표면의 성질을
이해하는 데 이용된다. 파동
이나 그밖의 주기적인 운동
에 관한 연구로도 유명하며
그것은 수학의 한 분야가 되
어 프리에르 해석이라는 이
름으로 알려져 있다—원주

간 것들이었다.

《원정기(遠征記) *The Description of the Expedition*》가 책으로 출판되자 젊은 샹뽈리옹은 그 책에 몰두했다. 그리고 드디어 성공을 거두었다. 어린 시절의 꿈을 이뤄 고대 이집트 상형 문자의 훌륭한 해독법을 발견한 것이다.

그러나 샹뽈리옹이 자기가 동경했던 나라 이집트에 처음으로 발을 들여놓은 것은 1828년이었다. 그것은 그가 프리에르를 만난 지 27년이나 지난 뒤의 일이었다.

그는 자기가 이해하고자 열심히 노력해 왔던 이집트 문화에 경의를 표하면서 카이로로부터 나일강을 거슬러 올라갔다. 당시로서 그것은 이질적인 문명 사회를 방문하는 짓이었으므로 탐험에 속하는 일이었다.

상형 문자의 비밀을 풀다

16일 저녁 우리들은 드디어 덴데라 *Dendera*에 도착했다. 아름다운 달밤이었고 신전까지는 겨우 1시간 정도의 거리였다. 우리들은 유혹에 견딜 수 있을 것인가. 아무리 냉정한 사내라도 결코 견뎌 낼 수 없을 것이다. 식사를 마치고 곧장 밖으로 나섰다. 안내인 없이 우리들끼리만 가기로 했다. 우리들은 단 1초의 머뭇거림도 없이 무장한 채 들판을 걸어갔다…… 드디어 신전이 우리들 앞에 나타났다…… 그 크기를 설명할 수는 있지만 그 모습을 언어로 표현하는 것은 불가능할 것이다. 그것은 최고의 우아함과 장대함을 함께 지닌 것이다 ……그리하여 바깥 벽에 새겨진 문자를 달빛으로 읽어 보려 노력했다. 우리들이 배로 되돌아온 것은 새벽 3시였는데, 오전 7시 우리들은 또다시 신전으로 갔다. 달빛 아래서 보았던 장대함은 태양 아래에서도 조금도 변함 없었고 아주 세세한 부분까지도 잘 보였다. ……유럽에 살고 있는 우리들은 소인(小人)에 불과할 뿐이다. 유럽의 어떤 나라도 고대에서 현대에 이르기까지 고대 이집트 인들이 만든 것과 같은 숭고하면서도 위대하고 당당한 건조물을 만든 적이 없었다. 그러한 건축 기술도 생각해 내지 못했다. 고대 이집트 인들은 신장이 30 *m*나 되는 사람들을 위해 모든 것을 만들도록 명령했던 것이다.

카르나크 *Karnak*나 덴데라 그밖에 이집트의 모든 곳에 있

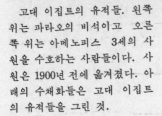

　고대 이집트의 유적들. 왼쪽 위는 파라오의 비석이고 오른쪽 위는 아메노피스 3세의 사원을 수호하는 사람들이다. 사원은 1900년 전에 옮겨졌다. 아래의 수채화들은 고대 이집트의 유적들을 그린 것.

로제타 석.

는 건조물의 벽이나 기둥에는 문자가 새겨져 있었는데 샹뽈리옹은 그것들을 별 어려움 없이 읽을 수 있어서 즐거웠다.

상형 문자를 영어로는 〈헤로그라픽 *Hieroglyphics*〉이라고 말하는데 그것은 '성스러운 각문 *sacred carvings*'이라는 의미이다. 샹뽈리옹 이전의 많은 사람들은 그것을 해독하고자 노력했으나 실패했었다. 몇몇 학자들은 그것을 그림 문자의 일종이라고 믿었다. 무엇을 나타내고 있는지, 애매한 점이 많았지만 대부분은 눈알이나 파도 같은 선이나 벌이나 투구풍뎅이, 새들이었다. 그 중에서도 새가 많았다. 그 해독법은 모순 투성이었다.

또한 '이집트 인들은 고대 중국으로부터 이민 온 사람들'이라고 생각하는 학자도 있었고 '이집트 인이 중국으로 갔다'고 결론을 내린 학자도 있었다. 위조된 해독서가 굉장히 많이 출판되었다.

어떤 해독자는 로제타 석 *Rosetta Stone*을 한 번 보고 나서 곧 그 로제타 석의 의미를 발표했다. 그 무렵 로제타 석에 새겨져 있는 상형 문자는 아직 해독되어 있지 않았다. 그러나 그는 "서둘러서 해독하면 오랜 기간에 걸쳐 생각하는 사이에 생겨나는 조직적인 잘못을 피할 수 있다"고 했다. 그는 또 "지나치게 많이 생각하지 않는 편이 보다 좋은 결과를 얻을 수 있다"고도 말했다. 오늘날 외계의 생물 탐사에 관해서도 비전문가들의 제멋대로인 억측이 이 분야의 많은 전문가들을 놀라게 한다.

샹뽈리옹은 상형 문자를 그림에 의한 비유라고 보는 설에 반대했다. 그는 훌륭한 사고력을 지닌 영 *Thomas Young*이라고 하는 영국 물리학자의 도움을 받아 로제타 석을 단서로 다음과 같이 연구를 진행시켜 나갔다.

그 돌은 1799년 나일 강 삼각주의 마을 라시드 *Rashid*에 성채를 쌓고 있던 프랑스 병사가 발굴한 것이었다. 라시드에서 나온 것이므로 라시드 석이라고 부르는 것이 당연했지만 대부분의 유럽 인들은 아랍 어를 몰랐기 때문에 발음을 잘못해서 〈로제타 석〉이라고 불렀다.

그것은 고대의 신전에 사용되었던 석판(石板)으로 거기에는 명백히 같은 내용이라고 생각되는 것이 세 종류의 문자로 씌어 있었다. 맨 위가 상형 문자, 가운데는 계속 연결하면

서 쓰는 민용 문자(民用文字)라 불리우는 상형 문자, 맨 밑은
그리스 어였다. 이 그리스 어가 해독의 열쇠가 되었다.

상뽈리옹은 고대 그리스 어에 능통했기 때문에, 이 석판
의 명문(銘文)이 서력 기원전 196년 봄, 국왕 프톨레마이오스
5세 에피파네스 *Ptolemy V Epiphanes*의 즉위식 거행을 기
념하여 씌어졌음을 곧 알아냈다.

그때 왕은 정치범을 석방하고 세금을 경감시켰으며 신전을
축조하고 반역자들을 용서하며 군비를 증강시켰다. 즉, 현대
의 통치자들이 자기의 지위를 다지려 관용을 베풀 때 행하는
일들을 이 왕도 행했던 것이다.

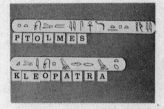

로제타 석의 프톨레마이오스
와 오벨리스크의 클레오파트라
로 머릿돌의 글을 해독하는 방
법.

로제타 석이 단서가 되다

그리스 어 문장에는 프톨레마이오스라는 말이 몇 번이나
나왔다. 상형 문자의 문장에는 그것과 거의 같은 장소에 긴
원통형 테두리에 둘러싸인 기호가 있었다.

상뽈리옹은 '이것은 프톨레마이오스를 나타내고 있다'고
생각했다. 만약에 그렇다면 상형 문자는 기본적으로 그림 문
자나 비유를 나타내는 문자가 아니라 거의 모든 기호가 단음
이나 음절을 나타내는 것으로 된다.

같은 내용이라고 생각되는 이 문장을 쓰는 데 그리스 어와
상형 문자에는 각각 몇 개의 문자가 사용되고 있는가? 상뽈
리옹은 그 수를 세어 보았다. 그리스 어가 수에 있어서 훨씬
적었다. 이것도 또한 상형 문자가 주로 단음이나 음절을 표현
한다는 것을 나타내는 것이었다.

그러나 어떠한 상형 문자가 어떤 음에 해당하는 것일까?
다행히도 상뽈리옹은 한 개의 오벨리스크 *Obelisk**를 이용
할 수 있었다. 그것은 파일리 *Philae*에서 발굴된 것으로서
그 가운데는 그리스 어의 '클레오파트라'에 해당하는 상형 문
자도 포함되어 있었다.

왼쪽에 있는 것은 프톨레마이오스와 클레오파트라를 나타
내는 두 개의 긴 원통형 속의 내용을 왼쪽으로부터 오른쪽으
로 읽어 나가도록 배열을 바꿔 놓은 것이다. 프톨레마이오스
PTOLEMES는 P로 시작된다. 긴 원통형 속의 최초의 기호

* 고대 이집트에서 만들어진
기념비. 돌로 된 사각 기둥으
로서 끝은 뾰족하고 표면에는
상형 문자가 새겨져 있으며
높이 20*m* 를 넘는 것도 있다
—역주

는 4 각형이다.

클레오파트라 KLEOPATRA라는 이름의 다섯 번째 문자
가 P인데 긴 원통형 속의 다섯 번째 기호가 4각형이다. 그것
이 바로 P인 것이다.

프톨레마이오스의 네 번째 문자는 L이다. 그것은 사자를
나타내고 있는 것일까. 클레오파트라의 두 번째 문자도 L인
데 상형 문자를 보니까 여기에도 사자가 두 번째에 있다. 독
수리는 A를 나타내기 때문에 클레오파트라의 상형 문자에는
당연히 두 마리의 독수리가 나타나 있다.

어떤 확실한 방식을 생각할 수 있지 않은가. 이집트의 상
형 문자는 대부분 단순한 표음 부호(表音符號)인 것이다. 그러
나 상형 문자 전부가 단음이나 음절을 나타내고 있는 것은 아
니다. 그 중의 몇 개인가는 그림 문자이다. 프톨레마이오스의
긴 원통형 속의 맨끝 기호는 '쁘타하 Ptah의 신에게 사랑 받
아 영원하라'라는 의미이다. 클레오파트라의 맨 끝에 나타
나 있는 반원과 계란형 기호는 '이시스 신의 딸 Daughter
of Isis'이라는, 널리 사용되었던 표의 문자(表意文字)이
다.

이처럼 표음 문자와 표의 문자가 무질서하게 뒤섞여 있었
기 때문에 샹뽈리옹 이전의 번역자들은 해독에 실패했던 것
이다.

돌이켜 보면 이 해독을 하는 것은 아주 쉬운 일이었던 것처
럼 보인다. 그러나 이것을 완독해 내는 데까지는 몇 세기나
되는 세월이 걸렸으며 게다가 연구해야만 하는 것도 많이 있
었다. 특히 보다 더 오래된 시대의 상형 문자를 해독하는 것
은 무척 시간과 노력이 드는 일이었다.

그러나 긴 원통형 속의 내용은 이 로제타 석을 해독하는 데
있어서 열쇠 중의 열쇠였다. 어쩌면 더집트의 왕들은 2천 년
후의 이집트 학자들을 즐겁게 하기 위해서 자기들의 이름을
선으로 둘러친 것 같았다.

샹뽈리옹은 카르나크의 거대한 다주식(多柱式) 건축인 신전
을 돌아다니면서 새겨진 문장을 읽었다. 그것은 어느 누구에
게나 수수께끼의 문장이었다. 어린 시절 프리에르를 만났을
때 품었던 의문에 그는 스스로 답을 한 셈이다.

다른 문명과의 사이에 이러한 일방 통행의 통신 회로를 여

는 것은 극히 커다란 기쁨이었음에 틀림 없다. 몇 천 년 간이
나 침묵을 지켜온 문화로 하여금 그 역사, 마술, 의술, 종교,
정치, 철학을 말하게 할 수 있게 된 것이다.

우주인과의 교신은 전파로

오늘날 우리들은 고대의 진귀한 문명으로부터의 메시지를
찾고 있다. 그 문명은 우리들에게 있어서 시간적으로 은폐되
어 있을 뿐 아니라 공간적으로도 은폐되어 있다.

만약 우리들이 외계의 문명인으로부터 전보를 받았다면 어
떻게 그것을 이해할 수 있을 것인가.

외계의 지적 생물은 우아하고 복잡하며 내부적으로도 모순
이 없는, 그러면서도 전혀 이질적인 존재일 것이다. 그들은
물론 우리에게 보내는 전보를 가능한 한 알아 보기 쉽게 하
려고 애쓸 것이다. 그러나 어떻게 하면 알아 보기 쉽게 할
수 있을 것인가.

항성간 우주의 로제타 석이라고 할 만한 그 무엇인가가 있
는 것인가. '있다'고 우리들은 믿고 있다. 각각의 문명 세계
가 서로 아무리 다르다 하더라도 모든 기술 문명에 공통되는
언어가 있음은 틀림 없다고 생각하고 있다.

그 공통의 언어란 과학과 수학이다.

자연 법칙이란 어디를 가더라도 마찬가지이다. 머나먼 저
편의 항성이나 은하의 스펙트럼 모양은 태양의 스펙트럼이나
연구실에서 적절한 실험으로 보는 스펙트럼과 마찬가지인 법
이다. 우주의 어떤 장소에나 똑같은 화학 원소가 존재할 뿐
아니라 원자가 방사선을 흡수하거나 방출할 때 작용하는 양
자 역학의 법칙 역시 어디에서나 통용되는 것이다.

머나먼 저편의 은하는 서로 상대방 주위를 돌고 있지만 그
운행은 지면에 떨어지는 사과의 움직임이나 항성으로 향하는
보이저를 지배하는 것과 똑같은 〈인력의 법칙〉에 따르고 있
다. 자연 법칙은 어디에서나 마찬가지이다.

이제 막 발달하기 시작한 문명인에게 보내기 위해서 쓴 항
성간 우주의 전보는 쉽게 해독될 것임에 틀림없다. 우리들은
태양계의 지구 이외의 항성에 진보된 기술 문명 세계가 있으

푸에르토리코에 있는 아리시보 전파 천문대.

리라고는 기대하지 않는다. 설령 하나의 세계가 있다고 하더라도 우리들보다 아주 조금이라도, 예를 들어 1만 년 정도 뒤떨어져 있다면 그 세계에는 기술이라 불리울 수 있는 것은 아무것도 없을 것이다.

만약 우리들보다 조금이라도 진보된 세계가 있다면 우리들도 이미 태양계 탐색을 행하고 있는 마당에 그 세계의 대표자들은 벌써 이 지구에 왔어야만 한다.

따라서 다른 문명인들과 통신을 나누고자 생각한다면 행성간 우주의 거리를 초월할 뿐 아니라 항성간 우주의 거리까지도 초월하지 않으면 안된다.

이상적으로 말하자면 그러한 통신 방법은 대량 정보를 극히 낮은 가격으로 송, 수신할 수 있을 만큼 돈이 적게 드는 것이어야 한다. 또한 항성간의 대화를 가능하게 하기 위해서는 속도가 빠른 것이 아니면 안된다. 그리고 기술 문명 진보의 방식이 다르더라도 그 통신 방법은 확실하면서도 알기 쉬운 것이어야만 한다.

놀랍게도, 그러한 방법은 이미 존재하고 있다. 〈전파 천문학〉이라고 불리우는 것이 바로 그것이다.

지구상에서 가장 크고 준(準) 가동식인 전파 레이다 망원경은 아레시보 *Arecibo*라고 하는 곳에 있다. 미국 과학 재단의 위탁을 받아 코넬 대학이 운영하고 있는 이 망원경은 푸에르토리코 *Puerto Rico* 섬의 산골짜기에 있다. 전파를 발사하는 직경 305 m의 안테나는 구(球)의 일부분으로서 예전부터 있었던 밥공기 모양의 골짜기에 설치되어 있다.

그것은 우주의 저 깊숙한 곳으로부터 보내져 오는 전파를 포착, 반사하여 밥공기 모양의 골짜기 바로 위의 높은 곳에 있는 송, 수신 안테나로 보낸다. 그 안테나는 제어실에 연결되어 있어서 그곳에서 신호가 해석된다.

반대로 이 망원경을 레이다 발신기로 사용할 때는 송, 수신 안테나로부터 밥공기 모양의 골짜기를 향해 신호를 발사한다. 밥공기 모양이 그것을 반사해서 우주를 향해 보낸다.

아레시보 전파 천문대의 망원경은 지금까지 우주의 문명인들로부터의 지적인 신호를 찾는 데도 사용되어 왔으며 꼭 한 번 머나먼 구상 성단 M 13을 향해 메시지를 보낸 일도 있다.

　즉, 우리들은 양쪽 방향으로 항성간 대화를 행할 기술적인
능력을 지니고 있는 셈이다. 적어도 우리들에게 있어서 이것
은 명확한 사실이다.

교신 상대는 있는 것인가

　아레시보 전파 천문대는《브리태니카 백과 사전 *Encyclopa-
edia Britannica*》에 씌어 있는 모든 내용을 수 주일 만에 다
른 항성 주위의 행성에 있는 같은 종류의 전파 천문대로 보
낼 수 있다. 전파는 빛의 속도와 똑같은 속도로 나아가기 때
문에 우리들이 쏘아올렸던 가장 빠른 항성간 탐색선에 부착
된 메시지에 비해 1만 배나 빠른 속도로 날아간다. 전파 망원
경은 주파수의 폭이 좁아 극히 강력한 신호를 발신할 수 있
기 때문에 이 전파 신호는 항성간 우주의 거리가 멀리 떨어
진 곳에서도 수신이 가능하다.

　아레시보 전파 천문대는 1만 5천 광년 떨어진 행성에 있는,
같은 종류의 전파 천문대와도 통신을 나눌 수 있다. 그것은
은하계 중심까지의 거리의 약 절반 정도이지만 그러한 통신
을 행하기 위해서는 안테나를 어떤 방향으로 향해야 좋은가
를 정확히 알고 있어야만 한다.

　전파 천문학은 자연스런 기술이다. 사실상 어떤 행성의 대
기도 그 성분이 어떻든 간에 전파의 일부분은 꼭 통과하는 법
이다. 전파는 항성간 우주의 가스에는 쉽게 흡수되지 않고
산란되는 일도 없다. 그것은 마치 샌프란시스코와 로스앤젤
레스 사이에 스모그가 발생하여 가시 광선에서의 시계(視界)
가 수 *km*로 떨어져도 샌프란시스코 방송국 프로를 로스앤젤
레스에서 확실히 들을 수 있는 것과 마찬가지이다.

　우주에는 지적인 생물과 아무런 관계도 없는 자연의 전파
원이 많이 있다.

　예를 들면 펄서나 퀘이서, 행성의 방사선대, 항성 바깥 쪽
의 대기 등이 그것이다. 전파 천문학이 조금만 발달해 있다
면 어떤 행성으로부터라도 그러한 밝은 전파원을 발견해 낼
수 있을 것이다.

전파는 전자파(電磁波)의 스펙트럼 중의 커다란 부분을 차지하고 있다. 그러므로 어떠한 파장이든지 일단 전자파를 발견하면 그 기술 사회의 사람들은 곧 그 전자파 스펙트럼 가운데서 전자파 부분을 찾아 낼 것이다.

보다 더 훌륭하고 효과적인 다른 통신법도 있을 것이다. 예를 들면 항성간 우주선이라든가 가시 광선, 혹은 적외선 레이다, 변조(變調)된 중력파, 그밖에 1천 년쯤이나 지나야 발견될 수 있을 듯한 다른 종류의 발신법도 있을 것이다.

진보된 문명 세계의 우주인들은 통신 수단으로 전파를 사용하는 것쯤 이미 옛날에 졸업해 버렸는지도 모르겠다. 그러나 전파는 강력하고, 값싸고, 빠르며 게다가 간단하다. 우리들 같은 뒤떨어진 문명 세계의 인간이 하늘로부터의 메시지를 받아 들이려고 생각한다면 우선 전파 기술에 의존할 것임을 그들은 알고 있음에 틀림 없다.

그들은 고대 기술 박물관으로부터 전파 망원경을 꺼내 오지 않으면 안될 것이다.

우리들이 만약 전파의 메시지를 받아 들이고자 한다면 적어도 전파 천문학에 관해 충분히 알고 있어야만 한다.

그러나 과연 말을 걸 상대방 누군가가 외계에 존재하기는 틀림없이 존재하는 것일까. 우리들의 은하계 가운데는 3천억 개인가 5천억 개의 항성이 있다고 하는데, 사람이 거주하는 행성을 거느리고 있는 항성은 우리들의 태양뿐이라고 단정할 수 있을까.

우주 속에는 기술 문명의 세계가 많을지도 모른다. 은하계에는 진보된 사회가 많이 있으며 생기에 넘쳐 소리를 질러댈지 모른다. 따라서 우리들과 비슷한 문명 사회는 그렇게 멀리 떨어지지 않은 곳에 있을지 모른다. 틀림없이 우리들의 육안으로 보이는 별 주위의 행성에도 전파 망원경이 설치되어 있어서 전파 신호를 보내고 있을 것이다.

우리들이 밤하늘에서 보는, 바늘 끝처럼 어렴풋한 빛 근처에 하나의 세계가 있어서, 그곳에서는 우리들과는 전혀 다른 생물이 밤 하늘을 우러러 보고는 우리들이 태양이라고 부르는 항성을 멀거니 바라보며 한순간이라고는 하더라도 터무니 없는 억측을 즐기고 있을지 모른다——우리는 매우 자연스럽게 이러한 생각을 할 수 있는 것이다.

그렇지만, '그렇다'고 단언하기는 극히 어렵다. 진화에 의해 기술 문명이 완성되는 데는 험난한 장해가 있다. 그리고 행성의 숫자도 우리들이 생각하고 있는 것보다 훨씬 적을지 모르기 때문이다.

생명의 탄생은 연구실에서의 실험이 나타내고 있는 정도만큼 쉬운 것은 아닐지도 모른다. 진화에 의해 진보된 생물이 생겨나는 일은 거의 없는지도 모른다. 아니면, 복잡한 생물은 곧 생겨날는지 모르지만 지적인 생물이 태어나 기술 사회가 완성되려면 거의 일어나지 않는 우연이 계속 겹쳐서 발생해야만 하는지도 모르겠다. 그것은 마치 인간이라고 하는 종(種)의 진화가 공룡의 멸종이라든가 대빙하기로 인해 숲이 소멸했다던가 하는 우연한 일들에 뒷받침되고 있는 것과 마찬가지이다. 우리들의 선조들은 대빙하기 전까지는 수풀 속 나무 위에서 끼익끼익 울어대며 거의 아무런 생각 없이 살아 왔었다.

또 문명 사회는 정확히 몇 번이랄 것도 없이 은하계의 무수한 행성 위에 형성되었는지도 모르겠다. 그러나 그러한 사회는 일반적으로 불안정해서 극히 일부를 제외한 거의 모든 문명 사회가 기술에 패배하고 욕망과 무지, 공해와 핵 전쟁에 굴복하고 말았는지도 모르겠다.

지적 생물이 존재할 확률

이러한 커다란 문제는 더욱더 깊이 파고 들어 생각할 수 있다. 우리들의 은하계 가운데 진보된 기술 문명 세계가 몇 개나 있을 것인가 하는 숫자(N)는 대충 어림잡아 추정할 수 있다.

"진보된 문명 세계란 전파 천문학을 알고 있는 생물들의 세계이다"라고 정의해 보자. 물론 이것은 꼭 필요한 정의이기는 하지만 또한 편협한 정의이기도 하다. 주민들이 훌륭한 언어 학자이며 최고의 시인이기는 하지만 전파 천문학에는 무관심하다고 하는, 그런 세계도 무수하게 많을는지도 모른다. 그러나 우리들은 그러한 세계의 사람들의 메시지를 수신할 수는 없을 것이다.

N은 수많은 인자(因子)를 곱한 것, 즉 그러한 인자들의 적(積)으로 나타낼 수 있다. 인자는 각각이 일종의 필터다. 문명 세계가 수없이 많이 존재하기 위해서는 각각의 인자가 크지 않으면 안된다.

$N*$=은하계 가운데의 항성의 수

f^p=행성계를 지닌 항성의 비율

n^e=어느 특정한 행성계 가운데서 생물이 존재할 수 있는 생태학적 환경을 지닌 행성의 수

f^l=적당한 환경을 지닌 행성 가운데서 실제로 생물이 탄생한 행성의 비율

f^i=생물이 살고 있는 행성 가운데서 지적 생물이 존재하는 행성의 비율

f^c=지적 생물이 살고 있는 행성 가운데서 통신 기술을 지닌 문명인이 있는 행성의 비율

f^L=그 행성의 수명 중에서 기술적 문명인이 존재하는 기간의 비율

이상의 기호를 사용하면 다음과 같은 방정식이 성립된다.

$$N = N* \times f^p \times n^e \times f^l \times f^i \times f^c \times f^L$$

이 중에서 f는 모두 0에서 1까지의 소수(小數)여서 $N*$의 방대한 숫자를 조금씩 감소시켜 나간다.

N을 산출해 내기 위해서는 각각의 인자들의 숫자를 추정해야만 한다. 이 식의 앞쪽에 나오는 인자에 관해서는 우리들도 퍽 잘 알고 있다.

항성의 숫자나 행성계의 숫자 등은 꽤 잘 알려져 있다.

그러나 이 식의 후반부의 인자, 즉 지적 생물의 진화나 기술 사회의 수명 등등에 관해서는 우리들은 거의 아무 것도 알지 못한다. 이런 경우 우리들의 계산은 추측에서 더 이상 벗어나지 못하는 셈이 된다.

만약 내가 지금까지 서술한 추정치에 이론을 품는 사람이

있다면 그 사람은 자기 자신의 숫자를 끌라 계산하여 자기의 대체안이 은하계 가운데의 진보된 문명 세계 홍수를 어떻게 변화시키나를 봐 주었으면 하고 바라고 싶다.

이 식은 원래 코넬 대학의 드레이크 *Frank Drake*가 고안한 것인데 이 식의 커다란 이점 가운데 하나는 이것이 항성 천문학이나 행성 천문학으로부터 유기 화학, 진화론, 역사, 정치, 이상 심리학까지 폭 넓게 수용하고 있기 때문이다.

우주에 관한 것 중 많은 부분은 이 드레이크의 식 속에 포함되어 있다.

우리들은 N*의 수를 꽤 잘 알고 있다. 이것은 은하계 속에 있는 항성의 숫자를 나타내는 것인 데 하늘의 대표적인 작은 구역의 별의 숫자를 주의 깊게 헤아림에 의해서 이 숫자를 알 수가 있다. 그것은 수천억 개이다. 극히 최근의 추정치는 4×10^{11}, 즉 4천억 개로 되어 있다.

핵 융합 반응의 연료의 축적을 단기간에 낭비하고 마는 듯한, 수명이 짧은 거대한 별은 극히 조금밖에 존재하지 않는다. 대부분의 별들은 수십억 년, 또는 그 이상의 수명을 지니고 그 사이에 안정된 빛을 발산하여 근처의 행성에서 생명이 탄생해서 진화하는 동안의 적당한 에너지원이 되고 있다.

항성이 형성될 때에는 대체로 행성도 같이 형성된다. 그것을 나타내는 증거는 얼마든지 있다. 예를 들어 목성, 토성, 천왕성 등을 도는 몇 개나 되는 위성은 소형 태양계 같은 것이지만 이것은 행성이 형성되기 쉽다는 증거의 하나이다. 또한 행성의 기원에 관한 이론도 이연성(二連星)의 연구도, 항성 주위에 테가 있다고 하는 관측 결과도, 가까이의 항성이 행성의 인력에 끌려 휘청거리고 있다고 하는 예비적인 관측의 결과도 행성이 형성되기 쉽다는 것을 나타내고 있다.

수많은 항성이, 아니 틀림 없이 거의 모든 항성이 행성을 지니고 있을 것이다. 따라서 항성 가운데서 행성을 지니고 있는 것의 비율 f^p를 우리들은 거의 1/3에 가까울 것이라고 생각한다.

따라서 은하계 가운데 있는 행성의 총수는 $N^* \times f^p \simeq 1.3 \times 10^{11}$이 된다($\simeq$는 '거의 같다'고 하는 뜻). 즉, 1천 3백억 개 정도의 행성계가 있는 셈이다.

　이들 행성계가 우리들의 태양계와 마찬가지로 각각 10개 정도씩의 행성을 지닌다고 하면 은하계 가운데 있는 행성 세계의 총수는 1조를 넘는다. 그것은 우주의 드라마를 위한 광대한 무대이다.

　우리들의 태양계 속에는 생물이 살아나가는 데 적절한 천체가 몇 개인가 있다.

　지구가 그렇고 화성 역시 그럴 가능성이 있으며 토성의 위성인 타이탄과 목성 등도 아마 그럴 것이다.

　생명은 일단 탄생하면 환경에 몹시 잘 적응하며 견디는 힘도 강하다. 어떤 특정한 행성계 가운데도 생물이 살아 나가는 데 적절한 여러 가지 환경의 행성이 많이 있을 것임에 틀림 없다. 그러나 우리들은 n^e의 숫자를 조심스럽게나마 2로 정해 보도록 하자.

　따라서 생명이 존재하기에 적절한 행성은 은하계 가운데 $N* \times f^p \times n^e \simeq 3 \times 10^{11}$ 정도 있는 것이 된다. 즉 3천억 개 정도이다.

　실험에 의하면 생명의 기초가 되는 분자는 우주의 가장 흔해 빠진 조건 아래에서 용이하게 만들어진다. 즉, 자기 자신의 복제(複製)를 만들 수 있는 분자의 건축 재료는 간단하다는 말이다.

　그러나 지금의 우리들은 불확실한 발디딤대 위에 서 있다. 수 십억 년이나 계속된 원시적인 화학 시대에 유전자 부호의 발달을 방해하는 어떤 존재들이 있었다고는 생각되지 않는다. 그러나 그러한 장해가 실제로 있었는지도 모른다. 우리들은 f^l의 값으로서 1/3을 선택한다. $f^l \simeq 1/3$이라고 하는 것은 적어도 한 번은 생명이 탄생했던 행성이 은하계 가운데는 $N* \times f^p \times n^e \times f^l \simeq 1 \times 10^{11}$ 만큼 있는 것이 된다. 즉, 생물이 사는 세계가 약 1천억 개 있다는 셈이다.

　이것만으로도 굉장한 결론이다. 그러나 우리들은 아직 모든 계산을 끝낸 것은 아니다.

문명 세계는 10개뿐일까 ?

　f^i와 f^c의 값을 구하는 것이 가장 어렵다. 생물의 진화사와

인간이 현재와 같은 지능과 기술을 지니기까지 발전했던 그 역사 가운데는 거의 일어날 수 없었던 수많은 우연이 있었다고 생각할 수도 있다. 또 다른 한편으로는 특별한 능력을 지녔던 문명은 전혀 다른 경로를 겪으면서 발달한 경우도 많음에 틀림 없다고 생각할 수도 있다.

여기에서는 캠브리아기의 생물 폭발로 대표되는 것 같은 커다란 생물의 출현이란 거의 불가능하다는 점을 고려에 넣어 $f^i \times f^c = 1/100$이라는 숫자를 선택하도록 해 보자.

이것은 <u>생물이 탄생했던 행성 중에서 기술 문명 사회가 생겨나는 것은 겨우 1 %에 지나지 않는다는 것</u>을 의미하고 있다. 이 추정치는 가지가지의 과학적 견해의 중간쯤에 해당한다. 어떤 과학자는 "삼엽충의 출현에서부터 불 피우는 법을 배우기까지는 모든 행성계에서 마치 탄환처럼 진행된다"고 말하고 또 어떤 과학자들은 "1백억 년, 1백 50억 년이란 세월이 걸려도 기술적인 문명이 태어난다고는 생각되지 않는다"고 말하고 있다.

이 문제는, 우리들의 연구가 단 하나의 행성인 지구에 관해서만 한정되는 한 여러 가지 실험으로 확인해 본다고 할 수 없다.

이들 인자들을 곱해 보면 $N^* \times f^p \times n^e \times f^l \times f^i \times f^c \simeq 1 \times 10^9$이 된다. 즉, <u>적어도 한 번은 기술 문명이 꽃 피었던 행성이 10억 개 정도는 있을 것</u>이라는 말이 된다.

그러나 이것은 "현재 기술 문명이 꽃피고 있는 행성이 10억 개 있다"고 하는 것과는 완전히 다른 말이다. 그것을 말하기 위해서는 f^L의 추정치를 산출하지 않으면 안된다.

행성의 수명 가운데서 기술 문명이 꽃 피는 기간은 몇 % 정도일까. 지구가 탄생되고서 이제까지 수십억 년이라는 세월이 흘렀지만 전파 천문학을 특징으로 하는 기술 문명을 지닌지는 이제 겨우 수십 년밖에 지나지 않았다. 따라서 우리들의 행성, 지구에 관한 한 f^L은 $1/10^8$보다도 작다. 즉 1백만분의 1 % 이하이다.

그렇지만 우리들이 내일이라도 자기 스스로를 멸망시켜 버리고 말 것이라는 가정은 도저히 있을 수 없다.

그러나 그러한 일이 일어났다고 가정해 보자. 그 자기 파괴 행위가 너무나 철저했기 때문에 태양이 죽기까지의 50억 년 남짓 기간 동안 인간이든 그밖의 동물이든 더 이상 하나의 기술 문명을 세울 수 없었다고 해보자. 그렇게 하면,

$$N* \times f^p \times n^e \times f^l \times f^i \times f^c \times f^L \simeq 10$$ 이 된다.

즉, 어떤 특정한 시점을 생각하면 은하계 가운데는 작고, 어설프며 가엾을 정도로 작은 숫자의 기술 문명 세계밖에는 없다고 하는 말이 된다. 스스로를 희생하면서 멸망해 가는 사회 대신에 새로운 기술 사회가 다른 행성에 나타나기 때문에 이 숫자는 거의 일정하게 유지될 것이다.

이 N의 값은 1이라고 하는 작은 숫자가 될는지도 모른다. 만약 문명인들이 기술적인 단계에 도달하자마자 자기 자신을 파괴해 버리고 만다면 우리들은 우리들 자신 이외에 말을 걸 상대방을 한 사람도 갖지 못하는 셈이 된다. 더우기 우리들은 우리들끼리의 대화조차도 잘 이해하지 못하게 된다.

문명이 꽃 피기까지는 수십억 년이나 되는 진화 과정이 필요하지만, 그 단계까지 이르면 문명인들은 용서하기 어려운 한 순간의 부주의에 의해 스스로를 파멸시켜 버리고 마는 위험을 초래할지도 모른다.

시작된 우주인 찾기

하지만 다른 가능성에 관해서도 생각해 보자. 만약 몇 개인가의 문명 사회가 고도의 기술을 획득하고 난 다음에도 계속 살아 가는 것을 배웠다고 한다면 어떻게 될 것인가. 과거의 변덕스러운 두뇌 진화 때문에 일어났던 모순을 의식적으로 해결해서 자기 파멸에 이르지 않는다고 하면 어떻게 될 것인가. 설령 대혼란이 있다고 하더라도 그 후의 수십억 년 간의 생물학적 진화에 의해 그러한 혼란은 수습된다고 한다면 어떻게 될 것인가.

그러한 사회는 오랜 번영의 시대를 계속 살아 남고, 그러한 사회의 수명은 틀림 없이 지질학적 진화나 항성 진화의 시간적 척도로써 측정하지 않으면 안될 정도로 길어질 것이다.

만약 문명 사회의 1%가 기술적인 사춘기를 뛰어 넘어 살아 남아서 이 중대한 역사적 분기점에서 올바른 길을 선택, 성숙한다면 f^L은 1백 분의 1이 되고 따라서 N은 10^7 정도가 된다.

즉 은하계 속에서 살아 남아 있는 문명 사회의 수가 수천 만에 이르는 것이다.

이 드레이크 식(式)의 앞쪽의 인자, 즉 천문학, 유기 화학, 진화론 등이 관계하고 있는 인자에도 신뢰할 수 없는 점이 무수히 많지만 이 계산에서 가장 불확실한 점은 경제나 정치, 그리고 이 지구상의 경우에 비쳐볼 때 인간의 성질에 관한 점이다.

만약, 자기 파괴가 은하계 문명인들의 결정적인 운명이 아니라고 한다면 하늘에는 항성으로부터의 메시지가 부드러운 노래처럼 퍼져 있을 것이다.

이러한 계산은 우리들의 마음을 흔들어 준다. 만약 우주로부터의 메시지를 수신할 수 있다면 해독까지는 바라지 못한다고 해도 몹시 희망적인 일이다. 조금 전의 계산이 그것을 나타내고 있다. 그 메시지는 누군가가 고도의 기술을 지니면서도 계속 살아 남는 방법을 습득했음을 나타낸다. 기술적인 사춘기를 뛰어 넘어 끝까지 살아 갈 수 있음을 나타내고 있는 셈이다. 메시지의 내용이야 어떻든 이것만으로도 다른 문명 세계를 찾는 것이 얼마나 중요한가를 나타내고 있다.

수천만 개의 문명 세계가 이 은하계 속에 다소 제멋대로 흩어져 있다고 한다면 지구에 가장 가까운 문명 세계는 2백 광년 정도 떨어진 곳이 된다. 전파가 광속으로 달려가도 지구로부터 그곳까지 가는 데는 2 세기나 걸리게 된다.

만약 우리들이 대화를 시작한다고 하면 케플러가 보낸 질문에 대한 답을 이제 겨우 우리들이 받는 식으로 될 것이다. 특히 우리들에게 전파 천문학은 이제 막 시작한 단계이므로 비교적 뒤늦어 있음에 틀림 없다. 전파를 내보내고 있는 다른 문명 사회는 우리들보다 훨씬 진보되어 있을 것이다. 따라서 우리들은 메시지를 보내는 것보다 듣는 쪽으로 기우는 편이 합리적이다. 지구보다 훨씬 진보된 문명 세계의 경우는 물론 발신하는 편으로 기울어야 할 것이다.

우리들은 전파를 사용하여 우주의 다른 문명 세계를 찾기 시작했지만 이 탐색은 아직 초기 단계에 머물러 있다.

별이 총총한 밤하늘을 사진으로 찍으면 수십만 개나 되는 별들이 찍힌다. 우리들의 보다 낙관적인 추정에 의하면 그 별들 중의 하나에는 진보된 문명 세계가 있다는 말이 된다.

과연 어떤 것이 그 별일까. 우리들은 전파 망원경을 어떤 별에게로 향하여 관심을 두면 될까.

진보된 문명 세계가 있을 수 있는 표적이 되는 별은 수백만 개가 있지만 우리들은 아직 그 중의 수천 개도 전파로는 조사하고 있지 못하다. 우리들은 꼭 해내지 않으면 안될 일의 0.1% 정도를 했을 뿐이다. 하지만 곧 진지하고 강력하며 계획적인 탐색이 시작될 것이다. 그 준비는 미국과 소련에서 지금 진행되고 있다.

그것은 비교적 돈이 들지 않는 계획이다. 예를 들어 근대적인 구축함에서도 그 중간 정도 등급의 군함 1척 분의 예산이 있으면 지구 밖의 생물을 찾는, 10년에 걸친 계획을 수행할 수가 있다.

우호적인 이문화(異文化) 접촉

전파 신호의 수신에 의해 서로 다른 문명 세계와 만나는 것은 키스처럼 가벼운 접촉일지 모르지만, 인간의 역사 속에서의 서로 다른 문화의 접촉은 직접적, 물리적인 것이었으며 전파에 의한 접촉과는 완전히 다른 것이었다. 인간의 역사 속에는 서로 다른 문화를 지닌 사람들이 우호적으로 만난다고 하는 습관은 없었다.

그러나 우주에서의 서로 다른 문명 세계와의 접촉이 어떤 것인가를 알기 위해서 과거의 실례를 한두 개 조사해 보자. 이것은 틀림없이 도움이 될 것이다.

미국 독립과 프랑스 혁명 사이에 프랑스 국왕 루이 16세는 태평양에 탐험대를 파견했다. 그것은 과학적, 지리적, 경제적, 국가주의적 목적을 지닌 항해였다. 대장은 라펠즈 *La Pèrouse* 백작이었다. 그는 유명한 탐험가로서 미 합중국의 독립 전쟁 때는 미국을 위해 싸웠었다.

그는 항해를 시작하고 나서 1년 정도가 지난 1786년 7월에 알라스카 해안의, 현재 리츄어 *Lituya*만(灣)이라고 불리우는 곳에 도착했다. 그는 긴 항해 끝에 발견해 낸 항구라서 기쁜 나머지 "세계의 어떤 항구도 이런 편의를 제공해 주지는 않을 것"이라고 극찬했다. 그러나 이 모범적인 장소에서 라펠

즈는 무엇을 보았을까?

1786년 트리니트 족을 찾아온 라펠즈 원정대.

수 명의 야만인들이 보였다. 그들은 하얀 망토나 여러 가지 모피를 펼치기도 하고 흔들기도 하면서 우호를 표시했다. 항구의 만내(灣內)에서는 우호적인 인디언들의 카누 몇 척이 고기를 잡고 있었다……우리들은 언제나 야만인들의 카누에 둘러싸여 있었다. 그들은 우리에게 물고기나, 수달피 등 동물의 모피나 자기들 옷을 장식하고 있는 여러 가지 소품들을 내밀면서 우리들이 가진 철 제품과 교환하자고 제의했다. 놀랍게도 그들은 교환에 아주 익숙한 듯이 보였다. 그들은 유럽의 어떤 무역 상인보다도 훨씬 더 훌륭하게 우리들과 물건을 흥정했다.

인디언들은 점점 더 집요하게 흥정을 이끌어 갔다. 그런데 라펠즈 일행을 괴롭힌 것은 교환을 위한 어거지 흥정뿐만 아니라 그 인디언들이 좀도둑질까지도 한다는 점이었다. 도둑 맞는 것은 대개 철 제품이었지만 한 번은 프랑스 해군 장교의 제복을 도둑 맞기도 했다. 그것은 어느 날 밤, 무장한 위병(衛兵)이 보초를 서고 있는 중에 일어났다. 인디언들은 위병이 있는 곳에서 잠을 자면서 위병이 잠든 사이에 제복을 베개 밑에 감춰서 훔쳐 냈다. 그것은 마치 요술사 같은 솜씨였다. 라펠즈는 프랑스 국왕이 일러준 말을 명심하여 평화적으로 처신했지만 "토인들은 아마도 우리가 한 없이 인내심이 강한 사람들인 줄로 아는 모양"이라고 투덜댔다. 그는 인디언들의 사회를 업신여기고 있었다. 그러나 어느 편의 문화도 상대방에게 중대한 손해를 끼치지는 않았다.

라펠즈는 배 두 척에 대한 보급을 끝내고 리튜어 만을 뒤로 했지만 두 번 다시 되돌아 오지는 못했다. 탐험대는 1788년에 남태평양에서 조난, 승무원 한 사람을 제외한 전원이 사망했다. 물론 라펠즈도 사망했다. 그런데 여기에 아이러니칼한 에피소드가 있다. 그것은 라펠즈가 프랑스에서 선원을 모집했을 때 젊고 정열적인 젊은이들이 많이 응모했다. 그런데 그 중 많은 사람들이 채용되지 않았는데 그 가운데는 코르시카 섬 출신의 보나파르트 나폴레옹이란 남자가 있었다. 이것은 세계사에 있어서 아주 흥미 있는 하나의 분기점이다. 만약 라펠즈가 나폴레옹을 채용했더라면 로제타 석은 결코 발견되지 않았을 것이며 샹뽈리옹도 결코 상형문자를 해독하지 못했을 것이다. 그리고 만약 나폴레옹이 그곳에 뽑혀 나갔더라면 세계의 역사는 상당히 많이 변해 있을 것이다.

갈가마귀 신(神)

그로부터 꼭 1세기 정도 지났을 때 트리니트 *Tlingit* 족의 추장 코위는 캐나다의 인류학자 에몬즈 *G T Emmons*에게 그들의 조상이 처음으로 백인들과 만났던 때의 이야기를 들려주었다. 그 이야기는 입에서 입으로 전해져 내려온 것이었다. 트리니트 족은 그림이나 문자로 된 기록은 아무것도 지니고 있지 않았다. 코위는 라펠즈의 이름조차도 들어본 적이 없었다. 이하는 코위의 이야기를 번역한 것이다.

어느 해, 봄이 다 갈 무렵에 트리니트 족의 큰 집단이 구리 교역을 하고자 북쪽 야쿠타 *Yakutar*로 향했다. 철이 훨씬 더 귀중하긴 했지만 철은 입수할 수 없었다. 리튜어 만으로 들어갔을 때 네 척의 카누가 파도에 휩쓸렸다. 겨우 살아 남은 사람들은 텐트를 치고 죽어간 동료들을 애도하고 있었다. 그런데 두 개의 낯선 물건이 만으로 들어오는 것이 보였다.

아즈테크 족이 본 멕시코 정복. 16세기 그들이 꼬르떼스 군에게 진 이유는 말과 '롬바르드 총'이라는 불을 뿜는 무기 때문이었다.

그것이 무엇인지는 아무도 몰랐다. 그것들은 흰 날개를 가진 매우 크고 검은 새처럼 보였다. 트리니트족은 '세계를 창조한 것은 커다란 새이며, 그 새는 때때로 갈가마귀 모습을 하고 있다'고 믿었다. 상자 속에 갇혀 있던, 태양과 달과 별을 그 새가 해방시켜 주었다는 것이다. 그 갈가마귀를 보게 되면 돌이 되고 만다고 전해 내려오고 있었다. 그래서 트리니트 족은 그 거대한 새를 보고 놀라 도망쳐서 숲 속으로 숨었다. 그러나 얼마쯤 시간이 지나고 아무런 해도 없을 것 같아지자 몇 명인가의 대담한 자들이 숲 속에서 나와 〈앉은 부채〉* 잎파리로 조잡스런 망원경을 만들었다. 그것으로 보면 돌이 되지 않는다고 믿었기 때문이다.

그 앉은 부채 잎파리로 만든 망원경으로 살펴보니 커다란 새는 계속 날개를 접고 있었고 작고 검은 사자(使者)들 무리가 몸체 부분으로부터 깃털 쪽으로 기어오르고 있었다.

그때 눈이 거의 보이지 않는 늙은 전사(戰士)가 모두를 모아 놓고 말했다.

"나는 이제 늙은 몸이다. 모두를 위해 내가 나가서 갈가마귀 신께서 신의 자식을 돌로 만드시는지 어떤지를 확인해 보고 오겠다"

그는 해달(海獺)**의 모피로 만든 옷을 입고 자기의 카누를 타고서 갈가마귀 쪽으로 저어 갔다. 그가 갈가마귀 위로 기어올랐을 때 귀에 익지 않은 말소리가 들렸다. 그의 약한 시력으로는 수많

* 뿌리와 줄기는 짧고 굵으며 잎이 넓고 큰 다년초—역주

** 족제비과에 속하는 물짐승 —역주

정복자들과 멕시코인 동료들이 무기도 없는 아즈베크 족을 학살하는 모습. 태양이 무심히 내려다 보고 있다.

Ionatiuh yuetzyan.

* 트리니트 족의 추장 코위의 설명은 문자를 갖지 않은 사람들 사이에서도 진보된 문명과의 접촉에 관한 확실한 설명이, 몇 세대에 걸쳐서도 보존 가능함을 시사하고 있다. 만약 수백 년, 수천 년 전에 지구 이외의 진보된 문명인이 지구를 방문했었다고 한다면 그 접촉에 관한 확실한 설명이 보존되어 있으리라고 기대해도 좋다. 그러나 지구 이외의 문명인과의 접촉으로 서밖에는 이해될 수 없는, 전기술 시대(前技術時代) 초기부터의 신뢰할 만한 전설은 하나도 남아 있지 않다. ─원주

은 검은 것들이 자기 앞에서 왔다갔다 하는 것을 겨우 알아 차릴 수 있을 뿐이었다. 틀림 없이 그것들은 가마귀들이었으리라. 그가 동료들이 있는 곳으로 무사히 돌아오자 모두들 그를 둘러싸고서 그가 살아 돌아온 것에 깜짝 놀랐다.

모든 사람들은 그를 쓸어 보고 그의 냄새를 맡아 보며 그것이 정말로 그인가를 확인했다.

한참 생각해 본 후에 노인은 확신했다. 그가 방문했던 것은 갈 가마귀 신이 아니라 인간이 만든 거대한 카누였다고.

검은 것은 가마귀가 아니고 종류가 다른 인간이었다. 그의 말을 듣고서 트리니트 족들도 모두 그것을 믿고 배를 방문해 자기들의 모피와 낯선, 수많은 물품들과를 교환했다. 교환해서 얻었던 것은 주로 철 제품이었다.

트리니트 족들은 구전으로 전해오면서 최초로, 거의 완전하게 평화적이었던 타문화와의 만남에 관한 설명을 남기고 있다. 그것은 완전하게 〈만남〉의 순간을 알 수 있는 정확한 설명이었다. *

만약 언젠가 우리들이 외계의 진보된 문명인과 만난다고 한다면, 그때 설령 서로 통할 수 있는 것이 아무것도 없다고

하더라도 그 만남은 프랑스 인과 트리니트 족들의 만남과 같이 거의 평화적인 것이 될 수 있을까.

그렇지 않으면 기술적으로 조금 진보된 사회가 기술적으로 뒤쳐진 사회를 엉망진창으로 만들어 버린다는, 무시무시한 만남의 전례를 따르는 것이 될 것인가.

파괴된 아즈테크 문명

16세기 초 멕시코 중앙부에는 고도의 문명 사회가 꽃 피어 있었다. 여기에 살고 있었던 아즈테크 Aztec 족은 기념비적인 건조물을 지니고 손으로 기록된 기록 문서를 보존했을 뿐 아니라 훌륭한 예술을 지녔으며 유럽의 어떤 달력보다도 뛰어난 천문학적인 달력을 사용하고 있었다.

멕시코로부터의 최초의 보물선이 돌아왔을 때 아즈테크 족의 공예품을 보았던 예술가 듀러 Albrecht Dürer는 1520년 8월, 이렇게 쓰고 있다.

이만큼 내 마음을 기쁘게 만드는 것은 지금까지 본 적이 없었다. 양 손을 펼친 크기 정도의 순은(純銀)의 태양 (그것은 아즈테크 족의 천문학적인 달력이었다), 역시 같은 크기, 같은 은제의 달(月)……게다가 두 개의 상자에 가득찬 여러 가지 종류의 무기, 갑옷, 그밖의 이상한 무기들. 그것들은 모두 다 이상한 것이라기보다는 오히려 아름다운 것이었다.

지식인들은 아즈테크 족의 책을 보고 매우 놀라와 했다. 그들 중 한 사람은 이집트의 책과 거의 비슷하다고 말했다. 꼬르떼스 Hernán Cortés는 아즈테크 족의 수도인 테노치티틀랑 Tenochtitlan에 관해 이렇게 썼다.

세계에서 가장 아름다운 도시 의하나이며…사람들의 활동이나 행동거지는 스페인과 비슷한 정도의 높은 수준이고 잘 조직되어 있으며 질서가 있다. 이런 사람들이 야만적이며 그리스도교의 신을 모르고 살고 있는 다른 문명국과 통신을 나눌 수단을 지니고 있지 않다는 사실을 생각해 보면 그들이 지닌 것들은 모두 놀라운 것이다.

꼬르떼스는 이 글을 쓴 2년 후, 테노치티틀란과 그밖의 아즈테크 문명을 완전히 파괴했다. 다음에 드는 것은 아즈테크 족의 설명이다.

목테즈마(아즈테크 족의 황제) *Moctezuma*는 이야기를 듣고 놀라며 두려워 했다. 그들의 음식물도 황제에게는 이상스러운 것으로 생각되었지만 황제가 거의 기절할 지경까지 이른 것은 스페인 사람들이 사용하고 있는 커다란 롬바드 *Lombard* 포(砲) 이야기를 들었을 때였다. 그것은 탄환을 쏘아내고 그 탄환은 우뢰와 같은 소리를 내면서 날아갔다. 그 소리를 듣고 정신을 잃을 지경이 된 사람도 있었고 눈이 휘둥그래진 사람도 있었다. 무엇인가 돌 같은 것이 불과 불꽃이 비처럼 쏟아지는 가운데서 뛰쳐 나와 날아갔다. 그 연기는 불쾌했다. 기분이 나빠질 것 같은 역겨운 냄새가 났다. 탄환은 산에 박혀 산을 산산조각으로 만들었다.

그것은 나무를 톱밥처럼 만들어 버렸다……나무는 마치 날아가 버린 것처럼 자취를 감췄다……목테즈마는 이런 이야기를 모두 다 듣고 났을 때 공포에 질려 버렸다. 그는 정신이 몽롱해지는 것 같았다. 심장도 멈춰 버리는 듯했다.

그 뒤에도 여러 가지 보고가 목테즈마 황제에게 들어왔다. '우리들은 그들만큼 강하지는 못합니다' '그들에게 비교하면 우리들은 아무것도 아닙니다' 등등의 보고였다. 그리하여 스페인 사람들은 '하늘에서 온 하나님'이라고 불리우게 되었다.

그렇다고 하여 아즈테크 족이 스페인 사람들에 대해 환상을 품고 있었던 것은 아니다. 그들은 스페인 사람들에 관해 다음과 같이 기술하고 있다.

그들은 마치 원숭이처럼 황금을 탈취했다. 그들의 황금에 대한 욕망은 끝이 없었다. 그들은 황금에 굶주려 있었다. 그들은 절실하게 그것을 원하고 있었다. 그들은 마치 돼지처럼 몸 속에 집어넣고 싶다고 생각하고 있었다. 그리하여 그들은 황금으로 된 장식품에 손을 뻗쳐 그것을 앞 뒤로 분해하여 자기 것으로 만들었다. 그들은 자기네 동료들끼리 중얼중얼 알 수 없는 이야기를 하곤 했다.

이처럼 그들은 스페인 사람들의 성질을 간파하고 있었다. 그러나 그러한 관찰은 스스로를 지키는 데는 도움이 되지 못했다.

1517년, 멕시코의 상공에 거대한 혜성이 나타났다.

아즈테크족의 전설에는 '케차르코틀 *Quetzalcoatl*이라고 하는 아즈테크 족의 신이 어느 날인가 흰 피부를 지닌 인간이 되어 동쪽 바다로부터 온다'고 하는 전설이 있었다.

이 전설을 믿고 있던 목테즈마는 곧 자기 궁정의 점성가들을 처형시켰다.

그 이유는 그들이 혜성의 출현을 예고하지 못했으며 그 의미를 설명하지도 않았기 때문이다. 마침내 닥쳐올 재난을 예감한 뒤부터 목테즈마는 냉혹해지고 우울해진 것이다.

4백 명의 유럽인과 그들에게 협력하는 토착민들의 무장 집단은 아즈테크 족의 미신과 유럽의 뛰어난 기술에 힘 입어서 1521년, 높은 문명을 지닌 1백만 명의 아즈테크 족을 완전히 쳐부수고 그들의 도시를 철저하게 파괴해 버렸다.

아즈테크 족은 말(馬)을 본 적이 없었다. 신세계에는 말이 없었다. 그들은 철로 무기를 만들지는 않았다. 그들은 화약을 발명하고 있지도 않았다.

그러나 그들과 스페인 사람들과의 기술의 차이는 그렇게 크지 않았다. 틀림 없이 수세기 정도의 차이에 지나지 않았을 것이다.

우주인은 우호적인가

우리들의 사회는 은하계 가운데서 가장 뒤떨어진 기술 사회임에 틀림 없다. 우리들보다 더욱 뒤떨어진 사회가 있다면 거기에는 전파 천문학은 없을 것이다.

만약 지구상의 이질적인 문화 사이의 비극적인 만남과 똑같은 일이 은하계 가운데서도 보통으로 일어나고 있다고 한다면 세익스피어, 바하, 페르멜과 같은 사람들에 대해 일시적인 경의를 나타내는 일이 있다 할지라도 우리들은 이미 파괴되어 버리고 말았을 것으로 생각된다.

그렇지만 이러한 일들은 일어나지 않았다. 지구 외의 생물들이 의도하는 바는 꼬르떼스가 아니라 라펠즈처럼 철저하면서도 부드러운 것임에 틀림없을까. 아니면, UFO가 찾아왔다든가 먼먼 옛날에 우주인이 찾아 왔다든가 하는 주장에도 불구하고 우리들의 문명은 아직 다른 세계의 사람들에게 발견되지 않은 것일까. 한편, '기술 문명 사회 가운데서 극히 일부나마 높은 기술이나 대량 파괴 병기를 지니면서 살아 남는 방법을 배웠다고 한다면 은하계 속에는 엄청난 숫자의, 진보된 문명 세계가 존재함에 틀림 없다'는 것을 이미 우리들은 논술했다.

우리들은 서서히 비행하는 항성간 우주 탐색선을 이미 만들고 있으며 빠른 속도로 날 수 있는 항성간 우주선을 만드는 것을 인류의 확실한 목표로 생각하고 있다.

또 한편으로 우리들은 "우주인이 지구에 찾아 왔다고 하는 확실한 증거는 지금까지 없었고, 현재도 없으며 또 미래에도 없을 것"이라고 주장하고 있다.

이것은 모순이 아닐까.

지구에서 가장 가까운 기술 문명 세계가, 예를 들어 2백 광년 떨어진 곳에 있다고 한다면 그 세계의 사람들이 광속에 가까운 속도로 날아온다고 할 때 거기에서부터 지구까지는 2백 년밖에 걸리지 않는다.

가령 광속의 1 %나 0.1 %의 속도로 난다고 해도 가장 가까운 문명 세계로부터 지구까지는 2만 년 내지 20만 년 정도면 날아올 수가 있다. 그것은 지구상에 인간이 나타나고서부터 지금까지의 기간보다도 짧다.

그들은 왜 날아오지 않는 것일까. 그에 대한 대답은 수없이 많이 나올 수 있다. 아리스타르코스나 코페르니쿠스의 학설과는 걸맞지 않지만 "우리들이 우주 최초의 문명인이기 때문일 것"이라는 것도 하나의 대답이 될 수 있다. 아뭏든 은하계 역사 가운데는 〈최초〉의 기술 사회라는 것이 없어서는 안된다.

또한, 자기 파멸을 일으키지 않는 문명 세계가 흔치는 않더라도 조금쯤은 존재하리라고 하는 우리들의 생각이 잘못된 생각일 것이라는 말도 또 다른 대답이 될 수 있다.

광속보다 훨씬 느린 속도로 비행할 때는 결코 일어나지 않는, 상상조차 할 수 없는 문제가 항성간 우주를 비행할 때는 일어날는지도 모른다.

혹은, 우주인들은 이미 지구에 와 있기는 하지만 〈은하법 *Lex Galactica*〉의 규정이나 계속 발달하는 문명에는 간섭하지 않는다고 하는 어떤 윤리 같은 것에 따라서 우리들의 눈에 띄지 않게끔 하고 있는지도 모르겠다. 우리들이 한천 배양기(寒天培養器) 위의 세균을 들여다 보고 있는 것처럼, 그들은 호기심을 지니고 냉정하게 우리들을 관찰하면서 올해도 우리들이 또 자기 파멸을 피할 수 있을는지 어떨는지 보고 있을지도 모른다. 우리들은 그렇게 상상해 볼 수도 있다.

그러나 우리들이 알고 있는 모든 것들과 모순되지 않는 또 하나의 설명도 있다. 그것은 다음과 같은 것이다.

설령 항성간 비행이 가능한, 진보된 문명인들이 아주 옛날인 2백 광년 저편에 출현했다고 하더라도 만약 그들이 지구에 찾아온 적이 없었다면 '지구에는 특별한 게 아무 것도 없구나'하고 생각했을 것이다. 그것은 당연한 일이다.

인간의 기술이 산출한 것은 광속으로 비행하는 전파로조차도 아직 2백 광년 떨어진 곳에는 도달하지 못하고 있다.

또한 2백 광년 저편의 문명 사회에서 보면 근처의 항성계는 그것들을 모두 탐험하거나 이주해 보아도 서로 비슷한 매력밖에는 지니고 있지 않다고 생각할지 모른다.＊

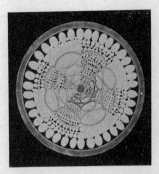

발달된 문명이 태양계 안에서 별빛이 공중으로 튀어나가지 않도록 껍질을 둘러 쓰고 있는 모습.

우주 가운데도 기술 격차가

기술 문명 사회가 나타나면 그 사회 사람들은 자기네들의 행성계를 탐험하여 항성간 우주 비행 기술을 개발할 것이다. 그리하여 서서히 근처의 항성에 대한 탐험을 시험적으로 시작해 볼 것이다.

항성 가운데는 적당한 행성을 갖지 않은 것도 있다. 항성 주위의 행성이 모두 거대한 가스의 덩어리, 혹은 보잘 것 없는 소행성일 수도 있다.

물론, 적당한 행성을 데리고 있는 항성도 있다. 그러나 그러한 행성에는 이미 다른 생물이 살고 있을 수도 있을 것이며 대기가 유독하다거나 기후가 좋지 않다거나 하는 일도 있

＊ 통신 교환을 할 뿐만 아니라 항성에 가 보고자 하는 동기는 여러 가지가 있다. 만약 우리들의 태양이나 근처의 항성이 초신성의 폭발을 일으킬 것처럼 된다면 항성간 우주 비행이라는 대계획이 갑자기 매력적인 것으로 될 것이다. 만약 우리들이 굉장히 진보되어 있고 은하의 중심 핵이 곧 폭발할 것 같다는 것을 발견한다면 다른 은하에의 비행이나 은하간 우주 비행이 신중하게 검토될 것이다. 이와 같은 우주의 대격변은 퍽 자주 일어나고 있기 때문에 〈우주 공간을 방랑하는 문명인〉이라고 하는 것도 그렇게 진기한 것은 아닐는지 모른다. 그러나 그렇다고 해도 그들이 지구에 찾아올 가능성은 매우 희박하다—원주

지구의 특사(特使) 아폴로 14호가 발사대에 놓여 있다. 이것은 밤에 달을 향해 발사될 것이다. 로 케트나 핵 과학기술은 지구 전체를 파멸로 이끌 수가 있다. 그러나 한 편으로 이러한 과학기술을 통해 인류는 다른 행성들이나 별들에 갈 수도 있다. 사진·데니스 밀론(Dennis Milon)

을 것이다.

대개의 경우, 이주자들은 그러한 세계를 충분히 성숙한 것으로 변화시켜야만 한다. 우리들은 그것을 〈행성 개조〉라고 부르는데 그러한 대사업에는 시간이 걸린다.

이따금 그 상태대로도 살 수 있는 행성이 발견되어 식민지가 만들어진다. 그 행성의 자원을 이용하여 거기에서 새로운 항성간 우주선을 만들 수 있게 되기까지는 시간이 걸린다.

그러나 마침내는 제 2세대의 탐험대와 이민단이 그 행성으로부터 날아 올라 아직 그 누구도 가 본 적이 없는 항성을 향할 것이다. 이렇게 해서 문명은 서서히, 마치 덩굴 식물처럼 다른 세계로 퍼져 나갈 것이다.

그로부터 다시 세월이 흘러 제 3세대나 제 4세대의 식민지가 새로운 세계에 건설되고 있을 무렵, 그와는 별도로 팽창을 계속한 별개의 문명 세계가 발견된다. 상호간의 접촉은 우선 전파나 혹은 그밖의 원격 통신 수단 *remote means*으로 행해질 것임이 틀림 없다.

새로이 찾아오는 문명인들은 틀림 없이 새로운 종류의 식민지를 건설하고 있을 것이다. 두 개의, 팽창을 계속하는 문명 세계는, 필요로 하는 행성의 조건이 다르기 때문에 서로 상대방을 무시할 것임에 틀림 없으리라.

그들의 팽창하는 모습은 서로 뒤얽혀 있으면서도 대립하는 일은 없지 않을까.

그들은 은하계 가운데의 탐험을 공동으로 진행시킬는지도 모른다. 지구 가까이에도 몇 개인가의 문명 세계가 있어서 이미 수백만 년이 지나는 동안에 각각, 혹은 협력하여 식민지 건설을 진행하고 있을지도 모른다. 그러나 그들은 우리들의 미미한 태양계에는 생각이 미치지 못하는 것 같다.

어떠한 문명 세계도 인구를 제한하지 않으면 항성간 우주 비행을 무한정 가능하게 할 수는 없다. 굉장한 인구 팽창이 일어나는 사회는 스스로의 행성에 사는 주민들에게 먹을 것을 제공하거나 그 뒷치닥거리를 하는 데에 에너지와 기술의 전부를 기울이지 않으면 안되게 된다. 이 결론은 아주 확실한 것이며 특정 문명 세계의 특별한 성질에 근거한 것은 아니다.

어떠한 행성에 있어서도, 생물학적 조직이나 사회적 체제가 어떠하든지 간에 인구가 점점 늘어가면 모든 자원은 동이 나고 말게 된다.

반대로, 항성간 우주의 탐험이나 이민을 착실하게 행하고 있는 문명 세계는 모두 몇 세대에나 걸쳐서 인구 증가율을 제로나 또는 그에 가까운 수치로 만들고 있음에 틀림 없다.

그러나 인구 증가율이 낮은 문명 세계의 사람들이 그밖의 인구 증가율이 높은 세계로 이민하는 데는 설령 그들이 〈푸른 에덴 동산〉에 도달하여 엄격한 인구 제한을 늦춘다고 하더라도 오랜 시간이 걸리게 된다.

나와 내 동료인 뉴먼 *William Newman*은 다른 문명 세계 사람들이 식민지를 건설하는 속도에 관해 계산해 본 일이 있다.

지금으로부터 1백만 년 정도 전, 지구에서 2백 광년 떨어진 곳에서 우주 비행이 가능하고 게다가 인구 증가율이 낮은 문명 세계가 출현했다고 해 보자. 이 세계의 사람들은 밖을 향해 퍼져 나가며 도중에 적당한 행성이 있으면 식민지를 개척해 나간다. 이럴 경우 이 문명 세계의 탐색선이 우리들의 태양계에 찾아 오는 것은 바로 지금쯤이 된다. 이것은 2백만 년이란 굉장히 긴 시간이다.

만약 지구에서 가장 가까운 문명 세계가 지구의 문명 세계보다도 더 새로운 것이라면 그들은 아직 우리들이 있는 곳까지 도달하지 못한다. 반지름 2백 광년인 구(球) 가운데는 20만 개의 태양이 있으며 식민지를 개척할 수 있는 행성도 틀림 없이 그 정도는 있다. 우리들의 태양계 가운데 고유한 문명 세계가 있음을 그들이 발견하는 것은 그밖의 20만 개의 행성에의 이민을 끝내고 난 다음의 일일 것이다.

이것이 자연의 과정이라고 하는 것이다.

1백만 년 정도의 세월을 거친 문명 세계란 도대체 어떠한 것일까. 우리들이 전파 망원경이나 우주선을 발명해 낸 지는 겨우 수십 년밖에 지나지 않았다. 우리들이 기술 문명 시대에 들어선 것으로부터 따져도 겨우 수백 년밖에 지나지 않았다.

현대적인 형태의 과학적 사고가 생겨난 것은 수천 년밖에 지나지 않았다. 일반적인 문명이 생겨 난 지는 2만 년밖에 지나지 않았으며 인류가 이 지구상에 나타났을 때부터 헤아려도 수백만 년밖에 지나지 않았다.

문명 세계의 기술이 지금의 우리들의 기술과 같은 정도의
속도로 진보해 나갔다고 한다면 진보된 문명 세계가 탄생하
고 1백만 년이 지났을 쯤의 그 세계는 우리들의 세계보다도
훨씬 앞서 있게 된다. 그 차이는 우리들과 여우원숭이나 일
본원숭이와의 차이 정도가 아닐까.

그러한 문명 세계의 존재를 우리들은 인식할 수 있을까.
우리들보다 1백만 년이나 진보된 사회의 사람들은 다른 행성
에의 이민이나 항성간 우주 비행 같은 것들에 대해 흥미를
느끼고 있을까 ?

인간은 어떤 이유인지는 모르지만 수명이 한정되어 있다.
생물학과 의학이 지금보다 엄청나게 더 진보한다면 그 이유
를 발견하여 적당한 대책을 세울 수 있게 될는지도 모른다.

우리들이 우주 비행에 대해 그토록 흥미를 갖는 것은, 그
것에 의해 우리들이 죽음을 초월한 영원한 존재가 될 수 있기
때문인가. 죽음을 모르는 사람들로 구성된 문명 세계에서는
항성간 우주의 탐험 같은 것은 애초부터 어린애 장난 같은
것이라고 생각되고 있는 것인가.

항성은 넓은 우주 가운데 수많이 흩어져 있기 때문에 지구
에 도달하기 전에 탐험심을 잃고 말든가, 아니면 우리들의
눈에는 보이지 않는 그 무엇인가로 진화되어 버리고 마는 것
인지도 모른다.

공상 과학 소설이나 UFO 문학에 나오는 외계의 생물은 우
리들과 거의 같은 정도의 능력을 지니고 있다. 그들은 다른
종류의 우주선이나 광선총 *ray gun*을 갖고 있다. 공상 과
학 소설 작가들은 문명 세계끼리의 전쟁에 관해 쓰기를 좋
아하는데 이러한 전쟁에서는 외계의 생물과 우리들과는 거
의 대등하게 싸우는 것으로 되어 있다.

그러나 실제로는 은하계 가운데의 두 개의 문명 세계가 같
은 수준에서 서로 관계한다는 것은 거의 있을 수 없는 일이
다. 대결하면 어느 편인가가 다른 한 편을 철저하게 지배하
게 되는 것이 보통이다.

1백만 년이라고 하는 것은 몹시 긴 세월이다. 만약 진보된
문명 세계의 사람들이 우리들의 태양계에 찾아왔다고 하면 우
리들은 그것에 대해 아무 대책도 세울 수 없게 된다.

그들의 과학과 기술은 우리들의 그것에 비해 훨씬 진보

된 것이리라. 우리들은 우리들과 만나게 될지도 모르는 진보
된 문명 세계의 사람들이 어떤 악의를 지니고 있지나 않을까
하고 걱정해 보아야 아무런 도움도 되지 않는다.

그러나 그들이 그토록 오래 살아 남을 수 있었던 것은 자
기네들 동료들이나 다른 문명인들과 사이 좋게 살아 나가는
법을 체득했기 때문인지도 모른다. 그것은 얼마든지 있을 수
있는 일이다.

외계의 문명인들과의 만남을 우리들이 겁내는 것은 우리들
의 후진성의 표현에 지나지 않을는지도 모른다. 우리들은 과
거의 역사에 있어서 언제나 조금이라도 뒤처진 문명 사회가 있
으면 그것을 파괴해 왔다. 그 죄의식 때문에 우리들은 지구 외
의 사람들과의 만남을 겁내는 것인지도 모른다. 우리들은 콜럼
버스와 남아메리카의 북부와 북동부에 살고 있던 인디언인 아
라와크 *Arawak*족과의 일을 기억하고 있으며, 라펠즈와의 만
남 이후 몇 세대에 걸친 트리니트 족의 운명도 기억하고 있다.
우리들은 기억하고 있기 때문에 걱정하는 것이다. 그러나 항
성간 우주의 함대가 우리들의 하늘에 나타나면 우리들은 그
들에게 틀림없이 몹시 친절하게 대할 것이다. 나는 그렇게
예언한다.

겹쳐 가며 쓰는 우주 전보

그러나 그것과는 전혀 다른 만남이 될 가능성이 훨씬 더 강
하다. 이미 논술한 바이지만 이 경우 우리들은 틀림 없이 전
파에 의해 우주의 다른 문명인들로부터 복잡한 메시지를 풍
부하게 받을 것이다. 그러나 적어도 얼마 동안은 그들과 물
리적으로는 접촉하지 않는다.

이 경우 메시지를 송신하는 문명인들은 우리들이 그 메시
지를 수신하고 있는지 아닌지조차도 알지 못한다. 만약 그
메시지의 내용이 공격적인 것이거나 좀 놀라운 것이라면 우
리들은 그에 대해 답할 필요가 없다. 그렇지만 만약 그 메
시지 속에 귀중한 정보가 포함되어 있다면 우리들 자신의 문
명에 미치는 영향은 놀라운 것이 될 것이다. 이질적인 세계의
과학, 기술, 예술, 음악, 정치, 윤리, 철학, 종교 그밖의

거의 모든 것을 알 수 있게 되어 인류의 시야는 크게 넓어지게 된다. 우리들은 그밖에 어떠한 것이 가능한가를 알 수 있게 된다.

과학적인 사고법이나 수학적인 사고법은 우리들 것이건 그밖의 문명 세계의 것이건 마찬가지이다. 그러므로 항성간 우주의 메시지를 이해하는 것은 몹시 쉬운 일이리라고 나는 믿고 있다. 그러나 외계의 지적 생물을 찾기 위한 예산을 계정해 달라고 미국 의회나 소련 각료 회의를 설득하기는 어렵다.*

사실, 문명 세계는 두 개의 유형으로 분류할 수 있다. 하나는 그 행성 이외의 지적 생물을 찾아 내는 계획을 인정해 달라고 과학자가 비과학자들을 설득할 수 없는 세계이다. 그러한 세계에서는 에너지는 내부로만 향해 있기 때문에 습관에 젖어 버린 사고 방식은 언제까지나 개혁되지 않는다. 그리하여 그러한 세계는 계속 약해져 가면서 항성으로부터는 멀어져 간다.

또 하나의 세계에서는 다른 문명인과의 접촉이라고 하는 커다란 목표를 많은 사람들이 지지하고 대대적인 탐색 계획이 진행된다.

인간이 하는 일 중에는 실패하는 것 자체가 성공이 되는 일도 있다. 그러한 사업은 그 수가 그리 많지 않지만 문명 세계 탐색 계획은 그런 사업 중의 하나이다.

만약 우리들이 수백만 개의 별들에 관해 강력히 탐색했는데도 지구 이외의 천체로부터 오는 전파를 아무 것도 들을 수 없었다고 하면, 우리들은 은하계 속에는 문명 세계란 거의 없다고 결론 짓게 될 것이다. 이것은 우주 가운데서의 우리들의 위치를 아는 일이기도 하다.

그것은 우리들의 행성, 지구 위에 사는 생물들이 얼마만큼 진귀한 존재인가를 웅변하고 있다. 그리하여 인간의 역사에 있어서 개개의 인간만큼 가치가 높은 존재란 없다고 하는 것을 강조하는 게 된다.

만약 우리들이 다른 문명인으로부터의 전파 수신에 성공하면 인류와 지구의 역사는 영구히 변하게 될 것이다.

지구 이외의 문명인들이 인공적인 항성 간의 메시지란 것을 확실히 알 수 있는 신호를 만드는 것은 용이한 일이다. 예를 들어 최초의 10개의 소수(素數), 즉 1과 자기 자신 이외의

* 다른 국가 기관의 경우도 마찬가지이다. 1978년 2월 26일, 런던《옵저버》지에 실린 영국 국방성 대변인의 다음과 같은 발표문을 상기해 보자. '우주로부터 발신된 메시지는 모두 영국 국영 방송과 우정성(郵政省)의 책임이다. 불법적인 방송을 발견해 내는 것은 그들의 책임이다' ──원주

수로는 나뉘지 않는 수(1, 2, 3, 5, 7, 11, 13, 17, 19, 23)를 발신하는 것이다.

자연의 물리적인 현상으로 소수만을 포함하는 전파 신호가 발생한다는 일 따위는 거의 있을 수 없다.

따라서 우리들이 그러한 메시지를 수신했다고 하더라도 우리는 메시지를 보내온 곳에 소수를 좋아하는 문명인이 살고 있다고 생각할 수 있을 것이다.

그러나 가장 있을 법한 항성간 통신은 겹쳐서 글 쓰는 것과 비슷하지 않을까. 고대의 작가들은 파피루스나 돌이 부족했기 때문에 이미 문자가 씌어져 있는 파피루스에 새로이 문자를 겹쳐서 썼다.

틀림없이, 바로 옆의 주파수대(帶)나 같은 주파수의 경우는 빠른 속도로 별도의 메시지가 보내져 온다. 그것은 일종의 안내서임을 알 수 있다.

항성간 우주의 연설에 대한 언어 입문서이다. 그 신호는 몇 번이나 계속 되풀이될 것이다. 그 메시지를 보내고 있는 문명인들은 우리들이 언제 스위치를 넣어 그 메시지를 듣기 시작할는지 알 수 없기 때문이다. 그리하여 몇번이고 겹쳐 쓴 것의 저 깊숙이, 인사말의 신호와 안내서 아래에 진짜 메시지가 있을 것이다. 전파 기술은 이러한 메시지를, 믿기지 않을 정도로 풍부하게 할 수 있다.

우리들이 스위치를 넣을 때 마침 《은하 백과 사전 *Encyclopaedia Galactica*》의 3,267권의 내용이 송신되어 오는 중일는지도 모른다.

자손에게 인계되는 항성간 대화

우리들은 다른 문명이 어떠한 성질의 것인가를 발견할 것이다. 문명 세계는 많이 있으며 그 각각은 지구의 생물과는 놀랄 만큼 다른 존재에 의해 구성되어 있을 것이다. 그들은 우주를 조금은 다르게 보고 있을 것이며 다른 예술, 다른 사회적 기능을 지니고 있을 것이다.

그들은 우리들이 생각조차 하지 않았던 사실에 관심을 기울이고 있을 것이며 우리들의 지식과 그들의 그것과를 비교함에 의해서 우리들은 측정할 수 없을 만큼 성장할 것이다.

우리들은 새롭게 얻은 지식을 분류하여 컴퓨터의 기억 장치에 넣어 둔다. 그렇게 하면, 은하계의 어느 곳에 어떠한 종류의 문명 사회가 있는가를 알 수 있게 된다.

거대한 은하계의 컴퓨터를 상상해 봤으면 좋겠다. 그 가운데는 은하계 속의 모든 문명 세계의 성질이나 활동에 관한 최신 정보가 저장되어 있다. 그것은 우주의 생물에 관한 거대한 도서관이다. 틀림 없이 《은하 백과 사전》 속에는 그러한 문명 사회에 관한 요약된 정보가 포함되어 있고 그 정보는 우리들이 번역하더라도 수수께끼에 가득 차서 우리들의 신경을 자극할 것이다. 요컨대, 우리들은 충분할 만큼의 시간을 들여 검토한 후 회답을 하자고 결심할 것이다. 우리들은 우선, 최초의 기본적인 정보로서 자기 자신에 관한 정보를 발신한다. 그것은 기나긴 항성간 대화의 시초이다.

그러나 설령 대화를 시작했다 하더라도 항성간 우주의 거리는 멀고 광속은 유한하므로 그 대화는 우리들의 자손에서 자손에게로 계승되지 않으면 안된다. 그리하여 저편 멀리의 항성 주위의 행성에 사는, 우리들과는 완전히 다른 형태의 문명인이 《은하 백과 사전》의 최신판의 일부를 송신해 주면 좋겠다고 부탁해 올는지도 모르겠다.

그에 의해 그 문명인들은 은하계의 최신 문명인 사회에 관해 얼마간의 지식을 얻어 스스로도 그 사회에 참가할 것이다.

별 사이의 문명. 별에서 별로 비교적 짧은 여행(녹색)을 하다가, 장거리 여행을 할 수 있는 다른 문명(빨강)을 만나게 된다.

은하계 사전에서 본 가상의 세계. **위의 두 그림** : 행성과 그 행성이 소유하는 두 개의 달. 표면은 근처에서 일어난 초신성 폭발로 파괴되었다. **중앙의 두 그림** : 지구의 바다와 같은 세계. 역시 두 개의 달을 가졌다. **아래 왼쪽** : 밤풍경으로 보아 공학이 발달한 세계이다. **오른쪽 아래** : 역시 발달한 문명으로서 행성 주위에 환을 만들고 있다.

단 하나의 地球를 위하여

13

우리의 아버지 태양은 말씀하셨다. "온 세계여, 나는 빛과 광명을 주노라. 인간이 추워할 때에 따뜻함을 주노라. 땅을 기름지게 하고 가축을 늘려 주리라. 나는 매일 세상을 둘러보며 인간에게 필요한 것을 알아 만족시켜 주리라. 그러니 나를 본받으라"

　　　　—잉카의 전설 《왕의 주석》

자기 파멸의 핵 전쟁

우주를 알게 된 것은 최근의 일이다. 인간은 수백만 년 동안 이 세상에는 지구밖에 존재하지 않는다고 생각했다. 그러나 아리스타르코스 시대부터 지금까지의 사이에 우리들은 주춤주춤거리면서도 우리들이 우주의 중심에 있는 것도 또 우주가 우리를 위해서만 있는 것도 아님을 알아 갔다. 지구는 수천억 개의 은하와 1백억조 개의 항성 사이의 거대한 바다 속을 표류하고 있는 미약한 존재일 뿐이다. 인간은 용감하게 그 우주의 바다를 조사하고 바다가 우리의 본질에 어울리는 것임을 알아냈다. 우리들 가운데의 무엇인가가 '우주는 우리의 고향'임을 인정하는 것이다. 인간은 별의 재로 만들어졌다. 인간의 기원과 진화는 머나먼 우주의 사건과 연결되어 있다. 우주 탐험은 곧 자기 발견으로의 여행인 것이다.

고대 신화 작가들은 인간이 하늘과 땅의 자손임을 알고 있었다. 인간은 지구에서 살게 된 이후로 진화의 위험한 요소를 축적하게 되고 말았다. 공격적이고 의식 (儀式)을 좋아하는 경향이나 지도자에 대한 복종, 이방인에 대한 적개심 등의 유전적 성질이 바로 그것이며 이것들은 때로 인간의 생존을 의심스럽게 한다. 그러나 그와 함께 우리들은 다른 사람에 대한 동정, 아이에 대한 사랑, 역사를 바탕으로 배우려는 정신, 무한히 발달한 지능들을 지니고 있어서 인간의 생존과 번영이 그다지 불가능하지 않다는 희망이 되고 있다.

이 중 어떤 성질이 앞으로 더 두드러질는지는 알 수 없는 일이다. 더우기 인간이 자신의 꿈을 지구에만, 아니 그보다 더 작은 한 부분에만 한정시킨다면 말이다. 그러나 무한히 넓은 우주는 우리를 기다리고 있다. 외계에도 지적인 생물이 있다는 증거는 아직까지 하나도 없다. 그러므로 인간과 같은 문명인은 제멋대로 자기 파괴를 향해 치닫게 되지나 않을까 하는 의문도 있다. 우주에서 지구를 내려다 보면 국경선 따위는 보이지 않는다. 우리의 행성 지구가 희미한 푸른 빛을 던지고 있는 초생달이 되어 점차 작아져서, 항성의 성(城)이나 성채를 배경으로 빛나는 작은 점에 지나지 않음을 이해한다면 광

적인 윤리나 종교, 맹목적인 애국심 따위를 유지하는 것은 우
스운 일이 될 것이다. 여행을 하게 되면 시야가 넓어지는 법이
라고나 할까.

생명이 한 번도 탄생한 적이 없는 세계도 있다. 우주의 천
재지변을 당하여 폐허가 된 곳도 있다. 그에 비하면 인간은
얼마나 행복한가? 우리는 살아 있고 힘에 넘쳐 있으며, 우
리의 문명이나 인류의 운명과 미래는 우리의 손에 달려 있다.
우리가 지구를 위해 말하지 않는다면 누가 말할 것인가*? 우
리가 우리의 생존을 위해 노력하지 않는다면 누가 우리를 대
신하여 노력해 주겠는가?

인류는 지금 위대한 사업에 손을 댔다. 만약 성공하면 옛
날 우리들의 조상이 바다에서 육지로 올라오고 또 나무에서
내려온 것이나 같은 정도의 대사건이 될 것이다.

이 모험에서 성공한다면 식민지 개척 따위가 문제겠는가?
우리는 주저하면서도 지구의 쇠사슬을 풀려고 불완전한 시험
을 하고 있다. 비유해서 말하자면 인간 내부의 원시적인 부
분을 길들여 나가면서 물리적으로는 다른 행성을 탐험하고
별(星) 세계로부터의 메시지에 귀를 기울이며 지구의 속박에
서 벗어나려 한다.

이 두 가지 일은 서로 불가분의 관계를 가지고 있으며 상호
필요한 조건들이다. 그러나 인간들은 전쟁에만 에너지를 쏟
고 있다. 우리는 상호 불신이라는 최면에 걸려 지구나 인류 전
체를 생각하지 않고 죽음을 위한 준비에 열중하고 있다. 우
리의 행동이 너무나 무서운 것이어서 우리는 심각하게 생각해
보기를 꺼리고 있다. 지금이라도 정신을 차리지 않는다면 인
류는 영원히 삐뚤어진 길을 가게 될 것이다.

생각이 있는 사람이라면 누구든지 핵 전쟁을 두려워한다.
그러나 기술 능력만 있다면 어느 나라든 핵무기를 보유하려고
노력한다. 누구나가 다 그것이 미친 짓이라는 것은 알고 있다.
그러면서도 모두 다 달아날 구실을 댄다. 여기에 무서운 인과
관계(因果關係)가 있는 것이다. 세계 2차 대전 초에 독일은
원자 폭탄을 만들고자 했다. 그것을 본 미국은 자기네가 먼저
만들어야 한다고 생각했다. 미국이 원자 폭탄을 보유한다면 소
련도 빠질 수 없었고 영국, 프랑스, 중국, 인디아, 파키스탄
등등도 차례로 필요하다고 생각했다. 20세기 말이 되자 많은

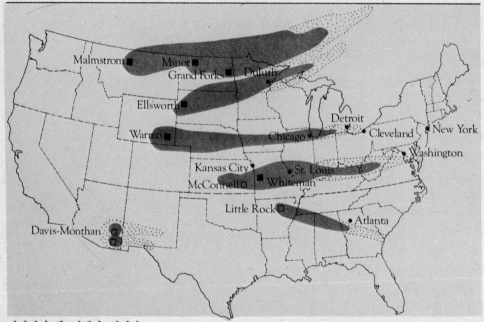

전면적인 핵 전쟁이 일어날 때 1만 5천 군데의 목표 지점 중에서 미국 중서부에는 1 메가톤의 에너지를 가진 열 원자핵 무기 한 쌍이 터질 것이다. 이 한 쌍의 폭발로 생기는 파괴력은 2차 대전 중 모든 비행기가 투하한 폭탄의 파괴력과 맞먹는다. 방사능 낙진은 바람에 날려 동부로 흘러 가는데 그 진로는 1980년 세인트 헬렌 화산 폭발의 파편이 날아간 길과 같다. 바깥 쪽에 있는 점선은 50 % 정도 낙진 영향을 받는 지역이다. 이와 같은 양상은 소련의 우크라이나 지방도 마찬가지이다.

나라들이 핵 무기를 보유하게 되었다. 핵 무기는 만들기도 쉬웠다. 핵 분열성 물질 *fissionable material*을 원자로에서 꺼내기만 하면 되는 일이었다. 이리하여 핵 무기는 거의 가내 수공업으로까지 발전했다.

2차 대전 당시에 쓰던 재래식 폭탄은 '대형 고성능 폭탄 *block-busters*'이라고 불리었다. 속에는 TNT를 20 톤 가량 넣었으며 그것은 도시의 한 구역을 파괴할 능력이 있었다. 2차 대전 때 소모된 TNT의 양은 2백만 톤, 즉 2 메가톤에 달하였다. 1939년부터 1945년 사이에 코벤트리 *Coventry*, 로테르담 *Rotterdam*, 드레스덴 *Dresden*, 동경 등에 떨어진 10만 개의 대형 고성능 폭탄량이 2 메가톤이었던 것이다. 그것은 하늘에서 떨어지는 죽음의 비였다. 그러나 20세기 말에 개발된 수소 폭탄은 폭탄 하나가 TNT 2 메가톤의 위력을 가진 것이었다. 즉 폭탄 하나가 2차 대전 때 사용된 대형 고성능 폭탄 전부의 위력을 지닌 것이다. 게다가 핵 무기의 숫자도 수만 개였다. 1990년 대에 소련과 미국이 보유할 미사일과 폭탄의 탄두 목표는 1만 5천 군데가 넘는다.

지구에는 어떤 곳도 안전한 곳은 없다. 이 무기들에 포함된 에너지는 1만 메가톤 이상이므로 죽음의 신은 이제 가만히 앉아 있어도 무방하게 되었다. 2차 대전은 6년 간 계속됐지만 이 파괴력을 적절히 이용하기만 하면 6년이 아니라 몇 시간만에 각 가정마다 하나의 대형 고성능 폭탄을 터뜨릴 수 있다. 세계 2차 대전과 마찬가지의 일이 겨우 1초에 끝난다. 그것은 나른한 오후 한나절 동안에 모든 일이 끝나고 마는 것이 된다.

천만 개의 히로시마 원폭

핵 공격의 직접적인 사인(死因)은 폭풍이다. 몇 *km*나 떨어진 빌딩을 납작하게 할 수 있는 폭풍과 지나가는 사람의 내장을 순식간에 익혀버릴 수 있는 화염, 감마선, 중성자들 때문이다.

미국이 2차 대전을 종국시키려고 핵 폭탄을 히로시마(広島)에 떨어뜨렸을 때 그 자리에 있었던 한 소녀는 이렇게 증언했다.

지옥처럼 깜깜한 가운데 다른 친구들이 엄마를 부르는 소리가 들렸읍니다. 다리 밑에 있는 물탱크 안에는 어떤 엄마가 발가벗은 채 새빨갛게 타고 있는 아기를 머리에 이고 울고 있었읍니다. 어떤 여자는 타버린 젖가슴을 내밀고 아기에게 젖을 먹이며 울었어요. 물탱크 안에는 학생들이 목과 두 손만을 밖으로 내밀고 부모를 찾아 마구 소리를 질렀읍니다. 그러나 지나가는 사람들도 모두 다친 사람뿐이었기 때문에 아무도 도와 주려 하지 않았어요. 사람들은 머리가 타서 곱슬곱슬해지고 하얗게 되어 있었읍니다. 사람 같지도 않고 짐승 같지도 않은 이상한 모습이었읍니다.

히로시마의 원자 폭탄은 나가사끼(長崎)의 경우와 달라서 공중 폭발이었기 때문에 방사성 낙진이 그다지 심하지 않았다. 그러나 1954년 3월 1일 마샬 군도 *Marshall Islands*의 비키니 *Bikini*에서 실시된 수소 폭탄 실험에서는 예상보다 큰 에너지가 발생했다. 거대한 방사능 구름이 발산하여 1백 50 *km*나 떨어진 곳의 사람들은 해가 서쪽에서 뜨는 것으로 생각할 지경이었다. 몇 시간 후 론갤럽 *Rongalap*에서는 방사능 재가 눈처럼 쏟아졌다. 재를 받아 보았더니 치사량(致死量)의 반도 안되는 1백 75레드 *rad*였다. 사람이 사는 곳은 실험 장소에서 대단히 멀었으므로 죽은 사람은 별로 없었다. 그러나 방사성 스트론튬 *radioactive strontium*은 뼈에 축적되고, 방사성 옥소 *radioactive iodine*는 갑상선에 축적된다. 인근 지방 아이들의 3분의 2, 어른의 3분의 1 가량이 나중에 갑상선 이상과 성장 장애, 악성 종양 등의 병에 걸렸다. 이에 대한 보상으로 마샬 군도 주민들은 전문 치료를 받았다.

히로시마에 떨어진 원자 폭탄의 열량은 13 킬로톤 *kiloton*, 즉 TNT 1만 3천 톤과 같은 폭발력이었다. 그런데 비키니에서 실험된 수소 폭탄의 폭발력은 15 메가톤이었다. 만약 핵전쟁이 전면적으로 일어나서 모든 핵 무기가 사용된다면 수백만 개의 히로시마 원자 폭탄이 전세계에 떨어지는 셈이다. 13 킬로톤의 원자 폭탄으로 히로시마에서 십만 명 정도가 죽었으니까, 전면 핵 전쟁이 일어나면 1천억 명이 죽게 된다. 그러나 20세기 말인 현재 세계 인구는 50억 미만에 불과하다. 물론 그 많은 사람이 모두 폭풍과 화염에 의해 죽는 것은 아니다. 방사선이나 죽음의 재에 의해서 죽는 것이다. 그리고 그 죽음의 재는 오랫동안 계속 방사선을 방출한다. 스트론튬 90의 90%가 붕괴하는 데는 96년이 걸리며 세슘 *cesium* 137은 약 1백 년, 요오드 131은 약 1개월이 걸린다.

살아 남는 자는 전쟁의, 보다 미묘한 면을 겪어야 하리라. 전면 핵 전쟁은 공중에 있는 질소를 태워 산화 질소로 만들고 산화 질소는 대기권 상층부에 있는 오존의 양을 격감시키게 된다. 오존의 양이 줄면 태양 자외선이 오존층에서 흡수되지 않고서 그대로 지표에 도달한다.* 강렬한 자외선은 몇 년 동안 계속되어 특히 백인들에게 피부암을 유발시킬 것이다. 그러나 더욱 심각한 것은 자외선이 지구의 생태학(生態學) *ecology*을 변화시킨다는 것이다. 어떤 형태의 변화가 일어날 것인가는 우리도 모른다. 자외선은 농작물을 해칠 것이다. 그에 따라 많은 미생물이 죽겠지만 우리는 어떤 미생물이 얼마나 없어지는지, 그 결과가 어떻게 될지도 알 수 없다. 우리가 아는 바에 따르면 죽어가는 미생물은 생태학 피라밋의 제일 아래에 있고 그 미생물에 변화가 오면 생태학 피라밋의 제일 위에 있는 인간이 고통을 당하리라는 것만은 분명하다.

전면적인 핵 전쟁에서 공중으로 올라간 먼지는 태양빛을 반사하여 지구를 약간쯤 식게 만들 것이다. 지구의 온도가 조

* 이런 현상은 스프레이로 사용되고 있는 프로 가스 *fluorocarbon*가 오존층을 파괴하는 것과 비슷하다. 프로 가스의 사용은 많은 나라에서 금지되어 있다. 그러나 전면 핵 전쟁에 의한 오존층 파괴 쪽이 그것보다 훨씬 더 위험하다. 또한 이 현상은 수십 광년 떨어진 곳에서 초신성의 폭발이 일어나 공룡들이 전멸했다고 하는 설명을 할 때 든 현상과도 비슷하다—원주

금만 식는다 해도 농사에는 큰 영향을 미친다. 새들은 방사선에 대해 곤충보다 더 약하므로 죽기 쉽다. 핵 전쟁의 결과로 곤충에 의한 전염병이나 농사의 혼란은 더욱 심해질 것이다. 그러나 또 한 가지 걱정해야 할 것은 전염병이다. 지구 전체에 세균성 전염병 *plague bacillus*이 퍼질 것이다. 20세기 말에는 전염병 때문에 죽는 사람이 별로 없었다. 그것은 병원균이 적었기 때문이 아니라 저항력이 컸기 때문이다. 그러나 방사능은 인간의 저항력을 약화시킨다. 오랜 세월이 지나면 돌연변이가 생겨 새로운 형태의 미생물과 곤충이 나타나 핵 전쟁에서 살아 남은 생존자들에게 심각한 문제를 던질 것이다. 더욱 시간이 흐르면 열성(劣性)의 돌연변이를 지닌 유전자가 결합하여 무서운 변형 인간을 낳게 될 것이다. 이러한 돌연변이가 나타나게 되면 그것은 치명적이다. 한두 명에게 나타나는 것이 아니기 때문이다. 고민은 그뿐만 아니다. 사랑하는 이를 잃은 슬픔, 불에 탄 자, 장님이 된 자, 불구가 된 자, 질병, 전염병, 수명이 긴 방사능 독소에 의해 물과 공기가 오염되어 암의 위협을 받게 될 것이다. 그리고 사산, 기형아, 의료 시설의 부족, 아무것도 아닌 일로 문명을 파괴했다는 절망감, 막을 수 있는 일을 막지 않았다는 패배감 등이 만연할 것이다.

전쟁의 규모를 나타내는 M

영국의 기상학자 리차드슨 *L F Richardson*은 전쟁에 매우 관심이 크다. 그는 전쟁의 원인을 이해하고 싶어한다. 그가 보는 바에 따르면 전쟁과 기후는 서로 논리적으로 닮아 있다. 둘 다 복잡하면서도 잔혹한 힘을 지녔지만 둘 다 이해하고 제어할 수 있는 자연 현상인 것이다. 지구의 기후를 알기 위해 우리는 우선 기상 통계를 모아야 한다. 실제 기후가 어떤 변화를 하는지 알아 내야 하기 때문이다.

전쟁을 이해하는 방법도 이와 같다. 리차드슨은 1820년부터 1945년까지의 수백 개의 전쟁에 대한 자료를 모집했다. 리차드슨이 조사한 자료는 그가 죽은 후에 《치명적인 싸움의 통계 *The Statistics of Deadly Quarrels*》라는 책으로 리차드슨의 그림표. 수평선은 전쟁의 강도를 나타낸다(M=5이면 10^5명이 죽게 되며, M=10이면 10^{10}, 즉 지구상의 모든 인간이 죽는다). 수직선은 강도 M의 전쟁이 일어나기를 기다리는 시간. 이 곡선은 1820~1945 사이의 전쟁을 통계로 낸 자료에 의한 것으로 M=10은 1천년 정도가 지나야 일어난다. 그러나 핵 무기의 증대로 곡선이 빗금 부분처럼 꺾였으므로 최후의 날은 더 가까와진 셈인데 핵무기 생산을 축소한다면 이 곡선은 우리의 힘으로 바꿀 수가 있다.

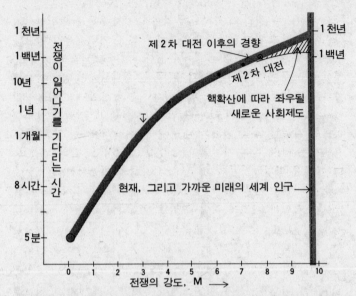

출판되었다. 리차드슨은 일정한 수의 희생자를 내는 전쟁이 대개 몇 년만에 일어나는가에 관심이 있었기 때문에 전쟁의 강도(強度)를 M이라 하고, 그것을 그 전쟁으로 인해 즉사한 희생자의 수로 나타내기로 했다. 예를 들어 강도 M이 3인 전쟁은 희생자가 천 명, 즉 10^3 명인, 사소한 충돌이다. M=5나 M=6 정도가 되면 더 심각해져서 10^5(1십만 명), 또는 10^6(1백만 명)의 생명이 살해를 당한다. 세계 1차 대전과 2차 대전은 강도가 더 컸다. 리차드슨은 많은 사람이 죽는 전쟁일수록 일어날 가능성은 더 희박하며 시간 간격도 넓다는 것을 밝혀 냈다. 커다란 폭풍우보다는 소나기의 빈도가 더 높은 것과 같은 이치이다. 위의 그래프는 그의 자료를 토대로 그린 것이다. 이 도표를 보면 지난 1세기 반 동안 우리가 얼마만에 전쟁을 만나게 됐는가를 알아볼 수 있다.

리차드슨은 이 그래프의 곡선을 M이 제로가 될 때까지 점점 늘려가면 어떻게 될는지를 생각해 보았다. M이 제로라고 하는 것은 10^0, 즉 1이 된다. 이것은 죽는 사람이 한 명이라는 것이 되어 세계에서 살인이 일어날 비율을 대략 예측하게 되는데 그 결과는 5 분이다.

이 세상 어딘가에서 누군가가 5 분마다 살인을 당하고 있는 것이다. 리차드슨의 말에 따르면 개인적인 살인이나 거대한

전쟁은 연속체의 두 단면으로서 끊어지지 않는 곡선을 형성한
다고 한다. 나 자신도 심리학적 의미에서 전쟁은 광범위한 살
인이라고 믿고 있다. 인류의 복지가 위협을 당하고 자신에 대
한 환상이 도전을 받을 때 우리는, 아니 우리 중 일부는 살인
적인 분노를 느낀다. 이런 일이 국가적 차원에서 나타날 때
국가도 살인적인 분노를 느낀다. 개인의 권력이나 이익을 위
해서 그런 일이 생기기도 한다. 그러나 살인 기술이 향상되고
전쟁의 피해가 더욱 커졌기 때문에 커다란 전쟁을 일으키기
위해서는 몹시 많은 사람들을 동시에 살인적인 분노로 이끌
고 가야만 한다. 정부가 대중 통신 기구를 이용해서 이런 분
노를 조장하는 수도 있다(핵 전쟁은 예외이다. 핵 전쟁은 소
수의 사람만의 의견에 의해 일어날 수 있다).

핵 전쟁의 공포의 균형

여기에서 우리는 욕망과, 소위 좋은 성질이라고 불리는 것들
간의 갈등을 보게 된다. 사람을 죽이고 싶을 정도의 분노는
우리들 뇌 저 깊숙이 있는 먼 옛날의 파충류의 뇌, R-영역
이 일으키는 것이다. 가장 최근에 발달했던 포유동물과 인간
의 뇌인 변연계와 대뇌 피질, 그리고 그 R-영역과의 사이에는
대립이 있다. 인간들이 조금씩 모여서 살고 무기가 빈약하던
시대에는 아무리 화가 난 무사라 해도 겨우 몇 명만을 죽이는
것이 고작이었다. 그러나 기술이 발달하자 전쟁 수단도 향상되
었다. 그와 발맞추어 우리 자신도 향상되기는 했다. 분노와
좌절과 실망을 이성(理性)으로 가눌 줄 알게 된 것이다. 극히
최근, 부정(不正)은 전지구적인 것으로 되어 여기저기에서 일
어나게끔 되었으나 우리들은 전지구적인 규모로 그러한 부정
을 개선해 오기도 했다.

그러나 우리의 무기는 이제 수십 억을 죽일 수 있게 되었다.
이래도 우리는 향상한 것일까? 이성이 무엇인지 올바로 알
고 있는 것일까? 전쟁의 원인을 용감하게 연구한 것이 기껏
이 정도인가?

핵 금지 정책 *strategy of nuclear deterrence*이라고 불리
는 것은 우리들의 선조가 아직 인간이 되지 않았을 때의 행동

을 기반으로 하고 있다. 현대의 정치가 키신저 *Henry Kissinger*는 이런 글을 썼다.

핵 확산 금지는 무엇보다도 심리학적인 것을 기반으로 하고 있다. 핵 금지의 목적에는 정말일까 하고 생각될 정도로 걸치레뿐인 협박 쪽이 속이 빤히 들여다 보이는 것보다 효과가 있다……

진정으로 효과적인 핵 협박을 행하려면 핵 전쟁의 공포를 느끼지 못하는 듯한 광기 어린 자세를 보여야만 한다. 그러면 가상 적국(假想敵國)은 상대방의 그러한 광기 때문에 전지구적인 대결이 일어나지 않을까 걱정해서 어느 정도 수준에서 타협하는 것이 옳다고 생각하게 된다. 그러기 위해서는 과장이 필요하다. 그러나 얼마 안 가서 상대방은 그 과장에 익숙해지고 한 번 과장에 익숙해지면 그것은 이제 더 이상 협박이 되지 못한다. 그렇게 되면 참으로 위험하다.

전지구적인 공포의 균형 *globle balance of terror*은 미국과 소련이 주재하고 있으며 그것은, 인류를 인질로 삼고 있다. 양 진영은 서로 상대방에 대해 행동의 한계를 밝혀 두고 있다. 가상 적국이 그 한계를 넘으면 핵 전쟁이 터지게 될 것이다. 그러나 한계의 정의는 때에 따라 곧잘 변한다. 양 진영은 서로 상대방이 이 한계를 잘 인식하고 있는지 확인시키면서 자신의 군사적 이익을 증가시키려 하지만 진정으로 상대방을 놀라게 하는 행동은 피하고 있다. 양 진영은 북극에서의 핵 폭탄 비행, 쿠바 미사일 위기, 반인공위성 무기 *anti-satellite weapons*, 베트남과 아프가니스탄 *Afghanistan* 전쟁과 같은 연속적인 사건들에서 상대방이 어디까지 참는지 시험하고 있다. 전지구적인 공포의 균형은 매우 미묘한 것이다. 그것은 일이 나쁜 방향으로 나아가지 않게 하는 것, 그 누구도 잘못을 저지르지 않게 하는 것, 파충류적인 욕망을 일으키지 않게 하는 것들을 기반으로 한 균형이다.

인류 전멸의 날은 언제인가

여기서 다시 리차드슨의 얘기로 돌아가 보자. 그림에서 실선은 강도 M의 전쟁(즉 10^M 명이 죽게 되는 전쟁)을 보기 위해 기다려야 하는 시간이다(M이 0과 1까지 연장된 것은 대수학적인 가정 *exponential arithmetic*일 뿐이다). 도표 오른쪽의 수직 점선은 최근의 세계 인구 통계치이다. 1835년경에는 세계 인구가 10억(M=9)이었고 지금은 45억(M=9.7)에 달한다.

리차드슨의 그래프에서 실선이 수직 점선과 교차되는 곳이 최후의 심판날이다. 커다란 전쟁이 일어나서 지구 인구가 전멸하는 것은 언제일까? 미래의 인구 성장과 리차드슨의 그래프에서의 실선을 연장시켜 보면 30세기에 가서나 만나게 된다. 최후의 심판은 아직 그리 가까운 것은 아니다.

그러나 세계 2차 대전은 강도가 7.7의 전쟁이었다. 2차 대전에서 죽은 인구는 5천만 명에 달한다. 2차 대전은 죽음의 기술이 발달한 이후 처음으로 핵 무기를 사용한 전쟁이다. 2차 대전 이후에 전쟁에 대한 동기(動機)나 호전성이 줄어든 증거는 없으며 재래식 무기와 핵 무기의 위력은 훨씬 증가되었다. 그러므로 리차드슨의 실선의 상단(上端)은 계속 아래로 내려간다. 얼마만큼 내려갈는지 모르지만 만약 그래프의 사선을 친 부분까지 내려간다면 인류 최후의 날 *Doomsday*은 겨우 몇십 년밖에 남지 않았을는지도 모른다. 1945년 전후의 전쟁을 더 자세히 비교해 보면 이것은 더 분명해질 것이다. 이것은 매우 중요한 문제이므로 적당한 관심 표명으로 끝날 문제가 아니다.

핵 무기와 핵 무기 수송 체계의 개발은 빠르든 늦든 전지구적인 참사를 불러 일으킨다. 최초로 원자 폭탄을 개발했던 것은 미국의 과학자와 유럽에서 미국으로 망명한 과학자들이었다. 그들은 자신들이 온 세상에 불씨를 퍼뜨려 놓았다는 사실에 크게 한탄하고 있다. 그들 과학자들은 핵 무기의 전면 폐지를 바라고 있다. 그러나 과학자들의 바램은 이미 쇠귀에 경읽기이다. 미국과 소련은 여전히 핵 경쟁을 계속하고 있기 때문이다.

핵 무기가 아닌 무기는 모두 재래식 무기라고 불린다. 이제 이런 무기들의 국제 무역이 시작되고 있다. 지난 25년 간, 연간 국제 무기 무역액은 3억 달러에서 2백억 달러로 증가되었다.

1950년에서 68년에 걸쳐서 핵 무기를 포함한 사고가 매년 세계 어디에선가 평균 몇 회는 일어나고 있다. 그러나 다행히도 사고에 의한 핵 폭발은 이제까지 1,2회밖에 일어나지 않았다. 소련, 미국 등지의 무기 설비는 대단히 막강하다. 미국의 경우 병기 공업계에는 가정용품을 만드는 대기업들도 포함되어 있다. 한 계산에 따르면 군수품(軍需品) 생산으로 얻는 이익은 기술적으로 같은 수준의 민수품(民需品) 생산에서 얻는 것에 비해 30~50%나 크다고 한다. 군수품 분야에는 경쟁이 별로 없기 때문이다. 따라서 군수품 분야라고 하면 민간 용품의 생산에서는 감히 생각도 못할 만큼의 경비를 들인다. 소련이 군수품 생산에 쏟는 자원과 정력을 민수품 생산에 비교하면 놀랄 만한 차가 있음을 알 수 있다. 지구에 사는 과학자와 기술자의 반 이상이, 전문적으로 또는 시간제로 군수품 생산에 관계하고 있다는 통계도 있다. 또 대량 학살을 그 기능으로 하는 군수품에 관계하는 사람들은 각각의 사회에서 높은 임금과 권력 특혜, 심지어는 사회적인 존경 까지도 소유할 수 있다. 특히 소련에서와 같이 무기 개발을 일급 비밀로 처리하는 국가에서는 노동자들이 자신들의 행동을 책임지지 않는다는 상례(常例)가 생기기도 한다. 무기 노동자들은 보호를 받고 있으며 익명(匿名)으로 통한다. 따라서 시민들로서는 군사 분야의 활동을 알려고 해도 알 수가 없다. 무슨 일이 이루어지고 있는지 모르면서 어떻게 그것을 미리 막을 수 있겠는가? 무기 생산업에 종사하는 사람들의 보수는 극히 높고, 적대하는 군대는 서로가 꺼림칙한 상호 자극의 관계를 갖는다. 이러한 상황 아래에서 세계는 인류의 구극적(究極的)인 파멸의 방향으로 계속 표류해 가고 있다.

어떤 권력이든 대량 파괴의 무기를 구입하고 적재하는 데에는 그럴 만한 핑계를 준비해야 한다. 그러기 위해서 파충류적인 잔재를 들추기도 하고 상대방 국가의 문화적 단점을 꺼내거나 자기네는 그렇지 않은데 상대방에서 세계 정복의 야망을 갖고 있다고 선전하기도 한다. 어떤 나라든지 일종의 금기(禁忌) 사항을 가지고 있다. 그 금기 사항에 대해서 시민은 물론 여당 당원도 심각하게 생각해서는 안된다. 소련에서의 금기 사항이라면 자본주의, 신, 국가 주권의 양도 등이고 미국에서는 사회주의, 무신론, 국가 주권의 양도 등이다. 다

른 어느 나라도 마찬가지이다. 외계의 손님이 올 때 우리는 전지구적인 무기 확장 경쟁을 어떻게 설명해야 할까? 살인 위성이나 소립자 광선 무기 *particle beam weapons*, 레이다, 중성자탄, 순양 미사일 *cruise missiles* 등의 개발을 어떻게 정당화시키면 좋을까? 게다가 수백 개의 레이다 교란 물체 사이에 탄도 미사일을 숨기려면 얼마만한 땅이 필요한가에 대한 논란들을 우리는 어떻게 정당화시킬 수 있을까? 1만 개 이상의 목표를 가진 핵탄두는 인간의 생존을 약속해 주는 도구일까?

우리는 지구를 어떻게 관리하고 있노라고 설명할까? 우리 는 핵 초대국(核超大國) *nuclear superpowers*의 변명을 들 어서 알고 있다. 우리는 국가를 위해서 주장하는 사람들을 알 고 있다. 그러나 누가 인류를 위해 말을 해 줄 것인가? 누 가 지구를 위해 말을 할 수 있는가?

지구의 상층 대기권. 핵 전 쟁이 일어나면 보호막인 오존 층이 부서져서 성층권에 방사 능 파편들이 가득찰 것이다.

중대한 과제에 직면한 인류

인간 두뇌 질량의 3분의 2는 직관력 *intuition*과 이성을 주 관하는 대뇌 피질에 있다. 인간은 무리를 지어 진화해 왔기 때 문에 다른 집단, 다른 사람에 대해 호의를 가진다. 인간은 협

동의 동물이다. 인간 내부에는 애타주의(愛他主義) *Altruism*
가 숨어 있다. 인간은 영리하게도 자연 법칙을 이해했다. 인간
은 함께 일할 수 있는 동기를 지니고 있고 함께 일하는 법을
알 수 있는 능력이 있다. 만약 우리들이 핵 전쟁을 생각하고
이제 막 형성되기 시작한 전지구적 사회의 전면적인 파괴를 생
각하고자 한다면, 우리들은 사회의 전면적인 재구축에 대해서
도 생각해야만 하지 않을까? 외계에서 보면 우리의 문명은
분명 중요한 과제에 직면해 있을 것이다. 우리는 인류의 생명
과 복지를 보존해야 한다. 그러기 위해서 전통적인 경제, 정
치, 사회, 종교 기구들을 다시 한 번 살펴 보아야 할 것이다.
  흔히 인간은 대응책을 마련해야 할 일이 생기면 불안해져
서 문제의 심각성을 가볍게 보려는 경향이 있다. 인류 전멸
의 날을 걱정하는 것은 부질없다거나 모든 기구를 근본적으
로 변화시키는 것은 불가능하다거나 인간 본질에 어긋난다는
핑계를 대게 된다. 그러면 핵 전쟁은 바로 인간 본질과 일치
하는 것이란 말인가? 전면적인 핵 전쟁은 아직 일어나지 않
았다. 그래서 영원히 일어나지 않으리라고 기대하는 사람도
적지 않다. 그러나 우리가 전면적인 핵 전쟁을 경험할 수 있
는 것은 단 한 번뿐이다. 그때에는 통계를 재조정해 본다 해
도 이미 늦고 만다.
  군비 확장 경쟁을 역전시키기 위해서 국제 기관 설립이 제
안되어 몇 개의 정부가 그것을 지지했다. 미국 정부도 그에 찬
성했다. 그러나 국방성의 예산은 1980년 한 해에 1천 5백 30
억 달러였고 군비 축소 예산은 1천 8백만 달러였다. 이만하면
이 두 가지 활동 중의 어느 쪽을 중시하는가를 알 수 있을 것
이다. 이성적(理性的)인 사회라면 다음 전쟁을 준비하는 것보
다 막기 위한 일에 더 많은 예산을 써야 하지 않겠는가? 전
쟁의 원인을 연구할 수는 있다. 그러나 현재 우리들의 이해는
빈약하다. 그것은 틀림없이 군축 예산이 앗카드 *Akkad* 왕국
의 사르곤 *Sargon* 왕 시대로부터 별 도움이 안될 정도의 액
수와 제로와의 사이에 있었기 때문이리라. 미생물학자와 물리
학자들은 주로 사람들을 치료하기 위하여 질병을 연구하는
것이지 병원균을 응원하려는 것은 아니다. 아인슈타인이 "전
쟁은 소아병(小兒病)"이라고 했듯이 우리들은 전쟁을 어디까
지나 아이들의 병인 것처럼 보고 연구하려 한다. 이미 핵 무

기의 확산이나 핵 무기 해제에 대한 저항은 지구 위의 모든 인간을 위협하는 지경에 도달했다. 이제 특수한 이익이라든가 특수한 경우는 더 이상 존재하지 않는다. 인간이 생존을 얻을 수 있는 길은 우리의 지력(知力)과 자원을 모두 동원하여 우리의 운명에 스스로 책임을 지고 리차드슨의 곡선이 더 오른 쪽으로 가지 않게 하는 데 있다. 지구상의 모든 인간들은 핵 무기의 인질이다. 따라서 핵 무기와 재래 무기에 대하여 공부해야만 한다. 그리고 우리의 정부를 가르쳐야 한다. 인간의 생존을 약속해 줄 수 있는 단 하나의 도구는 과학과 기술이다. 우리는 그것을 익혀야만 한다. 관습적인 사회, 정치, 경제, 종교에 용감하게 도전해야 한다. 세계의 모든 동료들도 다같은 인간이라는 사실을 이해하도록 노력해야 한다. 물론 그런 노력은 어려울 것이다. 아인슈타인은 그의 제안이 비현실적이며 인간 본질에 맞지 않는다고 거절 당했을 때 "그러면 대응책이 무엇이냐?"고 몇 번이나 물었었다.

육체적인 애정이 낳는 평화

포유동물의 특징은 코를 비비고, 애무를 하고, 몸을 끌어 안거나 자식을 사랑하고 가르치는 것이다. 이런 특징은 파충류에서는 찾아 보기 힘들다. 만약 R-영역과 변연계가 아직도 서로 공존 관계를 지니고 우리 대뇌 속에 남아 있다면 그것은 우리들에게 부모로서의 애정을 강화시킬 것이다. 그리고 그것이 우리들 포유동물의 성질이 될 것으로 기대할 수 있다. 육체적 애정이 결여되면 파충류적인 행동 *reptilian behavior*이 자극을 받을 것이다.

우리는 한 실험에서 이것을 분명히 밝혀 냈다. 해리와 마가렛 할로우 부부 *Harry & Margaret Harlow*는 실험실의 우리에서 다른 원숭이들과는 접촉의 기회를 주지 않은 원숭이를 길러 보았다. 그러자 그 격리된 원숭이는 동료 원숭이를 보여 주고 냄새를 맡게 해 줘도 피하기만 했다. 우리 안에서 자란 원숭이는 성격이 침울하고 자기 파괴적이며 비정상적인 특징을 나타냈다. 인간의 경우에도 신체적 애정을 못 받고 자란 고아들은 이러한 특징을 나타내는 경우가 흔하다.

대리 엄마의 실험. 한 엄마는 철사로 만들어 젖병을 꽂았고, 한 엄마는 헝겊을 씌워 젖병을 꽂았다. 어린 원숭이는 시키지도 않았는데 후자의 대리 엄마를 선택한다. 인간과 영장류 동물은 사회적 관계를 필요로 하여 애정과 따뜻함을 원한다.

정신 심리학자 프레스코트 *James W Prescott*는 4백 군데
의 전근대 산업 사회에 대해 비교 문화적 통계 분석을 했다.
그는 어린아이에게 신체적 애정을 많이 경험시키는 사회는
폭력을 매우 싫어하는 경향이 있다는 것을 밝혀 냈다. 어린
시절에는 신체적 애무를 별로 해 주지 않았다 해도 사춘기에
성 행위를 억압하지 않으면 성인이 되어서도 비폭력적 성격
을 나타냈다. 프레스코트는 인간의 일생 중에서 매우 중요한
시기인 유아 시절과 사춘기 중, 어느 한 시기에라도 육체적
쾌락을 박탈당한 경험이 있는 사람들은 폭력 문명을 형성한
다는 결론을 내렸다. 신체적 접촉이 많은 사회에서는 도둑질
이나 조직화된 종교나 부의 과시 등을 찾아 볼 수 없다. 반
면 아이들에게 신체적인 벌을 주면 살인, 굴종, 미신 등이
만연하는 사회가 된다.

우리는 이러한 관계의 밑바탕을 이루는 매카니즘을 밝혀 낼
수 있을 만큼 인간의 행동을 이해하지 못하고 있다. 그러나
추측은 가능하다. 이들의 상관 관계는 매우 중요하다. 프레
스코트는 이렇게 쓰고 있다.

어린아이에게 신체적 접촉을 많이 하고, 결혼 전의 성 행위를 인
정하는 사회가 폭력 사회로 변할 가능성은 2 %이다. 이러한 관계
가 우연히 일어날 가능성은 12만 5천 분의 1이다. 성장에 관한
요인 중 이처럼 높은 신뢰도를 가진 변수는 없을 것이다.

신체적 접촉에 굶주린 아이들은 자라면 성 행위에 매우 집
착한다. 청년들이 자유스런 행동을 취하면 그 사회의 어른들
은 그들의 공격성, 의식욕, 사회적 계급 의식을 용서하지 않
을 것임에 틀림없다(이런 파충류적 행동을 자라는 과정에서
이미 경험했을 수도 있다). 프레스코트의 결론이 옳다면, 핵
무기와 효과적인 피임약 시대에 어린이 학대와 심한 성적
억압은 인간성을 해치는 것이라 할 수 있다. 물론 이 자극적
인 문제는 더 연구되어야만 한다. 연구의 필요성은 명확하
다. 그러나 아이들을 부드럽게 안아 줌으로써 우리들은 다른
그 누구와 논쟁하는 일도 없이 개인적으로 세계의 미래에 공
헌할 수가 있는 것이다.

개인의 성격이나 인간의 역사, 비교 문화사적인 연구가 나

타내고 있듯이 만약 노예 제도와 인종 차별, 여자를 싫어하는
성격, 폭력들이 모두 서로 관계를 가진 것이라면 아직도 희
망의 여지는 있다. 우리는 최근 근본적으로 변화하는 사회에
살고 있다. 수천 년 동안 내려온 노예 제도가 지난 2세기 사이
에 사라졌다. 여자는 소유물로서 정치력, 경제력을 박탈당해
왔으나 지금은 후진 사회에서도 남자와 동등한 대우를 받고
있다. 근대사에 들어와서는 처음으로 커다란 침략 전쟁도 멈
추고 있는 상태이다. 그것은 부분적으로는 침략하는 측의 시
민들이 그 침략을 못 마땅해하기 때문이기도 하다. 국가주의자
*nationalist*나 맹목적 애국주의자 *jingoist*의 호소도 이미 그
힘을 잃었다. 생활 수준이 높아짐에 따라 세계 각 곳에서 어
린이에 대한 대우가 좋아졌기 때문이리라. 겨우 수십 년 동
안에 지구상에 일어난 변화는 인간 생존을 위해 필요한 방향
으로 흐르고 있다. '인류는 모두 한 종족'이라는 인식을 기반
으로 한 새로운 의식이 싹트고 있는 것도 청신호이다.

과학은 도움이 되는 도구

"미신은 하나님을 똑바로 바라보지 못하는 비겁함이다"라
는 말을 남긴 데오프라스토스 *Theophrastus*는 알렉산드리
아 도서관을 세울 당시에 살았다. 우리가 사는 우주의 원자
는 모두 별의 내부에서 생긴다. 우주에서는 1천 개의 태양이
매초마다 탄생하고 있다. 생명은 젊은 행성의 공기와 물 속
에서 태양과 번개에 의해서 만들어진다. 생태학적 진화에 필
요한 재료들은 은하수 저 건너 별의 폭발에 의해 마련되기도
한다. 우주에는 은하와 같이 아름다운 것이 1천억 개도 넘는
다. 우주에는 블랙홀과 외계의 문명도 있을 것이다. 그 문명
에서 보내는 메시지가 지금 이 순간에도 지구에 닿고 있을는
지 모른다. 이러한 때에 미신과 가짜 과학의 주장은 얼마나
허망한 것인가? 과학 연구를 진행시키고 과학을 이해한다는
것은 얼마나 중요한 일인가? 그것은 인간이 꼭 해야만 할
일인 것이다.
　자연은 어느 면을 보아도 신비스럽고 경이롭다. 데오프라스
토스의 말은 옳았다. 우주를 있는 그대로 보기를 두려워 하

고, 인간이 우주의 중심에 있다는 거짓 지식을 믿는 사람은 미신의 안이함에 빠지려는 사람이다. 그들은 세계와 대결하지 않고 오히려 세계를 피했다. 그러나 우주의 조직과 구성을 용감하게 탐험하려는 사람들은 우주가 우리의 편견(偏見)이나 바라는 바와 전혀 다르다 해도, 우주의 신비를 캐 내려 할 것이다.

지구에서 과학을 아는 존재는 인간밖에 없다. 지금까지의 과학은 인간만이 발견한 것이다. 그러나 그것은 완전하지 않기 때문에 잘못 사용될 수도 있다. 과학은 하나의 도구일 뿐이다. 그러나 과학은 지금까지 인간이 소유했던 도구 중에서 가장 훌륭한 것으로서 자기 수정(自己修正)이 가능하고 무엇에나 적용할 수 있다. 과학에는 두 가지 법칙이 있다. 첫째, 절대적인 진리는 없다는 것이다. 모든 가정(假定)은 철저하게 검증되어야 하며 여기에 대해서는 권위에 의한 주장도 가치가 없다. 둘째, 사실과 부합되지 않는 것은 무조건 버리거나 고쳐야 한다. 우리는 우주를 있는 그대로 이해해야 하며 있는 그대로의 우주를 우리가 바라는 우주와 혼동해서는 안 된다. 그런 관계로 가끔 분명한 것이 허위가 되고 뜻하지 않은 것이 진리가 되는 일도 있다. 이러한 상황만 크게 호전된다면 세계 각국의 인간들은 같은 목표 아래 연구할 수 있을 것이다. 그리고 우주의 연구는 우리들이 생각할 수 있는 가장 큰 문제이다. 현재 지구의 문화는 오만한 신입생과 같다. 45억 년 동안 지구의 무대 위에서는 여러 가지 연극이 행해졌으며 그 뒤에 인간 문화가 등장했다.

인간은 몇 천 년 동안의 업적을 가지고 영원한 진리를 발견했다고 큰 소리를 친다. 그러나 인간 세상처럼 빨리 변하는 곳에서 재난을 막는 길은 이것뿐이다. 어떤 국가, 어떤 종교, 어떤 경제 조직, 어떤 지식 체계도 인간의 생존에 대한 답이 될 수 없다.

영광의 알렉산드리아

인류 역사를 돌이켜 보면 단 한 번 눈부신 과학의 발전을 즐긴 때가 있었다. 이오니아의 선각자들은 2천 년 전에 알렉산드

리아 도서관을 세우고 수학, 물리학, 생물학, 천문학, 지학,
약학 등에 대하여 체계적인 연구를 했다. 오늘날의 학문은
당시의 연구에 바탕을 두고 있다. 알렉산드리아 도서관을 짓
고 지원해 준 사람은 프토레마이오스 왕조의 그리스 왕들이
었다. 이 왕조는 알렉산더 대왕의 제국 중 이집트를 유산으
로 물려받았다. 기원전 3세기에 이 도서관이 창립되어 7세기
후에 파괴되기까지 알렉산드리아 도서관은 고대 사회의 심장
부요, 두뇌라고 할 수 있었다.

  알렉산드리아는 당시의 인쇄 중심지였다. 물론 그때 인쇄
기계가 있었던 것은 아니다. 책은 매우 비싸고 모두 손으로
베껴야 했다. 이 도서관은 가장 정확한 복사본들을 만들어서
도서관에 보존했다. 원문 비평 연구란 *art of critical editing*
을 만든 곳도 여기였다. 우리들이 오늘날 사용하는 구약 성
경은 주로 이곳 알렉산드리아 도서관에서 번역한 그리스 어
를 기초로 한 것이다. 프톨레마이오스 왕조의 왕들은 많은 재
산을 들여 아프리카, 페르시아, 인도, 이스라엘 및 그리스
의 서적들을 사들였다. 프톨레마이오스 3세 에우에르게테스
*Euergetes*는 소포클레스 *Sophocles*, 에스킬로스 *Aeschylus*
에우리피데스 *Euripides* 등의 비극 작품 원본이나, 나라에서
뜬 복사본을 아테네로부터 빌려 오고 싶어했다. 그러나 아테
네 인들은 영국 인들이 세익스피어의 손으로 쓴 원본이나 첫
번째 2절판 *first folio*을 아끼듯이, 그 책들을 아꼈기 때문에
잠시라도 빌려 주기를 꺼렸다. 결국 프톨레마이오스 3세는 많
은 돈을 줄 것과, 꼭 돌려줄 것을 약속하고 책을 빌리는데 성
공했다. 그러나 프톨레마이오스 3세는 금이나 은보다 그 원
본들을 더 소중히 여겼다. 그래서 그는 보증금을 아주 흔쾌
히 지불하고 책을 도서관에 소중히 간수해 버렸다. 아테네 인
들은 화가 났지만 프톨레마이오스 3세가 얌전히 돌려준 사
본(寫本)으로 만족하는 수밖에 없었다. 국가가 이처럼 지식
을 모으는 데에 힘을 기울이기도 드문 일이다.

  프톨레마이오스 왕조의 왕들은 이미 확립된 지식만 수집한
것은 아니었다. 그들은 과학적 연구에 돈을 대 주고 장려하여
새로운 지식을 퍼뜨리게 했다. 그 결과는 놀랄 만했다. 에
라토스테네스는 지구의 크기를 정확하게 측정하여 지도로 그
렸고 스페인에서 서쪽으로 항해하면 인도가 나온다고 주장했

다. 히파르코스는 별은 태어나서 몇 세기 동안 천천히 움직이다가 결국 사라지고 만다고 예측했다. 그러한 변화를 알아내기 위해 히파르코스는 처음으로 목록을 만들어 별의 위치와 밝기 표시를 기록하였다. 유클리드가 저술한 기하학 교본은 23 세기 동안이나 읽혀 내려오면서 케플러, 뉴톤, 아인슈타인 같은 과학자들을 길러 내는 데 공헌했다.

갈렌 *Galen*은 의술과 해부에 대한 책을 썼는데, 이 책은 르네쌍스기까지 유용하게 이용되었다. 그 외에도 많은 학자들이 있었다.

알렉산드리아는 서구 세계의 역사 속에서 건설된 도시들 중 가장 위대한 것이었다. 세계 각국의 사람들이 모여서 무역을 하고 학문을 익혔다. 알렉산드리아의 항구는 하루도 빠짐 없이 상인과 학자와 여행자로 넘쳤다. 그리스 인, 이집트 인, 아랍 인, 시리아 인, 헤브리 인, 페르시아 인, 뉴비아 인, 페니키아 인, 이탈리아 인, 고올 인, 이베리아 인들이 이곳에 모여 상품이나 사상을 교환했다. '코스모폴리탄 *Cosmopolitan*'*이란 단어가 진정한 의미를 가졌던 것도 바로 알렉산드리아였으리라. 한 나라의 국민이 아니라 코스모스 *Cosmos*의 시민이었던 것이다. 그러면 코스모스의 시민이 되기 위해서는 어떻게 해야 할까.

잃어 버린 고대의 명예

알렉산드리아 도서관의 영화(榮華)도 이제 한낱 희미한 기억에 지나지 않는다. 남아 있던 서적들도 히파치아가 죽은 후에 파괴되었다. 마치 문명 전체가 뇌수술을 받아 기억도, 발견도, 사상도, 정열도 완전히 사라진 것 같았다. 그로 인한 손실은 이루 헤아릴 수 없을 정도의 것이었다. 우리는 없어진 저서의 제목만 대하는 경우를 당하면 매우 애석해 한다. 그러나 대부분의 경우에는 제목도 저자도 알 수가 없다. 히파치아가 살던 당시의 알렉산드리아 도서관에는 소포클레스의 작품이 1백 23편이나 되었다고 하는데 지금 남아 있는 것은 7편뿐이다. 그 중 하나가 《오이디푸스 왕》이다. 에스킬로스나 에우리피데스의 작품들도 소포클레스와 비슷할 정도로 많았

* 코스모폴리탄이란 단어는 디오게네스 *Diogenes*가 처음으로 사용했다. 그는 고대 그리스의 합리주의 철학자로서 플라톤을 비판했다—원주

다고 한다. 《햄릿》, 《멕베드》, 《줄리어스 시저》, 《로미오와 줄리엣》등 많은 작품을 남기고 있는 셰익스피어에 대해서도 우리들은 그의 없어진 작품을 애석해 하고 있지 않은가?

오늘날 우리의 업적은 4만 세대나 되는 선조들의 업적을 밑거름으로 하고 있다. 그 선조들은 극히 일부를 제외하고서는 이름 없이 잊혀져 갔다. 가끔 우리는 에브라 *Ebla* 고대 문명처럼, 몇천 년밖에 안된 문명에 대해서도 전혀 아무것도 알 수 없는 경우에 부딪친다. 우리는 우리의 과거를 너무나 모르고 있다. 선조들의 희미한 속삭임을 들을 수 있는 것은 새김돌 *inscription*이나 파피루스, 책들뿐이다. 우리의 선조들이 오늘날의 우리와 얼마나 닮았는가를 깨닫는 것은 헤아릴 수 없을 만큼 큰 기쁨이다.

우리는 이 책에서 몇몇 선조들의 이름을 들추어 내었었다. 그런데 에라토스테네스, 데모크리토스, 아리스타르코스, 히파치아, 다 빈치, 케플러, 뉴튼, 호이헨스, 샹뽈리온, 휴메이슨, 고다드, 아인슈타인의 이름들은 모두 서구인들이다. 그것은 현재 과학 문명이 발달된 곳이 서구이기 때문이지 중국, 인도, 서 아프리카, 중앙 아메리카들의 문명이 아무런 공헌을 하지 못했다는 뜻은 아니다.

지금 우리는 통신 기술의 발달에 의해 위험천만한 속도로 전지구적인 단일 사회에의 최종 단계를 향해 돌진하고 있다. 이와 같이 지구가 통합되어도 문화적 차이를 해치는 일이 없다면 우리는 커다란 일을 이룩할 수 있으리라.

알렉산드리아 도서관의 유적지 옆에는 머리가 없는 스핑크스가 서 있다. 이것은 이집트 제 18 왕조의 하렘엡 *Horemheb* 왕 시대에 만들어진 것으로서 알렉산더 대왕 시대보다 1백 년도 더 전의 것이다. 이 사자를 닮은 몸 근처에는 초단파 중계탑이 잘 보인다. 이 둘 사이에는 인류 역사의 실이 끊어지지 않은 채 이어져 있다. 1백 50억 년이나 자라온 우주에 비하면 스핑크스에서 송신탑 사이의 시간은 극히 짧은 순간에 불과하다. 우주 여정에 대한 기록은 시간이라고 하는 바람에 의해 다 흩어져 버렸다. 우주의 진화에 관한 증거는 알렉산드리아 도서관의 파피루스 종이보다도 더 철저히 파괴되었지만 우리는 우리의 선조와 우리들 자신이 걸어온 우주의 역사를 더듬어 보려고 한다.

별의 재가 의식을 지녔다

대폭발에 의해서 물질과 에너지가 폭발적으로 방출되고서 얼마만큼의 시간인지는 알 수 없으나 우주의 형태가 없던 시대가 있었다. 항성들도 생명도 없었다. 어디를 보나 칠흙같은 어둠이었고 공간에는 수소 원자만이 떠돌아 다녔다. 그런데 깨닫지 못할 정도로 서서히 여기저기서 농도가 짙은 가스들이 뭉치기 시작했다. 수소 덩어리가 태양보다도 더 크게 자랐다. 이 거대한 가스 내부에 핵 반응 최초의 불이 붙었다. 그리하여 제1세대의 별이 탄생하여 우주를 비추기 시작했다. 당시에는 그 빛을 받을 행성도, 그 찬란함을 감탄할 생물도 전혀 없었다. 별나라의 용광로 깊숙이에서는 핵 융합이 일어나 더 무거운 원소들을 만들어 내고 있었다. 그것은 수소가 타고 난 뒤의 재로서 미래의 행성과 생명의 모체가 되는 것이었다. 거대한 별은 가지고 있던 핵 연료를 순식간에 소모한다. 그것은 원래 우주의 엷은 가스가 응결해서 생긴 별인데 거대한 폭발을 일으켜서 자기가 만든 물질의 대부분을 원래의 우주의 엷은 가스에게 돌려준다. 별들 사이의 어두운 구름 층에서 수많은 원소로부터 제2세대의 별이 탄생한다. 근처에 있는 조그만 물방울들은 핵 융합의 불꽃을 일으키기에는 너무나 작았다. 항성간 우주 속의 이 작은 물방울들은 행성으로의 길을 걷고 있는 것이었다.

그 물방울 중에는 돌과 철로 이루어진 자그마한 세계가 있었는데 그것이 지구의 시작이었다.

지구는 얼었다, 녹았다 하는 과정을 되풀이하면서 메탄, 암모니아, 물, 수소 가스들을 발산한다. 이들은 최초의 대기와 바다를 형성하게 된다. 태양에서 오는 빛은 원시 지구를 데워 주고 폭풍과 번개와 천둥을 퍼뜨린다. 화산은 용암을 내뿜는다. 이러한 과정에서 최초의 대기 속에 있는 분자들은 파괴되고 그 조각이 다시 뭉쳐 더 복잡한 형태를 취한다. 복잡한 화학 원소들은 최초의 바다에 용해된다. 얼마가 지나면 바다는 따뜻하고 묽은 액체로서의 평정을 찾게 된다. 분자가 조직되고 복잡한 화학 반응이 찰흙 표면에서 이루어진다. 그러다가 우연히 한 분자가 어설프게나마 자신을 그대로 복제(複

製)하는데 성공한다. 시간이 흐름에 따라 분자의 자기 복제도 세련되어진다. 이러한 복제물 중에서 자연 도태법에 의하여 가장 알맞는 것이 남는다. 복제가 잘된 것은 자꾸만 복제를 한다. 자기 복제를 하는 유기체 분자들은 복잡하게 농축되어 가기 때문에 바다는 농도가 낮아진다. 이리하여 그 누구도 눈치채지 못할 만큼 천천히 생명이 탄생했다.

진화에 의해 단세포 식물이 생겨나 생물은 먼저 자기가 스스로의 음식물을 준비한다. 광합성은 대기를 변화시킨다. 성(性)도 구별지워진다. 자유로운 생물이 많이 모여서 특수한 기능을 지닌 복잡한 세포가 된다. 화학적 감각 기관이 생겨나고 우주의 맛과 냄새를 즐길 수 있게 된다. 단세포 생물은 진화하여 다세포 집단이 되어 여러 가지 부분을 전문화한 특수 기관으로 변해갔다. 눈과 귀가 생겨서 우주를 보고 들을 수 있게 되었다. 동물과 식물은 육지에서도 살아갈 수 있음을 발견했다. 유기체는 육지를 향해 무엇인지 바쁘게 기고, 도망가고, 육중하게 움직이거나, 미끄러지거나, 날개짓을 하거나, 나무엘 기어올라갔다. 거대한 동물이 소리를 지르며 뜨거운 정글을 돌아다녔다.

이때 딱딱한 껍질 속에서 조그만 동물이 태어나 밖으로 나왔다. 그들의 혈관 속에는 초기의 바닷물과 같은 용액이 흐르고 있었다. 그들은 유연하고 영리했으므로 생존이 가능했다. 얼마 후 나무 위에서 살던 조그만 동물은 나무에서 내려와 장난을 치게 되었다. 그들은 똑바로 설 수 있게 되었고 도구 사용법을 익혔으며 다른 동물과 식물과 불을 지배하고 언어를 만들었다. 별나라의 연금술로 만들어진 재가 하나의 의식(意識)으로 탄생한 것이다. 그 후 그들은 더욱 빠른 속도로 글과, 도시와, 예술과, 과학을 만들었고 다른 행성과 항성에 탐색선을 보내기에 이르렀다. 이것은 1백 50억 년 동안에 이르는 우주의 진화에 의해서 수소 원자가 성취한 일의 일부이다.

이 얘기는 마치 서사시(序事詩)의 신화처럼 들린다. 그리고 사실 이것은 신화이기도 하다. 그러나 이것은 오늘날 우리의 과학으로 밝혀진 우주의 진화를 설명한 것일뿐이다. 인간은 이처럼 어렵게 만들어졌다. 지구는 은하 수소 공장의 최근 제품이다. 그리고 지구에 존재하는 생물들도 하나하나가 소중한 것들이다. 우주의 진화에 관한 그 어떤 설명도 그것을 명확히 밝히고 있다. 외계에도 우리와 같이 놀라운 진화 산물이 살고 있을지 모르는 일이다. 그러므로 우리들 인간은 하늘의 노래 소리에 귀를 기울이는 것이다.

충성심의 범주를 넓혀 가자

우리들은 자신과 조금이나마 다른 사람, 다른 사회를 이상하다고 생각하며 불신하고 싫어한다. 즉, '이국(異國)'이라든가 '이방인'이라는 말에서는 부정적인 뉘앙스가 풍긴다. 그렇다면 '외계'란 단어가 가지고 있는 부정적 측면을 생각해 보라.

여러 가지 인류 문명은 인간의 다른 면을 나타내고 있을 뿐이다. 외계인이 와서 본다면 인류 사회의 차이는 그것이 지닌 유사성(類似性)에 비하면 아주 작은 것이라고 할 것이다. 우주에는 지능을 가진 존재가 대단히 많을지도 모른다. 그러나 다윈의 말대로 인간은 다른 곳에는 없을 것이다. 인간은 지구에만 있다. 지구라는 조그만 행성에만 존재하는 것이다. 인간은 이처럼 회귀하며 위험에 직면한 존재이다. 우주의 안목에서 볼 때는 누구나 대단히 귀중한 존재이다. 어떤 사람이 여러분에게 반대 의견을 편다 해도 그를 미워해서는 안된다. 1천 억 개나 되는 은하에서도 우리를 닮은 사람을 찾을 수는 없기 때문이다.

인류의 역사는 인류가 커다란 집단의 한 회원에 불과하다는 것을 인식하는 과정이라고 볼 수 있다. 우리는 제일 먼저 자신에 대해서, 그 다음에는 가족, 유목민, 부족, 마을, 도시 국가, 국가의 차례로 충성심을 바치고 있다. 즉 우리는 사랑하는 범주를 넓혀 온 것이다. 그러나 인간이 계속 살아 남으려면 우리는 사랑의 범위를 더 넓혀서 인간 사회를, 그리고 지구 전체를 사랑해야 한다. 나라를 이끌어 가는 정치가들은 이런 얘기를 들으면 기분이 좋지 않을 것이다. 그들은 권력을 잃을까 두려워 하고 있기 때문이다. 우리는 반역이라든가 충성심이 없다든가 하는 것에 관해서 많은 얘기를 듣는다. 부유한 나라들은 가난한 나라에 그 부를 나누어 주어야 할 것이다. 웰스 *H G Wells*가 말한대로 우주를 선택하느냐

핵 전쟁·공포의 버섯구름 원자핵 융합 반응으로 인한 폭발에서 생기는 버섯구름은 죽음의 재를 성층권으로 보낸다. 죽음의 재는 성층권에 수년 동안이나 남아 있게 된다. 사진ー 미국 에너지 국(局)

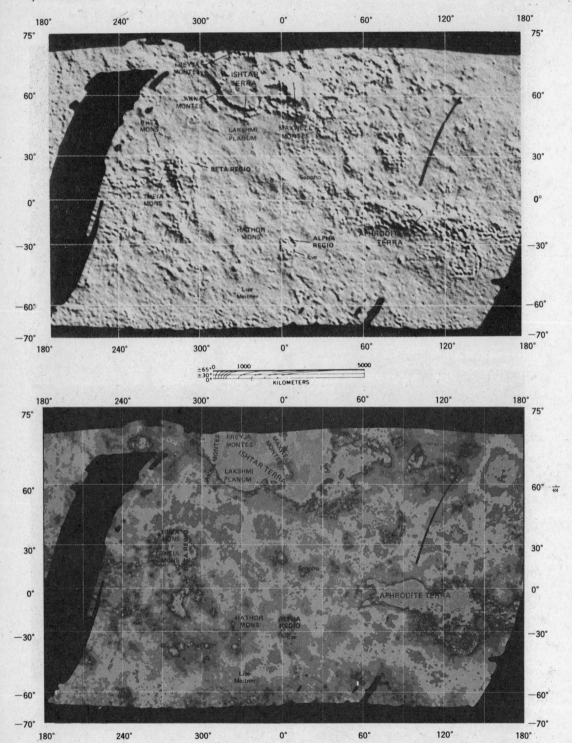

구름으로 덮인 금성의 표면 이 지도에 의해, 항상 구름으로 덮여 있는 금성 표면이 최초로 그 완전한 모습을 드러내게 되었다. 이 데이타는 인공위성 파이어니어 비너스로부터 얻어진 것이다.

금성구름 바로 위에서 아래에 있는 표면에 레이다 신호를 보내면 반사신호가 감지된다. 이 사진에는 산, 분화구, 두개의 거대한 융기대륙(오렌지색)인 이시타 테라와 아프로디테 테라가 나타나 있다. 오른쪽 맨위 그림은 미술가가 그린 이시타 테라의 상상도이다. 베네라 9호, 10호는 베타 레지오 근처에 착륙했다. 마치 핏덩이 처럼 보이는 검은 부분에 대해서는 레이다 탐사가 계속 진행 중에 있다. 이 검은 부분의 정체를 밝히기 위해 고안된 레이다가 지구의 구아데말라와 벨리제 지역의 구름에 덮여 있는 장글에서 시험 중에 있다. 놀랍게도 고고학자인 아담스(R. E. W. Adams)는 직선과 곡선이 교묘하게 배합된 하나의 네트웍(오른쪽 가운데 사진)을 발견했다. 그래서 이 분야를 계속 연구한 결과 그 네트웍은 고대 마야인(B·C. 250-900)의 운하체계라는 사실이 증명 되었다. 동일한 지역인데도 평범한 사진촬영으로는 이러한 네트웍을 밝힐 수가 없다. (오른쪽 아래 사진) 이러한 사실은 고대 마야인들이 고도의 문명 수준을 유지했었다는 수수께끼에 대한 해답을 주고 있다. 사진 NASA 제공.

기술 문명의 발달로 인한 자기 파멸을 일으키지 않으려 노력하는 지구를, 근처 어디에선가 외계 인은 관찰하고 있을 것이다. 지구는 매일 2 백 50만km씩 도는데 이 속도는 은하계 중심을 도는 속 도보다 8 배가 빠르고 우리 은하계가 처녀 성운 쪽으로 흐르는 것보다 2 배가 빠르다. 인류는 이 렇게 태초부터 우주 여행자였다.

아니면 무(無)로 돌아가느냐이다.

수백만 년 전에는 인류가 없었다. 그러면 수백만 년 후 이 지구에는 누가 살게 될까? 46억 년의 지구 역사를 통해서 지구를 떠난 것은 아무것도 없었다.

그러나 지금은 지구의 무인 탐색 우주선이 태양계를 헤엄치고 있다. 이미 20 개의 행성에 대해서는 예비적인 정찰을 마쳤다. 그 가운데는 육안으로 볼 수 있는 행성 모두가 포함된다. 별을 보고 경이로움을 느끼며 그 별을 알고자 해 왔으나 우리는 이제 그것을 알기 시작한 것이다. 만약 인간의 생존이 가능해진다면 우리들 시대는 두 가지 이유로 인해 유명해질 것이다. 첫째, 기술적인 사춘기 *technological adolescence* 라는 위험한 순간에 자기 파괴를 모면했다는 것 때문이며 둘째, 처음으로 항성 탐색을 시작했다는 업적 때문이다.

여기에도 모순은 있다. 행성에 탐색선을 보낸 것과 똑같은 로케트가 핵 탄두를 운송하는 데 쓰이기도 한다. 바이킹이나 보이저에서 쓰는 방사능 에너지는 핵 무기 제조법과 같은 기술을 써야 만들 수 있다. 탄도 미사일의 진로를 결정해 주고 공격을 방어하는 데 사용되는 전파 기술이나 레이다 기술은 행성 위의 탐색선의 전파를 수신하거나 지령을 내리고 다른 별에서 오는 신호를 기다리는 일에 쓰인다. 우리가 이러한 기술을 자기 파괴에 사용한다면 행성이나 항성의 탐색은 더 이상 할 수 없다. 물론 그 역(逆)도 성립된다. 우리가 행성과 항성 탐색을 계속한다면 우리의 맹목적 애국심은 상처를 받을 것이다. 우리는 우주적 전망과 시야를 지니게 될 것이다. 우리의 탐색은 지구라는 행성에 사는 모든 사람을 위해서 이루어지는 것이다. 우리는 죽음이 아니라 삶을 위해서 우리의 에너지를 써야 한다. 지구와 인간을 이해하는 바탕 위에서 외계의 생물을 찾아야 한다. 우주 탐색도 전쟁과 마찬가지로 여러 가지 기술과 용기가 필요하다. 핵 전쟁이 일어나기 전에 진정한 군축 시대가 온다면, 군수 사업에 사용되었던 힘들을 우주 탐색에 쏟을 수 있을 것이다. 전쟁 준비에서 얻어지는 것들은 우주 탐색에도 아주 유용하기 때문이다.

얼마 안되는 우주 개발의 예산

적당한, 그러나 야심적인 무인 행성 탐색은 비교적 돈이 들지 않는다. 미국이 우주 과학에 쓰는 예산은 얼마 되지 않는다. 여기에 비해서 소련이 쓰는 경비는 몇 배나 많다. 이 돈들은 십년 동안 두세 개의 핵 잠수함을 생산하는 데 드는 돈과 같다. 또는 여러 가지 무기 체계 중의 한 가지에 1년 간 소비되는 경비와 맞먹는다.

1979년 4·4분기에 미국 *F/A*-18 전투기 예산 경비는 51억 달러로 증가되었고, *F*-16은 34억으로 증가되었다. 그러나 무인 행성 탐색에는 미국이나 소련이나 대단히 적은 비용만을 투자하려 한다. 예를 들어 보자. 1970년부터 1975년 사이에 미국이 캄보디아 폭격에 들인 돈은 70억 달러이다. 그런데 화성에 보낸 바이킹이나 태양계 바깥 쪽으로 보낸 보이저에 들인 돈은 1979년부터 1980년 사이에 소련이 아프가니스탄 침공에 들인 돈보다도 적었다. 지금은 기술이 매우 발달되어 있기 때문에 우주 탐색에 약간만 돈을 들여도 몇 배의 효과를 볼 수 있다. 한 연구에 따르면 다른 행성에 1달러를 들이면 7달러가 국가 경제에 돌아온다고 한다. 지금도 경비가 모자라서 중지하고 있는 사업이 많다. 화성 표면을 회전할 기구, 혜성 랑데뷰, 토성 탐색 로케트, 외계 문명에서 보내 오는 신호를 찾는 일들이 아직도 산재해 있다.

달과 화성을 탐험했을 때를 기준으로 생각하면, 우주 탐험에 드는 경비는 대단히 많기 때문에 원자력에 있어서 대단한 발전이 있거나 혁신적인 무장 해제가 이루어져야만 우주 탐색을 조만간 활발하게 진행할 수 있다. 그러나 그 조건들이 갖추어지면 지구에도 돈을 쓸 일이 더 많아질지 모른다. 그러나 나는 우리가 자기 파멸만을 피할 수 있다면 우주 탐색쯤은 곧 이루어질 수 있다고 믿고 있다. 정적(靜的)언 사회는 오래 유지될 수 없다. 우주 탐색에는 심리학적인 복합 요소도 많이 가미되어 있기 때문에 만약 우주 탐색의 경비를 조금이라도 줄인다면 여러 세대가 퇴보하게 된다. 반대로 우주 탐색에 조금이라도 더 많은 힘을 기울이면 여러 세대가 인간 존재의 중요성을 깨닫고 우주의 시민으로 참여하는 기쁨을 즐길 수 있을 것이다.

생존해 남아야만 할 인류

지금으로부터 3백 60만 년 전, 지금의 탄자니아 북부에 화산이 터지고 화산재들이 초원을 덮었다. 그런데 1979년 고고인류학자 리키 *Mary Leakey*는 그곳에서 발자국을 발견했다. 그녀는 그 발자국을 인류의 선조의 발자국이라고 생각하고 있다. 그곳에서 38만 *km* 떨어진 곳에 사람들이 고요의 바다라고 부르는 건조한 평원이 있는데 그곳에 또 하나의 발자국이 있었다. 그 발자국은 지구 이외의 세계를 걸은 최초의 인간이 남긴 것이다. 우리는 3백 60만 년 전부터, 46억 년 전부터, 아니 1백 50만 년 전부터 살아 있었던 것이다.

우리는 우주의 구석에서 자라 자기 인식을 할 줄 아는 인간이 되었다. 이제 인간은 인간의 기원에 대해 생각하고 있다. 별의 산물이 별을 생각하는 것이다. 1백억의 10 억의 10 배가 넘는 원자가 모여 이루어진 집합체가 원자의 진화를 연구하고 드디어 의식을 지니기까지에 이르는 긴긴 여행길을 더듬고 있다. 인간은 인류에 대해서, 그리고 지구에 대해서 충성심을 가져야 한다. 인간은 지구를 위해 얘기한다. 우리는 생존해 남아야만 한다. 그 생존의 의무는 우리를 위한 것만은 아니다. 우리들은 우주에 대해서도 의무를 지고 있는 것이다. 시간적으로 영원하고 공간적으로 무한한 그 우주에서 우리가 생겨났으므로.

索　引

〈ㄱ〉

가니메데스 *Ganymede* 170, 238
가모우 *G Gamow* 314
가시 광선(可視光線) 38
가스상 성군 *gaseous nebula* 334
가이거 계수기 *Geiger counter* 354
각 운동량 보존 법칙 *conservation of angular momentum* 369
갈렌 *Galen* 480
갈릴레오 *Galileo Galilei* 166, 228
갈릴레오 위성 *Galilean Satellites* 228
강하성 생물 *sinker* 82
개기 일식 *total eclipse* 89
검정 물질 *dark materials* 217
게 자리 성운 *crab Nebula* 414
게 초신성 *crab Supernova* 357
경험 과학 *empirical science* 90
경험 법칙 *empirical law* 126
고다드 *Robert Goddard* 184, 352
고대의 의술에 관하여 *on Ancient Medicine* 280
곽수경(郭守敬) 293
관성의 법칙 *law of inertia* 124
관성판 *inertial plate* 316
광년 *light-year* 32, 39
광선총 *ray gun* 455
광전 소자(光電素子) *photoelectric cells* 161
구상 성단 *globular cluster* 38, 366, 377
구우골 *googol* 336
구우골 플렉스 *googol plex* 337
구형 은하군 *spherical cluster* 371
국부 은하군 *local group galaxies* 35, 370
그로티우스 *Grotius* 227
극관 *polar caps* 175
극미동물 *animalcule* 231
근적외 영역 *near-infrared parts* 163
극한의 이론 *theory of limits* 283
금성 *Venus* 161

기하학 원론 *Elements of Geometry* 123, 277
꼬르떼스 *Hernán Cortés* 447
꽁트 *Auguste Comte* 161
꿈 *Somnium* 117

〈ㄴ〉

난류 *turbulence* 177
내피어 *W Napier* 378
네코 *Necho* 43
노르만 *Norman* 138
노예 경제 *slave economy* 292
녹색 물말 *blue-green algae* 67
누클레오타이드 *nucleotide* 65, 72, 405
뉴론 *neurons* 408
뉴먼 *William Newman* 454
뉴톤 *Issac Newton* 122, 138
뉴트리노 *neutrino* 348

〈ㄷ〉

다 빈치 *Leonardo da Vinci* 49
다세대 우주선 *multigeneration ship* 318
다세포 생물 *multicellular-organism* 66
다윈 *Charles Darwin* 59
다이모스 *Deimos* 144
단 *John Donne* 230
단세포 생물 *one-celld organism* 64
대달루스 계획 *Daedalus project* 317
대수학적인 가정 *exponential arithmetic* 471
대시루티스 *Syrtis Major* 232
대마젤란운 *Large Magellanic Cloud* 358
대폭발 *Big Bang* 52
대형 전파 간섭계 *Very Large Array* 390
데모크리토스 *Democritus* 282
데번기 *Devonian* 413
데오도로스 *Theodorus*호 325
데오프라스토스 *Theophrastus* 477

도플러 효과 Doppler effect 379
돌연변이 mutation 60
돔 dome 279
뒤러 Albrecht Dürer 447
드레이크 Frank Drake 437, 441
드로소필라 멜라노가스터 Drosophila malanogas-
　ter 62
디기탈리스 foxglove 265
DNA 64, 66, 69, 405
디오누시오스 Dionysius 49
디옥시리보 핵산 deoxyribonucleic acid 64

〈 ㄹ 〉

라이트 Thomas Rtight 284
라이프니찌 Leibniz 126
라펠즈 백작 La Perouse 442
람젯트 ramjet 83, 319
러셀 Bertrand Russell 288
레벤후크 Leeuwenhoek 227
레이다 전파 빔 radar beam 418
레이다 천문학 radar astronomy 164
렘브란트 Rembrandt 227
로르샤하 실험 Rorschach test 305
로웰 Percival Lowell 176, 241
로제타 석 Rosetta Stone 428
로크 John Locke 227
롱 Knox Long 358
루벤스 Rubens 230
루터 Martin Luther 99
리슈폰 J Rishpon 206
리차드슨 L F Richardson 467
리키 Mary Leakey 491

〈 ㅁ 〉

마그데부르그 Magdeburg 136
마네토 Manetho 127
마덕 Marduk 274
마리너 Mariner 180
마법의 초롱 magic lantern 233

마야 Maya 274
마음의 물질 mind substance 285
마이모니디즈 Maimonides 122
마이켈슨-모오리 Michelson-Morley 313
마젤란 Magellan 44
마젯츠 E P Mazets 358
마튼 Robert Merton 233
만유 인력 universal gravitation 115
말라카 Malacca 229
말러 H J Muller 61, 63
맥크린 Paul Maclean 407
멀포랜드 Derral Mulholland 147
메소포타미아 Mesopotamia 153, 275
메탄 methane 40, 254
명왕성 pluto 40, 142, 176
모라비트 Linda Morabito 247
모로비츠 Harold Morowitz 210
목성 Jupiter 38, 115
몬모릴로 나이트 montmorillonite 206
무리수 irrational number 290
무한 순환 우주론 398
물 중심론자 Water Chauvinist 209
물질 대사 metabolism 204
물질주의자 materialist 285
미첼 John Mitchell 363
미토콘드리아 mitochondria 65
밀러 Stanley Miller 74
밀레토스 Miletus 277

〈 ㅂ 〉

바노바라 Vanovara 131
바닌 A Banin 206
바다 maria 145
바로우 Issac Barrow 124
바빌로니아 Babylonia 52
바숨 Barsoom 182
바울 Paul 324
바이로이드 viroid 75
바이킹 viking 192
바일슈타인 Beilstein 74

바크 Bernard Burke 253
반물질 antimatter 132
반복설 recapitulation 268
발광성 에텔 luminiferous aethre 313
방사선대 radiation belt 223
배경 방사 background radiation 368
백색 광선 white light 161
백색 왜성 white dwarf 353, 360
백조좌 Gygnus 273
백조좌 데네브 Deneb 351
백조좌 X-1 374
버나드성 Barnard 320
버로스 Edgar Rice Burroughs 182
버사드 R W Bussard 318
베로서스 Berossus 52
베르누이 Johann Bernoulli 126
베른슈타인 Bernstein 309
베이유의 벽걸이 Bayeux Tapestry 140
베타 유성우 Beta Taurid meteor shower 135
벨라 Vela 134
벨리코프스키 Immanuel Velikovsky 152
변광성 cataclysmic variables 75
변분법 calculus of variations 127
변연계(邊緣系) limbic system 407
보이저 Voyager 44, 145, 420
보통 물질 ordinary matter 134
보툴리누스균 botulism 67
볼테르 Voltaire 236
부유성 생물 floater 82
분광기 관찰 spectroscopic observation 373
분광 천문학 astronomical spectroscopy 162
분자적인 동일성 molecular unity 73
분화구 crater 133, 145
불합리한 추론 reductio ad absurdum 234
붉은 별 red planet 174
브라흐마 Brahma 387
블랙홀 blackhole 38, 133, 373
비슈니아크 Wolf Vishniac 201, 202, 203
비트 bit 400
빛다발 linear trail 148

〈ㅅ〉

사고 실험 gedanken experiment 314
사수좌 Sagittarius 378
사자좌 Leo 306
산란 광선 scattered light 130
삼각법 trigonometry 123
삼엽충 trilobite 67
샤프레이 Harlow Shapley 299
샹뽈리옹 Jean François Champollion 425
새김돌 inscription 483
새 혜성에 관한 신학적 각서 Theological Reminder of the New Comet 136
샌프란시스코 크로니클 San Francisco Chronicle 140
샐피터 E E Salpeter 82
생물 무기 bacteriological weapons 213
생제르망 Saint-Germain 338
생태학 ecology 466
석탄기 Carboniferous period 160
섬 우주 island universe 301, 381
성간 가스 interstellar gas 64
성단 cluster 35
성 아우구스티누스 St. Augustine 279
성층권 stratosphere 172
세계의 조화 The Harmonies of the World 114
세계의 충돌 World in Collison 152
세균 병인설 germtheory of disease 231
세균성 전염병 plague bacillus 467
세라피움 serapeum 48
세포 cell 65
소다수의 바다 ocean of seltzer 163
소립자 광선 무기 particle beam weapon 473
소보토비치 E Sobotovich 135
소용돌이형 은하 spiral galaxies 36, 38, 366, 369
소크라테스 Socrates 284
소크라테스 이전의 인물들 Presocrates 287
소포클레스 Sophocles 480
소행성대 asteroid belt 151
솔로몬 신전 Temple of Solomon 127
수렵 민족 hunterfolk 265

수렵성 생물 hunter 83
수성 Mercury 114
순양 미사일 cruise missiles 473
슈클로프스키 I S Shklovskii 374
쉐링톤 Charles Sherrington 408
스넬 Willebrord Snellius 229
스무트 George Smoot 385
스위치 소자 switching element 408
스위프트 Jonathan Swift 236
스키아파렐리 Giovanni Schiaparelli 177
스타브릿지 Stourbridge 123
스트라보 Strabo 45, 46, 127
스펙트럼 spectrum 140, 160
스펙트럼계 spectrometer 206
스펙트럼의 지문 spectral signature 162
스피노자 Spinoza 227
스핑크스 Sphinx 169
슬라이퍼 V M Slipher 381
시간의 신장 time dilation 304
시라큐스 Syracuse 97
시리우스 Sirius 298, 325
시릴 Cyril 482
시바 Shiva 388
시빈 Nathan Sivin 293
시안 Cyanogen 140
시에네 Syene 42
신관 priest 275
신경 다발 neuron 317, 408, 418
신비주의 mysticism 90, 123
신성 nova 353
실레지아 Silesia 121
쌍시류 63

〈ㅇ〉

아나사지족 Anasazi 88
아낙사고라스 Anaxagoras 285
아낙시만드로스 Anaximander 278
아담스 Adams 227
아라와크족 Arawak족 456
아레시보 Arecibo 432

아렌드 롤랜드 Arend Roland 141
아르키메데스 Archimedes 49, 97
아리스타르코스 Aristarchus 51, 148, 296
아리스토텔레스 Aristotle 48, 139
아말테아 Amalthea 245
아브데라 Abdera 286
아이소토프 isotope 200
아인슈타인 Albert Einstein 124, 309, 313
아조레스 Azores 224
아즈테카 Aztec 274, 447
아테나 Athena 272
아틀라스 Atlas 226
아폴로니우스 Apollonius 49
아프 Halton Arp 383
안드로메다 Andromedae 36, 307
안드로메다 베타성 Beta Andromedae 307
안시관측 visual observation 180
안티모니 antimony 339
알렉산더 대왕 Alexander the Great 47
알렉산드리아 Alexandria 41, 42, 479
알베도 효과 Albedo effect 172, 219
R-영역 R-Complex 407
알파성 Alpha Centauri 307
암선 dark line 162
앗카드 왕국 Akkad 474
애보트 Edwin Abbott 393
애플시드 Martian Johnny Appleseed 220
액체 금속 수소 liquid metallic hydrogen 252
야쿠타 Yakutar 444
야크스 천문대 Yerkes observatory 141
양서류 amphibian 68
양자 proton 71
에라토스테네스 Eratosthenes 41, 42, 127, 480
에몬즈 G T Emmons 444
애브라 Ebla 481
에스킬로스 Aeschylus 480, 482
에스트레마두라 Estremadura 225
에우로파 Europa 170, 241
에우리피데스 Euripides 480, 482
에우에르게테스 Euergetes 480
에트나 Aetna 482

에피파네스 Ptolemy V Epiphanes 429
엔케 혜성 comet Encke 135
M 31 35, 36
엠페도클레스 Empedocles 281
여호수아 Joshua 152
역분진 로케트 retro-rockets 191
역제곱의 법칙 law of the inverse square 125
연금술 alchemy 338
연성 double stars 38
영 Thomas Young 428
영국 행성간 협회 British Interplanetary Society 320
영장류 primate 68
예수회 Society of Jesus 293
예측할 수 없는 세계 unpredictable world 86
오리온 계획 Project Orion 416
오리온 성운 Orion Nebula 307
오벨리스크 Obelisk 170, 429
오이디푸스왕 480
요세푸스 Josephus 138
우주 Cosmos 30, 39, 41, 273
우주선(宇宙船) spaceship 36, 133, 415
우주선(宇宙線) cosmic rays 356, 414, 422
우주의 알 cosmic egg 368, 386
우주진 spacestirs 148
우주 팽창론 expanding universe 176
우후루 Uhuru 363
울즈소프 Woolsthorpe 123
원격 통신 수단 remote means 453
원문 비평 연구판 art of critical editing 479
원소 element 338
원자 atom 283
원생 동물 infusoria 175
원자핵 합성 반응 nucleosynthetic event 379
원정기 The Description of the Expedition 426
원형 궤도 circular paths 291
월레이스 Alfred Russel Wallace 59, 180
월면 지리학 lunar geography 119
웰스 H G Wells 176, 484
위도 latitude 232
위성궤도 orbit around the planet 165

윌메트 Wilmette 141
윌킨즈 John Wilkins 287
유레이 Harold Urey 74
유로피움 europium 162
유목 민족 nomadic tribes 89
유성 falling star 87, 134
유인원 great apes 416
유전 heredity 57
유전 계통 hereditary line 57
유전 인자 도서관 404
유전자 gene 60
유클리드 Euclid 49, 100
유토피아 평원 Utopia 196
은하 galaxy 32, 34
은하계 Milky Way Galaxy 35, 36, 38, 370
은하 백과 사전 Encyclopaedia Galactica 458
은하법 Lex Galactica 451
은하 연성 exploding galaxies 95
은하 응축 condensation of galaxies 386
이베리아 Iberia 45
이사벨라 Isabella 322
이오 Io 170
이오니아 Ionia 273
이절판 first folio 480
인력 gravity 36, 125
인력 기계 gravity machine 361
인력의 고리 gravitational shackles 305
인류 최후의 날 Doomsday 471
인위 선택 artificial selection 57
일반 상대성 이론 general theory of relativity 312
입자 quark 277
입자 가속기 nuclear accelerator 312
입자 측정기와 전장 측정기 particle and field detector 247

〈 ㅈ 〉

자동 기계 Automata 49
자변성 A magnetic A star 162
자연 발생설 spontaneous generation 231
자연 선택 natural selection 59

자외선 *ultra iolet* 161
자장 *ma netic field* 223
자전 *rotation* 38
자주차 *rovin vehicle* 213
잠재적 차원 *potential dimension* 322
쟁기 *plough* 130
적방편이 *red swift* 373, 380
적외선 *infrared rays* 38, 161
전령 RNA 71
전송 사진 *wirephoto* 239
전자 *electron* 71
전자의 구름 *cloud of ele trones* 334
전자파 392
전퍄 망원경 *radio tele ope* 54
전파 신호 442
전파천문학 *radio astronomy* 432
점성술 *strolo y* 50, 90
정수 *whole number* 290
정치학 *P litics* 278
젖길 *Milkyway* 272
제우스 *Zeus* 272
제퍼슨 *Jefferson* 227
조르다노 브루노 *Giordano Bruno* 148
종의 기원 *The origin of Species* 60
주파수 *frequencies* 161
죽음의 재 *radioactive fallout* 134
준항성 *quasar* 308
중성자 335
중성자성 *neutron star* 366
중앙 시베리아 *Central Siberia* 132
증기 기관 *steam en ine* 227
지구 중심설 *Earth-centered* 99
지브랄탈 *Gibraltar* 119
지아코니 *Ricardo Giacçoni* 392
지오토 *Giotto* 138
진저리치 *Owen Gin erich* 99

〈ㅊ〉

처녀좌 *Virgo* 370
척추 동물 *vertebrate* 68

천궁도(天宮圖) *horoscope* 93
천문학 *Astronomy* 42
천왕성 *Uranus* 40
청방 편이 *blue swift* 382, 389
초능력 *extrasensory perception* 178
초신성 *supernovae* 38
초음속 비행 *supersonic flight* 316
초입방체 *hypercube* 395
초전도 소자(超電導素子) 416
충격파 *shock wave* 130
충돌 분화구 *impact crater* 143, 241
치오르코프스키 *Konstantin Tsiolkovsky* 183
칭동(秤動) *libration* 149

〈ㅋ〉

카노프스 *Canopus* 245
카론 *Charon* 40
카르나크 *Karnak* 426
카리스트 *Callisto* 238
카리오스트로 *Cagliostro* 338
카스너 *Edward Kasner* 336
카시오페아 *Cassiopeia*좌 364
카오스 *Chaos* 49
카이퍼 *GP Kuiper* 254
카키스 *Kerkis* 287
카타리나 *Katharina* 117
칼라하리 사막 *Ka ahari Desert* 274
칼럼 *Odile Calame* 147
캠브리어 폭발 *Cambrian explosion* 67
케인즈 *John Maynard Keynes* 122
케플러 *Johannes Kepler* 96, 138
케플러 산맥 *Kepler Ridge* 110
케플러의 제 3 법칙 112
케플러의 제 2 법칙 113
케플러의 제 1 법칙 113
켄타우르스좌의 알파성 *Alpha Centauri* 245, 422
코로로프 *Sergei Korolov* 185
코스모스 *Cosmos* 49, 481
코스모폴리탄 *Cosmopolitan* 480
코페르 쿠스 *Nicholas Copernicus* 96

콘스탄티노플 Constantinople 138
콜럼버스 Christopher Columbus 45
쾨니히스베르크 Königsberg 300
쿼크 quark 344
퀘이서 quasar 95, 373
큐도니아 Cydonia 196
크로이서스 Croesus 280
크류세 Chryse 평원 195
크세노폰 Xenophon 292
큰곰좌 Great Bear 306
클레오파트라 Cleopatra 429
클레피시드라 clepsydra 281
클루브 S Clube 378
키신저 Henry Kissinger 470
키오스 Chios 279
키케로 Cicero 96, 289

〈ㅌ〉

타우루스 Taurus 성좌 363
타우 Tau 성 325
타이탄 Titan 234
타임머신 time machine 306
탄소 중심론자 Carbon chauvinist 209
탈레스 Thales 277
태양계 Solar system 39
태양권 계면 heliopiuse 264
태양면 폭발 flare 344
태양 중심설 Sun-centered 99
태양풍(太陽風) solar wind 143
데세랙트 tesservct 395
데오드로스 Theodorus 280
토성 Saturn 40, 115
토스카나 Tuscan 309
툰 O B Toon 206
퉁구스의 대폭발 The Tunguska Event 132, 135, 149
트리니트 족 Tlingit 444
특수 상대성 이론 Special theory of relativity 311
티코 브라에 Tycho Brahe 106, 107, 109, 357

〈ㅍ〉

파곡(波谷) 379
파라켈사스 Paracelsus 339
파링톤 Benjamin Farrington 277
파산(波山) 379
파스퇴르 Louis Pasteur 231
파이오니어 금성호 Pioneer Venus 165
파일리 Philae 429
파충류 reptile 68
팽창 우주론 expanding universe 382
펄서 Pulsar 95, 360
페니키아 Phoenicia 43, 275
페르멜 Vermeer 227
페르세우스 Perseus 좌 378
페르시아 Persia 47
페리클레스 Pericles 286
페아로스 Pharos 48
페인 Paine 227
페인 Roger Payne 403
펠로폰네소스 Peloponnesus 286
편광 Polarized light 67
편광계 Photopolarimeter 245
포류크라테스 Polycrates 279
포보스 Phobos 144, 378
포유류 mammal 68
폭스 Paul Fox 180
폴리네시아 Polynesia 45
푸에르토리코 Puerto Rico 432
프랙스탑 Flagstaff 177
프랭클린 Franklin 227
프랭클린 Kenneth Franklin 253
프레스코트 Jame W Prescott 476
프록시마 Proxima 307
프루트 플라이 fruit fly 62
프리드맨 Imre Friedmann 203
프리에르 Joseph Fourier 425
프린키피아 Principia 126
프톨레마이오스 Claudius Ptolemaens 94
프톨레마이오스 Ptolemy 46, 479
플라즈마 Plasma 339

플라톤의 입체 104
플레이아데스 Pleiades 성단 348
플레이트 텍토닉스 plate tectonics 241
플루타크 Plutarch 292
피오트르 대제 Czar Peter the Great 237
피타고라스 Pythagoras 291, 104
피타고라스의 정리 Pythagorean theorem 288
피터 대제 Peter the Great 329
필 Stanton Peale 249

〈 ㅎ 〉

하느님의 사자 massenger of the god 114
하늘의 턱수염 celestial beard 136
하렘엡 Horemheb 481
하셀 William Herschel 299
하전 입자 charged particles 223, 356
한천 배양기 dish of agar 451
할스 Frans Hals 229
합리주의 Rationalism 122
해밀턴 Hamilton 227
해상도(解像度) 183
해상력(解像力) resolution 159
해왕성 Neptune 40
핵 금지 정책 strategy of nuclear deterrence 469
핵 분열성 물질 fissionable material 464
핵산 nucleic acid 65
핵 융합 반응 thermonuclear reaction 40, 356
핼리 Edmund Halley 139
핼리 혜성 138
행성 Planet 32
행성간공간 interplanetary space 140
행성 개조 계획 253
행성계 planetary system 39
행성상 성운 planetary nebulae 352
향료 제도 Spice Islands 228
허긴스 William Huggins 140
허블 Edwin Hubble 301, 381
허퉁 Jack Hartung 148
허슬리 J H Huxley 60
헤로그라픽 Heroglyphics 428

헤로필로스 Herophilus 49
헤론 Heron 49
헤르쯔 hertz 402
헤이께 게 57
헥소키나제 hexokinase 404
헬리오스 Helios 162, 343
헬판드 David Helfand 358
혜성 comet 39, 133, 134
호이헨스 Christiaan Huygens 229, 298
호이헨스 Constantijn Huygens 226
홍염 prominence 344
홍적세(洪積世) pleistocene 중기 306
홍해 Red Sea 47
효소 enzyme 65
휴메이슨 Milton Humason 380
흄 David Hume 138
화성 Mars 40
화성의 병 Mars Jars 186
화성의 언덕 Mars Hill 177
화성의 운하 182
화성의 피라밋 Pyramids of Mars 216
화이트홀 white hole 375
화약 엔진 gunpowder engine 233
화전식 농업 slash-and-burn agriculture 171
화학 원소 345
환상산(環狀山) crater 119, 120
환상 은하 ring galaxy 372
황금대 Gold Belt 378
황도십이궁 Zodiac 310
황소별자리 135
회남자(淮南子) 138
회의주의 Scepticism 122
회절격자(回折格子) diffraction grating 161
흑고래 humpback whale 402, 420
흑체 배경 반사 black body background
    radiation 385
히파르코스 Hipparchus 49, 480
히파치아 Hypatia 50
히포크라데스 Hippocrates 280

主友新書 ④ 코스모스

1981년 4 월 5 일 초판발행
1983년 1 월 15일 18판발행
著者　칼 세 이 건
監修　趙　慶　哲
譯者　徐　光　云
發行人　金　永　壽
編輯人　權　度　洪
發行所　株式會社 主友

서울 영등포구 여의도동 1 - 576
전화 782 - 4711 우편번호 1 5 0
등록 1965년 4 월 10일 제10 - 25호

※ 잘못된 책은 바꾸어 드립니다. 값 3,900원

2013. 11. 22. 一讀